〈제3판〉

원가회계의 이해

정형록 · 김재준 · 최연식 공저

교육과학사

서문

본 교재는 회계원리를 학습한 독자들이 조직에서 발생하는 원가의 개념과 그 중요성을 깨닫고, 해당 조직의 경영활동에 관련된 각종 원가 정보를 기본적으로 마련할 수 있도록 다음과 같이 구성되었다.

첫째로, 제1장과 제2장에서는 회계의 체계와 원가회계시스템을 학습하고 원가 개념을 배움으로써 조직에서 회계전문가가 어떠한 역할을 수행하는지를 전반적으로 파악할 수 있도록 하였다. 이는 영리 조직은 물론이거니와 비영리조직에서도 원가회계에 대한 중요성이 높아지고 있는 상황에서 원가회계의 기본적인 체계를 학습할 수 있는데 초점을 둔 것이다.

둘째로, 제3장과 제4장에서는 원가행태의 결정과 원가-조업도-이익분석을 학습함으로써 원가란 무엇이며, 시계열적으로나 횡단면적으로 원가는 어떻게 움직이는지, 기본적으로 조직의 수익성 확보와 원가분석에 대하여 파악할 수 있게 하였다. 이는 원가추정과 함께 원가 및 조업도 그리고 이익이 어떠한 관계성을 갖는지를 학습하기 위함이다.

셋째로, 앞부분에서 원가와 원가추정의 기본을 공부한 후, 제5장에서는 원가배부와 수익배부에 대하여 학습함으로써 조직의 경영활동을 위한 각종 원가계산을 하는 데 주춧돌이 될 수 있도록 하였다.

넷째로, 제6장부터 제9장까지 개별원가계산과 종합원가계산 및 공손회계 그리고 결합원가계산을 공부함으로써 전통적인 원가회계를 파악하게 하였고, 제10장에서는 원가대상을 활동에 두는 활동원가계산에 대해서도 배운다. 이렇게 본서는 독자들이 다양한 원가계산에 따른 정보를 마련할 수 있는 기량을 연마하는 데 초점을 두었다.

이처럼 본 교재는 기업 등 영리 조직과 정부 등 비영리조직에서 원가회계가 기본적으로 기능해야 할 것에 역점을 두었다. 예컨대, 회계전문가가 모든 조직이 경영활동을 한 결과로 표시되는 오직 "이익"에만 목적을 두는 것은 회계 본연과는 전혀 다른 결론을 초래할 수 있으므로, 회계가 가진 조직적 맥락과 사회적 맥락을 이해하고, 더욱 투명한 원가 정보를 제공할 수 있도록 본서를 저작한 것이다. 따라서 본 교재는 오직 회계학을 전공하는 학생들만이 아니라, 모든 조직에서 원가 등 회계를 제대로 파악하여 직무를 수행하고자 하는 사람들에게도 유용한 역할을 할 것으로 판단된다.

내용 중 미진한 부분이라든지, 아직 저자들이 다루지 못한 사안에 대해서는 전체의 틀을 유지하는 방향에서 향후 지속해서 보완해 나갈 것이다. 더불어 독자 여러분들의 한없는 애정과 따끔한 지적을 감히 부탁드리는 바이다.

본서의 출간을 흔쾌히 맡아주신 교육과학사 한정주 사장님과 이주표 부장님께 감사드린다.

2023년 9월

저자 일동

목차

1 장

조직에서 회계전문가의 역할

원가회계의 특성과 유용성을 이해하는 것은 원가회계의 여러 부분에 대한 개관과 앞으로의 학습에 대한 전반적인 관점을 제공해 준다.

본 장에서는 원가회계의 성격, 즉 누가 이용하며, 어떻게 이용할 것이며, 왜 이용하는가를 설명한다. 또한, 원가회계의 유용성, 즉 원가회계가 제공하는 정보가 다른 분야들과 어떻게 연관되어 유용성을 갖게 되는가를 설명한 후, 다양한 원가회계시스템의 특성과 문제점에 관해 설명한다. 본 장의 학습 목표는 다음과 같다.

1. 회계의 체계는 어떻게 구성되어 있는가?
2. 원가회계의 의의와 목적은 무엇인가?
3. 원가회계의 역할은 무엇인가?
4. 원가회계시스템은 어떻게 구성되어 있는가?
5. 원가회계시스템의 종류는 어떤 것이 있는가?

제1절 회계의 체계

현대 사회는 매우 역동적으로 변화하고 있으며, 이에 따라 한 사회를 구성하고 있는 조직도 변화에 대응해야 할 뿐만 아니라, 미래에 대하여 제대로 예측하고 적극적으로 변화를 끌어낼 수 있어야 한다. 최근 이와 같은 변화에 대처하는 양상은 기업을 주축으로 하는 민간부문만이 아니라, 정부 등 공공부문에서도 적극적으로 수용되어 오고 있다. 더구나 우리나라에서는 1990년대 후반의 외환위기를 기점으로, 경영의 투명성과 함께 경영의 효과성이 널리 퍼져 회계의 역할이 어느 때보다 중요해지기 시작하였다. 즉 단순히 과거의 기록에 머무는 회계개념을 토대로 하는 생산자 위주의 재무제표 작성에서 탈피하여 정보이용자 관점에서 유용한 정보를 제공하여 그들의 의사결정에 즉시 활용될 수 있도록 하는 것에 주안점을 두게 된 것이다. 여기서 구체적으로 회계의 체계에 대하여 알아보도록 하자.

1. 회계의 체계와 회계 정보의 특성

회계(accounting)란 정보이용자들이 자원 배분에 관한 의사결정을 합리적으로 수행할 수 있도록 경제 실체의 다양한 경영활동을 화폐단위로 수집, 측정, 기록하고 이에 관한 정보를 분류, 요약, 분석하여 정보이용자들에게 전달하기 위해 고안된 정보생산 체계이다. 이러한 정의에 부합하기 위해서 조직이 활용하는 회계는 경제 실체와 관련된 정보이용자들이 의사결정을 수행할 때 도움을 줄 수 있어야 한다.

회계 정보를 필요로 하는 이용자들은 크게 내부정보이용자와 외부정보이용자로 구분된다. 내부정보이용자(internal users)는 경제 실체의 내부에 존재하는 대표이사, 이사회 등의 경영진이며, 외부정보이용자(external users)는 주식투자자, 채권투자자, 거래은행, 공급자, 종업원, 고객, 정보중개인, 조세 당국, 금융감독기구 등이다. 이렇게 경제 실체에 대하여 다양한 이해관계자들은 저마다 다른 의사결정 문제에 직면하기 때문에 다른 정보를 요구하게 되며, 이를 만족시키기 위해서는 다양한 형태의 회계 정보를 제공해야 한다. 즉, 경제 실체에 관련된 정보이용자들의 유형에 따라 제공되는 회계 정보의 목적과 성격이 달라진다. 이러한 관점에서 회계를 관리회계와 재무회계로 구분할 수 있다.

관리회계(management accounting)는 경영진이 경영활동에서 수반되는 의사결정을 효율적 · 효과적으로 구사함으로써 조직 목표를 달성할 수 있도록 재무, 비재무 정보를 수집 · 분류 · 요약 · 분석하여 제공하는 회계 분야로서 경제 실체에 관한 전략과 경영계획 및 통제 활동에 초점을 맞추는 내부보고시스템(internal reporting system)이다.

재무회계(financial accounting)는 외부이해관계자인 주주나 채권자 등에게 경제적 의사결정에 유용한 정보를 제공하는 것을 목적으로 한다. 즉 주주나 채권자들이 합리적인 의사결정을 내릴 수 있도록 경제 실체의 재무상태, 경영성과에 관한 정보를 제공하는 분야이다. 따라서 재무회계에서는 정보이용자들에게 일반적으로 인정된 회계원칙(GAAP: Generally Accepted Accounting Principles)에 근거를 두어 작성된 공표용 재무제표를 통하여 정보를 제공한다.

일반적으로 경영자에 대한 보상은 내부적으로 설정된 비재무 성과정보뿐만 아니라 재무제표를 통해 외부로 보고된 재무 성과정보를 기초로 결정된다. 이에 따라 경영진은 관리회계와 재무회계에 모두 관심을 두게 된다.

한편 원가회계는 관리 및 재무 분야를 위한 정보를 제공한다. 즉 원가회계는 조직이 자원을 취득하고 소비하는 것에 대한 재무, 비재무 정보를 측정 · 분석 · 보고하는 것이다. 이를테면, 제조기업의 경우 원가회계에서는 생산 및 영업 활동에 관한 원가 정보를 확인 · 분류 · 집계한다. 이렇게 제품원가 정보는 대표적인 원가회계의 기능으로 재무상태표의 재고자산 가액을 결정하고 포괄손익계산서의 매출원가를 산출하는 데 필요한 정보를 제공하기 때문에, 재무회계와의 연결 관계를 맺고 있다. 또한, 원가회계는 제품배합(product mix), 가격설정(pricing), 성과평가(performance evaluation) 등과 같은 관리적 의사결정에 필요한 정보를 제공한다. 곧 원가회계시스템은 재무회계와 관리회계의 목적에 필요한 정보를 제공하는 것이다. 특히 조직 관리의 관점에서는 현대의 원가회계시스템에서 산출되고 있는 원가 정보가 기본적으로 기업의 내부의사결정과 밀접한 관계를 맺고 있으므로, 관리회계와 원가회계의 구분을 엄격하게 하지 않고 있다.

2. 재무회계와 관리회계의 비교

다음 표는 재무회계와 관리회계의 차이를 함축적으로 비교한 것이다.

재무회계와 관리회계의 비교

구분	재무회계	관리회계
목적	기업의 외부이해관계자인 주주나 채권자 등에게 유용한 정보 제공	기업의 내부이해관계자인 경영자 등에게 유용한 정보의 제공
원칙의 유무	일반적으로 인정된 회계원칙(GAAP)	기업이 내부적으로 설정한 원칙이나 규정
정보의 특성	객관성, 감사 가능성	적합성, 적시성
정보의 유형	재무 정보	재무/비재무 정보
범위	기업경영 전반의 기초적인 범위(기업 전체)	경영활동의 각기 목적에 부합되는 범위(기업 전체/사업 부문/팀/개인)
시간적 관점	과거지향적임	미래에 대한 예측에 초점을 둠
보고 수단	공표용 재무제표(재무보고)	특수한 의사결정 목적에 적합한 보고서

재무회계는 주주나 채권자, 신용평가사, 금융기관, 금융당국과 같은 외부이해관계자의 의사결정에 유용한 정보를 제공하는 것을 목적으로 하지만, 관리회계는 최고경영자, 중간관리자, 업무담당자 등 내부이해관계자의 의사결정에 유용한 정보를 제공하는 것을 목적으로 한다.

외부정보이용자는 기업의 내부정보에 접근할 수 없으므로 이들과 기업 사이에 정보 비대칭이 크고, 기업마다 성격이 모두 다르므로 기업 간 비교가 어렵다. 따라서 재무회계 정보는 신뢰성과 비교 가능성을 높이기 위하여 기업 외부에서 강제된 일반적으로 인정된 회계원칙(GAAP)에 따라 산출된다. 따라서 재무회계 정보는 객관성(objectivity)과 감사 가능성(auditability)의 특성이 있으며, 같은 경제적 사건에 대한 재무회계 정보는 모든 기업이 동일하다. 반면 관리회계 정보는 원칙적으로 외부기준이 적용되지 않고, 기업이 내부적으로 미리 설정한 원칙이나 규칙에 따라 개별 의사결정이 신속하게 내려질 수 있도록 산출된다. 따라서 관리회계 정보는 적합성(relevance)과 적시성(timeliness)의 특성이 있으며, 같은 경제적 사건이라도 주어진 상황이나 경영자의 의도에 따라 관리회계 정보는 기업마다 다를 수 있다.

재무회계는 기업 전체의 재무상태, 경영성과 및 현금흐름 등과 같은 과거의 재무 정보를 회계원칙에서 규정한 방식에 따라 작성된 공표용 재무제표를 통해 정보이용자에게 제공된다. 관리회계는 기업 전체, 사업 부문, 팀, 개인 등 경영활동의 각기 목적에 부합하는 대상에 대하여 개별 의사결정과 관련된 재무 정보뿐만 아니라 고객 정보, 생산시간, 배송 거리 등과 같은 비재무 정보까지 제공한다. 이러한 관리회계 정보는 미래에 대한 예측에 초점이 맞추어져 있으며, 의사결정의 목적과 성격에 알맞은 형태로 자유롭게 정보이용자에게 제공된다.

한편 재무회계와 관리회계는 다음과 같은 공통점이 있다. 우선 재무회계와 관리회계는 특정한 경제 실체에 대한 같은 회계정보시스템을 기반으로 정보가 마련되는데, 의사결정 주체와 범위에 따라 두 가지 정보로 구분되는 것이다. 그리고 재무회계와 관리회계 모두 책임(responsibility) 혹은 수탁 책임(stewardship)의 개념에 의존하는데, 재무회계의 경우 조직 전체에 대한 수탁 책임에 초점을 두지만, 관리회계는 각각의 부서에 대한 책임에 주안점을 두므로, 원가에 대한 책임의 경우 조직의 개별구성원에게까지 그 범위를 확대하게 된다.

제2절 원가회계시스템

1. 원가회계시스템의 구성요소

우리는 일상생활을 해나가면서 의복, 서적, 가구 등 많은 제품을 구매한다. 우리가 이러한 제품들을 획득하기 위해서는 희생을 치러야 하는데, 이처럼 특정 재화나 용역을 얻기 위해서 치른 희생을 **원가**(costs)라고 한다. 더욱 일반적인 의미에서 원가란 특정 목적을 달성하기 위해 희생된 자원의 가치, 즉 경제적 효익의 희생을 화폐단위로 측정한 것을 말한다.

원가회계(cost accounting)란 재무회계뿐만 아니라 관리회계의 목적에 필요한 원가 정보를 제공하기 위하여 생산 활동과 영업 활동에 관한 원가 정보를 확인, 분류, 집계하는 회계 분야이다. 즉, 원가회계는 재무상태표상의 재고자산 가액을 결정하고 포괄손익계산서상의 매출원가를 결정하는 데 필요한 원가 정보를 제공하며, 예산 설정, 경영활동의 통제, 가격 결정, 성과평가 등과 같은 관리적 의사결정을 수행하는 데 필요한 원가 정보를 제공하는 회계 분야이다. 그러므로 원가회계 담당자는 외부 보고와 관련하여 원재료의 출고, 임금의 지급, 경비의 지출과 같은 일상적인 원가 정보를 수집하고, 이를 특정 부문이나 제품에 배부함으로써 재무제표나 세무보고서를 작성하는 데 필요한 재고자산 평가액과 매출원가 등을 결정해야 한다.

또한, 내부 보고와 관련하여 특정 의사결정 문제에 필요한 원가 정보를 선택하고, 이를 당면한 의사결정 문제에 적합하도록 수정한 후 경영자들이 쉽게 이해할 수 있도록 원가 정보를 분석해야 한다.

다음 그림은 관리회계시스템의 구성요소를 보여주고 있다. 원가에 관한 정보를 사용하는 기본목적으로 제품원가계산, 의사결정, 성과평가의 세 가지가 있는데, 이는 곧 원가회계시스템이 재무회계와 관리회계를 위한 기본 자료를 제공한다는 사실을 말해 준다.

자산평가와 이익측정을 위해 원가를 집계하고 개별제품 또는 서비스의 원가를 산출하는 과정을 원가회계로 분리할 수 있다. 제품이나 서비스의 원가 정보는 매출원가, 재고자산 등의 계정과목으로 재무회계에 원가 정보를 제공한다. 이럴 경우, 관리회계는 좁은 의미로 의사결정과 성과평가를 위한 내부보고체계나 정보시스템만을 포함하는 것으로 정의할 수 있다. 물론 경영자는 가격설정이나 투자 등의 의사결정에 원가 정보를 사용하기도 하고, 사업부, 팀, 개인 등의 성과평가에도 해당 부문의 원가 및 수익성 정보를 활용하기도 한다. 즉 제품이나 서비스의 원가 정보는 다양한 관점에서 경영자의 의사결정과 성과평가에 활용될 수 있다. 이럴 경우, 넓은 의미에서 관리회계는 원가회계를 포함하는 것으로 정의할 수 있다.

본서는 관리회계를 좁은 의미로 해석하여 주로 제품이나 서비스의 원가계산에 초점을 맞추고 있는 원가회계를 독립적인 영역으로 파악하여 논의를 전개해 나가기로 한다. 또한, 전통적인 기업형태인 제조업의 제품원가계산을 중심으로 원가회계와 관련된 이론을 설명하도록 한다.

관리회계시스템의 구성요소

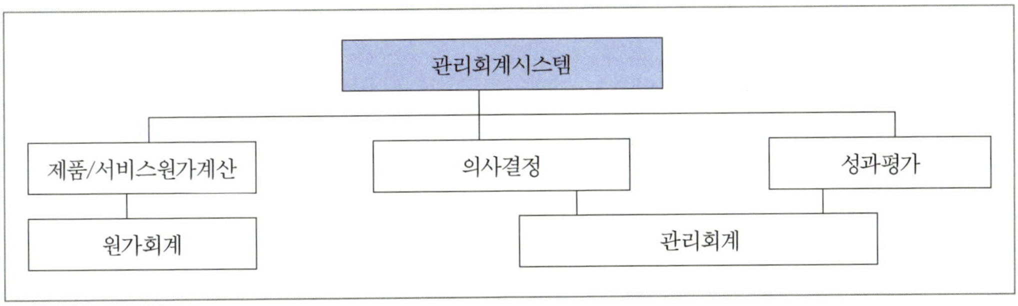

2. 원가회계의 역할

원가회계가 경영관리 목적과 외부보고 목적을 위해 어떻게 이용되는가를 관리과정과 연결해 개괄적으로 나타내면 다음 그림과 같다.

관리과정 및 원가회계의 이용

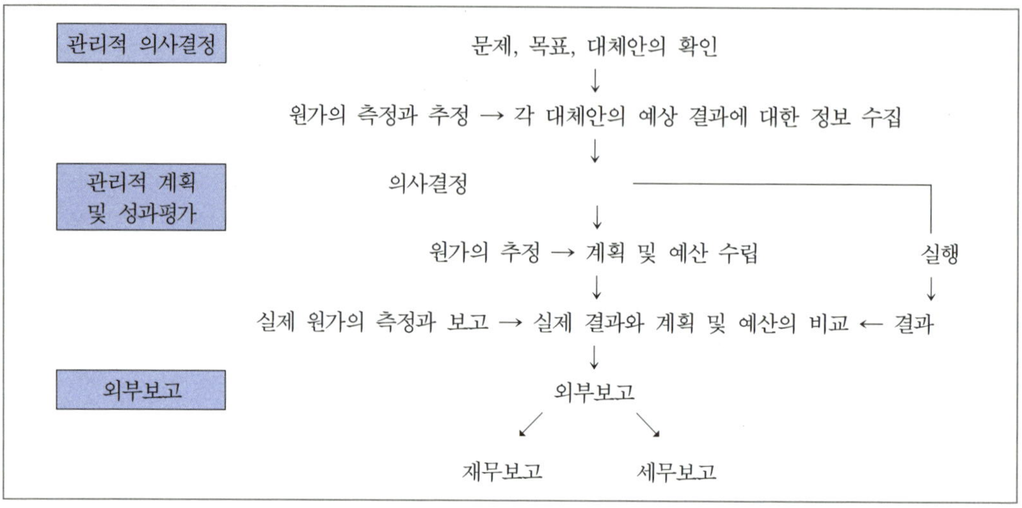

회계담당자가 회계처리를 하는 과정에서 특정 문제에 직면하였을 때 가장 먼저 고려해야 할 사항은 현재 작성 중인(또는 앞으로 작성될) 회계 정보의 이용목적을 파악하는 일이다. 원가 정보의 사용 목적을 파악하는 이유는 같은 경제적 활동에 대하여 원가 정보를 이용하려는 목적에 따라 다른 원가 정보(different costs for different purposes)를 제공해야 하기 때문이다. 원가회계 정보의 대표적인 용도는 다음과 같다.

첫째, 재무제표에 계상되는 재고자산평가액의 결정
둘째, 경영자의 관리적 의사결정 수행을 위한 차액원가 또는 관련 원가 정보의 파악
셋째, 성과평가를 위한 자료의 수집과 분석

원가회계는 정보이용자들이 필요로 하는 원가 정보를 확인 · 분류 · 집계하여 제공하는 것을 목적으로 하며, 이러한 목적과 관련하여 원가회계의 주요 역할을 요약하면 다음과 같다.

- 제품원가계산: 재무제표상의 재고자산평가액 및 매출원가 등의 결정을 위한 원가 정보의 제공
- 계획 및 통제: 경영계획 수립 및 통제를 위한 원가 정보의 제공
- 세무회계상의 역할: 세무보고서의 작성을 위한 원가 정보의 제공
- 보상회계상의 역할: 원가보상계약에서 보상금액 결정 혹은 이와 유사한 성격의 가격 결정을 위한 원가 정보의 제공

다음에서는 이들 각각에 대해 살펴본다.

2.1. 제품원가계산

제품원가계산이란 산출물의 단위당 원가를 측정하기 위해 기업이 투입한 재화나 용역의 원가를 수집하고 분석하는 과정으로 기업회계시스템의 하위시스템이다. 제품 원가를 계산한다고 함은 원가 정보를 확인·집계·분류하여 특정 원가 단위와 연관시키는 것으로서, 본서에서는 편의상 제조기업의 제품원가계산만을 다룬다.

원가 정보의 확인이란 제품원가계산의 가장 기본적인 단계로서, 기업 내에서 발생하는 여러 가지 사건(events)을 제품생산과 관련이 있는 사건과 관련이 없는 사건으로 구분하는 과정을 말한다. 예를 들면, 생산공정에 재료를 투입하는 것은 제품생산과 관련이 있는 사건이며, 생산된 제품을 광고부서에서 사용하는 것은 제품생산과 관련이 없는 사건이다. 그러나 때에 따라서는 원가 정보의 확인이 쉽지 않은 때도 있다. 즉, 공장 건물을 보수하기 위해 재료를 사용하는 경우, 이러한 사건은 제품생산과 관련이 있는지를 판단하기가 쉽지 않다. 따라서 제품원가계산에서는 여러 가지 모호한 사건이 제품생산과 관련이 있는지를 결정하는 것이 중요하며, 대부분 회사에서는 이러한 상황에 대하여 사전에 정한 방침을 적용하여 제품생산과의 관련성 여부를 결정한다.

원가 정보의 집계란 원가 회계상의 원가 범주별로 원가 정보를 수집하는 것을 말한다. 기본적인 원가 범주는 직접재료원가, 직접노무원가, 그리고 이 두 가지를 제외한 모든 제조원가를 포함하는 제조간접원가로 구분한다.

원가 정보의 분류란 수익·비용의 대응 원칙에 따라 원가 범주별로 집계된 원가요소를 다시 구분하는 것을 말한다. 이처럼 원가요소를 다시 구분하는 이유는 기업이 얻게 되는 성과와 투입하는 노력을 적절히 대응시킴으로써 의사결정과 성과평가를 위한 보

다 유용한 정보를 얻을 수 있기 때문이다. 일반적으로 원가요소는 수익과의 대응 관계에 따라 제품원가와 기간원가(또는 기간비용)로 구분하며, 제품 원가는 다시 특정 제품에의 추적 가능성에 따라 직접원가(예: 직접재료원가와 직접노무원가)와 간접원가(예: 제조간접원가)로 구분한다. 직접원가와 간접원가는 모두 제품 원가를 구성하는 것이지만, 각기 다른 방식으로 제품과 관련을 맺는다.

원가 정보의 결부란 제품원가계산과정의 마지막 단계로, 각 범주의 원가를 전통적 원가계산 방법에 따라 제품과 관련시키는 것을 말한다. 이를 통해 원가회계 담당자는 제품생산과 관련된 사건을 찾아내어 그 사건으로부터 제품원가 정보를 얻어내는 과정을 완료한다. 여러 가지 제품원가계산방법 가운데 특히 중요한 원가계산방법으로는 개별원가계산과 종합원가계산이 있다.

2.2. 계획 및 통제

원가회계의 중요한 역할 중의 하나는 경영자의 의사결정에 필요한 정보를 정확하고 필요한 때에 즉시 제공하는 것이다. 일반적으로 경영자의 의사결정은 계획의 수립과 조직의 통제와 관련된다.

계획은 조직의 목표를 설정하고 그것을 달성하기 위한 수단으로서, 조직이 이용 가능한 자원을 어떻게 사용할 것인지를 결정하는 과정이다. 원가회계는 기업의 생산 활동, 영업 활동에 드는 원가 정보를 제공함으로써 재료의 구매, 종업원의 채용과 교육훈련, 생산, 가격 인하 또는 인상 등의 계획을 수립하는 데 필수적인 역할을 하며, 나아가 자금조달, 투자 결정 등을 수행하는 데에도 중요한 역할을 한다.

통제란 사전에 계획된 행동으로부터의 이탈을 방지하기 위하여 현재 일어나고 있는 사건을 추적하며, 이에 대한 정보를 해석하여 그에 대응하는 적절한 행동을 취하고자 하는 경영자의 노력이라고 할 수 있다. 통제는 개인, 제품, 부문 등 기업의 모든 수준에서 나타난다. 원가회계 정보는 이러한 통제과정에서 매우 중요한 역할을 한다. 원가회계는 사전에 계획된 활동으로서 예산 또는 표준원가를 설정하며, 현재 일어나고 있는 사건에 대하여 실제 원가를 집계함으로써 통제과정의 기본적인 정보를 제공한다.

2.3. 세무회계상 역할

세무회계는 기업의 당기순이익에 직접 영향을 미치는 조세 부담액의 산정과 관련된 재무회계의 한 분야이다. 원가회계 담당자는 적절한 세액의 산정에 필요한 원가 정보를 제공하는 데 특별한 주의를 기울여야 한다. 재무제표 작성상의 규정과 세법상의 규정이 서로 다를 뿐만 아니라 일반적으로 세법상의 규정은 회계담당자가 집계해야 할 원가의 범위를 구체적이고 단정적으로 설정해 놓고 있으며, 또한, 재무제표 작성상의 규정보다 훨씬 더 복잡하기 때문이다. 따라서 제품원가계산 측면에 있어서 원가회계 담당자는 서로 일치하지 않는 경우가 대부분인 재무제표상의 재고자산 원가와 세무보고서상의 재고자산 원가를 적절히 산정해 내는 데 필요한 원가 정보를 제공하는 것이 중요하다.

2.4. 보상회계상의 역할

보상회계 혹은 보상원가계산이란 기업이 재화와 용역을 제공하는 대가로 수취할 금액을 계산하거나 비영리 기업이 기부금의 형태로 증여받을 금액을 계산할 목적으로 개별 제품이나 용역 등에 원가를 할당하는 과정을 말한다. 원가회계는 이러한 보상회계에서도 중요한 구실을 한다.

원가보상계약은 재화나 용역의 원가 발생액에 대하여 일정률 또는 일정액의 이윤을 가산한 금액을 제공된 재화나 용역의 대가로 지급하는 계약 형태인데 주로 정부 기관과 사기업 간의 거래에서 많이 사용된다. 이러한 형태의 계약 시에 사전에 원가의 정의, 측정 방법 등을 충분히 합의해 두지 않으면 계약이행과정에서 양쪽의 분쟁이 발생하여 소송 문제로까지 발전할 우려가 있다. 그러므로 계약 시에 원가의 정의나 측정 방법 등을 명백히 밝혀 놓을 필요가 있으며, 이러한 점에서 본다면 원가회계 담당자는 계약체결에 앞서서 계약 원가의 결정과 관련된 중요한 구실을 한다.

3. 원가회계시스템의 분류

원가회계시스템은 원가를 집계하는 방법, 제품 원가를 계산하는 방법, 원가를 측정하는 방법에 따라 다양하게 분류할 수 있다. 다음에서는 이들 각각에 대해 살펴본다.

3.1. 원가의 집계

원가회계시스템은 원가를 집계하는 방법에 따라 개별원가계산과 종합원가계산으로 분류할 수 있다.

개별원가계산이란 개별작업별로 원가를 구분하여 계산하는 방법을 말하며, 종합원가계산이란 공정이나 부문별로 원가를 집계한 후, 집계된 원가를 총산출물에 균등히 배부하여 단위당 원가를 계산하는 방법이다. 주문품의 성격을 갖는 대형선박을 건조할 때는 선박 제조에 드는 원가를 작업별로 집계하기가 쉬우므로 개별원가계산을 사용한다. 그러나 정유회사 또는 화학약품 회사와 같이 연속공정에 의해 표준제품을 대량 생산하는 기업에서는 제품별로 원가를 집계하기가 쉽지 않기 때문에 일정한 회계 기간을 기준으로 특정 공정 또는 부문에서 발생한 모든 원가를 집계하여 이를 제품에 평균적으로 배부하는 종합원가계산을 사용한다.

3.2. 원가의 범위

원가회계시스템은 제품 원가의 범위에 따라 전부원가계산과 변동원가계산으로 분류할 수 있다.

전부원가계산은 고정제조간접원가를 포함한 모든 원가를 제품이 판매되는 시점에서 수익에 대응시켜 비용으로 계상할 수 있도록 제품 원가로 처리하고, 판매 및 관리 활동에서 발생한 원가는 기간비용으로 처리하는 원가계산 방법이다. 이에 반해 변동원가계산은 고정제조간접원가를 제외한 변동제조원가만을 제품 원가로 처리하고, 고정제조간접원가는 판매 및 관리 활동에서 발생한 원가와 함께 발생한 기간의 수익에 대응시켜 기간비용으로 처리하는 원가계산 방법이다. 따라서 전부원가계산과 변동원가계산의 차이는 고정제조간접원가를 제품 원가로 처리하느냐, 아니면 기간비용으로 처리하느냐의 여부에 달려 있다.

제품 원가로 처리되는 원가는 재고자산 원가에 포함해 차기로 이월할 수 있고, 판매시점에서 수익과 대응하여 비용화할 수도 있다. 그러나 기간비용으로 처리하는 원가는 재고자산 원가에 포함하지 않고, 발생 즉시 그 기간의 비용으로 처리한다. 따라서 어떤 원가계산 방법을 적용하느냐에 따라 재고자산의 평가액 및 기간 손익이 달라진다.

3.3. 원가의 측정

원가회계시스템은 원가를 측정하는 방법에 따라 실제원가계산, 정상원가계산, 표준원가계산으로 분류할 수 있다.

실제원가계산이란 개별 생산요소의 실제의 구매가격 및 실제의 사용 수량을 기준으로 제품의 원가를 측정하는 방법을 말한다. 이에 반해 표준원가계산이란 개별 생산요소에 대해 사전에 정해진 표준가격 및 표준 사용 수량을 바탕으로 원가를 측정하는 방법이다. 정상원가계산은 실제원가계산과 표준원가계산을 결합한 원가 측정 방법으로 직접재료원가와 직접노무원가는 실제 원가를 적용하고, 제조간접원가는 미리 정해놓은 예정배부율에 따라 결정된 일종의 표준원가를 적용하는 원가 측정 방법이다.

여기서 원가를 측정하는 기준이 되는 '실제' 또는 '표준'이라는 용어에 대하여 다음의 예로써 설명한다. 예를 들어, ₩100/kg인 얼음 1kg과 ₩10/g인 색소 2g을 혼합하여 아이스크림 1개를 생산하는 것을 목표로 한다고 가정한다. 그런데 실제로 얼음을 kg당 ₩110에 구매한 후 얼음 1.2kg과 ₩10/g인 색소 2g을 혼합하여 아이스크림 1개를 만들었다면, 원래의 목표보다 얼음 구매가격은 kg당 ₩10, 얼음 사용수량은 아이스크림 1개당 얼음 0.2kg이 초과하였다고 할 수 있다. 이 경우 아이스크림 1개당 얼음 1kg, 색소 2g은 수량에서 표준이라 할 수 있고, 얼음 1kg당 ₩100과 색소 1g당 ₩10은 가격에서 표준이라 할 수 있다. 이 예에서는 얼음의 실제 구매가격 및 실제 사용수량이 모두 표준가격과 표준수량을 초과하고 있다.

3.4 원가회계시스템의 종류 및 선택

지금까지 설명한 원가의 집계 방법과 제품원가계산방법 및 원가 측정기준을 결합하면 다음 그림에 나타나 있는 것과 같이 여러 가지 조합의 원가회계시스템을 만들 수 있다.

예를 들어, 개별 · 전부 · 표준원가회계시스템을 채택하면서 그 외에 추가로 변동원가계산을 병행하는 조합을 생각할 수 있다. 이와 같은 시스템은 모든 제조원가를 제품에 부과하면서(전부원가계산), 작업별로 원가를 집계하고(개별원가계산), 사전에 결정된 표준원가와 실제원가를 비교하며(표준원가계산), 직접원가에 근거한 보고서도 부수적으로 작성(변동원가계산)하는 원가회계시스템이 된다. 이 밖에도 여러 가지 종류의 조합이 있을 수 있다.

원가회계시스템의 종류

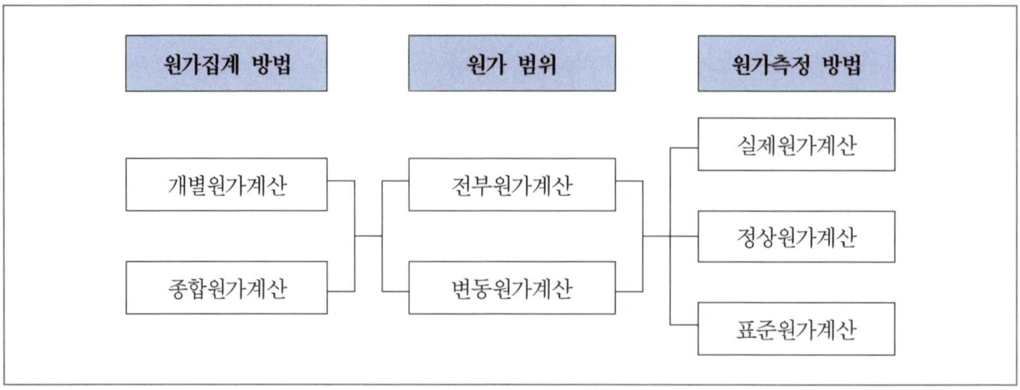

원가회계시스템의 선택은 경영자가 이용할 수 있는 원가 정보에 중대한 영향을 미친다. 만일 실제원가계산을 채택한 기업에서 표준원가계산을 병행하지 않으면, 원가 통제목적에 중요한 역할을 하는 표준원가와 실제원가의 차이에 관한 정보를 얻지 못하게 될 것이다.

한편, 전부원가계산을 채택한 기업에서 변동원가계산을 병행하지 않으면, 고정제조원가와 변동제조원가와의 관계를 명확히 파악할 수 없게 된다. 이러한 경우에 조업도의 변화에 따른 적정한 가격 인상 또는 하락 폭에 대한 정보를 알아내기가 어려울 것이다. 그러므로 원가회계시스템의 설계 및 선택에 관한 의사결정은 여러 가지 중요한 요소들을 고려하여 합리적인 방법으로 이루어져야 한다.

개별원가계산과 종합원가계산 중에 어느 하나를 선택하는 것은 특히 중요한 일인데, 이때에는 제조 활동의 성격, 필요한 원가 정보의 종류, 원가회계시스템 운영비용 등을 신중히 고려하여 결정해야 한다. 이 중에서도 제조 활동의 성격은 개별원가계산과 종합원가계산을 선택하는 데 있어서 가장 중요한 기준이 된다. 예를 들어 어떤 기업의 제조 활동이 유사한 종류의 제품을 계속 같은 공정을 거쳐 대량으로 생산한다면 종합원가계산이 적합하며, 이와는 달리 제조 활동의 성격이 특별주문 등을 접수하여 다양한 종류의 제품을 서로 다른 공정을 거쳐 생산한다면 개별원가계산이 적합하다.

객 • 관 • 식

1.1 다음 중 원가회계의 특징으로 적합하지 않은 것은?

① 경영자의 계획과 통제를 위한 원가 정보를 제공한다.
② 재무회계에 제공되는 원가 정보는 반드시 기업회계기준을 따른다.
③ 관리회계에 제공되는 원가 정보는 반드시 기업회계기준을 따른다.
④ 비영리 기업이 증여받을 금액을 계산할 목적으로 개별제품이나 용역에 할당된 원가 정보를 제공한다.
⑤ 세금계산을 위한 원가 자료를 제공한다.

주 • 관 • 식

1-1 관리회계시스템의 구성요소를 설명하고, 이와 관련하여 좁은 의미와 넓은 의미의 관리회계시스템을 각각 정의하시오.

1-2 원가회계의 역할을 설명하시오.

1-3 다음 각각의 기준에 따라 원가회계시스템을 분류하고, 그 특징을 설명하시오.

① 원가를 집계하는 방법
② 제품 원가를 계산하는 방법
③ 원가를 측정하는 방법

2 장

원가의 개념 및 분류

원가 개념과 원가 용어 그리고 그 분류에 대하여 잘 알게 되면, 원가·관리회계를 학습하여 적용하는 데 필수적이다. 이는 모든 조직에서 활동을 시작하게 되면 원가는 언제든지 발생하는 것으로 이를 제대로 구분하는 것이 유용한 관리회계 정보를 마련할 수 있는 요건이 되기 때문이다. 따라서 본 장에서는 다음과 같은 학습 목표를 세운다.

1. 원가회계와 관리회계의 차이는 무엇인가?
2. 원가에 대한 정의는 어떻게 내려야 하는가?
3. 추적 가능성과 원가행태에 따라 원가는 어떻게 구분되며, 원가 유형 간의 관계는 어떻게 연결되는가?
4. 원가의 통제 가능성은 왜 중요한가?
5. 제조원가는 어떻게 산출되며, 원가 흐름은 어떻게 연결되는가?
6. 재무제표상에서 재고가능원가와 기간원가는 어떻게 표시되는가?

제1절 원가의 개념

원가회계란 외부 보고용 재무제표를 작성하고, 기업 내부의 경영활동을 계획 · 통제하며 특수한 의사결정 및 경영자의 성과평가에 필요한 원가 정보를 제공하기 위한 목적으로 기업의 원가 자료를 확인 · 분류 · 집계하는 회계 분야이다. 원가회계가 이와 같은 여러 목적을 달성하기 위해서는 사용 목적에 따라 각각 다른 원가 정보가 필요하므로, 원가회계 담당자는 특정 목적에 가장 적합한 원가 정보를 제공하기 위하여 어떤 원가 자료를 확인 · 분류 · 집계할 것인가를 결정해야 한다. 한편, 관리회계는 경영자의 의사결정과 통제 활동에 도움이 되는 각종 정보를 수집 · 분류 · 요약 · 분석하여 이를 이용자에게 보고하는 회계 분야로서 내부 경영계획과 경영통제 활동에 초점을 맞추는 내부 보고 지향적 회계 분야이다. 따라서 관리회계의 목적은 특수목적의 재무제표나 보고서를 작성하여 기업 내부 정보이용자의 의사결정에 유용한 정보를 제공하는 것이다. 이런 의미에서 원가회계와 관리회계의 가장 기본이 되는 사고는 '다른 목적에 따라 다른 원가를 적용한다.'는 것이다. 이것은 원가를 정의하고 측정하는 방법에 여러 가지가 있으며, 그러한 원가 정보를 이용하는 목적도 여러 가지가 있음을 의미한다.

원가의 정의를 다루기 전에 자산(asset)에 대해서 살펴보기로 한다. 자산을 기업이 보유하고 있는 미래 현금창출능력이 있는 경제적 자원이라고 할 때, 이 자원 중 특정 목적을 달성하기 위해 희생 또는 소모된 자원을 화폐액으로 나타낸 것이 원가(cost)이다.

예를 들어, 기업이 획득한 원재료를 이용해서 제품을 생산하였다면 이 원재료의 가액은 다음 기에 현금을 창출할 수 없으므로 재료원가로 계상된다. 그러나 이 원재료가 아직 제품의 생산공정에 투입되지 않았다면, 원재료의 가액은 재무상태표의 자산 항목인 원재료로 계상된다.[1)]

한편, 소멸자원인 원가는 그것이 수익 창출에 이바지했으면 비용으로, 수익을 창출하는 데 아무런 기여도 하지 못하고 소멸하였으면 손실로 계상된다. 예를 들면, 아무런 수익을 창출하지 못하고 소멸한 재고자산은 경제적 효익을 상실한 것이므로, 이 경우 소멸한 재고자산의 가액은 재고자산감모손실과 같은 손실항목으로 계상된다.

1) 실무에서는 원가와 비용을 엄격하게 구분하지 않고 혼용해서 사용한다. 기본적으로 수익 창출을 목적으로 경제적 자원을 사용한다고 간주하므로 원가라는 계정을 사용하지 않고 비용이라는 계정을 사용하는 것이 불합리하다고는 판단되지 않으나 추후 수익 창출에 이바지하지 않은 부분에 대해서는 손실로 계상해야 할 것이다.

원가의 정의

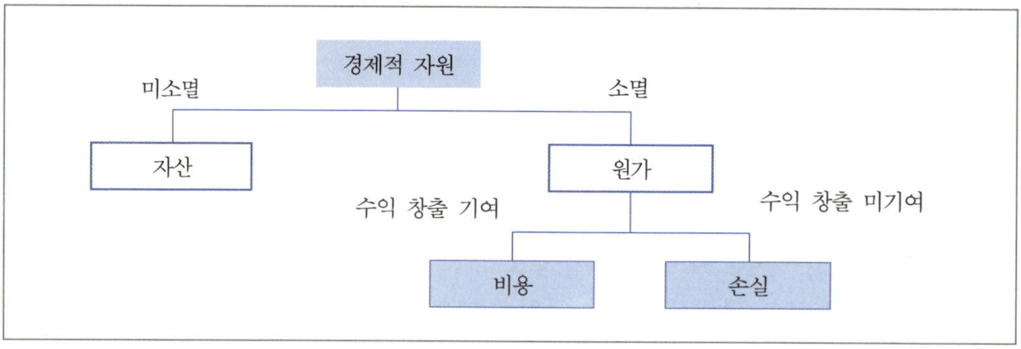

제2절 원가의 분류

원가 정보의 실질적인 유용성을 도모하기 위하여 원가는 그 사용 목적에 따라 분류된다. 즉 특정 원가는 어느 한 가지로만 구분되는 것이 아니라, 의사결정 목적에 따라 동시에 여러 가지로 분류될 수 있다.

1. 직접원가와 간접원가

원가는 원가대상(cost object)의 추적 가능성(traceability)에 따라 직접원가(direct costs)와 간접원가(indirect costs)로 구분할 수 있다.

경영자는 경영 의사결정을 위하여 원가를 부담하는 '무엇'에 대한 원가 정보가 필요하다. 이 '무엇'을 원가집적대상 또는 원가대상이라고 한다. 이러한 원가대상의 예로는 제품, 서비스, 고객, 브랜드, 부문 등을 들 수 있다.

직접원가는 원가를 특정 원가대상에 추적하는 데 관련 효익이 원가보다 커서 경제적으로 부과시킬 수 있는 원가이다. 예를 들어, 조선업체에서 엔진 원가는 완성된 선박별로 추적할 수 있으므로 해당 선박에 대한 직접원가가 된다.

반면 어떤 원가가 원가대상과 관련성은 있다고 판단되지만, 특정 원가대상에 추적하는 데 관련 원가가 효익보다 커서 경제적으로 부과시킬 수 없거나, 추적 자체가 불가능하다고 판단되는 경우 그 원가를 간접원가라 한다. 예를 들어, 조선업체에서 공통으로 발생하는 공장감독자의 임금, 전력비, 기계 유지비 등은 제품을 생산하는 데 필요한 원가이기는 하지만, 이들 원가를 특정 제품에 대하여 추적하기 불가능하다고 판단되므로 간접원가로 분류한다.

원가를 추적 가능성에 따라 직접원가와 간접원가로 분류하는 경우, 직접원가는 각 원가대상에 할당(assignment)하게 되는데 이를 원가추적(cost tracing)이라고 하고 간접원가는 별도의 부과 방법을 이용하여 원가대상에 할당하는 것을 원가배부(cost allocation)라고 한다. 간접원가의 배부는 원가·관리회계의 거의 모든 분야에 관련되는 것으로서 매우 중요하다.

추적 가능성에 따른 원가분류

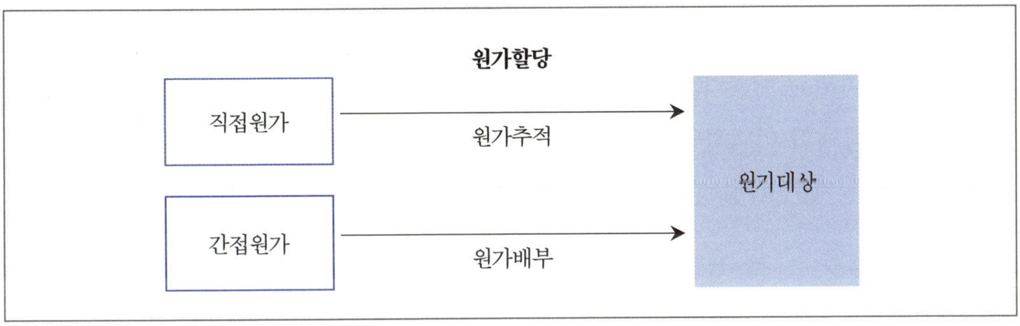

특정 원가를 직접원가 또는 간접원가로 구분하는 것이 항상 고정된 것은 아니다. 즉, 같은 원가라 할지라도 그 집적대상의 선택과 범위에 따라 추적 가능성도 달라질 수 있다. 같은 공장감독자의 급여라고 하더라도 원가대상을 A 제품으로 설정했을 경우, A 제품생산을 통제하는 감독자의 노무원가는 직접원가로 구분할 수 있으나, 공장 전체를 통제하는 감독자의 노무원가는 특정 제품으로 추적하기가 쉽지 않으므로 간접원가로 구분해야 할 것이다. 이러한 원가는 위에서 언급한 바와 같이 배부를 통하여 원가대상에 할당해야 할 것이다. 한편, 특정 원가대상에 실질적으로 추적 가능한 원가항목이라 하더라도 원가-효익 기준(cost-benefit criterion)과 중요성 기준을 만족시키지 못할 때는 간접원가로 분류하는 것이 타당하다.

원가-효익 기준과 중요성 기준은 관련성과 신뢰성을 갖춘 유용한 회계 정보를 정보이용자에게 제공할 때 고려해야 할 실무적인 요인들이다. 이러한 요인들은 회계 정보가 가져야 할 질적 특성을 제한하므로 제약요인(constraints)이라고 부른다.

원가-효익 기준이 갖는 의미는 조직의 목표를 달성하기 위해 소비한 자원으로부터 기대 효익이 기대 원가를 초과해야 한다는 것이다. 기대 효익과 기대 원가를 측정하기는 쉽지 않지만, 이러한 원가-효익 기준은 자원 배부 의사결정에 있어서 중요한 기준이다. 이를 원가분류에 적용하면 원가를 추적함으로써 얻을 수 있는 효익이 원가보다 작은 경우에는 간접원가로 분류하는 것이 타당하다는 것이다.

중요한 정보(material information)란 그 정보의 누락이나 오류로 인해 정보이용자의 의사결정이 바뀔 수 있을 정도로 중대한 영향(significant impact)을 미치는 정보를 가리킨다. 중요성(materiality)은 잠재적으로 관련성과 신뢰성이 있는 정보일지라도 중요하지 않다면(immaterial), 그 정보를 처리하는 방법이 논리적으로 타당한 회계이론이나 기준과 일치하지 않더라도 무방하며, 때에 따라서는 그러한 정보의 공시를 생략할 수도 있다는 것이다. 따라서 중요성은 회계항목이 정보로서 정확하게 제공되기 위한 최소한의 요건(threshold)이라 할 수 있다. 일반적으로 중요성은 해당 항목의 성격과 금액의 크기에 의해 결정된다. 이를 원가분류에 적용하면 특정 제품을 생산하는 데 사용한 소모품의 금액이 미미하면 각 제품 단위까지 추적해도 효익이 클 가능성이 작다. 이 경우 소모품 원가는 간접원가로 처리하는 것이 바람직하다.

2. 변동원가와 고정원가

원가는 원가행태에 따라 변동원가와 고정원가로 구분할 수 있다.

원가행태(cost behavior)란 조업도나 활동 수준이 변화함에 따라 총원가가 변화하는 양상을 의미한다. 원가행태에 따라 원가를 분류하는 이유는 경영계획과 통제목적에 유용한 정보를 제공할 수 있기 때문이다. 미래에 발생할 원가가 어떠한 양상으로 변화할 것인지를 예측하는 것은 미래의 일정 시점에 예상된 범주를 벗어나면 그 변화 금액을 알아야 하기 때문이다. 즉, 산출량 혹은 투입량의 변화에 따라 원가가 어떻게 변할 것인가를 알 수 있어야 원가 정보를 계획과 통제목적에 유용하게 사용할 수 있다. 따라서 조업도나 활동 수준의 변화에 따라 원가가 어떻게 변화하는가를 파악하는 일은 원가회계 담당자의 중요한 임무이다.

변동원가(variable cost)는 조업도나 활동 수준의 증감에 따라 비례하여 총원가가 증감하는 원가를 말한다. 따라서 단위당 변동원가는 조업도나 활동 수준의 증감과 관계없이 일정하다.

고정원가(fixed cost)는 가격변화와 같은 외부요인의 변동이 없는 한 관련 범위 내에서 조업도나 활동 수준의 증감과 관계없이 총원가가 일정한 원가항목을 말한다. 따라서 단위당 고정원가는 조업도나 활동 수준이 증가(감소)하면 감소(증가)한다. 고정원가의 예로는 공장 건물의 임차료나 정액법에 따른 감가상각비 등을 들 수 있다.

여기에서 관련 범위(relevant range)란 조업도나 활동 수준과 원가의 관계, 즉 원가함수를 유효하게 적용할 수 있는 조업도나 활동 수준의 범위를 의미한다. 이러한 관련 범위 내에서는 특정 원가의 행태가 변화하지 않는다고 가정한다. 즉, 고정원가와 변동원가는 일정 범위의 조업도 및 특정 기간을 줬다는 전제하에서 정의된다.

예를 들면, 고정원가는 주어진 조업도나 활동 수준에서만 총원가가 변하지 않는다. 즉 관련 범위 내에서 조업도나 활동 수준의 증감은 고정원가에 아무런 영향을 미치지 않는 것이다. 만약 해당 관련 범위를 벗어날 때는 고정원가의 총액이 변화한다. 따라서 관련 범위를 어떻게 설정하느냐에 따라 원가의 구분은 달라질 수 있으며, 관련 범위를 상당히 넓게 설정했을 때는 순수한 의미의 고정원가는 존재하지 않는 것이다. 이렇게 관련 범위 내에서는 원가행태가 변화하지 않는다는 것이 고정원가에만 해당하는 개념은 아니다. 변동원가 역시 해당 관련 범위 내에서만 조업도나 활동 수준에 특정 비율로 총원가가 변동하므로, 해당 관련 범위를 벗어날 때는 조업도나 활동 수준에 대하여 다른 비율(예: 대량 구매에 따른 가격할인 등)로 변동할 수 있다.

위의 두 가지 원가분류를 다음과 같은 사례로 살펴보자.

(주)현대자동차의 아산공장에서는 쏘나타 자동차를 생산하고 있다. 이를 위해 타이어를 자동차 1대당 ₩300,000에 구매하여 제조하고 있다. 또한, 공장 임차료로 연간 ₩100,000,000을 지급하고 있다. 1~20,000대의 관련 범위 내에서 타이어의 총원가는 1대당 변동원가 ₩300,000의 비율에 따라 비례적으로 증가한다. 따라서 타이어의 원가는 변동원가이다. 그러나 연간 공장 임차료의 총액은 자동차 생산 대수와 무관하게 변화하지 않으므로 고정원가이다. 자동차 1대당 공장 임차료는 생산 대수가 증가함에 따라 감소하고 있다.

쏘나타 생산 대수 (A)	타이어의 1대당 원가 (B)	타이어의 총원가 (C)=(A)×(B)	연간 공장 임차료 (D)	1대당 공장 임차료 (E)=(D)÷(A)
1	₩300,000	₩300,000	₩100,000,000	₩100,000,000
5,000	300,000	1,500,000,000	100,000,000	20,000
10,000	300,000	3,000,000,000	100,000,000	10,000
20,000	₩300,000	₩6,000,000,000	₩100,000,000	₩5,000

다음은 위 사례의 원가행태를 도표로 보여주고 있다. 도표의 가로축은 독립변수인 자동차 생산 대수이며, 세로축은 종속변수인 원가 금액이다.

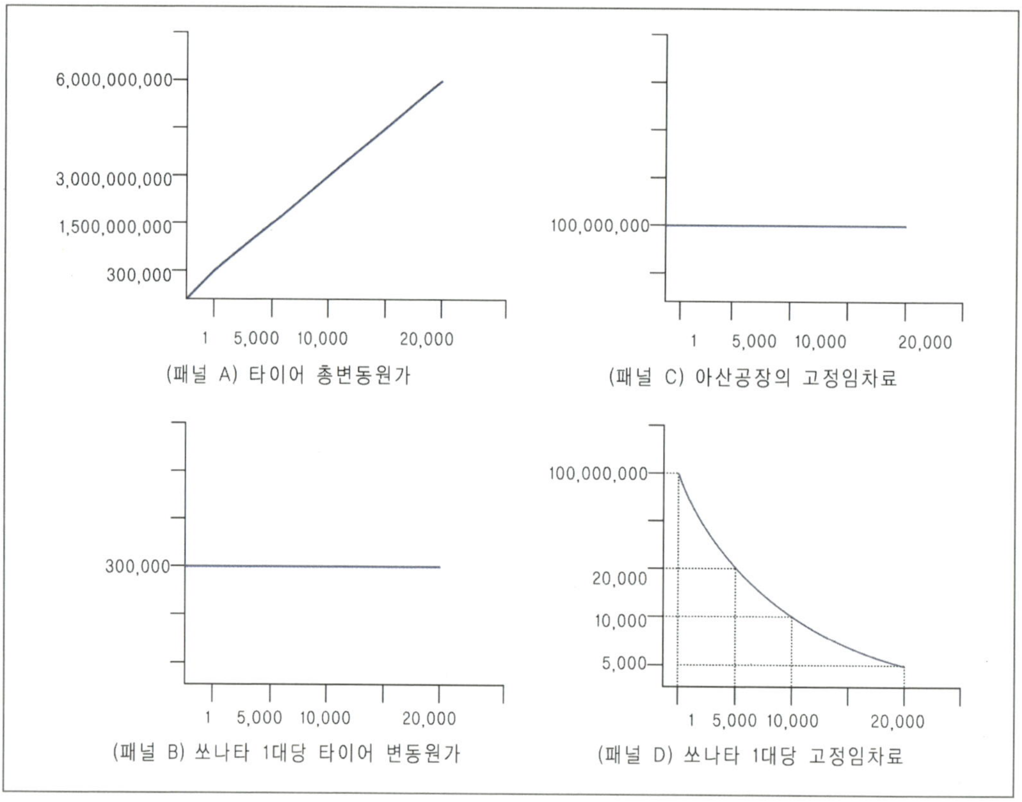

원가동인(cost driver)이란 원가를 발생시키는 원인이 되는 변수이다. 대표적인 원가동인으로는 앞에서 원가행태에 따른 원가 구분에서 언급한 활동이나 생산량을 들 수 있다. 위의 도표에서 생산 대수를 독립변수로 사용한 이유도 타이어 총원가의 증감 원인이 생산 대수의 증감이기 때문이다.

변동원가의 원가동인은 그 원가를 비례적으로 변화시키는 변수이다. 위의 사례에서 타이어 원가가 자동차 생산 대수에 따라 변화되므로 자동차 생산 대수는 타이어 원가의 동인이다.

관련 범위 내에서 고정원가는 변화하지 않으므로 원가동인은 없다고 할 수 있지만 관련 범위를 확대하게 되면 총고정원가 역시 변화하게 되므로 이를 일으킨 원가동인이 있을 것이다. 본 사례에서 보면 자동차 생산 대수가 20,000대를 초과하게 되는 경우, 즉 관련 범위를 벗어날 때는 설비를 증대해야 하고 이에 따라 공장 임차료를 추가로 지급해야 할 것이다. 장기적인 관점에서 보면 생산 대수가 공장 임차료의 원가동인이 될 것이다.

3. 제조원가와 비제조원가

3.1. 기업의 종류

기업은 크게 서비스기업, 상기업, 제조기업 세 가지 종류로 구분할 수 있다.

먼저 서비스기업(service company)은 고객에게 용역을 제공하는 것을 주된 영업 활동으로 하는 기업이다. 대표적인 예로는 회계법인, 법무법인, 은행, 투자자문 회사, 정보 중개회사 등을 들 수 있다.

상기업(merchandising company)은 제품을 구매하여 고객에게 판매하는 것을 주된 영업 활동으로 하는 기업이다. 이러한 상기업을 매매기업 또는 판매기업이라고도 하며 대표적인 예로는 소매업, 유통업, 도매업에 속하는 기업들이다.

제조기업(manufacturing company)은 원재료를 매입하여 생산공정에 투입하고 추가로 노무원가와 제조간접원가를 투입하여 제품을 생산한다. 그리고 이렇게 생산된 완제품을 고객에게 판매하는 것을 주요한 영업 활동으로 영위하는 기업이다.

회계 정보 산출 측면에서 보면, 이렇게 서로 다른 형태의 기업들은 원가의 항목, 비중 및 성격이 다르므로 서로 다른 형태의 회계 문제에 직면하게 된다.

상기업과 제조기업은 서비스기업과는 달리 상품이나 제품을 거래하므로 이들의 매출원가를 계산한다는 것이 특징이다.

상기업에서는 매입 활동, 판매 활동이 이루어지고 제조기업에서는 매입 활동, 판매 활동과 더불어 생산 활동이 복합적으로 이루어지므로 제조원가에 대한 회계 정보 산출과정과 재무제표가 서비스기업이나 상기업보다 복잡하다. 본서에서는 제조기업에 초점을 맞추어 원재료의 매입부터 판매 활동에 이르기까지의 원가 개념 및 계산에 대해 다루고자 한다.

3.2. 제조 활동과의 관련성과 원가

제조 활동과의 관련성에 따라 원가를 분류하면 제조원가(manufacturing costs)와 비제조원가(non-manufacturing costs)로 나눌 수 있다.

먼저 제조원가를 살펴보기 전에 제조기업의 생산과정에 따라 나타나는 재고자산에 대하여 알아보기로 한다. 제조기업은 인적자원과 물적 설비를 투입하여 구매한 재료나 부품의 물리적, 화학적 변화를 통해 제품을 생산하게 된다. 따라서 생산과정에 투입되기 전에 저장된 원재료는 원재료재고(raw material inventory) 계정으로 재무상태표에 계상된다. 그리고 인적자원과 물적 설비를 투입하여 부분적으로 작업이 수행되었지만 미완성된 제품은 재공품 재고(work-in-process inventory) 계정으로 재무상태표에 계상되고, 작업이 완료되었지만, 판매가 이루어지지 않은 제품은 제품 재고(finished goods inventory) 계정으로 재무상태표에 계상된다.

제조원가는 제품을 생산하는 과정에 드는 모든 원가를 말한다. 제조원가는 보통 직접재료원가, 직접노무원가 및 제조간접원가 세 가지로 구분하며 각각 같은 의미가 있는 재료비, 노무비, 경비 항목을 사용하기도 한다.

직접재료원가(direct material cost)는 원재료재고 중에서 제품을 생산하는 데 사용된 재료원가 중 특정 제품에 직접 추적 가능한 원가이다. 예를 들면, 선박생산에 필요한 엔진의 원가가 직접재료원가에 해당한다. 직접재료원가는 생산량에 비례하여 변화하기 때문에 일반적으로 변동원가로 분류된다.

한편, 원재료 중에서 제품을 생산하는 데 사용되지만, 원가대상에의 추적 가능성이 떨어지는 재료원가는 간접재료원가(indirect material cost)이며, 이는 제조간접원가에 포함되는 항목이다. 간접재료원가의 예는 제품생산에 사용되는 접착제, 기계장치에 사용되는 윤활유 등이다.

직접노무원가(direct labor cost)란 특정 제품의 생산에 든 추적 가능한 인적자원에 대한 보상액이다. 예를 들면, 특정 제품을 생산하는 작업자에게 지급된 임금, 상여금 등이다. 직접노무원가도 직접재료원가와 유사하게 생산량에 비례하여 변화하기 때문에 일반적으로 변동원가로 구분된다.

한편, 간접재료원가와 유사하게 제품에 투입되지만, 원가대상에의 추적 가능성이 낮은 인적자원에 대한 보상액은 간접노무원가(indirect labor cost)이며, 이는 제조간접원가에 포함되는 항목이다. 예를 들어, 공장관리인이나 감독자에게 지급하는 임금, 상여금 등은 직접적인 생산 활동을 수행하지는 않지만, 공장 운영을 위해 필요한 인력에 지급한 보상액이다.

직접재료원가와 직접노무원가를 제외한 제조원가를 제조간접원가(indirect manufacturing cost)라고 하는데, 제조간접원가를 구성하는 항목들은 위에서 언급한 간접재료원가, 간접노무원가와 공장 건물이나 설비자산에 대한 감가상각비, 재산세, 수도광열비 등과 같은 제조원가 항목이 여기에 해당한다.

제조간접원가는 원가행태에 따라 고정제조간접원가와 변동제조간접원가로 구분할 수 있다. 고정제조간접원가는 공장 건물이나 기계장치의 감가상각비와 수선유지비 및 공장 관리비처럼 생산량과는 상관없이 비교적 일정한 수준을 유지하는 간접 제조원가를 말한다. 변동제조간접원가는 간접재료원가나 간접노무원가처럼 생산량에 따라 직접적으로 또는 거의 직접적으로 변동하는 간접 제조원가를 말한다.(K-IFRS 제1002호 재고자산)

제조원가에 속하는 원가항목을 재구분할 수 있는데 직접재료원가와 직접노무원가를 합하여 기초원가 또는 기본원가(prime costs)라고 한다. 이는 제품을 생산하는 데 근원적인 원가항목이기 때문이다. 또한, 직접노무원가와 제조간접원가는 원재료를 가공하여 제품을 생산하는 데 소요되는 원가이므로, 이 두 원가항목의 합을 전환원가(conversion costs) 혹은 가공원가라고 한다.

재고자산의 전환원가는 직접노무원가 등 생산량과 직접 관련된 원가를 포함한다. 또한 원재료를 완제품으로 전환하는 데 발생하는 고정 및 변동 제조간접원가의 체계적인 배부액을 포함한다.

고정제조간접원가는 생산설비의 정상조업도에 기초하여 전환원가에 배부하는데, 실제조업도가 정상조업도와 유사한 경우에는 실제조업도를 사용할 수 있다. 정상조업도는 정상적인 상황에서 상당한 동안 평균적으로 달성할 수 있을 것으로 예상되는 생산량을 말하는데, 계획된 유지 활동에 따른 조업도 손실을 고려한 것을 말한다. 생산 단위당 고정제조간접원가 배부액은 낮은 조업도나 유휴설비로 인해 증가하지 않으며, 배부되지 않은 고정제조간접원가는 발생한 기간의 비용으로 인식한다. 그러나 비정상적으로 많은 생산이 이루어진 기간에는, 재고자산이 원가 이상으로 측정되지 않도록 생산 단위당 고정제조간접원가 배부액을 감소시켜야 한다. 한편, 변동제조간접원가는 생산 설비의 실제 사용에 기초하여 각 생산 단위에 배부한다.(K-IFRS 제1002호 재고자산)

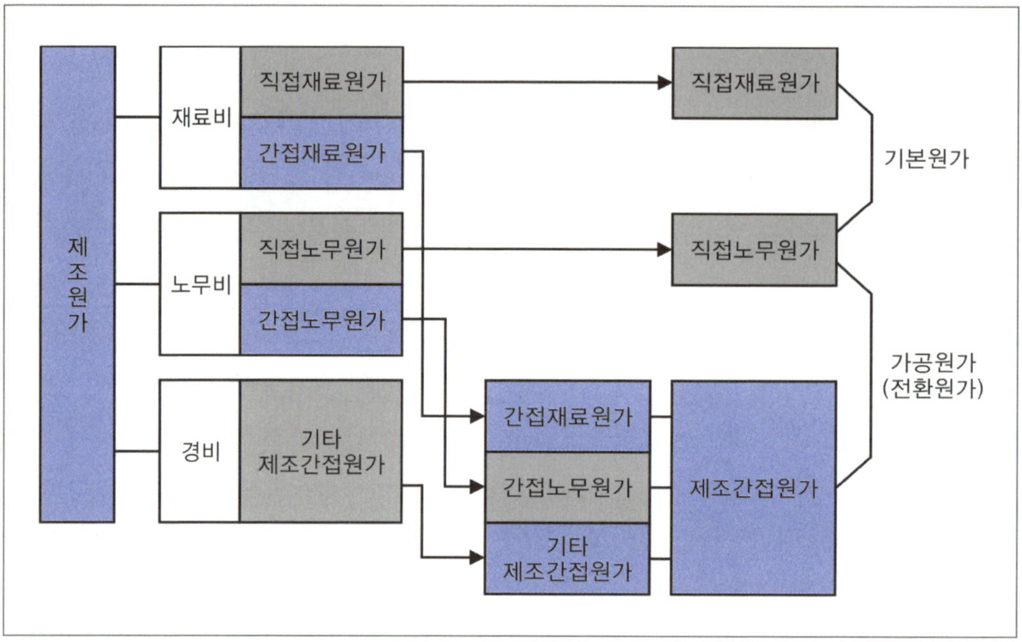

기본원가와 가공원가에 대한 예제는 다음과 같다.

예제

기본원가와 가공원가

다음은 (주)한국타이어가 생산하는 제품의 원가 자료이다.
직접재료원가 ₩20,000 직접노무원가 ₩25,000 제조간접원가 ₩40,000

물음

한국타이어(주)가 생산하는 타이어의 기본원가와 가공원가를 구하라.

물음

기본원가 = 직접재료원가 + 직접노무원가
= ₩20,000 + ₩25,000
= ₩45,000
가공원가 = 직접노무원가 + 제조간접원가
= ₩25,000 + ₩40,000
= ₩65,000

비제조원가는 기업의 제조 활동과 직접적인 관련이 없는 원가로서 판매비와 일반관리비 항목이 대표적인 예이다. 판매비는 상품, 제품, 용역의 판매에 드는 비용이며 판매원 급여, 포장 운반비, 광고선전비 등이다. 일반관리비는 기업 활동의 전반적 관리에 드는 비용으로 본사(본부) 비용을 말하며, 임원과 사무원의 급여, 복리후생비, 본사 건물 및 본사 설비 등의 감가상각비와 일반관리부문의 접대비, 통신비, 소모품비, 세금과 공과 등이 이에 속한다.

한편, 자산화 가능성에 따라 원가를 분류하면 재고가능원가(inventoriable costs)와 기간원가(period costs)로 구분할 수 있다. 재고가능원가는 원가 발생 시 재무상태표에 자산으로 기록되는 원가를 말한다. 위에서 설명한 모든 제조원가는 재고가능원가이다. 또한, 판매 목적으로 생산한 제품에 드는 자원을 화폐액으로 나타낸 제품 원가(product costs) 역시 재고가능원가이다.

제조과정이 진행됨에 따라 직접재료원가, 직접노무원가, 제조간접원가를 재공품에 부과하였다가 제조과정이 완료됨과 동시에 제품 계정으로 대체하고, 그 제품이 판매될 때까지 자산으로 계상함으로써 비용인식을 미래로 이연한다. 원가임에도 불구하고 재무상태표 항목으로 분류하는 이유는 제품이 미래 현금 창출 능력이 있는 경제적 자원이라는 자산의 정의에 부합하기 때문이다. 이후 그 제품이 판매 활동을 통해 수익을 창출하면 포괄손익계산서의 매출원가(cost of goods sold)라는 항목으로 대체되는데 비용의 성격을 지니고 있으나 원가라는 이름으로 불리고 있다.

기간원가란 재무상태표에 계상된 재고가능원가 이외의 모든 원가로서 재고가능원가와는 달리 해당 원가를 개별제품의 수익과 대응시키는 것이 경제적으로 어려우므로, 비용인식을 미래로 이연하지 않고 발생한 회계 기간에 즉시 비용으로 인식한다. 따라서 넓은 의미로 기간비용이라고도 한다. 위에서 설명한 비제조원가(예: 판매비와 관리비)는 기간원가의 대표적인 예이다.

재고가능원가와 기간원가

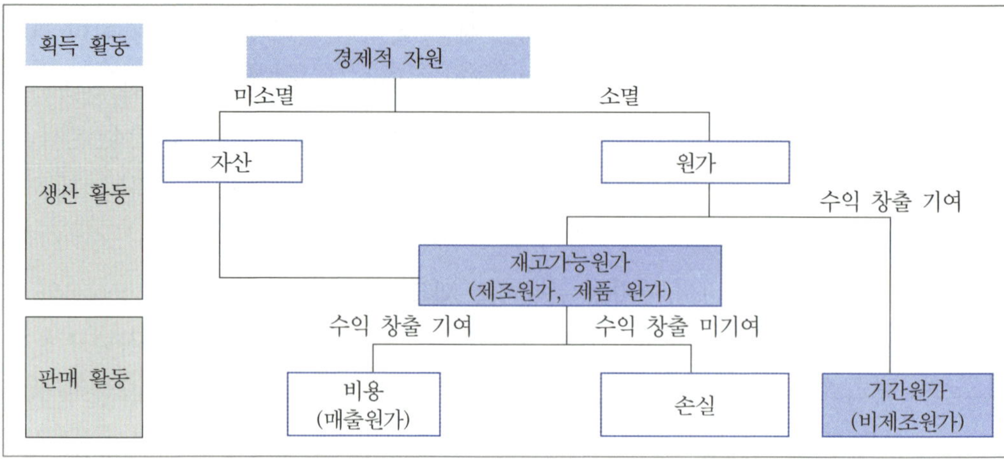

4. 원가 유형 간의 관계

지금까지 원가를 추적 가능성에 따라 직접원가와 간접원가로, 원가행태에 따라 변동원가와 고정원가로 분류하였다. 또한, 제조 활동과의 관련성 여부에 따라 제조원가와 비제조원가로 원가를 구분하였다. 이러한 원가 유형 간의 관계를 살펴보면 다음 그림과 같다.

제조 활동과의 관련성에 따른 분류인 직접재료원가, 직접노무원가, 변동제조간접원가는 원가행태에 따른 원가분류에서는 변동원가에 해당한다. 즉 직접원가는 변동원가에 해당한다.

원가 유형 간의 관계

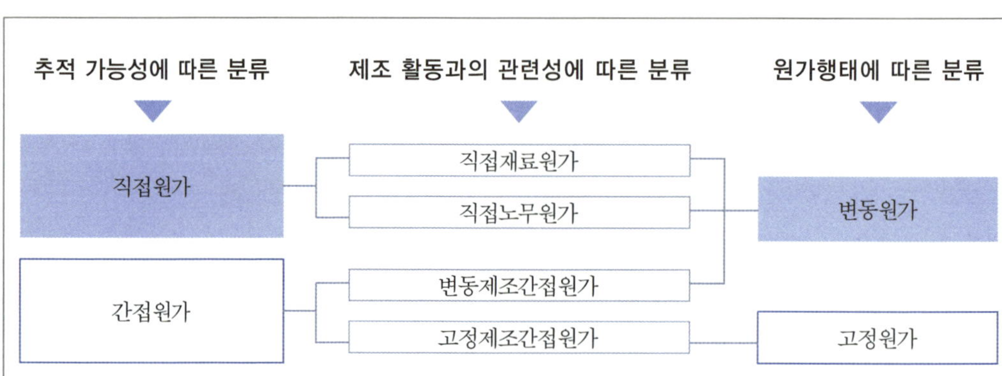

5. 통제가능원가와 통제불능원가

통제 가능성에 따른 원가를 구분하면 통제가능원가와 통제불능원가로 나눌 수 있다. 통제 가능성(controllability)이란 경영자가 특정 원가항목을 관리할 수 있는 권한의 유무를 말한다. 따라서 통제 가능하다는 것은 경영자가 원가 발생액을 관리할 수 있는 재량권을 갖고 있음을 의미한다. 따라서 통제가능원가(controllable costs)란 경영자가 발생에 영향을 미칠 수 있는 원가를 말하며, 통제불능원가(uncontrollable costs)란 경영자가 발생에 영향을 미칠 수 없는 원가를 말한다.

이러한 통제 가능성에 따른 원가 분류는 책임 중심점의 경영자를 성과 평가하는 데 필요하다. 즉, 특정 부문에서 발생하는 원가를 통제가능원가와 통제불능원가로 분류하여 부문 경영자의 성과를 평가해야 한다.

원가의 통제 가능성

통제가능원가와 통제불능원가

- 원가통제 가능성(책임 중심점)을 기준으로 한 원가분류임.
- 특히 고정원가에 대한 경영진의 의사결정이 주요 사안임.

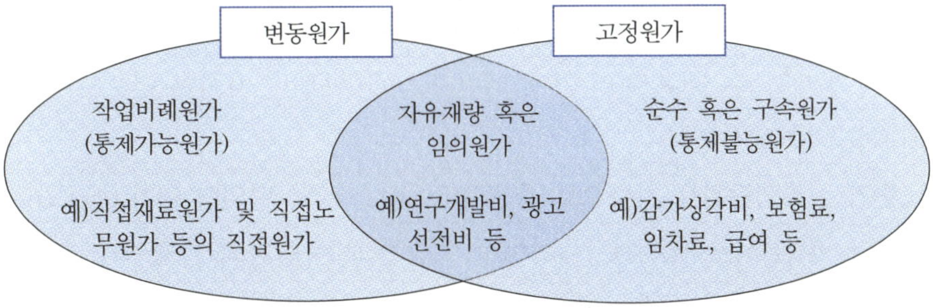

통제불능원가는 특정 부문의 외부에서 이루어지는 의사결정에 의해 발생한다. 예를 들어, 공장 부문에서 사용할 설비자산의 구매에 관한 의사결정이 최고경영진에 의해 이루어졌다면, 이 설비자산과 관련된 고정원가는 공장 부문 경영자가 직접 관리할 수 없는 통제불능원가이다. 만약 이러한 원가를 포함해 성과평가를 수행했을 경우 공장 부문 경영자의 성과평가는 왜곡되게 된다. 따라서 공장 부문 경영자의 성과평가대상에서 이러한 원가 정보는 제외해야 한다.

6. 기타 기준에 따른 원가분류

지금까지 원가의 추적 가능성, 원가행태, 제조 활동과의 관련성, 통제 가능성 등의 기준에 따른 원가의 유형을 살펴보았다. 이외에도 다양한 기준으로 원가의 유형을 구분할 수 있다.

첫째, 원가는 의사결정과의 관련성(relevance) 여부에 따라 관련원가(relevant cost)와 비관련원가(irrelevant cost)로 구분할 수 있다. 경영자의 의사결정은 다양한 상황에서 이루어진다. 따라서 같은 원가 정보라 하더라도 하나의 상황에서는 중요하게 다루어지지만, 다른 상황에서는 중요하지 않을 수 있다. 관련 원가는 여러 가지 대안 사이에 차이가 있는 미래원가로서 특정 의사결정에 활용되는 원가를 말한다. 반면, 비관련원가는 여러 가지 대안 사이에 차이가 없거나 이미 발생한 과거의 원가로서 특정 의사결정에 영향을 주지 않는 원가를 말한다. 예를 들어, 조선업체가 선박 주문을 수주할지를 결정할 때 신규 건조에 필요한 원재료 구매 원가, 추가로 고용할 근로자의 임금, 추가로 취득해야 하는 기계장치의 감가상각비 등은 중요하게 고려해야 할 관련 원가가 된다. 하지만 이미 건조 중인 선박에 투입된 원재료 구매 원가, 기존 근로자의 임금, 사용 중인 기계장치의 감가상각비 등은 신규 선박 건조와는 무관하게 발생하는 비관련원가이다. 특히 과거의 의사결정에 의해 이미 발생한 원가로서 현재 또는 미래의 의사결정에 의해 달라지지 않는 비관련원가를 매몰원가(sunk cost)라고 한다. 이러한 매몰원가는 경영자가 통제할 수 없고 여러 가지 대안 사이에 아무런 차이가 없으므로 의사결정에서 고려하지 않아야 한다.

둘째, 원가는 측정단위를 기준으로 총원가(total cost)와 단위당 원가(unit cost)로 구분할 수 있다. 총원가는 특정 원가대상에서 발생한 모든 원가의 합계이다. 그리고 단위당 원가는 총원가를 생산 수량 또는 조업도로 나눈 값을 말한다. 따라서 단위당 원가는 수리적으로 단순평균으로 계산된 원가 개념이다. 예를 들어, 직접재료원가 ₩20,000, 직접노무원가 ₩25,000, 제조간접원가 ₩40,000을 투입하여 제품 100개를 생산하였다면, 총원가는 ₩85,000(=₩20,000+₩25,000+₩40,000), 제품 단위당 원가는 ₩850(=₩85,000÷100개)이 된다.

셋째, 원가를 경제학적 관점에서 기회원가(opportunity cost)로 파악할 수도 있다. 기회원가는 기업의 경제적 자원을 현재 사용하고 있는 곳이 아닌 다른 대체적 용도에 사용하였을 때 실현할 수 있는 최대금액을 말한다. 신규 투자의사 결정을 할 때 여러 가지 대안 중에서 차선의 대안을 포기함으로써 상실한 경제적 효익(economic benefit)이 기회원가가 된다. 기회원가는 제한된 경제적 자원을 여러 가지 목적에 활용할 수 있을 때 성립되는 개념이며, 경제적 자원이 무한하거나 하나의 용도밖에 사용할 수 없는 경우 기회원가는 ₩0이 된다. 일반적으로 기회원가는 회계시스템에서는 측정·기록되지 않으며, 현실적으로 기회원가의 측정이 어렵다. 그러나 합리적 의사결정을 위해서는 어떠한 형태로든 기회원가를 파악하도록 노력할 필요가 있다.

지금까지 설명한 원가개념을 정리하면 다음 표와 같다.

개념		정의
원가		특정 목적을 달성하기 위해 희생 또는 소모된 자원을 화폐액으로 나타낸 것
비용		특정 회계 기간의 수익 창출에 이바지한 원가
손실		특정 회계 기간의 수익 창출에 이바지하지 못한 원가
추적 가능성에 따라	직접원가	특정 원가대상에 직접 관련시킬 수 있는 원가
	간접원가	특정 원가대상에 직접 관련시킬 수 없는 원가
원가행태에 따라	변동원가	원가동인의 변화에 따라 총액이 변하는 원가
	고정원가	원가동인의 변화에 따라 총액이 변하지 않는 원가
제조 활동 관련성에 따라	제조원가	제품을 생산하는 과정에서 소요되는 모든 원가
	비제조원가	제조 활동과 직접적인 관련이 없는 원가
자산화 가능성에 따라	재고가능원가	원가 발생 시 재무상태표상 자산으로 계상되는 원가
	기간원가	발생 기간에 비용으로 인식하는 원가
통제 가능성에 따라	통제가능원가	경영자가 발생에 영향을 미칠 수 있는 원가
	통제불능원가	경영자가 발생에 영향을 미칠 수 없는 원가
의사결정 관련성에 따라	관련원가	미래에 발생하며 대안에 따라 차이가 발생하는 원가
	비관련원가	미래에 발생하지 않거나 대안에 따라 차이가 없는 원가
측정단위에 따라	총원가	특정 원가대상에서 발생한 모든 원가의 합계
	단위당 원가	총원가를 원가동인의 총수량으로 나눈 원가
기타	매몰원가	과거의 의사결정에 의해 이미 발생한 원가로서 현재 또는 미래의 의사결정에 의해 달라지지 않는 원가
	기회원가	경제적 자원을 현재 사용하고 있는 곳이 아닌 다른 대체적 용도에 사용하였을 때 실현할 수 있는 최대금액 (또는 경제적 효익)

7. 원가의 흐름과 집계

앞에서 설명한 바와 같이 제조기업이 원재료를 투입하여 완제품을 생산하기까지의 가공 정도에 따라 각기 다른 형태로 자산으로 기록되는 재고가능원가 항목이 존재한다.

즉 생산공정에 아직 투입하지 않은 원재료, 생산공정에 투입하였지만 완성되지 않고 제조과정 중에 있는 재공품, 그리고 생산이 완료된 상태에 있는 제품이다. 제조기업의 원가회계시스템에는 재고자산별로 계정을 설정하며, 각 재고자산 계정에는 기초재고액, 당기 증감액 및 기말재고액을 표시한다.

원재료를 제품으로 전환하는 과정에서 먼저 원재료를 창고에서 출고하여 제조공정에 투입하게 된다. 이 중 제품에 직접 추적이 가능한 원가는 직접재료원가로, 재공품 계정으로 대체되고 추적할 수 없는 원가는 간접재료원가로 제조간접원가 계정으로 대체된다.

투입된 원재료는 노동력을 투입하여 생산작업을 수행하게 되는데, 이 중 제품에 추적이 가능한 원가는 직접노무원가로 재공품 계정으로 대체되고, 추적할 수 없는 원가는 간접노무원가로 제조간접원가 계정으로 대체된다.

직접재료원가와 직접노무원가를 제외한 나머지 원가는 제조간접원가 계정에 기록된다. 간접재료원가, 간접노무원가, 기타 제조간접원가 금액의 합은 제조간접원가 계정으로 대체된다.

이렇게 생산과정에서 발생하는 제조원가는 일단 미완성된 제품의 원가를 나타내는 재공품 계정에 기록하며, 제품을 완성하면 완제품의 원가를 재공품 계정에서 제품 계정으로 대체한다. 마지막 단계에서 고객에게 판매한 제품의 원가를 제품 계정에서 매출원가 계정으로 대체한다.

이를 도식화하면 다음과 같다.

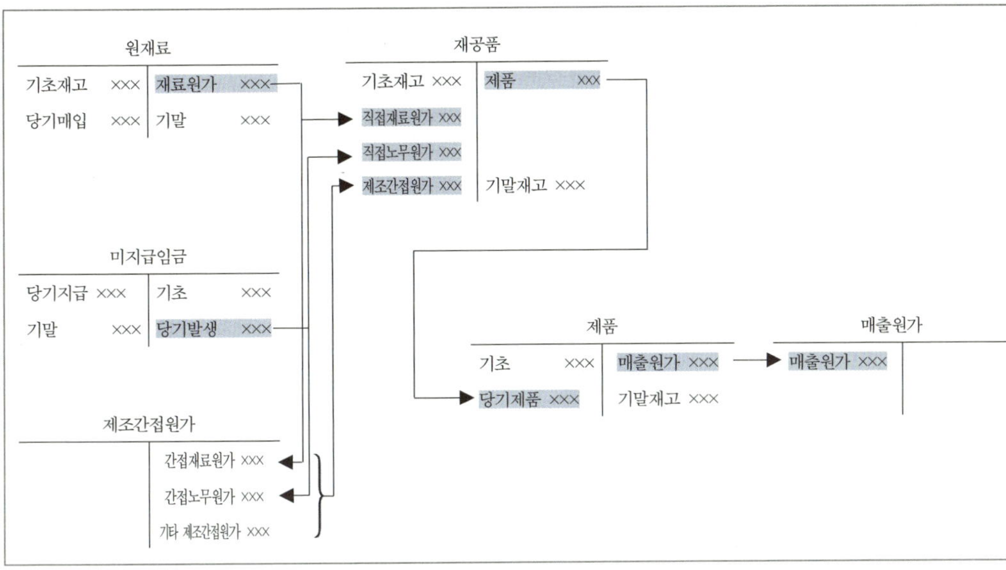

다시 이러한 원가 흐름을 직접재료원가, 직접노무원가, 제조간접원가, 당기총제조원가, 당기제품제조원가, 매출원가와의 관계로 나타내면 다음과 같다.

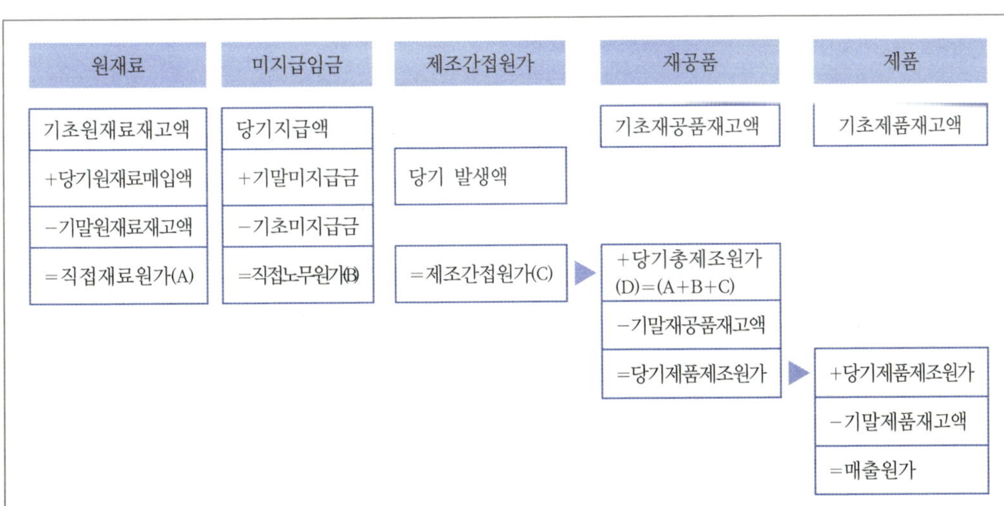

당기총제조원가에 대한 예제는 다음과 같다.

예제

당기총제조원가

(주)한국의 20×1년 3월의 기본원가는 ₩1,000,000이다. 3월의 가공원가는 ₩1,500,000인데 이 중 ₩800,000은 제조간접원가이다.

물음

20×1년 3월의 당기총제조원가는 얼마인가?

풀이

당기총제조원가=직접재료원가+직접노무원가+제조간접원가
=기본원가+제조간접원가
=₩1,000,000+₩800,000
=₩1,800,000

물음

20×1년 3월의 직접재료원가는 얼마인가?

풀이

직접재료원가=기본원가−직접노무원가
=기본원가−(가공원가−제조간접원가)
=₩1,000,000−(₩1,500,000−₩800,000)
=₩300,000

제조기업에서 포괄손익계산서를 작성하기 위해서 **제조원가명세서**(schedule of manufacturing costs)를 작성해야 한다. 제조원가명세서는 특정 기간의 생산 활동에서 발생한 원가의 변동사항을 요약한 표라고 할 수 있다. 즉, 제조원가명세서에는 재공품의 기초금액, 당기총제조원가, 제품으로 대체된 금액 및 재공품의 기말 잔액 등을 기록한다. 이 중 포괄적으로 당기총제조원가의 구성항목인 당기의 직접재료원가, 직접노무원가 및 제조간접원가 항목의 금액이 상세히 나타나 있으며, 당기제품제조원가는 당기에 재공품에서 제품으로 대체된 원가를 나타낸다.

제조원가명세서

직접재료원가		
기초재고액	×××	
당기매입액	×××	
사용가능액	×××	
기말재고액	(×××)	×××
직접노무원가		×××
제조간접원가		×××
당기총제조원가		×××
기초재공품재고액		×××
합계		×××
기말재공품재고액		(×××)
당기제품제조원가		×××

다음은 제조기업의 포괄손익계산서를 보여주고 있다. 포괄손익계산서를 작성하기 위해서는 매출원가 정보가 필요한데, 제조기업의 경우 위에서 산출한 제조원가명세서의 당기제품제조원가 정보를 이용하여 매출원가를 계산하게 된다. 다시 말해서, 고객에게 판매한 제품의 매출원가는 제품의 제조과정에서 발생한 직접재료원가, 직접노무원가, 제조간접원가를 근거로 산출한다.

포괄손익계산서

매출액		×××
매출원가		
기초제품재고액	×××	
당기제품제조원가	×××	
매출가능액	×××	
기말제품재고액	(×××)	(×××)
매출총이익		×××
판매비와 관리비		(×××)
당기순이익		×××

매출원가에 대한 예제는 다음과 같다.

예제

매출원가

안산회사의 20×1년도 기초와 기말재고에 관련된 자료는 다음과 같다. 위 자료를 이용하여 당기의 매출원가를 구하면 얼마인가? [1990년 감정평가사]

항목	20×1.1.1	20×1.12.31
원재료	₩50,000	₩60,000
재공품	70,000	50,000
제품	₩55,000	₩35,000

20×1년도 원가와 비용은 다음과 같다.

원재료 구매액	₩500,000
직접노무비	250,000
공장 간접노무비	100,000
공장 건물감가상각비	70,000
영업부 사무원급료	₩50,000

풀이

항목	산식	결과
직접재료원가①	기초원재료 재고액+당기원재료 매입액−기말원재료 재고액 ₩50,000+₩500,000−₩60,000	₩490,000
직접노무원가②		₩250,000
제조간접원가③	공장 간접노무비+공장 건물감가상각비 ₩100,000+₩70,000	₩170,000
당기총제조원가 ④=(①+②+③)	직접재료원가+직접노무원가+제조간접원가 ₩490,000+₩250,000+₩170,000	₩910,000
당기제품제조원가⑤	기초재공품+당기총제조원가−기말재공품 ₩70,000+④₩910,000−₩50,000	₩930,000
매출원가	기초제품 재고액+당기제품제조원가−기말제품 재고액 ₩55,000+⑤₩930,000−₩35,000	₩950,000

객 • 관 • 식

2.1 다음 자료를 참고로 하여 20×1년도 당기제품제조원가와 매출원가를 계산하면?

[1993년 공인회계사]

구분	20×1.1.1 재고	20×1년 중 매입(투입)액	20×1.12.31 재고
원재료	₩90,000	₩720,000	₩120,000
재공품	120,000	–	140,000
직접노무비	–	400,000	–
제조간접비	–	510,000	–
제품	150,000	–	180,000

	당기제품제조원가	매출원가
①	₩1,550,000	₩1,161,000
②	₩1,550,000	₩1,580,000
③	₩1,610,000	₩1,580,000
④	₩1,580,000	₩1,550,000
⑤	₩1,580,000	₩1,580,000

2.2 20×1년 1월 5일에 영업을 시작한 단기회사는 20×1년 12월 31일에 직접재료 재고 5,000원 재공품 재고 10,000원, 제품 재고를 20,000원 가지고 있었다. 20×2년에 영업실적이 부진하여 이 회사는 동년 6월에 재료와 재공품 재고를 남겨두지 않고 제품으로 생산한 뒤 싼 가격으로 처분하고 공장을 폐쇄하였다. 이 회사의 20×2년의 원가를 큰 순서대로 정리하면?

[1999년 공인회계사]

① 매출원가, 제품제조원가, 총제조원가
② 매출원가, 총제조원가, 제품제조원가
③ 총제조원가, 제품제조원가, 매출원가
④ 모두 금액이 같다.
⑤ 매출원가만 높고, 제품제조원가와 총제조원가는 같다.

2.3 (주)남송의 1월 중 발생한 비용과 월초 및 월말 재고자산 자료는 다음과 같다.

[2001년 공인회계사]

1월 중 발생비용		재고자산	1월 초	1월 말
직접노무원가	₩300	재공품 재고	1,000	800
감가상각비－공장	50	직접재료 재고	300	100
감가상각비－영업점포	50			
감가상각비－본부사옥	100			
공장감독자급여	100			
그 밖의 제조간접원가	200			

1월 중 직접재료의 매입은 발생하지 않았다. (주)남송의 1월 당기제품제조원가는?

① ₩850　② ₩900　③ ₩1,050
④ ₩1,100　⑤ ₩1,200

2.4 한일세무법인은 계약 건별로 추적이 가능한 원가는 직접비로 파악하고, 간접비에 대해서는 복수의 간접비 집합으로 분류한 다음 각각의 간접비 배부율을 적용하여 원가계산을 한다. 다음 자료를 토대로 한일해운의 세무조정계약 건에 대한 원가를 산출하시오. [2002년 세무사]

(1) 직접노무비: 한일해운의 계약 건과 관련하여 책임 세무사 200시간, 담당 세무사 400시간이 투입되었으며, 관련 자료는 다음과 같다.

구분	인원수	연간 총투입시간(조업도)	연간급여
책임 세무사	10명	1,600시간×10명＝16,000시간	₩800,000,000
담당 세무사	40명	1,600시간×40명＝64,000시간	1,600,000,000
계		80,000시간	₩2,400,000,000

(2) 한일해운의 세무조정계약 건에서 발생한 직접노무비 이외의 직접비: ₩2,600,000

(3) 간접비는 연간 총 ₩496,000,000이며, 관련 자료는 다음과 같다.

가. 일반관리비(세무사 총투입시간에 비례하여 배부)	₩240,000,000
나. 보험료(세무사 직접노무비에 비례하여 배부)	96,000,000
다. 비서실 운영비(책임 세무사 투입시간에 비례하여 배부)	160,000,000
계	₩496,000,000

① ₩22,600,000　② ₩27,750,000　③ ₩26,300,000
④ ₩35,300,000　⑤ ₩27,200,000

2.5 (주)서울은 5월 중 ₩43,000의 원재료를 구매하였다. 5월 중 제조간접비의 총액은 ₩27,000이었고 총제조원가는 ₩106,000이었다. 원재료의 5월 초 재고가 ₩8,000이었고 5월 말 재고가 ₩6,000이었다면 5월 중 직접노무비는 얼마인가? [2004년 세무사]

① ₩34,000 ② ₩38,000 ③ ₩36,000
④ ₩45,000 ⑤ ₩35,000

2.6 우진회사는 개별원가계산제도를 채택하고 있다. 제품 A의 제조와 관련한 다음의 자료를 토대로 당기에 발생한 제품 A의 직접재료비를 구하면 얼마인가? [2005년 세무사]

- 당기총제조원가 ₩6,000,000
- 당기제품제조원가 ₩4,900,000
- 제조간접비는 직접노무비의 60%가 배부되었는데 이는 당기총제조원가의 25%에 해당한다.

① ₩4,125,000 ② ₩2,000,000 ③ ₩4,500,000
④ ₩3,600,000 ⑤ ₩900,000

2.7 다음은 대한상사의 2007년 3월 중 원가 자료이다.

항목	2007년 3월 1일	2007년 3월 31일
원재료	₩20,000	₩25,000
재공품	₩35,000	₩30,000
제품	₩100,000	₩110,000

대한상사의 2007년 3월 중의 원재료 매입액은 ₩125,000이고, 제조간접원가는 직접노무원가의 50%이었으며, 매출원가는 ₩340,000이었다. 대한상사의 2007년 3월의 기본원가(prime costs)는 얼마인가? [2007년 세무사]

① ₩255,000 ② ₩260,000 ③ ₩265,000
④ ₩270,000 ⑤ ₩275,000

2.8 2008년 1월부터 3월까지의 대한회사의 예상 상품매출액은 다음과 같다. 매월 기말재고액은 다음 달 예상 매출원가의 25%이며, 상품의 매출총이익률은 30%이다. 2월의 예상 상품매입액은 얼마인가? [2008년 세무사 1차]

월별	예상 매출액
1월	₩3,500,000
2월	4,100,000
3월	₩3,800,000

① ₩2,467,500 ② ₩2,817,500 ③ ₩2,625,000
④ ₩3,010,000 ⑤ ₩4,672,500

2.9 본사와 생산공장이 동일 건물에 소재하는 (주)대한의 3월 중 발생한 비용과 재고자산 자료는 다음과 같다. 3월 중 직접재료 매입액은 ₩1,200,000이며, 매출액은 ₩7,400,000이다.

〈3월 중 발생비용〉	
직접노무원가	₩3,000,000
공장감독자급여	100,000
기타 제조간접원가	200,000
전기료(본사에 40%, 공장에 60% 배부)	200,000
감가상각비(본사에 20%, 공장에 80% 배부)	500,000
본사의 기타 판매관리비	400,000
합계	₩4,400,000

〈재고자산〉	3월 초	3월 말
재공품 재고	₩1,000,000	₩800,000
직접재료 재고	300,000	100,000
제품 재고	₩700,000	₩400,000

위의 자료를 토대로 (주)대한의 3월 1일부터 3월 31일까지의 영업이익을 구하면 얼마인가?

[2009년 세무사 1차]

① ₩1,000,000 ② ₩1,100,000 ③ ₩1,280,000
④ ₩1,600,000 ⑤ ₩1,680,000

2.10 (주)경진은 한 가지 제품만을 생산하며 매월 생산한 제품은 당해 월에 모두 판매한다. (주)경진의 법인세율은 40%의 단일세율이며, 20×8년도 1월과 2월의 원가 자료는 다음과 같다.

구분	1월	2월
제품 단위당 판매가격	₩500	₩450
제품 단위당 변동비	300	270
총 고정비	₩500,000	₩600,000

(주)경진의 20×8년 1월과 2월의 당기순이익이 각각 ₩60,000과 ₩72,000이라면, 1월과 2월의 제품 매출액은 각각 얼마인가? [2009년 공인회계사 1차]

	1월 제품 매출액	2월 제품 매출액		1월 제품 매출액	2월 제품 매출액
①	₩1,400,000	₩1,680,000	②	₩1,400,000	₩1,800,000
③	₩1,500,000	₩1,680,000	④	₩1,500,000	₩1,800,000
⑤	₩1,500,000	₩2,000,000			

2.11 (주)원가는 기계장치를 생산, 판매하는 기업으로 사업 첫해에 다음과 같은 원가가 발생했다. 이 자료를 바탕으로 원가계산을 했을 경우 (가)부터 (마)까지의 설명 중 타당하지 않은 것을 모두 고르면? (단, 기초재공품 재고액은 없고, 기말재공품 재고액이 ₩10 존재한다.)

[2010년 공인회계사]

직접재료원가	₩110	간접재료원가	₩30	판매직 급여	₩30
직접노무원가	₩120	간접노무원가	₩60	관리직 급여	₩70
간접경비	₩200	광고선전비	₩20	이자비용	₩10

(가) 당기제품제조원가는 ₩510이다.
(나) 기본원가(기초원가, prime costs)는 ₩230이다.
(다) 제조간접원가에는 어떤 재료원가도 포함되지 않으므로 간접노무원가와 간접경비를 합한 ₩260이다.
(라) 당기총제조원가는 ₩520으로, 기본원가에 가공원가를 합한 금액이다.
(마) 기간원가는 ₩130으로, 재고가능원가라고 부르기도 한다.

① (가), (나) ② (다), (라) ③ (라), (마)
④ (나), (다), (마) ⑤ (다), (라), (마)

2.12 (주)국세의 4월 매출액은 ₩20,000이며, 매출총이익률은 30%이다. (주)국세의 공장에서 4월에 발생한 원가 관련 자료는 다음과 같다.

• 재고자산 현황

일자	직접재료	재공품	제품
4월 1일	₩1,000	?	₩3,000
4월 30일	₩2,000	₩3,000	₩4,000

• 4월에 매입한 직접재료금액은 ₩4,500이다.
• 4월 1일 미지급임금은 ₩2,000이며, 4월 30일 미지급임금은 ₩4,000이다.
• 4월에 지급한 임금은 ₩6,000이다.
• (주)국세의 공장에서 발생한 임금의 50%는 생산직 종업원의 임금이다.
• 4월에 발생한 제조간접원가 중 임금을 제외한 나머지 부분은 ₩1,500이다.

(주)국세의 4월 1일 재공품 금액은 얼마인가? [2011년 세무사]

① ₩2,500 ② ₩3,000 ③ ₩3,500
④ ₩4,000 ⑤ ₩5,000

2.13 (주)세무는 실제원가계산을 사용하고 있으며, 20×1년 원가 자료는 다음과 같다. 20×1년 직접 재료매입액은 ₩21,000이었고, 매출원가는 ₩90,000이었다. 가공원가의 40%가 직접노무원가라면 기초원가(prime cost)는? [2013년 세무사]

항목	기초 잔액	기말 잔액
직접재료	₩3,000	₩4,000
재공품	50,000	45,000
제품	70,000	60,000

① ₩42,000 ② ₩44,000 ③ ₩50,000
④ ₩53,000 ⑤ ₩55,000

2.14 (주)세무의 20×1년도 기초 및 기말 재고자산은 다음과 같다. [2014년 세무사]

항목	기초 잔액	기말 잔액
• 원재료	₩34,000	₩10,000
• 재공품	37,000	20,000
• 제품	10,000	48,000

원재료의 제조공정 투입금액은 모두 직접재료원가이며, 20×1년 중에 매입한 원재료는 ₩76,000이다. 20×1년의 기본원가(prime costs)는 ₩400,000이고, 전환원가(가공원가: conversion costs)의 50%가 제조간접원가이다. (주)세무의 20×1년 매출원가는 얼마인가?

① ₩679,000 ② ₩700,000 ③ ₩717,000
④ ₩727,000 ⑤ ₩747,000

2.15 (주)세무의 20×1년 5월 중 자료는 다음과 같다. [2016년 세무사]

항목	5월 1일	5월 31일
재공품	₩30,000	₩25,000
제품	20,000	10,000

5월 중 기초원가(prime cost)는 ₩325,000이고, 가공원가(conversion cost)가 직접재료원가의 40%이며, 제조간접원가는 ₩25,000이다. (주)세무의 5월 매출원가는?

① ₩320,000 ② ₩345,000 ③ ₩350,000
④ ₩360,000 ⑤ ₩365,000

2.16 (주)세무는 단일 제품을 생산하며 개별정상원가계산을 사용한다. 제조간접원가는 직접노무시간당 ₩6을 예정 배부한다. 재료계정의 기초금액은 ₩10,000이며, 기말금액은 ₩15,000이다. 재료는 모두 직접재료로 사용되고 간접재료로 사용되지 않는다. 당기총제조원가는 ₩650,000이며 당기제품제조원가는 ₩640,000이다. 직접노무원가는 ₩250,000이며, 실제 발생한 직접노무시간은 20,000시간이다. (주)세무가 당기에 매입한 재료금액은? [2017년 세무사]

① ₩270,000　② ₩275,000　③ ₩280,000
④ ₩285,000　⑤ ₩290,000

2.17 (주)세무는 20×1년 초에 영업을 개시하였다. (주)세무는 전부원가계산을 적용하고 있으며, 재고자산의 원가흐름가정은 선입선출법이다. 20×1년과 20×2년의 생산 및 원가자료는 다음과 같다.

항목	20×1년	20×2년
제품 생산량	1,500단위	1,750단위
제품 판매량	1,200단위	(　　)단위
기말제품 수량	(　　)단위	150단위
제품 단위당 변동제조원가	₩38	₩40
고정제조간접원가	₩48,000	₩70,000

(주)세무의 20×2년도 매출원가는? (단, 기초 및 기말재공품은 없다.) [2018년 세무사]

① ₩147,000　② ₩148,000　③ ₩148,600
④ ₩149,000　⑤ ₩149,400

2.18 (주)세무의 기초 및 기말 재고자산은 다음과 같다. [2019년 세무사 1차]

	기초 잔액	기말 잔액
원재료	₩27,000	₩9,000
재공품	30,000	15,000
제품	35,000	28,000

원재료의 제조공정 투입금액은 모두 직접재료원가이며 당기 중 매입한 원재료는 ₩83,000이다. 기초원가(prime cost)는 ₩306,000이고, 전환원가(conversion cost)의 50%가 제조간접원가이다. (주)세무의 당기제품제조원가와 당기 매출원가는?

	당기제품제조원가	매출원가
①	₩408,500	₩511,000
②	₩511,000	₩511,000
③	₩511,000	₩526,000
④	₩526,000	₩526,000
⑤	₩526,000	₩533,000

2.19 다음은 (주)세무의 당기 및 전기 제조간접원가에 관련된 자료이다. 이 자료에 의할 때 (주)세무의 당기 제조간접원가 발생액은? [2019년 세무사 1차]

	당기 지급액	당기 말 잔액		전기말 잔액	
		선급 비용	미지급 비용	미지급 비용	선급 비용
공장관리비	₩250,000	₩150,000	−	₩25,000	−
수도광열비	300,000	−	₩100,000	25,000	−
복리후생비	150,000	−	100,000	−	₩35,000

① ₩615,000 ② ₩735,000 ③ ₩765,000
④ ₩965,000 ⑤ ₩1,065,000

2.20 (주)대한의 20x1년 재고자산과 관련된 자료는 다음과 같다.

구분	원재료	재공품	제품
기초금액	₩23,000	₩30,000	₩13,000
기말금액	12,000	45,000	28,000

20x1년 원재료 매입액은 ₩55,000이며, 가공원가는 ₩64,000이다. 이 경우 (주)대한의 20x1년 당기제품제조원가에서 매출원가를 차감한 금액은 얼마인가? [2021년 공인회계사 1차]

① ₩12,000 ② ₩15,000 ③ ₩23,000
④ ₩28,000 ⑤ ₩30,000

2.21 (주)대한은 의료장비를 생산하고 있으며, 20×1년 2월 원가 관련 자료는 다음과 같다.

[2022년 공인회계사 1차]

· 재료 구입액은 ₩4,000, 재료 기말재고액은 ₩1,400이다.
· 노무원가는 공장에서 발생한 것이며, 노무원가의 80%는 생산직 종업원의 임금이다.
· 지급한 노무원가는 ₩3,700, 기초 미지급노무원가는 ₩200, 기말 미지급노무원가는 ₩500이다.
· 기본원가(기초원가, prime costs)는 ₩5,700이다.
· 제조경비는 ₩2,100이며, 전액 제조간접원가이다.

20×1년 2월 (주)대한의 제조간접원가는 얼마인가? 단, 기초재고자산은 없다.

① ₩2,100 ② ₩2,200 ③ ₩2,800
④ ₩3,000 ⑤ ₩3,100

주 • 관 • 식

2-1 다음은 (주)강릉의 원가자료이다. 다음 자료를 이용하여 원가구성도를 완성하시오.

재료비 소비액	₩1,000,000(이 중 간접비는 40%임)		
노무비 소비액	₩500,000 (이 중 간접비는 60%임)		
경비 소비액	₩2,000,000		
판매수수료	₩80,000	마케팅 비용	₩90,000
대표이사 급료	₩70,000	관리비	₩95,000
영업부 차량 감가상각비	₩5,000	본사건물재산세	₩90,000
판매이익은 총원가의 20%임.			

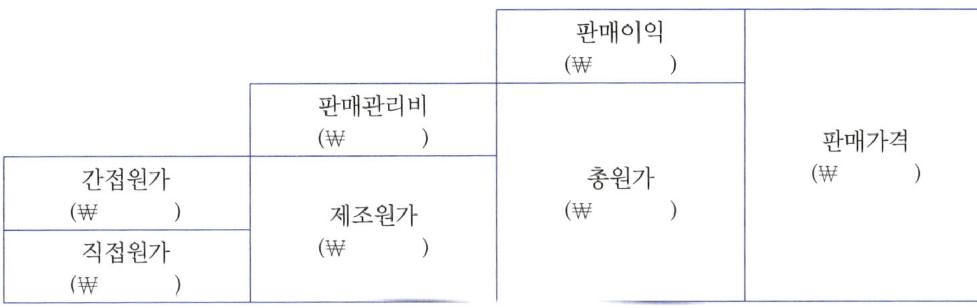

2-2 다음 자료를 이용하여 원가구성도를 완성하시오.

- 기초원가는 ₩250,000이다.
- 가공원가는 ₩500,000이다.
- 판매이익은 판매가격의 40%이다.
- 제조간접비는 직접노무비의 150%이다.
- 총원가는 제조간접비의 350%이다.

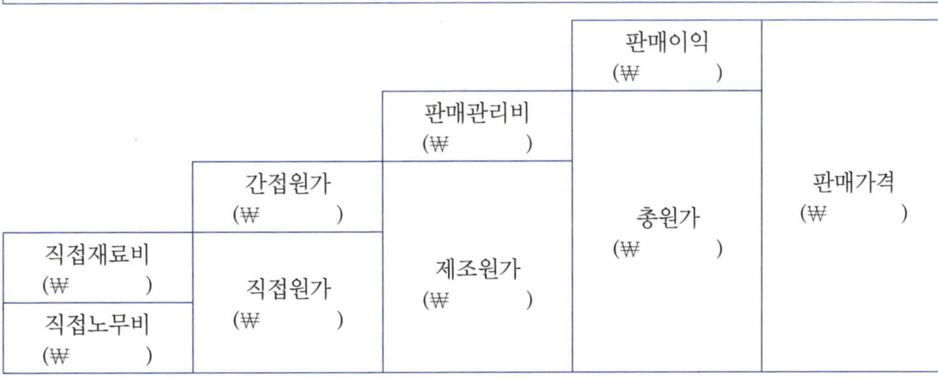

2-3 (주)동경은 화학약품을 제조하는 회사이다. 20×8년 3월 강도 7의 지진이 발생하여 회사에 화재가 발생하여 제조공장과 창고가 완전히 소실되었다. 과거에 지진으로 화재가 발생한 경험이 있으므로 회사의 손실을 줄이고자 화재보험에 가입하고 있었다. 이번 화재로 손실 전액을 보험금으로 충당할 수 있으며, 이를 위해 보험회사에 제시할 자료는 다음과 같다.

원재료

차변	금액	대변	금액
기초재고액	10,000	직접재료원가	
당월매입액	70,000	기말재고액	

재공품

차변	금액	대변	금액
기초재고액	15,000	제품	180,000
직접재료원가		기말재고액	
직접노무원가	60,000		
제조간접원가			

제품

차변	금액	대변	금액
기초재고액	20,000	매출원가	
재공품	180,000	기말재고액	

추가자료:

기본원가	₩100,000
제조간접원가	전환원가의 70%
매출총이익	매출액의 20%
매출액	₩150,000

≪물음≫

1. 20×8년 3월 현재 기말제품재고액을 계산하시오.

2. 20×8년 3월 현재 기말원재료재고액을 계산하시오.

3. 20×8년 3월 현재 기말재공품재고액을 계산하시오.

3 장

원가행태의 결정

경영자는 미래에 원가가 어떻게 변화할 것인지를 잘 예측할 수 있어야 한다. 이는 경영자가 생산, 마케팅, 유통 등에 대한 경영계획을 세워서 경영활동을 수행하고 이를 통제하는 데 미래원가가 갖는 중요성 때문이다. 이에 따라 본 장에서는 다음과 같은 학습 목표를 설정한다.

1. 원가함수란 무엇이고 어떻게 세분되며, 중요한 이유는 무엇인가?
2. 원가함수 추정방법에는 무엇이 있는가?
3. 원가추정에서 특히 회귀분석이 사용되는 이유는 무엇인가?
4. 원가추정에서 인과관계와 상관관계는 어떻게 다르고, 왜 중요한가?
5. 원가추정에서 비선형 원가함수를 언제 고려하는가?
6. 학습곡선의 의의는 무엇이며, 어떻게 산출하고, 어떨 때 적용하는가?

제1절 원가함수

관리회계 정보 중에서 가장 중요한 것 중의 하나가 원가 정보이다. 조직은 원가 정보를 제품개발이나 제품배합 등의 중요 의사결정 및 경쟁전략 개발에 이용하고 있다. 또한, 운영개선 활동(operation improvement activities)의 지표로서도 원가 정보를 이용하고 있다. 경영자가 높은 원가를 발생시키는 활동을 발견하면, 이에 대한 반응으로 이를 없애거나 재설계하는 리엔지니어링(reengineering)을 수행한다. 즉 경영자는 조직의 높은 원가에 대한 해결책의 하나로 리엔지니어링을 활용함으로써 더욱더 효율적인 경영활동을 구사하는 동시에 낮은 원가를 발생시키게 만드는 지속적 개선 활동(continuous improvement)을 펼치게 될 것이다. 조직은 또한, 성과평가목적으로 원가 정보를 이용한다. 원가 정보를 성과관리에 이용하는 것은 두 가지 목적 때문이다. 첫 번째로 높은 원가를 발생시키는 활동을 분석함으로써 개선 활동에 대해 동기를 부여하며, 두 번째로 이러한 원가 개선 활동의 결과와 보상을 연계함으로써 경영자가 조직원들에게 조직개선을 추구할 수 있는 동기를 제공하기 위함이다.

원가추정과 원가예측을 상호 연결 짓는 개념이 곧 원가행태의 파악이다. 즉, 예측력이 높은 원가추정은 원가행태가 제대로 식별・분석될 때만 가능하다. 원가행태에 따라 원가를 분류하는 것이 중요시되는 이유는 기업이 경영계획과 통제목적에 유용한 정보를 제공할 수 있기 때문이다.

앞에서 언급한 바와 같이, 원가행태(cost behavior)란 조업도나 활동 수준이 변화함에 따라 총원가 발생액이 일정한 양상으로 변화된 정도를 의미한다. 즉 원가행태를 파악한다는 것은 산출량과 같은 원가동인의 변화에 따라 원가가 어떻게 변화하는지를 이해하는 것을 말한다. 이러한 원가행태를 수식으로 표현한 것을 원가함수(cost function)라고 한다. 일반적으로 원가함수는 원가동인(예: 제품의 산출량 수준의 대용치인 조업도)과 총원가 사이의 관계를 보여준다. 회계학에서의 원가함수를 이해하기 위해서는 먼저 경제학에서의 원가함수에 대해서 이해해야 한다.

다음 그림의 (a) 에서와 같이 경제학 생산자 이론에서 단기총원가곡선은 양(+)의 절편을 갖는데, 이는 단기에는 투입량을 변화시킬 수 없는 고정투입요소가 존재한다고 가정하기 때문이다. 이는 고려되는 기간 산출량의 많고 적음에 관계없이 일정하게 지출되어야 하는 원가를 의미한다. 단기총원가곡선은 S자를 옆으로 길게 뉘어놓은 모양을 하고 있다. 총원가곡선은 원점에서 변곡점에 이르기까지의 구역에서 오목한 모양을 하고 있어, 산출량이 올라감에 따라 그 기울기가 점차 줄어들고, 이에 따라 한계원가(marginal cost)는 체감하게 된다. 그러나 변곡점을 지나면서 볼록한 모양으로 바뀌기 때문에 기울기가 점차 커지고 한계원가가 체증하는 양상으로 바뀌는 것이다. 이는 생산요소의 투입량을 한 단위 증가시킴에 따라, 처음에는 산출량이 빠른 속도로 증가하다가 나중에는 그 속도가 둔화하여 점차 느린 속도로 증가하게 된다는 암묵적인 가정을 반영하고 있다.

그러나 회계학에서는 다음 그림의 (b)와 같이 경제학의 원가함수와 다르게 선형함수(linear function)를 전제하는데, 그 이유는 다음과 같다. 첫째, 총원가의 변동에 영향을 미치는 요소가 원가동인 하나라고 가정한다. 즉 원가함수에 있어 독립변수가 1개라는 것이다. 둘째, 원가행태가 관련 범위 내에서는 선형이라고 가정한다. 앞에서 언급한 바와 같이, 관련 범위란 조업도나 활동 수준과 원가의 관계를 유효하게 적용할 수 있는 조업도나 활동 수준의 범위를 말한다.

경제학과 회계학의 원가함수 비교

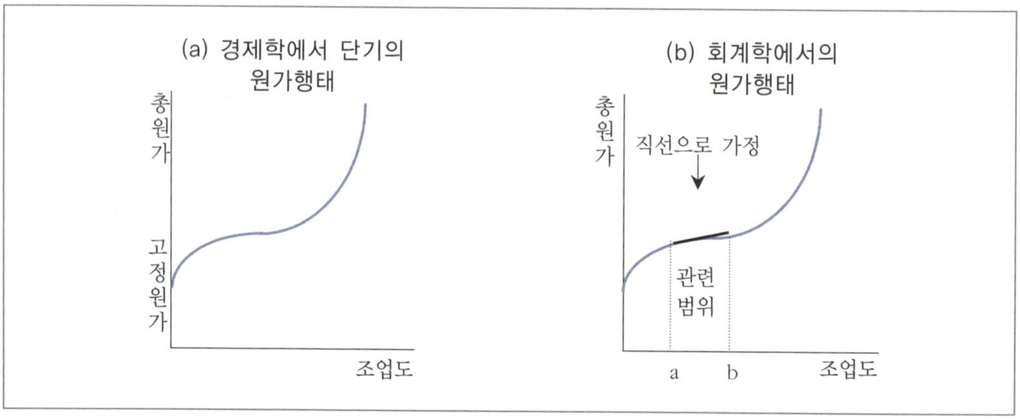

경제학에서는 생산이 가능한 범위, 즉 조업도가 0에서 무한대까지를 관련 범위로 분석을 수행하는 반면, 회계학에서는 경제학의 조업도의 범위보다 훨씬 작은 관련 범위 내에서의 원가 변화에 관심을 두고 있다. 즉 경영자가 특정 기간에 통제 가능한 조업도를 관련 범위라고 하는데, 이 범위에서는 많은 정보를 사용하지 않아도, 비교적 정확하게 원가행태를 나타낼 수 있다. 그러나 원가함수 추정 시 관련 범위 내에서만 비교적 정확하게 추정할 수 있으며, 관련 범위 밖에서는—조업도 수준 a 미만과 b 이상에서는

—한계원가의 변화로 인하여 원가함수가 비선형이므로, 원가함수를 선형으로 가정하게 되면 원가추정에 있어 정확성을 보장할 수 없다는 점을 항상 염두에 두어야 한다.

이처럼, 원가행태를 올바르게 이해함으로써 원가추정과 원가예측의 정확도를 향상할 수 있다. 원가추정과 예측으로 원하는 산출물 수준을 달성하는 데 필요한 자원량에 대한 정보를 경영자에게 제공함으로써 경영계획과 통제목적을 달성할 수 있다. 이러한 측면에서 원가동인 또는 활동 수준의 변화에 따라 원가가 어떻게 변화하는가를 파악하는 일은 회계전문가의 중요한 임무이다.

원가행태에 따라 변동원가와 고정원가를 구분하는 데 영향을 미치는 요인은 다음과 같다.

첫 번째로 원가대상이다. 원가대상을 어떻게 정의하느냐에 따라 특정 원가항목을 고정원가, 변동원가로 구분할 수 있다. 원가대상의 범위를 크게 설정하게 되면, 원가항목이 변동원가로 구분될 가능성이 커지게 되고, 원가대상의 범위를 작게 설정하게 되면, 고정원가로 구분될 가능성이 커지게 된다. 예를 들어, 공장감독자 임금에 대해 원가대상을 개별제품으로 정의하게 되면 고정원가지만, 원가대상을 공장 전체로 정의하게 되면 변동원가로 구분될 수 있다.

두 번째로 기간에 대한 정의이다. 조직의 경영활동에서 원가가 발생하는 기간을 충분히 길게 정의할 때는 특정 원가가 변동원가로 구분될 가능성이 커지게 된다. 경제학의 생산자 이론에서 모든 생산요소의 투입량이 자유롭게 변화될 수 있는 정도의 긴 시간을 장기(long-run)라고 부르고, 하나 이상의 생산요소 투입량이 고정된 경우를 단기(short-run)라고 말한다. 고려되는 기간이 짧을 때는 그 자원의 투입량을 쉽게 변화시킬 수 없는 생산요소라 할지라도, 그 기간을 충분히 길게 설정할 때는 변화가 가능하기 때문이다.

이와 같은 요인에 따라 분류된 변동원가와 고정원가는 다시 순수변동원가, 준변동원가, 순수고정원가, 준고정원가로 세분화할 수 있다.

1. 순수변동원가

순수변동원가(strictly variable costs)란 조업도의 변화에 따라 총원가가 비례적으로 증감하는 원가로서 활동 수준 또는 원가동인 수준이 0일 경우에는 전혀 발생하지 않는 원가를 말한다. 그리고 단위당 변동원가는 조업도와 관계없이 일정하다. 예를 들어, 출판사에서 종이 원가항목은 도서의 발행 부수에 따라 비례하여 발생하므로, 도서의 발행이 없을 때는 전혀 발생하지 않기 때문에 순수변동원가이다. 즉, 직접재료원가나 직접노무원가는 대표적인 순수변동원가로서 조업도의 변화에 따라 원가 총액이 변동하는데 이를 원가함수로 나타내면 다음과 같다.

$$y = b \cdot x$$

여기에서, y: 총원가
b: 단위당 변동원가
x: 활동 수준 또는 원가동인 수준

순수변동원가

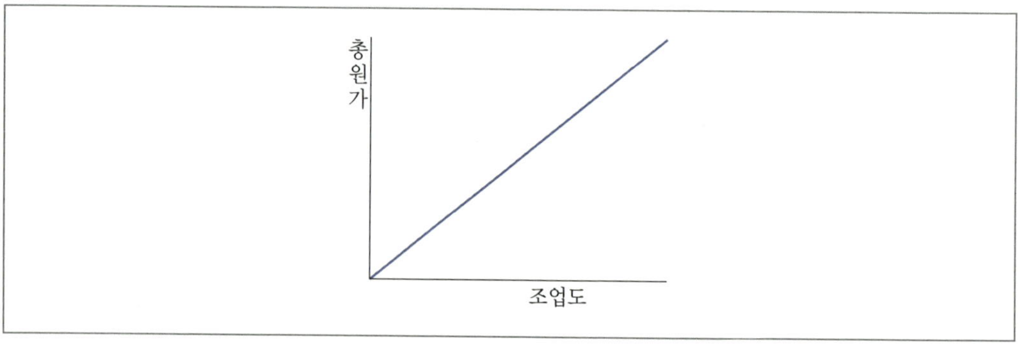

2. 준변동원가

준변동원가(semi-variable costs)란 조업도의 변화와 관계없는 고정원가와 조업도의 변화에 따라 비례적으로 증감하는 변동원가로 구성된 원가를 말한다. 이렇게 고정요소와 변동요소를 모두 포함하고 있으므로 혼합원가(mixed costs)라고도 한다. 공장에서 사용하는 전기료, 전화 요금 등을 그 예로 들 수 있는데, 전혀 사용하지 않을 때도 기본요금이 부과되고 사용량에 따라 추가로 요금을 지급해야 하는 원가행태가 그 대표이다. 이를 원가함수로 나타내면 다음과 같다.

$y = a + b \cdot x$

여기에서, y: 총원가
a: 총고정원가
b: 단위당 변동원가
x: 활동 수준 또는 원가동인 수준

준변동원가

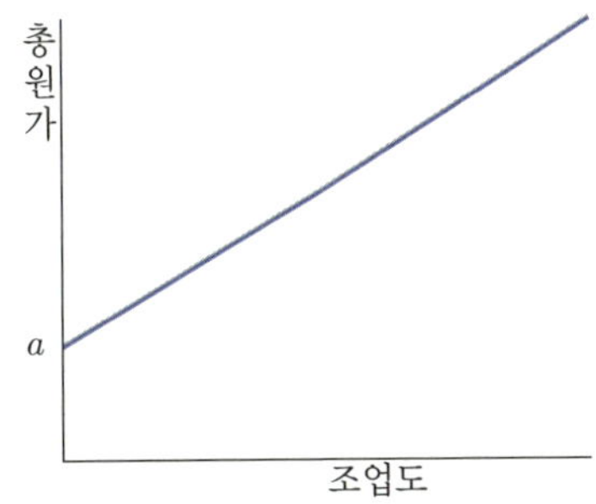

3. 순수고정원가

순수고정원가(strictly fixed costs)는 관련 범위 내에서 조업도와 관계없이 일정하게 발생하는 원가를 말한다. 즉, 다른 조건이 일정하다면 활동 수준 또는 원가동인 수준에 영향을 받지 않고 총액이 일정하게 발생하는 원가를 의미한다. 그리고 단위당 고정원가는 2장의 현대자동차 아산공장의 예와 같이 조업도가 증가할수록 점점 작아지게 된다. 순수고정원가의 예로는 공장건물의 임차료나 정액법에 따른 감가상각비 등과 같은 고정제조간접원가가 있다. 이를 원가함수로 나타내면 다음과 같다.

$y = a$

여기에서, y: 총원가
a: 총고정원가

순수고정원가

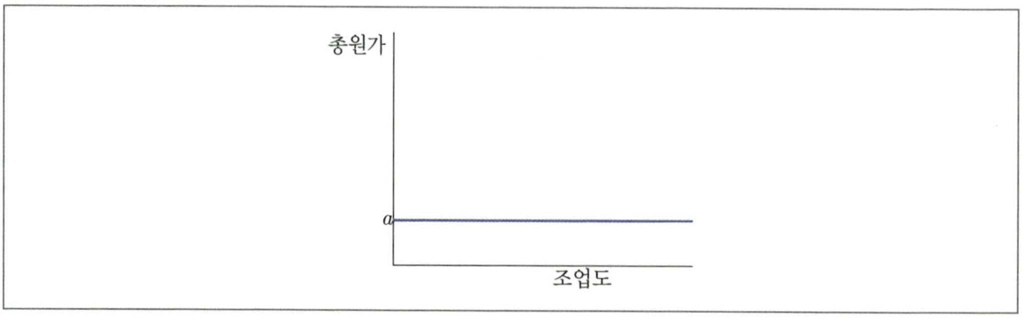

4. 준고정원가

준고정원가(semi-fixed costs)는 특정 관련 범위에서는 총원가가 일정하다가 다른 관련 범위로 옮겨감에 따라 총원가 수준이 변동하여 새로운 관련 범위에서 총원가가 일정한 원가를 말한다.

일반적으로 고정원가와 변동원가는 일정 범위의 조업도 또는 특정 기간을 줬다는 전제하에서 정의된다. 이러한 준고정원가를 그림으로 나타내면 다음과 같다.

다음 그림과 같이 총원가의 변동행태가 단계적으로 증감하는 모양을 가지고 있으므로 계단 원가(step costs)라고도 한다.

준고정원가

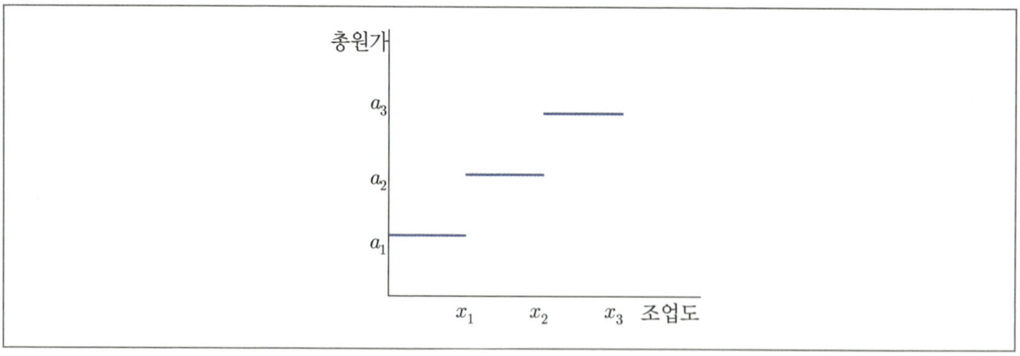

이러한 준고정원가의 예로는 공장의 감독자 급여 항목을 들 수 있다. 만약 공장감독자의 관리 범위(span of control)를 작업자 100명으로 설정한다면, 작업자가 100명을

초과하게 되면, 1명의 감독자를 더 고용하게 되므로, 원가는 계단 모양으로 증가하게 된다. 이를 원가함수로 나타내면 다음과 같다.

$$y = \begin{cases} a_1 & 0 \leqq x \leqq x_1 \text{인 경우} \\ a_2 & x_1 < x \leqq x_2 \text{인 경우} \\ a_3 & x_2 < x \leqq x_3 \text{인 경우} \end{cases}$$

5. 기타 원가

실제로 기업에서 발생하는 원가의 행태는 관련 범위에 따라서 순수변동원가, 순수고정원가, 준변동원가, 준고정원가가 결합한 형태로 다양할 수 있다. 다음 그림의 (1)에서는 순수고정원가와 순수변동원가가 결합한 형태의 원가를 보여주고 있다. 즉, 일정한 조업도 수준까지는 일정한 값의 원가가 발생하나 일정 조업도를 넘어서면 총원가가 조업도에 비례하여 증가한다. 이러한 형태의 원가는 일정 거리까지는 기본요금을 받고, 이후부터는 주행거리에 따라 정해진 요금이 부과되는 택시요금이 대표적인 예가 될 수 있다.

다음 그림의 (2)에서는 관련 범위에 따라서 여러 가지 준변동원가가 결합한 형태의 원가를 보여준다. 즉, 조업도에 따라서 총원가가 증가하나 일정한 조업도까지는 느린 속도로 증가하다가 일정 조업도를 지나면 총원가의 증가율이 점점 커지는 형태의 원가이다. 이러한 형태의 원가는 사용량에 따라 누진적인 전력요금이 대표적인 예이다.

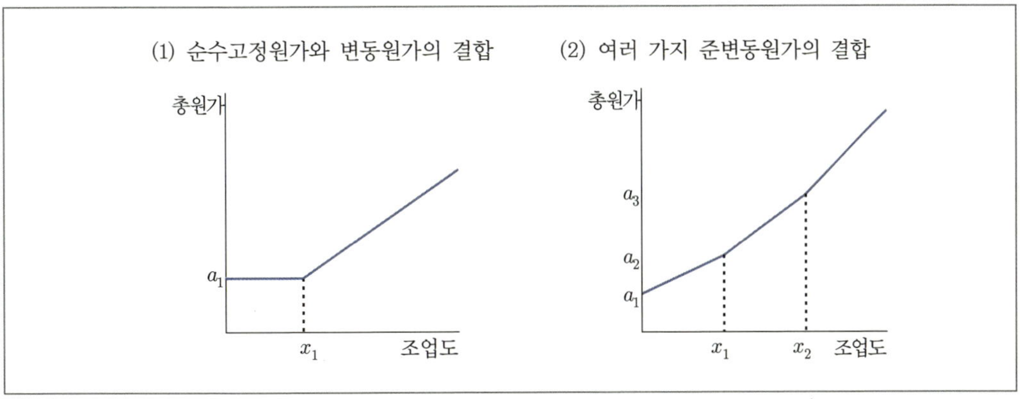

앞에서 언급한 여러 가지 형태의 원가함수를 요약하면 일반적인 원가함수는 다음과 같은 형태로 나타낼 수 있다.

원가함수에서 y는 종속변수이고, x는 y의 변화를 설명해 주는 독립변수이다. 또한, y는 추정치이므로 실제값이 항상 추정치와 같지 않다는 사실을 염두에 두어야 한다.

구분	원가함수
순수변동원가	$y = bx$
순수고정원가	$y = a$
준변동원가	$y = a + bx$
준고정원가	$y = \begin{cases} a_1 & 0 \leqq x \leqq x_1 \text{인 경우} \\ a_2 & x_1 < x \leqq x_2 \text{인 경우} \\ a_3 & x_2 < x \leqq x_3 \text{인 경우} \end{cases}$
순수고정원가와 변동원가의 결합	$y = \begin{cases} a_1 & 0 \leqq x \leqq x_1 \text{인 경우} \\ a_1 + bx & x_1 < x \text{인 경우} \end{cases}$
여러 가지 준변동원가의 결합	$y = \begin{cases} a_1 + b_1 x & 0 \leqq x \leqq x_1 \text{인 경우} \\ a_2 + b_2 x & x_1 < x \leqq x_2 \text{인 경우} \\ a_3 + b_3 x & x_2 < x \text{인 경우} \end{cases}$

제2절 원가함수 추정방법

회계학에서 원가함수는 일반적인 일차함수 형태라고 할 수 있는 $y = a + bx$로서 절편(intercept)인 a와 기울기 계수(slope coefficient)인 b를 추정하는 것이다. 이를 위해서는 먼저 추정하고자 하는 원가요소(y)를 선택하고 두 번째로 추정하고자 하는 원가요소와 인과관계(cause-and-effect relationship)가 가장 높다고 판단되는 원가동인을 선택해야 한다. 다음으로 추정하고자 하는 원가함수가 타당성을 지닐 수 있는 관련 범위를 선택하고, 마지막으로 원가함수를 추정하는 방법을 선택해야 한다. 원가함수를 추정하는 방법에는 여러 가지가 있는데 산업 공학법, 계정분석법, 고저점법, 회귀분석 등이 대표적이다.

1. 산업 공학법

산업 공학법(industrial engineering method)은 생산방법, 재료, 노동력, 설비, 생산효율, 동작 등에 대한 공학자의 평가를 근거로 원가행태를 계량적으로 분석하여 원가방정식을 추정하는 방법이다. 일반적으로 정밀한 작업측정에 기초하여 원가를 추정하기 때문에 작업측정법(work-measurement method)이라 불리기도 한다. 일반적으로 직접재료와 직접노동에 관련된 원가를 추정하는 데에 산업 공학법을 사용하며 과거 자료를 이용할 수 없는 경우에 많이 사용된다.

산업 공학법에 따라 직접노무원가를 추정하는 절차를 살펴보면 다음과 같다. 각 제조공정에 포함된 동작이나 작업 등을 토대로 제조공정을 단계별로 분석하고, 각 단계의 작업을 수행하는 데 걸리는 시간을 추정한 후, 단계별 노동시간 추정치를 합계한다. 여기에 여유시간을 고려하여 제조공정 전체에 대한 노동시간 추정치를 산출한 후, 이를 이용하여 직접노무원가를 추정한다. 한편, 직접재료원가는 제조지시서나 설계도면 등을 이용하여 추정할 수 있다.

일반적으로 원가추정방법이 과거의 원가행태에 근거하여 미래원가를 추정한 데 비해, 산업 공학법은 투입과 산출물 간의 물리적 관계를 통해 어느 정도의 원가가 발생해야 하는가 하는 당위성을 바탕으로 원가를 추정한다는 장점이 있다. 또한, 원가를 추정하기 위해 각 생산단계를 자세히 조사, 분석하게 되므로 비슷한 작업이 행해지는 공정간의 비교를 통해 각 공정의 생산성과 강, 약점을 파악할 수 있다. 그리고 과거 자료가 필요하지 않으므로 새로운 작업에 대한 원가도 추정할 수 있다.

산업 공학법의 단점은 제품생산에 필요한 개별작업을 수행하는 데 걸리는 시간을 측정해야 하므로, 상당한 시간과 비용이 소요된다는 점이다. 또한, 산업 공학법에 따른 원가 추정치는 최적의 상황을 가정하여 산출된 것이므로, 실제 작업환경이 최적 상황이 아닐 때는 추정치에 오차가 발생하게 된다. 따라서 투입물과 산출물 간의 물리적 관계를 정의하기 힘든 연구개발비, 광고선전비 등은 이 방법을 적용하기 힘들다.

2. 계정분석법

계정분석법(account analysis method)은 계정분류법(account classification method)이라고도 하는데, 원가추정방법 중 가장 전통적인 방법의 하나다. 이 방법은 먼저 회계담당자가 각 계정에 기록되어 있는 원가를 전문가적인 판단에 따라 고정원가, 변동원가 및 준변동원가로 나눈 다음 준변동원가를 다시 고정원가 부분과 변동원가 부분으로 분류하여 모든 원가요소를 고정원가와 변동원가로 구분한다. 이렇게 계산된 총고정원가는 그대로 고정원가의 추정치로 이용하고, 총변동원가는 총생산량으로 나누어 단위당 변동원가의 추정치로 사용한다.

계정분석법의 장점은 단순하며, 시간 및 비용이 적게 소요된다는 점이다. 또한, 추정원가의 수정이 쉽다. 계정분석법의 단점은 원가계정을 고정원가와 변동원가로 구분하는 데 회계담당자의 주관적 판단에 의존한다는 점이다. 그러므로 이 분석 방법은 객관적인 원가추정방법을 함께 사용하는 것이 원가추정치의 정확도를 높일 수 있다. 또한, 원가를 추정하는 데 기준이 되는 원가동인이나 기간이 변동되면 원가요소의 성격이 바뀔 수 있다는 가능성을 고려하지 못하고 있다. 따라서 계정분석법은 성과를 측정하기 위한 표준원가를 결정하는 데에는 적절하지 못하며, 근사치만을 구하고자 할 때 적용할 수 있는 방법이다.

(주)모나미는 11월에 3,000단위의 볼펜을 생산하였는데, 이와 관련된 원가 자료는 다음과 같다.

항목		금액	
직접재료원가			₩1,000,000
직접노무원가			800,000
제조간접원가	공장장 급여	₩300,000	
	감가상각비	600,000	
	수도광열비	200,000	
	기타제조간접원가	₩100,000	1,200,000
총제조원가			₩3,000,000

수도광열비는 준변동원가로 40%가 고정원가의 성격을 지니고 있으며 60%는 변동원가 성격을 지니고 있다고 판단된다. (주)모나미는 12월에 5,000단위의 볼펜을 생산할 계획이며, 이에 따른 원가를 추정하고자 한다.

계정분류법을 이용하여 제조원가를 변동원가와 고정원가로 구분하면 다음과 같다.

계정	총액	변동원가	고정원가
직접재료원가	₩1,000,000	₩1,000,000	
직접노무원가	800,000	800,000	
제조간접원가:			
공장장 급여	300,000		₩300,000
감가상각비	600,000		600,000
수도광열비	200,000	120,000[1)]	80,000
기타제조간접원가	100,000		100,000
총제조원가	₩3,000,000	₩1,920,000	₩1,080,000

1) ₩200,000×60%=₩120,000

위와 같은 원가 구분에 따라 12월의 제조원가를 예측하는 원가함수를 추정하면 고정원가 ₩1,080,000과 단위당 변동원가 ₩640(=총변동원가÷생산량=₩1,920,000÷3,000단위)으로 원가함수는 '총원가=₩1,080,000+₩640×생산량'이다. 이 원가함수를 이용하여 12월의 원가를 추정하면 추정생산량 5,000단위를 대입하면 ₩4,280,000(=₩1,080,000+₩640×5,000단위)이 된다.

3. 계량적 분석법

계량적 분석법은 과거의 원가와 원가동인 자료를 근거로 원가함수를 도출하는 수학적인 방법이다. 이와 같은 계량적 분석법을 이용하여 원가함수를 추정하는 단계는 다음과 같다.

1단계 – 종속변수의 선택

첫 번째 단계에서는 예측하고자 하는 원가항목인 종속변수를 선택해야 한다. 이 단계에서는 원가함수를 추정하고자 하는 목적물을 결정하는 것이다. 이를테면, 경영자가 제조간접원가를 예측하고자 한다면, 제조간접원가로 구분되는 원가항목 전체가 종속변수에 포함되어야 한다.

2단계 – 독립변수의 선택

원가함수에서 독립변수인 원가동인을 선택해야 한다. 원가동인을 선정하는 기준은 종속변수인 원가항목과의 인과관계이다. 따라서 경영자는 종속변수인 원가요소와 독립변수인 원가동인 간에 인과관계를 인식해야 한다. 개별원가항목이 개별 원가동인과 관계를 이루어 일대일 대응이 되는 것이 이상적이지만, 특정 원가항목은 다수의 원가동인과 인과관계가 있을 수도 있다. 예로서, 종업원에 대한 복리후생비 항목을 세부적으로 구분한 후 원가동인을 분석한 결과는 다음과 같다.

체력단련비와 식대 항목의 원가동인이 종업원 수라면 체력단련비와 식대는 하나의 원가 집합으로 묶을 수 있을 것이다. 그러나 4대 보험료와 교육훈련비는 종업원 급여라는 다른 원가동인을 갖기 때문에, 체력단련비와 식대 같은 원가 집합으로 통합해서는 안 되며 종업원 수를 원가동인으로 사용해서도 안 된다.

복리후생비 항목	원가동인
체력단련비	종업원 수
식대	종업원 수
4대 보험료	종업원 급여
교육훈련비	종업원 급여

3단계 – 종속변수와 독립변수에 대한 자료 수집

계량적인 방법으로 원가함수를 추정하기 위해서는 과거의 원가와 원가동인에 대한 자료 수집이 선행되어야 하는 절차이지만 가장 어려운 부분이다. 그러나 현대에는 정보기술의 발전으로 전사적 자원관리(ERP: Enterprise Resource Planning) 시스템이 도입됨으로써 과거보다 상대적으로 정보수집비용이 낮아졌고, 경영자의 의지로 자료의 양과 질을 제고시킬 수 있다.

수집된 원가 자료의 형태는 시계열 자료(time-series data)와 횡단면 자료(cross-sectional data)로 구분할 수 있다. 어떤 관측치 또는 통계량의 변화를 시간의 움직임에 따라 포착하고 이것을 계열화하였을 때, 이와 같은 통계계열을 시계열이라고 한다. 예를 들면, 특정 영업소에 대해 월별로 기록한 직접노무원가에 대한 자료는 시계열 자료이다. 그리고 어떤 관측치 또는 통계량의 변화를 일정 시점에 같은 종류의 여러 개체·그룹에 따라 포착하고 이것을 계열화하였을 때, 이와 같은 통계계열을 횡단면이라고 한다.

다음은 20×7년 (주)모나미의 월별 노무시간과 간접노무원가 정보를 보여주고 있다.

월	노무시간	간접노무원가
1	78시간	₩19,643
2	113	24,703
3	119	21,782
4	89	18,385
5	70	10,291
6	102	27,985
7	71	11,242
8	94	32,987
9	93	21,312
10	113	15,757
11	110	30,454
12	100시간	₩20,551

4단계 – 자료의 도표화

자료의 도표화란 독립변수인 원가동인과 종속변수인 원가항목을 X, Y 두 축으로 하는 좌표 위에 점으로 나타내는 것이다. 위의 (주)모나미 자료를 도표화하면 다음과 같다.

이렇게 자료를 도표화하면 원가동인과 원가항목 간의 관계를 직관적으로 쉽게 인식할 수 있으며, 나아가 원가함수의 선형성 여부 및 관련 범위를 파악할 수 있다. 또한, 비정상적인 상황으로 인한 이상치(outlier)와 통계적 문제점의 존재 여부를 파악하는 데 매우 유용하다.

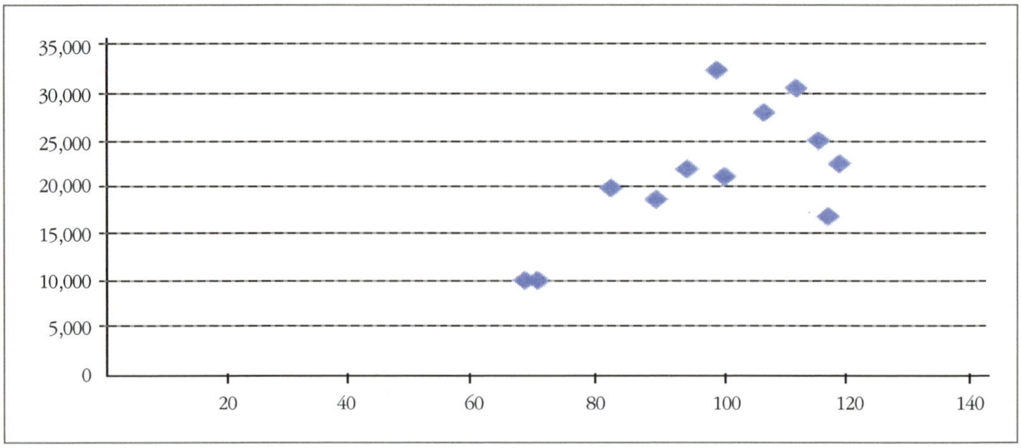

5단계 – 원가함수의 추정

원가함수의 추정에서는 고저점법과 회귀분석 등을 이용하여 원가동인과 원가항목 간의 관계를 찾는다. 구체적인 추정방법에 대해서는 다음 절에서 자세히 설명하기로 한다.

6단계 – 추정된 원가함수의 원가동인에 대한 평가

원가추정방법에 대하여 살펴본 다음에, 원가함수의 원가동인을 평가하는 기준을 살펴보도록 한다.

3.1. 고저점법

계량적 원가추정방법 중 가장 간단한 방법이 **고저점법**(high-low points method)이다. 이 방법은 원가동인의 가장 낮은 관찰치의 원가 자료와 원가동인의 가장 높은 관찰치의 원가 자료를 연결하여 직선의 방정식을 도출하는 것이다. 고저점법에 따라 원가를 추정하는 경우, 그 식은 다음과 같이 나타낼 수 있다.

3.1.1. 단위당 변동원가의 추정

$$\text{단위당 변동원가} = \frac{\text{원가동인 최고 관찰치의 총원가} - \text{원가동인 최저 관찰치의 총원가}}{\text{원가동인 최고 관찰치} - \text{원가동인 최저 관찰치}}$$

3.1.2. 총고정원가의 추정

총고정원가 = 원가동인 최고(최저)관찰치의 총원가−원가동인의 최고(최저)관찰치의 추정변동원가
= 원가동인 최고(최저)관찰치의 총원가−단위당 변동원가×원가동인의 최고(최저)관찰치

위 (주)모나미의 자료를 사용하여 고저점법으로 원가함수를 추정하면 다음과 같다. 원가동인 최고 관찰치는 119시간에 원가가 ₩21,782이고, 원가동인 최저 관찰치는 70시간에 원가가 ₩10,291이다.

따라서 원가함수의 기울기, 즉 단위당 변동원가는 $\frac{(₩21,782-₩10,291)}{(119\text{시간}-70\text{시간})}$ = ₩234.51/노무시간이다.

상수, 즉 총고정원가를 계산하기 위해서 원가동인의 최고치나 최저치 중 하나의 값을 이용하면 되는데, 최고치를 이용하면 ₩21,782−₩234.51×119시간=(−)₩6,124.69이다. 따라서 고저점법에 따라 추정한 원가함수는 다음과 같다.

$$y = a + bx$$

간접노무원가=(−)₩6,124.69+₩234.51×노무시간

다음 그림의 실선은 고저점법을 이용하여 추정한 원가함수를 보여주고 있다.

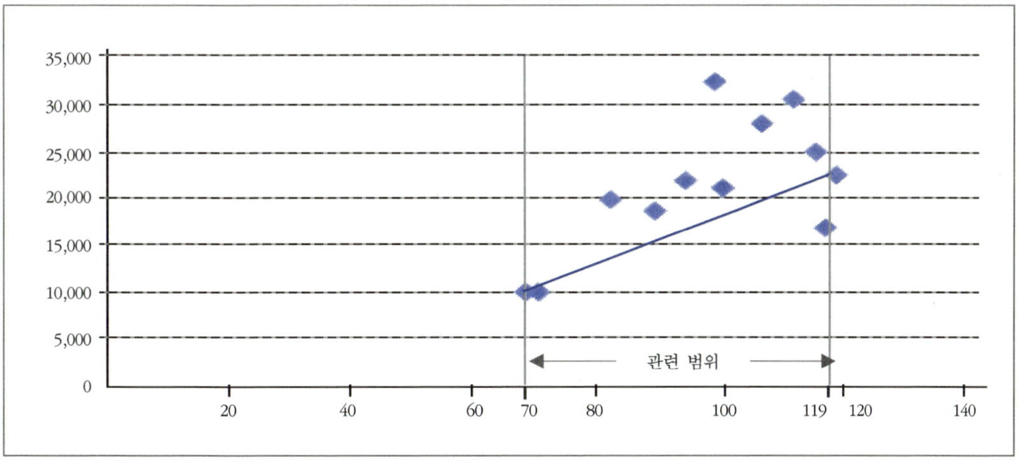

고저점법을 이용하여 (주)모나미의 원가함수를 추정하는 경우 원가함수의 절편은 (-)₩6,124.69으로 음(-)의 값을 보이는데, 이는 본래의 원가함수가 비선형임에도 불구하고, 원가방정식을 선형으로 측정했거나, 노무시간이 0인 경우가 관련 범위 밖에 있기 때문이다. 따라서 음(-)의 절편은 관련 범위 내의 원가 자료를 이용하여 원가함수를 계산한 결과로 나타나는 수치일 뿐, 그 이상 아무런 의미가 없다. 설령 절편이 양(+)의 값이라고 하더라도 (주)모나미의 고정원가에 대한 추정치는 아니라는 뜻이다. 따라서 고저점법을 이용하여 구한 원가함수는 관련 범위 내에서만 그 유용성이 있다고 할 수 있다.

지금까지 설명한 고저점법은 원가동인의 최고치와 최저치 정보만을 이용하기 때문에 이 방법을 통해서 구한 원가함수가 이상치에 영향을 받을 수 있다는 단점이 있다. 만일 원가동인의 최고치나 최저치가 비정상적인 상황이라면, 이를 이용하여 구한 원가함수는 정상적인 상황을 대표하지 못하므로, 미래원가를 추정하는 수단으로 사용하는 데 주의해야 한다. 물론 이러한 문제점을 해결하기 위해 두 번째 또는 세 번째로 높은 원가동인의 최고치와 최저치를 이용하여 원가함수를 추정할 수도 있으나,[2] 여전히 비정상적 사건의 영향을 완전히 제거하지 못한다는 단점을 갖고 있다.

더욱더 정확한 원가방정식을 추정해 내기 위해서는 더 많은 자료를 이용하는 것이 바람직하다. 그러나 고저점법은 n개의 원가동인과 원가 자료가 있다고 하더라도, 두 개의 원가동인과 원가 자료만을 이용하여 원가함수를 추정하므로, (n-2)개만큼의 정보를 이용하지 않고 결과를 도출하게 된다. (주)모나미의 사례에서도 총 12개의 정보가 있음에도 불구하고, 2개의 정보만으로 원가함수를 산출함으로써 10개의 정보를 이용하지 못하였다. 이와 같은 단점을 보완하는 원가함수 추정방법이 회귀분석이다.

고저점법에 대한 예제는 다음과 같다.

예제

고저점법

(주)세무의 지난 6개월간 기계가동시간과 기계수선비에 대한 자료는 다음과 같다. (주)세무가 고저점법을 사용하여 7월의 기계수선비를 ₩2,019,800으로 추정하였다면, 예상 기계가동시간은? (단, 기계수선비의 원가동인은 기계가동시간이다.) [2017년 세무사]

2) 두 번째 또는 세 번째로 높은 원가동인의 최고치와 최저치를 이용하여 원가함수를 추정하는 방법은 대표 고저점법이고, 앞서 설명한 원가동인의 최고치와 최저치 정보를 이용하여 원가함수를 추정하는 방법은 순수 고저점법이다.

월	기계가동시간	기계수선비
1	3,410시간	₩2,241,000
2	2,430시간	₩1,741,000
3	3,150시간	₩1,827,000
4	3,630시간	₩2,149,000
5	2,800시간	₩2,192,500
6	2,480시간	₩1,870,000

풀이

항목	산식	결과
시간당 수선비	(₩2,149,000－₩1,741,000) / (3,630시간－2,430시간)	₩340
고정수선비	₩1,741,000－2,430시간×₩340	₩914,800
예상 기계가동시간	(₩2,019,800－₩914,800)÷₩340	3,250시간

3.2. 회귀분석

회귀분석(regression analysis)은 두 변수 간의 관계를 묘사하려는 방법으로 각각의 독립변숫값에 대응하는 종속변수의 평균값을 추정하는 것이다. 따라서 회귀분석은 종속변수에 영향을 미치는 독립변수를 파악하고 이 변수 간의 관계식을 추정할 때 사용된다. 회귀분석은 2개만의 정보를 이용하여 원가함수를 추정하는 고저점법과는 달리 이용 가능한 모든 자료를 사용하게 되므로 추정오차가 작은 원가추정 방법이다. 과거에는 회귀분석의 복잡한 계산과정 때문에 간편한 방법인 고저점법이 사용되었으나, 컴퓨터와 통계프로그램의 발달로 인하여 현대에는 많이 이용되고 있다.

회귀분석은 단순 회귀분석과 다중 회귀분석으로 세분화할 수 있다. 단순 회귀분석(simple regression analysis)은 하나의 독립변수와 종속변수 간의 관계를 분석하는 방법이고, 다중 회귀분석(multiple regression analysis)은 다수의 독립변수와 종속변수 간의 관계를 분석하는 방법이다.

일반적으로 사용되는 회귀식의 추정방법은 최소자승법(least square method)이다. 회귀식을 $\widehat{Y_i}=\hat{\alpha}+\hat{\beta}X_i$로 추정했을 경우, 독립변수 X_i의 값을 회귀식에 대입하여 얻은 종속변수의 추정치 $\widehat{Y_i}$와 실제 관측치 Y_i와는 차이가 나게 된다. 이 차이를 잔차(e_i:

residual error)라고 하는데, 잔차의 제곱 합[$\sum e_i^2 = \sum (Y_i - \widehat{Y}_i)^2$]을 최소화하는 회귀식을 구하는 방법이 최소자승법이다. 이를 그림으로 나타내면 다음과 같다.

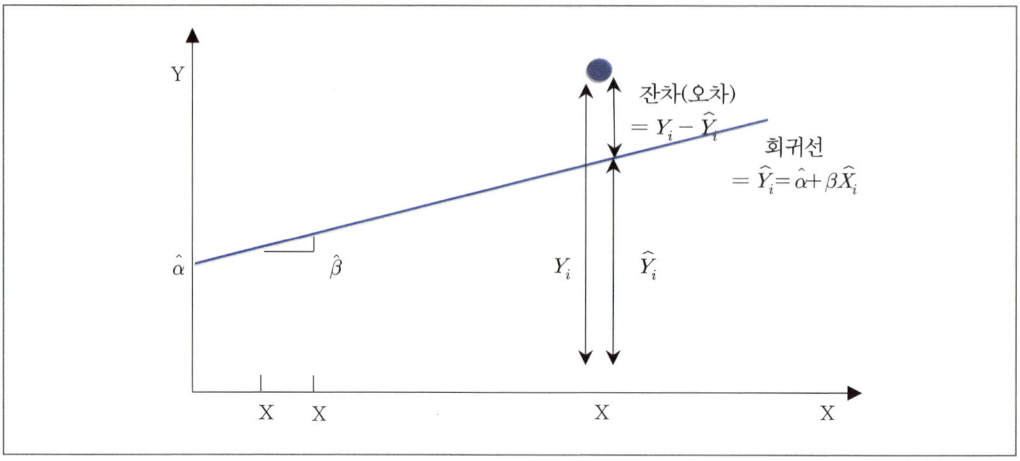

회귀식의 계수를 최소자승법을 이용하여 도출하는 방법은 다음과 같다.

$$Minimize \ \sum e_i^2 = \sum (Y_i - \widehat{Y}_i)^2 \quad (1)$$

$$\widehat{Y}_i = \hat{\alpha} + \hat{\beta} X_i \quad (2)$$

식(1)에 식(2)를 대입하면 식(3)이 성립한다.

$$\underset{\hat{\alpha}, \hat{\beta}}{Minimize} \ \sum (Y_i - \hat{\alpha} - \hat{\beta} X_i)^2 \quad (3)$$

식(3)을 $\hat{\alpha}$과 $\hat{\beta}$ 각각에 대하여 편미분하여 이들의 도함수를 0으로 놓으면 다음과 같다.

$$\frac{\partial (\sum e_i^2)}{\partial \hat{\alpha}} = -2(Y_i - \hat{\alpha} - \hat{\beta} X_i) = 0 \quad (4)$$

$$\frac{\partial (\sum e_i^2)}{\partial \hat{\beta}} = -2(Y_i - \hat{\alpha} - \hat{\beta} X_i) X_i = 0 \quad (5)$$

위의 두 식을 정리하면 다음과 같다.

$$\sum Y_i = n\hat{\alpha} + \hat{\beta}\sum X_i \tag{6}$$

$$\sum X_i Y_i = \hat{\alpha}\sum X_i + \hat{\beta}\sum X_i^2 \tag{7}$$

식(6)과 식(7)을 정규방정식(normal equation)이라 부른다. 위의 연립방정식을 $\hat{\alpha}$와 $\hat{\beta}$에 대하여 풀면 $\hat{\alpha}$와 $\hat{\beta}$의 값을 다음과 같이 구할 수 있다.

$$\hat{\beta} = \frac{\sum (X_i - \overline{X})(Y_i - \overline{Y})}{\sum (X_i - \overline{X})^2} \tag{8}$$

$$\hat{\alpha} = \overline{Y} - \hat{\beta}\overline{X} \tag{9}$$

여기에서, $\overline{X}$: 독립변수의 평균
$\overline{Y}$: 종속변수의 평균

위의 (주)모나미의 자료를 이용하여 회귀분석으로 추정한 원가함수는 다음 그림과 같이 $\hat{Y}=(-)974.48+231.58X$이다.

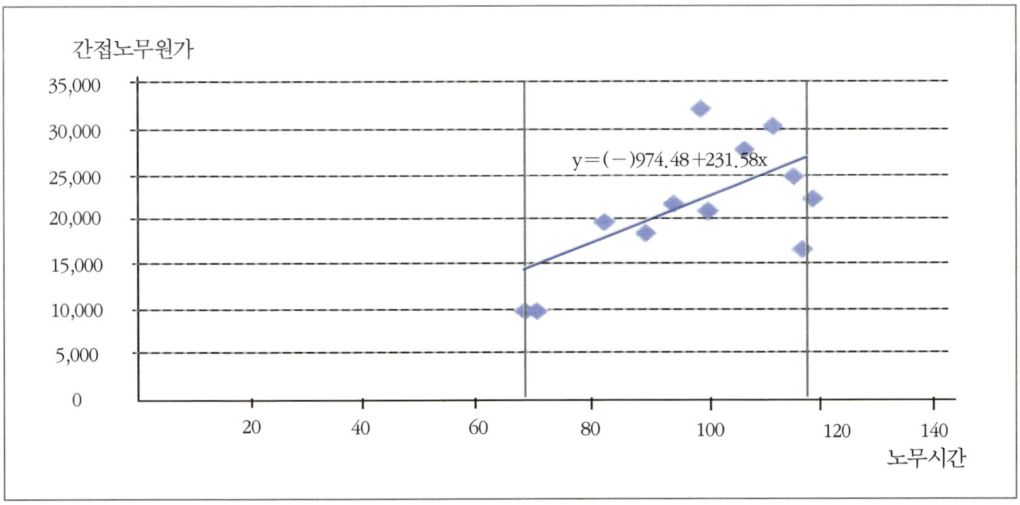

최소자승법을 이용하여 도출한 원가함수가 독립변수와 종속변수와의 관계를 과연 얼마나 적절하게 표현하고 있는지를 확인해야 한다. 다시 말해서 원가동인이 추정하고자 하는 원가를 얼마나 잘 설명하고 있는지를 검토해야 한다.

회귀분석에 있어서 회귀선의 적합도(goodness of fit)를 나타내주는 유용한 척도가

결정계수(coefficient of determination)인데, 이 계수는 총변동 중에서 회귀선에 의해 설명되는 부분의 비율을 의미한다.

편차의 종류

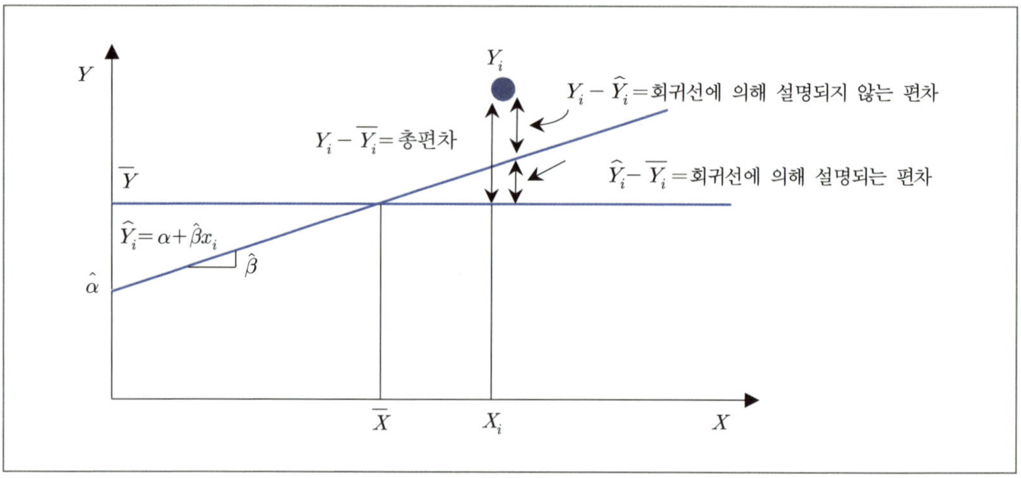

위 그림을 보면 결정계수 R^2는 $\dfrac{\sum_{i=1}(\hat{Y}_i - \overline{Y})^2}{\sum_{i=1}(Y_i - \overline{Y})^2}$ 로서 과거 자료의 평균값을 예측치로 사용했을 경우의 변동(분모)과 최소자승법에 따른 회귀선을 이용하여 예측치를 구했을 때 변동(분자)을 비교하는 척도임을 알 수 있다.[3] R^2는 0에서 1까지의 값을 갖는다. 만약 회귀선의 결정계수가 0.55라는 결과가 도출되었다면, 독립변수인 원가동인이 종속변수인 원가항목을 55% 설명한다는 것을 의미한다.

원가의 변동을 가장 잘 설명하는 변수를 선택하는 데 있어서 결정계수를 어떻게 사용할 수 있는지를 살펴보자. 예를 들어, 같은 원가 자료에 따라 제조간접원가를 예측하는 데 각각 직접노무시간, 직접노무원가, 기계 시간을 독립변수로 하여 도출한 것이며, 이들의 결정계수가 각각 0.5, 0.7 그리고 0.8이라고 하면, 직접노무시간이나 직접노무원가보다 기계 시간이 제조간접원가 총변동의 가장 많은 부분을 설명해 주기 때문에 제조간접원가를 더 잘 예측한다고 말할 수 있다. 그러나 이러한 경우에도 기계 시간이 제조간접원가를 가장 잘 설명하는 척도라고 단정할 수 없다. 왜냐하면, 기계 시간보다 제조간접원가를 더 잘 설명하는 다른 원가동인이 있을 수 있기 때문이다.

---

3) 자세한 증명은 통계학 서적을 참고하기 바람

원가함수를 추정하면서 중요한 것은 상관관계(correlation)와 인과관계(causality)에 대한 구분이다. 독립변수와 종속변수 간의 인과관계가 존재한다면 당연히 상관관계가 존재하지만, 그 역인 독립변수와 종속변수 간의 상관관계가 높다고 해서 독립변수와 종속변수 사이에 언제나 인과관계가 존재한다고 할 수는 없다. 왜냐하면, 두 변수가 상관관계를 갖고 변화하더라도 그것이 다른 변수에 의해 야기된 것일 수도 있고, 우연히 그러한 결과가 나타날 수도 있기 때문이다. 예를 들어, 직접재료원가와 직접노무원가와의 사이에 높은 양(+)의 상관관계가 나타났다고 해서 반드시 이 두 원가 사이에 인과관계가 존재하는 것은 아니다. 직접재료원가와 직접노무원가 간의 양(+)의 상관계수는 두 원가 모두 생산량의 증가에 영향을 받기 때문이라고 보아야 한다. 즉, 직접재료원가의 증가가 직접노무원가의 증가를 가져오는 원인이 아니며, 생산량의 증가 때문에 직접재료원가와 직접노무원가가 증가한 결과 두 원가 사이에 양(+)의 상관관계가 나타나게 된 것이라고 보아야 한다. 통계학을 이용하여 도출한 상관계수는 상관관계를 수치로 보여주는 것일 뿐 인과관계를 증명하는 것이 아니다. 따라서 원가동인인 독립변수와 예측하고자 하는 원가항목인 종속변수를 결정하는 데는 전문가의 판단, 과거에 정립된 이론이나 법칙을 활용해야 한다.

회귀분석의 장점은 다음과 같다. 첫째, 고저점법은 2개의 자료만을 이용한 데 비해서 회귀분석법은 가지고 있는 모든 정보를 이용하므로 오차를 최소화할 수 있다. 둘째, 다른 원가함수 추정방법에 따라서 산출할 수 없는 추가적 통계자료를 제공한다. 셋째, 다수의 원가동인을 가지고 있는 원가항목의 경우에는 원가함수를 추정할 수 있는 유일한 방법이다. 그러나 이러한 장점이 있는 회귀분석을 수행할 때도 다음 사항에 유의해야 한다. 첫째, 독립변수와 종속변수 간의 인과관계를 명확하게 파악한 후 회귀모형을 설정해야 한다. 둘째, 회귀분석의 실시 방법과 한계점을 충분히 이해해야 한다. 셋째, 분석에 앞서 산포도로 자료의 분포를 검토하여 이상치의 영향을 파악해야 한다.

4. 비선형 원가함수와 학습곡선

4.1. 학습곡선

앞 절에서는 선형함수를 가정한 원가추정방법을 설명하였다. 그러나 현실적으로 원가와 이에 영향을 미치는 원가동인 간의 관계가 선형관계일 가능성은 작다. 왜냐하면, 원가동인과 원가 간의 선형성이 존재하기 위해서는 다음과 같은 조건을 만족시켜야 하기 때문이다.

첫째, 투입과 산출 사이의 물리적 관계(physical relationship)가 선형이어야 한다. 예를 들면, 생산에 투입되는 원재료가 증가함에 따라 산출량이 같은 비율로 증가해야 한다. 둘째, 구매한 투입물과 사용한 투입물의 양이 같아야 한다. 셋째, 투입물의 구매원가가 구매량과 선형관계가 있어야 한다. 만약 이러한 조건을 만족하지 않는 상황에서 원가함수를 선형으로 추정할 때는 왜곡된 원가함수를 추정하게 되고, 따라서 잘못된 원가 정보를 산출하게 된다.

비선형 원가함수를 일으키는 대표적 원인으로 학습효과(learning effect)를 들 수 있다. 학습효과란 작업자들이 특정 작업을 반복함으로써 경험이 축적되어 단위당 작업시간 및 단위당 원가가 감소하는 현상으로 정의되며, 이를 측정한 함수를 학습곡선(learning curve)이라 한다. 학습효과가 원가를 감소시키는 이유는 반복실행을 통한 노동의 효율성 증대, 제조기술 향상으로 인한 새로운 공정과 제조 방법의 개선, 불필요한 제품기능을 제거한 제품의 재설계, 규모의 경제 등을 들 수 있다.

학습효과가 존재할 경우, 생산량이 증가할수록 단위당 생산시간이 단축됨에 따라 단위당 원가도 감소하여 낮은 제품원가로 제품이 생산된다. 따라서 학습효과로 인해 원가절감이 가능하므로 총생산원가와 증분원가를 추정하는 경우 이를 고려해야 한다.

이러한 학습효과의 정도를 비율로 표시한 것을 학습률(rate of learning)이라고 한다. 만약 직접노무시간이 80%의 학습률을 보인다면, 2단위의 제품을 생산하는 데 소요되는 단위당 누적 평균시간이 최초 1단위를 생산하는 데 걸리는 시간의 80% 수준에서 생산됨을 의미한다. 다시 말해서, x%의 학습률이란 누적 생산량이 2배씩 증가할 때마다 단위당 누적 평균시간이 $(100-x)$% 만큼 감소하는 것을 의미한다. 따라서 학습률이 낮을수록 학습속도는 더 빠르다는 것을 의미한다.

학습곡선의 형태

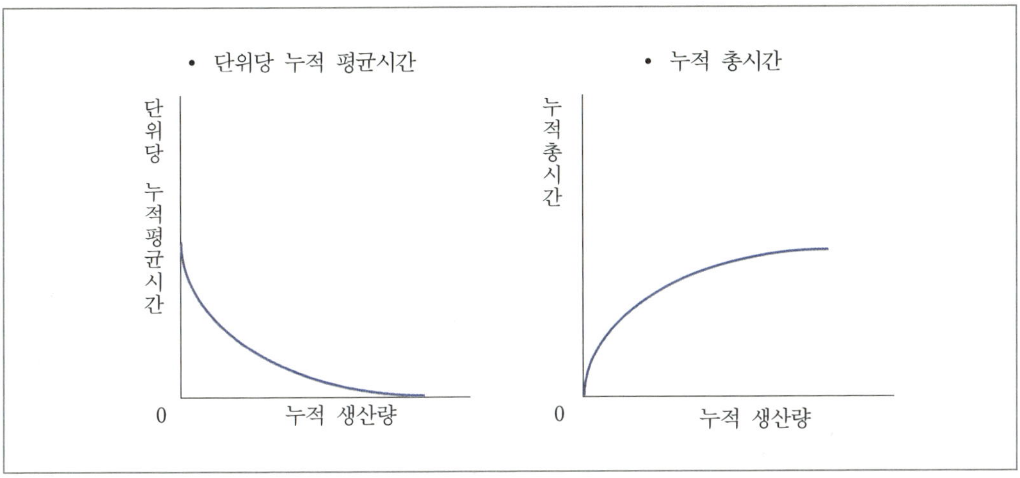

예를 들어, (주)모나미는 최초 1단위의 생산에 1,000시간이 소요되고 80%의 학습률을 보인다고 가정하면, 다음 표와 같이 2단위를 생산하는 데 소요되는 단위당 누적 평균시간은 최초생산 소요시간 1,000시간에 학습률인 80%를 곱한 800시간이 된다. 이에 따라 2단위를 생산하기 위해 소요되는 누적 총시간은 2번째 단위당 누적 평균시간 800시간에 누적 생산량인 2단위를 곱하여 1,600시간이 산출된다.

누적 생산량 (A)	단위당 누적 평균시간 (B)	누적 총시간 (C)=(A)×(B)
1단위	1,000시간	1,000시간
2단위	(1,000×80%=)800시간	1,600시간
4(2^2)단위	(1,000×80%^{2} 또는 800×80%=)640시간	2,560시간
8(2^3)단위	(1,000×80%^{3} 또는 640×80%=)512시간	4,096시간
16(2^4)단위	(1,000×80%^{4} 또는 512×80%=)409.6시간	6,554시간

학습곡선은 누적 평균시간 학습모형과 증분 단위시간 학습모형으로 나뉘는데 이후에서 이에 관해 설명하기로 한다.

4.2 누적 평균시간 학습모형

누적 평균시간 학습모형은 누적 생산량이 증가함에 따라 단위당 누적 평균시간이 일정

비율로 감소하는 것을 나타내는 모형이다. 누적 생산량이 증가함에 따라 단위당 누적 평균시간은 감소하지만, 음(−)의 값을 갖지는 않으므로 누적 총시간(=누적 생산량×단위당 누적 평균시간)은 증가하되 그 증가율은 점차 감소한다.

이와 같은 관계를 기초로 하여 학습곡선을 식으로 나타내면 다음과 같다.

$$y = ax^b \tag{1}$$

여기에서, y: 단위당 누적 평균시간
a: 첫 번째 단위 생산 시 소요되는 생산시간
b: 학습지수
x: 누적 생산량

위의 식 $y = ax^b$에서 생산량이 $2x$이 되었을 때 단위당 누적 평균시간을 y'이라고 하면 다음과 같은 식이 된다.

$$y' = a(2x)^b \tag{2}$$

식(2)를 식(1)로 나누면 학습률은 다음과 같이 표시된다.

$$\text{학습률} = \frac{y'}{y} = \frac{a(2x)^b}{ax^b} = 2^b$$

여기에 자연로그를 취하게 되면 학습지수 b는 다음과 같이 표시된다. 학습지수는 특정 단위를 생산하는 데 소요되는 누적 평균시간을 계산하는 데 사용되는 요소이다.

$$\text{학습지수} = b = \frac{\ln\left(\frac{y'}{y}\right)}{\ln 2} = \frac{\ln\text{학습률}}{\ln 2}$$

90% 학습곡선의 경우, $b = \frac{\ln 0.9}{\ln 2} = \frac{(-)0.1054}{0.6931} = (-)0.1520$이다. 첫 번째 단위 생산 시 소요되는 생산시간(a)이 2,500시간, 누적 생산량(x)이 3단위이면 단위당 누적 평균시간(y)은 2,116시간($= ax^b =$2,500시간$\times 3^{-0.1520} =$2,500시간×0.8462)이 된다. 따라서 누적 생산량(x)이 3단위인 경우 누적 총시간은 6,348시간(=3단위×2,116시간)이 된다.[4)]

(주)모나미는 신제품을 개발하여 최초 1단위 생산하는 데 직접노무시간이 2,500시간이 소요되었다. 직접노무시간에서 학습효과가 존재하는데, 학습률은 누적 평균시간 학습모형에서 90%로 측정된다고 가정하자. 학습률이 누적 평균시간 학습모형에서 90%로 측정된다는 것은 누적 생산량(A)이 2배가 될 때마다 단위당 누적 평균시간(B)이 이전의 단위당 누적 평균시간(B)의 90%가 되는 것을 의미한다.

첫 단위 생산 시 소요시간은 2,500시간이고 학습률이 90%이므로 2번째 단위를 생산할 때에는 단위당 누적 평균시간(B)이 2,250시간(=2,500시간×90%)이 된다. 따라서 2번째 단위 생산에 걸리는 시간은 2,000시간(=4,500시간−2,500시간)이다. 또한, 누적 생산량이 4단위인 경우 단위당 누적 평균시간은 2,025시간(=2,500시간×90%×90%)이 되고 누적 총시간은 8,100시간(=4단위×2,025시간)이 된다.

누적 평균시간 학습모형			
누적 생산량 (A)	단위당 누적 평균시간 (B)	누적 총시간 (C)=(A)×(B)	증분 단위시간 (D)
1	2,500	2,500	2,500
2	2,500×90%=2,250	4,500	4,500−2,500=2,000
3	2,500×0.8462=2,116	6,348	6,348−4,500=1,848
4	2,500×90%×90%=2,025	8,100	8,100−6,348=1,752

누적 평균시간 학습모형에 대한 예제는 다음과 같다.

예제

누적 평균시간 학습모형

(주)국세는 1로트(lot)의 크기를 10대로 하는 로트생산방식에 의해 요트를 생산·판매하고 있다. (주)국세는 최근 무인잠수함을 개발하고 5대를 생산·판매하였으며, 관련 원가 자료는 다음과 같다.

항목	단위당 원가	산식	금액
직접재료원가	₩2,000,000/대	₩2,000,000×5대	₩10,000,000
직접노무원가	₩30,000/직접노무시간	₩30,000×1,000 직접노무시간	₩30,000,000
변동제조간접원가	₩5,000/직접노무시간	₩5,000×1,000 직접노무시간	₩5,000,000

4) 2의 배수가 아닌 누적 생산량에 대한 지수계산은 회계용 계산기로는 불가능하므로 일반적으로 계산값을 준다.

무인잠수함도 로트생산방식으로 생산하되, 1로트의 크기는 5대이다. 무인잠수함의 직접노무시간은 요트 생산과 같이 로트당 누적 평균시간 학습곡선모형을 따르며, 학습률도 같다. 요트 생산의 누적 생산량과 로트당 평균 직접노무시간은 다음과 같다.

누적 생산량	누적로트 수	로트당 평균 직접노무시간
10	1	1,300
20	2	1,170
40	4	1,053

물음

(주)국세는 무인잠수함 35대에 대한 납품 제의를 받았다. 이 납품과 관련된 무인잠수함 1대의 평균 변동제조원가는? [2015년 세무사]

풀이

(1) 무인잠수함의 직접노무시간의 학습률

항목	산식	결과
무인잠수함의 직접노무시간의 학습률	요트 생산 로트당 학습률과 동일 1,170시간÷1,300시간	90%

(2) 35대 생산에 드는 직접노무시간

누적로트 (A)	누적 생산량 (B)	로트당 평균 직접노무시간 (C)	총 직접노무시간 (D)=(A)×(C)
1로트	5대	1,000시간	1,000시간
2로트	10대	(1,000시간×90%=)900시간	1,800시간
4로트	20대	(1,000시간×90%^{2}=)810시간	3,240시간
8로트	40대	(1,000시간×90%^{3}=)729시간	5,832시간

항목	산식	결과
35대 생산에 드는 직접노무시간	40대 총 직접노무시간−5대 총 직접노무시간 =5,832시간−1,000시간	4,832시간

(3) 1대당 평균 변동제조원가

항목	단위당 원가 (A)	수량 (B)	금액 (C)=(A)×(B)
직접재료원가①	₩2,000,000	35대	₩70,000,000
직접노무원가②	₩30,000	4,832시간	144,960,000
변동제조간접원가③	₩5,000	4,832시간	24,160,000
소계④=(①+②+③)			239,120,000
생산량⑤		35대	
1대당 평균 변동제조원가⑥=(④÷⑤)			₩6,832,000

4.3 증분 단위시간 학습모형

지금까지 학습곡선모형은 누적 생산량이 증가할수록 단위당 누적 평균시간이 일정 비율로 감소한다는 가정을 기초로 하고 있다. 이러한 모형을 누적 평균시간 학습모형이라고 하였다. 이와는 달리 학습효과를 증분 시간 관점에서 파악할 수도 있다. 즉 누적 생산량이 증가할수록 증분 단위시간, 즉 마지막 단위를 생산하는 데 필요한 시간이 일정 비율로 감소한다는 가정에 따라 학습곡선모형을 도출할 수 있다. 이러한 모형을 증분 단위시간 학습모형이라고 한다.

이와 같은 관계를 기초로 하여 학습곡선을 식으로 나타내면 다음과 같다.

$$m = ax^b \tag{1}$$

여기에서, m: 마지막 단위를 생산하는 데 걸리는 시간(증분 단위시간)
a: 첫 번째 단위 생산 시 소요되는 생산시간
b: 학습지수
x: 누적 생산량

위의 식 $m = ax^b$에서 생산량이 $2x$이 되었을 때 증분 단위시간을 m'이라고 하면 다음과 같은 식이 된다.

$$m' = a(2x)^b \tag{2}$$

식(2)를 식(1)로 나누면 학습률은 다음과 같이 표시된다.

$$\text{학습률} = \frac{m'}{m} = \frac{a(2x)^b}{ax^b} = 2^b$$

여기에 자연로그를 취하게 되면 학습지수 b는 다음과 같이 표시된다. 학습지수는 특정 단위를 생산하는 데 소요되는 증분 단위시간을 계산하는 데 사용되는 요소이다.

$$\text{학습지수} = b = \frac{\ln\left(\frac{m'}{m}\right)}{\ln 2} = \frac{\ln \text{학습률}}{\ln 2}$$

90% 학습곡선의 경우, $b=\frac{\ln 0.9}{\ln 2}=\frac{(-)0.1054}{0.6931}=(-)0.1520$이다. 첫 번째 단위 생산 시 소요되는 생산시간(a)이 2,500시간, 누적 생산량(x)이 3단위이면 증분 단위시간(y)은 2,116시간($=ax^b=$2,500시간$\times 3^{-0.1520}=$2,500시간$\times$0.8462)이 된다. 따라서 누적 생산량(x)이 3단위인 경우 누적 총시간은 6,866시간(=2,500시간+2,250시간+2,116시간)이 된다.[5)]

(주)모나미는 신제품을 개발하여 최초 1단위 생산하는 데 직접노무시간이 2,500시간이 소요되었다. 직접노무시간에서 학습효과가 존재하는데, 학습률은 증분 단위시간 학습모형에서 90%로 측정된다고 가정하자. 학습률이 증분 단위시간 학습모형에서 90%로 측정된다는 것은 누적 생산량(A)이 2배가 될 때마다 마지막 단위를 생산하는 데 소요되는 증분 단위시간이 이전의 마지막 단위를 생산하는 데 소요되는 증분 단위시간의 90%가 되는 것을 의미한다.

첫 단위 생산 시 소요시간은 2,500시간이고 학습률이 90%이므로 두 번째 단위를 생산하는 데 걸리는 시간은 2,250시간(=2,500×90%)이다. 따라서 두 단위를 생산하는 데 소요되는 누적 총시간은 4,750시간(=2,500시간+2,250시간)이 된다. 그러므로 단위당 누적 평균시간은 2,375시간(=4,750시간÷2단위)이 된다. 누적 생산량이 2단위에서 2배가 증가한 4단위의 경우 증분 단위시간은 2,025시간(=2,500시간×90%×90%)이 된다. 이는 3단위를 완성한 상태에서 네 번째 단위를 생산하는 데 걸리는 시간이 2,025시간이라는 것을 의미한다.

증분 단위시간 학습모형			
누적 생산량 (A)	증분 단위시간 (E)	누적 총시간 (F=∑E)	단위당 누적 평균시간 (G=F÷A)
1	2,500	2,500	2,500
2	2,500×90%=2,250	4,750	2,375
3	2,500×0.8462=2,116	6,866	2,289
4	2,500×90%×90%=2,025	8,891	2,223

요약하면 다음 표와 같다. 누적 평균시간 학습모형은 단위당 누적 평균시간(B)에 학습률이 적용되고, 증분 단위시간 학습모형은 증분 단위시간(E)에 학습률이 적용된다는

5) 2의 배수가 아닌 누적 생산량에 대한 지수계산은 회계용 계산기로는 불가능하므로 일반적으로 계산 값을 준다.

것이다.

두 모형을 비교하면 누적 평균시간 학습모형에서는 두 단위 생산 시 증분 단위시간(D), 즉 첫 번째 단위 완성 이후 두 번째 단위를 생산하는 데 걸리는 시간은 2,000시간(=4,500시간-2,500시간)이지만 증분 단위시간 학습모형의 두 번째 단위의 증분 단위시간(E)은 2,250시간이다. 따라서 학습률이 같은 경우 누적 평균시간 학습모형이 증분 단위시간 학습모형보다 학습효과가 더 크게 나타난다는 것을 알 수 있다.

누적 생산량 (A)	누적 평균시간 학습모형			증분 단위시간 학습모형		
	단위당 누적 평균시간 (B)	누적 총시간 (C)=(A×B)	증분 단위시간 (D)	증분 단위시간 (E)	누적 총시간 (F=∑E)	단위당 누적 평균시간 (G=F÷A)
1	2,500	2,500	2,500	2,500	2,500	2,500
2	2,500×0.9=2,250	4,500	2,000	2,500×0.9=2,250	4,750	2,375
3	2,500×0.8462=2,116	6,348	1,848	2,500×0.8462=2,116	6,866	2,289
4	2,500×0.9×0.9=2,025	8,100	1,752	2,500×0.9×0.9=2,025	8,891	2,223

학습모형 비교와 관련된 예제는 다음과 같다.

예제

학습모형 비교

(주)대한은 A형－학습모형(누적 평균시간 모형)이 적용되는 '제품X'를 개발하고, 최초 4단위를 생산하여 국내 거래처에 모두 판매하였다. 이후 외국의 신규 거래처로부터 제품X의 성능이 대폭 개선된 '제품X-plus'를 4단위 공급해 달라는 주문을 받았다. 제품X-plus를 생산하기 위해서는 설계를 변경하고 새로운 작업자를 고용해야 한다. 또한, 제품X-plus의 생산에는 B형－학습모형(증분 단위시간 모형)이 적용되는 것으로 분석되었다.

누적 생산량	A형-학습모형이 적용될 경우 누적 평균 노무시간	B형-학습모형이 적용될 경우 증분 단위 노무시간
1	120.00	120.00
2	102.00	108.00
3	92.75	101.52
4	86.70	97.20
5	82.28	93.96
6	78.83	91.39
7	76.03	89.27
8	73.69	87.48

(주)대한이 제품X-plus 4단위를 생산한다면, 제품X 4단위를 추가로 생산하는 경우와 비교하여 총노무시간은 얼마나 증가(또는 감소)하는가? [2018년 공인회계사]

풀이

항목	산식	결과
B학습모형 적용 총노무시간①	B형-학습모형의 증분 단위 노무시간의 총계 120.00시간+108.00시간+101.52시간+97.20시간	426.72시간
A학습모형 적용 총노무시간②	A형-학습모형의 누적 평균 노무시간을 이용한 추가 4단위 증분 노무시간 73.69시간×8단위-86.70시간×4단위	242.72시간
총노무시간증가③=(①-②)		184시간

4.4. 학습곡선의 응용

학습효과는 경험의 축적에 따른 생산시간의 감소 및 그로 인한 원가절감 현상이기 때문에 시간 함수로 표시되는 원가에 영향을 미친다. 따라서 원가를 추정할 때는 이와 같은 학습 현상의 잠재적 영향을 항상 고려해야 한다. 학습 현상은 재고자산의 평가, 제품 관련 의사결정 그리고 성과평가 등에 영향을 미친다.

4.4.1. 재고자산평가

앞서 설명한 바와 같이 학습효과가 존재하게 되면 생산량이 증가할수록 추가적인 생산에 필요한 노동시간이 감소하게 된다. 직접노동시간이나 직접노무원가를 고정제조간접원가의 배부기준으로 사용하는 경우, 학습효과를 고려하지 않게 되면 원가대상에 배부되는 고정제조간접원가를 과소계상하게 되어 재고자산을 적절히 평가할 수 없게 된다.

즉, 고정제조간접원가를 직접노동시간에 기초하여 배부하는 경우, 학습효과에 따라 생산에 드는 직접노동시간이 감소하였을 때의 예정배부율(=고정제조간접원가÷단축된 직접노동시간)은 학습효과를 고려하지 않은 경우의 예정배부율보다 높으므로 학습효과를 고려하지 않으면 그만큼 작은 제조간접원가가 배부된다.

(주)모나미는 1월에 영업 활동을 개시하여 총 500단위를 생산하였는데 1단위 생산하는 데 재료원가는 ₩1,000, 직접노동시간은 20시간이 소요되며, 시간당 임률이 ₩20이었다. 3월은 총 500단위의 제품을 생산하였으나 학습효과로 인하여 1단위 생산에 드는 직접노동시간이 10시간으로 감소하였다. 그리고 제조간접원가 배부기준은 직접노동

시간이다. 이때 3월의 단위당 제품제조원가를 계산할 때, 학습효과를 반영한 결과와 반영하지 못하는 결과 차이는 아래 표에서와 같이 제조간접원가 배부율의 차이로 인하여 발생하게 된다. 학습효과를 반영하지 않은 경우는 1월의 단위당 직접노동시간을 이용한 총 10,000시간(=500단위×20시간)을 분모로 하여 제조간접원가 배부율을 이용하여 단위당 원가가 산출되었다. 그러나 정확한 단위당 원가를 계산하기 위해서는 학습효과를 반영한, 즉 단위당 10시간으로 계산한 총 5,000시간(=500단위×10시간)을 분모로 하여 단위당 원가를 산출해야 한다. 학습효과를 반영하지 않은 제품 단위당 원가 ₩1,300은 학습효과를 반영한 제품 단위당 원가 ₩1,400보다 과소계상하게 된다.

구분	1월		3월(학습효과 미반영)		3월(학습효과 반영)	
	계산식	금액	계산식	금액	계산식	금액
직접재료원가	₩1,000×1단위	₩1,000	₩1,000×1단위	₩1,000	₩1,000×1단위	₩1,000
직접노무원가	₩20×20시간	400	₩20×10시간	200	₩20×10시간	200
제조간접원가 배부액	$\frac{₩100,000}{10,000시간}$×20시간	200	$\frac{₩100,000}{10,000시간}$×10시간	100	$\frac{₩100,000}{5,000시간}$×10시간	200
단위당 원가		₩1,600		₩1,300		₩1,400

4.4.2. 의사결정

경영자가 신제품의 생산 여부에 관해 결정할 때, 실제로는 수익성이 높은 제품인데도 불구하고 수익성이 낮은 것으로 평가하여 적극성을 보이지 않을 때가 있다. 그 이유는 초기 생산단계에서 판매가격보다 변동원가가 더 크게 나타나는 경우가 있기 때문이다. 그러나 학습효과로 인하여 생산이 진행될수록 변동원가가 점차 감소하면 이익은 증가하게 된다. 따라서 학습효과가 변동원가에 미칠 영향을 무시하고, 초기의 원가 정보만을 이용하여 신제품을 생산하게 되면, 최적 의사결정을 내리지 못할 가능성이 있다.

4.4.3. 성과평가

표준설정의 경우 종업원에 대한 성과평가를 수행할 때도 학습효과를 고려하지 않으면 성과평가가 왜곡될 수 있다. 예를 들어, 표준작업시간과 표준원가를 설정하여 실제 작업시간과의 차이 분석을 통해 성과평가를 수행하고자 할 때, 학습효과를 고려하지 않고 특정 활동에 오래 종사한 숙련 노동자를 기준으로 표준작업시간을 설정하였다. 이러면 미숙련 노동자들의 실제 작업시간이 표준작업시간을 초과할 가능성이 커, 성과가 낮게 평가될 것이다. 그러므로 성과평가를 위한 표준을 설정할 때는 학습 현상을 고려하여 특정 제품의 생산 초기에는 표준을 여유 있게 설정하고, 생산기간이 장기간이 되면 표준을 엄격하게 설정하는 것이 바람직하다.

객 • 관 • 식

3.1 (주)병 회사의 20×8년도 생산자료는 다음과 같다. 6월의 계획생산량이 70개일 때 고저점법을 사용하여 노무비 추정액을 계산하면? [1993년 공인회계사]

〈월별〉	〈생산량〉	〈노무비〉
1월	10	₩160,000
2월	15	200,000
3월	20	310,000
4월	50	720,000
5월	30	460,000

① ₩920,000 ② ₩960,000 ③ ₩1,000,000
④ ₩1,020,000 ⑤ ₩980,000

3.2 학용품 전문생산업체인 백일홍 회사는 1994년 초에 개발한 신제품을 최초로 10,000개 생산하는 데 다음과 같은 비용이 발생할 것으로 추정한다. 백일홍 회사의 제품생산이 80% 학습곡선이 따른다고 가정하면 누적 생산량이 80,000개인 주문에 대해 제안해야 할 최소판매가격은? [1994년 세무사]

직접재료비	₩900,000
직접노무비(시간당 ₩10)	400,000
변동제조간접비(직접노무시간에 비례하여 발생)	80,000
고정제조간접비(배부액)	₩150,000

① ₩9,166,080 ② ₩9,346,080 ③ ₩10,396,080
④ ₩10,040,000 ⑤ ₩11,190,000

3.3 236개월간의 수선유지비에 대한 원가추정을 한 결과 다음과 같은 두 가지 원가추정 방정식을 구하였다. 어느 달의 기계 작업시간이 1,500시간이고 직접노동시간이 1,400시간일 때 보다 설명력이 높은 원가추정 방정식을 이용한 수선유지비의 변동예산액은 얼마인가? [1995년 공인회계사]

$\hat{y}$ =₩3,000,000+₩2,625x_1	$\hat{y}$ =₩2,900,000+₩293x_2
단,	단,
x_1: 기계 작업시간	x_2: 직접노동시간
$\hat{y}$: 월간 수선유지비	$\hat{y}$: 월간 수선유지비
결정계수=0.8	결정계수=0.6

① ₩6,937,500 ② ₩7,002,000 ③ ₩3,937,500
④ ₩6,337,500 ⑤ ₩6,150,000

연습문제

3.4 (주)서울의 지난 2년간 생산량과 총제조원가는 다음과 같다. 2년간 고정원가와 단위당 변동원가는 변화가 없었다. 20×7년도에 고정원가가 20% 증가하고 단위당 변동원가가 40% 감소하면, 생산량이 3,000개일 때 총제조원가는 얼마인가? [1996년 공인회계사]

	생산량	총제조원가
20×5년	1,000개	50,000,000
20×6년	2,000개	70,000,000

① ₩36,012,000 ② ₩60,000,000 ③ ₩66,000,000
④ ₩72,000,000 ⑤ ₩80,000,000

3.5 (주)부산은 무전기 600단위에 대한 계약의 입찰에 참여할 것을 고려하고 있다. 같은 회계연도에 속하는 2달 전에 같은 무전기 200단위를 아래와 같은 금액으로 계약체결 및 생산한 바 있다. (주)부산이 90%의 학습곡선을 사용하고 있다고 가정할 때 600단위의 계약에 입찰하기 위해 제시할 금액은 얼마인가? [2002년 세무사]

직접재료원가	₩5,000
직접노무원가(3,000시간×₩20)	60,000
고정제조원가[1]	3,000
변동제조원가[2]	7,500
기타[3]	12,000
합계	87,500

1) 고정제조간접원가는 처음 생산량 200단위에 그 원가를 전부 배분하여 보상받았기 때문에 600단위 입찰에는 보상을 청구하지 않는다.
2) 변동제조간접원가는 직접노무원가에 비례하여 발생한다.
3) 기타는 일반관리비 및 이윤보상 목적으로 직접노무원가의 20%를 일정하게 설정한다.

① ₩371,160 ② ₩193,080 ③ ₩196,080
④ ₩208,185 ⑤ ₩190,000

3.6 다음은 강릉(주)의 조업도 수준에 따른 자료이다. 고저점법을 사용하여 제조간접비의 원가행태를 분석할 경우 다음 중에서 옳은 것은? [2004년 세무사]

	조업도 수준	
	낮음	높음
생산 수량	25,000단위	30,000단위
총제조원가	₩575,000	₩680,000
단위당 직접재료비	₩5	₩5
단위당 직접노무비	₩6	₩6

① 기간당 고정제조간접원가 ₩50,000, 단위당 변동제조간접원가 ₩10
② 기간당 고정제조간접원가 ₩50,000, 단위당 변동제조간접원가 ₩21

③ 기간당 고정제조간접원가 ₩50,000, 단위당 변동제조간접원가 ₩22

④ 기간당 고정제조간접원가 ₩50,000, 단위당 변동제조간접원가 ₩23

⑤ 기간당 고정제조간접원가 ₩347,000, 단위당 변동제조간접원가 ₩0.1

3.7 다음 그래프의 세로축은 총원가를 나타내며, 가로축은 1년간의 생산량을 나타낸다. 다음 중 그래프를 적정하게 설명하지 못한 것은? [2004년 공인회계사]

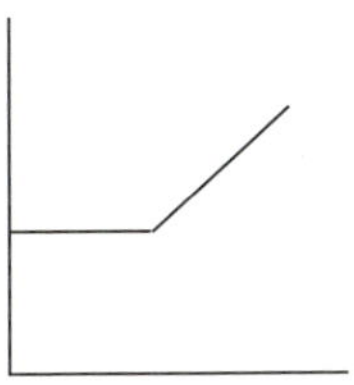
A

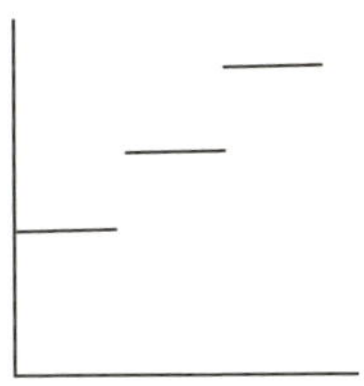
B

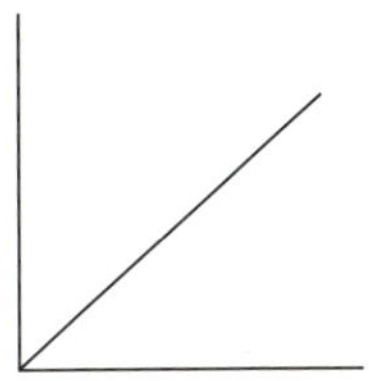
C

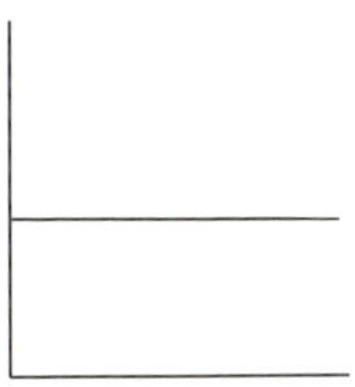
D

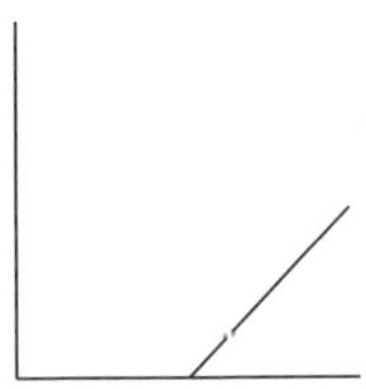
E

A: 일정량의 kwh까지는 기본요금을 내고 그것을 초과하면 변동원가가 추가된다(kwh는 생산량에 비례하여 증가).

B: 수도요금 청구액은 다음과 같이 계산된다.

100,000갤런 이하	기본요금 ₩100,000
추가 10,000갤런	추가 사용된 갤런당 ₩3
추가 10,000갤런	추가 사용된 갤런당 ₩6

C: 기계사용시간(생산량에 비례)을 기준으로 계산되는 설비의 감가상각비

D: 정액법에 따른 설비의 연간 감가상각비

E: 어떤 조업도 수준 이상으로 생산되는 생산 단위마다 ₩100을 관리자에게 지급하는 상여금 제도

① A　② B　③ C　④ D　⑤ E

3.8 대한회사의 지난 6개월간 전력비는 다음과 같다. 기계시간이 전력비에 대한 원가동인이라면 32,375 기계시간이 예상되는 7월의 전력비는 고저점법에 따라 얼마로 추정되는가?

[2008년 세무사 1차]

월	기계시간	전력비
1	34,000	₩610,000
2	32,620	₩593,100
3	33,500	₩607,300
4	31,050	₩589,700
5	32,700	₩592,300
6	31,000	₩586,000

① ₩259,000 ② ₩338,000 ③ ₩595,000
④ ₩597,000 ⑤ ₩600,000

3.9 다음 중 원가추정방법에 관한 설명으로 옳지 않은 것은? [2009년 세무사 1차]

① 회귀분석법은 결정계수(R^2)가 1에 가까울수록 만족스러운 추정을 달성한다.
② 고저점법은 원가 자료 중 가장 큰 원가 수치의 자료와 가장 작은 원가 수치의 자료를 사용하여 추정하는 방법으로 두 원가 수치의 차이는 고정비라고 가정한다.
③ 계정분석법을 사용하면 각 계정을 변동원가와 고정원가로 구분하는 데 자의성이 개입될 수 있다.
④ 산업공학분석법(또는 공학분석법)은 간접비 추정에 어려움이 있다.
⑤ 산업공학분석법(또는 공학분석법)은 과거 자료 없이 미래원가를 추정하는 데 사용된다.

3.10 다음 자료를 이용하여 최초 16단위를 생산할 때 추정되는 누적 총 노무시간은 몇 분인가? (단, 노무시간은 누적 평균시간 모형을 따른다.) [2010년 세무사]

누적 생산량	누적 총 노무시간(분)
1	10,000분
2	18,000분

① 81,920분 ② 98,260분 ③ 104,976분
④ 112,654분 ⑤ 130,321분

3.11 (주)세무의 제조간접원가는 소모품비, 감독자급여, 수선유지비로 구성되어 있다. 이 회사의 제조간접원가의 원가동인은 기계시간으로 파악되었다. (주)세무의 20×1년 1월, 2월, 3월 및 4월 각각에 대해 실제 사용한 기계시간과 제조간접원가의 구성항목별 실제 원가는 다음과 같다. [2014년 세무사]

월	기계시간	소모품비	감독자급여	수선유지비	총제조간접원가 합계
1월	70,000	₩56,000	₩21,000	₩121,000	₩198,000
2월	60,000	48,000	21,000	105,000	174,000
3월	80,000	64,000	21,000	137,000	222,000
4월	90,000	72,000	21,000	153,000	246,000

(주)세무는 원가추정에 고저점법을 이용한다. 20×1년 5월에 75,000 기계시간을 사용할 것으로 예상하는 경우 설명이 옳은 것은?

① 5월의 예상 소모품비는 ₩55,000이다.
② 5월의 예상 수선유지비는 ₩129,000이다.
③ 5월의 예상 변동제조간접원가는 ₩170,000이다.
④ 5월의 예상 고정제조간접원가는 ₩21,000이다.
⑤ 5월의 예상 총제조간접원가는 ₩220,000이다.

3.12 (주)한국은 최근에 신제품 A의 개발을 완료하고 시험적으로 500단위를 생산하였다. 회사가 처음 500단위의 신제품 A를 생산하는 데 소요된 총 직접노무시간은 1,000시간이고 직접노무시간당 임률은 ₩300이었다. 신제품 A의 생산에 드는 단위당 직접재료원가는 ₩450이고, 단위당 제조간접원가는 ₩400이다. (주)한국은 과거 경험 때문에 이 제품을 추가로 생산하는 경우 80%의 누적평균직접노무시간 학습모형이 적용될 것으로 추정하고 있으며, 당분간 직접노무시간당 임률의 변동은 없을 것으로 예상한다.
신제품 A를 추가로 1,500단위 더 생산한다면, 총생산량 2,000단위에 대한 신제품 A의 단위당 예상원가는? [2017년 공인회계사]

① ₩1,234 ② ₩1,245 ③ ₩1,257
④ ₩1,263 ⑤ ₩1,272

다음 자료를 이용하여 3.13번과 3.14번에 답하시오.

(1) 다음은 단일 제품 A를 생산하는 (주)대한의 20×1년도 생산 및 제조에 대한 자료이다.

구분	생산량(개)	제조원가(₩)
1월	1,050	840,000
2월	1,520	1,160,000
3월	1,380	983,000
4월	2,130	1,427,600
5월	1,400	1,030,000
6월	1,730	1,208,000
7월	1,020	850,400
8월	1,800	1,282,300
9월	1,640	(중략)
10월	1,970	(중략)
11월	1,650	1,137,400
12월	1,420	1,021,800

(2) (주)대한의 회계담당자는 향후 생산량에 따른 원가를 예측하고, 변동원가계산서 작성에 필요한 자료를 얻기 위해 중략된 자료를 포함한 위 자료를 이용하여 원가모형을 추정하였다. (주)대한의 회계담당자가 회귀분석을 통해 추정한 원가모형은 다음과 같다.

- 원가추정모형: Y=a+b×X
- Y=제조원가(₩)
- a=296,000(t-value: 3.00, 유의도 0.01 이하)
- b=526(t-value: 4.00, 유의도 0.01 이하)
- X=생산량(개)
- R^2(결정계수)=0.96

3.13 위 자료를 바탕으로 다음 설명 중 가장 옳은 것은? [2020년 공인회계사 1차]

① R^2는 추정된 회귀분석의 설명력을 나타내는 것으로 1보다 클수록 높은 설명력을 가진다.

② 회귀분석을 통해 추정한 계수 값인 a와 b의 유의도와 t-value가 낮아 분석결과 값을 신뢰할 수 없다.

③ 제품 A의 단위당 판매액이 ₩700이고 단위당 변동판매관리비가 ₩10일 때 제품 A에 대한 단위당 공헌이익은 ₩26이다.

④ 제품 A를 2,000개 생산한다면 회귀분석을 통해 추정한 제조원가는 ₩1,348,000이다.

⑤ 9월과 10월의 중략된 제조원가자료를 사용하면 고저점법을 통해 더 정확한 원가를 추정할 수 있다.

3.14 위 자료를 바탕으로 (주)대한의 회귀분석으로 추정한 제조원가와 고저점법으로 추정한 제조원가가 같아지는 생산량은 얼마인가? [2020년 공인회계사 1차]

① 1,000개 ② 1,500개 ③ 2,000개
④ 3,000개 ⑤ 4,000개

3.15 올해 창업한 (주)세무는 처음으로 A광역시로부터 도로청소 특수차량 4대의 주문을 받았다. 이 차량은 주로 수작업을 통해 제작되며, 소요될 원가자료는 다음과 같다.

○ 1대당 직접재료원가 : ₩85,000
○ 첫 번째 차량 생산 직접노무시간 : 100시간
○ 직접노무원가 : 직접노무시간당 ₩1,000
○ 제조간접원가 : 직접노무시간당 ₩500

위의 자료를 바탕으로 계산된 특수차량 4대에 대한 총제조원가는? (단, 직접노무시간은 80% 누적평균시간학습모형을 고려하여 계산한다.) [2021년 세무사 1차]

① ₩542,000 ② ₩624,000 ③ ₩682,000
④ ₩724,000 ⑤ ₩802,000

주 · 관 · 식

3-1 (주)우주는 대형 항공기를 조립하여 판매하는 회사이다. 회사는 20×8년 4월에 처음으로 대형 항공기 1대 조립을 완료하였고 직접노무시간이 학습효과가 있다는 것을 발견하였다. 처음 1대의 생산과 관련된 원가 정보는 다음과 같다. [1993년 공인회계사]

직접재료원가		₩750,000
직접노무원가	(2,500×₩1,500/시간)	3,750,000
변동제조간접원가	(2,500×₩500/시간)	1,250,000

직접노무시간이 누적 평균시간 모형을 따른다고 할 때 적용되는 학습률은 95%이며 증분시간모형을 따른다고 할 때 적용되는 학습률은 90%이다. X^b는 다음과 같다.

X	누적평균시간모형	증분시간모형
1	1.0000	1.0000
2	0.9500	0.9000
3	0.9219	0.8462
4	0.9025	0.8100
5	0.8877	0.7830
6	0.8758	0.7616
7	0.8659	0.7440
8	0.8574	0.7290

$y=aX^b$ (누적평균시간모형)

$m=aX^b$ (증분시간모형)

y=단위당 누적 평균시간
a=첫 번째 단위 만드는 데 필요한 직접노무시간
m=단위당 증분 시간
b=학습률과 관련된 지수

1. 직접노무시간이 증분시간모형을 따른다고 하였을 때 첫 번째 단위부터 4번째 단위까지 단위당 증분 시간, 총누적시간, 단위당 누적 평균시간을 나타내는 표를 작성하시오.

2. 직접노무시간이 누적평균시간모형을 따른다고 하였을 때 5번째 단위부터 8번째 단위까지 단위당 누적 평균시간, 총누적시간, 단위당 증분 시간을 나타내는 표를 작성하시오.

3. 직접노무시간이 증분시간모형을 따른다고 하였을 때 2번째 단위로부터 4번째 단위(총 3단위)까지 생산하는 데 필요한 변동제조원가는 얼마인가?

4. 직접노무시간이 누적평균시간모형을 따른다고 하였을 때 6번째 단위와 8번째 단위(총 2단위)를 생산하는 데 필요한 변동제조원가는 얼마인가?

3-2 (주)히어로즈는 2000년에 설립된 회사로 여객용 항공기를 전문적으로 생산 · 판매한다. 설립 시점부터 2015년 5월까지 단일 기종의 소형 항공기를 매년 100여 대씩 생산해 왔으며, 생산직 노무자의 이직도 거의 없었다. 소형 항공기 1대에 대한 2015년의 예산은 다음과 같다.

구분	내역	금액
판매가격	–	₩850,000
직접재료원가	–	₩536,000
직접노무원가	4,100시간×@₩40	₩164,000

회사는 2015년 6월부터 대형 항공기인 '에어점보-7'을 생산하기로 했다. 이를 위해 인력은 신규로 충원하지만, 생산시설은 소형 항공기 조립라인의 일부를 활용할 수 있다. 2015년 6월에 대형 항공기 1대의 생산을 완료했으며, 다음과 같은 원가가 발생했다. 대형 항공기 1대당 직접재료원가와 시간당 직접노무원가는 앞으로도 일정하게 유지될 것으로 예상한다. [2015년 공인회계사]

구분	내역	금액
직접재료원가	–	₩900,000
직접노무원가	10,000시간×@₩50	₩500,000

회사의 원가담당자는 대형 항공기 1대를 생산한 직후, 항공기산업협회에서 발간하는 저널에서 다음과 같은 기사를 읽었다.

> 일반적으로 대형 여객용 항공기의 생산에는 다음과 같은 학습곡선 모형이 적용된다.
>
> $$\log(T) = 4 + 0.7655 \times \log(X),\ R^2 = 1.0$$
>
> 여기서 T : 누적총직접노무시간
> X : 누적생산 대수
> R^2 : 결정계수

원가담당자는 상기의 기사 내용이 향후 대형 항공기의 원가를 추정하는 데 적용될 수 있다고 판단했다. 그러나 소형 항공기의 생산에 대해서는 학습효과를 고려하지 않기로 했다.

한편, 2015년 7월의 제품별 생산계획 및 예산은 다음과 같다.

구분	소형 항공기	대형 항공기
생산량	6대	3대
제조간접원가	₩1,187,550	

제조간접원가는 모두 고정원가이고 매월 동일하며, 직접노무시간을 기준으로 제품에 배부한다.

※ 참고자료 1

일반적인 학습곡선 $y=aX^{-b}$에서 학습률과 학습지수(b)의 관계는 다음과 같다.

y : 누적평균직접노무시간
a : 첫 번째 1단위 생산에 드는 직접노무시간
X : 누적 생산량
b : 학습지수 (0<b<1)

학습률	학습지수(b)	학습률	학습지수(b)
53%	0.9260	95%	0.0740
56%	0.8480	90%	0.1520
59%	0.7655	85%	0.2345
62%	0.6781	80%	0.3219

※ 참고자료 2

필요한 경우 다음의 지수계산 결과를 이용하시오.

X	$X^{-0.926}$	$X^{-0.848}$	$X^{-0.7655}$	$X^{-0.6781}$
3	0.3616	0.3939	0.4313	0.4747
5	0.2253	0.2554	0.2917	0.3358
6	0.1903	0.2188	0.2537	0.2967
7	0.1650	0.1920	0.2255	0.2673
X	$X^{-0.074}$	$X^{-0.152}$	$X^{-0.2345}$	$X^{-0.3219}$
3	0.9219	0.8462	0.7729	0.7021
5	0.8877	0.7830	0.6856	0.5957
6	0.8758	0.7616	0.6569	0.5617
7	0.8659	0.7440	0.6336	0.5345

(물음 1) 원가담당자가 소형 항공기의 생산에 대해서 학습효과를 고려하지 않기로 한 이유는? (2줄 이내로 답하시오)

(물음 2) 장기적인 학습효과가 원가를 감소시키는 이유를 3가지 이상 설명하시오. (3줄 이내로 답하시오)

(물음 3) 2015년 7월의 제품별 생산계획 및 예산 자료를 활용하여, 총제조원가 예산을 수립하고자 한다.

(1) 학습효과를 고려하지 않을 경우, 아래 표에서 ①~③의 금액을 구하시오.

항목	총제조원가	
	소형 항공기	대형 항공기
직접재료원가		
직접노무원가		①
제조간접원가	②	③
합계		

(2) 학습효과를 고려할 경우, 아래 표에서 ①~③의 금액을 구하시오.

항목	총제조원가	
	소형 항공기	대형 항공기
직접재료원가		
직접노무원가		①
제조간접원가	②	③
합계		

(3) 상기 (1)과 (2)의 계산결과에 근거하여, 학습효과가 제품별 제조원가 예산에 미치는 영향을 설명하시오. (2줄 이내로 답하시오)

※ (물음 4)와 (물음 5)는 원가담당자가 저널 기사에서 읽은 학습효과가 7월 이후 대형 항공기의 생산에 적용된다고 가정하여 답하시오.

(물음 4) 2015년 6월에 대형 항공기 1대가 판매되었다. 7월에는 대형 항공기 3대를 대당 ₩1,370,000에 모두 판매할 수 있다. 7월의 손익분기점에 도달하기 위해서는 소형 항공기를 몇 대 판매해야 하는가?

(물음 5) (주)히어로즈는 2015년 8월에 항공기 6대(소형 항공기 2대와 대형 항공기 4대)를 수주하기 위한 공개입찰에 참여할 계획이다. 입찰가격은 증분원가의 120%로 결정하려고 한다. 회사가 항공기 6대에 대해 제시할 총입찰가격은 얼마인가? (단, 대형 항공기는 6월에 1대, 7월에 3대가 모두 판매되었다)

(물음 6) 문제에 주어진 자료 중에서, 원가담당자가 읽은 기사의 내용이 다음과 같았다고 가정한다.

일반적으로 대형 여객용 항공기의 생산에는 다음과 같은 학습곡선 모형이 적용된다.

$$\log(m) = 4 - 0.2345 \times \log(X),\ R^2 = 1.0$$

여기서 m : 증분 단위 직접노무시간
X : 누적생산 대수
R^2 : 결정계수

2015년 6월에 대형 항공기 1대가 판매되었고, 7월에는 대형 항공기 3대를 대당 ₩1,200,000에 모두 판매할 수 있다고 가정한다. 상기의 학습효과를 고려할 경우, 7월의 손익분기점에 도달하기 위해서는 소형 항공기를 몇 대 판매해야 하는가?

※ (물음 3)~(물음 6)과 별도로 대형 여객용 항공기의 직접노무시간에는 증분 단위시간-학습곡선이 적용되며, 학습률은 90%이다. 이와 같은 학습효과가 7월부터 적용된다고 가정하여 다음 물음에 답하시오.

(물음 7) (주)히어로즈가 2015년 8월 한 달 동안 이용할 수 있는 직접노무시간에는 다음과 같은 제약이 있다.

구분	소형 항공기	대형 항공기
최대 이용 가능 직접노무시간	42,000시간	28,000시간

(주)히어로즈는 8월 초에 소형 항공기 10대를 판매할 수 있는 거래처를 확보한 직후, (주)베어스로부터 대형 항공기 4대의 특별주문을 받았다. 특별주문은 8월에 납품해야 하며, 총운반비 ₩91,200이 추가된다. 소형 항공기의 생산에 드는 직접노무시간 3시간은 대형 항공기의 생산에 드는 직접노무시간 1시간과 대체 가능하다. (주)베어스가 요청한 특별주문을 수락하기 위해서는 대형 항공기 4대의 총판매금액이 최소한 얼마이어야 하는가? (단, 소형 항공기는 1대씩 판매할 수 있고, 대형 항공기는 6월에 1대, 7월에 3대가 모두 판매되었다)

4 장

원가-조업도-이익 분석

3장에서는 원가행태를 기초로 하여 원가추정에 대하여 학습하였다. 본 장에서는 이미 학습한 원가와 원가함수 및 원가추정 등을 토대로 하여 원가와 수익 상호 간의 관계에 대하여 조업도를 중심으로 설정하는 단기이익계획을 배울 것이다. 본 장의 학습 목표는 다음과 같다.

1. CVP 분석이란 무엇이며, 그 가정에는 어떠한 것들이 있는가?
2. 손익분기점은 어떻게 산출되는가?
3. 원가, 가격, 조업도의 변화가 이익에 어떠한 영향을 미치는가?
4. CVP 분석이 의사결정에 어떻게 이용되는가?
5. 법인세와 복수제품을 고려할 때 CVP 분석은 어떻게 수행되는가?
6. 불확실성하에서 CVP 분석을 수행하는 방법에는 어떤 것이 있는가?

원가-조업도-이익분석(Cost-Volume-Profit Analysis: CVP)이란 생산량 또는 판매량의 변화가 원가와 수익에 미치는 영향을 분석하여 기업의 단기적 의사결정에 이용하는 기법이다. 원가-조업도-이익분석을 영문 첫 글자를 따서 CVP 분석이라고도 부르고 있는데, 제품의 판매가격, 생산량 또는 판매량(조업도), 단위당 변동원가, 총고정원가의 관계를 분석하는 데 주로 이용되는 기법이다. 본 장에서 사용하는 원가는 제조원가만을 의미하는 것은 아니며, 판매비와 관리비도 포함하는 개념이다.

제1절 CVP 분석의 용어와 가정

1. CVP 분석에서 사용되는 용어의 정의

CVP 분석에서는 영업이익, 총수익, 총원가 사이에는 다음과 같은 관계가 성립된다. 여기서 총수익은 영업 활동으로 인한 수익이며, 총원가는 매출원가와 영업비용을 포함하나 법인세는 제외한 개념이다.

영업이익(Operating Income: OI)=총수익(Total Revenue: TR)
　　　　　　　　　　　　　　　　−총원가(Total Cost: TC)

총수익과 총원가는 생산량이 증감함에 따라 그 금액이 증감한다. 제품의 단위당 판매가격과 단위당 변동원가가 제품의 생산량(판매량)과 관계없이 일정하다고 가정하면, 총수익과 총원가를 다음과 같이 나타낼 수 있다.

총수익(TR)=단위당 판매가격(P)×판매량(Q)
총원가(TC)=총변동원가(TVC)+총고정원가(TFC)
　　　　　=단위당 변동원가(UVC)×판매량(Q)+총고정원가(TFC)

총수익은 단위당 판매가격(Price: P)에 생산량 또는 판매량(Quantity: Q)을 곱한 값이다. 총비용은 총변동원가(Total Variable Cost: TVC)와 총고정원가(Total Fixed Cost:

TFC)의 합계인데, 총변동원가는 단위당 변동원가(Unit Variable Cost: UVC)에 생산량 또는 판매량을 곱한 값이다.

단위당 판매가격에서 단위당 변동원가를 차감한 금액을 단위당 공헌이익(Unit Contribution Margin: UCM)이라 한다. 단위당 공헌이익은 제품 1단위의 판매가 고정원가를 회수하고, 이익을 창출하는 데 얼마나 공헌하는가를 나타내는 개념으로, 단위당 공헌이익에 총판매량을 곱한 금액을 총공헌이익(Total Contribution Margin: TCM)이라고 한다. 총공헌이익은 총수익에서 총변동원가를 차감하여 구할 수도 있다.

$$\text{단위당 공헌이익(UCM)} = \text{단위당 판매가격(P)} - \text{단위당 변동원가(UVC)}$$
$$\text{총공헌이익(TCM)} = \text{단위당 공헌이익(UCM)} \times \text{판매량(Q)}$$
$$= \text{총수익(TR)} - \text{총변동원가(TVC)}$$

위에서 살펴본 단위당 공헌이익이 단위당 판매가격에서 차지하는 비율을 공헌이익률(Contribution Margin Ratio: CMR)이라고 한다. 공헌이익률은 단위당 판매가격에서 단위당 변동원가를 차감한 금액을 판매가격으로 나누어 산출할 수도 있다. 공헌이익률은 매출액에서 고정원가의 회수 및 이익의 획득에 공헌하는 비율을 나타낸다. 예를 들어, 단위당 판매가격이 ₩1,000이고 공헌이익률이 40%라고 하면 제품 1단위를 추가로 판매함에 따라 ₩400만큼 이익이 증가한다는 정보를 준다.

$$\text{공헌이익률(CMR)} = \frac{\text{단위당 공헌이익(UCM)}}{\text{단위당 판매가격(P)}}$$
$$= \frac{\text{단위당 판매가격(P)} - \text{단위당 변동원가(UVC)}}{\text{단위당 판매가격(P)}}$$

2. CVP 분석의 가정

CVP 분석은 실제 복잡한 현상을 단순화시켜 이해 가능성을 증진하고자 다음과 같은 몇 가지 가정을 내포하고 있다. 이러한 가정 중 대부분이 CVP 분석은 단기 의사결정에 사용되는 분석기법이라는 것과 관련되어 있다.

첫째, 수익과 원가를 변화시키는 수익동인(revenue driver)과 원가동인(cost driver)

은 제품의 생산량과 판매량에 의해서만 발생한다고 가정하는 단일 동인(single driver) 모형이다. 현실에서는 수익과 원가에 영향을 미치는 요인에는 조업도 이외에도 경제성장률, 소비자 선호, 경쟁제품, 종업원의 사기, 설비의 이용가능정도, 기술변화, 생산요소의 가격변화 등이 있다. 이와 같은 다수의 수익동인과 원가동인을 사용하는 복잡한 모형은 이를 통해 얻는 효익이 원가를 초과하면 사용해야 할 것이다.

둘째, 모든 원가를 고정원가와 변동원가로 명확히 구분할 수 있다고 가정한다.

셋째, 기본적인 CVP 분석모형은 조업도가 크게 변동하지 않는 단기간의 관련 범위 내에서 사용되기 때문에 고정원가는 관련 범위 내에서 일정하다고 가정한다.

넷째, 총변동원가는 생산량 또는 판매량과 선형관계에 있다고 가정한다. 즉 관련 범위 내에서 생산량 또는 판매량에 비례하여 변동원가가 변화한다고 가정한다.

다섯째, 현실에서는 수량할인이나 현금할인 등이 존재하지만, 제품의 단위당 판매가격은 판매량의 증가와 관계없이 항상 일정하다고 가정한다.

여섯째, 단위당 판매가격, 단위당 변동원가, 고정원가는 알려져 있다고 가정한다.

일곱째, CVP 분석에서는 재고자산의 수준이 변동하지 않는다고 가정하므로 생산량은 모두 판매되어 판매량과 일치하게 된다. 즉, 당기에 발생한 원가만을 고려하기 위하여, 전기에 발생한 원가를 포함하는 재고자산은 분석대상에서 제외한다.

여덟째, CVP 분석에서는 기업이 다수의 제품을 생산・판매하는 때도 제품의 매출 배합(sales mix)이 일정하다고 가정한다.

아홉째, 모든 수익과 원가에 대한 화폐의 시간가치를 고려하지 않는다.

3. CVP 분석의 기본개념

소프트웨어를 판매하는 (주)한글과컴퓨터에서는 소프트웨어 가격을 ₩20,000으로 결정하고, 소프트웨어 1단위당 변동원가는 ₩12,000이고, 3월 중에 발생한 총고정원가는 ₩400,000이다. 판매량이 40단위와 120단위일 때 영업이익의 변화를 검토하기 위하여 CVP 분석을 수행한 결과는 다음과 같다.

(주)한글과컴퓨터에서 40단위의 소프트웨어를 판매하였을 경우 공헌이익은 ₩320,000이고, 120단위의 소프트웨어를 판매하였을 경우 공헌이익은 ₩960,000이다. 그리고 40단위의 소프트웨어를 판매하였을 경우 영업손실은 ₩80,000이고, 120단위의 소프트

웨어를 판매하였을 경우 영업이익은 ₩560,000이다. 40단위와 120단위 판매 시의 공헌이익과 영업이익의 차이를 보면 ₩640,000으로 같다.

항목	단위당 금액 (A)	40단위 판매 시		120단위 판매 시		차이 (F)=(E)-(C)
		판매량 (B)	총액 (C)=(A)×(B)	판매량 (D)	총액 (E)=(A)×(D)	
총수익①	₩20,000	40	₩800,000	120	₩2,400,000	₩1,600,000
변동원가②	₩12,000	40	480,000	120	1,440,000	960,000
공헌이익③=(①-②)			320,000		960,000	640,000
고정원가④			400,000		400,000	0
영업이익⑤=(③-④)			(₩80,000)		₩560,000	₩640,000

이는 CVP 분석에서 총수익과 변동원가는 판매량에 따라 변화하지만, 고정원가는 변화하지 않는다는 가정을 뒷받침하는 결과이다. 곧 판매량이 변화함에 따라 공헌이익과 영업이익 금액에 변동을 일으켰지만, 고정원가가 일정한 금액을 유지한 관계로 두 이익의 차이는 같은 것이다. 이렇게 영업이익 정보 이외에 추가로 공헌이익 정보를 제공하는 포괄손익계산서를 공헌이익 포괄손익계산서(contribution margin comprehensive income statement)라고 한다.

제2절 손익분기점분석

손익분기점(Break-Even Point: BEP)이란 영업 활동으로 인한 이익 또는 손실이 ₩0인 경우를 말한다. 다시 말하면, 총수익과 총원가가 일치하여 이익이 ₩0이 되는 판매량 또는 매출액이다. 경영자는 손실을 회피하기 위하여 투입해야 할 최소한의 노력 수준을 파악해야 하므로 손익분기점에 관심을 두게 된다. 이러한 손익분기점 분석 방법에는 등식법(equation method)과 공헌이익법(contribution margin method)이 있다.

1. 등식법

등식법은 포괄손익계산서 등식을 바탕으로 총수익과 총원가가 일치한다는 사실에 초점을 맞추어 손익분기점을 계산하는 방법이다.

$$OI = TR - TC \quad (1)$$

$$TR = P \times Q \quad (2)$$

$$TC = (UVC \times Q) + TFC \quad (3)$$

여기에서, OI: 영업이익
TR: 총수익
TC: 총원가
P: 단위당 판매가격
Q: 판매량(생산량)
UVC: 단위당 변동원가
TFC: 총고정원가

식(1)에 식(2), 식(3)을 대입하면 다음과 같이 변형된다.

$$OI = (P \times Q) - [(UVC \times Q) + TFC] \quad (4)$$

(주)한글과컴퓨터의 자료를 이용하여 손익분기점을 계산하면 다음과 같다. 식(4)의 손익분기점 정의에 따라 영업이익을 ₩0으로 놓고, 총변동원가와 총고정원가를 합한 총원가가 총수익과 일치하는 점의 판매량을 구하면 손익분기 판매량이다. (주)한글과컴퓨터가 손실을 보지 않기 위해서는 최소한 50단위를 판매해야 하며, 50단위를 초과하여 판매하게 되면 이익을 얻는다.

$$₩0 = ₩20,000 \times Q - ₩12,000 \times Q - ₩400,000$$

$$₩400,000 = ₩8,000 \times Q$$

$$Q_{손익분기} = 50단위$$

이를 매출액으로 표현한 것이 손익분기 매출액인데, 이는 단위당 판매가격에 손익분기점 수량을 곱한 값이다.

$$TR_{손익분기} = P \times Q_{손익분기}$$

$$₩20,000 \times 50단위 = ₩1,000,000$$

2. 공헌이익법

공헌이익 포괄손익계산서를 보면 총공헌이익은 총고정원가와 영업이익의 합으로 이루어져 있음을 알 수 있다.

공헌이익법은 제품의 단위당 공헌이익을 파악한 후, 총고정원가에 상응하는 총공헌이익을 얻으려면 몇 단위의 제품을 판매해야 하는가에 초점을 맞추어 손익분기점을 계산한다. 위의 식(4)를 변형하면 다음 식(5)와 같다.

식(5)처럼 '총공헌이익=총고정원가+영업이익'이라는 등식을 이해하는 것이 중요하다.

$$(P-UVC) \times Q = TFC + OI \qquad (5)$$

손익분기점의 영업이익에 ₩0을 대입하면 손익분기 판매량은 다음과 같다.

$$Q_{손익분기} = \frac{TFC}{(P-UVC)} \qquad (6)$$

식(6)을 단위당 공헌이익의 정의를 이용하여 변형하면 다음 식(7)과 같다. 손익분기 판매량은 총고정원가를 단위당 공헌이익으로 나눈 값이다.

$$Q_{손익분기} = \frac{TFC}{UCM} \qquad (7)$$

UCM: 단위당 공헌이익(Unit Contribution Margin)

(주)한글과컴퓨터의 자료에서 총고정원가는 ₩400,000이고, 단위당 공헌이익은 단위당 판매가격 ₩20,000에서 단위당 변동원가 ₩12,000을 차감한 ₩8,000이다. 손익분기 판매량은 50단위로, (주)한글과컴퓨터가 손실이 발생하지 않기 위해서는 50단위

를 판매해야 한다.

$$(₩20,000-₩12,000)\times Q_{손익분기}=₩400,000+₩0$$

$$Q_{손익분기}=\frac{₩400,000}{₩8,000}=50단위$$

손익분기 판매량에 단위당 판매가격을 곱하면 손익분기 매출액을 계산할 수 있다. 식(6)에 단위당 판매가격을 곱하여 정리하면 다음 식(8)과 같다.

$$P\times Q_{손익분기}=P\times\frac{TFC}{(P-UVC)} \tag{8}$$

$$=\frac{TFC}{\frac{(P-UVC)}{P}}$$

식(8)을 공헌이익률의 정의를 이용하여 변형하면 다음 식(9)와 같다. 손익분기 매출액은 총고정원가를 공헌이익률로 나눈 값이다.

$$TR_{손익분기}=\frac{TFC}{CMR} \tag{9}$$

CMR: 공헌이익률(Contribution Margin Ratio)

해당 식을 총공헌이익법의 관점으로 다시 정리하면 $CMR\times TR_{손익분기}=TFC+₩0$이 된다. (주)한글과컴퓨터 자료에서 총고정원가는 ₩400,000이고, 단위당 공헌이익은 ₩8,000이다. 이 단위당 공헌이익을 단위당 판매가격으로 나눈 공헌이익률은 40%[=(₩20,000-₩12,000)÷₩20,000]이다. 따라서 손익분기 매출액은 다음과 같이 계산된다.

$$TR_{손익분기}\times 0.4=₩400,000+₩0$$

$$TR_{손익분기}=\frac{₩400,000}{0.4}=₩1,000,000$$

손익분기점에 이르기 위한 판매량 수준을 결정하는 것은 공헌이익과 총고정원가를 비교하는 것과 같다. 제품의 단위당 공헌이익이 먼저 총고정원가를 회수하는 데 사용된다. 판매량이 증가함에 따라 총공헌이익은 점점 커져서 총고정원가와 일치하게 되고, 이익이 ₩0이 됨으로써 손익분기점을 이룬다. (주)한글과컴퓨터의 사례는 다음 표와 같이 영업이익이 ₩0이 되는 손익분기점에서 총고정원가와 총공헌이익이 일치한다.

항목	손익분기점		
	단위당 금액 (A)	판매량 (B)	총액 (C)=(A)×(B)
총수익①	₩20,000	50	₩1,000,000
변동원가②	₩12,000	50	600,000
공헌이익③=(①-②)			400,000
고정원가④			400,000
영업이익⑤=(③-④)			₩0

3. 그래프 이용법

그래프 이용법은 총수익선과 총비용선을 그려서 손익분기점을 계산하는 방법이다. 이때 두 직선 사이의 교차점이 손익분기점이 된다. 다음 그림은 (주)한글과컴퓨터의 자료를 이용하여 총수익과 총비용 및 총이윤을 그래프로 나타낸 것이다.

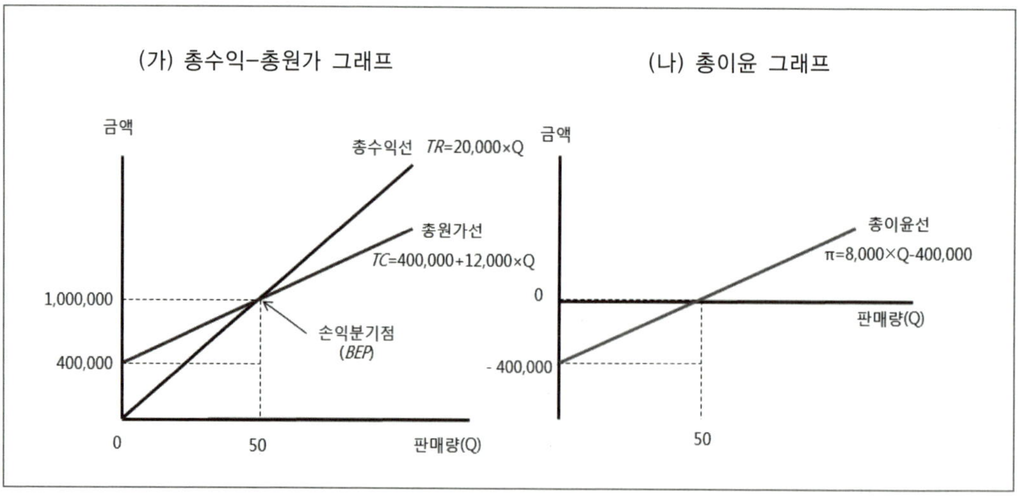

그림에서 수직축은 수익 또는 원가와 같은 금액을 표시하고 수평축은 판매량을 나타낸다. (가) 총수익-총원가 그래프에서 총수익선(TR)은 총수익과 판매량 사이의 관계를 나타내는 것으로 (주)한글과컴퓨터의 판매량이 50단위라면 총수익은 ₩1,000,000(=50단위×₩20,000)이다. 총수익선의 기울기는 단위당 판매가격 ₩20,000을 의미한다. 총원가선(TC)은 판매량에 대한 총원가를 나타낸다. 제품 50단위에 대한 총원가는 ₩1,000,000(=₩400,000+50단위×₩12,000)이다. 총원가선의 수직축 절편은 고정원가로 ₩400,000이고, 총원가선의 기울기는 단위당 변동원가 ₩12,000을 의미한다.

한편 (나) 총이윤 그래프에서 총이윤선(π)은 총수익에서 총원가를 차감하여 산출한 총이윤과 판매량 사이의 관계를 나타낸 것이다. 총이윤선의 기울기는 ₩8,000(=₩20,000-₩12,000)으로 단위당 공헌이익을 의미한다. 수직축은 이익 또는 손실을 나타내고, 수직축 절편 ₩400,000은 판매량이 ₩0인 경우의 손실을 의미하는 것으로 고정원가가 된다. 수평축 절편은 총이윤이 ₩0이므로 손익분기점 판매량이 된다.

이때, 손익분기점은 총수익과 총원가가 같아지는 점으로, 판매량은 50단위이고 총수익 및 총원가는 각각 ₩1,000,000이다. 손익분기점보다 낮은 판매량에서는 TR〈TC이므로 영업손실(π〈0)이 발생하고, 반대로 손익분기점보다 높은 판매량에서는 TR〉TC(π〉0)이므로 영업이익이 발생한다.

4. 목표영업이익분석

손익분기점 분석에서는 경영자에게 손실을 피하기 위한 판매량에 대한 정보를 제공해 준다. 계속해서 기업이 존속하기 위해서 경영자는 영업이익이 손익분기점을 넘어 전략이나 계획에 따른 목표이익을 달성할 수 있는 판매량 정보에 관심을 두게 되는데, 이에 대한 정보를 산출하는 방법론이 목표영업이익분석이다.

목표영업이익을 달성하기 위한 판매량은 손익분기 판매량 등식에서 영업이익에 양(+)의 (목표)영업이익을 대입한 것이다. 따라서 식(6)과 식(7)을 다시 쓰면 다음 식(10)과 같다.

$$(P-UVC)\times Q_{목표}=TFC+OI_{목표}$$

$$Q_{목표}=\frac{TFC+OI_{목표}}{(P-UVC)}=\frac{TFC+OI_{목표}}{UCM} \qquad (10)$$

여기서, $Q_{목표}$: 목표판매량
$OI_{목표}$: 목표영업이익

(주)한글과컴퓨터 자료를 이용하여 ₩560,000의 영업이익을 얻기 위해서 몇 단위의 소프트웨어를 판매해야 하는지 계산하면 다음과 같다.

(주)한글과컴퓨터가 목표영업이익 ₩560,000을 달성할 수 있는 목표판매수량은 120 단위가 된다.

$$(₩20,000-₩12,000)\times Q_{목표}=₩400,000+₩560,000$$

$$Q_{목표}=\frac{₩400,000+₩560,000}{₩20,000-₩12,000}=120\text{단위}$$

한편, 목표영업이익을 달성하기 위한 목표매출액을 계산하기 위한 식은 다음과 같다. 손익분기 매출액을 계산하기 위한 등식에서 영업이익에 ₩0이 아닌 양(+)의 목표영업이익을 대입한 것이다. 따라서 식(8), 식(9)를 다시 쓰면 다음 식(11)과 같다.

$$TR_{목표}=\frac{TFC+OI_{목표}}{\frac{(P-UVC)}{P}}=\frac{TFC+OI_{목표}}{CMR} \tag{11}$$

(주)한글과컴퓨터 자료에서 ₩560,000의 영업이익을 얻기 위해서 달성해야 할 매출액을 계산하면 다음과 같다.

(주)한글과컴퓨터가 목표영업이익 ₩560,000을 달성할 수 있는 목표매출액은 ₩2,400,000이다.

$$0.4\times TR_{목표}=₩400,000+₩560,000$$

$$TR_{목표}=\frac{₩400,000+₩560,000}{0.4}=₩2,400,000$$

예제

CVP 분석

다음은 볼펜을 판매하는 모닝글로리의 4월 중 영업 관련 정보이다.

단위당 판매가격	₩1,000
판매 수량	3,000개
단위당 변동제조원가	₩500
단위당 변동판매비	₩100
고정제조원가	₩600,000
고정판매관리비	₩200,000

물음

1. 단위당 공헌이익
2. 공헌이익률
3. 손익분기 판매량
4. 손익분기 매출액
5. 목표영업이익이 ₩200,000인 경우의 판매량
6. 목표영업이익이 ₩400,000인 경우의 매출액

풀이

1. 단위당 공헌이익
   =단위당 판매가격－단위당 변동원가
   =단위당 판매가격－단위당 변동제조원가－단위당 변동판매비
   =₩1,000－₩500－₩100
   =₩400

2. 공헌이익률
   =(단위당 판매가격－단위당 변동원가)÷단위당 판매가격
   =(단위당 판매가격－단위당 변동제조원가－단위당 변동판매비)÷단위당 판매가격
   =(₩1,000－₩500－₩100)÷₩1,000
   =0.4

3. 손익분기 판매량
   =총고정원가÷단위당 공헌이익
   =(고정제조원가＋고정판매관리비)÷단위당 공헌이익
   =(₩600,000＋₩200,000)÷₩400
   =2,000단위

4. 손익분기 매출액
   =총고정원가÷공헌이익률
   =(고정제조원가＋고정판매관리비)÷공헌이익률
   =(₩600,000＋₩200,000)÷0.4
   =₩2,000,000

5. 목표판매량
=(총고정원가+목표영업이익)÷단위당 공헌이익
=(고정제조원가+고정판매관리비+목표영업이익)÷공헌이익
=(₩600,000+₩200,000+₩200,000)÷₩400
=2,500단위

6. 목표매출액
=(총고정원가+목표영업이익)÷공헌이익률
=(고정제조원가+고정판매관리비+목표영업이익)÷공헌이익률
=(₩600,000+₩200,000+₩400,000)÷0.4
=₩3,000,000

지금까지 학습한 CVP 분석방법을 요약하면 다음과 같다.

$$\text{손익분기 판매량}=\frac{\text{총고정원가}}{(\text{단위당 판매가격}-\text{단위당 변동원가})}=\frac{\text{총고정원가}}{\text{단위당 공헌이익}}$$

$$\text{손익분기 매출액}=\frac{\text{총고정원가}}{\frac{(\text{단위당 판매가격}-\text{단위당 변동원가})}{\text{단위당 판매가격}}}=\frac{\text{총고정원가}}{\text{공헌이익률}}$$

$$\text{목표판매량}=\frac{\text{총고정원가}+\text{목표영업이익}}{(\text{단위당 판매가격}-\text{단위당 변동원가})}=\frac{\text{총고정원가}+\text{목표영업이익}}{\text{단위당 공헌이익}}$$

$$\text{목표매출액}=\frac{\text{총고정원가}+\text{목표영업이익}}{\frac{(\text{단위당 판매가격}-\text{단위당 변동원가})}{\text{단위당 판매가격}}}=\frac{\text{총고정원가}+\text{목표영업이익}}{\text{공헌이익률}}$$

제3절 민감도 분석

민감도 분석(sensitivity analysis)이란 예측과 실제의 차이가 크게 발생하거나 가정이 변화하면 이에 따른 결과에 대한 변화를 분석하는 방법이다.

CVP 분석의 민감도 분석에서는 구성요소인 단위당 판매가격, 판매(생산)량, 단위당 변동원가, 총고정원가, 목표영업이익 등의 변화에 따른 손익분기점의 변화나 영업이익

에 미치는 효과 등을 분석할 수 있다.

(주)한글과컴퓨터의 단위당 판매가격이 ₩20,000에서 ₩30,000으로 상승하고, 단위당 변동원가가 ₩12,000에서 ₩10,000으로 감소하였다고 가정하자. 이러한 상황에서의 손익분기점에 대한 민감도 분석을 수행한 결과는 다음과 같다.

단위당 판매가격 ₩30,000, 단위당 변동가격 ₩10,000인 상황에서 손익분기 판매량은 20단위이고 손익분기 매출액은 ₩600,000이다. 최초 손익분기 판매량 50단위에서 30단위가 감소하였으며, 최초 손익분기 매출액에서 ₩400,000이 감소한 결과를 보였다.

항목	최초 손익분기점			단위당 판매가격, 단위당 변동원가 변화 후의 손익분기점		
	단위당 금액 (A)	판매량 (B)	총액 (C)=(A)×(B)	단위당 금액 (D)	판매량 (E)	총액 (F)=(D)×(E)
총수익①	₩20,000	50	₩1,000,000	₩30,000	20	₩600,000
변동원가②	₩12,000	50	600,000	₩10,000	20	200,000
공헌이익③=(①-②)			400,000			400,000
고정원가④			400,000			400,000
영업이익⑤=(③-④)			₩0			₩0

1. 안전한계

민감도 분석의 일종으로 안전한계(margin of safety)가 있다. 안전한계에서 안전한계 매출액은 실제(예산)매출액이 손익분기 매출액을 초과하는 금액을 말하며, 안전한계 판매량은 실제(예산)판매량이 손익분기 판매량을 초과하는 수량을 뜻한다. 이를 수식으로 나타내면 다음과 같다.

안전한계 매출액=실제(예산)매출액 - 손익분기 매출액
안전한계 판매량=실제(예산)판매량 - 손익분기 판매량

(주)한글과컴퓨터의 자료를 이용하여 안전한계 매출액과 안전한계 판매량을 산출하면 다음 표와 같다. (주)한글과컴퓨터의 판매량이 120단위이고, 이에 따라 ₩2,400,000의 매출을 달성하고 있다면, 안전한계 매출액은 현재 매출액 ₩2,400,000에서 손익분

기 매출액 ₩1,000,000을 차감한 ₩1,400,000이며, 안전한계 판매량은 현재 판매량 120단위에서 손익분기 판매량 50단위를 차감한 70단위이다.

단위당 금액 (A)	손익분기점		120단위 판매 시		안전한계 판매량 (F)=(D)−(B)	안전한계 매출액 (G)=(E)−(C)
	판매량 (B)	총액 (C)=(A)×(B)	판매량 (D)	매출액 (E)=(A)×(D)		
₩20,000	50	₩1,000,000	120	₩2,400,000	70	₩1,400,000

이러한 안전한계에 대한 정보가 경영 의사결정에 이용되는 이유는, 안전한계 매출액(판매량)이 현 상황에서 손실이 발생하기 직전까지 허용할 수 있는 매출액에 대한 정보를 제공함으로써, 기업의 안전성을 측정하는 유용한 지표의 역할을 수행하기 때문이다. 낮은 안전한계 매출액(판매량)은 손익분기 매출액(판매량)이 높거나 현재 판매량(매출액)이 적다는 것을 의미한다. 따라서 경영자는 이러한 경영상의 문제점을 파악함으로써 미래의 불황에 대비하여 손익분기점을 낮추거나 매출액을 높여야 할 것이다. 이를테면, 단위당 판매가격은 인상하고 단위당 변동원가와 총고정원가를 감소시킬 방안을 고려해야 한다.

다음과 같이 안전한계 매출액을 실제 매출액으로 나눈 비율로 표시한 것을 안전한계비율(margin of safety ratio)이라고 한다. 안전한계비율은 현 상황에서 손실이 발생할 때까지 허용할 수 있는 매출액의 최대감소비율에 대한 정보를 제공한다.

$$\text{안전한계비율} = \frac{(\text{실제 매출액} - \text{손익분기 매출액})}{\text{실제 매출액}} = \frac{\text{안전한계 매출액}}{\text{실제 매출액}}$$

$$= \frac{\text{영업이익}}{\text{공헌이익}}$$

$$\text{안전한계비율} \times \text{공헌이익률} = \frac{\text{매출액} - \text{손익분기 매출액}}{\text{매출액}} \times \text{공헌이익률}$$

$$= \frac{\text{매출액} - \dfrac{\text{고정원가}}{\text{공헌이익률}}}{\text{매출액}} \times \text{공헌이익률}$$

$$= \frac{\text{매출액} \times \text{공헌이익률} - \text{고정원가}}{\text{매출액}}$$

$$= \text{매출액 순이익률}$$

현재 (주)한글과컴퓨터의 안전한계비율을 계산하면 58.33%(=₩1,400,000÷₩2,400,000)가 된다. 따라서 (주)한글과컴퓨터는 현재 매출액에서 58.33% 이상 감소하게 되면 손실이 발생하게 된다.

예제

안전한계

모닝글로리의 10월 중 영업 활동에 관한 자료는 다음과 같다.

- 단위당 판매가격 ₩10
- 단위당 변동원가 ₩6
- 현재 판매량 80,000단위
- 총고정원가 ₩200,000

물음

1. 안전한계 판매량과 안전한계 매출액을 구하라.
2. 안전한계비율을 구하라.

풀이

안전한계 판매량과 안전한계 매출액을 산출하기 위해서는 먼저 손익분기 판매량과 손익분기 매출액을 계산해야 한다.

손익분기 판매량 =총고정원가÷(단위당 판매가격−단위당 변동원가)
=₩200,000÷(₩10−₩6)
=50,000단위

$$\text{손익분기 매출액} = \frac{\dfrac{\text{총고정원가}}{(\text{단위당 판매가격} - \text{단위당 변동원가})}}{\text{단위당 판매가격}}$$

$$= \frac{\dfrac{₩200,000}{(₩10 - ₩6)}}{₩10}$$

=₩500,000

안전한계 판매량 =실제 판매량 - 손익분기 판매량
=80,000−50,000
=30,000단위

안전한계 매출액 =실제 매출액−손익분기 매출액
=₩10×80,000−₩500,000
=₩300,000

$$\text{안전한계비율} = \frac{\text{안전한계 매출액}}{\text{실제 매출액}}$$

=₩300,000÷₩800,000
=0.375

2. 영업레버리지분석

영업레버리지(operating leverage)는 매출액의 증가율에 비교해 영업이익이 더 크게 증가하는 현상을 말한다. 이러한 영업레버리지의 크기를 영업레버리지도(Degree of Operating Leverage: DOL)라고 하는데, 이는 다음과 같이 계산한다.

$$\text{영업레버리지도} = \frac{(\text{매출액}-\text{변동원가})}{(\text{매출액}-\text{변동원가}-\text{고정원가})}$$

$$= \frac{\text{공헌이익}}{(\text{공헌이익}-\text{고정원가})}$$

$$= \frac{\text{공헌이익}}{\text{영업이익}} = \frac{1}{\text{안전한계}}$$

이 척도를 살펴보면, 곧 영업 활동에 사용되고 있는 변동원가와 고정원가의 상대적 크기에 좌우됨을 알 수 있다. 즉 상대적으로 고정(변동)원가의 비중이 큰(작은) 기업의 경우에는 영업레버리지도가 크며, 반대는 영업레버리지도가 작다.

다음은 (주)한글과컴퓨터의 120단위 판매량에서 고정원가 수준의 변화에 따른 영업레버리지도의 변화를 나타내고 있다. 고정원가가 ₩400,000, ₩600,000, ₩800,000으로 증가함에 따라 영업레버리지도가 증가함을 보여주고 있다.

한편 영업레버리지가 크다는 것은 영업이익 대비 공헌이익의 비중이 크다는 것을 의미하며, 이는 또한, 매출액의 변동에 따른 영업이익의 변동 폭이 크다는 것을 말한다. 따라서 일반적으로 영업레버리지도가 높으면 영업위험이 크다고 판단한다.

이렇게 영업레버리지는 매출액이 변동함에 따라 이익이 얼마나 변동하는가를 신속하게 경영자에게 전달하여 준다.

영업레버리지도는 현 영업 수준에서 매출액의 변화가 이익에 얼마만큼의 영향을 미치는가를 나타내는 지표이다. 따라서 매출액의 증감률에 영업레버리지도를 곱하면 이익의 증감률을 구할 수 있다. (주)한글과컴퓨터의 경우 [상황 1]의 경우 판매량(매출액)이 120단위(₩2,400,000)에서 180단위(₩3,600,000)로 50% 증가하게 되면 영업이익은 ₩560,000에서 ₩1,040,000으로 약 86% 증가하게 된다. 이는 매출액 증가율에 영업레버리지도를 곱한 값(=50%×1.71)과 같다.

영업이익 증감률 = 영업레버리지도×매출액 증감률

$$영업레버리지도 = \frac{영업이익\ 증감률}{매출액\ 증감률}$$

항목	단위당 금액 (A)	판매량 (B)	[상황 1]	[상황 2]	[상황 3]
			총액 (C)=(A)×(B)	총액 (C)=(A)×(B)	총액 (C)=(A)×(B)
총수익	₩20,000	120	₩2,400,000	₩2,400,000	₩2,400,000
변동원가	₩12,000	120	1,440,000	1,440,000	1,440,000
공헌이익①			960,000	960,000	960,000
고정원가			400,000	600,000	800,000
영업이익②			₩560,000	₩360,000	₩160,000
영업레버리지도③=(①÷②)			1.71	2.67	6.00

일반적으로 영업레버리지도는 손익분기점에서 가장 크다. 즉, 특정 기업의 판매량이 손익분기점 주위에 있으면 판매량이 조금만 증가해도 영업이익은 매우 많이 증가한다. 이와 같은 현상 때문에 경영자는 손익분기점에서 매출액을 증가시키기 위해 큰 노력을 기울이게 된다.

다음은 (주)한글과컴퓨터의 판매량이 손익분기 판매량인 50단위인 상황에서 단위당 변동원가가 ₩12,000에서 ₩8,000까지 감소함에 따라 변화하는 영업레버리지도를 보여주고 있다. 손익분기점에서의 영업레버리지도는 무한대(=₩400,000÷₩0)이며 단위당 변동원가가 감소함에 따라 영업레버리지도도 감소하고 있다.

항목	손익분기 판매량 (A)	[상황 1]		[상황 2]		[상황 3]	
		단위당 금액 (B)	총액 (C)=(A)×(B)	단위당 금액 (B)	총액 (C)=(A)×(B)	단위당 금액 (B)	총액 (C)=(A)×(B)
총수익	50	₩20,000	₩1,000,000	₩20,000	₩1,000,000	₩20,000	₩1,000,000
변동원가	50	₩12,000	600,000	₩10,000	₩500,000	₩8,000	₩400,000
공헌이익①			400,000		500,000		600,000
고정원가			400,000		400,000		400,000
영업이익②			₩0		₩100,000		₩200,000
영업레버리지도 ③=(①÷②)			무한대		5.00		3.00

판매량에 따른 영업레버리지도의 변화를 그래프로 나타내면 다음과 같다.

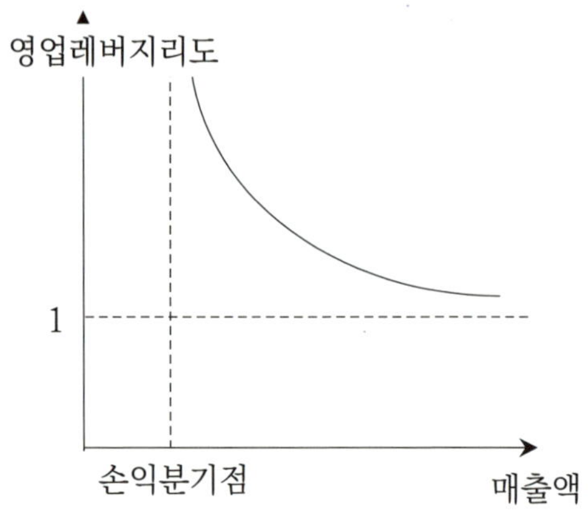

앞서 언급한 바와 같이 영업레버리지는 원가구조에 많은 영향을 받는다. 원가구조(cost structure)란 기업의 전체원가에서 고정원가와 변동원가가 차지하는 상대적인 비율을 말한다. 고정원가의 비중이 상대적으로 큰 기업은 변동원가가 작아서 단위당 공헌이익이 크게 되고, 반대의 원가구조로 되어 있는 기업은 변동원가가 상대적으로 커서 공헌이익이 작게 된다. 이처럼 원가구조는 공헌이익에 직접적인 영향을 미치고 결과적으로 기업의 이익에도 중대한 영향을 미친다.

우리나라의 주요 기업들은 자본 집약적 산업에 속해 있으므로 고정원가가 큰 원가구조를 보인다. 이러한 기업들은 공헌이익이 상대적으로 커지므로 제품 수요가 많은 호황기에는 더욱 높은 이익을 획득할 수 있으나, 제품 수요가 적은 불황기에는 더 큰 손실을 볼 가능성이 있다.

모든 기업에 적용될 수 있는 최적의 원가구조에 대한 이론은 없으나, 만약 이익의 변동성(volatility)을 줄이려고 한다면 고정원가의 비중을 줄여야 한다. 이러한 노력의 목적으로 부품의 자체 생산보다는 저렴한 가격의 부품공급업체의 부품을 사용하거나, 임대료 등이 낮은 국가로의 생산시설의 이전 등이 있을 수 있다. 또한, 기업 내부적으로는 공정개선 등을 통해 비부가가치활동을 줄이려는 노력이 무엇보다도 중요하다.

제4절 CVP 분석의 의사결정에의 이용

지금까지 CVP 분석이 손익분기점에서의 판매량 및 매출액 결정, 목표영업이익을 달성하기 위한 판매량 및 매출액 결정에 유용한 정보를 제공함을 보았다. 다음에서는 경영자의 전략적 의사결정에 CVP 분석을 이용하는 사례를 살펴본다.

(주)한글과컴퓨터는 현재 120단위를 판매하고 있는 상황에서 광고하지 않고 있다. 그런데 광고회사인 제일기획으로부터 매출 신장을 위하여 ₩1,000,000의 TV 광고를 제안받았고, 마케팅부서는 광고를 통해 매출액이 10% 증가할 것으로 예측하였다. 이 상황에서 (주)한글과컴퓨터가 제일기획의 제안에 대한 수락 여부를 판단하기 위해 CVP 분석을 수행한 결과는 다음과 같다.

광고를 통해 증가하는 공헌이익은 ₩96,000인 반면, 광고선전비로 증가하는 고정비는 ₩1,000,000이기 때문에 영업이익은 ₩904,000 감소하므로, 광고하지 않는 것이 영업이익을 극대화하는 것으로 나타났다. 만약 광고하게 된다면 광고를 통해 얻을 수 있는 공헌이익 증가분 ₩96,000이 광고선전비의 최대금액이 된다.

항목	단위당 금액 (A)	[상황 1] 광고 없이 120단위 판매		[상황 2] 광고하고 판매량 10% 증가		차이 (F)=(E)-(C)
		수량 (B)	금액 (C)=(A)×(B)	수량 (D)	금액 (E)=(A)×(D)	
총수익①	₩20,000	120	₩2,400,000	132	₩2,640,000	₩240,000
변동원가②	₩12,000	120	1,440,000	132	1,584,000	144,000
공헌이익③=(①-②)			960,000		1,056,000	96,000
고정원가④			400,000		1,400,000	1,000,000
영업이익⑤=(③-④)			₩560,000		(₩344,000)	(₩904,000)

추가로 (주)한글과컴퓨터에서 매출액 신장을 위하여 가격 인하를 고려한다고 하자. 가격을 10% 인하하면 40%의 매출 신장이 이루어진다는 분석결과에 따라 CVP 분석을 수행하면 다음과 같다.

단위당 판매가격이 ₩18,000, 판매량이 168단위가 되므로, 단위당 판매가격이 ₩20,000이고 판매량이 120단위일 때와 비교하여 영업이익이 ₩48,000이 증가한다. 즉 이 회사가 40%의 매출 신장을 가정하여 10%의 가격을 인하하면 영업이익은 증가하게 된다.

항목	[상황 1] 가격 ₩20,000, 120단위 판매			[상황 2] 가격 10% 인하, 40% 판매량 증가		
	단위당 금액 (A)	수량 (B)	금액 (C)=(A)×(B)	단위당 금액 (D)	수량 (E)	금액 (F)=(D)×(E)
총수익①	₩20,000	120	₩2,400,000	₩18,000	168	₩3,024,000
변동원가②	₩12,000	120	1,440,000	₩12,000	168	2,016,000
공헌이익③=(①-②)			960,000			1,008,000
고정원가④			400,000			400,000
영업이익⑤=(③-④)			₩560,000			₩608,000

제5절 CVP 분석의 확장

1. 법인세를 고려한 CVP 분석

법인세를 고려한 CVP 분석에서는 식의 단순화를 위하여, 세후 이익(net income)은 영업외수익과 영업외비용을 0으로 가정하고, 세전 이익에서 법인세(corporate tax)를 뺀 금액이다. 법인세는 세전 이익에 법인세율(corporate tax rate)을 곱한 값이다.

$$\text{세후 이익(NI)} = \text{세전 이익(OI)} - \text{법인세(CT)} \quad (12)$$

$$\text{법인세(CT)} = \text{세전 이익(OI)} \times \text{법인세율(t)} \quad (13)$$

식(12)에 식(13)을 대입하여 정리하면 다음 식과 같다.

$$NI = OI \times (1-t)$$

$$OI = \frac{NI}{(1-t)}$$

세후 목표이익 달성을 위한 목표판매량은 다음과 같이 도출된다.

$$(P-UVC) \times Q_{목표} = TFC + \frac{NI}{(1-t)}$$

$$Q_{목표} = \frac{TFC+OI}{(P-UVC)} = \frac{TFC+OI}{UCM}$$

$$\frac{TFC+\frac{NI}{(1-t)}}{(P-UVC)} = \frac{TFC+\frac{NI}{(1-t)}}{UCM}$$

세후 목표이익 달성을 위한 목표매출액은 위 식의 양변에 *P*를 곱하여 다음과 같이 도출할 수 있다.

$$TR_{목표} \times CMR = TFC + \frac{NI}{(1-t)}$$

$$P \times Q_{목표}\ (TR_{목표}) = \frac{\frac{TFC+OI}{(P-UVC)}}{P} = \frac{TFC+OI}{공헌이익률}$$

$$\frac{\frac{TFC+\frac{NI}{(1-t)}}{(P-UVC)}}{P} = \frac{TFC+\frac{NI}{(1-t)}}{공헌이익률}$$

위 식을 이용하여 (주)한글과컴퓨터가 세후 이익 ₩487,200(단, 세율은 영업이익 1억 이하 13%, 1억 초과 25%)을 달성하기 위한 목표판매량을 계산하면 다음과 같다.

$$(₩20,000-₩12,000) \times Q_{목표} = ₩400,000 + \frac{₩487,200}{(1-0.13)}$$

$$Q_{목표} = \frac{₩400,000+\frac{₩487,200}{(1-0.13)}}{(₩20,000-₩12,000)} = \frac{(₩400,000+₩560,000)}{(₩20,000-₩12,000)}$$

$$= 120단위$$

또한, 세후 이익 ₩487,200(단, 세율은 영업이익 1억 이하 13%, 1억 초과 25%)을 달성하기 위한 매출액을 계산하면 다음과 같다.

$$0.4 \times TR_{목표} = ₩400,000 + \frac{₩487,200}{(1-0.13)}$$

$$TR_{목표} = \frac{₩400,000 + \dfrac{₩487,200}{(1-0.13)}}{\dfrac{(₩20,000-₩12,000)}{₩20,000}} = \frac{(₩400,000+₩560,000)}{\dfrac{(₩20,000-₩12,000)}{₩20,000}}$$

$$= ₩2,400,000$$

참고로 세후 이익 ₩487,200을 달성할 수 있는 매출액을 세후 공헌이익률을 이용해서 계산하면 다음과 같다.

$$TR_{목표} = \frac{세후\ 고정원가+순이익}{세후\ 공헌이익률} = \frac{₩400,000 \times (1-0.13) + ₩487,200}{\dfrac{(₩20,000-₩12,000) \times (1-0.13)}{₩20,000}}$$

$$= \frac{₩348,000 + ₩487,200}{0.348}$$

$$= ₩2,400,000$$

앞 절에서는 CVP 분석의 손익분기 판매량, 손익분기 매출액을 산출하였다. 그러나 법인세를 고려하지 않았는데, 이는 손익분기점에서는 영업이익이 ₩0이고 이에 따른 법인세가 ₩0이므로, CVP 모형에서 법인세 유무와는 상관없이 그 결과가 같다.

법인세를 고려한 CVP 분석과 관련한 예제는 다음과 같다.

예제

법인세를 고려한 CVP 분석

(주)세무는 단일 제품을 생산하여 단위당 ₩150에 판매한다. 연간 생산가능 수량 2,000단위에 근거한 제품 단위당 원가는 다음과 같다. [2019년 세무사 1차]

직접재료원가	₩10
직접노무원가	15
단위수준 활동원가	25
제품수준 활동원가	14
설비수준 활동원가	6
합계	₩70

위 원가 항목 중 제품수준 활동원가와 설비수준 활동원가는 고정원가로, 나머지는 변동원가로 가정한다. 총고정원가 중 ₩10,000은 세법상 손금(비용)으로 인정되지 않으며, 이 회사에 적용되는 세율은 20%이다. 세후순이익 ₩16,000을 얻기 위한 제품 판매수량은?

풀이

항목	산식	결과
단위당 공헌이익	판매가격−단위당 변동원가 판매가격 ₩150−(직접재료원가 ₩10−직접노무원가 ₩15−단위수준 활동원가 ₩25)	₩100
총고정비	(제품수준 활동원가 ₩14+설비수준 활동원가 ₩6)×2,000단위	₩40,000
제품 판매수량	(₩100×Q−₩30,000)×(1−20%)−₩10,000=₩16,000 ₩10,000이 손금불산입이므로 세전이익 계산에 포함되는 고정비는 ₩40,000에서 ₩10,000을 차감한 ₩30,000임	625단위

2. 복수제품의 CVP 분석

앞 절의 CVP 분석에서는 (주)한글과컴퓨터가 소프트웨어만을 판매한다고 가정하였다. 그런데 (주)한글과컴퓨터의 경영자는 사업 다각화를 위한 컴퓨터의 생산 및 판매 여부를 고려하고 있으므로, 이를 위한 CVP 분석을 수행하고자 한다. 일반적으로 다수의 제품을 생산하는 기업의 경우에는 제품마다 단위당 판매가격과 원가구조가 다르므로 제품마다 단위당 공헌이익과 공헌이익률이 다르다. 또한, 같은 이익을 창출할 수 있는 제품의 매출 배합은 많다. 따라서 CVP 분석은 모든 제품을 종합적으로 고려하여 이루어질 필요가 있다. 이 경우 CVP 분석이 다소 복잡할 수 있지만, 근본적인 분석 논리에는 차이가 없다. 즉 단일 제품의 손익분기 판매량 공식을 변형하면 된다. 다만 매출 배합이 제품 수량 기준이면 일관성 있게 제품 수량 비율을 적용하고, 매출 배합이 매출액 기준이면 일관성 있게 매출액 비율을 적용해야 한다.

2.1. 수량 기준의 제품배합

여러 가지 제품을 판매하면서 판매량 기준으로 항상 일정한 매출 배합을 유지하는 경우 손익분기점 판매량을 산출하는 방법에는 가중평균 공헌이익법과 꾸러미법이 사용된다.

첫째, 가중평균 공헌이익법은 일정한 제품배합을 유지하는 경우 공헌이익은 제품배합 내의 모든 제품의 단위당 가중평균 공헌이익이 된다고 가정한다. 이때 제품배합 단위당 가중평균 공헌이익은 각 제품이 차지하는 비중에 각 제품의 단위당 공헌이익을 곱한 값으로 다음과 같다.

$$UCM_{가중평균} = \frac{(UCM_A \times Q_A) + (UCM_B \times Q_B)}{(Q_A + Q_B)}$$

여기에서, $UCM_{가중평균}$: 단위당 가중평균 공헌이익
UCM_A: 제품 A의 단위당 공헌이익
UCM_B: 제품 B의 단위당 공헌이익
Q_A: 제품 A의 판매량
Q_B: 제품 B의 판매량

따라서 가중평균 공헌이익법을 이용하여 손익분기점 판매량을 산출하면 다음과 같다.

$$UCM_{가중평균} \times Q_{복수제품손익분기} = TFC + ₩0$$

$$Q_{복수제품손익분기} = \frac{TFC}{UCM_{가중평균}}$$

결국, $UCM_{가중평균}$만 산출하면 공헌이익법과 기본 식이 동일하다.

둘째, 꾸러미법은 기업이 일정한 제품배합으로 새로운 제품 묶음(꾸러미)을 만들어 판매한다고 가정한다. 따라서 제품 묶음에 포함된 개별제품의 단위당 공헌이익에 묶음에 포함된 수량을 곱하여 꾸러미당 공헌이익을 구한다.

$$UCM_{꾸러미} = (UCM_A \times Q_A) + (UCM_B \times Q_B)$$

여기에서, $UCM_{꾸러미}$: 꾸러미 단위당 공헌이익
UCM_A: 제품 A의 단위당 공헌이익
UCM_B: 제품 B의 단위당 공헌이익
Q_A: 꾸러미에 포함된 제품 A의 수량
Q_B: 꾸러미에 포함된 제품 B의 수량

따라서 꾸러미법을 이용하여 손익분기점 꾸러미 수량을 산출하면 다음과 같다. 이렇게 산출된 꾸러미 수량을 꾸러미에 포함된 제품의 수량으로 곱하여 각 제품의 손익분기 판매량을 구한다.

$$Q_{복수제품손익분기} \times UCM_{꾸러미} = TFC + ₩0$$

$$Q_{복수제품손익분기} = \frac{TFC}{UCM_{꾸러미}}$$

(주)한글과컴퓨터의 자료를 이용하여 복수제품의 손익분기 판매량을 계산하면 다음과 같다. 소프트웨어와 컴퓨터의 판매량 비율이 60:20을 유지한다고 가정한다.

제품명	항목	단위당 금액 (A)	수량 (B)	금액 (C)=(A×B)
소프트웨어	총수익	₩20,000	60단위	₩1,200,000
	변동원가	12,000	60단위	720,000
	공헌이익	8,000		480,000
컴퓨터	총수익	100,000	20단위	2,000,000
	변동원가	70,000	20단위	1,400,000
	공헌이익	₩30,000		600,000
합계	총수익		80단위	3,200,000
	변동원가		80단위	2,120,000
	공헌이익			1,080,000
	고정원가			810,000
	영업이익			₩270,000

가중평균 공헌이익법을 이용하면 먼저 단위당 가중평균 공헌이익($UCM_{가중평균}$)을 산출해야 한다. 소프트웨어의 단위당 공헌이익 ₩8,000(=₩20,000−₩12,000)에 판매수량 60단위를 곱한 값과 컴퓨터의 단위당 공헌이익 ₩30,000(=₩100,000−₩70,000)에 판매수량 20단위를 곱한 값을 합산하여 분자로 삼는다. 이를 소프트웨어 판매수량 60단위와 컴퓨터 판매수량 20단위의 합인 80단위를 분모로 하여 계산하면 단위당 가중평균 공헌이익은 ₩13,500이 산출된다.

손익분기점 판매량($Q_{복수제품손익분기}$)은 고정원가 ₩810,000을 단위당 가중평균 공헌이익 ₩13,500으로 나누면 60단위이다. 이를 소프트웨어와 컴퓨터의 판매비율인 60:20으로 할당하면 소프트웨어 45단위와 컴퓨터 15단위가 각 제품의 손익분기점 판매량이다.

$$UCM_{가중평균} = \frac{(₩8,000 \times 60단위) + (₩30,000 \times 20단위)}{(60단위 + 20단위)} = ₩13,500$$

$$Q_{복수제품손익분기} = \frac{₩810,000}{₩13,500} = 60단위$$

$$Q_{소프트웨어손익분기} = 60단위 \times \frac{60단위}{(60단위+20단위)} = 45단위$$

$$Q_{컴퓨터손익분기} = 60단위 \times \frac{20단위}{(60단위+20단위)} = 15단위$$

꾸러미법을 이용하면 소프트웨어와 컴퓨터의 판매비율이 60:20이므로 이를 약분하면 3:1이 된다. 즉 소프트웨어 3단위와 컴퓨터 1단위가 하나의 제품꾸러미가 된다. 이때 꾸러미 단위당 공헌이익은 ₩54,000이고 손익분기점 꾸러미는 15꾸러미가 된다. 따라서 소프트웨어는 45단위와 컴퓨터 15단위가 각 제품의 손익분기점 판매량이다.

$$UCM_{꾸러미} = (₩8,000 \times 3단위) + (₩30,000 \times 1단위) = ₩54,000$$

$$Q_{복수제품손익분기} = \frac{₩810,000}{₩54,000} = 15꾸러미$$

$$Q_{소프트웨어손익분기} = 15꾸러미 \times 3단위 = 45단위$$

$$Q_{컴퓨터손익분기} = 15꾸러미 \times 1단위 = 15단위$$

2.2. 금액 기준의 매출 배합

경영자는 여러 가지 목적으로 제품별 매출액의 비율을 일정하게 유지하고자 할 수도 있다. 이러한 경우에 손익분기 매출액을 계산하는 식은 다음과 같다.

$$TR_{복수제품손익분기} \times CMR_{가중평균} = TFC + ₩0$$

$$TR_{복수제품손익분기} = \frac{TFC}{CMR_{가중평균}}$$

여기에서, $CMR_{가중평균}$: 가중평균 공헌이익률

(주)한글과컴퓨터의 자료에서 소프트웨어와 컴퓨터의 금액 기준의 매출 배합이 내년에도 그대로 유지된다고 가정하자. 또한, 각 제품의 공헌이익률에도 변함이 없다고 하자.

즉 소프트웨어와 컴퓨터의 내년 매출액 비율은 올해와 같이 각각 37.5%(=₩1,200,000÷₩3,200,000)와 62.5%(=₩2,000,000÷₩3,200,000)이다. 따라서 가중평균 공헌이

익률은 다음과 같다.

$$CMR_{가중평균} = \frac{₩8,000}{₩20,000} \times 37.5\% + \frac{₩30,000}{₩100,000} \times 62.5\%$$
$$= 40\% \times 37.5\% + 30\% \times 62.5\%$$
$$= 33.75\%$$

만일 내년 초에 대규모 투자가 예상되어 고정원가가 올해보다 20% 증가할 것으로 예상할 경우 내년도 손익분기 매출액을 구하면 다음과 같다.

$$33.75\% \times TR_{복수제품손익분기} = ₩810,000 \times 120\% + ₩0$$
$$TR_{복수제품손익분기} = \frac{TFC}{CMR_{가중평균}} = \frac{₩810,000 \times 120\%}{33.75\%} = ₩2,880,000$$

이때 각 제품의 손익분기 판매량을 구하면 다음과 같다.

$$TR_{소프트웨어손익분기} = ₩2,880,000 \times 37.5\% = ₩1,080,000$$
$$Q_{소프트웨어손익분기} = \frac{₩1,080,000}{₩20,000} = 54단위$$
$$TR_{컴퓨터손익분기} = ₩2,880,000 \times 62.5\% = ₩1,800,000$$
$$Q_{컴퓨터손익분기} = \frac{₩1,800,000}{₩100,000} = 18단위$$

복수제품의 CVP 분석과 관련한 예제는 다음과 같다.

예제

복수제품의 CVP 분석

(주)세무는 제품A와 제품B를 생산·판매한다. 각 제품의 단위당 판매가격은 제품A는 ₩200, 제품B는 ₩150이며, 공헌이익률은 제품A는 40%, 제품B는 50%이다. 제품A와 제품B의 매출수량배합은 1:2로 일정하고, 당기 총고정원가는 ₩34,500이다. 당기 이익 ₩23,000을 얻기 위한 총매출액은?

[2019년 세무사 1차]

풀이

항목	제품A	제품B
단위당 공헌이익	₩200×40%=₩80	₩150×50%=₩75
꾸러미당 공헌이익	₩80×1+₩75×2=₩230	
목표이익 꾸러미 수	₩230×Q−₩34,500=₩23,000, ∴Q=250꾸러미	
제품별 매출액	250꾸러미×1×₩200=₩50,000	250꾸러미×2×₩150=₩75,000
총 매출액	₩125,000	

3. 현금주의 CVP 분석

일반적으로 CVP 분석은 총수익이나 총원가와 같이 발생주의 회계 정보를 활용하여 이루어진다. 경영상황에 따라 경영자는 판매 활동이 회계이익에 미치는 영향보다 현금이나 운전자본에 미치는 영향에 더 큰 관심이 있을 수 있다. 예를 들어, 극심한 경기불황으로 인해 공장 일부를 폐쇄해야 하는 의사결정을 내려야 하는 경우 중장기적인 이익증대보다는 단기적인 현금확보가 더 중요하게 된다. 이 경우 현금의 유입 및 유출을 기준으로 CVP 분석을 수행하여 의사결정에 활용할 수 있다.

발생주의에 기초한 회계이익에는 현금유입 및 유출을 수반하지 않는 비현금항목이 포함되어 있다. 여기서 비현금항목은 감가상각비나 외화환산손익과 같이 현금유입 및 유출을 수반하지 않는 손익항목을 의미한다. 이처럼 현금주의 CVP 분석은 이러한 비현금항목을 제외한 현금항목만으로 영업 활동으로 인한 현금유입과 현금유출이 일치하는 판매량 또는 매출액을 계산하는 방법이다. 즉, 현금주의 손익분기점은 현금주의 순이익이 ₩0이 되는 판매량 또는 매출액을 의미한다.

다음은 현금주의 순이익을 구하는 방법이다. 현금주의 순이익은 발생주의 순이익에서 비현금항목으로 인한 수익을 차감하고, 비현금항목으로 인한 비용을 가산하여 산출한다.

$$CI = OI \pm NCF$$

$$CI = OI + NCF_{exp} - NCF_{rev} \tag{14}$$

여기에서, CI: 현금주의 순이익

OI: 발생주의 순이익(영업이익)

NCF: 비현금항목
NCF_{exp}: 비현금비용
NCF_{rev}: 비현금수익

식(14)에 식(1), 식(2), 식(3)을 대입하면 다음과 같이 변형된다.

$$CI=(TR-TC)+(NCF_{exp}-NCF_{rev})$$
$$=(P\times Q)-(UVC\times Q+TFC)+(NCF_{exp}-NCF_{rev})$$

CI에 0을 대입하면 위 등식은 다음과 같이 정리할 수 있다.

$$(P-UVC)\times Q=TFC-NCF_{exp}+NCF_{rev} \quad (15)$$

식(15)에서 맨 마지막 등식의 의미는 총 공헌이익(좌변)과 실제 현금유출이 있는 고정원가(우변)를 같게 만들어주는 Q를 찾는 방정식이다. 이를 정리하면 현금주의 손익분기점 판매량을 도출하는 다음 식(16)이 된다.

만약 비현금수익이 없다면($NCF_{rev}=0$) 분자는 발생주의 고정원가에서 비현금비용을 차감한 현금유출이 있는 고정원가 금액($TFC-NCF_{exp}$)이 된다. 따라서 현금유출이 없는 고정원가가 존재할 때는 분자가 작아지게 되므로 현금주의 손익분기점 판매량이 발생주의 손익분기점 판매량보다 작다.

$$Q_{현금주의\ 손익분기}=\frac{TFC-NCF_{exp}+NCF_{rev}}{(P-UVC)} \quad (16)$$

(주)한글과컴퓨터 자료에서 감가상각비를 제외한 모든 수익 및 비용 항목은 발생과 동시에 현금이 유입 또는 유출되었다. 또한, 총고정원가 ₩400,000 중 공장임차료는 ₩160,000이고, 감가상각비는 ₩240,000이다. 따라서 현금주의 손익분기 판매량은 다음과 같이 계산된다.

식(15)를 이용하는 경우,

$$₩0=₩20,000\times Q_{현금주의\ 손익분기}-(₩12,000\times Q_{현금주의\ 손익분기}+₩400,000)+₩240,000$$
$$(₩20,000-₩12,000)\times Q_{현금주의\ 손익분기}=₩400,000-₩240,000$$
$$₩160,000=₩8,000\times Q_{현금주의\ 손익분기}$$

$$\therefore\ Q_{현금주의\ 손익분기}=20단위$$

또는 식(16)을 이용하는 경우,

$$Q_{현금주의\ 손익분기} = \frac{₩400,000-₩240,000}{(₩20,000-₩12,000)} = 20단위$$

위에서 설명한 바와 같이 본 예제는 현금유입이 없는 수익항목이 존재하지 않으므로 분자는 현금유출이 있는 고정원가 항목인 공장 임차료 ₩160,000과 같은 금액이다.

법인세가 존재하는 경우 현금주의 손익분기점 분석은 다음 식(17)과 같다. 이를 해석하면 현금주의 세후 순이익은 발생주의 세후 순이익에 비현금비용항목을 가산하고 비현금수익항목을 차감한 것과 같다.

$$CI_{세후} = [(P \times Q) - (UVC \times Q + TFC)] \times (1-t) + (NCF_{exp} - NCF_{rev}) \tag{17}$$

이를 $Q_{현금주의\ 손익분기}$ 기준으로 다시 쓰면 다음과 같다.

$$Q_{현금주의\ 손익분기} = \frac{\frac{CI_{세후} - NCF_{exp} + NCF_{rev}}{(1-t)} + TFC}{(P-UVC)} = \frac{\frac{CI_{세후} - NCF_{exp} + NCF_{rev}}{(1-t)} + TFC}{UCM}$$

여기에서 현금주의 세후 순이익($CI_{세후}$)이 비현금항목($NCF_{exp}-NCF_{rev}$)보다 큰 경우에만 $Q_{현금주의\ 손익분기}$를 적용할 수 있다. 만약 현금주의 세후 순이익($CI_{세후}$)이 비현금항목($NCF_{exp}-NCF_{rev}$)의 경우에는 분자($CI_{세후}-NCF_{exp}+NCF_{rev}$)가 0이 되므로 법인세가 없는 경우와 같게 된다.

(주)한글과컴퓨터 사례에서 법인세율이 40%이고 현금주의 세후 순이익 ₩360,000을 달성할 수 있는 판매량은 법인세비용을 명시적으로 고려하여 다음과 같이 해를 도출할 수 있다.

$$\begin{aligned} 현금주의\ 세전\ 이익 &= ₩20,000 \times Q - ₩12,000 \times Q - ₩160,000 \\ &= ₩8,000Q - ₩160,000 \end{aligned}$$

$$\begin{aligned} 법인세비용 &= 발생주의\ 순이익 \times 법인세율 \\ &= (₩20,000 \times Q - ₩12,000 \times Q - ₩400,000) \times 40\% \\ &= ₩3,200Q - ₩160,000 \end{aligned}$$

현금주의 세후 순이익=현금주의 세전 이익-법인세비용
=(₩8,000Q-₩160,000)-(₩3,200Q-₩160,000)
=₩4,800Q

따라서 현금주의 세후 순이익 ₩360,000을 달성하려면

₩360,000=₩4,800Q
$\therefore Q_{\text{현금주의 손익분기}}$=75단위

위의 산식을 요약하면 다음과 같다.

₩360,000=[₩20,000×Q-(₩12,000×Q+₩400,000)]×(1-40%)+₩240,000
₩360,000=₩4,800Q
$Q_{\text{현금주의 손익분기}}$=75단위

현금주의 CVP 분석과 관련한 예제는 다음과 같다.

예제

현금주의 CVP 분석

(주)김해의 차기 연간 경영활동에 관한 자료가 다음과 같다. [2010년 세무사]

• 단위당 판매가격	₩1,000
• 총고정원가(감가상각비 ₩2,000,000 포함)	₩5,000,000
• 단위당 변동원가	₩500
• 예상 판매량	10,000개

법인세율이 20%일 경우 현금분기점 판매량은 몇 개인가? (단, 감가상각비를 제외한 나머지 수익과 비용은 모두 현금거래로 이루어진 것이며, 손실이 발생하면 법인세가 환급된다고 가정한다.)

풀이

항목	산식	결과
현금분기점 판매량(Q)	현금주의 세후 순이익=발생주의 세후 순이익+비현금 비용 ₩0=[(₩1,000-₩500)Q-₩5,000,000]×(1-20%) +₩2,000,000	5,000개

제6절 불확실성하에서의 CVP 분석

기본적인 CVP 모형에서는 이익에 영향을 미치는 변수가 고정원가와 단위당 변동원가, 그리고 단위당 판매가격 및 조업도에 속하는 생산·판매량이다. 특히 이 분석에서는 변수들이 확정적임을 전제로 하여 이익을 어떻게 확보할 것인지를 논의한다. 그러나 현실 세계에서는 CVP 모형을 결정짓는 변수들이 불확실성에 노출되어 있으므로 이를 고려한 분석이 필요하다. 곧 불확실성을 고려하여 CVP 분석을 할 때는 의사결정 수 접근법(decision tree approach), 통계적 분석, 시뮬레이션, 효용이론 등을 적용하거나 비선형 원가 및 수익함수를 갖고서 분석을 수행한다.

1. 의사결정 수 접근법

이른바 의사결정 수(decision tree)란 의사결정 문제를 나뭇가지 형태로 목표와 상황과의 상호관련성을 나타내어 최종적인 의사결정을 하는 방법이다. 즉 몇 개의 의사결정이 연속되는 경우, 첫 단계의 의사결정에 의하여 실제 상황에 대한 정보를 입수한 후, 이 정보를 고려하여 다음 단계의 의사결정을 하는 다단계 의사결정에 이용된다. 다시 말해서 CVP 분석에 있어 소수의 독립변수만이 불확실성에 노출되어 있고, 각 변수가 한정된 몇 개의 상태를 지니는 경우 이 접근법을 이용하여 모든 가능성을 나열한 후, 종속변수의 기댓값을 산출하는 것이다. 의사결정 수 접근법에 관해서는 다음의 사례를 통하여 학습하도록 한다.

(주)모나미에서는 신기능 포스트잇을 개발하였는데, 이 제품의 고정원가는 ₩300,000이다. 그러나 경쟁기업과의 관계로 인하여 판매가격과 단위당 변동원가는 불확실하며, 다음과 같이 예측된다.

단위당 판매가격		단위당 변동원가	
금액	확률	금액	확률
₩60	0.9	₩36	0.8
₩54	0.1	₩48	0.2

위의 자료를 이용하여 의사결정 수 분석에 따라 기대되는 판매량을 구하면 다음과 같다.

단위당 판매가격		단위당 변동원가		단위당 공헌이익 (E)=(A-C)	고정원가 (F)	손익분기점 수량 (G)=(F÷E)	결합확률 (H)=(B×D)	기대판매 수량 (I)=(G×H)
금액 (A)	확률 (B)	금액 (C)	확률 (D)					
₩60	0.9	₩36	0.8	₩24	₩300,000	12,500	0.72	9,000
60	0.9	48	0.2	12	300,000	25,000	0.18	4,500
54	0.1	36	0.8	18	300,000	16,667	0.08	1,333
₩54	0.1	₩48	0.2	₩6	₩300,000	50,000	0.02	1,000
							1.00	15,833

2. 비선형함수에서의 CVP 분석

앞부분에서는 CVP 분석에 사용되는 모든 변수가 선형일 때를 가정하여 분석을 수행하였다. 그런데 현실적으로 원가나 수익함수가 선형으로 나타나는 경우는 매우 어려운 일로서 여러 가지 가정에 따라 선형함수를 설정하는 것이다. 이렇게 비선형함수에 대한 CVP 분석에는 손익분기점이 여러 개가 될 수 있으며, 이에 따라 기업은 생산 및 판매량을 조정하는 의사결정을 내려야 한다. 다음과 같은 사례를 통하여 비선형함수에서의 CVP 분석에 대하여 구체적으로 알아보도록 하자.

(주)모나미에서는 새로 개발된 볼펜에 대한 수익 및 원가함수를 다음 자료와 같이 설정하였다. 이 자료를 토대로 하여 손익분기점과 최대영업이익일 때에 생산 및 판매량을 산출해 보자.

원가 자료

단위당 판매가격: $P=500-0.09Q$
고정원가: FC=₩300,000
단위당 변동원가: $VC=0.012Q+7$
생산 능력: 1시간 24,000단위

여기에서, P: 단위당 판매가격, FC: 고정원가, VC: 변동원가, Q: 생산 및 판매량

먼저 손익분기점(BEP)을 구하면 다음과 같다.

$$수익함수=P\times Q=(500-0.09Q)\times Q=500Q-0.09Q^2$$
$$비용함수=VC\times Q+FC$$
$$=(0.012Q+7)\times Q+300,000=0.012Q^2+7Q+300,000$$

손익분기점에서 영업이익은 ₩0이므로

$$(500Q-0.09Q^2)-(0.012Q^2+7Q+300,000)=0 \quad (1)$$

$$(-)0.102Q^2+493Q-300,000=0 \quad (2)$$

위의 식(2)를 근의 공식을 이용하여 풀면 Q=4,200과 714로서, 복수의 손익분기점이 산출된다. 최대영업이익은 위의 식을 Q로 미분함으로써 계산된다.

$$0.204Q-493=0 \quad (3)$$

식(3)에서 Q=2,417이며, 이 경우가 최대영업수익을 올릴 수 있는 생산 및 판매량이다. 따라서 식(2)에 Q=2,417을 대입하면 최대영업이익 ₩295,708이 산출된다.

본 장에서는 CVP 모형에 대하여 여러 가지 가정을 전제로 하는 선형함수의 경우와 불확실성하에서의 비선형함수로 도출된 것을 학습하였다. 이에 대하여 그래프를 활용하여 정리하면 다음 그림과 같다.

CVP 모형 비교

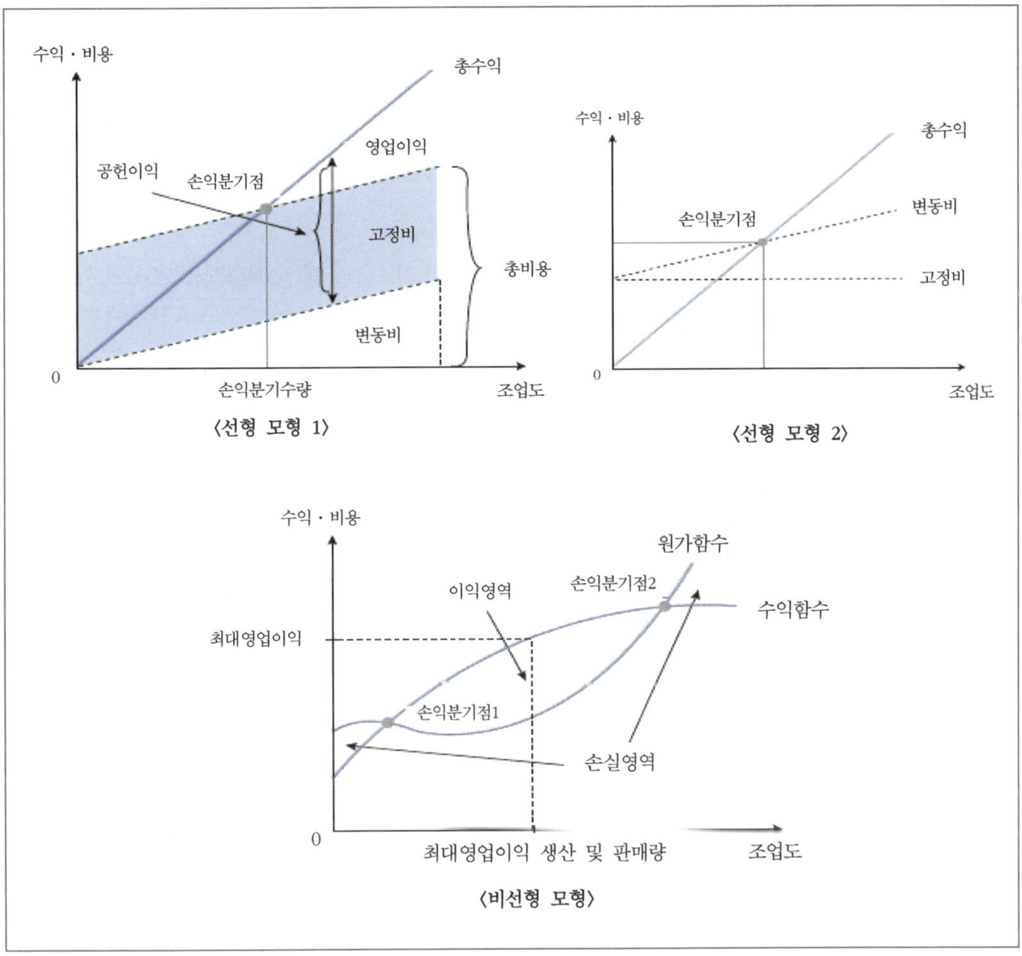
수익 · 비용
총수익
영업이익
공헌이익
손익분기점
고정비
총비용
변동비
0
손익분기수량
조업도
〈선형 모형 1〉
수익 · 비용
총수익
변동비
손익분기점
고정비
0
조업도
〈선형 모형 2〉
수익 · 비용
원가함수
이익영역
손익분기점2
수익함수
최대영업이익
손익분기점1
손실영역
0
최대영업이익 생산 및 판매량
조업도
〈비선형 모형〉

객 · 관 · 식

4.1 F회사의 손익분기점 매출액(BEPs)이 ₩1,000,000, 공헌이익률이 40%, 20×8년도 영업이익이 ₩250,000일 경우 20×8년도 매출액을 계산하면? [1993년 공인회계사]

① ₩1,625,000　② ₩1,375,000　③ ₩1,700,000
④ ₩1,083,333　⑤ ₩1,600,000

4.2 변동비가 매출액의 70%, 매출액이 S, 연간 총고정비가 FC일 때 총매출액의 20%의 목표이익을 내려고 할 때 목표매출액은? [1994년 공인회계사]

① S=0.2/FC　② S=FC/0.2　③ S=FC/0.7
④ S=FC/0.1　⑤ S=0.8FC

4.3 다음은 단일 제품을 생산하고 있는 (주)서울의 당월 중 원가에 관련된 자료이다. 단, 생산설비는 충분히 크며 법인세율은 40%이다. 세금공제 후 목표이익 ₩61,200을 획득하기 위한 당월의 판매량은 얼마인가? (단, 생산량과 판매량이 일치됨을 가정할 것) [1994년 세무사]

(1) 단위당 판매가격	₩20
(2) 단위당 직접재료비	₩2
(3) 단위당 직접노무비	₩4
(4) 단위당 변동제조간접비	₩3
(5) 단위당 변동판매비	₩5
(6) 월간 고정비총액	₩60,000

① 20,200단위　② 27,000단위　③ 29,150단위
④ 32,500단위　⑤ 35,500단위

4.4 고정비가 15% 증가하였다. 이때 다른 조건이 일정하다면 손익분기점 판매량은 어떻게 변화하는가? [1995년 공인회계사]

① 15%만큼 증가　② 15%보다 적게 증가　③ 15%보다 많게 증가
④ 15%보다 적게 또는 많게　⑤ 알 수 없다.

4.5 (주)봉황은 야구공을 제조하여 개당 ₩10,000에 판매하고 있다. 야구공 제조에 사용되는 변동비는 개당 ₩5,000이고 고정비 ₩2,000,000이다. (주)봉황이 5월에 ₩1,160,000의 세후순이익을 얻기 위해서는 몇 개의 야구공을 생산 · 판매해야 하는가? 단, 법인세율은 세전 이익 ₩1,000,000까지는 18%, ₩1,000,000 초과 시에는 22%로 가정 (일의 자리에서 반올림하여라) [1995년 세무사]

① 400개　② 500개　③ 600개
④ 700개　⑤ 800개

4.6 다음 자료는 인영전자(주)의 20×8년도 영업 활동에 관한 자료이다. 인영전자(주)는 20×9년도에는 올해보다 제품 50,000개를 더 많이 판매하려고 한다. 단위당 판매가격과 단위당 변동비가 변하지 않는다고 가정하고, 20×9년도에는 제품 50,000개에 해당하는 매출액의 15%만큼의 목표이익을 달성하고자 하면 고정비를 추가로 얼마만큼 증가시킬 수 있는가?

[1997년 공인회계사]

단위당 변동비	₩360
공헌이익률	40%
손익분기점 매출액	₩120,000,000

① ₩5,500,000 ② ₩6,000,000 ③ ₩7,500,000
④ ₩8,000,000 ⑤ ₩9,500,000

4.7 (주)동아는 20×8년 5월 중 백과사전을 생산하여 50세트를 판매하였으며 공헌이익률은 60%였다. 동 기간 중 발생한 총변동원가는 ₩2,000,000, 총고정원가는 ₩1,500,000이었다. 총고정원가 중에는 판매원에 대한 월급 ₩500,000이 포함되어 있다. (주)동아는 판매원에게 월급을 지급하는 대신 백과사전 1세트 판매당 ₩12,000을 지급하는 성과급으로 변경할 것을 검토 중이다. 만약 이와 같은 성과급으로 변경한다면 종전과 같은 이익을 얻기 위하여 한 달에 백과사전을 몇 세트를 판매해야 하는가? [1997년 세무사]

① 약 42세트 ② 약 50세트 ③ 약 52세트
④ 약 60세트 ⑤ 약 62세트

4.8 (주)미현은 극심한 경기 불황과 원가구조의 취약성을 극복하기 위해 A 제품의 판매계획과 이익목표를 세우려고 한다. 현재 가격 및 원가 정보는 다음과 같다. 이 회사 제품 A의 공헌이익률이 20%일 때 순이익 ₩4,000,000을 확보하려면 몇 단위를 판매해야 할 것인가?

[1998년 공인회계사]

A 제품	단위당 판매가격	₩5,000
고정원가	생산단위 10,000 미만 생산단위 10,000 이상	8,000,000 10,000,000

① 10,000단위 ② 12,000단위 ③ 14,000단위
④ 16,000단위 ⑤ 18,000단위

4.9 매출액은 ₩200,000 변동원가율은 60%, 고정원가는 ₩60,000 법인세율이 20%일 때 다음 중 틀린 것은? [1998년 세무사]

① 손익분기점 매출액은 ₩150,000이다.
② 안전한계율(M/S비율)은 25%이다.
③ 영업레버리지도는 5이다.
④ 세후 당기순이익은 ₩16,000이다.
⑤ 매출액을 10% 증가시키면 당기순이익은 ₩6,400 증가한다.

4.10 서울(주)는 20×8년에 목표이익을 매출액의 20%로 유지하는 정책을 쓰고 있었다. 서울(주)의 20×8년의 변동비는 제품판매가격의 60%이고 고정비는 ₩1,000,000이었다. 20×9년에는 원가 상승으로 고정비가 ₩200,000 증가할 것으로 예상하며 변동비는 제품판매가격의 70%로 증가할 것으로 예상한다. 이 결과 20×9년의 목표이익도 매출액의 15%로 낮출 수밖에 없다. 이 회사가 목표이익을 달성하기 위해 매출액은 20×9년 중에 얼마로 증가해야 하는가?

[1999년 공인회계사]

① ₩8,000,000　② ₩7,000,000　③ ₩5,000,000
④ ₩3,333,000　⑤ ₩3,000,000

4.11 단일 제품을 생산하는 일성회사는 3월 중 제품 6,000단위를 판매하여 ₩4,000,000의 이익을 보고하였는데, 이때의 손익분기점은 5,000단위이었다. 만약, 다른 조건은 모두 같고 4월 중 판매가격을 단위당 ₩2,000씩 인하하려 한다면, 4월 중의 손익분기점은? [1999년 세무사]

① 10,000단위　② 8,667단위　③ 8,000단위
④ 6,667단위　⑤ 5,000단위

4.12 일반적으로 손익분기점 분석에서 고려하지 않는 가정은? [2000년 세무사]

① 판매가격은 일정 범위 내에서는 변동하지 않는다.
② 모든 원가는 고정비와 변동비로 나누어질 수 있다.
③ 수익과 원가행태는 관련 범위 내에서 곡선적이다.
④ 원가요소, 능률, 생산성은 일정 범위 내에서 변동하지 않는다.
⑤ 단위당 판매가격은 판매량과 관계없이 일정하다.

4.13 P 공업사는 단일 제품을 생산 · 판매하고 있다. 제품 단위당 판매가격은 ₩500이며, 20×8년 5월의 요약 공헌이익 포괄손익계산서는 다음과 같다. 상기 자료와 관련된 다음의 분석 중에서 옳지 않은 것은?

[2000년 세무사]

공헌이익 포괄손익계산서

매출액(1,000단위)	₩500,000
변동원가	300,000
공헌이익	₩200,000
고정원가	150,000
순이익	₩50,000

① 손익분기점 판매량은 750단위이다.
② 매출액이 $\frac{1}{2}$로 감소하면 순손실 ₩50,000이 발생한다.
③ 목표이익 ₩80,000을 얻기 위한 판매량은 ₩1,150단위이다.
④ 20%의 목표이익률을 달성하기 위한 매출액은 ₩375,000이다.
⑤ 회사의 법인세율이 30%라고 가정하면, 세후 목표이익 ₩70,000을 달성하기 위한 매출액은 ₩625,000이다.

4.14 100실 규모의 호텔을 운영하는 영산호텔의 연간 고정비용은 ₩120,000,000이고, 객실의 1일 임대료는 ₩50,000, 임대 객실 1실당 평균변동비용은 ₩10,000이다. 1년 365일 무휴인 영산호텔이 손익분기에 도달하기 위한 객실임대율(점유율)은 얼마인가? 단, 객실임대는 1일 단위로 한다. [2001년 공인회계사]

① 2.50% ② 8.21%
③ 12.16% ④ 67.75%
⑤ 현재의 원가구조로는 손익분기를 달성할 수 없음

4.15 (주)한국은 A, B, C 세 가지 제품을 만들고 있는 회사이다. 이들 제품에 관한 자료는 다음과 같다. 또한, 월 고정원가는 ₩40,000이다. 세 가지 제품의 매출구성비(매출액 기준)가 5:2:3일 때, ₩12,000의 세전순이익을 달성하는 데 필요한 총매출액은 얼마인가? [2001년 세무사]

	제품 A	제품 B	제품 C
단위당 판매가격	₩120	₩100	₩150
단위당 변동원가	₩72	₩70	₩120

① ₩128,200 ② ₩125,000 ③ ₩166,667
④ ₩162,500 ⑤ ₩150,000

4.16 원가-조업도-이익(CVP) 분석에 대한 다음 설명 중에서 가장 타당하지 않은 것은? [2002년 공인회계사]

① 고정비가 ₩300,000이고, 변동비율이 80%인 회사가 납세 후 순이익(법인세율 20%) ₩112,000을 벌었다면, 매출액은 ₩2,200,000이었을 것이다.
② 장기적인 관점에서 비선형 손익분기 도표에는 조업도 수준이 0인 점을 포함하여 손익분기점이 세 군데 나타날 수 있다.
③ 원가함수를 조업도에 대한 1차 함수로 추정하는 것은 관련 범위 내에서 원가함수가 선형이라는 가정에 따른 것이다.
④ 이익 규모가 비슷한 경우 고정비용의 비중이 큰 원가구조로 되어 있는 기업일수록 레버리지 효과가 커져서 불경기에도 큰 타격을 입지 않을 것이다.
⑤ 이익-조업도 도표(profit-volume chart)에서 이익선의 기울기는 단위당 공헌이익에 의해서 결정된다.

4.17 단일 제품을 판매하는 A사는 3월 총매출액(다른 수익은 없음) ₩70,000이고 총비용 ₩91,000으로 ₩21,000의 손실을 기록했다. A사 제품의 현재 판매단가는 단위당 ₩100, 공헌이익률은 20%이다. A사는 상황을 타개하기 위해 대대적인 판촉 활동과 가격 인상을 병행하기로 했다. 이로 인해 고정판매원가는 ₩15,000만큼 늘어나게 되지만 단위당 변동원가는 변하지 않는다. A사가 세후 ₩28,000의 이익을 실현하려면 예상 판매량이 1,000개일 경우 판매가격은 얼마로 책정되어야 하는가? (단, 세율은 30%로 가정한다.) [2003년 공인회계사]

① ₩170　② ₩155　③ ₩158
④ ₩131　⑤ ₩144

4.18 다음은 원가-조업도-이익(CVP) 분석에 관한 설명이다. 이 중 적합하지 않은 표현은 어느 것인가? [2004년 공인회계사]

① 손익분기점에서는 순이익이 0이므로 법인세가 없다.
② 공헌이익이 총고정원가보다 크면 이익이 발생한다.
③ 생산량과 판매량이 다른 경우에도 변동원가계산의 손익분기점은 변화가 없다.
④ 총원가 중에서 고정원가의 비중이 클수록 영업레버리지도는 작아진다.
⑤ 안전한계율에 공헌이익률을 곱하면 매출액 순이익률이 계산된다.

4.19 (주)남천은 위성 라디오를 제조하는 회사이다. 울산에 있는 공장의 연간 생산 능력은 50,000단위이다. 최근에 (주)남천은 판매가격 ₩21,000에 40,000단위를 판매하고 있다. 이 제품의 원가구조는 다음과 같다. [2004년 공인회계사]

단위당 변동제조원가	₩9,000
고정제조원가	₩160,000,000
단위당 변동마케팅원가	₩2,000
고정마케팅원가	₩120,000,000

제조부서에서는 새로운 사양을 추가하기 위해서 제조공정을 변화시킬 것을 제안했다. 제조공정의 변화는 고정제조원가를 ₩20,000,000 증가시키고 단위당 변동제조원가를 ₩400 증가시키게 된다. 현재 판매량인 40,000단위를 기준으로 할 때, (주)남천이 제조공정의 변화 후에도 최소한 기존의 영업이익을 유지하기 위해서는 단위당 판매가격을 얼마로 해야 하는가?

① ₩10,950　② ₩18,900　③ ₩19,900
④ ₩21,500　⑤ ₩21,900

4.20 (주)동양은 다음과 같은 네 가지 제품을 생산하고 있다. 당기에 발생한 고정원가는 ₩1,000이며, 네 가지 제품의 매출액 기준 매출구성비율은 4(제품 A):3(제품 B):2(제품 C):1(제품 D)이다. 세금효과는 무시하고 ₩500의 목표이익을 실현하는 데 필요한 총매출액을 계산하면 얼마인가? [2005년 공인회계사]

	제품 A	제품 B	제품 C	제품 D
단위당 판매가격	₩10	₩15	₩20	₩25
단위당 변동원가	₩8	₩12	₩16	₩20

① ₩5,000 ② ₩7,500 ③ ₩10,000
④ ₩15,000 ⑤ ₩20,000

4.21 우진회사의 내년 예상손익자료는 다음과 같다. [2005년 세무사]

단위당 판매가	₩20
단위당 변동비	₩8
총고정비 :	₩69,000
임차료	₩15,000
급여	44,000
광고비 및 기타	10,000

만약 현재 예상된 고정급여를 연간 ₩30,000으로 삭감하고 그 대신 매출액의 5%를 성과급으로 판매 사원에게 지급한다면, 손익분기 판매량은 어떻게 변화하고, 또한, 급여방식이 변하 전과 후에 기업의 이익이 같아지게 하는 판매량은 얼마인가?

	손익분기점 변화	동일이익 판매량
①	750단위 감소	14,000단위
②	500단위 증가	12,000단위
③	650단위 감소	10,000단위
④	800단위 증가	16,000단위
⑤	600단위 감소	20,000단위

4.22 우진회사는 재료 A와 B의 배합을 7:3으로 예상하였으나 실제로는 5:5로 이루어졌다. 재료 A의 단위당 원가가 ₩130, B의 단위당 원가가 ₩100이면, 재료배합의 차이로 재료원가가 예상보다 얼마나 변하였는가? [2005년 세무사]

① 약 5% 감소 ② 약 2% 감소 ③ 변화 없음
④ 약 2% 증가 ⑤ 약 5% 증가

4.23 대한호텔은 총 200개의 객실을 보유하고 있으며 매출 배합(Sales Mix)과 조업도는 매출액 기준으로 계산한다. 따라서 매출액이 ₩100,000,000이라고 한다면 ₩30,000,000은 비즈니스룸, ₩50,000,000은 더블룸, 나머지 ₩20,000,000은 스위트룸의 판매로부터 발생한 것으로 가정하며, 조업도는 일정 기간의 매출액을 그 기간 객실이 모두 판매되었을 경우 달성될 매출액으로 나누어 계산한다. 매출액의 10%를 세금으로 부담해야 한다면, 세차감 후 월간 ₩42,000,000의 이익을 달성하기 위한 조업도를 아래 자료를 활용하여 계산하면 얼마인가? (단, 1개월은 30일로 가정한다.) [2006년 세무사]

객실종류	객실수	1일 객실당 요금	객실당 변동비	매출 배합	조업도에 따른 월간 고정비
비즈니스	75실	₩160,000	₩64,000	30%	조업도 40% 이하: ₩396,000,000 조업도 41% 이상: ₩462,000,000
더블	100실	200,000	68,000	50%	
스위트	25실	320,000	80,000	20%	
합계	200실	–	–	–	

① 65% ② 70% ③ 75%
④ 80% ⑤ 85%

4.24 한국회사와 대한회사는 같은 제품을 생산 · 판매하고 있다. 전년도의 한국회사와 대한회사의 원가구조와 영업이익을 분석한 결과, 한국회사의 총변동비는 ₩900, 총고정비는 ₩200, 그리고 영업레버리지도는 5인 반면, 대한회사의 총변동비는 ₩800, 총고정비는 ₩280, 그리고 영업레버리지도는 8로 파악되었다. 올해 호경기로 인하여 한국회사와 대한회사의 매출 수량 및 매출액이 각각 30% 늘어날 것으로 예상한다. 두 회사의 전년도 원가구조가 올해에도 적용된다는 가정하에 다음의 내용 중 옳지 않은 것은? [2007년 세무사]

① 한국회사의 올해의 영업이익은 대한회사보다 높게 나타날 것으로 예상한다.
② 한국회사는 고정설비 등에 대한 투자가 대한회사에 비교해 낮은 실정이다.
③ 대한회사의 경우 올해의 매출 증가에 따른 영업이익 증가율이 한국회사보다 높을 것으로 예상한다.
④ 제품에 대한 시장수요가 증가한 올해의 상황에서 대한회사는 고정설비투자에 따른 효과를 한국회사보다 더 높게 누릴 것으로 예상한다.
⑤ 앞으로 제품에 대한 시장수요가 계속 증가할 것으로 예상하면, 한국회사도 고정설비투자를 늘리고 변동비의 비중을 줄이는 것이 유리할 것이다.

4.25 대한회사는 단위당 ₩50에 제품을 생산 · 판매한다. 대한회사의 단위당 변동비는 직접재료비 ₩14, 직접노무비 ₩5, 변동제조간접비 ₩3, 변동판매관리비 ₩2이다. 연간 총고정비는 고정제조간접비 ₩55,000, 고정판매관리비 ₩80,200이다. 대한회사가 단위당 판매가를 ₩50에서 ₩48으로 인하할 경우, 기존의 연간 손익분기점 판매량을 유지하려면 연간 총고정비를 얼마나 줄여야 하는가? [2008년 세무사 1차]

① ₩10,400 ② ₩13,200 ③ ₩15,300
④ ₩124,800 ⑤ ₩135,000

4.26 대한회사는 제품의 단위당 판매가격을 ₩400으로 설정하였다. 제품을 생산하여 판매하기까지 발생하는 제품 단위당 변동비는 단위당 판매가격의 70%이며, 총고정비는 판매 수량이 50,000개까지는 ₩3,000,000, 50,000개를 초과하여 90,000개까지는 ₩4,500,000, 그리고 90,000개를 초과하여 최대생산가능량인 130,000개까지는 ₩6,000,000이다. 대한회사가 ₩9,000,000의 이익을 얻으려면 제품을 몇 개나 생산 · 판매해야 하는가? [2008년 세무사 1차]

① 100,000개 ② 50,000개 ③ 125,000개
④ 130,000개 ⑤ 112,500개

4.27 (주)한지는 제품 A와 제품 B를 생산 · 판매한다. (주)한지는 변동원가계산방법을 사용하며 당기 예상판매 및 예상원가 자료는 다음과 같다. [2008년 공인회계사]

구분	제품 A	제품 B	합계
판매 수량	300개	700개	1,000개
총매출액	₩30,000	₩42,000	₩72,000
총변동원가	₩15,000	₩21,000	₩36,000
총고정원가			₩21,600

매출 배합이 일정하다고 가정하고 손익분기점을 달성하기 위한 두 제품의 판매 수량은 각각 얼마인가?

	제품 A	제품 B
①	130개	504개
②	162개	378개
③	180개	420개
④	203개	473개
⑤	210개	490개

4.28 대한회사는 단위당 ₩250에 판매되는 램프를 생산·판매하고 있다. 이 제품과 관련된 변동비는 단위당 ₩150이고, 고정비는 매월 ₩35,000이 발생한다. 회사는 현재 단일 제품으로 매월 평균 400단위를 생산·판매하고 있다. 대한회사의 판매 담당 관리자는 매월 광고비를 ₩10,000만큼 증가시키면 매출액이 매월 ₩30,000만큼 증가할 것으로 기대하고 있다. 매월 광고비를 ₩10,000만큼 증가시킬 때 회사의 영업이익이 매월 얼마만큼 증감하게 될 것으로 예상되는가? [2008년 세무사]

① 영업이익 ₩1,000 증가
② 영업이익 ₩2,000 증가
③ 영업이익 ₩3,000 증가
④ 영업이익 ₩2,000 감소
⑤ 영업이익 ₩3,000 감소

4.29 (주)대한은 매출을 촉진하기 위해서 판매사원이 제품 4,000단위를 초과하여 판매하는 경우에, 초과 판매된 1단위당 ₩200씩 특별판매수당을 지급한다. 이러한 조건에서 5,000단위를 판매하여 세차감후순이익 ₩1,920,000을 달성하였다. 제품의 판매단가는 ₩2,000이며, 월간 고정비는 ₩1,400,000이고 월간 최대판매 수량은 8,000단위이다. 위의 조건대로 특별판매수당을 지급하고 세차감후순이익 ₩2,400,000을 달성하려면, 현재의 최대판매수량기준으로 몇 %의 조업도를 달성해야 하는가? (단, 회사의 월초, 월말 재고자산은 없으며, 세율은 세차감전이익의 20%라고 가정한다.) [2009년 세무사 1차]

① 60% ② 5% ③ 70%
④ 75% ⑤ 80%

4.30 레버리지 분석에 관한 설명으로 옳지 않은 것은? [2009년 세무사 1차]

① 영업레버리지도가 높아지면 매출액의 변동에 따른 영업이익의 변동 폭이 커진다는 것을 의미하기 때문에 영업레버리지도는 매출액의 변동에 대한 영업이익의 불확실성을 나타낸다.
② 재무레버리지도가 높아지면 영업이익의 변동에 따른 당기순이익의 변동 폭이 커지므로 당기순이익의 불확실성 정도가 커진다.
③ 경기가 나빠질 것으로 예상함에도 불구하고 자기자본의 조달 없이 차입금만으로 자금을 조달하면 재무레버리지도가 높아져 기업위험은 증가할 수 있다.
④ 기업의 부채비율이 높아진다고 하더라도 이자보상비율이 100% 이상이라면, 재무레버리지도에는 영향을 미치지 않는다.
⑤ 고정원가가 높고 단위당 변동원가가 낮은 구조를 갖는 기업은 영업레버리지도가 높게 나타나며, 단위당 판매가격이 일정할 때 영업레버리지도가 높은 기업은 공헌이익률도 높게 나타난다.

4.31 손익분기점 분석의 기본가정과 한계에 관한 설명으로 옳지 않은 것은? [2009년 세무사 1차]

① 단위당 판매가격은 수요·공급의 원리에 따라 판매량을 증가시키기 위해서는 낮추어야 한다는 것을 가정한다.

② 모든 원가는 고정비와 변동비로 나누어질 수 있으며, 고정비는 매출 수량의 증가와 관계없이 관련 범위 내에서 일정하고, 변동비는 매출 수량의 증가에 정비례하는 것을 가정한다.

③ 의사결정이 이루어지는 관련 범위 내에서 조업도만이 원가에 영향을 미치는 유일한 요인이라고 가정한다.

④ 원가요소, 능률, 생산성은 일정 범위 내에서 변동하지 않으며, 생산·관리·판매의 효율성에도 변동이 없다고 가정한다.

⑤ 대부분 원가요소는 기간이 매우 길 때 변동비가 되며, 기간이 매우 짧은 경우에는 고정비가 될 것이므로 원가와 원가동인의 관계가 지속해서 성립될 것으로 기대되는 예측 가능한 범위를 정해야 한다.

4.32 (주)경진은 한 가지 제품만을 생산하며 매월 생산한 제품은 당해 월에 모두 판매한다. (주)경진의 법인세율은 40%의 단일세율이며, 20×8년도 1월과 2월의 원가 자료는 다음과 같다.

구분	1월	2월
제품 단위당 판매가격	₩500	₩450
제품 단위당 변동비	300	270
총 고정비	₩500,000	₩600,000

(주)경진의 20×8년 1월과 2월의 당기순이익이 각각 ₩60,000과 ₩72,000이라면, 1월과 2월의 제품 매출액은 각각 얼마인가? [2009년 공인회계사]

	1월 제품 매출액	2월 제품 매출액
①	₩1,400,000	₩1,680,000
②	₩1,400,000	₩1,800,000
③	₩1,500,000	₩1,680,000
④	₩1,500,000	₩1,800,000
⑤	₩1,500,000	₩2,000,000

연습문제

4.33 다음은 단일 제품을 생산 · 판매하는 A 기업과 B 기업의 관련 범위 내에서 작성된 손익분기 도표(cost-volume-profit graph, CVP 도표)이다. 두 기업의 판매단가와 고정비는 같으나, 단위당 변동비는 서로 다르다. [2010년 공인회계사 1차]

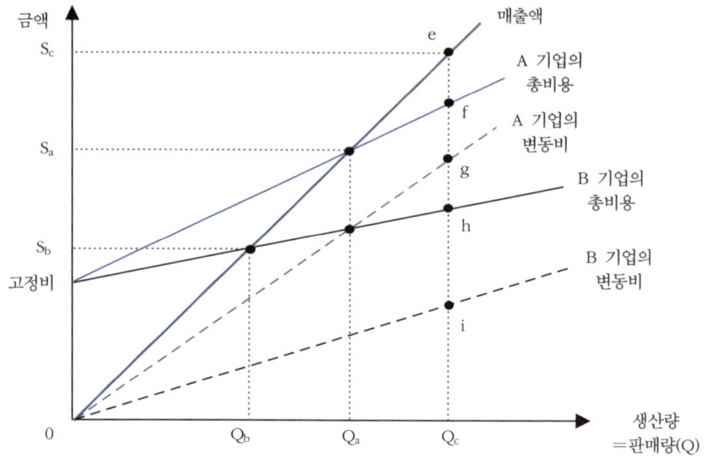

상기 CVP 도표와 관련된 설명으로 타당하지 않은 것은?

① Q_c에서 A 기업의 이익은 $\overline{ef}$로 표시되며 $(Q_c - Q_a)$에 A 기업의 단위당 공헌이익을 곱하여 계산할 수 있다.

② S_c에서 B 기업의 영업레버리지도(degree of operating leverage)는 $\left(\frac{S_b}{S_c - S_b}\right)$로 계산할 수 있다.

③ S_c에서 A 기업과 B 기업의 안전한계율(margin of safety ratio)의 차이는 $\left(\frac{S_a - S_b}{S_c}\right)$이다.

④ Q_c에서 A 기업과 B 기업의 공헌이익 차이는 두 기업의 단위당 변동비 차이에 Q_c을 곱하여 계산할 수 있다.

⑤ 관련 범위 내의 어떤 매출액(S)에서도 B 기업의 공헌이익률이 A 기업의 공헌이익률보다 크다.

4.34 (주)창원은 냉장고를 구매하여 판매하는 회사이다. 20×1년 냉장고의 단위당 판매가격은 ₩10,000이며, 변동비율은 80%이다. 판매량이 5,000대 이하면 고정판매비는 ₩8,500,000이며, 판매량이 5,000대 초과한 경우 고정판매비는 ₩11,000,000이다. (주)창원은 세후 순이익 ₩1,450,000을 달성하기 위해서는 몇 대의 냉장고를 판매해야 하는가? (단, (주)창원의 법인세율은 세전 이익 ₩1,000,000 이하까지는 25%이며, ₩1,000,000 초과분에 대해서는 30%이다.) [2010년 세무사]

① 4,250대 ② 4,500대 ③ 4,750대
④ 5,250대 ⑤ 6,500대

4.35 (주)동진은 단일 제품을 생산 및 판매하고 있으며, 매년 기초와 기말의 재고자산은 없다. 20×1년도의 매출 및 원가 자료는 다음과 같다. [2011년 공인회계사]

매출액: ₩4,000,000	변동원가: ₩2,000,000
공헌이익: ₩2,000,000	고정원가: ₩1,000,000
영업이익: ₩1,000,000	

20×2년도에도 고정원가와 제품 단위당 판매가격은 20×1년도와 같을 것으로 예상한다. 또한, 20×2년도의 제품 판매량은 20×1년도보다 20% 증가하고 20×2년도의 손익분기점 매출액은 20×1년도보다 25% 증가할 것으로 예상한다. 20×2년도 (주)동진의 영업레버리지도(degree of operating leverage)는 얼마로 예상되는가? (단, 영업레버리지도는 소수점 셋째 자리에서 반올림하여 계산하라.)

① 1.99 ② 2.09 ③ 2.19
④ 2.29 ⑤ 2.39

4.36 (주)국세는 단일 제품을 생산하고 있으며, 주문받은 수량만을 생산하여 해당 연도에 모두 판매한다. (주)국세의 법인세율은 40% 단일세율이며, 관련 자료는 다음과 같다. [2011년 세무사]

구분	20×1년	20×2년
매출액	₩2,000,000	₩2,500,000
제품 단위당 변동원가	600	720
총고정원가	400,000	510,000

(주)국세의 20×1년 세후 이익은 ₩240,000이며, 20×2년 세후 이익은 20×1년보다 10% 증가하였다. (주)국세의 20×2년 공헌이익률은 얼마인가?

① 36% ② 38% ③ 40%
④ 42% ⑤ 44%

4.37 다음은 (주)국세의 조업도 변화에 따른 총수익, 총변동비 및 총고정비를 그래프로 나타낸 것이다. [2012년 세무사]

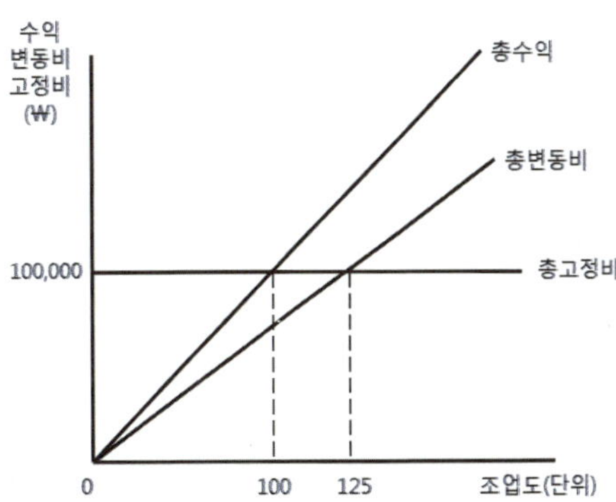

위 그래프를 이용할 경우, (주)국세가 안전한계율 37.5%를 달성하는 데 필요한 목표 판매 수량은 몇 단위인가?

① 600단위 ② 700단위 ③ 800단위
④ 900단위 ⑤ 1,000단위

4.38 영업레버리지도(Degree of Operating Leverage)에 대한 다음의 설명 중 옳지 않은 것은? 단, 모든 경우에 영업이익은 0보다 크다고 가정한다. [2013년 공인회계사]

① 단위당 변동원가가 증가하면 영업레버리지도는 높아진다.
② 고정원가가 감소하면 영업레버리지도는 낮아진다.
③ 안전한계율(margin of safety ratio)이 높아지면 영업레버리지도는 낮아진다.
④ 단위당 판매가격이 증가하면 영업레버리지도는 낮아진다.
⑤ 판매량이 증가하면 영업레버리지도는 높아진다.

4.39 (주)세무는 단일 제품을 생산 · 판매하고 있으며, 단위당 변동원가는 ₩400이고, 손익분기 매출액은 ₩100,000이고, 공헌이익률은 20%이다. 목표이익 ₩80,000을 달성하기 위한 제품의 생산 · 판매량은? [2013년 세무사]

① 1,000단위 ② 1,100단위 ③ 1,200단위
④ 1,300단위 ⑤ 1,400단위

4.40 (주)세무의 20×1년 연간 실제 매출액은 ₩100,000이고 연간 실제 고정원가는 ₩30,000이며, 변동원가율은 60%, 법인세율은 20%이다. 다음 설명 중 옳은 것은? [2013년 세무사]

① 영업레버리지도는 4이다.
② 당기순이익은 ₩10,000이다.
③ 판매량이 5% 증가하면 영업이익은 ₩1,600 증가한다.
④ 안전한계율(M/S비율)은 33.3%이다.
⑤ 손익분기 매출액은 ₩70,000이다.

4.41 (주)세무항공은 항공기 1대를 이용하여 김포와 제주 간 노선을 주 5회 왕복 운항하고 있으며, 이 항공기의 좌석 수는 총 110석이다. 이 노선의 항공권은 1매당 편도요금은 ₩30,000이고, 항공권을 대행 판매하는 여행사에 판매된 요금의 3%가 수수료로 지급되며, 항공권 1매당 예상되는 기내식사비용은 ₩1,100이다. 편도 운항당 연료비는 ₩700,000이 소요되며, 비행설비 임차료와 공항사용료는 매주 ₩4,800,000이며 승무원 급여와 복리후생비는 매주 ₩7,800,000이 발생한다. (주)세무항공이 손익분기점에 도달하기 위해 매주 최소 판매해야 할 항공권 수량은? (단, 항공권은 편도기준으로 여행사를 통해서만 판매된다.) [2014년 세무사]

① 475매 ② 575매 ③ 600매
④ 700매 ⑤ 775매

4.42 (주)국세는 다음과 같이 3가지 제품을 생산·판매할 계획이다. [2015년 세무사]

항목	제품 A	제품 B	제품 C
단위당 판매가격	₩10	₩12	₩14
단위당 변동비	₩6	₩4	₩8
예상 판매량	100개	150개	250개

고정비는 총 ₩2,480으로 전망된다. 예상 판매량 배합 비율이 유지된다면, 제품 C의 손익분기점 매출액은?

① ₩800 ② ₩1,200 ③ ₩1,440
④ ₩2,000 ⑤ ₩2,800

4.43 (주)스키리조트는 매년 11월 중순부터 다음 해 3월 말까지 총 20주 동안만 객실을 임대하고, 나머지 기간에는 임대하지 않고 있다. (주)스키리조트는 각 객실의 하루 임대료가 ₩400인 100개의 객실을 갖추고 있다. 이 회사는 회계연도가 매년 4월 1일에 시작하여 다음 해 3월 31일에 종료되며, 회계 기간 동안 연간 관리자 급여와 감가상각비는 ₩1,370,000이다. 임대 가능 기간인 총 20주 동안만 채용되는 관리보조원 1명의 주당 급여는 ₩2,500이다. 임대 가능 기간 중 100개의 객실 각각에 대한 보수유지 및 관리비는 하루에 ₩125씩 발생한다. 총 객실 중 고객에게 임대한 객실은 청소 및 소모품비로 객실당 하루에 ₩30이 추가로 발생한다. (주)스키리조트가 동 회계연도 동안 손익분기점에 도달하기 위해 임대 가능 기간인 총 20주 동안의 객실임대율은 얼마인가? 단, 임대율(%)은 가장 근사치를 선택한다. [2016년 공인회계사]

① 59.8% ② 60.5% ③ 61.2%
④ 63.4% ⑤ 65.3%

4.44 (주)세무는 제품 A(공헌이익률 50%)와 제품 B(공헌이익률 30%) 두 제품만을 생산·판매하는데, 두 제품 간 매출액의 상대적 비율은 일정하게 유지된다. (주)세무의 20×1년 매출액 총액은 ₩7,000,000, 총고정비는 ₩1,750,000으로 예측하며, 예상 영업이익은 ₩700,000으로 설정하였다. (주)세무가 20×1년의 예상 영업이익을 달성하기 위한 제품 A와 제품 B의 매출액은? [2016년 세무사]

	제품 A	제품 B		제품 A	제품 B
①	₩700,000	₩6,300,000	②	₩840,000	₩6,160,000
③	₩1,750,000	₩5,250,000	④	₩2,800,000	₩4,200,000
⑤	₩3,150,000	₩3,850,000			

4.45 (주)세무는 20×1년에 제품 A를 생산하기로 하였다. 제품 A의 20×1년 생산량과 판매량은 일치하며, 기초 및 기말재공품은 없다. 제품 A는 노동집약적 방법 또는 자본집약적 방법으로 생산 가능하며, 생산방법에 따라 품질과 판매가격의 차이는 없다. 각 생산방법에 따른 예상제조원가는 다음과 같다. [2016년 세무사]

항목	노동집약적 생산방법	자본집약적 생산방법
단위당 변동제조원가	₩300	₩250
연간 고정제조간접원가	₩2,100,000	₩3,100,000

(주)세무는 제품 A 판매가격을 단위당 ₩600으로 책정하고, 제조원가 외에 단위당 변동판매관리비 ₩50과 연간 고정판매관리비 ₩1,400,000이 발생할 것으로 예상하였다. (주)세무가 20×1년에 노동집약적 생산방법을 택하면 손익분기점 판매량(A)과 두 생산방법 간에 영업이익의 차이가 발생하지 않는 판매량(B)은 각각 얼마인가?

	(A)	(B)		(A)	(B)
①	8,400단위	20,000단위	②	10,000단위	15,000단위
③	10,000단위	20,000단위	④	14,000단위	15,000단위
⑤	14,000단위	20,000단위			

4.46 원가-조업도-이익분석과 관련된 설명으로 옳지 않은 것은? (단, 답지 항에서 변동되는 조건 외의 다른 조건은 일정하다고 가정한다.) [2016년 세무사]

① 계단 원가(준고정비)가 존재하면 손익분기점은 반드시 계단 수(구간 수)만큼 존재한다.
② 법인세율이 증가하면 같은 세후 목표이익을 달성하기 위한 판매량이 많아진다.
③ 단위당 변동원가가 작아지면 손익분기점이 낮아진다.
④ 공헌이익률이 증가하면 목표이익을 달성하기 위한 매출액이 작아진다.
⑤ 법인세율이 증가해도 손익분기점은 바뀌지 않는다.

4.47 (주)세무는 단일 제품 C를 생산하며, 변동원가계산을 적용한다. 20×2년 제품 C의 생산량과 판매량은 1,000개로 같고, 기초 및 기말재공품은 없다. 20×2년 제품 C의 생산 및 판매와 관련된 자료는 다음과 같다. 감가상각비를 제외하고, 수익 발생과 현금유입 시점은 동일하며 원가(비용) 발생과 현금유출 시점도 같다. [2016년 세무사]

○ 단위당 판매가격	₩6,000	
○ 단위당 변동제조원가	3,200	
○ 단위당 변동판매관리비	1,600	
○ 연간 고정제조간접원가	242,000	(기계 감가상각비 ₩72,000 포함)
○ 연간 고정판매관리비	206,800	(매장건물 감가상각비 ₩64,800 포함)
○ 법인세율	25%	
○ 기계와 매장건물은 20×0년에 취득하였다.		

(주)세무의 세후 현금흐름분기점 판매량(A)과 판매량이 1,000개인 경우의 세후 영업이익(B)은?

	(A)	(B)		(A)	(B)
①	222단위	₩563,400	②	444단위	₩563,400
③	222단위	₩666,000	④	444단위	₩666,000
⑤	666단위	₩666,000			

4.48 (주)한국은 사업부 A와 사업부 B를 운영하는 유통기업이다. (주)한국의 회계담당자는 20×1년도 회사 전체 손익계산서와 각 사업부의 부문별 손익계산서를 다음과 같이 작성하였다.

구분	회사 전체	사업부 A	사업부 B
매출액	₩200,000	₩80,000	₩120,000
매출원가	₩130,000	₩40,000	₩90,000
매출총이익	₩70,000	₩40,000	₩30,000
판매관리비	₩62,000	₩24,800	₩37,200
영업이익(손실)	₩8,000	₩15,200	₩(7,200)

위의 주어진 자료를 이용하여, (주)한국은 경영관리 의사결정 목적으로 원가행태에 입각한 공헌이익 접근법에 따라 회사 전체 손익계산서와 각 사업부에 대한 부문 손익계산서를 작성하고자 한다. 이를 위해 (주)한국이 추가로 수집한 자료는 다음과 같다. (주)한국의 20×1년도 매출원가는 변동원가이며, 판매관리비에 포함된 판매수수료는 매출액의 10%에 해당하며 변동원가이다. 나머지 원가 및 비용 항목은 모두 고정원가이다. 다음은 20×1년도 고정원가의 구성 내역이다.

사업부 A 혹은 사업부 B의 운영을 중단하더라도 계속해서 발생할 그것으로 예상하는 원가	₩14,000
사업부 A의 운영을 중단하게 되면 회피 가능한 원가	₩22,000
사업부 B의 운영을 중단하게 되면 회피 가능한 원가	₩6,000
계	₩42,000

다음 중 옳지 않은 설명은? [2017년 공인회계사]

① 사업부 A의 부문 이익(segment margin)은 ₩10,000이다.

② 사업부 B의 부문 이익(segment margin)은 ₩12,000이다.

③ 회사 전체의 공헌이익률은 25%이며 손익분기 매출액은 ₩168,000이다.

④ 사업부 A의 공헌이익률은 40%이며 손익분기 매출액은 ₩42,000이다.

⑤ 사업부 B의 공헌이익률은 15%이며 손익분기 매출액은 ₩40,000이다.

4.49 3월에 (주)세무의 매출액은 ₩700,000이고 공헌이익률은 54%이며 영업레버리지도는 3이다. 4월에 고정원가인 광고비를 3월보다 ₩30,000 증가시키면 매출이 3월보다 10% 증가하며 공헌이익률의 변화는 없다. (주)세무가 광고비를 ₩30,000 증가시킬 때, 4월의 영업이익은?

[2017년 세무사]

① ₩98,000 ② ₩102,100 ③ ₩115,800
④ ₩128,500 ⑤ ₩133,800

4.50 (주)세무는 주문을 받고 생산하여 판매하는 기업이다. 단위당 직접재료원가 ₩6,200, 단위당 변동 가공원가(전환원가) ₩11,800이며 연간 고정제조간접원가는 ₩4,200,000이다. 20×0년도에 280개를 주문받아 판매하였으며, 매출총이익률은 25%였다. 판매가격과 원가구조가 20×0년과 동일하다면 20×1년도에 ₩1,000,000 이상의 매출총이익을 얻기 위한 최소 판매량은? [2017년 세무사]

① 160개 ② 170개 ③ 180개
④ 190개 ⑤ 200개

4.51 (주)세무는 원가행태를 추정하기 위해 고저점법을 적용한다. (주)세무의 경영자는 추정된 원가함수를 토대로 7월의 목표이익을 ₩167,500으로 설정하였다. 목표이익을 달성하기 위한 추정 목표매출액은? (단, 당월 생산된 제품은 당월에 전량 판매되고, 추정 목표매출액은 관련범위 내에 있다.) [2018년 세무사]

월	총원가	총매출액
3월	₩887,000	₩980,000
4월	791,000	855,000
5월	985,500	1,100,000
6월	980,000	1,125,000

① ₩1,160,000 ② ₩1,165,000 ③ ₩1,170,000
④ ₩1,180,000 ⑤ ₩1,200,000

4.52 (주)세무는 20×1년 초에 설립되어 인공지능을 이용한 스피커를 생산하고 있다. 스피커의 단위당 변동원가는 ₩6,000이며 연간 고정원가 총액은 ₩1,500,000이다. (주)세무는 당기에 국내시장에서 스피커 300단위를 판매하고, 국내시장에서 판매하고 남는 스피커는 해외시장에 판매할 계획이다. 스피커의 국내 판매가격은 단위당 ₩10,000이며, 해외 판매가격은 단위당 ₩9,000이다. 해외시장에 판매하더라도 원가구조에는 변함이 없으며, 국내시장에 미치는 영향은 없다. 법인세율이 20%일 경우 손익분기점 판매량은? [2018년 세무사]

① 350단위 ② 375단위 ③ 400단위
④ 450단위 ⑤ 500단위

4.53 (주)대한은 20×1년도 예산을 다음과 같이 편성하였다.

구분	제품A	제품B	회사 전체
매출액	₩125,000	₩375,000	₩500,000
변동원가	75,000	150,000	225,000
공헌이익			275,000
고정원가			220,000
세전이익			55,000
법인세비용			11,000
세후이익			₩44,000

경영자는 예산을 검토하는 과정에서 20×1년에 제품C의 판매를 추가하기로 하였다. 20×1년도 제품C의 예상 매출액은 ₩125,000이고 변동원가율은 30%이다. (주)대한의 고정원가는 회사 전체 매출액 구간별로 다음과 같은 행태를 갖는다.

회사 전체 매출액	고정원가
₩0~₩500,000	₩220,000
₩500,001~₩1,000,000	₩300,000

상기 예산손익계산서에 제품C를 추가함으로써 나타나는 변화에 대한 설명으로 옳은 것은? 단, (주)대한에 적용되는 법인세율은 20%이다. [2018년 공인회계사]

① 회사 전체 평균공헌이익률은 55%에서 60%로 높아진다.
② 제품C의 매출액이 회사 전체 매출액에서 차지하는 비중은 25%이다.
③ 손익분기점에 도달하기 위한 회사 전체 매출액은 ₩100,000만큼 증가한다.
④ 회사 전체의 영업레버리지도(degree of operating leverage)는 5에서 5.8로 높아진다.
⑤ 회사 전체 세후이익은 ₩8,000만큼 증가한다.

4.54 (주)세무의 20×1년 매출액은 ₩3,000,000이고 세후이익은 ₩360,000이며, 연간 고정비의 30%는 감가상각비이다. 20×1년 (주)세무의 안전한계율은 40%이고 법인세율이 25%일 경우, 법인세를 고려한 현금흐름분기점 매출액은? (단, 감가상각비를 제외한 수익 발생과 현금유입 시점은 동일하고, 원가(비용)발생과 현금유출시점도 동일하며, 법인세 환수가 가능하다.) [2021년 세무사 1차]

① ₩1,080,000 ② ₩1,200,000 ③ ₩1,260,000
④ ₩1,800,000 ⑤ ₩2,100,000

4.55 원가·조업도·이익(CVP) 분석에 대한 다음 설명 중 옳지 않은 것은? 단, 아래의 보기에서 변동되는 조건 외의 다른 조건은 일정하다고 가정한다. [2021년 공인회계사 1차]

① 생산량과 판매량이 다른 경우에도 변동원가계산의 손익분기점은 변화가 없다.

② 영업레버리지도가 3이라는 의미는 매출액이 1% 변화할 때 영업이익이 3% 변화한다는 것이다.

③ 법인세율이 인상되면 손익분기 매출액은 증가한다.

④ 안전한계는 매출액이 손익분기 매출액을 초과하는 금액이다.

⑤ 단위당 공헌이익이 커지면 손익분기점은 낮아진다.

주·관·식

4-1 다음은 자전거를 제조하는 (주)오천리 자료이다. 단위당 고정제조간접비와 고정판매비와 관리비는 연간 정상조업도인 300 작업일 기준으로 계산된 것이며, 연간 작업일이 300일을 초과하게 되면 단위당 변동제조원가가 서울공장은 ₩50만큼, 경기공장은 ₩100만큼 증가하게 된다. (주)오천리의 각 공장의 최대 작업 가능일수는 350일이라고 가정할 때 다음 [물음]에 답하시오. [2003년 공인회계사]

	예산 생산·판매량(자전거)	
	서울공장	경기공장
가격	₩1,000/대	₩1,000/대
변동제조원가	200/대	250/대
고정제조간접비	200/대	100/대
판매수수료(매출액 5%)	50/대	50/대
변동판매비와 관리비	100/대	150/대
고정판매비와 관리비	100/대	50/대
영업이익	₩350/대	₩400/대
1일 생산 수량	300대	200대

1. (주)오천리의 각 공장의 손익분기점 판매 수량을 구하시오. (소수점 아래 첫째 자리에서 반올림할 것)

2. 자전거 판매량이 120,000대인 경우 (주)오천리의 최대영업이익은?

3. 자전거 판매량이 80,000대인 경우 (주)오천리의 최대영업이익은?

4. 공장의 생산량이 각각 60,000대인 경우 서울공장과 경기공장의 영업이익은 각각 얼마인가?

4-2 한강회사는 새로운 CD플레이어 신제품을 생산하여 단위당 ₩105의 가격에 연중 고르게 판매하는 방안을 고려하고 있다. 이 신제품의 판매는 추가의 고정판매비 없이 기존의 판매망을 통하여 이루어질 수 있다. 한강회사의 원가계산부서는 이 신제품의 예상연간판매량인 120,000단위에 근거하여 아래와 같은 연간 증분원가 정보를 산출하였다. [2004년 세무사 2차]

제조원가:	직접재료원가	₩3,600,000	직접노무원가	₩2,400,000
	변동제조간접원가	₩1,200,000	고정제조간접원가	₩2,000,000
판매비와 관리비:	판매수수료	매출액의 10%		
	재고관리비?			

위의 판매비와 관리비 중 재고관리비는 유지되어야 하는 평균재고자산가액(고정원가 불포함)의 12%로 추정되는데, 신제품의 도입 시 유지되어야 하는 평균재고자산자료는 다음과 같다.

원재료: 2개월 판매량
재공품: (재료: 100% 완성도, 노무원가 및 변동제조간접원가: 50% 완성도): 1개월 판매량
제품: 2개월 판매량

1. 한강회사가 신제품을 도입할 경우의 연간증분원가를 구하시오.

2. 한강회사가 신제품을 도입할 경우 단위당 공헌이익이 ₩20인 기존제품의 연간판매수량이 현재의 연 300,000단위에서 연 240,000단위로 감소한다고 할 때, 연간 순이익에 미치는 영향을 계산하시오.

3. 한강회사가 신제품을 도입할 경우 단위당 공헌이익이 ₩20인 기존제품의 연간 판매수량은 신제품이 두 단위 팔릴 때마다 한 단위씩 감소한다고 할 때, 신제품의 손익분기판매 수량을 계산하시오.

4-3 다음은 일간신문 기사의 일부분이다. [2009년 공인회계사 2차]

서울메트로 "손님 한 명 탈 때마다 284원 적자 발생"

한동안 지속했던 고유가와 고질적인 경기 불황으로 부쩍 사랑받는 '시민의 발' 서울의 지하철, 하지만 손님 한 사람 더 탈 때마다 오히려 적자가 더 발생하는 취약한 재무구조인 것으로 조사됐다. 지하철 1~4호선을 운영하는 서울메트로는 4일 "올해 손님 한 사람을 태울 때마다 284원꼴로 적자가 발생하고 있다"라고 밝혔다. 이 수치는 1~4호선의 1인당 탑승 운임(723원)에서 수송원가(1,007원)를 빼서 계산한 것이다.

위의 기사에서 1인당 수송원가의 계산방법 및 기타 자료는 다음과 같고 원가행태도 일정하다고 가정한다.

1인당 수송원가 = 연간 총 실제 발생원가 / 연간 총 실제 수송 인원
연간 총 실제 수송 인원 20,000,000명
실제 원가: 1인당 변동원가 ₩7
연간 총고정원가 ₩20,000,000,000
연간 총 수송 가능 인원 30,000,000명

1. 서울메트로에 대한 수익성 분석의 문제점을 지적하시오. (3줄 이내로 답하시오)

2. 서울메트로는 올해 수송 인원이 28,000,000명이 되어 이익이 48,000,000원 발생할 것으로 예상하였으나 예상치 못한 수요의 감소로 실제 수송 인원(20,000,000명)이 예상 수송 인원(28,000,000명)보다 약 28.57% 감소하였고 손실 5,680,000,000원이 발생하였다. 서울메트로의 담당부장은 매출이 28.57% 감소하였는데 이익이 그 이상으로 감소하다 못해 손실이 발생한 사실에 대해서 의아해하고 있다. 담당 직원의 관점에서 영업레버리지도(DOL)를 이용하여 부장의 의구심을 해소할 수 있는 설명을 제시하시오. 계산근거를 반드시 보이시오.

4-4 (주)한국은 2014년도 초에 설립된 화장품제조회사이다. 지난해(2014년도)와 올해(2015년도) 초까지 (주)한국은 외부의 판매 대리점을 통해서 제품을 판매해 오고 있으며 매출액의 20%를 외부의 판매 대리점에 수수료로 지급하고 있다. 설립 2년째를 맞이하여 (주)한국은 자사의 영업사원을 통한 판매방법의 도입을 고려하고 있다. 이 경우 (주)한국은 자사의 영업사원에게 연간 고정급여 ₩5,000,000과 매출액의 10%에 해당하는 수수료를 지급할 예정이다. (주)한국의 회계부서에서 작성한 판매방법별 해당 연도(2015년도)의 예상 손익계산서는 다음과 같다. 물음에 답하시오. (20점) [2015년 세무사]

예상 손익계산서

2015년 1월 1일~2015년 12월 31일

항목	판매 대리점을 통한 판매		영업사원을 통한 판매	
매출액		₩50,000,000		₩50,000,000
매출원가 변동원가 고정원가	 ₩20,000,000 5,500,000	 25,500,000	 ₩20,000,000 5,500,000	 25,500,000
매출총이익		₩24,500,000		₩24,500,000
판매관리비 판매수수료 고정원가	 ₩10,000,000 6,500,000	 16,500,000	 ₩5,000,000 11,500,000	 16,500,000
영업이익		₩8,000,000		₩8,000,000

[물음 1] 위의 예상 손익계산서에 기초하여 2015년도의 공헌이익률, 손익분기점 매출액, 영업레버리지도, 안전한계 매출액, 안전한계비율을 판매방법별로 각각 구하시오. (10점)

[물음 2] ① 영업레버리지의 개념, ② 원가구조와 영업레버리지의 관계에 관해서 설명하시오. ③ 위의 [물음 1]에서 구한 영업레버리지도에 기초할 때 영업이익을 극대화하기 위해서 (주)한국은 어느 판매방법을 선택하여야 하는가? (5점)

[물음 3] (주)한국은 2016년도에 자사의 영업사원을 통해 제품을 판매하고자 한다. 이 경우 영업사원은 연간 ₩5,000,000의 고정급여 이외에 매출액의 20%에 해당하는 수수료를 (주)한국에 요구할 것으로 예상한다. (주)한국은 비록 영업사원에게 지급하여야 하는 수수료율이 2015년도에 비해 증가하더라도 자사 영업사원을 통한 제품판매방법이 외부의 판매 대리점을 통한 방법보다 많은 이점이 기대되므로 이 방법을 활용하고자 한다. 2016년도에 자사의 영업사원에게 지급하는 매출액에 대한 수수료율이 2015년도에 비해 증가하는 것 이외에 다른 모든 원가행태가 2015년도와 같다면 (주)한국이 2015년도의 영업이익(₩8,000,000)과 같은 영업이익을 획득하기 위해서 2016년도에 달성해야 하는 매출액을 계산하시오. (5점)

4-5 (주)한국컨설팅은 20×1년 8월 초 첫 3주간에 걸쳐 매주 토요일마다 개인투자자를 대상으로 투자설명회를 기획하고 있다. (주)한국컨설팅은 투자 전문기관과의 계약을 통해 강사 및 콘텐츠를 받을 계획이며, 3주간 매주 토요일의 투자설명회 개최횟수와 투자 전문기관에 대한 보수 지급 방법과 관련하여 다음의 4가지 대안을 고려 중이다. [2016년 공인회계사]

대안	일별 투자설명회 개최횟수	전체 투자설명회와 관련된 투자 전문기관에 대한 보수 지급방법
1	오전 1회	고정보수 ₩4,000,000 지급
2	오전 1회	고정보수 ₩1,200,000에 투자설명회 수익총액*의 30%를 가산한 금액 지급
3	오전 1회와 오후 1회	고정보수 ₩5,600,000 지급
4	오전 1회와 오후 1회	고정보수 ₩2,000,000에 투자설명회 수익총액*의 30%를 가산한 금액 지급

* 투자설명회 수익총액 = 1인당 참가비×참가 인원수

(주)한국컨설팅이 투자 전문기관에 지급하는 보수 이외의 기타 예상원가는 다음과 같다.

구분	예상원가
소모성 경비	투자설명회 참가자 1인당 ₩100
지원인력 인건비	투자설명회 1회당 ₩520,000
강연장 임차료	3일간의 투자설명회에 대해 ₩1,200,000
기타관리비	3일간의 투자설명회에 대해 ₩480,000

(주)한국컨설팅은 현재 기획 중인 3일간의 투자설명회 강연장 확보를 위해 투자설명회 개시 한 달 전에 해지불능 조건으로 임차계약을 체결하여야 한다. 위에서 언급한 지원인력의 업무는 매회의 투자설명회가 끝나게 되면 종료된다.

(주)한국컨설팅이 개최하는 투자설명회 1회당 참가 가능 인원은 총 1,200명이며 1인당 참가비는 ₩3,000이다. 투자설명회 참가인원 수는 다음과 같이 추정되었다. 만약 3주간 매주 토요일마다 매일 1회 오전 투자설명회만 개최하는 경우 참가인원 수는 회당 1,000명으로 예상되며, 매일 2회 투자설명회를 개최하는 경우 오전에는 회당 700명, 오후에는 회당 900명이 참가할 것으로 예상한다.

(물음 1) (주)한국컨설팅이 8월 초 첫 3주간에 걸쳐 매주 토요일마다 오전 1회 투자설명회를 개최하기로 투자 전문기관과 계약을 체결한다고 하자. 이 경우 (주)한국컨설팅이 전체 투자설명회에 대해 고정보수 ₩4,000,000을 지급하는 방법([대안 1])과 고정보수 ₩1,200,000에 투자설명회 수익총액의 30%를 가산하여 지급하는 방법([대안 2]) 중 어느 보수 지급방법이 (주)한국컨설팅에 유리한지에 대해 설명하시오.

(물음 2) (주)한국컨설팅이 8월 초 첫 3주간에 걸쳐 매주 토요일마다 오전과 오후 2회 투자설명회를 개최하기로 투자 전문기관과 계약을 체결한다고 하자. 이 경우 (주)한국컨설팅이 전체 투자설명회에 대해 고정보수 ₩5,600,000을 지급하는 방법([대안 3])과 고정보수 ₩2,000,000에 투자설명회 수익총액의 30%를 가산하여 지급하는 방법([대안 4]) 중 어느 방법을 선택하는지에 관계없이 같은 수준의 이익을 창출해주는 참가인원 수를 계산하고, 이 인원수를 초과하는 경우 두 보수 지급방법 중 어느 방법이 (주)한국컨설팅에 유리한지를 설명하시오.

(물음 3) (주)한국컨설팅이 8월 초 첫 3주간에 걸쳐 매주 토요일마다 개최하는 투자설명회로부터 예상되는 이익을 극대화하기 위해 위에서 언급한 4가지 대안 중 어느 대안을 선택하여야 하는지를 설명하고, 이 경우 예상되는 최대이익을 계산하시오.

> ※ (주)한국컨설팅은 위에서 언급한 [대안 4]에 입각하여, 8월 초 첫 3주간에 걸쳐 매주 토요일마다 오전과 오후 2회 투자설명회를 개최하여 전체 투자설명회에 대해 고정보수 ₩2,000,000과 투자설명회 수익총액의 30%를 함께 지급하기로 투자 전문기관과 계약을 체결하였다고 가정하고, 아래 (물음 4)와 (물음 5) 각각에 대해 답하시오.

(물음 4) 투자설명회에 참가할 예상인원 수는 앞서 추정한 바와 같다고 가정한다. 첫 번째 투자설명회는 8월 초 첫째 주 토요일 오전에 개최된다. 투자설명회의 개최횟수는 투자설명회가 열리는 순서로 1회씩 누적되어 계산된다고 할 때, 손익분기점을 달성하기 위한 투자설명회 개최횟수는 몇 회인가? 단, 개최횟수는 오전 투자설명회 몇 회와 오후 투자설명회 몇 회로 제시하시오.

(물음 5) (주)한국컨설팅이 8월 초 첫 3주간에 걸쳐 매주 토요일마다 오전과 오후 2회의 투자설명회를 개최하기로 사전에 확정한 경우, 손익분기점을 달성하기 위한 총참가인원 수는 몇 명인가?

5 장

원가배부와 수익배부

조직의 규모가 커지면서 각 조직에서는 업무를 분담하기 위하여 여러 부문을 두고 있다. 이렇게 제조 활동과 직접 관련이 없는 부문에서 발생시키는 원가는 제조간접원가를 구성하며, 이를 측정·통제하는 것은 어려운 과제 중 하나이다. 여기에서는 영리기업의 활동에 초점을 두어, 간접원가와 수익의 배부에 대하여 학습하며, 그 목표는 다음과 같다.

1. 원가배부의 목적과 배부기준 결정 시 지침은 무엇인가?
2. 보조부문 원가를 배부하는 방법에는 어떠한 것이 있는가?
3. 단일배부율법과 이중배부율법의 차이는 무엇인가?
4. 부문별 제조간접원가 배부가 공장 전체 제조간접원가 배부보다 더 적절한가?
5. 독립적 수익배부법과 증분수익 배부법은 어떻게 사용되는가?

제1절 원가배부의 목적

앞서 설명한 바와 같이 원가는 원가대상에의 추적 가능성에 따라 직접원가와 간접원가로 구분된다. 경영자는 경영 의사결정을 위하여 원가를 부담하는 '무엇'에 대한 원가 정보가 필요하다. 이 '무엇'을 원가대상이라고 한다. 이러한 원가대상의 예로는 제품, 서비스, 고객, 브랜드, 부문 등을 들 수 있다.

직접원가는 특정 원가대상, 예를 들어 특정 제품 또는 특정 고객에 직접 관련시킬 수 있는 원가이다. 반면 어떤 원가가 원가대상과 관련성은 있지만, 그 원가대상에 직접 추적할 수 없는 경우에 이를 간접원가라 한다.

원가를 추적 가능성에 따라 분류하는 경우 직접원가는 각 원가대상에 부과하게 되는데 이를 원가추적이라고 하고 간접원가는 별도의 배부방법을 사용하여 원가대상에 할당하는 것을 원가배부라고 한다.

기업이 원가배부를 시행하는 목적은 다음과 같다.

민저 새무회계 관점에서 외부보고 목적의 재무제표를 작성할 때, 재고자산의 평가 및 이익측정을 위해서 원가를 배부한다. 이렇게 제품원가계산 목적으로 원가를 배부할 때는 일반적으로 인정된 회계원칙에 규정되어 있는 배부기준을 따르는 경우가 많다.

관리회계적 관점에서는 제품계열 추가 및 폐지 여부 등과 같이 계획이나 통제와 관련된 의사결정의 결과를 예측하거나 향상하기 위해서 정확한 원가 정보를 이용하는 것이 필수적이므로 원가배부를 수행하게 된다. 또한, 경영자에게 동기를 부여하고 성과평가를 하기 위해서도 원가를 배부한다. 예를 들어, 부서의 경영자가 일정 기간원가를 얼마나 효율적으로 통제하였는가를 판단하기 위해서 원가를 배부할 필요가 있다.

제2절 원가배부기준 결정 시의 지침

원가배부기준(cost allocation base)이란 집적한 원가를 각 원가대상에 대응시키는 기준을 말한다. 배부기준은 논리적으로 타당한 것이어야 하며 경제적으로도 이용할 수 있고 합리적이어야 한다. 이러한 기준을 찾기 위해서는 원가와 원가대상과의 관계를 명확히 파악해야 한다. 원가배부기준을 선택하는 데 지침이 될 수 있는 사항은 다음과 같다.

첫째, 인과관계기준(cause and effect criterion)이다. 이는 특정 활동의 수행이 원인이 되어 특정 원가가 발생하게 된다는 가정하에 원가를 원가대상에 할당하는 것을 의미한다. 이 기준은 원가배부기준으로 측정되는 특정 활동 수준이 변동함에 따라 특정 원가 수준이 변동한다는 것을 전제로 한다. 일반적으로 직접원가의 경우 인과관계를 쉽게 파악할 수 있으나, 이러한 인과관계를 경제적으로 실현하기가 매우 어렵다. 따라서 현실적으로 이에 대한 대안으로 부담능력기준, 수혜기준, 공정성 혹은 공평성 기준이 있다.

둘째, 부담능력기준(ability to bear criterion)은 원가대상이 원가를 부담하는 능력에 비례하여 원가를 배부하는 방법이다. 예를 들어, 배부 대상 원가를 본사 원가로, 원가대상을 사업부로, 부담능력을 평가하는 지표로는 매출액을 사용한다고 하면, 매출액이 큰 부서가 본사의 원가를 부담할 능력이 많다고 가정하고 원가배부를 수행하는 것이다. 그런데 A 사업부는 매출액을 증대시키려는 노력 수준이 낮고, B 사업부는 매출액을 증대시키려는 노력 수준이 높은 경우 부담능력기준으로 공통원가를 배부하게 되면 노력 수준이 높은 B 사업부에 더욱 많은 원가가 배부되므로 사업부 경영자의 매출 증대 노력에 부정적인 영향을 미칠 수 있다. 따라서 매출액과 원가의 발생 간에 밀접한 관계가 존재할 때만 매출액을 배부기준으로 사용해야 할 것이다.

셋째, 수혜기준(benefits received criterion)이란 각 원가대상이 받는 효익의 정도에 비례하여 간접원가를 배부하는 방법을 말한다. 특정 제품에 대한 광고선전비가 아닌 기업의 이미지 제고를 위한 광고선전비의 예에서는 효익을 측정할 수 있는 지표를 매출액으로 설정할 수 있다. 이는 매출액이 높은 사업부일수록 그렇지 않은 사업부보다 광고로부터 얻는 효익이 높다고 간주하는 것이다.

마지막으로, 공정성 또는 공평성 기준(fairness or equity criterion)은 원가를 여러 원가대상에 배부할 때, 그 원가배부는 공정하고 공평하게 이루어져야 한다는 것이다. 그러나 이 기준은 포괄적인 개념이기 때문에 구체적으로 적용 가능한 원가배부 방법이라기보다는 원가배부를 통해 달성하고자 하는 목표를 나타내는 것이다.

제3절 보조부문 원가의 배부

대부분 제조기업은 제조부문(production department)과 보조부문(support department)으로 구성되어 있다. 제조부문은 제조기업의 핵심 목적인 제품의 제조 활동을 수행하는 부문이며, 보조부문은 제조 활동을 촉진하고자 제조부문이나 다른 보조부문에 서비스 제공 활동을 수행하는 부문이다. 제조부문에서 발생하는 원가는 제품과 직접적인 관련성을 찾기 쉽지만, 보조부문 원가는 제품과의 직접적인 관련성을 확인하기 쉽지 않다. 따라서 보조부문 원가는 제조간접원가로 간주하여, 이를 제품에 배부한다. 즉 보조부문 원가는 제조간접원가의 일부를 구성하여 각 제조부문의 제조간접원가 계정에 배부하는 것이다. 이처럼 보조부문 원가를 제조부문에 배부한 후, 배부된 보조부문 원가를 제조부문 자체의 제조간접원가에 가산하고 예정배부율을 적용하여 최종제품에 배부한다. 보조부문 원가를 최종제품에 배부하는 과정을 요약하면 다음 그림과 같다.

보조부문 원가를 최종제품에 배부하는 과정

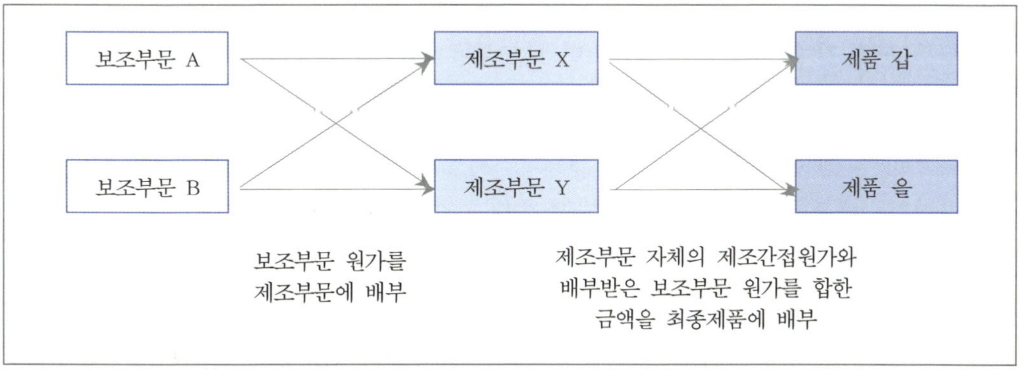

보조부문 원가를 다른 부문에 배부할 때는 먼저 그 보조부문의 용역제공 활동을 가장 잘 반영하는 기준을 선택해야 한다. 이를 위해서는, 배부기준이 원가와 인과관계가 있어야 한다. 또한, 적용하기가 간편해야 한다. 즉, 복잡한 계산과정으로 인해 발생하는 원가가 배부를 통해 얻을 수 있는 효익보다 큰 원가배부기준은 선택하지 않아야 한다. 또한, 배부기준의 타당성을 정기적으로 검토하고, 그 결과가 타당성이 떨어진다고 판단될 때는 즉시 수정해야 한다.

일반적으로 많이 사용되는 보조부문 원가의 배부기준을 살펴보면 다음 표와 같다.

보조부문 원가의 배부기준

보조부문명	배부기준
동력부문	전력량
수선유지부문	수선유지횟수
식당부문	종업원 수
창고부문	재료사용량, 주문횟수
인사관리부문	종업원 수
공장관리부문	면적
구매부문	주문횟수, 주문비용
종업원후생부문	종업원 수

1. 보조부문 원가의 배부방법

어떤 보조부문은 제조부문만이 아니라 다른 보조부문에도 용역을 제공한다. 이렇게 보조부문 상호 간에 용역을 주고받으면 보조부문 원가의 배부절차는 매우 복잡해진다. 즉 보조부문 상호 간에는 물론이고 보조부문과 제조부문 간에도 복잡한 상호작용이 존재하기 때문에 배부절차가 간단하지 않다. 이러한 경우에 보조부문 원가를 정확하게 배부하려면 그 배부방법이 매우 정교해야 한다.

보조부문 원가를 배부하는 방법은 크게 2가지 기준으로 구분할 수 있다. 첫 번째 기준은 부문 간 용역수수 관계를 고려하는 방식이다. 이 기준에 의하면 직접배부법, 단계배부법, 상호배부법이 있다. 두 번째 기준은 원가행태를 고려하는 방식이다. 여기에는 단일배부율법과 이중배부율법이 있다. 이러한 2가지 분류기준은 아래 표에서와 같이 결합하여 사용할 수 있다.

보조부문 원가의 배부방법

		부문 간 용역수수 관계에 따른 분류		
		직접배부법	단계배부법	상호배부법
원가행태에 따른 분류	단일배부율법	직접-단일배부율법	단계-단일배부율법	상호-단일배부율법
	이중배부율법	직접-이중배부율법	단계-이중배부율법	상호-이중배부율법

다음은 보조부문 원가를 배부하기 위한 예제이다. LS전선은 동력부문, 공장관리부문 2개의 보조부문과 기계가공부문, 조립부문 2개의 제조부문으로 이루어져 있다. 각 보조부문은 다른 보조부문에 용역을 제공한다. 각 부문의 용역수수 관계와 발생 제조간접원가는 다음과 같다.

제공부문 \ 사용부문		보조부문		제조부문		합계 (E)=(A+B+C+D)
		동력부문 (A)	공장관리부문 (B)	기계가공부문 (C)	조립부문 (D)	
동력부문	예산전력공급량(kw)	–	600kw	600kw	400kw	1,600kw
공장관리부문	예산면적(m^2)	200m^2	–	600m^2	200m^2	1,000m^2
발생원가		₩200,000	₩100,000	₩400,000	₩300,000	₩1,000,000

1.1. 직접배부법

직접배부법(direct method)은 보조부문 간의 용역수수에 대한 관련성을 무시하고, 각 제조부문이 사용한 용역의 상대적 비율에 따라 보조부문 원가를 제조부문에 배부하는 방법이다. 즉, 보조부문 원가를 보조부문에는 전혀 배부하지 않고 제조부문에 모두 배부하는 방법이다. 직접배부법의 장점은 절차가 간단하다는 것이다. 특히, 보조부문에서 제조부문에만 용역을 제공하거나 보조부문 상호 간의 용역수수 관계가 별로 중요하지 않으면 적절한 배부방법이다. 그러나 보조부문이 다른 보조부문에도 높은 비중의 용역을 제공하는 경우에는 제조부문의 제조간접원가 예정배부율을 왜곡시켜, 결국 제품원가나 가격 결정을 왜곡시키게 된다.

직접배부법은 보조부문 간의 용역수수가 없다고 간주하고 보조부문 원가를 보조부문에는 전혀 배부하지 않고 제조부문에 모두 배부하는 방법이므로 먼저 동력부문 원가 ₩200,000을 각 제조부문의 예산전력공급량의 비율로 배부하면 된다.

기계가공부문과 조립부문에 배부된 동력부문 원가는 다음과 같이 계산된다.

항목	금액	
동력부문 배부전원가①	₩200,000	
사용부문	기계가공부문	조립부문
기계가공부문 예산전력공급량②	600kw	–
조립부문 예산전력공급량③	–	400kw
예산전력공급량 합계④=(②+③)	1,000kw	1,000kw
배부액⑤=(①×②÷④, ①×③÷④)	₩120,000	₩80,000

공장관리부문 원가도 동력부문 원가와 같이 원가배부기준인 각 제조부문의 예산면적 비율대로 배부하면 된다.

항목	금액	
공장관리부문 배부전원가①	₩100,000	
사용부문	기계가공부문	조립부문
기계가공부문 예산면적②	$600m^2$	–
조립부문 예산면적③	–	$200m^2$
예산면적 합계④=(②+③)	$800m^2$	$800m^2$
배부액⑤=(①×②÷④, ①×③÷④)	₩75,000	₩25,000

LS전선의 보조부문의 제조간접원가를 직접배부법을 이용하여 배부한 결과는 다음과 같다.

사용부문 / 제공부문	보조부문		제조부문		합계 (E)=(A+B+C+D)
	동력부문 (A)	공장관리부문 (B)	기계가공부문 (C)	조립부문 (D)	
배부전원가①	₩200,000	₩100,000	₩400,000	₩300,000	₩1,000,000
동력부문②	(200,000)	–	120,000	80,000	0
공장관리부문③	–	(100,000)	75,000	25,000	0
배부후원가④=(①+②+③)	₩0	₩0	₩595,000	₩405,000	₩1,000,000

LS전선의 보조부문 원가를 직접배부법에 따라 배부한 결과를 그림으로 나타내면 다음과 같다.

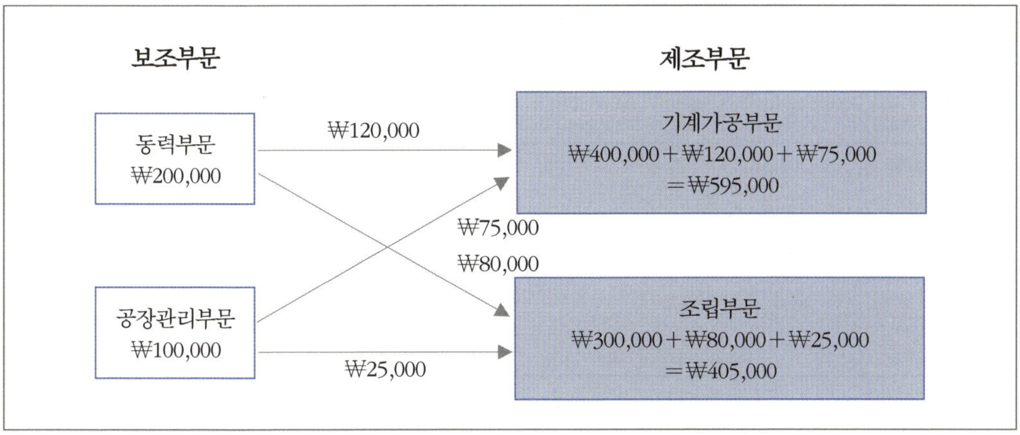

1.2. 단계배부법

단계배부법(step-down method)은 보조부문 간에 일정한 배부순위를 정한 다음, 그 순위에 따라 보조부문의 원가를 단계적으로 타 보조부문과 제조부문에 배부하는 방법이다. 단계배부법은 보조부문의 원가를 제조부문뿐만 아니라 다른 보조부문에도 배부한다. 그러나 일단 특정 보조부문의 원가가 다른 보조부문에 배부된 다음에는 타 보조부문에서 재배부되지 않는다.

즉 단계배부법에서는 보조부문 간의 용역수수 관계를 일방적 흐름 관계로 인식하고 다른 방향에서의 흐름은 인식하지 않는다. 따라서 보조부문 간의 상호용역수수 관계를 완전하게 인식하는 방법은 아니다.

단계배부법에서는 어떤 순서로 보조부문 원가를 배부하느냐에 따라 제조부문에 배부될 원가가 달라지기 때문에 보조부문 간의 배부순위를 어떻게 결정할 것인가 하는 점이 단계배부법의 핵심이 된다. 보조부문의 배부순위를 다음과 같은 기준을 기초로 결정한다. 1) 다른 보조부문에 제공하는 용역의 비율, 2) 다른 보조부문에 제공하는 금액 3) 보조부문의 발생원가가 큰 부문부터 먼저 배부한다.

LS전선의 사례에서 동력부문의 원가를 먼저 배부하는 단계배부법을 사용할 경우 동력부문의 원가는 보조부문인 공장관리부문과 제조부문인 기계가공부문, 조립부문에 배부하되, 공장관리부문 원가는 동력부문에 재배부하지 않고 제조부문인 기계가공부문, 조립부문에만 배부한다.

구체적인 절차를 살펴보면 먼저 동력부문 원가 ₩200,000을 공장관리부문, 기계가공부문, 조립부문의 예산전력공급량의 비율대로 배부하면 된다.

항목	금액		
동력부문 배부전원가①	₩200,000		
사용부문	공장관리부문	기계가공부문	조립부문
공장관리부문 예산전력공급량②	600kw	–	–
기계가공부문 예산전력공급량③	–	600kw	–
조립부문 예산전력공급량④	–	–	400kw
예산전력공급량 합계⑤=(②+③+④)	1,600kw	1,600kw	1,600kw
배부액⑥=(①×②÷⑤, ①×③÷⑤, ①×④÷⑤)	₩75,000	₩75,000	₩50,000

그다음 단계로 배부 전 공장관리부문 원가 ₩100,000과 공장관리부문에 배부된 동력부문 원가 ₩75,000의 합계인 ₩175,000을 기계가공부문, 조립부문의 예산면적비율대로 배부하면 된다.

항목	금액	
공장관리부문 배부전원가①	₩175,000	
사용부문	기계가공부문	조립부문
기계가공부문 예산면적②	600m²	–
조립부문 예산면적③	–	200m²
예산면적 합계④=(②+③)	800m²	800m²
배부액⑤=(①×②÷④, ①×③÷④)	₩131,250	₩43,750

LS전선의 보조부문의 제조간접원가 중 동력부문의 원가를 먼저 배부하는 단계배부법을 이용하여 배부한 결과는 다음과 같다.

사용부문 / 제공부문	보조부문		제조부문		합계 (E)=(A+B+C+D)
	동력부문 (A)	공장관리부문 (B)	기계가공부문 (C)	조립부문 (D)	
배부전원가①	₩200,000	₩100,000	₩400,000	₩300,000	₩1,000,000
동력부문②	(200,000)	75,000	75,000	50,000	0
공장관리부문③	–	(175,000)	131,250	43,750	0
배부후원가④=(①+②+③)	₩0	₩0	₩606,250	₩393,750	₩1,000,000

LS전선의 보조부문 제조간접원가에 대하여 단계배부법으로 배부한 결과를 그림으로 나타내면 다음과 같다(동력부문 원가 우선 배부).

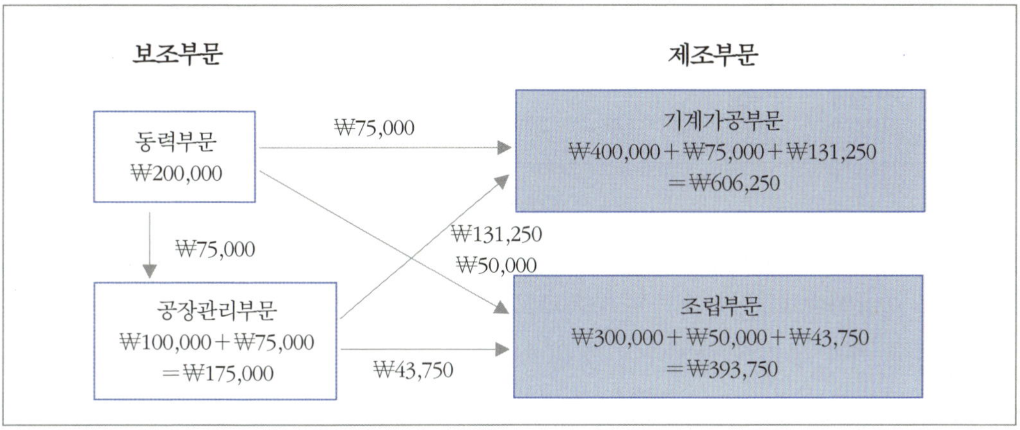

공장관리부문의 원가를 먼저 배부하는 단계배부법을 적용하여 원가를 배부할 경우 공장관리부문의 원가는 보조부문인 동력부문과 제조부문인 기계가공부문, 조립부문에 배부하되 동력부문 원가는 공장관리부문에 재배부하지 않고 제조부문인 기계가공부문, 조립부문에만 배부한다.

구체적인 절차를 살펴보면, 먼저 공장관리부문 원가 ₩100,000을 동력부문, 기계가공부문, 조립부문의 예산면적비율대로 배부하면 된다.

항목	금액		
공장관리부문 배부전원가①	₩100,000		
사용부문	동력부문	기계가공부문	조립부문
동력부문 예산면적②	200m²	–	–
기계가공부문 예산면적③	–	600m²	–
조립부문 예산면적④	–	–	200m²
예산면적 합계⑤=(②+③+④)	1,000m²	1,000m²	1,000m²
배부액⑥=(①×②÷⑤, ①×③÷⑤, ①×④÷⑤)	₩20,000	₩60,000	₩20,000

그다음 단계로 배부 전 동력부문 원가 ₩200,000과 공장관리부문에 배부된 동력부문 원가 ₩20,000의 합계인 ₩220,000을 기계가공부문, 조립부문의 예산전력공급량의 비율대로 배부하면 된다.

항목	금액	
동력부문 배부전원가①	₩220,000	
사용부문	기계가공부문	조립부문
기계가공부문 예산전력공급량②	600kw	–
조립부문 예산전력공급량③	–	400kw
예산전력공급량 합계④=(②+③)	1,000kw	1,000kw
배부액⑤=(①×②÷④, ①×③÷④)	₩132,000	₩88,000

LS전선의 보조부문의 제조간접원가 중 공장관리부문의 원가를 먼저 배부하는 단계배부법을 이용하여 배부한 결과는 다음과 같다. 단계배부법에서는 어느 부문을 먼저 배부하느냐에 따라 결과가 달라지는 것을 알 수 있다.

사용부문 / 제공부문	보조부문		제조부문		합계 (E)=(A+B+C+D)
	공장관리부문 (B)	동력부문 (A)	기계가공부문 (C)	조립부문 (D)	
배부전원가①	₩100,000	₩200,000	₩400,000	₩300,000	₩1,000,000
공장관리부문③	(100,000)	20,000	60,000	20,000	0
동력부문②	–	(220,000)	132,000	88,000	0
배부후원가④=(①+②+③)	₩0	₩0	₩592,000	₩408,000	₩1,000,000

LS전선의 보조부문의 제조간접원가에 대하여 단계배부법으로 배부한 결과는 다음과 같다(공장관리부문 원가 우선 배부).

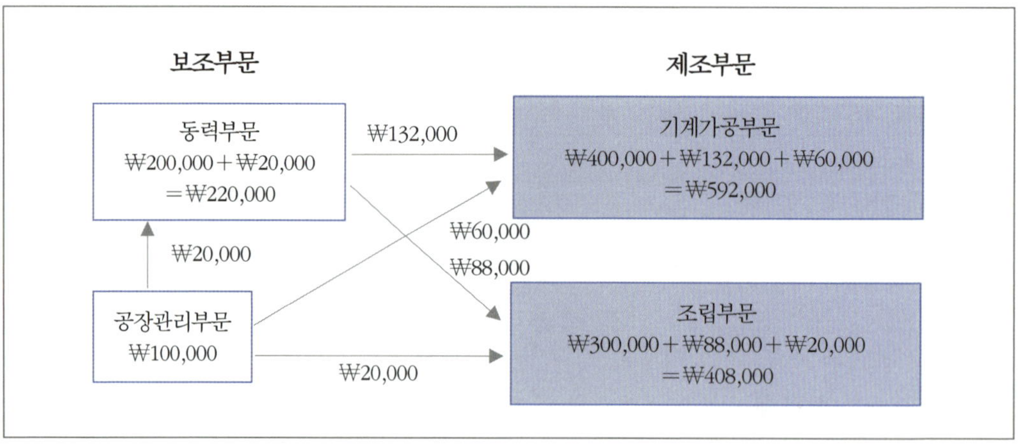

1.3. 상호배부법

상호배부법(reciprocal method)은 보조부문 간의 상호 용역수수 관계를 완전히 파악하여 원가를 배부하는 방법이다. 즉, 각 보조부문 사이에 용역수수 관계가 존재할 때 각 보조부문의 원가는 다른 보조부문의 원가에 의해 영향을 받는데, 이 경우 보조부문과 제조부문의 용역수수 관계를 방정식을 이용하여 계산하게 된다.

상호배부법의 문제점은 계산과정이 복잡하다는 것인데, 최근에는 컴퓨터 기술의 발달로 인하여 이러한 문제점은 많이 해소되었다. 상호배부법이 이론적으로는 가장 타당한 방법이지만, 보조부문 간의 상호관계가 그다지 중요하지 않을 때는 보다 간단한 직접배부법이나 단계배부법을 사용해도 상호배부법을 사용하는 것과 유사한 결과를 얻을 수 있다.

상호배부법을 사용하기 위해서는 보조부문의 상호용역수수 관계를 연립방정식으로 표시한 후, 이 방정식의 해인 보조부문 원가를 각 보조부문과 제조부문에 배부한다.

특정 보조부문의 총원가를 방정식 형태로 표시하면 다음과 같다.

총원가=자기 부문의 발생원가+타 보조부문으로부터 배부된 원가

따라서 LS선선의 보조부문 용역 상호 수수관계를 연립방정식으로 표시하면 다음과 같다.

$$\text{동력부문 원가}=₩200,000+\frac{200m^2}{1,000m^2}\times\text{공장관리부문 원가} \qquad (1)$$

$$\text{공장관리부문 원가}=₩100,000+\frac{600kw}{1,600kw}\times\text{동력부문 원가} \qquad (2)$$

식(2)를 식(1)에 대입하여 풀면

$$\text{동력부문 원가}=₩200,000+\frac{200m^2}{1,000m^2}\times(₩100,000+\frac{600kw}{1,600kw}\times\text{동력부문 원가})$$

∴ 동력부문 원가=₩237,838

식(1)을 식(2)에 대입하여 풀면

$$공장관리부문\ 원가 = ₩100,000 + \frac{600kw}{1,600kw} \times (₩200,000 + \frac{200m^2}{1,000m^2} \times 공장관리부문\ 원가)$$

∴ 공장관리부문 원가 = ₩189,189

동력부문 원가 ₩237,838을 공장관리부문, 기계가공부문, 조립부문의 예산전력공급량의 비율대로 배부하면 된다.

항목	금액		
동력부문 배부전원가①	₩237,838		
사용부문	공장관리부문	기계가공부문	조립부문
동력부문 예산전력공급량②	600kw	–	–
기계가공부문 예산전력공급량③	–	600kw	–
조립부문 예산전력공급량④	–	–	400kw
예산전력공급량 합계⑤=(②+③+④)	1,600kw	1,600kw	1,600kw
배부액⑥=(①×②÷⑤, ①×③÷⑤, ①×④÷⑤)	₩89,189	₩89,189	₩59,460

공장관리부문 원가 ₩189,189을 동력부문, 기계가공부문, 조립부문의 예산면적비율대로 배부하면 된다.

항목	금액		
공장관리부문 배부전원가①	₩189,189		
사용부문	동력부문	기계가공부문	조립부문
동력부문 예산면적②	$200m^2$	–	–
기계가공부문 예산면적③	–	$600m^2$	–
조립부문 예산면적④	–	–	$200m^2$
예산면적 합계⑤=(②+③+④)	$1,000m^2$	$1,000m^2$	$1,000m^2$
배부액⑥=(①×②÷⑤, ①×③÷⑤, ①×④÷⑤)	₩37,838	₩113,513	₩37,838

1) 소수 첫째 자리에서 반올림함

이렇게 도출된 동력부문 원가와 공장관리부문 원가 정보를 이용하여 상호배부법을 통해 보조부문 원가를 배부한 결과는 다음과 같다.

제공부문 \ 사용부문	보조부문		제조부문		합계 (E)=(A+B+C+D)
	동력부문 (A)	공장관리부문 (B)	기계가공부문 (C)	조립부문 (D)	
배부전원가①	₩200,000	₩100,000	₩400,000	₩300,000	₩1,000,000
동력부문②	(237,838)	89,189	89,189	59,460	0
공장관리부문③	37,838	(189,189)	113,513	37,838	0
배부후원가④=(①+②+③)	₩0	₩0	₩602,702	₩397,298	₩1,000,000

LS전선의 보조부문의 제조간접원가를 상호배부법을 이용하여 배부한 결과를 그림으로 나타내면 다음과 같다.

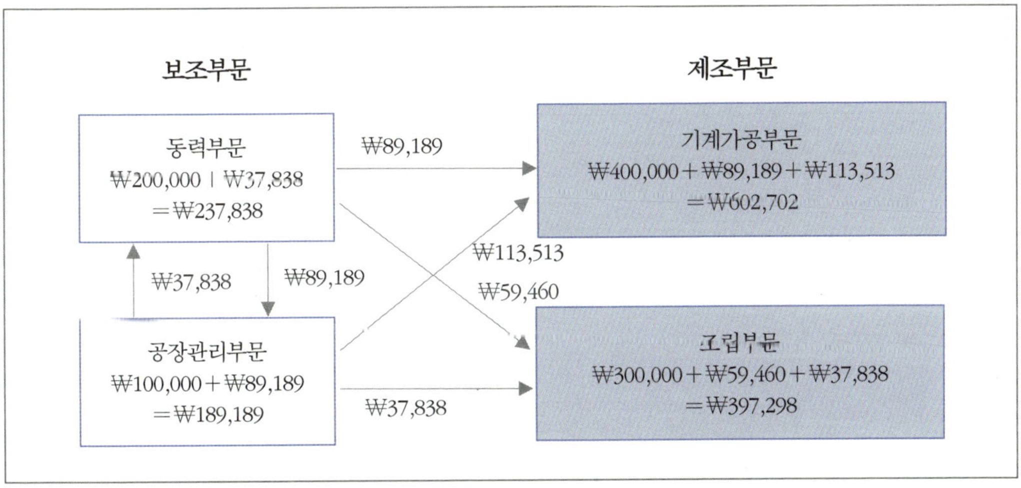

상호배부법과 관련한 예제는 다음과 같다.

예제

상호배부법

(주)세무는 두 개의 제조부문인 P1, P2와 두 개의 보조부문인 S1, S2를 운영하여 제품을 생산하고 있다. S1은 기계시간, S2는 전력소비량(kwh)에 비례하여 보조부문 원가를 제조부문에 배부한다. (주)세무의 각 부문에서 20×1년 4월 중 발생할 것으로 예상하는 원가 및 용역수수관계는 다음과 같다.

[2014년 세무사]

	보조부문		제조부문		합계
	S1	S2	P1	P2	
부문 원가	₩10,800	₩6,000	₩23,000	₩40,200	₩80,000
부문별 예상 기계시간 사용량	20시간	20시간	30시간	50시간	120시간
부문별 예상 전력소비량	160kwh	100kwh	320kwh	320kwh	900kwh

(주)세무는 상호배부법을 이용하여 보조부문 원가를 제조부문에 배부한다. 이 경우 20×1년 4월 말 제조부문 P2에 집계될 부문 원가의 합계액은 얼마인가?

풀이

(1) 배부비율

자가소비 용역을 제외한 나머지 용역제공량 비율로 환산

	S1	S2	P1	P2	합계
S1	–	20시간 [20%]	30시간 [30%]	50시간 [50%]	100시간
S2	160kwh [20%]	–	320kwh [40%]	320kwh [40%]	800kwh

(2) 보조부문 원가

산식	결과
S1=₩10,800+0.2·S2 S2=₩6,000+0.2·S1	S1=₩12,500 S2=₩8,500

(3) 제조부문 원가

	S1	S2	P1	P2	합계
부문 원가	₩10,800	₩6,000	₩23,000	₩40,200	₩80,000
S1 배부	(12,500)	2,500	3,750	6,250	0
S2 배부	1,700	(8,500)	3,400	3,400	0
합계	₩0	₩0	₩30,150	**₩49,850**	₩80,000

1.4. 단일배부율법과 이중배부율법

앞 절까지 단일배부율법에 따라 각 보조부문에서 발생하는 원가를 배부하였다. 단일배부율법(single-rate method)은 고정원가와 변동원가로 구분하지 않은 상태에서 같은 배부율을 적용하여 원가를 원가대상에 배부하는 방법이다.

보조부문에서 고정원가를 발생시키는 설비자산들은 제조부문의 최대조업도에 맞추어 구축하는 것이 일반적이며, 보조부문의 변동원가는 실제로 제조부문에서 사용한 용역량에 비례해서 발생하는 원가이다. 그러므로 보조부문 원가를 보다 정확하게 배부하기 위해서는 먼저 고정원가와 변동원가로 구분한 후 각각 다른 배부기준을 적용해야 하는데, 이를 **이중배부율법**(dual-rate method)이라 한다.

이중배부율법에서 고정원가는 제조부문에서 사용할 수 있는 최대 사용가능량 또는 예산사용량을 기준으로 배부하고, 변동원가는 실제 사용량을 기준으로 배부하는 것이 합리적이다. 그러나 주의해야 할 점은 이중배부율법은 직접배부법, 단계배부법, 상호배부법과 배타적으로 사용하는 것이 아니라 이들 방법과 병행한다는 점이다. 요컨대, 보조부문 원가를 제조부문에 배부하는 방법은 각각의 조합인 6가지가 된다.

이론적으로는 이중배부율법을 사용하여 보조부문 원가를 제조부문에 배부하는 것이 타당하지만, 최대 사용가능량의 측정과 보조부문 원가를 변동원가와 고정원가로 구분하는 것에 큰 노력이 소요되므로 실무에서는 많이 사용되지 않는다.

다음은 LS전선의 기초자료에 보조부문의 실제 사용량 정보를 추가로 제공하고, 부문간의 원가를 배부하기 전의 부문별 자체 발생원가를 변동원가와 고정원가로 구분한 결과이다.

제공부문 \ 사용부문		보조부문		제조부문		합계 (E)=(A+B+C+D)
		동력부문 (A)	공장관리부문 (B)	기계가공부문 (C)	조립부문 (D)	
동력부문	실제 전력공급량(kw)	–	600kw	500kw	500kw	1,600kw
	예산 전력공급량(kw)	–	600kw	600kw	400kw	1,600kw
공장 관리부문	실제 면적(m^2)	400m^2	–	300m^2	300m^2	1,000m^2
	예산면적(m^2)	200m^2	–	600m^2	200m^2	1,000m^2
발생 원가	변동원가	₩80,000	₩50,000	₩40,000	₩180,000	₩350,000
	고정원가	120,000	50,000	360,000	120,000	650,000
	합계	₩200,000	₩100,000	₩400,000	₩300,000	₩1,000,000

보조부문 원가를 직접배부법과 이중배부율법을 이용하여 제조부문에 배부하는 절차는 다음과 같다.

이중배부율법을 이용한 보조부문에 대한 제조간접원가의 배부는 변동원가는 실제 사용량을 기준으로, 고정원가는 예산사용량을 기준으로 수행한다.

동력부문 변동원가 ₩80,000은 기계가공부문과 조립부문의 실제 전력공급량 비율로 배부한다.

항목	금액	
동력부문 배부 전 변동원가①	₩80,000	
사용부문	기계가공부문	조립부문
기계가공부문 실제 전력공급량②	500kw	–
조립부문 실제 전력공급량③	–	500kw
실제 전력공급량 합계④=(②+③)	1,000kw	1,000kw
배부액⑤=(①×②÷④, ①×③÷④)	₩40,000	₩40,000

동력부문 고정원가 ₩120,000은 기계가공부문과 조립부문의 예산전력공급량 비율로 배부한다.

항목	금액	
동력부문 배부 전 고정원가①	₩120,000	
사용부문	기계가공부문	조립부문
기계가공부문 예산전력공급량②	600kw	–
조립부문 예산전력공급량③	–	400kw
예산전력공급량 합계④=(②+③)	1,000kw	1,000kw
배부액⑤=(①×②÷④, ①×③÷④)	₩72,000	₩48,000

공장관리부문 변동원가 ₩50,000은 기계가공부문과 조립부문의 실제 면적비율로 배부한다.

항목	금액	
공장관리부문 배부 전 변동원가①	₩50,000	
사용부문	기계가공부문	조립부문
기계가공부문 실제 면적②	300m^2	–
조립부문 실제 면적③	–	300m^2
실제 면적 합계④=(②+③)	600m^2	600m^2
배부액⑤=(①×②÷④, ①×③÷④)	₩25,000	₩25,000

공장관리부문 고정원가 ₩50,000은 기계가공부문과 조립부문의 예산면적 비율로 배부한다.

항목	금액	
공장관리부문 배부 전 고정원가①	₩50,000	
사용부문	기계가공부문	조립부문
기계가공부문 예산면적②	600m²	–
조립부문 예산면적③	–	200m²
예산면적 합계④=(②+③)	800m²	800m²
배부액⑤=(①×②÷④, ①×③÷④)	₩37,500	₩12,500

보조부문 원가를 직접배부법과 이중배부율법을 이용하여 제조부문에 배부한 결과는 다음과 같다.

제공부문 \ 사용부문		보조부문		제조부문		합계
		동력부문 (A)	공장관리부문 (B)	기계가공부문 (C)	조립부문 (D)	(E)=(A+B+C+D)
배부전원가①		₩200,000	₩100,000	₩400,000	₩300,000	₩1,000,000
동력부문	변동원가②	(80,000)	–	40,000	40,000	0
	고정원가③	(120,000)	–	72,000	48,000	0
공장관리부문	변동원가④	–	(50,000)	25,000	25,000	0
	고정원가⑤	–	(50,000)	37,500	12,500	0
배부후원가⑥=(①+②+③+④+⑤)		₩0	₩0	₩574,500	₩425,500	₩1,000,000

제4절 제조부문 제조간접원가의 배부

단일의 제조부문으로 단일 제품을 생산하는 기업은 직접재료원가, 직접노무원가, 보조부문에서 배부받은 제조간접원가를 그대로 제품에 귀속시키면 제품원가계산을 수행할 수 있다. 그러나 복수의 제조부문 또는 복수의 제품을 생산하는 경우 제조부문의 간접원가를 제품에 배부해야만 제품원가계산을 완료할 수 있다.

실제로 대부분 기업은 이렇게 복수의 제조부문을 통해 복수의 제품을 생산하기 때문에 제조간접원가를 개별제품에 배부해야 하는 문제에 봉착하게 된다. 이 경우 제조간접원가를 개별제품에 배부하는 방법에는 두 가지가 있다.

첫 번째 방법은 공장 전체 제조간접원가 배부율(plant-wide overhead rate)을 사용하는 방법이다. 이 방법은 공장 내의 모든 보조부문 원가와 제조부문의 제조간접원가를 합산한 공장 전체 제조간접원가를 단일의 공장전체 배부기준으로 나눈 값인 공장 전체 제조간접원가 배부율을 이용하여 개별제품에 배부하는 방법이다.

$$\text{공장 전체 제조간접원가 배부율} = \frac{\text{공장 전체 제조간접원가}}{\text{공장 전체 배부기준}}$$

두 번째 방법은 제조부문별로 제조간접원가를 집계하고, 이를 부문별 배부기준으로 나눈 값인 부문별 제조간접원가 배부율(departmental overhead rate)을 이용하여 개별제품에 배부하는 방법이다.

$$\text{부문별 제조간접원가 배부율} = \frac{\text{부문별 제조간접원가}}{\text{부문별 배부기준}}$$

공장 전체 제조간접원가 배부율은 공장 내의 부문을 구분하지 않고 공장 전체 제조간접원가 금액을 공장 전체에서 사용하는 단일의 배부기준으로 개별제품에 적용하여 제품원가를 계산하게 된다. 즉, 공장 전체 제조간접원가 배부율을 사용하면 이미 배운 원가배부방법 중 어떤 것을 이용하더라도 공장 전체 제조간접원가 총액은 변하지 않기 때문에 모든 보조부문의 제조간접원가를 제조부문에 배부할 필요가 없게 된다. 따라서 부문별 제조간접원가 배부율을 사용할 때만 보조부문 원가를 제조부문에 배부하는 것이다.

공장 전체 제조간접원가 배부율과 부문별 제조간접원가 배부율

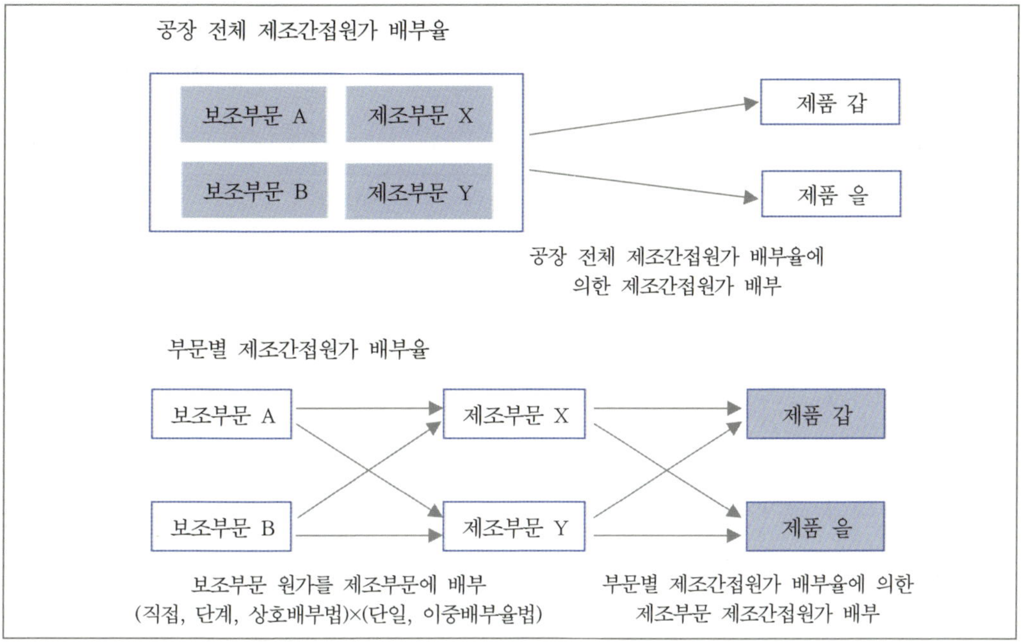

LS전선은 광케이블과 LAN 케이블을 생산하고 있는데, 모두 기초재공품과 기말재공품이 없다. 공장 전체 제조간접원가 배부율을 사용하여 제조간접원가를 배부할 경우 직접노무원가를 기준으로 배부한다. 부문별 제조간접원가 배부율을 사용하면 기계가공부문은 기계시간을, 조립부문은 직접노동시간을 기준으로 배부한다. 이와 관련된 자료는 다음과 같다.

항목		광케이블	LAN 케이블	합계
직접재료원가		₩340,000	₩450,000	₩790,000
직접노무원가		₩900,000	₩300,000	₩1,200,000
기계가공부문	직접노동시간	200시간	800시간	1,000시간
	기계시간	1,200시간	800시간	2,000시간
조립부문	직접노동시간	400시간	600시간	1,000시간
	기계시간	600시간	1,400시간	2,000시간

먼저 LS전선이 각 제품에 공장 전체 제조간접원가 배부율을 사용하여 배부한 제조간접원가는 다음 표와 같다. 공장 전체 제조간접원가 총액 ₩1,000,000을 광케이블의 직접노무원가 ₩900,000과 LAN 케이블의 직접노무원가 ₩300,000의 비율로 배부한다.

항목	금액	
제조간접원가 배부전원가①	₩1,000,000	
제품	광케이블	LAN 케이블
광케이블 직접노무원가②	₩900,000	–
LAN 케이블 직접노무원가③	–	₩300,000
직접노무원가 합계④=(②+③)	₩1,200,000	₩1,200,000
배부액⑤=(①×②÷④, ①×③÷④)	₩750,000	₩250,000

각 제품에 추적 가능한 직접재료원가, 직접노무원가에 배부된 제조간접원가를 합산하면 광케이블과 LAN 케이블의 제품원가가 산출된다.

항목	광케이블	LAN 케이블	합계
직접재료원가	₩340,000	₩450,000	₩790,000
직접노무원가	900,000	300,000	1,200,000
제조간접원가	750,000	250,000	1,000,000
합계	₩1,990,000	₩1,000,000	₩2,990,000

다음으로 LS전선이 보조부문 원가를 직접배부법과 이중배부율법을 이용하여 제조부문에 배부하고, 각 제품에 부문별 제조원가를 배부한 결과는 다음과 같다.

앞의 3절과 같이 보조부문 원가를 직접배부법과 이중배부율을 이용하여 배부한 기계가공부문 제조간접원가 ₩574,500을 광케이블의 1,200 기계시간과 LAN 케이블의 800 기계시간 비율로 배부한다. 이와 유사하게 보조부문 원가를 직접배부법과 이중배부율을 이용하여 배부한 조립부문 제조간접원가 ₩425,500을 광케이블의 400 직접노무시간과 LAN 케이블의 600 직접노무시간 비율로 배부한 것이다.

〈패널 A〉 기계가공부문 제조간접원가		
기계가공부문 배부전원가①	₩574,500	
제품	광케이블	LAN 케이블
광케이블 기계시간②	1,200시간	–
LAN 케이블 기계시간③	–	800시간
기계시간 합계④=(②+③)	2,000시간	2,000시간
배부액⑤=(①×②÷④, ①×③÷④)	₩344,700	₩229,800

〈패널 B〉 조립부문 제조간접원가		
조립부문 배부전원가①	₩425,500	
제품	광케이블	LAN 케이블
광케이블 직접노동시간②	400시간	–
LAN 케이블 직접노동시간③	–	600시간
직접노동시간 합계④=(②+③)	1,000시간	1,000시간
배부액⑤=(①×②÷④, ①×③÷④)	₩170,200	₩255,300

각 제품에 추적 가능한 직접재료원가, 직접노무원가에 배부된 제조간접원가를 합산하여 광케이블과 LAN 케이블의 제품원가가 산출된다.

항목	광케이블	LAN 케이블	합계
직접재료원가	₩340,000	₩450,000	₩790,000
직섭노무원가	900,000	300,000	1,200,000
기계가공부문 제조간접원가	344,700	229,800	574,500
조립부문 제조간접원가	170,200	255,300	425,500
합계	₩1,754,900	₩1,235,100	₩2,990,000

원가배부와 관련한 예제는 다음과 같다.

예제

원가배부

(주)세무는 가공부문(도색 및 조립)과 보조부문(수선 및 동력)으로 구성된다. 다음의 서비스 공급량 자료를 이용하여 상호배부법으로 보조부문의 원가를 가공부문에 배부한다.

	보조부문		가공부문	
	수선	동력	도색	조립
수선		75시간	45시간	30시간
동력	200kw		100kw	200kw

수선부문과 동력부문에 각각 집계된 원가는 ₩300,000과 ₩200,000이다. 가공부문에 배부된 원가는 도색 횟수와 조립 시간에 비례하여 각각 제품 A와 제품 B에 전액 배부된다. 제품 A와 제품 B에 사용된 도색 횟수와 조립 시간이 다음과 같을 때, 제품 B에 배부되는 보조부문의 총원가는?

[2017년 세무사]

	제품 A	제품 B
도색 횟수	10회	13회
조립 시간	200시간	100시간

풀이

부문 간 용역수수비율

구분	보조부문		가공부문	
	수선	동력	도색	조립
수선	–	50%	30%	20%
동력	40%	–	20%	40%

항목	산식	금액
수선부문이 배부할 원가①	수선=₩300,000+0.4·동력 동력=₩200,000+0.5·수선	₩475,000
동력부문이 배부할 원가②		₩437,500

항목	산식	금액
도색부문에 배부될 보조부문 원가③	①₩475,000×0.3+②₩437,500×0.2	₩230,000
조립부문에 배부될 보조부문 원가④	①₩475,000×0.2+②₩437,500×0.4	₩270,000

제품 B에 배부되는 보조부문의 총원가

항목	산식	금액
도색부문	③₩230,000×13회÷(10회+13회)	₩130,000
조립부문	④₩270,000×100시간÷(200시간+100시간)	₩90,000
합계		₩220,000

제5절 수익의 배부

수익은 기업이 제공하는 재화 및 용역의 대가이다. 그런데 단일 제품이 아니라 여러 제품을 묶어 단일 가격으로 판매됨으로써 수익이 창출될 때, 묶음 제품(bundled product)에 속해 있는 수익대상(revenue object)인 개별제품에 수익배부(revenue allocation)를 해야 한다.

LS전선은 광케이블, LAN 케이블, 광&LAN 케이블 3가지 제품을 생산하고 있는데 개별제품의 가격, 묶음 제품의 가격, 원가 정보, 판매단위는 다음과 같다.

구분	광케이블	LAN 케이블	광&LAN 케이블
가격	₩200	₩800	₩400
원가	₩120	₩640	
판매단위	1m	1m	

1. 독립적 수익배부법

독립적 수익배부법(stand-alone revenue allocation method)은 독립적인 개별제품의 관련 정보를 이용하여 수익을 배부하는 방법이다. 수익배부 시 이용하는 관련 정보로는 개별제품의 가격, 단위당 원가, 물리적 단위가 있다.

각 방법을 이용하여 묶음 제품인 광&LAN 케이블의 수익을 개별제품에 배부한 결과는 다음과 같다.

판매가격 기준은 광케이블의 판매가격 ₩200, LAN 케이블의 판매가격 ₩800을 기준으로 묶음 제품 수익 ₩400을 배부한다. 단위당 원가 기준은 광케이블의 단위당 원가 ₩120, LAN 케이블의 단위당 원가 ₩640을 기준으로 묶음 제품 수익 ₩400을 배부한다. 물리적 단위 기준은 광케이블의 판매단위 1m, LAN 케이블의 판매단위 1m를 기준으로 묶음 제품 수익 ₩400을 배부한다.

〈패널 A〉 판매가격 기준		
광&LAN 케이블 수익①	₩400	
제품	광케이블	LAN 케이블
광케이블 가격②	₩200	–
LAN 케이블 가격③	–	₩800
가격합계④=(②+③)	₩1,000	₩1,000
배부수익⑤=(①×②÷④, ①×③÷④)	₩80	₩320
〈패널 B〉 단위당 원가 기준		
광&LAN 케이블 수익①	₩400	
제품	광케이블	LAN 케이블
광케이블 원가②	₩120	–
LAN 케이블 원가③	–	₩640
원가합계④=(②+③)	₩760	₩760
배부수익⑤=(①×②÷④, ①×③÷④)	₩63	₩337

〈패널 C〉 물리적 단위 기준		
광&LAN 케이블 수익①	₩400	
제품	광케이블	LAN 케이블
광케이블 물리적 단위②	1m	–
LAN 케이블 물리적 단위③	–	1m
물리적 단위 합계④=(②+③)	2m	2m
배부수익⑤=(①×②÷④, ①×③÷④)	₩200	₩200

1) 계산결과는 소수점 첫째 자리에서 반올림한 것임

2. 증분수익 배부법

증분수익 배부법(incremental revenue allocation method)은 묶음 제품에 있는 개별 제품에 대해 순위를 매긴 후, 묶음 제품 수익을 주제품에 먼저 할당하고 첫 번째 증분 제품, 두 번째 증분 제품 순으로 할당하는 방법이다. 구체적으로 묶음 제품의 가격과 주제품의 가격 중 낮은 금액을 주제품의 수익으로 배부하고 나머지를 증분제품에 배부한다.

LS전선은 광&LAN 케이블에서 광케이블을 주제품으로, LAN 케이블을 증분 제품으로 설정하였다. 증분수익 배부법에 따라 묶음 제품 수익을 배부한 결과는 다음과 같다. 주제품 광케이블에 배부되는 수익은 묶음 제품 광&LAN 케이블 가격 ₩400과 광케이블 가격 ₩200 중 낮은 금액인 ₩200이다. LAN 케이블 배부수익은 광&LAN 케이블 수익 ₩400에서 광케이블 배부수익 ₩200을 차감한 나머지인 ₩200이 된다.

항목	금액
광&LAN 케이블 수익①	₩400
광케이블 배부수익②=Min(광케이블 가격, ①)	₩200
LAN 케이블 배부수익③=(①–②)	₩200

LS전선은 광&LAN 케이블에서 LAN 케이블을 주제품으로, 광케이블을 첫 번째 증분 제품으로 설정하였다. 증분수익 배부법에 따라 묶음 제품 수익 배부결과는 다음과 같다. 주제품 LAN 케이블에 배부되는 수익은 묶음 제품 광&LAN 케이블 가격 ₩400과 LAN 케이블 가격 ₩800 중 낮은 금액인 ₩400이다. 광케이블 배부수익은 광&LAN 케

이블 수익 ₩400에서 LAN 케이블 배부수익 ₩400을 차감한 나머지인 ₩0이 된다. 묶음 제품 수익이 주제품의 가격보다 작거나 같은 경우에는 주제품에 묶음 제품 수익이 전부 배부되고 증분 제품에는 묶음 제품 수익이 배부되지 않는다.

항목	금액
광&LAN 케이블 수익①	₩400
LAN 케이블 배부수익②=Min(LAN 케이블 가격, ①)	₩400
광케이블 배부수익③=(①−②)	₩0

연습문제

객 · 관 · 식

5.1 두 개의 제조부문과 두 개의 보조부문으로 이루어진 (주)대한공업의 부문 간 용역제공에 관련된 다음 자료를 이용하여 제조부문 M2에 배부되는 보조부문 원가의 총액을 계산하면 얼마인가? (단, 상호배부법을 사용할 것) [1994년 세무사]

용역제공 \ 용역사용	제조부문		보조부문	
	M1	M2	S1	S2
M1	100%	–	–	–
M2	–	100%	–	–
S1	40%	30%	–	30%
S2	50%	20%	30%	
부문별 발생원가	₩600,000	₩450,000	₩201,000	₩240,000

① ₩144,000 ② ₩150,000 ③ ₩162,000
④ ₩171,000 ⑤ ₩156,000

※ 아래 자료는 [문 5.2]와 [문 5.3]에 관한 자료이다.

(주)옥돌은 두 개의 생산부문 P_1, P_2와 두 개의 보조부문 S_1, S_2를 두고 있다. 7월 중 각 보조부문에서 생산된 용역과 부문별 사용비율은 다음과 같다. 7월 중 보조부문 S_1과 S_2의 변동원가는 각각 ₩500,000과 ₩202,000이었다.

용역제공부문 \ 사용부문	P_1	S_1	P_2	S_2	총용역사용량
S1	0.4	0	0.3	0.3	2,000시간
S2	0.3	0.4	0.3	0	1,000시간

5.2 상호배부법에 따라 보조부문의 변동원가를 배부할 경우 7월의 생산부문 P_1에 배부될 보조부문의 변동원가는 얼마인가? [1995년 세무사]

① ₩358,000 ② ₩384,000 ③ ₩400,000
④ ₩500,000 ⑤ ₩660,000

5.3 (주)옥돌은 8월에는 S_2 부문에서 제공하던 용역을 외부에서 구매하고자 한다. 8월의 생산부문 생산량이 7월과 같은 경우에 외부에서 구매해야 하는 S_2 부문의 용역 시간은? [1995년 세무사]

① 600시간 ② 700시간 ③ 815시간
④ 880시간 ⑤ 915시간

5.4 (주)남산은 두 개의 보조부문 A와 B, 그리고 제품제조부문 X와 Y를 갖고 있다. 다음 표는 보조부문 A와 B, 그리고 제조부문 X와 Y와의 관계를 나타낸 것이다. 또한, 보조부문 A 자체에서는 모두 변동비로서 ₩20,000이 쓰이고, 보조부문 B에서도 모두 변동비로서 ₩10,000이 지출된다. 외부에서 보조부문 B를 폐쇄하는 조건으로 단위당 ₩130에 공급하겠다는 제의가 왔을 때 (주)남산이 이 제의를 받아들여야 하는지 또는 거절해야 하는지를 다음 중에서 고르시오. [1997년 세무사]

	보조부문		제조부문		총단위
	A	B	X	Y	
A	0	20	50	30	100
B	40	0	10	50	100

① 단위당 ₩130이 B에서 공급하는 ₩100보다 크기 때문에 거절한다.
② 보조부문 B를 폐쇄함으로써 생기는 절약분은 ₩14,000인데 단위당 ₩130에 사 오면 ₩11,960의 지출이 발생하므로 보조부문 B를 폐쇄한다.
③ 보조부문 B를 폐쇄함으로써 생기는 절약분은 ₩11,960인데 외부에서 공급하면 ₩14,000의 지출이 발생하므로 보조부문 B를 유지한다.
④ 보조부문 B를 폐쇄함으로써 생기는 절약분은 ₩12,320인데 외부에서 공급하면 ₩10,000의 지출이 발생하므로 보조부문 B를 폐쇄한다.
⑤ 보조부문 B를 폐쇄함으로써 생기는 절약분은 ₩10,000인데 외부에서 공급하면 ₩12,320의 지출이 발생하므로 보조부문 B를 유지한다.

5.5 (주)상일은 제조부문 A, B와 보조부문의 서비스 용역수수관계는 다음과 같다. X, Y 부문의 변동원가는 각각 ₩160,000, ₩200,000이며, 고정원가는 고려하지 않는다. 상호배부법에 따라 보조부문 원가를 배부하는 경우, A 제조부문에 배부되는 총보조부문 원가는 얼마인가? [1999년 세무사]

용역제공부문	용역사용부문				
	X	Y	A	B	합계
X		40단위	20단위	40단위	100단위
Y	45단위		60단위	45단위	150단위

① ₩112,000 ② ₩152,000 ③ ₩167,273
④ ₩170,000 ⑤ ₩230,000

연습문제

연습문제

5.6 (주)대한은 두 개의 보조부문 A와 B, 그리고 두 개의 생산부문 C와 D를 가지고 있다. 20×1년 3월의 각 부문에 대한 자료는 다음과 같다. C 부문에서 생산하는 갑 제품에 대한 단위당 기초원가(prime cost)는 ₩500이다. (주)대한은 갑 제품의 제품제조원가에 20%를 가산해서 판매가격을 결정한다. 보조부문의 원가는 상호배부법을 사용하여 생산부문에 배부하며 A 부문의 원가는 기계시간에 의하여 B 부문의 원가는 직접노무시간에 의하여 배부한다. 갑 제품에 대한 월초 및 월말 재공품 잔액은 모두 ₩0이다. 갑 제품의 단위당 판매가격은 얼마인가?

[2000년 공인회계사]

	보조부문		생산부문	
	A	B	C	D
기계시간	–	500시간	400시간	100시간
직접노무시간	400시간	–	200시간	400시간
각 부문의 제조간접원가	₩30,000	₩50,000	₩10,000	₩20,000
생산단위			50단위	100단위

① ₩1,830 ② ₩1,525 ③ ₩1,025
④ ₩825 ⑤ ₩1,325

5.7 한 연구결과에 의하면, 기계 위주의 제조환경에서 외부구매부품이나 재료비가 큰 비중을 차지하고 있는 전자업계에서는 품목별 제조간접원가의 배부율이 직접노무비의 500%에까지 이른다는 사실을 보여주고 있다. 이는 제조 활동에 기계 관련 자원의 소비가 큰 비중을 차지하는 대신 직접노무비가 상대적으로 작게 발생하기 때문이다. 이처럼 기계 위주의 제조환경에서 직접노무비나 직접노동시간을 배부기준으로 사용할 경우 공장의 관리자에게 초래될 수 있는 상황으로 적절하지 않은 것은? [2003년 세무사]

① 직접노무비가 많이 소요되는 작업이나 부품의 생산을 회피하고 외부의 공급업자들에게 지나치게 의존하려는 경향을 발견할 수 있다.

② 제조원가에서 큰 비중을 차지하는 재료비나 경비에 대해 적절한 관리 활동을 하는 것보다는 오히려 직접노동시간을 통제하는 데 더 많은 관심을 끌게 된다.

③ 제조현장의 작업을 되도록 간접 노무로 분류하지 않고 직접 노무로 분류함으로써 과도한 제조간접비부담을 줄이려고 할 것이다.

④ 종업원의 증가를 억제한다는 기업의 목표가 설정된 경우에는 제품설계단계에서부터 직접노동시간의 감소를 유도하여 궁극적으로는 감량경영과 자동화를 증진하는 데 이바지할 수 있다.

⑤ 직접노무비를 파악하고 집계하는 데 소요되는 관리비용이 과도하게 소요된다면 직접노무비를 제품에 직접 추적시키는 것보다는 제조간접비 계정에 포함해 제품별로 배부하는 것이 원가 효익의 관점에서 적절하다.

5.8 부문별 개별원가계산을 채택하고 있는 대한조선의 다음 원가계산자료를 이용하여 화물선에 배부될 제조간접비를 구하시오. [2003년 세무사]

(1) 제조간접비에 대한 부문비 내역

	제조부문		보조부문		
구분	제1공장	제2공장	수선부	동력부	생산관리부
금액	₩3,800,000	₩3,200,000	₩1,100,000	₩900,000	₩2,000,000

(2) 보조부문비의 배부는 단계(계단식)배부법을 사용하며, 보조부문 상호 간의 배부순서는 생산관리, 동력, 수선부문의 순으로 하여 다음의 배부기준에 의한다.

구분	제1공장	제2공장	수선부	동력부
생산관리부	40%	40%	15%	5%
동력부	50%	40%	10%	–
수선부	60%	40%	–	

(3) 제품별 제조간접비 배부를 위한 공장별 작업시간 집계표

구분	화물선	유조선	군함	합계
제1공장	800시간	500시간	700시간	2,000시간
제2공장	400시간	300시간	300시간	1,000시간

① ₩4,686,000 ② ₩4,595,000 ③ ₩4,400,000
④ ₩4,690,000 ⑤ ₩4,658,000

5.9 (주)한강은 두 개의 제조부문(P1, P2)과 두 개의 보조부문(S1, S2)으로 운영된다. 회사는 상호배부법을 이용하여 보조부문비를 제조부문에 배부하고 있으며, 각 보조부문의 용역제공비율은 다음과 같았다. 두 개의 보조부문(S1, S2)으로부터 P1에 배부된 금액은 ₩50,000이고, P2에 배부된 금액은 ₩40,000이었다. 부문비 배부 전 S1에 집계된 원가(X)는 얼마인가? [2008년 공인회계사 1차]

보조부문	제조부문		보조부문	
	P1	P2	S1	S2
S1	50%	30%	–	20%
S2	40%	40%	20%	–
부문 원가	?	?	X	?

① ₩37,500 ② ₩38,200 ③ ₩47,200
④ ₩52,500 ⑤ ₩57,200

연습문제

5.10 대한회사는 제조부문(성형, 조립)과 보조부문(수선, 동력)을 이용하여 제품을 생산하고 있으며, 제조부문과 보조부문에 관련된 자료는 다음과 같다. 수선부문과 동력부문에 집계된 부문원가는 각각 ₩160,000, ₩80,000이다. 대한회사는 상호배부법을 사용하여 보조부문 원가를 제조부문에 배부한다. 조립부문에 배부될 보조부문 원가는 얼마인가? [2008년 세무사 1차]

제공부문	제조부문		보조부문		합계
	성형	조립	수선	동력	
수선	400시간	200시간	100시간	400시간	1,100시간
동력	4,000kW	4,000kW	8,000kW	2,000kW	18,000kW

① ₩80,000 ② ₩95,000 ③ ₩110,000
④ ₩125,000 ⑤ ₩145,000

5.11 (주)호남은 두 종류의 제품(X와 Z)을 생산하고 있다. 이 회사의 원가담당자는 간접비 중 엔지니어링변경원가에 관심이 있다. 1회 엔지니어링 변경에 드는 원가는 ₩600이다. 제품별 생산량, 엔지니어링 변경횟수, 기계시간은 다음과 같다. [2009년 공인회계사]

항목	X 제품	Z 제품
생산량	1,000단위	1,000단위
엔지니어링 변경횟수	14회	6회
생산량 단위당 기계시간	1시간	2시간

엔지니어링변경원가를 엔지니어링 변경횟수가 아닌 기계시간을 기준으로 배부한다면, X 제품에 과대배부 혹은 과소배부되는 금액은 얼마인가?

① ₩15,000 과소배부 ② ₩14,400 과대배부 ③ ₩12,200 과소배부
④ ₩7,200 과대배부 ⑤ ₩4,400 과소배부

5.12 (주)서로는 자동차를 생산하고 있다. 회사는 승용차를 생산하는 부문과 승합차를 생산하는 부문을 이익중심점으로 운영하고, 그 밖에 이들 생산부문을 지원하는 자재부와 시설관리부를 두고 있다. 자재부는 시설관리부를 위해 자재를 구매하여 주고, 시설관리부는 자재부의 시설을 관리한다. 갑과 을은 각각 승용차와 승합차 생산부문을 책임지고 있는데, 부문별 성과평가를 앞두고 신경이 매우 곤두서 있는 상태다. 아래의 원가 자료를 부문 간 배부기준으로 사용하여 직접배부법 또는 상호배부법에 따라 부문별 원가계산을 하려 한다. 아래의 원가 자료를 제외하고 승용차와 승합차 생산부문 간에 다른 모든 사항이 같다면 다음 중 타당한 것은? (단, 지원부문인 자재부와 시설관리부의 배부대상 원가는 각각 ₩100이다.)

[2010년 공인회계사]

〈부문 간 배부기준 자료〉

공급부서 \ 사용부서	자재 부문	시설관리 부문	승용차 부문	승합차 부문	합계
자재 부문	–	₩5	₩45	₩50	₩100
시설관리부문	₩10	–	₩30	₩60	₩100

① 갑에게는 직접배부법, 을에게는 상호배부법이 유리하다.
② 갑에게는 상호배부법, 을에게는 직접배부법이 유리하다.
③ 갑, 을 모두 직접배부법이 유리하다.
④ 갑, 을 모두 상호배부법이 유리하다.
⑤ 갑, 을 모두 어떤 방법을 사용하든 유리하거나 불리하지 않다.

5.13 (주)수지는 제품 A와 제품 B를 생산하고 있는데 두 제품은 모두 제조부문 X와 제조부문 Y를 거쳐야 한다. 제조부문 X에서 발생한 제조간접원가는 각 제품이 소비한 기계시간을 기준으로 배부하고, 제조부문 Y에서 발생한 제조간접원가는 각 제품이 소비한 노무시간을 기준으로 배부한다. 또한, 각 제조부문의 제조간접원가는 월별로 실제 배부한다.
다음은 5월 중 제품 A와 제품 B를 생산하는 데 각각 소비한 기계시간과 노무시간 그리고 각 제품에 최종적으로 배부된 제조간접원가 자료이다. [2011년 공인회계사]

구분	제품 A	제품 B	합계
기계시간	10시간	30시간	40시간
노무시간	90시간	60시간	150시간
제조간접원가 배부액	₩870,000	₩930,000	₩1,800,000

제조부문 X에서 5월 중 발생한 제조간접원가는 얼마인가?

① ₩600,000
② ₩720,000
③ ₩800,000
④ ₩960,000
⑤ ₩1,080,000

5.14 (주)갑은 현재 보조부문의 원가를 생산부문의 부문 직접원가를 기준으로 배부하고 있다. 생산부문과 보조부문의 관련 자료는 아래와 같다. [2012년 공인회계사]

구분	생산부문		보조부문	
	A	B	C	D
부문 직접원가	500만 원	400만 원	300만 원	600만 원
서비스 제공비율				
보조부문 C	40%	50%	–	10%
보조부문 D	30%	60%	10%	–

(주)갑은 보조부문 C의 원가를 우선 배부하는 단계배부법으로 보조부문의 원가배부방법을 변경하고자 한다. 이 변경이 생산부문 A에 배부되는 보조부문 원가에 미치는 영향은?

① 90만 원 감소 ② 120만 원 증가 ③ 150만 원 증가
④ 170만 원 감소 ⑤ 190만 원 증가

5.15 다음은 20×1년에 제조업을 시작한 (주)갑의 20×1년 자료이다. 정상조업도는 5,000개이고 실제 조업도는 4,000개(비정상적으로 낮은 조업도)일 경우, 20×1년에 단위당 제조원가와 당기비용으로 처리될 금액은? 단, 20×2년부터 제품의 판매가 시작된다. [2012년 공인회계사]

항목	금액 및 관련 자료
원재료	기초 ₩0 매입 ₩70,000 기말 ₩30,000(1,000개, 단위당 취득원가 ₩30) 기말 실사수량 900개 기말 단위당 순실현가능가치는 ₩25이며, 원재료감모손실 중 50%는 정상적인 것으로 판단된다.
직접노무원가	₩60,000
고정제조간접원가	₩40,000

	단위당 제조원가	당기비용
①	₩31	₩7,500
②	₩31	₩11,000
③	₩33	₩7,500
④	₩33	₩15,500
⑤	₩35	₩15,500

5.16 (주)동산의 원가계산을 담당하고 있는 김 과장은 다른 보조부문에 대한 용역제공비율 순서로 보조부문의 원가를 배분하고 있다. 그런데 김 과장이 단계배부법에 따라 보조부문의 원가를 배부하는 중 실수로 다른 보조부문으로부터 배부받은 원가를 빠뜨리고 다음과 같이 보조부문의 원가를 배부하였다.

제공부서	제조부문		보조부문		
	M1	M2	A1	A2	A3
배부전원가	₩17,500	₩25,000	₩7,500	₩10,000	₩5,000
A3	1,500	1,000	1,500	1,000	
A2	3,750	3,750	2,500		
A1	3,750	3,750			
배부후원가	₩26,500	₩33,500			

다음 중 아래의 질문 (가)와 (나)의 답안이 바르게 짝지어진 것은? [2013년 공인회계사]

(가) 김 과장의 실수로 인해 제조부문에 배부되지 못한 보조부문의 원가는 얼마인가?
(나) 김 과장의 실수를 바로잡았을 때 제조부문 M1과 M2의 배부후원가는 얼마인가?

	(가)	(나) M1	(나) M2
①	₩5,000	₩26,500	₩33,500
②	₩5,000	₩29,000	₩36,000
③	₩5,000	₩29,500	₩35,500
④	₩5,250	₩28,000	₩37,000
⑤	₩5,250	₩30,000	₩35,000

5.17 (주)세무는 제조부문(P1, P2)과 보조부문(S1, S2)을 이용하여 제품을 생산하고 있으며, 단계배부법을 사용하여 보조부문 원가를 제조부문에 배부한다. 각 부문 간의 용역수수 관계와 부문 원가가 다음과 같을 때 P2에 배부될 보조부문 원가는? (단, 보조부문 원가는 S2, S1의 순으로 배부한다.) [2013년 세무사]

	제조부문		보조부문		합계
	P1	P2	S1	S2	
부문 원가	–	–	₩100,000	₩120,000	
S1 S2	24시간 400kwh	40시간 200kwh	20시간 200kwh	16시간 200kwh	100시간 1,000kwh

① ₩92,500 ② ₩95,000 ③ ₩111,250
④ ₩120,500 ⑤ ₩122,250

5.18 다음에 주어진 (주)한국제조의 손익계산서는 회계지식이 부족한 인턴직원이 작성한 것이다.

손익계산서

(주)한국제조	20×1. 1. 1~20×1. 12. 31	(단위 : ₩)
• 매출액		900,000
• 영업비용 :		
간접노무원가	24,000	
수도광열비	30,000	
직접노무원가	140,000	
감가상각비(공장설비)	42,000	
감가상각비(본사건물)	36,000	
당기 원재료 매입액	330,000	
보험료	8,000	
임차료	100,000	
판매 및 관리부서의 직원급여	64,000	
광고선전비	150,000	924,000
• 영업이익		(24,000)

그러나 위의 손익계산서에 표시된 매출액 및 영업비용 내역은 모두 올바른 자료이다. 만약 당신이 (주)한국제조의 20×1년도 손익계산서를 정확하게 작성하고자 하는 경우 필요한 추가자료는 다음과 같다. [2015년 공인회계사]

(1) 수도광열비의 60%, 보험료의 75%와 임차료의 80%는 공장설비와 관련된 것이며, 나머지는 판매 및 일반관리 활동과 관련하여 발생한 것이다.

(2) 20×1년도 재고자산의 기초 및 기말 잔액은 다음과 같다.

구분	기초	기말
원재료	₩16,000	₩26,000
재공품	₩32,000	₩42,000
제 품	₩80,000	₩120,000

20×1년도 (주)한국제조의 정확한 당기제품제조원가와 영업이익은 각각 얼마인가?

	당기제품제조원가	영업이익
①	₩620,000	₩12,000
②	₩620,000	₩24,000
③	₩620,000	₩36,000
④	₩630,000	₩12,000
⑤	₩630,000	₩24,000

5.19 부문별 원가계산에 관한 설명으로 옳지 않은 것은? [2016년 세무사]

① 단계배부법은 보조부문의 배부순서가 달라져도 배부금액은 차이가 나지 않는다.
② 단계배부법은 보조부문 간의 서비스 제공을 한 방향만 고려하여 그 방향에 따라 보조부문의 원가를 단계적으로 배부한다.
③ 상호배부법은 보조부문 간의 상호배부를 모든 방향으로 반영한다.
④ 단계배부법은 한 번 배부된 보조부문의 원가는 원래 배부한 보조부문에는 다시 배부하지 않고 다른 보조부문과 제조부문에 배부한다.
⑤ 직접배부법은 보조부문 간에 주고받는 서비스 수수관계를 전부 무시한다.

5.20 (주)세무는 정상원가계산을 적용하고 있으며, 제조간접원가는 기본원가(prime costs)의 50%를 예정 배부한다. (주)세무는 제조간접원가 배부차이를 원가요소기준 비례배부법으로 조정한다. 9월의 기본원가, 매출액과 배부차이 조정 후 기말재고자산은 다음과 같다.

기본원가	₩750,000	매출액	₩1,000,000
기말재공품	120,000	기말제품	180,000

9월의 배부차이 조정 후 매출원가율이 80%일 때, 배부차이는? (단, 기초재고 자산은 없다.) [2018년 세무사]

① ₩10,000 과대배부 ② ₩15,000 과소배부 ③ ₩15,000 과대배부
④ ₩25,000 과소배부 ⑤ ₩25,000 과대배부

5.21 (주)세무는 세 개의 제조부문(P1, P2, P3)과 두 개의 보조부문(S1, S2)을 운영하고 있으며, 보조부문 원가를 상호배분법에 의해 제조부문에 배분하고 있다. 각 부문의 용역수수관계는 다음과 같다.

사용부문 / 제공부문	제조부문			보조부문	
	P1	P2	P3	S1	S2
S1	40%	20%	20%	–	20%
S2	30%	30%	30%	10%	–

두 개의 보조부문(S1, S2)으로부터 제조부문 P1, P2, P3에 배분된 금액이 각각 ₩150,000, ₩120,000, ₩120,000일 경우, 보조부문 원가를 배분하기 이전의 각 보조부문 S1과 S2에 집계된 원가는? [2018년 세무사]

	S1	S2		S1	S2
①	₩100,000	₩290,000	②	₩120,000	₩270,000
③	₩150,000	₩300,000	④	₩270,000	₩120,000
⑤	₩300,000	₩150,000			

5.22 (주)세무는 제조부문(금형, 조립)과 보조부문(유지, 동력)을 이용하여 제품을 생산하고 있다. 유지부문 원가는 기계시간, 동력부문 원가는 전력량을 기준으로 단계배부법을 사용하여 보조부문 원가를 제조부문에 배부한다. 보조부문 원가를 배부하기 위한 20×1년 원가자료와 배부기준은 다음과 같다. [2020년 세무사 1차]

	보조부문		제조부문	
	유지	동력	금형	조립
부문개별원가	₩120,000	₩80,000	₩200,000	₩300,000
부문공통원가				₩200,000
기계시간(시간)	–	200	400	400
전력량(kWh)	100	–	300	200
점유면적(m^2)	10	20	30	40

(주)세무의 부문공통원가 ₩200,000은 임차료이며, 이는 점유 면적을 기준으로 각 부문에 배부한다. 20×1년 (주)세무의 배부 후, 금형부문의 총원가는? (단, 보조부문 원가는 유지부문, 동력부문의 순으로 배부한다.)

① ₩144,800　② ₩148,800　③ ₩204,800
④ ₩344,800　⑤ ₩404,800

5.23 (주)대한은 두 개의 제조부문(절단부문, 조립부문)과 두 개의 지원부문(전력부문, 수선부문)을 통해 제품을 생산한다. (주)대한은 상호배분법을 사용하여 지원부문의 원가를 제조부문에 배부하고 있다. 원가배부 기준은 전력부문은 전력(kw)이며, 수선부문은 수선(시간)이다. 제조부문에 배부된 원가 및 배부기준과 관련된 내역은 다음과 같다. 전력부문에서 발생한 부문 원가는 얼마인가? [2020년 공인회계사 1차]

구분	제조부문		지원부문	
	절단부문	조립부문	전력부문	수선부문
배부받은 원가(₩)	7,400	4,200		
전력(kw)	100	60	50	40
수선(시간)	60	30	60	30

① ₩4,000　② ₩6,300　③ ₩7,600
④ ₩10,000　⑤ ₩12,500

주·관·식

5-1 (주)경기는 두 개의 제조부문(P1, P2)과 두 개의 보조부문(S1, S2)을 운영하고 있다.

[1989년 세무사 수정]

(1) 용역제공 관계

	수선부문(S1)	동력부문(S2)	제조부문(P1)	제조부문(P2)
수선부문(S1)	–	4,000시간	5,000시간	1,000시간
동력부문(S2)	3,000kwh	–	2,000kwh	5,000kwh
부문 원가	₩48,000	₩60,000	₩62,000	₩100,000

따라서 보조부문의 원가는 각 부문에서 발생한 고유의 원가이며, 고정원가는 없는 것으로 간주하여 의사결정을 하고자 한다.

(2) 보조부문 원가배부기준

수선부문	배부기준	총용역제공량	동력부문	배부기준	총용역제공량
	수선시간	10,000시간		전력사용량(kwh)	10,000kwh

(3) 의사결정자료: (주)경기는 구조조정 차원에서 동력부문에 대한 외부구매(아웃소싱)을 추진하고 있다.

1. 보조부문의 원가를 제조부문에 배부하시오(단, 소수점 첫째 자리에서 반올림할 것).
   (1) 직접배부법
   (2) 단계배부법(수선부문에서 동력부문으로 배부)

2. 상호배부법에 따라 보조부문의 원가를 제조부문에 배부하시오.

3. (주)경기는 구조조정 차원으로 동력부문에 대한 아웃소싱을 추진하는 과정에서 외부의 한 동력공급업자가 kw당 ₩8의 가격으로 회사에 필요로 하는 동력을 얼마든지 제공해 주겠다는 제안을 하여 왔다. 아래의 물음에 답하시오.
   (1) 외부로부터 동력을 공급받는다면 몇 kw의 동력을 구매해야 하는가?
   (2) 외부로부터 동력을 구매할 경우 절감되는 변동원가는 얼마인가?
   (3) 이 제안의 수락 여부를 결정하시오.
   (4) 외부공급업자에 지불할 용의가 있는 최대의 원가는?

연습문제

5-2 (주)청어람은 조립(P1)과 포장(P2)의 두 개의 생산부문과 동력(S1)과 수선(S2)의 두 개의 보조부문으로 구성되어 있다. 내년도 각 부문의 예상비용과 운영 자료는 다음과 같으며 이는 생산부문의 제조간접비 예정배부율을 산정하기 위해 마련된 것이다. [2001년 세무사]

(1) 개별부문 원가

구분	동력부문(S1)	수선부문(S2)	조립부문(P1)	포장부문(P2)
직접재료비	–	–	₩30,000	₩120,000
수선관련재료비	–	₩5,000(변동비)	–	–
직접노무비	–	–	₩50,000	₩80,000
수선관련노무비	–	₩7,000(변동비)	–	–
동력관련노무비	₩8,000(변동비)	–	–	–
기타간접비	₩15,000(고정비)	₩6,000(고정비)	₩103,200	₩115,800
합계	₩23,000	₩18,000	₩183,200	₩315,800

(2) 상호용역수수 관계

	동력부문(S1)	수선부문(S2)	조립부문(P1)	포장부문(P2)
전력공급량(kwh)				
현재전력공급량	300	800	3,200	4,000
장기전력공급량	300	1,000	6,000	8,000
직접노무시간	–	–	6,000	10,000
점유면적(㎡)	800	1,500	8,000	12,000

(3) 보조부문 배부기준

(주)청어람은 제품의 원가를 산정하기 위해 변동비와 고정비를 구분하여 단계법(배부순서는 동력부문, 수선부문의 순으로)을 사용하여 보조부문의 비용을 생산부문에 배부하고 있으며, 보조부문 비용의 배부기준은 다음과 같다.

	비용형태	배부기준		비용형태	배부기준
동력부문	변동비	현재전력공급량	수선부문	변동비	직접노무시간
	고정비	장기전력공급량		고정비	점유면적(㎡)

1. 단계법을 사용하여 보조부문의 비용을 생산부문에 배부하시오.

2. 각 생산부문(조립, 포장)의 제조간접비 예정배부율을 산정하시오. 제조간접비 예정배부율 산정 시 각 부문의 배부기준으로는 직접노무시간이다(소수점 셋째 자리에서 반올림하여 둘째 자리까지 계산하시오).

3. 내년도 포장부문에서의 제품의 생산량이 20,000단위일 경우 포장부문에서 생산되는 제품 단위당 제조원가를 산정하시오. 단, 제조간접비는 예정원가를 사용하시오(소수점 셋째 자리에서 반올림하여 둘째 자리까지 계산하시오).

5-3 태백회사는 컴퓨터, 프린터, 전산의 세 개의 부문으로 구성되어 있다. 컴퓨터와 프린터는 제조부문이고 전산은 보조부문이다. 다음은 20×9년도 관련 자료이다. [2009년 공인회계사]

전산부문의 고정원가 예산액	900,000원
전산부문의 고정원가 실제발생액	1,105,000원
전산부문 시간당 예산변동원가	20원/시간
전산부문의 공급가능조업수준	15,000시간

전산부문 서비스 예산수요량(당기)*		전산부문 서비스 실제사용시간	
컴퓨터 부문	8,000시간	컴퓨터 부문	9,000시간
프린터 부문	4,000시간	프린터 부문	4,000시간
합계	12,000시간	합계	13,000시간

* 전산부문 서비스에 대한 각 제조부문의 장기예산수요량은 당기와 같다.

1. 회사가 예산배부율과 단일배부율법을 사용하여 전산부문의 비용을 배부하는 경우 각 제조부문에 배부될 전산부문의 비용은 얼마인가?

2. 1.에서 컴퓨터부문이 외부의 업체로부터 전산부문이 제공하는 서비스와 같은 서비스를 시간당 40원에 제공하겠다는 제안을 받았을 경우 컴퓨터부문은 어떠한 결정을 내렸을 것으로 예상되는가? 또한, 이 결정은 20×9년도 태백회사의 수익성에 어떠한 영향을 미쳤겠는가?

3. 태백회사가 예산배부율과 이중배부율법을 사용하여 전산부문의 비용을 제조부문에 배부하는 경우 각 제조부문에의 배부금액은 얼마인가? 또한, 컴퓨터부문이 외부의 업체로부터 전산부문이 제공하는 서비스와 같은 서비스를 시간당 40원에 제공하겠다는 제안을 받았을 경우 컴퓨터부문은 어떠한 결정을 내렸을 것으로 예상하는가? 단, 계산근거를 보이시오.

6 장

개별원가계산

본 장에서는 제조원가가 어떻게 측정되며, 특정 제품에 어떻게 배부되어 원가계산이 이루어지는 것인지를 학습한다. 이에 따라 학습 목표는 다음과 같이 설정한다.

1. 개별원가계산이란 무엇이며, 그 절차는 어떻게 이루어지는가?
2. 개별원가계산을 위한 원가대상이란 무엇인가?
3. 작업원가표는 어떻게 구성되는가?
4. 직접제조원가와 제조간접원가는 어떻게 집계되는가?
5. 제조간접원가는 어떻게 배부되는가?
6. 당기제품제조원가와 매출 및 매출원가, 판매비와 관리비는 어떻게 처리되는가?
7. 실제개별원가계산과 정상개별원가계산의 차이는 무엇인가?
8. 제조간접원가의 과대(소) 배부액의 회계처리에는 어떠한 것이 있는가?

제1절 개별원가계산의 개요

제품원가를 계산하는 방법은 여러 가지가 있지만 각 기업이 수행하는 생산 활동의 성격에 따라 크게 개별원가계산과 종합원가계산으로 나눌 수 있다.

작업별 원가계산이라고도 불리는 개별원가계산(job costing)은 제품의 종류나 규격이 다양한 개별 단위의 제품이나 서비스를 생산하는 기업에 적용되는 원가계산방법이다. 이 원가계산방법은 조선업, 건설업, 기계제조업, 항공기제조업 등 특별주문이나 수요에 따라 특정 제품을 개별적으로 생산하는 기업의 원가계산에 적합하다.

반면에, 공정원가계산 또는 종합원가계산(process costing)은 동일 또는 유사한 성격을 가진 제품을 연속적으로 대량생산하는 업종에 사용되는 원가계산방법으로서 정유업, 화학공업, 식품가공업, 제지업, 금속제조업 등과 같이 동질성이 높은 제품을 대량으로 생산하는 산업에 적용된다.

제2절 개별원가계산의 의의 및 절차

개별원가계산이란 앞서 설명한 바와 같이 제품의 종류나 규격이 다양한 개별적인 생산 형태의 기업에 적용되는 원가계산 방법으로서 제품원가를 개별작업별로 구분, 집계하여 계산한다. 따라서 개별원가계산은 조선업, 건설업, 기계제조업 등과 같이 고객의 주문에 기초하여 고객의 요구에 따라 제품을 생산하는 업종에 적합하다.

개별원가계산을 사용하는 기업들은 제품마다 규격, 사양 등이 다르므로 제품원가를 개별작업별로 구분, 집계하여 계산한다. 이때 직접제조원가와 제조간접원가의 구분이 중요한데, 직접제조원가는 개별작업과 관련하여 직접 추적할 수 있으므로 발생한 원가를 개별작업에 그대로 부과하면 되지만, 제조간접원가는 특정 제품이나 작업과 관련하여 직접 추적할 수 없으므로 이를 기말에 적정한 기준으로 배부하게 된다. 그 결과 기말에 완성된 개별작업의 원가는 당기제품제조원가로, 재공품으로 남은 작업의 원가는 기말재공품 원가로 분류된다.

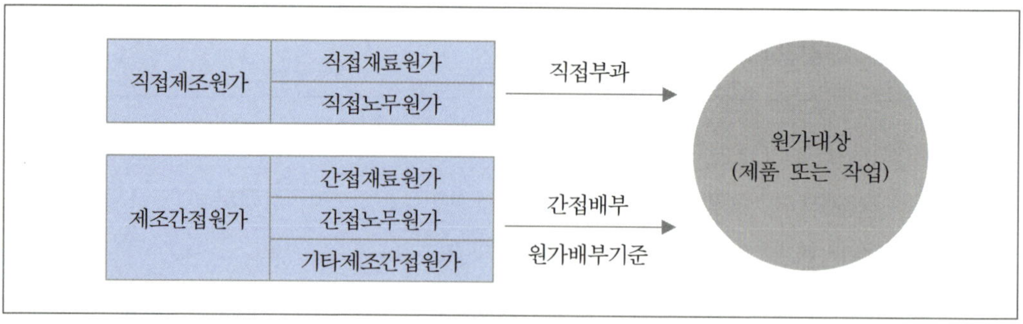

제3절 개별원가계산의 절차

개별원가계산에서는 작업별로 원가를 독립적으로 기록하여 원가대상의 원가를 예측하고 통제하게 된다. 개별원가계산을 통해 원가를 계산하기 위해서는 다음과 같은 단계를 거치게 된다.

1) 원가대상 작업의 설정
2) 직접제조원가의 집계
  2-1) 직접재료원가의 집계
  2-2) 직접노무원가의 집계
3) 제조간접원가의 집계
4) 제조간접원가 배부
  4-1) 제조간접원가 배부기준 설정
  4-2) 제조간접원가 배부율 산정
5) 총원가집계

비반복적인 개별작업을 수행하는 기업의 경영자는 개별작업별로 원가를 분리하여 기록함으로써 원가를 통제하거나 추정하는 데 유용한 정보를 얻을 수 있다. 작업 원가표 또는 작업별 원가기록표(job cost sheet 또는 job cost record)는 개별작업별로 원가를 분리하여 집계하는 데 사용되는 기본적인 서류이다. 작업 원가표에는 제조에 착수한 개별작업별로 투입되는 총원가를 기록하게 된다.

항공기를 제조하는 (주)한국항공에서 1월 중 작성한 작업 원가표는 다음 표와 같다. 제조간접원가 배부기준으로 직접노무시간을 사용하고 있다. 원가계산방법은 실제 제조간접원가 배부율을 사용하는 실제원가계산을 사용하고 있다. 1월 중에 발생한 실제 제조간접원가는 ₩350,000이며 실제 직접노무시간은 총 35시간이다. 그리고 경영자가 설정한 제조간접원가 예산액은 ₩320,000이고 예산 직접노무시간은 총 40시간이다. 기초원재료재고액, 기초재공품재고액, 기초제품재고액은 ₩0이다.

작업번호: AJ278	주문자: 아시아나항공
제조착수일: 20×7. 01. 01	제조완료일: 20×7. 01. 31

직접재료원가

일자	사용량 (A)	단위원가 (B)	금액 (C)=(A×B)
20×7. 01. 04	20단위	₩10,000	₩200,000
20×7. 01. 15	10단위	10,000	100,000
소계①			₩300,000

직접노무원가

일자	작업시간 (D)	시간당 임률 (E)	금액 (F)=(D×E)
20×7. 01. 05	20시간	₩12,000	₩240,000
20×7. 01. 18	15시간	12,000	180,000
소계②			₩420,000

제조간접원가

일자	배부기준	배부기준사용량	배부율	금액
20×7. 01. 31	직접노무시간	35시간	₩10,000	₩350,000
소계③				₩350,000
총계④=(①+②+③)				₩1,070,000

작업 원가표에 기록하는 원가는 기본적으로 직접재료원가, 직접노무원가, 제조간접원가로 분류한다. 개별작업을 위해 직접재료를 창고에서 출고하면 그 개별작업의 작업 원가표에 이를 기록한다. 또한, 직접노무원가도 직접재료원가와 유사하게 개별작업을 수행하는 종업원들의 임금을 발생 시점에 개별작업의 작업 원가표에 기록함으로써 개별작업에 부과한다. 이에 반해 제조간접원가는 배부율을 사용하여 작업 원가표의 제조

간접원가 계정에 기록한다. 개별작업이 완료되면 작업의 단위당 원가를 결정하기 위해 직접재료원가, 직접노무원가, 제조간접원가를 원가집합계정에 집계한다. 개별원가계산의 구체적인 절차를 설명하면 다음과 같다.

1. 원가대상 작업의 설정

이것은 원가를 계산할 대상을 확정하는 단계로서 (주)한국항공의 경우 생산제품인 항공기의 작업번호 AJ278이 된다.

2. 직접제조원가의 집계

2.1. 직접재료원가의 집계

2.1.1. 원재료 매입

기업이 보유하고 있는 원재료는 재료별 카드에 기록한다. 이 카드에는 현재 보유하고 있는 재료의 수량과 원가 등을 기재한다. 재료원장 카드 전체는 하나의 보조원장을 구성하며, 이에 대한 통제 계정은 원재료 계정이다.

예를 들어, 원재료를 신용거래로 구매하면 이 금액은 원재료 계정의 차변과 매입채무의 대변에 기록되고 또한, 재료와 현금의 보조원장에 기록된다. (주)한국항공의 1월 중 원재료 ₩500,000을 신용거래를 통해 매입하였다. 이에 대한 분개와 전기는 다음과 같다.

(차) 원재료	500,000	(대) 매입채무	500,000

원재료

차변		대변	
매입채무	500,000		

매입채무

차변		대변	
		원재료	500,000

2.1.2. 원재료 사용

특정 작업을 수행하기 위하여 작업자는 재료를 청구하게 된다. 이때 사용하는 서류가 재료청구서인데, 재료청구서에 기재한 재료청구량을 재료 계정에서 차감하여 제조부문으로 옮김으로써 재공품 계정을 증가시키게 된다. 출고된 재료 가운데 개별작업에 직접 사용하지 않을 때는 간접재료원가로서 제조간접원가 계정에 기록한다.

(주)한국항공에서 1월 중 사용된 원재료는 ₩350,000으로서 그중 재공품 금액 ₩300,000은 작업번호 AJ278을 제조하는 데 사용된 직접재료원가 ₩300,000으로서 작업 원가표의 직접재료원가의 소계 금액이다. 또한, 제조간접원가 금액 ₩50,000은 간접재료원가 금액이다. (주)한국항공의 재료 사용에 대한 분개와 전기는 다음과 같다.

(차)	재공품	300,000	(대)	원재료	350,000
	제조간접원가	50,000			

원재료

매입채무	500,000	제좌	350,000

재공품

원재료	300,000		

제조간접원가

원재료	50,000		

2.2. 직접노무원가의 집계

특정 작업을 직접 수행하는 작업자들에게 지급하는 임금은 보통 작업시간을 기준으로 지급한다. 이러한 작업시간은 개별작업의 시작 시점과 종료 시점에서 작성하는 작업시간표에 기록된 시간을 근거로 한다. 개별작업에 부과되는 직접노무원가는 작업시간에 시간당 임률을 곱하여 계산하게 된다. 원재료와 유사하게 개별작업을 수행하는 데 직접 소요된 직접노무원가는 재공품 계정에, 또한, 감독자 급여 및 유지비와 같은 간접노무원가는 제조간접원가 계정에 기록한다.

(주)한국항공에서 1월 중 발생한 노무원가는 ₩540,000으로서 그중 재공품 금액 ₩420,000은 작업번호 AJ278을 제조하는 데 소요된 직접노무원가로서 작업 원가표의 직접노무원가 소계 금액이다. 또한, 제조간접원가 금액 ₩120,000은 간접노무원가 금액이다. (주)한국항공의 노무원가에 대한 분개와 전기는 다음과 같다.

(차)	재공품	420,000	(대)	미지급급여	540,000
	제조간접원가	120,000			

미지급급여

	제좌 540,000

재공품

원재료 300,000	
미지급급여 420,000	

제조간접원가

원재료 50,000	
미지급급여 120,000	

노무원가에 대한 회계처리에서 주의를 기울여야 할 항목은 휴식이나 기계의 수선 등으로 인해 발생한 원가와 초과근무수당 항목이다.

만약 유휴시간이 작업을 수행하는 과정에서 필수 불가결하게 발생한다면, 이에 관련된 노무원가를 제조간접원가로 처리하는 것이 타당하나, 유휴시간이 비효율적인 작업관리나 비능률에 의해 발생한 것이라면 기간비용으로 처리해야 한다. 만약, 이를 제조간접원가로 처리한다면 제품원가가 증가하게 되고 따라서 재고자산을 과대계상하게 된다. 또한, 제품원가에 비효율성을 포함하기 때문에 제품원가 예측 및 성과평가 시 회계정보의 유용성을 감소시키게 된다.

초과근무수당은 특정 작업을 수행하기 위해 발생한 것이라 할지라도 일반적으로 제조간접원가로 기록한다. 기업이 제품을 생산할 때 제품 생산순서가 무작위로 예정된 것에 기인하여 특정 공정의 작업시간이 길어져 정상작업시간을 초과한 관계로 다른 공정이 뒤로 미루어져 있다가 초과작업시간에 수행되었다면, 이 제품에 대하여 초과근무수당을 부과하는 것은 논리적으로 타당하지 못하다. 그러나 주문자가 정상적인 인도 기간보다 빨리 생산해 주기를 요청하여 이에 따라 초과근무를 했다면, 이때의 초과근무수당은 직접노무원가로 처리하는 것이 타당하다.

3. 기타제조간접원가의 집계

제조간접원가 통제 계정은 일반적으로 부문별로 설정되는데, 이 계정에는 직접재료원가와 직접재료원가 이외의 간접재료원가와 간접노무원가를 비롯한 기타제조간접원가 항목들을 집계한다. (주)한국항공은 1월 중에 공장건물의 감가상각비 ₩100,000과 보험료 ₩80,000의 제조간접원가가 발생하였다. 이에 대한 분개와 전기는 다음과 같다.

(차)	제조간접원가	180,000	(대)	감가상각누계액(공장)	100,000
				미지급보험료(공장)	80,000

감가상각누계액(공장)

차변		대변	
		제조간접원가	100,000

제조간접원가

차변		대변	
원재료	50,000		
미지급급여	120,000		
감가상각누계액(공장)	100,000		
미지급보험료(공장)	80,000		

미지급보험료(공장)

차변		대변	
		제조간접원가	80,000

이처럼 모든 제조간접원가를 발생 시점에서 제조간접원가 계정의 차변에 기록한다. 직접재료원가 및 직접노무원가는 발생할 때 재공품 계정으로 대체함으로써 곧바로 재공품의 증가를 가져오지만, 제조간접원가는 차변에 집계한 발생원가를 재공품 계정에 배부할 때 비로소 재공품의 증가를 가져온다. 따라서 제조간접원가를 재공품 계정에 배부하는 방법이 중요한데, 다음에서는 이에 대해서 자세히 살펴본다.

4. 제조간접원가의 배부

직접재료의 물리적 흐름은 완제품에서 직접 추적할 수 있고, 특정 작업을 수행하는 종업원들의 근무시간도 작업별로 직접 관찰할 수 있다. 그러나 감독자의 급여, 재산세, 감가상각비 등의 제조간접원가는 작업별로 추적이 매우 어려우므로 배부절차를 통해 간접적으로 관련시켜야 한다.

여기서 주의할 점은 배부대상 제조간접원가는 보조부문의 원가를 포함하고 있다는 것이다. 생산 활동이 제조부문과 보조부문으로 구성된 경우, 보조부문의 원가는 용역수수 관계를 고려하여 직접배부법, 단계배부법, 또는 상호배부법에 따라 제조부문에 먼저 배부한다. 이렇게 배부된 보조부문 원가와 제조부문 자체의 제조원가를 합한 금액이 배부대상 제조간접원가가 된다. 이와 관련하여서는 제5장 원가배부와 수익배부에서 상세하게 설명하였다.

제조간접원가를 제품원가에 배부하기 위해서는 제조공정을 거쳐 가는 작업을 공통으로 측정할 수 있는 배부기준을 선택해야 한다. 일반적으로 널리 사용하는 원가배부기준은 직접노동시간, 기계시간, 직접노무원가 등이 있다.

일단 배부기준을 선택하면 각 공정을 통과하는 모든 개별작업에 제조간접원가를 배부하기 위해서 제조간접원가 배부율을 산정해야 한다. 제조간접원가 배부율은 실제 제조간접원가 배부율과 예정 제조간접원가 배부율로 구분된다.

제조간접원가 배부율로 실제 제조간접원가 배부율을 사용하는 원가계산방법을 실제원가계산(actual costing)이라 하고 예정 제조간접원가 배부율을 제조간접원가 배부율로 사용하는 원가계산방법을 정상원가계산(normal costing)이라고 한다.

실제 제조간접원가 배부율은 실제 제조간접원가를 원가배부기준의 실제 총수량으로 나누어 산출된다. 이를 식으로 나타내면 다음과 같다.

$$\text{실제 제조간접원가 배부율} = \frac{\text{실제 제조간접원가}}{\text{원가배부기준의 실제 총수량}} \qquad (1)$$

앞에서 언급한 바와 같이 (주)한국항공에서는 제조간접원가 배부기준으로 직접노무시간을 사용하고 있으며 제조간접원가 배부율은 실제 제조간접원가 배부율을 이용하고 있다. 1월 중에 발생한 실제 제조간접원가는 ₩350,000이며 실제 직접노무시간은 총 35시간이다. 따라서 이를 이용하여 제조간접원가 배부율을 계산하면 다음과 같다.

$$\text{실제 제조간접원가 배부율} = \frac{₩350,000}{\text{35 직접노무시간}} = ₩10,000/\text{직접노무시간}$$

작업에 배부될 제조간접원가는 작업에 관련된 각 배부기준의 실제 수량에 각 배부기준의 제조간접원가 배부율을 곱하여 계산된다.

(주)한국항공은 작업 AJ278을 수행하기 위해 직접노무시간은 35시간이 투입되었으므로 실제 제조간접원가 배부율을 기초로 작업 AJ278에 배부되어야 할 제조간접원가는 다음과 같이 계산된다.

$$₩10,000/\text{직접노무시간} \times 35 \text{ 직접노무시간} = ₩350,000$$

제조간접원가 배부액 ₩350,000은 AJ278의 작업 원가표의 제조간접원가 항목에 나타나 있다. 이에 대한 분개와 전기는 다음과 같다.

(차) 재공품	350,000	(대) 제조간접원가	350,000

제조간접원가

원재료	50,000	재공품	350,000
미지급급여	120,000		
감가상각누계액(공장)	100,000		
미지급보험료(공장)	80,000		

재공품

원재료	300,000		
미지급급여	420,000		
제조간접원가	350,000		

5. 당기제품제조원가

1월 중 (주)한국항공의 개별작업들이 완성되어 제품 계정으로 대체된 금액은 ₩900,000이다. 기말까지 작업을 완료하지 못한 재공품에 대한 원가는 재공품 계정에 계속 남게 되며 다음 기간으로 이월된다. 이에 대한 분개와 전기는 다음과 같다.

(차) 제품	900,000	(대) 재공품	900,000

재공품

기초	0	제품	900,000
원재료	300,000		
미지급급여	420,000		
제조간접원가	350,000	기말	170,000

제품

재공품	900,000		

특정 기간 또는 특정 제품의 제조원가의 명세를 나타내는 보고서를 제조원가명세서(schedule of cost of goods manufactured)라고 한다. 지금까지 (주)한국항공의 생산활동에 투입된 원가를 정리한 제조원가명세서는 다음과 같다.

I. 직접재료원가		₩300,000
II. 직접노무원가		420,000
III. 제조간접원가		
간접재료원가	₩50,000	
간접노무원가	120,000	
감가상각비	100,000	
보험료	80,000	350,000
IV. 당기총제조원가(I+II+III)		1,070,000
V. 기초재공품 원가		0
VI. 합계(IV+V)		1,070,000
VII. 기말재공품 원가		170,000
VIII. 당기제품제조원가(VI−VII)		₩900,000

6. 매출 및 매출원가

(주)한국항공은 1월 중에 ₩1,000,000의 외상 매출이 발생하였으며 이에 대한 매출원가는 ₩600,000이다. 이에 대한 분개와 전기는 다음과 같다.

(차)	매출채권	1,000,000	(대)	매출	1,000,000
(차)	매출원가	600,000	(대)	제품	600,000

매출원가

차변		대변	
제품	600,000		

제품

차변		대변	
기초	0	매출원가	600,000
재공품	900,000	기말	300,000

매출채권

차변		대변	
매출	1,000,000		

매출

차변		대변	
		매출채권	1,000,000

7. 판매비와 관리비

제조기업의 본사에서도 급여, 소모품비, 보험료, 감가상각비 등의 비용이 발생한다. 이처럼 제조 활동과 관계없는 부문에서 발생하는 비용은 판매비와 관리비로 분류되는데, 이 항목은 발생하는 시점에서 기간비용으로 인식하여 포괄손익계산서에 보고된다.

1월에 발생한 (주)한국항공의 판매비와 관리비는 다음과 같다.

항목	금액
본사 직원의 급여	₩15,000
영업용 차량의 보험료	3,000
홍보부서의 광고선전비	10,000
판매 후 서비스 부서의 외주용역비	7,000
본사 건물의 감가상각비	₩25,000

이에 대한 분개와 전기는 다음과 같다.

(차)	급여	15,000	(대)	미지급급여	15,000
	보험료	3,000		미지급보험료	3,000
	광고선전비	10,000		미지급광고선전비	10,000
	외주용역비	7,000		현금	7,000
	감가상각비	25,000		감가상각누계액	25,000

미지급급여

	급여(공장)	540,000
	급여(본사)	15,000

미지급보험료

	보험료(공장)	80,000
	보험료(본사)	3,000

미지급광고선전비

	광고선전비	10,000

현금

	외주용역비	7,000

감가상각누계액

	감가상각비(공장)	100,000
	감가상각비(본사)	25,000

(주)한국항공의 1월 중 거래를 요약한 포괄손익계산서는 다음과 같다.

I. 매출액		₩1,000,000
II. 매출원가		600,000
III. 매출총이익(I−II)		400,000
IV. 판매비와 일반관리비		
급여	₩15,000	
보험료	3,000	
광고선전비	10,000	
외주용역비	7,000	
감가상각비	25,000	60,000
V. 영업이익(III−IV)		₩340,000

이상에서 설명한 개별원가계산의 흐름을 종합하면 다음 그림과 같다.

개별원가계산의 흐름

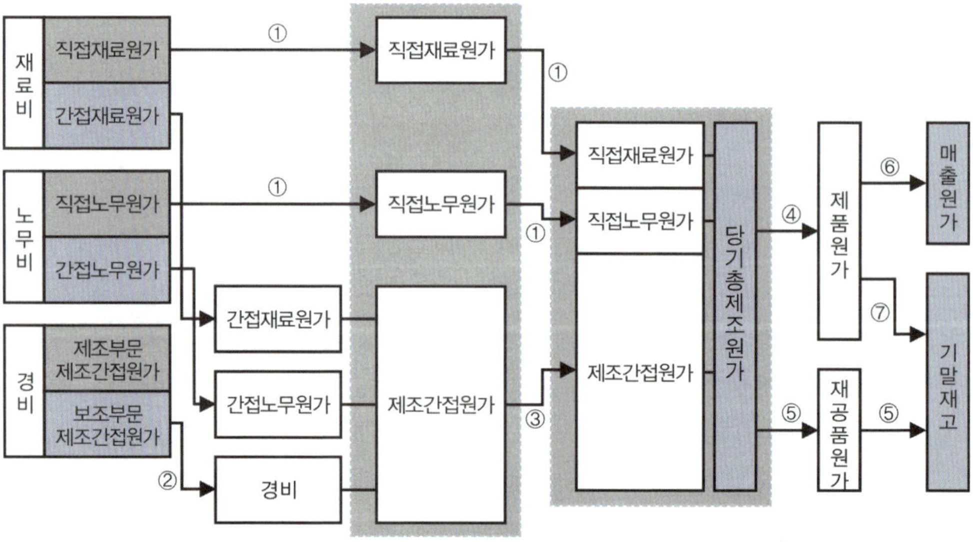

① 원가를 직접 추적
② 보조부문의 원가를 용역수수 관계를 고려하여 제조부문으로 배부
③ 제조간접원가를 예정배부율을 고려하여 제품에 배부
④ 당기총제조원가 중 완성된 부분의 원가
⑤ 당기총제조원가 중 미완성된 부분의 원가
⑥ 완성된 제품의 원가 중 판매된 부분
⑦ 완성된 제품의 원가 중 미판매된 부분

개별원가계산의 흐름과 관련한 예제는 다음과 같다.

예제

개별원가계산의 흐름

(주)세무는 개별원가계산방법을 적용한다. 제조지시서#1은 전기부터 작업이 시작되었고, 제조지시서#2와 #3은 당기 초에 착수되었다. 당기 중 제조지시서#1과 #2는 완성되었으나, 당기 말 현재 제조지시서#3은 미완성이다. 당기 제조간접원가는 직접노무원가에 근거하여 배부한다. 당기에 제조지시서#1 제품은 전량 판매되었고, 제조지시서#2 제품은 전량 재고로 남아있다. 다음 자료와 관련된 설명으로 옳지 않은 것은? [2016년 세무사]

구분	#1	#2	#3	합계
기초금액	₩450	–	–	
[당기투입액]				
직접재료원가	₩6,000	₩2,500	₩(?)	₩10,000
직접노무원가	500	(?)	(?)	1,000
제조간접원가	(?)	1,000	(?)	4,000

① 당기제품제조원가는 ₩12,250이다.
② 당기총제조원가는 ₩15,000이다.
③ 기초재공품은 ₩450이다.
④ 기말재공품은 ₩2,750이다.
⑤ 당기매출원가는 ₩8,950이다.

풀이

정답 ①

항목	#1	#2	#3	합계
기초금액	①₩450	–	–	
[당기투입액]				
직접재료원가	②₩6,000	③₩2,500	④₩(?)	⑤₩10,000
직접노무원가	⑥500	⑦(?)	⑧(?)	⑨₩1,000
제조간접원가	⑩(?)	⑪1,000	⑫(?)	⑬₩4,000
합계	⑭	⑮	⑯	⑰

항목	산식	금액
당기총제조원가⑰	⑤+⑨+⑬	₩15,000
기초재공품	"제조지시서#1은 전기부터 작업이 시작되었"으므로	①₩450
④	⑤−②−③	₩1,500
⑦	제조간접원가는 직접노무원가에 근거하여 배부하므로 ⑪₩1,000:⑬₩4,000=⑦:⑨₩1,000임	₩250
⑧	⑨−⑥−⑦	₩250
⑩	제조간접원가는 직접노무원가에 근거하여 배부하므로 ⑥₩500:⑨₩1,000=⑩:⑬₩4,000임	₩2,000
⑫	⑬−⑩−⑪	₩1,000
기말재공품	"당기 말 현재 제조지시서#3은 미완성"이므로 ⑯으로 (④+⑧+⑫)임	₩2,750
당기제품제조원가	"당기 중 제조지시서#1과 #2는 완성되었"으므로 (⑭+⑮)임	₩12,700
당기매출원가	"당기에 제조지시서#1 제품은 전량 판매되었"으므로	⑭₩8,950

제4절 개별원가계산의 구분

개별원가계산은 제조간접원가 배부율을 산출하는 방법에 따라 실제개별원가계산과 정상개별원가계산으로 구분된다. 다음에서는 이에 관해 설명하기로 한다.

1. 실제개별원가계산

3절의 예에서 (주)한국항공은 실제원가계산을 통해 개별작업의 원가를 집계하였다. 실제개별원가계산(actual job costing)에서는 실제 직접재료원가와 실제 직접노무원가를 개별작업에 집계하고 회계 기간 말에 집계된 실제 제조간접원가를 원가배부기준의 실제 총수량으로 나눈 실제 제조간접원가 배부율을 사용하여 재공품에 배부한다. 따라서 제조간접원가 실제발생액이 각 작업에 배부한 제조간접원가 총액과 서로 같게 된다.

실제개별원가계산을 이용한 (주)한국항공의 회계처리는 다음과 같다.

(주)한국항공의 1월 중에 발생한 실제 제조간접원가는 ₩350,000이며 실제 직접노

무시간은 총 35시간이다. 따라서 제조간접원가 배부율과 제조간접원가 배부액을 계산하면 다음과 같다.

$$\text{실제 제조간접원가 배부율} = \frac{₩350,000}{35\ \text{직접노무시간}} = ₩10,000/\text{직접노무시간}$$

$$₩10,000/\text{직접노무시간} \times 35\ \text{직접노무시간} = ₩350,000$$

(차)	재공품	350,000	(대)	제조간접원가	350,000

제조간접원가

차변	금액	대변	금액
원재료	50,000	재공품	350,000
미지급급여	120,000		
감가상각누계액	100,000		
보험료	80,000		

재공품

차변	금액	대변	금액
원재료	300,000		
미지급급여	420,000		
제조간접원가	350,000		

이러한 실제개별원가계산은 다음과 같은 한계점이 있다.

첫째, 같은 작업에 배부되는 제조간접원가가 기간별로 차이가 발생하여 기간별 단위당 제품원가가 변동할 수 있다. 이렇게 제조간접원가 배부액의 차이가 발생하는 이유는 실제원가계산을 이용하는 기업에서는 일반적으로 월별로 제조간접원가를 배부하는데 제조간접원가 발생액과 원가배부기준의 총수량이 주기성(seasonality)을 띠기 때문이다. 이는 기업이 속한 산업이나 생산하는 제품의 특성에 따라 특정 기간에 수요가 집중(예: 장난감 회사의 크리스마스 기간)되기 때문에 이러한 수요에 맞추기 위해 원가배부기준의 총수량이 변동하게 되면 제조간접원가 배부율이 변동하게 된다. 또한, 특정 제조간접원가 발생액(예: 여름철의 휴가비)이 집중적으로 발생하는 주기성으로 인해 제조간접원가 배부율이 변동하게 된다.

둘째, 제조간접원가 배부의 지연성이다. 제조간접원가를 배부하기 위하여 실제 제조간접원가 배부율을 계산해야 하는데 이를 위해 필요한 정보인 실제 제조간접원가 발생액과 원가배부기준의 총수량 정보는 월말 또는 연말이 되어야 산출된다. 이는 회계 정보의 질적 특성 중 하나인 적시성(timeliness)을 충족시키지 못하게 되어 회계 정보의 유용성을 저해하게 된다. 경영자는 제품가격, 판매정책 등을 결정하기 위해서는 사전적인 정보가 필수적임에도 불구하고 실제원가계산을 사용할 때는 사후적인 정보를 제공하게 된다.

이러한 한계점을 보완하기 위하여 대부분 기업에서는 제조간접원가 예산액, 원가배부기준의 총예산수량을 이용한 예정 제조간접원가 배부율을 사용하는데, 이에 대한 구체적 내용은 다음 정상개별원가계산에서 살펴본다.

2. 정상개별원가계산

정상개별원가계산(normal job costing)이란 제조지시서별로 원가를 계산하되 실제개별원가계산과는 달리 예정 제조간접원가 배부율을 사용하여 제조간접원가를 배부하는 원가계산방법이다.

정상원가계산은 예정 제조간접원가 배부율을 사용한다는 점이 실제원가계산과 다를 뿐이고, 직접원가인 직접재료원가와 직접노무원가를 집계하는 방법은 같다. 실제원가계산과 정상원가계산을 비교하면 다음 표와 같다.

원가항목	실제원가계산방법	정상원가계산방법
직접재료원가	실제 원가	실제 원가
직접노무원가	실제 원가	실제 원가
제조간접원가	실제 제조간접원가 배부율×원가배부기준의 실제 총수량	예정 제조간접원가 배부율×원가배부기준의 실제 총수량

예정 제조간접원가 배부율은 제조간접원가 집합의 예산총액을 원가배부기준의 총예산수량으로 나누어 산출된다. 이를 식으로 나타내면 다음과 같다.

$$\text{예정 제조간접원가 배부율} = \frac{\text{제조간접원가 예산액}}{\text{원가배부기준의 총예산수량}} \quad (2)$$

$$\begin{aligned}\text{제조간접원가 예산액} &= \text{고정제조간접원가 예산액} + \text{변동제조간접원가 예산액} \\ &= \text{고정제조간접원가 예산액} + \text{예정 변동제조간접원가 배부율} \\ &\quad \times \text{원가배부기준의 총예산수량} \quad (3)\end{aligned}$$

식(2)에 식(3)을 대입하면 식(2)는 다음과 같이 다시 쓸 수 있다.

$$\text{예정 제조간접원가 배부율} = \frac{\text{고정제조간접원가 예산액} + \text{예정변동제조간접원가 배부율} \times \text{원가배부기준의 총예산수량}}{\text{원가배부기준의 총예산수량}}$$

$$= \frac{\text{고정제조간접원가 예산액}}{\text{원가배부기준의 총예산수량}} + \text{예정변동제조간접원가 배부율}$$

정상원가계산제도는 다음과 같은 장점이 있다.

첫째, 정상원가계산에서는 예정 제조간접원가 배부율을 계산하여 이를 정해진 기간 동안(보통 회계 기간) 계속 적용하므로 제품에 배부하는 제조간접원가가 정해진 기간에는 변동하지 않는다. 즉, 재공품 계정이나 제품 계정에 배부되는 제조간접원가는 제조간접원가 실제발생액 또는 원가동인 수준의 주기성에 따른 영향을 재고자산 계정으로부터 제거할 수 있다.

둘째, 정상원가계산제도 아래에서는 예정 제조간접원가 배부율을 이용하여 제조간접원가를 배부하기 때문에 제품이 완성되는 즉시 원가를 계산할 수 있으므로 원가 정보의 적시성이 향상된다. 그리고 경영자에게 과대 또는 과소배부액에 관한 정보를 제공함으로써 의사결정, 통제 활동에 도움을 줄 수 있다. 예를 들어, 제조간접원가 실제발생액이 예정배부액보다 많은 경우 이는 제조 활동의 효율성이 낮다는 것을 보여주는 것이다. 따라서 이러한 제조간접원가 과소배부에 대한 원인을 조사하고 적절한 조처를 할 수 있다. 이렇게 과소배부액이 발생하는 원인이 생산설비의 비효율적인 이용 때문이라면 경영자는 이러한 원인을 제거하기 위해 조처해야 할 것이다.

앞에서 언급한 바와 같이 (주)한국항공에서는 제조간접원가 배부기준으로 직접노무시간을 사용하고 있다. 그리고 경영자가 설정한 제조간접원가 예산액은 ₩320,000이고 예산 직접노무시간은 총 40시간이다. 1월 중에 발생한 실제 제조간접원가는 ₩350,000이며 실제 직접노무시간은 총 35시간이다. 또한, 정상개별원가계산을 이용하여 원가를 집계하고 있다고 가정하자. (주)한국항공의 자료를 이용하여 예정 제조간접원가 배부율을 계산하면 다음과 같다.

$$\text{예정 제조간접원가 배부율} = \frac{\text{₩}320{,}000}{40\ \text{직접노무시간}} = \text{₩}8{,}000/\text{직접노무시간}$$

작업에 배부될 제조간접원가는 작업에 관련된 각 배부기준의 실제수량에 각 배부기준의 제조간접원가 배부율을 곱함으로써 계산된다.

(주)한국항공은 작업 AJ278을 수행하기 위해 직접노무시간을 35시간을 투입하였으며 예정 제조간접원가 배부율을 사용하면 작업 AJ278에 배부되어야 할 제조간접원가는 다음과 같이 계산된다.

₩8,000/직접노무시간×35 직접노무시간=₩280,000

제조간접원가를 예정배부하는 경우에는 제조간접원가 계정의 차변에는 제조간접원가 실제발생액을 기록하고, 대변에는 예정 제조간접원가 배부액을 기록한다. 따라서 제조간접원가 계정의 차변과 대변금액이 일치하지 않는 경우가 일반적이다. 제조간접원가의 실제발생액과 예정배부액 간에 차이가 나는 이유는 예정 제조간접원가 배부율 계산 시 당기에 발생할 것으로 예측되는 총제조간접원가를 당기에 발생할 것으로 예측되는 원가배부기준의 총수량으로 나누어서 계산하므로 이 두 예측치가 실제치와 다르면 제조간접원가 배부차이가 발생한다.

제조간접원가 배부액이 제조간접원가 실제발생액보다 큰 경우에는 차액을 제조간접원가 과대배부액(over-allocated indirect costs)이라 하고 제조간접원가 배부액이 제조간접원가 실제발생액보다 작은 경우에는 차액을 제조간접원가 과소배부액(under-allocated indirect costs)이라 한다.

제조간접원가 과대배부액=(제조간접원가 실제발생액 - 제조간접원가 배부액)<0
제조간접원가 과소배부액=(제조간접원가 실제발생액 - 제조간접원가 배부액)>0

이와 같은 제조간접원가의 실제발생액과 예정배부액의 차이는 제조간접원가 배부차이 계정에 기록한다. 제조간접원가 과소배부액은 제조간접원가 배부차이 계정의 차변에 기록하고 제조간접원가 과대배부액은 제조간접원가 배부차이 계정의 대변에 기록한다.

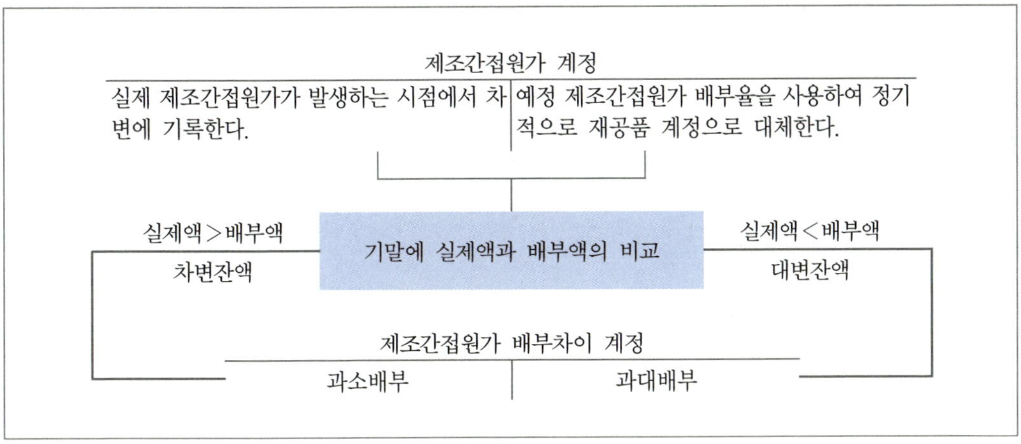

(주)한국항공의 제조간접원가 실제 발생액이 ₩350,000이고 제조간접원가 배부액이 ₩280,000이다. 제조간접원가 배부액이 제조간접원가 실제 발생액보다 작으므로 제조간접원가 과소배부액 ₩70,000이고 이 금액은 제조간접원가 배부차이 계정의 차변에 기록한다. 제조간접원가 배부액 ₩280,000은 AJ278의 작업 원가표의 제조간접원가 항목에 나타나 있다. 이에 대한 분개와 전기는 다음과 같다.

(차)	재공품	280,000	(대) 제조간접원가	350,000
	제조간접원가 배부차이	70,000		

제조간접원가

차변		대변	
원재료	50,000	재공품	280,000
미지급급여	120,000	배부차이	70,000
감가상각비	100,000		
보험료	80,000		

재공품

차변		대변	
원재료	300,000		
미지급급여	420,000		
제조간접원가	280,000		

제조간접원가 배부차이

차변		대변	
제조간접원가	70,000		

1월 중 (주)한국항공의 개별작업들이 완성되어 제품 계정으로 대체된 금액은 ₩900,000이다. 기말까지 작업을 완료하지 못한 재공품에 대한 원가는 재공품 계정에 계속 남게 되며 다음 기간으로 이월된다. 이에 대한 분개와 전기는 다음과 같다.

(차) 제품	900,000	(대) 재공품	900,000

재공품

차변	금액	대변	금액
기초	0	제품	900,000
원재료	300,000	기말	100,000
미지급급여	420,000		
제조간접원가	280,000		

제품

차변	금액	대변	금액
재공품	900,000		

(주)한국항공은 1월 중에 ₩1,000,000의 외상 매출이 발생하였으며 이에 대한 매출원가는 ₩600,000이다. 이에 대한 분개와 전기는 다음과 같다.

(차) 매출채권	1,000,000	(대) 매출	1,000,000
(차) 매출원가	600,000	(대) 제품	600,000

매출원가

차변	금액	대변	금액
제품	600,000		

제품

차변	금액	대변	금액
기초	0	매출원가	600,000
재공품	900,000	기말	300,000

매출채권

차변	금액	대변	금액
매출	1,000,000		

매출

차변	금액	대변	금액
		매출채권	1,000,000

3. 제조간접원가 과대(소)배부액의 회계처리

정상개별원가계산에서는 예정 제조간접원가 배부율을 이용하여 제조간접원가를 배부하게 되므로 일반적으로 실제 제조간접원가 발생액과 예정 제조간접원가 배부액 간에 차이가 발생하게 된다.

그런데 일반적으로 인정된 회계원칙(GAAP)에서는 실제원가계산방법으로 계산된 제품원가를 공시하도록 요구하고 있으므로, 정상원가계산방법을 이용하여 제품원가를 계산함으로써 발생한 과대 또는 과소배부액을 수정하여 실제 원가계산방법으로 계산된 제품원가와 일치시켜야 한다.

제조간접원가 과대(또는 과소)배부액과 관련된 각 계정에 대한 수정방법은 1) 수정배부율법 2) 비례배부법 3) 매출원가조정법이 있다.

3.1. 수정배부율법

수정배부율법(adjusted allocation rate method)은 예정 제조간접원가 배부율이 아닌 실제 제조간접원가 배부율을 사용하여 총계정원장과 보조원장에 기록된 금액을 재수정하는 방법이다. 이 방법을 사용하게 되면 기말재고자산 계정과 매출원가 계정 모두 정확하게 실제 제조간접원가를 반영하게 된다.

(주)한국항공의 경우 실제 제조간접원가는 ₩350,000인데 이는 정상원가계산하에서 배부된 제조간접원가 ₩280,000(=₩8,000/직접노무시간×35 직접노무시간)보다 25% 초과한다. 따라서 배부된 제조간접원가에 25%를 추가하여 총계정원장과 보조원장을 수정하여 재기록한다.

3.2. 비례배부법

비례배부법(proration method)은 제조간접원가 과대(소)배부액을 재공품, 제품, 매출원가항목에 배부하는 것이다. 비례배부법을 배부기준에 따라 2가지로 구분할 수 있는데 1) 총원가 기준법, 2) 제조간접원가 기준법이다.

3.2.1. 총원가 기준법

총원가 기준법은 과소 또는 과대배부액을 재공품과 제품의 기말 잔액 및 매출원가에 비례하여 각 계정에 배부하는 방법이다.

(주)한국항공이 총원가 기준법을 이용하여 과소배부된 제조간접원가를 배부하면 다음과 같다. (주)한국항공의 제조간접원가 과소배부액 ₩70,000을 1월 말 재공품 기말잔액, 제품의 기말 잔액 및 매출원가의 비율로 배부하면 기말재공품에 ₩7,000, 기말제품에 ₩21,000, 매출원가에 ₩42,000이 배부되어 각 계정의 금액은 증가하게 된다.

총원가 기준법-과소배부액 ₩70,000의 비례배부

계정	기말 잔액 (A)	배부율	차이배부액 (B)	배부 후 기말 잔액 (C)=(A+B)
재공품	₩100,000	10.00%	₩7,000	₩107,000
제품	300,000	30.00%	21,000	321,000
매출원가	600,000	60.00%	42,000	642,000
합계	₩1,000,000	100%	₩70,000	₩1,070,000

이에 대한 분개는 다음과 같다.

(차) 재공품	7,000	(대) 제조간접원가 배부차이	70,000
제품	21,000		
매출원가	42,000		

(주)한국항공의 사례와는 달리 제조간접원가 과대배부액이 발생할 때는 다음과 같이 제조간접원가 배부차이가 차변에 기재되고 재공품, 제품, 매출원가 계정은 대변에 기록되어 각 계정의 금액은 감소하게 된다.

(차) 제조간접원가 배부차이	×××	(대) 재공품	×××
		제품	×××
		매출원가	×××

총원가 기준법은 각 작업에 부과된 직접제조원가, 제조간접원가의 비율이 같은 경우에만 수정배부율법과 같은 배부 결과를 보이게 된다. 만약 각 작업에 부과된 직접제조원가, 제조간접원가의 비율이 다른 경우에는 정확한 과대(소) 제조간접원가 배부가 이루어지지 않게 된다. 이러한 단점을 보완하는 방법이 다음에 설명할 제조간접원가 기준법이다.

3.2.2. 제조간접원가 기준법

제조간접원가 기준법은 기말재공품, 기말제품 및 매출원가에 포함된 제조간접원가 배부액을 기준으로 하여 과소(대)배부액을 재공품, 제품, 매출원가 계정에 배부하는 방법이다.

(주)한국항공의 재공품 기말잔액, 제품 기말잔액 및 매출원가에 포함된 제조간접원가 배부액을 다음 표와 같다고 가정하고 과소배부액을 제조간접원가 기준법에 따라 배부한 결과는 다음과 같다.

(주)한국항공의 제조간접원가 과소배부액 ₩70,000을 1월 말 재공품 기말잔액, 제품의 기말잔액, 매출원가에 포함된 제조간접원가의 비중으로 배부하면 재공품 계정에

₩4,500, 기말제품에 ₩19,500, 매출원가에 ₩46,000이 배부되어 각 계정의 금액은 증가하게 된다.

제조간접원가 기준법-과소배부액 ₩70,000의 비례배부

계정	기말잔액 (A)	제조간접원가	배부율	차이배부액 (B)	배부 후 기말잔액 (C)=(A+B)
재공품	₩100,000	₩18,000	6.43%	₩4,500	₩104,500
제품	300,000	78,000	27.86%	19,500	319,500
매출원가	600,000	184,000	65.71%	46,000	646,000
합계	₩1,000,000	₩280,000	100.00%	₩70,000	₩1,070,000

이에 대한 분개는 다음과 같다.

(차)	재공품	4,500	(대)	제조간접원가 배부차이	70,000
	제품	19,500			
	매출원가	46,000			

각 작업에 부과된 직접제조원가, 제조간접원가의 상대적 비중이 같지 않을 때, 제조간접원가 기준법을 통해 과소(대) 배부 제조간접원가를 배부하게 되면 수정배부율법과 같은 배부결과를 보이게 된다. 그러나 이 방법을 적용하기 위해서는 각 계정에 포함된 제조간접원가 배부액에 관한 정보를 알아야 한다. 반면, 총원가 기준법에서는 각 계정의 총원가 정보만 필요하므로 제조간접원가 기준법보다는 간편한 방법이다.

3.3. 매출원가조정법

매출원가조정법(cost of goods sold method)은 제조간접원가 과소(대)배부액 전부를 매출원가 계정에서 가감하는 방법이다. 이상에서 설명한 방법 중 가장 간단한 방법으로 제품이나 재고자산의 종류가 다양한 회사에서 선호되는 방법이다.

(주)한국항공의 경우 제조간접원가 과소배부액 ₩70,000을 매출원가 계정에 모두 가산하게 된다. 이에 대한 분개는 다음과 같다.

(차)	매출원가	70,000	(대)	제조간접원가 배부차이	70,000

제조간접원가 배부와 관련한 예제는 다음과 같다.

예제

제조간접원가 배부

(주)대한은 20×1년 1월 1일에 처음으로 생산을 시작하였으며, 실제 원가에 의한 개별원가계산을 적용하고 있다. 제조간접원가는 기계시간을 기준으로 이중배분율(dual rate)에 의해 제품에 배부된다. 회사의 정상조업도 수준의 기계시간은 20시간이다. 20×1년의 생산 및 원가자료는 다음과 같다.

(1) 당기에 작업 #101과 #102를 착수하여 #102는 완성하였고, #101은 기말 현재 생산 중이다. 작업 #102는 당기 중 ₩1,000에 판매되었다.
(2) 원재료 구입액은 ₩700이고, 원재료 기말재고액은 ₩100이다.
(3) 노무원가는 ₩1,000이고, 제조경비는 ₩750이다. 제조경비는 전액 제조간접원가이다.
(4) 작업별 실제원가 및 실제기계시간은 다음과 같다.

구분	#101	#102	합계
직접재료원가	₩350	₩150	₩500
직접노무원가	₩520	₩330	₩850
실제기계시간	10시간	5시간	15시간

(5) 제조간접원가의 30%는 변동원가이고, 나머지는 고정원가이다.
(6) 회사는 배부되지 않은 제조간접원가를 전액 당기비용으로 처리한다.

(주)대한의 20×1년 당기순이익은 얼마인가? [2018년 공인회계사]

풀이

<table>
<tr><th>항목</th><th>산식</th><th>결과</th></tr>
<tr><td>간접재료원가①</td><td>"20×1년 1월 1일에 처음으로 생산을 시작하였"으므로 기초재고액은 ₩0임

원재료
기초재고 0 | 직접재료원가 500
당기구입액 700 | 기말재고 100
| 간접재료원가 ?
합계 700 | 합계 700</td><td>₩100</td></tr>
<tr><td>간접노무원가②</td><td>노무원가 ₩1,000 − 직접노무원가 합계 ₩850</td><td>₩150</td></tr>
<tr><td>제조경비③</td><td></td><td>₩750</td></tr>
<tr><td>제조간접원가④</td><td>①+②+③</td><td>₩1,000</td></tr>
<tr><td>변동제조간접원가</td><td>④×30%</td><td>₩300</td></tr>
<tr><td>고정제조간접원가</td><td>④×70%</td><td>₩700</td></tr>
</table>

"작업 #102는 당기 중 ₩1,000에 판매"되었으므로 매출과 매출원가에 관련된 작업은 #102임.

항목	산식	결과
매출액	작업 #102	₩1,000
직접재료원가	작업 #102	₩150
직접노무원가	작업 #102	₩330
변동제조간접원가	이중배분율을 사용하므로 변동제조간접원가는 실제기계시간을 기준으로 배분 $\frac{₩300}{15시간} \times 5시간$	₩100
고정제조간접원가	이중배분율을 사용하므로 고정제조간접원가는 정상조업도 기계시간을 기준으로 배분 $\frac{₩700}{20시간} \times 5시간$	₩175
미배부 제조간접원가	변동제조간접원가는 실제기계시간을 배부하므로 전액 배부됨. 따라서 미배부 제조간접원가는 고정제조간접원가임 정상조업도 기계시간 20시간 중 실제 기계시간 15시간은 배부되었으므로 5시간은 배부되지 않음 $\frac{₩700}{20시간} \times (20시간 - 15시간)$	₩175
당기순이익		₩70

객 · 관 · 식

6.1 강압사는 제조간접비를 직접노무비 기준으로 배부하고 있다. 기간추정 제조간접비총액은 ₩255,000, 추정직접노무시간 100,000시간이다. 지난 기의 제조간접비 실제발생액은 ₩270,000이고 실제 사용 직접노무시간은 105,000시간이다. 이 기간에 제조간접비 과소(대) 배부액은?

[1994년 공인회계사]

① ₩2,250 (과대배부) ② ₩2,250 (과소배부) ③ ₩15,000 (과대배부)
④ ₩15,000 (과소배부) ⑤ ₩13,500 (과소배부)

6.2 (주)한국의 기말재공품 원가는 다음과 같다. 기말제조간접비 배부부족액 ₩50,000을 총원가기준법을 이용하여 재공품에 배부할 때 배부되는 금액은 얼마인가? (단, 원 단위에서 반올림)

[1995년 공인회계사]

항목	재공품	완성품	매출원가
직접재료비	₩20,000	₩7,000	₩140,000
직접노무비	40,000	18,000	300,000
제조간접비	60,000	21,000	375,000
계	₩120,000	₩46,000	₩815,000

① ₩5,590 ② ₩6,120 ③ ₩6,500
④ ₩6,650 ⑤ ₩7,120

6.3 개원공업(주)은 개별원가계산을 하고 있다. 다음은 1997년 3월 개원공업(주)의 재공품 계정에 차기(대기)된 내용이다.

[1997년 공인회계사]

3월	내용	금액
1일	기초재고	₩4,000
30일	직접재료비	24,000
30일	직접노무비	16,000
30일	제조간접비	12,800
30일	제품으로 대체	(48,000)

개원공업(주)은 제조간접비 예정배부율을 이용하여 제조간접비를 배부하고 있으며, 예정배부율은 직접노무비의 80%이다. 1997년 3월 31일 현재 작업번호 5번의 작업만이 끝나지 않은 상태이며, 5번 작업은 직접노무비가 ₩2,000으로 기록되어 있다. 5번 작업에 기록된 직접재료비는 얼마인가?

① ₩8,800 ② ₩7,200 ③ ₩5,200
④ ₩4,800 ⑤ ₩1,600

6.4 (주)통보는 개별원가계산을 사용하고 있으며 직접노무비의 150%를 제조간접원가로 예정배부하고 있다. 이에 발생하는 과대 또는 과소배부액은 매 월말 매출원가에서 조정하고 있다. 단, 기말재공품은 없다.

기초재공품 관련 원가자료		당월 관련 원가자료	
직접재료원가	₩6,000	직접재료원가	₩45,000
직접노무원가	4,000	직접노무원가	36,000
제조간접원가 배부액	6,000	실제 제조간접원가	59,000
계	₩16,000	계	₩140,000

당월 중 제조간접비 배부차이와 당기제품 제조원가를 구하시오. [1998년 공인회계사]

	제조간접비 배부차이	당기제품 제조원가
①	₩2,000(과소배부)	₩156,000
②	차이 없음	₩148,000
③	₩2,000(과대배부)	₩160,000
④	₩5,000(과소배부)	₩151,000
⑤	₩5,000(과대배부)	₩149,000

6.5 대조(수)는 제조간접비를 직접노무비 기준으로 배부하고 있다. 추정제조간접비 총액은 ₩1,020,000이고, 추정직접노무시간은 400,000시간이다. 전기 말의 제조간접비 잔액은 ₩1,080,000이고, 실제 사용 직접노무시간은 420,000시간이다. 전기의 제조간접비의 과소(대) 배부액은? [1998년 세무사]

① ₩9,000 (과대배부) ② ₩9,000 (과소배부) ③ ₩60,000 (과대배부)
④ ₩30,000 (과소배부) ⑤ ₩54,000 (과소배부)

6.6 영산강(주)는 개별원가계산을 시행하고 있다. 제조간접원가는 직접노무원가의 120%이다. 작업 #201에서 발생한 직접재료원가는 ₩1,764,000이며, 제조간접원가는 ₩1,058,400이다. 또한, 작업 #301에서 발생한 직접재료원가는 ₩294,000이며, 직접노무원가는 ₩735,000이다. 작업 #201에서 발생한 직접노무원가 및 작업 #301의 총원가는 얼마인가?

[2000년 세무사]

	#201 직접노무원가	#301 총원가
①	₩1,270,000	₩2,263,800
②	₩1,058,400	₩1,234,800
③	₩2,116,800	₩2,263,800
④	₩1,045,800	₩2,123,400
⑤	₩882,000	₩1,911,000

6.7 JP 회사는 정상 원가 시스템하에서 개별원가계산을 사용한다. 2001년 4월에 이 회사의 재공품 계정의 내역은 다음과 같다. JP 회사는 제조간접비를 제품에 배부할 때 제조간접비 예정배부율을 사용하며 당기의 제조간접비 예정배부율은 직접노무비의 80%이다. 당기에 새로 시작한 작업 #5가 4월 말 현재 유일하게 완성되지 않은 작업이며 작업 #5를 완성하는 데 예정된 직접노무비는 ₩3,000이지만 당기에 투입된 실제 직접노무비는 ₩2,000이다. 작업 #5에 지금까지 투입된 직접재료비는 얼마인가? [2002년 세무사]

기초 잔액: ₩4,000, 직접재료비: ₩24,000, 직접노무비: ₩16,000,
제조간접비: ₩12,800, 제품 계정으로의 대체액: ₩48,000

① ₩3,300　② ₩5,200　③ ₩8,000
④ ₩8,800　⑤ ₩16,000

6.8 (주)남송의 1월 중 발생한 비용과 월초 및 월말 재고자산 자료는 다음과 같다. 1월 중 직접재료의 매입은 발생하지 않았다. (주)남송의 1월 당기제품제조원가는? [2002년 세무사]

	1월 중 발생비용	재고자산	1월 초	1월 말
직접노무원가	₩300	재공품 재고	₩1,000	₩800
감가상각비－공장	50	직접재료재고	300	100
감가상각비－영업점포	50			
감가상각비－본부사옥	100			
공장감독자급여	100			
그 밖의 제조간접원가	200			

① ₩850　② ₩900　③ ₩1,050
④ ₩1,100　⑤ ₩1,200

6.9 대한공업은 제조원가 항목을 직접원가항목인 직접재료비, 직접노무비, 외주가공비 및 설계비와 간접원가항목인 제조간접비로 분류한 후 예정배부기준에 의해 원가계산을 한다. 다음 자료를 이용하여 제조간접비 예정배부액과 실제 발생액의 배부차이를 구하시오. [2003년 세무사]

(1) 기초와 기말의 제조원가 관련 계정 잔액:

구분	원재료	선급외주가공비	미지급설계비	재공품	제품
기초 잔액	₩500,000	₩100,000	₩150,000	₩700,000	₩750,000
기말 잔액	₩600,000	₩80,000	₩80,000	₩400,000	₩550,000

(2) 당기 중 원재료 구매액은 ₩1,890,000이다.
(3) 당기 중 외주가공비 관련 현금 지출은 ₩180,000이며, 설계비 관련 현금 지출은 ₩460,000이다.
(4) 제조간접비는 직접노무비의 50%를 예정 배부한다.
(5) 제조간접비 실제 발생액은 ₩300,000이다.
(6) 당기의 매출원가는 ₩3,660,000이다.
(7) 제조간접비 배부차이는 비정상적인 것으로 간주하여 영업외비용으로 처리한다.

① ₩40,000 (과소배부)　② ₩40,000 (과대배부)　③ ₩46,000 (과소배부)
④ ₩46,000 (과대배부)　⑤ ₩35,000 (과소배부)

6.10 한국자동차는 배치(batch) 제조공정에 의하여 옵션품목이 장착되지 않은 기본형과 기본형에 옵션품목이 장착된 고급형 및 고객의 특별주문으로 고급형에 특수컬러를 도색한 주문형의 3가지 유형의 승용차를 생산하고 있으며, 작업별 원가계산을 하고 있다. 다음 원가계산 자료를 활용하여 주문형의 1대당 제조원가를 계산하면 얼마인가? [2006년 세무사]

(1) 재료비

<table>
<tr><th rowspan="2">유형</th><th rowspan="2">생산된 단위</th><th colspan="3">재료비 총액</th></tr>
<tr><th>기본형</th><th>옵션품목장착</th><th>특수컬러도장</th></tr>
<tr><td>기본형</td><td>100대</td><td rowspan="3">₩408,000,000</td><td>–</td><td>–</td></tr>
<tr><td>고급형</td><td>80</td><td rowspan="2">₩96,000,000</td><td>–</td></tr>
<tr><td>주문형</td><td>20</td><td>₩8,000,000</td></tr>
</table>

(2) 가공비

<table>
<tr><th rowspan="2">유형</th><th rowspan="2">생산된 단위</th><th colspan="3">재료비 총액</th></tr>
<tr><th>기본형</th><th>옵션품목장착</th><th>특수컬러도장</th></tr>
<tr><td>기본형</td><td>100대</td><td rowspan="3">₩840,000,000</td><td>–</td><td>–</td></tr>
<tr><td>고급형</td><td>80</td><td rowspan="2">₩72,000,000</td><td>–</td></tr>
<tr><td>주문형</td><td>20</td><td>₩4,000,000</td></tr>
</table>

① ₩8,640,000 ② ₩8,940,000 ③ ₩8,620,000
④ ₩8,540,000 ⑤ ₩8,520,000

6.11 (주)대한은 개별원가계산시스템을 채택하고 있다. 제조간접원가의 예정배부율은 직접노무원가의 150%이다. 제조간접원가의 배부차이는 매 월말 매출원가 계정에서 조정한다. 추가정보는 다음과 같다. [2007년 세무사]

(1) 작업 #701만이 2007년 2월 말에 작업이 진행 중이며 원가는 다음과 같다.

직접재료원가	₩8,000
직접노무원가	₩4,000
제조간접원가 배부액	₩6,000
	₩18,000

(2) 작업 #702, #703, #704, #705는 2007년 3월 중에 작업이 시작된 것이다.
(3) 2007년 3월 중에 작업에 투입된 직접재료원가는 ₩52,000이다.
(4) 2007년 3월 중에 발생한 직접노무원가는 ₩40,000이다.
(5) 2007년 3월 중 제조간접원가의 실제 발생액은 ₩64,000이다.
(6) 2007년 3월 말 현재 진행 중인 작업은 #705뿐이며 이 작업과 관련된 직접재료원가는 ₩5,600, 직접노무원가는 ₩3,600이다.

(주)대한이 2007년 3월 중에 생산한 제품의 당기 제품제조원가는 얼마인가?

① ₩155,400 ② ₩156,000 ③ ₩155,200
④ ₩159,400 ⑤ ₩170,000

6.12 (주)한라는 2009년 초에 설립되었으며 정상원가계산(normal costing)을 적용하고 있다. 제조간접비는 직접노무시간을 기준으로 예정 배부한다. 회사는 제조간접비 배부차이를 기말재고자산 및 매출원가에 포함된 제조간접비 예정배부액에 비례하여 안분한다. 당기에 기말재공품, 기말제품 및 매출원가에는 1:3:4의 비율로 제조간접비가 각각 예정 배부되었고, 기말재공품에 차감하여 조정된 배부차이는 ₩2,500이었다. 당기의 실제 제조간접비는 ₩180,000이고, 실제 직접노무시간은 총 1,250시간이었다면, 제조간접비 예정배부율은 직접노무시간당 얼마인가?

[2008년 공인회계사]

① ₩144 ② ₩160 ③ ₩168
④ ₩170 ⑤ ₩178

6.13 (주)대한은 사업 첫해에 정상개별원가계산을 사용하며, 제조간접비는 직접노무시간 기준으로 배부한다. 제조간접비 배부차이 조정 전 매출원가에 포함된 제조간접비 배부액은 ₩1,400,000이다. 다음의 자료를 사용하여 제조간접비 배부차이를 매출원가에서 전액 조정한다면, 정상개별원가계산의 영업이익과 실제개별원가계산의 영업이익의 차이는 얼마인가?

[2009년 세무사 1차]

예상 총 제조간접비	₩2,500,000	예상 총 직접노무시간	500,000시간
실제 총 제조간접비	₩1,800,000	실제 총 직접노무시간	300,000시간

① 정상개별원가계산의 영업이익이 ₩20,000만큼 더 적다.
② 정상개별원가계산의 영업이익이 ₩50,000만큼 더 적다.
③ 정상개별원가계산의 영업이익이 ₩100,000만큼 더 많다.
④ 정상개별원가계산의 영업이익이 ₩300,000만큼 더 많다.
⑤ 영업이익에 차이가 없다.

6.14 다음은 정상원가계산을 사용하는 (주)대한의 2009년 1년 동안의 제조간접비 계정으로서 배부차이를 조정하기 직전 기록이다. 다음 물음에 대한 답을 올바르게 나열한 것은?

[2009년 세무사]

제조간접비	
90,000	70,000

(A) 2009년의 제조간접비 실제 발생액은 얼마인가?

(B) 2009년의 제조간접비 배부액은 얼마인가?

(C) 회사는 제조간접비 배부차이를 매출원가에서 조정하고 있다. 배부차이를 조정하는 데 필요한 분개는?

	(A)	(B)	(C)	
①	₩70,000	₩90,000	(차) 매출원가 20,000	(대) 제조간접비 20,000
②	₩70,000	₩90,000	(차) 제조간접비 20,000	(대) 매출원가 20,000
③	₩90,000	₩70,000	(차) 제조간접비 20,000	(대) 매출원가 20,000
④	₩90,000	₩70,000	(차) 매출원가 20,000	(대) 재공품 20,000
⑤	₩90,000	₩70,000	(차) 매출원가 20,000	(대) 제조간접비 20,000

6.15 (주)수원은 제조간접원가 배부기준으로 기계작업시간을 사용하여 정상개별원가계산을 적용하고 있다. (주)수원의 20×1년 연간 고정제조간접원가 예산은 ₩690,000이고, 실제 발생한 제조간접원가는 ₩1,618,000이다. 20×1년 연간 예정조업도는 27,600기계작업시간이고, 실제 기계작업시간은 총 28,800시간이다. 20×1년의 제조간접원가 배부차이가 ₩110,000(과대배부)일 때 변동제조간접원가 예정배부율은 얼마인가? [2010년 세무사]

① ₩27.4　② ₩29.6　③ ₩35.0
④ ₩36.4　⑤ ₩37.6

6.16 (주)국세는 개별-정상원가계산제도를 채택하고 있다. (주)국세는 제조간접원가를 예정 배부하며, 예정배부율은 직접노무원가의 60%이다. 제조간접원가의 배부차이는 매기 말 매출원가에서 전액 조정한다. 당기에 실제 발생한 직접재료원가는 ₩24,000이며, 직접노무원가는 ₩16,000이다. 기초재공품은 ₩5,600이며, 기말재공품에는 직접재료원가 ₩1,200과 제조간접원가 배부액 ₩1,500이 포함되어 있다. 기초제품은 ₩5,000이며, 기말제품은 ₩8,000이다. 제조간접원가 배부차이를 조정한 매출원가가 ₩49,400이라면, 당기에 발생한 실제 제조간접원가는 얼마인가? [2011년 세무사]

① ₩7,200　② ₩9,600　③ ₩10,400
④ ₩12,000　⑤ ₩13,200

6.17 (주)국세의 20×1년도 매출총이익은 ₩120,000이며, 매출총이익률은 30%이다. 기말제품재고는 기초제품재고에 비해 ₩50,000 감소하였다. (주)국세의 20×1년도 당기제품제조원가는 얼마인가? [2012년 세무사]

① ₩130,000　② ₩180,000　③ ₩230,000
④ ₩280,000　⑤ ₩330,000

6.18 (주)국세는 정상개별원가계산제도를 이용하여 제조원가를 계산하고 있다. 기계시간은 2,500시간, 직접노무시간은 3,000시간으로 예상하며, 회귀분석법을 이용하여 연간 제조간접원가 예산을 수립하는 데 필요한 원가함수를 다음과 같이 추정하였다. [2012년 세무사]

총제조간접원가 = ₩500,000 + ₩300×기계시간(설명력(R^2) = 0.9)

(주)국세의 기초재고자산은 없으며 당기에 세 가지 작업(#1, #2, #3)을 시작하여 작업 #1, #2가 완성되었다. 이 세 가지 작업에 대한 당기 원가자료는 다음과 같다.

연습문제

	#1	#2	#3	합계
직접재료원가	₩150,000	₩150,000	₩200,000	₩500,000
직접노무원가	₩250,000	₩150,000	₩100,000	₩500,000
기계시간	1,000시간	600시간	400시간	2,000시간
직접노무시간	1,300시간	800시간	400시간	2,500시간

기말에 확인한 결과 당기에 발생한 실제 제조간접원가는 ₩1,100,000이며, 당기에 작업 #2만 판매되었다. (주)국세가 제조간접원가 배부차이를 매출원가에서 전액 조정할 경우 재무제표에 인식될 매출원가는 얼마인가?

① ₩650,000 ② ₩700,000 ③ ₩800,000
④ ₩900,000 ⑤ ₩1,080,000

6.19 (주)세무는 정상개별원가계산을 사용하며, 직접노무시간을 기준으로 제조간접원가를 배부하고 있다. 20×1년 연간 제조간접원가 예산은 ₩5,000,000이다. 20×1년 실제 발생한 제조간접원가는 ₩4,800,000이고, 실제직접노무시간은 22,000시간이다. 20×1년 중 제조간접원가 과소배부액이 ₩400,000이라고 할 때 연간 예산직접노무시간은? [2013년 세무사]

① 22,000시간 ② 23,000시간 ③ 24,000시간
④ 25,000시간 ⑤ 26,000시간

6.20 (주)세무는 개별원가계산제도를 채택하고 있으며, 제품A와 제품B를 생산하고 있다. 기초재공품은 없으며, 제품이 모두 기말에 완성되었다. (주)세무의 20×1년 원가자료는 다음과 같다. 제조간접원가를 직접노무원가 발생액에 비례하여 배부하는 경우, 제품A와 제품B의 제조원가는? [2020년 세무사 1차]

	제품A	제품B
직접재료원가		
기초재고액	₩20,000	₩10,000
당기매입액	40,000	30,000
기말재고액	10,000	15,000
직접노무원가		
전기말 미지급액	₩22,000	₩30,000
당기지급액	45,000	60,000
당기말 미지급액	20,000	27,000
제조간접원가		₩30,000

① 제품A: ₩94,900 제품B: ₩110,100
② 제품A: ₩99,100 제품B: ₩105,900
③ 제품A: ₩105,900 제품B: ₩94,900
④ 제품A: ₩105,900 제품B: ₩99,100
⑤ 제품A: ₩110,100 제품B: ₩94,900

주 • 관 • 식

6-1 (주)경기는 개별원가계산제도를 채택하고 있다. 20×8년 5월의 제조 활동 자료는 다음과 같다. 5월의 실제 제조간접비는 ₩20,000이고, 제조간접비 예정배부율은 직접노동시간당 ₩10이다. 작업 No.1과 No.2는 완성되었고, No.3은 미완성이다.

제조지시서	No.1	No.2	No.3
직접재료비	₩10,000	₩20,000	₩30,000
직접노무비	₩30,000	₩50,000	₩50,000
직접노동시간	1,000시간	2,000시간	4,000시간
생산량	10,000단위	15,000단위	20,000단위

1. 작업 No.1과 No.2의 단위당 제조원가를 계산하시오.

2. 완성제품에 대해 분개를 하시오.

3. 미완성제품에 대한 재공품 재고액을 계산하시오.

6-2 마포(주)는 개별원가계산을 시행하고 있다. 제조간접비는 직접노무비의 125%이다. 작업 No. 101에서 발생한 직접재료비는 ₩1,500,000이며, 제조간접비는 ₩1,100,000이다. 또한, 작업 No. 201에서 발생한 직접재료비는 ₩500,000이며, 직접노무비는 ₩300,000이다.

[2000년 세무사 수정]

1. 작업 No. 101에서 발생한 직접노무비는 얼마인가?

2. 작업 No. 201의 총원가는 얼마인가?

연습문제

7 장

종합원가계산

앞에서 제품을 주문이나 배치 형태로 생산하는 경우에 사용되는 개별원가계산에 대하여 학습하였다. 본 장에서는 제품을 연속적인 흐름 과정에 의하여 생산하는 기업들이 사용하는 원가계산방법인 종합원가계산에 대하여 학습한다. 따라서 학습 목표는 다음과 같다.

1. 개별원가계산과 종합원가계산의 차이점은 무엇인가?
2. 종합원가계산의 개념은 무엇이며, 절차는 어떻게 구성되는가?
3. 가공원가란 무엇인가?
4. 완성도와 완성품 환산량의 관계는 어떻게 되는가?
5. 선입선출법과 가중평균법으로 어떻게 원가를 계산하며, 그 차이는 무엇인가?
6. 전공정원가란 무엇이며, 역시 선입선출법과 가중평균법에 따라 어떻게 산출되는가?

제1절 개별원가계산과 종합원가계산의 비교

제품원가계산방법은 각 기업이 수행하는 생산 활동의 성격에 따라 크게 개별원가계산과 종합원가계산으로 나눌 수 있다. 개별원가계산(job costing)은 제품이나 서비스가 개별적으로 식별 가능한 생산 형태의 기업에 적용되는 원가계산방법이다. 이 방법은 조선업, 건설업, 기계제조업 등 주문 때문에 제품을 개별적으로 생산하는 기업의 원가계산에 적합하다. 반면에 공정별 원가계산이라고도 불리는 종합원가계산(process costing)은 단일 또는 유사한 종류의 제품을 연속적으로 대량생산하는 업종에 적합한 것으로 정유, 제지, 화학, 식품 가공, 금속제조업 등과 같이 제품의 표준화 정도가 높은 산업 분야에서 사용하고 있는 원가계산 방법이다.

개별원가계산과 종합원가계산은 기초재공품 원가와 당기총제조원가를 당기제품제조원가와 기말재공품 원가로 배부한다는 점에서는 같다.

두 원가계산방법의 차이점은 원가대상인 제품의 단위당 원가를 계산함에서 평준화 정도에 있다. 개별원가계산은 제품의 종류나 규격이 다양한 개별적인 생산 형태의 기업에 적용되는 것으로서 제품원가를 작업별로 구분, 집계하여 계산한다. 따라서 각 제품의 단위당 원가의 평준화 정도는 낮다고 할 수 있다. 그러나 종합원가계산은 단일 또는 유사한 종류의 제품을 연속적으로 대량생산하는 업종에 사용되는 원가계산 제도로서 하나 또는 이상의 제조공정을 이용하여 생산되는 제품에 원가를 배부하는 방법이다. 따라서 각 제품의 단위당 원가의 평준화 정도는 높다고 할 수 있다. 개별원가계산과 종합원가계산의 흐름을 비교하면 다음 그림과 같다.

개별원가계산

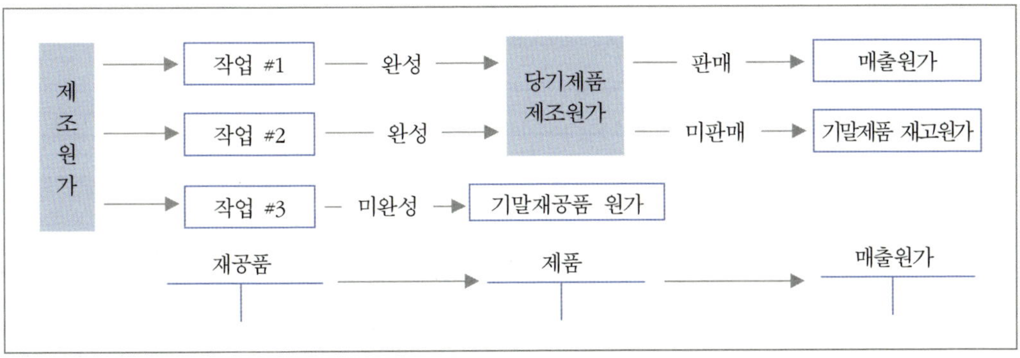

종합원가계산

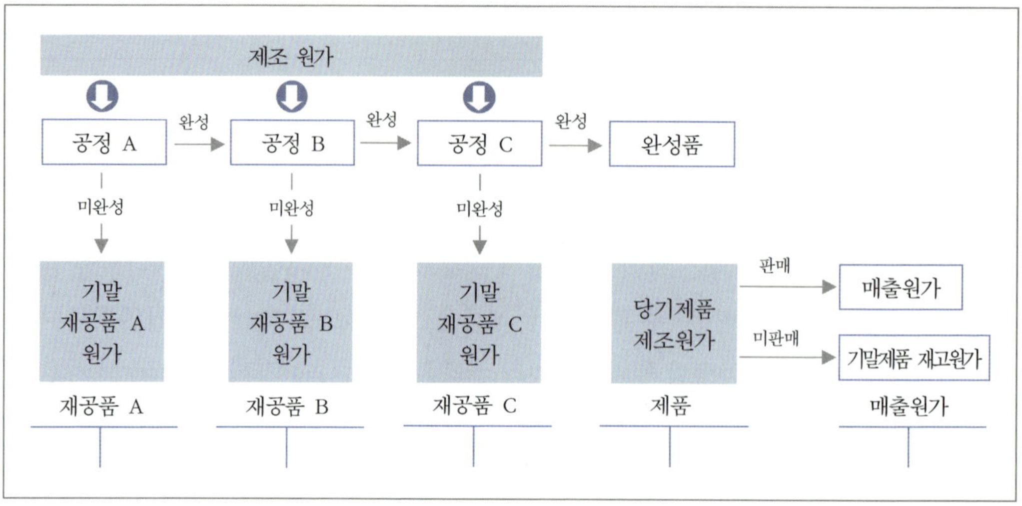

개별원가계산에서는 주문을 받은 개별작업별로 소요된 원가를 집계하고 각 작업의 완성 여부를 파악하여 완성된 작업의 원가는 당기제품제조원가로, 아직 완료되지 않은 작업에 든 원가는 기말재공품 원가로 배부하지만, 종합원가계산에서는 제조공정별로 제조원가를 집계하고 일정 기간 그 공정에서 생산된 완성품과 미완성된 기말재공품에 제조원가를 배부하여 당기제품제조원가와 기말재공품 원가를 산출한다.

종합원가계산은 작업별로 원가계산이 이루어지는 개별원가계산과는 달리 공정별로 원가계산이 행해진다는 점에 유의할 필요가 있다. 즉, 제조공정별로 제조원가를 집계하고, 일정 기간 그 공정에서 생산된 완성품과 미완성된 기말재공품에 제조원가를 배부하여 당기제품제조원가와 기말재공품 원가를 구하는 것이다.

개별원가계산	종합원가계산
고객의 주문에 따라 제품을 생산하는 주문생산의 업종에 적합하다.	표준규격제품을 대량으로 연속생산하는 업종에 적합하다.
제조원가는 작업별로 집계되며 그 작업에서 생산된 제품 단위에 원가를 배부한다.	제조원가는 공정별로 집계되며 그 공정을 통과한 제품 단위에 원가를 배부한다.
개별작업에 대한 작업 원가표가 원가계산의 기초가 된다.	각 제조공정에 대한 제조원가명세서가 원가계산의 기초가 된다.

제2절 종합원가계산의 기본개념

1. 제조원가의 집계

원가를 집계하는 데 직접제조원가와 제조간접원가의 구분이 중요한데, 직접제조원가는 개별작업과 관련하여 직접 추적할 수 있는 원가이기 때문에 발생한 원가를 원가대상에 그대로 부과시키지만, 제조간접원가는 특정 제품이나 부문과 관련하여 직접 추적할 수 없는 원가이기 때문에 이를 회계 기간 말에 적정한 기준으로 배부하게 된다. 그 결과 기말에 완성된 개별작업의 원가는 당기제품제조원가로, 기말에 재공품으로 남은 미완성제품의 원가는 기말재공품 원가로 분류된다.

2. 완성품 환산량

완성품 환산량(equivalent unit)은 종합원가계산에서 기본적인 개념이다. 공정별로 제조원가가 집계되면 일정 기간에 발생한 총원가를 완성품과 기말재공품에 적절히 배부해야 한다. 이를 위해서는 먼저 각 공정이나 부문에서 수행한 총작업량을 공통척도로 환산해야 한다. 여기서 완성품 수량으로 환산한 공통척도를 완성품 환산량이라고 한다. 다시 말하면 산출물의 완성 정도를 측정하는 개념이라고 할 수 있다. 완성품 환산량을 공통척도로 사용하면 일정 기간에 수행된 모든 작업을 그 기간에 제조를 시작하여 완성한 제품의 수량으로 나타낼 수 있다. 완성품 환산량은 제조에 착수한 수량에 완성도를 곱하여 계산된다. 따라서 완성품 환산량을 계산하기 위해서는 기초 및 기말재공품의 완성도에 대한 정보가 있어야 한다.

완성도란 공정에 투입되어 현재까지 공정에 남아있는 생산물의 공정진척도를 나타낸 것이다. 일반적으로 완성도는 직접재료원가, 가공원가 또는 전환원가(=직접노무원가+제조간접원가)별로 따로 계산된다. 왜냐하면, 직접재료원가와 가공원가의 투입 시점이 다르기 때문이다. 직접재료원가는 일반적으로 공정의 착수 시점, 중간 시점 또는 종료 시점 등에 원재료를 투입함으로써 특정 시점에 전액 발생하는 반면, 직접노무원가와 제조간접원가의 합인 가공원가는 공정 전체를 통하여 일정한 비율로 연속적으로 발생하는 것이 일반적이기 때문이다.

예를 들어, 생산 부문에서 원재료는 공정 초에 전량 투입되고, 가공원가는 공정 전체에 있어서 균등하게 발생한다. 그리고 당기에 착수한 40단위의 재공품이 생산이 완료되지 않아 완성도가 60%인 기말재공품으로 남았다. 이 경우 완성품 환산량을 계산하면 기말재공품에 원재료가 전량 투입되었으므로 직접재료원가의 완성도는 100%이다. 그리고 가공원가는 완성도에 비례하므로 직접노무원가와 제조간접원가는 기말재공품에 대해서 60%가 발생한 것으로 추정된다. 따라서 직접재료원가의 완성품 환산량은 40단위(=40단위×100%)이고, 가공원가의 완성품 환산량은 24단위(=40단위×60%)이다.

제3절 종합원가계산의 절차

종합원가계산제도하에서는 특정 원가계산 기간에 특정 공정을 통과하는 각 제품 단위에 대해 같은 내용의 작업을 수행한다고 보고 각 부문에서 발생한 총제조원가를 생산된 완성품의 수량으로 나누어서 각 제품에 같은 원가를 배부한다.

당기에 투입된 원가는 기초재공품을 완성하기 위해 지출한 원가와 당기에 생산을 시작한 작업을 위해 지출한 원가로 구성된다. 따라서 당기 완성품 원가는 전기에 착수되어 당기에 완성된 제품에 든 원가와 당기에 착수되어 당기에 완성된 제품에 든 원가의 합이 된다.

공정이 특정 원가계산기간(예: 월)에 종료되는 것은 아니므로, 기말시점에는 아직 완성되지 않은 재공품이 존재하게 된다. 당기의 기말재공품 원가는 다음 기의 기초재공품 원가가 된다. 만약 제품의 제조에 여러 원가계산기간이 소요될 때는 기말재공품에 전기에 발생한 원가와 당기에 발생한 원가가 혼재하게 된다.

작업의 흐름과 원가의 흐름을 요약하면 다음과 같다.

재공품			
1. 기초재공품의 원가 전기에 부분적으로 완성된 단위에 투입된 원가(A) 2. 당기총제조원가 (1) 기초재공품을 완성하기 위해 투입된 원가(B) (2) 당기에 착수된 단위를 위해 투입된 원가 a. 당기에 착수되고 당기에 완성된 단위의 원가(C) b. 당기에 착수되었으나 미완성된 단위의 원가(D)		3. 완성품 원가 (1) 전기에 착수되어 당기에 완성된 단위의 원가(A+B) (2) 당기에 착수되어 당기에 완성된 단위의 원가(C) 4. 기말재공품의 원가(D)	
차변합계	(A)+(B)+(C)+(D)	대변합계	(A)+(B)+(C)+(D)

종합원가계산에서 완성품 원가와 기말재공품 원가는 다음의 다섯 단계를 거쳐 계산한다.

1단계: 물량의 흐름을 파악한다.

2단계: 직접재료원가와 가공원가의 완성품 환산량을 계산한다.

3단계: 직접재료원가와 가공원가의 기초재공품 원가와 당기총제조원가를 집계한다.

4단계: 직접재료원가와 가공원가의 완성품 환산량 단위당 원가를 구한다.

5단계: 완성품과 기말재공품 원가를 계산한다.

1. 물량 흐름의 파악

종합원가계산을 수행하기 위한 첫 번째 단계는 완성품과 재공품의 물량 흐름을 파악하는 것이다. 기초재공품 수량, 당기착수량, 완성품 수량, 기말재공품 수량 간에는 다음과 같은 등식이 성립한다.

기초재공품 수량+당기착수량=완성품 수량+기말재공품 수량

(주)태광산업은 20×7년 4월 초에 설립하여 생산을 시작하였다. (주)태광산업은 제품을 생산하면서 2개의 공정으로 구성되어 있다. 먼저 조립공정에서 완성되면 포장공정으로 대체되고 포장공정에서 제품이 완성되면 제품 계정으로 대체된다. 20×7년 4월 중에 400단위가 조립공정에 생산이 착수되었다. 4월 30일 현재 200단위는 작업이 완료되어 포장공정으로 대체되었다.

위 산식에 의해 (주)태광산업의 조립부문의 물량 흐름을 파악하면 4월 초에 설립하였으므로 기초재공품은 없고, 당기착수량이 400단위, 완성품 수량이 200단위이므로 기말재공품 수량은 200단위이다.

항목	[1단계] 물량 흐름 (A)
기초재공품①	0단위
당기착수량②	400단위
합계③=(①+②)	400단위
당기완성량④	200단위
기말재공품⑤=(③-④)	200단위
합계⑥=(④+⑤)	400단위

2. 완성품 환산량 계산

(주)태광산업의 경우 조립공정에서 원재료는 공정 초기에 모두 투입하고, 가공원가는 공정 전반에 걸쳐 균등하게 발생하며, 기말재공품의 완성도는 60%이다.

따라서 조립공정의 원가는 다음과 같이 발생한다. 원재료는 공정의 초기에 전량 투입되므로 직접재료원가의 완성도는 당기완성품, 기말재공품 모두 100%이다. 가공원가의 완성도는 당기완성품의 경우 당연히 100%이고 기말재공품의 완성도는 60%이다.

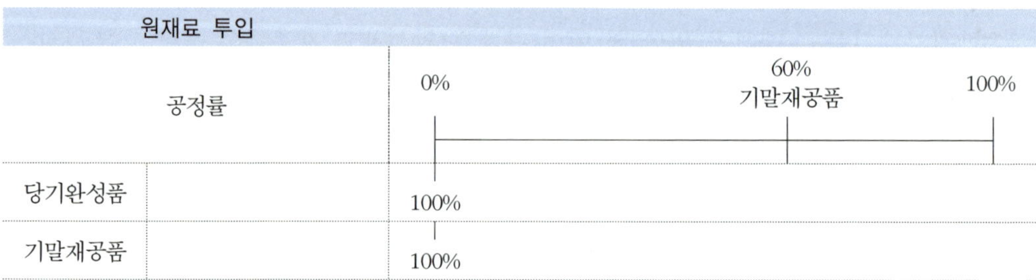

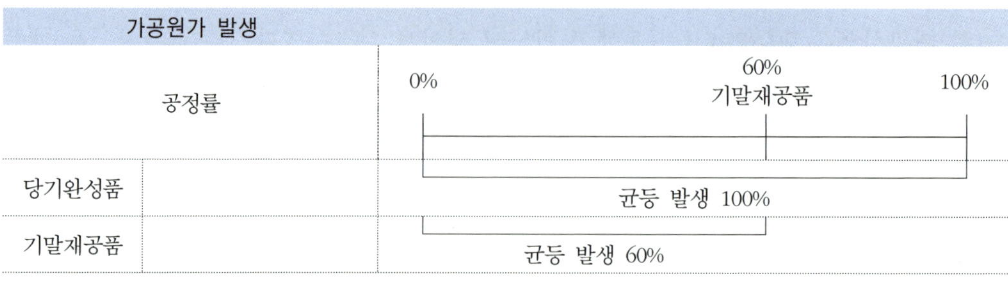

다음으로 완성품 환산량은 1단계에서 계산한 물량 흐름에 직접재료원가의 완성도, 가공원가의 완성도를 곱하여 산출한다. 직접재료원가의 완성품 환산량은 200단위, 가공원가의 완성품 환산량은 320단위이다.

항목	[1단계] 물량 흐름 (A)	[2단계] 완성품 환산량			
		완성도		완성품 환산량	
		직접재료원가 (B)	가공원가 (C)	직접재료원가 (D)=(A×B)	가공원가 (E)=(A×C)
기초재공품①	0단위				
당기착수량②	400단위				
합계③=(①+②)	400단위				
당기완성량④	200단위	100%	100%	200단위	200단위
기말재공품⑤=(③-④)	200단위	100%	60%	200단위	120단위
합계⑥=(④+⑤)	400단위			400단위	320단위

3. 원가요소별 총원가 집계

(주)태광산업의 4월 중에 투입된 원가를 집계한 결과 직접재료원가는 ₩18,000, 직접노무원가 ₩30,000, 제조간접원가는 ₩21,200이다. 이를 직접재료원가와 가공원가로 구분하여 나타내면 다음과 같다. 당기에 투입한 원가는 직접재료원가 ₩18,000, 가공원가 ₩51,200이다.

항목	[1단계] 물량 흐름 (A)	[2단계] 완성품 환산량				
		완성도		완성품 환산량		
		직접재료원가 (B)	가공원가 (C)	직접재료원가 (D)=(A×B)	가공원가 (E)=(A×C)	
기초재공품①	0단위					
당기착수량②	400단위					
합계③=(①+②)	400단위					
당기완성량④	200단위	100%	100%	200단위	200단위	
기말재공품⑤=(③-④)	200단위	100%	60%	200단위	120단위	
합계⑥=(④+⑤)	400단위			400단위	320단위	

[3단계] 총원가의 집계					
항목			직접재료원가	가공원가	합계
기초재공품의 추가 발생원가⑦			₩0	₩0	₩0
당기착수량의 발생원가⑧			18,000	51,200	69,200
합계⑨=(⑦+⑧)			₩18,000	₩51,200	₩69,200

4. 원가요소별 완성품 환산량 단위당 원가

(주)태광산업의 4월 원가요소별 완성품 환산량 단위당 원가를 계산하면 다음과 같다. 직접재료원가 ₩18,000을 직접재료원가 완성품 환산량 400단위로 나누어 단위당 ₩45이 산출되고, 가공원가 ₩51,200을 가공원가 완성품 환산량 320단위로 나누어 단위당 ₩160이 산출된다.

항목	[1단계] 물량 흐름 (A)	[2단계] 완성품 환산량				
		완성도		완성품 환산량		
		직접재료원가 (B)	가공원가 (C)	직접재료원가 (D)=(A×B)	가공원가 (E)=(A×C)	
기초재공품①	0단위					
당기착수량②	400단위					
합계③=(①+②)	400단위					
당기완성량④	200단위	100%	100%	200단위	200단위	
기말재공품⑤=(③-④)	200단위	100%	60%	200단위	120단위	
합계⑥=(④+⑤)	400단위			400단위	320단위	
[3단계] 총원가의 집계						
항목				직접재료원가	가공원가	합계
기초재공품의 추가 발생원가⑦				₩0	₩0	₩0
당기착수량의 발생원가⑧				18,000	51,200	69,200
합계⑨=(⑦+⑧)				₩18,000	₩51,200	₩69,200
[4단계] 완성품 환산량 단위당 원가의 산출						
항목				직접재료원가	가공원가	합계
완성품 환산량 단위당 원가⑩=(⑨÷⑥)				@₩45	@₩160	

5. 완성품과 기말재공품 원가계산

위에서 구한 완성품 환산량 단위당 원가 정보를 이용하여 완성품 원가와 기말재공품 원가를 계산하면 다음과 같다.

완성품 원가는 직접재료원가의 완성품 환산량 200단위에 직접재료원가의 완성품 환산량 단위당 원가 ₩45을 곱하여 직접재료원가 ₩9,000을 산출하고 가공원가의 완성품 환산량 200단위에 가공원가의 완성품 환산량 단위당 원가 ₩160을 곱하여 가공원가 ₩32,000을 산출한 다음 이를 합산하여 총원가 ₩41,000(=₩9,000+₩32,000)이 산출된다. 기말재공품 원가도 완성품 원가와 같은 방법을 통해 ₩28,200이 산출된다.

항목	[1단계] 물량 흐름 (A)	[2단계] 완성품 환산량				
		완성도		완성품 환산량		
		직접재료원가 (B)	가공원가 (C)	직접재료원가 (D)=(A×B)	가공원가 (E)=(A×C)	
기초재공품①	0단위					
당기착수량②	400단위					
합계③=(①+②)	400단위					
당기완성량④	200단위	100%	100%	200단위	200단위	
기말재공품⑤=(③−④)	200단위	100%	60%	200단위	120단위	
합계⑥=(④+⑤)	400단위			400단위	320단위	
[3단계] 총원가의 집계						
항목				직접재료원가	가공원가	합계
기초재공품의 추가 발생원가⑦				₩0	₩0	₩0
당기착수량의 발생원가⑧				18,000	51,200	69,200
합계⑨=(⑦+⑧)				₩18,000	₩51,200	₩69,200
[4단계] 완성품 환산량 단위당 원가의 산출						
항목				직접재료원가	가공원가	합계
완성품 환산량 단위당 원가⑩=(⑨÷⑥)				@₩45	@₩160	
[5단계] 총원가의 배부						
항목				직접재료원가	가공원가	합계
완성품 원가⑪=(④×⑩)				₩9,000	₩32,000	₩41,000
기말재공품 원가⑫=(⑤×⑩)				9,000	19,200	28,200
합계⑬=(⑪+⑫)				₩18,000	₩51,200	₩69,200

이러한 원가 흐름을 재공품 계정을 통해 살펴보면 물량 흐름과 같이 다음과 같은 등식이 성립된다.

기초재공품 원가+당기투입원가=완성품 원가+기말재공품 원가

재공품			
기초재공품	0	완성품	41,000
당기투입	69,200	기말재공품	28,200
합계	69,200	합계	69,200

제4절 종합원가계산의 물량 흐름 가정

위의 (주)태광산업 사례와 같이 기초재공품이 없는 경우에는 당기에 완성된 제품은 모두 당기에 착수되어 당기에 완성된 것이다. 그러나 일반적일 때 기초재공품이 존재하는데, 이때 당기에 완성된 제품은 1) 기초재공품이 당기에 추가 가공되어 완성된 제품(전기착수 당기완성분)과 2) 당기에 착수되어 당기에 완성된 제품(당기착수 당기완성분)으로 이루어진다.

따라서 기초재공품이 있는 경우 물량 흐름에 대한 가정이 필요하다. 완성품 환산량을 기준으로 일정 기간 발생한 총원가를 완성품과 기말재공품에 배부하는 방법에는 선입선출법, 평균법, 후입선출법의 세 가지가 있다. 이 중 후입선출법은 실제 물량 흐름과 반대인 방법이므로 생략하고, 본서에서는 선입선출법과 평균법에 관해 (주)태광산업의 사례로써 살펴본다.

1. 선입선출법

선입선출법(FIFO: First-In First-Out method)은 기초재공품이 당기에 추가 가공되어 완성된 제품(전기착수 당기완성분)의 원가는 전기에 수행된 작업에 당기의 작업이

추가되므로 전기의 원가와 당기의 원가가 혼합되어 있지만, 당기에 착수되어 당기에 완성된 제품(당기착수 당기완성분)의 원가는 당기의 원가만으로 구성되어 있다고 간주하는 것이다.

선입선출법에 따른 원가계산의 5단계를 요약하면 다음과 같다. 여기에서 4단계 완성품 환산량 단위당 원가계산 시와 5단계 중 완성품 원가계산 시에 주의를 기울여야 한다.

1단계: 물량의 흐름을 파악한다.
- 1) 기초재공품
- 2) 당기에 착수하여 당기에 완성된 제품
- 3) 기말재공품

2단계: 직접재료원가와 가공원가의 완성품 환산량을 계산한다.

3단계: 직접재료원가와 가공원가의 기초재공품 원가와 당기총제조원가를 집계한다.

4단계: 직접재료원가와 가공원가의 완성품 환산량 단위당 원가를 구한다. 완성품 환산량 단위당 원가계산 시 분자에 당기 발생원가만 고려한다는 점에 유의해야 한다.

$$\text{완성품 환산량 단위당 원가} = \frac{\text{당기 발생원가}}{\text{완성품 환산량}}$$

5단계: 완성품과 기말재공품 원가를 계산한다. 완성품 원가계산 시 기초재공품 원가를 가산해야 한다는 점에 유의해야 한다.
- 1) 완성품 원가=기초재공품 원가+완성품 환산량×완성품 환산량 단위당 원가
- 2) 기말재공품 원가=완성품 환산량×완성품 환산량 단위당 원가

1.1. 물량 흐름의 파악

(주)태광산업의 조립부문은 20×7년 5월 초에 부분적으로 조립된 스피커 200단위를 보유하고 있다. 20×7년 5월 중에 500단위가 생산에 착수되었다. 5월 말에 완성되어 다음 포장공정으로 대체된 완성품은 300단위이고 완성되지 않아 기말재공품 상태로 남은 수량은 400단위이다.

(주)태광산업의 조립부문의 물량 흐름을 파악하면, 완성도가 60%인 4월 말 기말재공품 200단위가 5월의 기초재공품 200단위가 되고, 5월 중에 착수된 수량이 500단위이고, 완성품 수량이 300단위이므로 기말재공품은 400단위이다. 기초재공품이 없을 때와의 차이점은 당기완성량 300단위를 기초재공품 완성량 200단위와 당기착수 당기완성량 100단위로 구분한다는 점이다.

항목	[1단계] 물량 흐름 (A)
기초재공품①	200단위
당기착수량②	500단위
합계③=(①+②)	700단위
당기완성량④=(ⓐ+ⓑ)	300단위
기초재공품 완성량ⓐ	200단위
당기착수 당기완성량ⓑ	100단위
기말재공품⑤=(③-④)	400단위
합계⑥=(④+⑤)	700단위

1.2. 완성품 환산량 계산

(주)태광산업의 경우 원재료는 공정 초기에 모두 투입되고 가공원가는 공정 전반에 걸쳐 균등하게 발생하는데 기말재공품의 공정률은 50%이다. 즉 5월에 조립공정의 원가는 다음과 같이 발생한다.

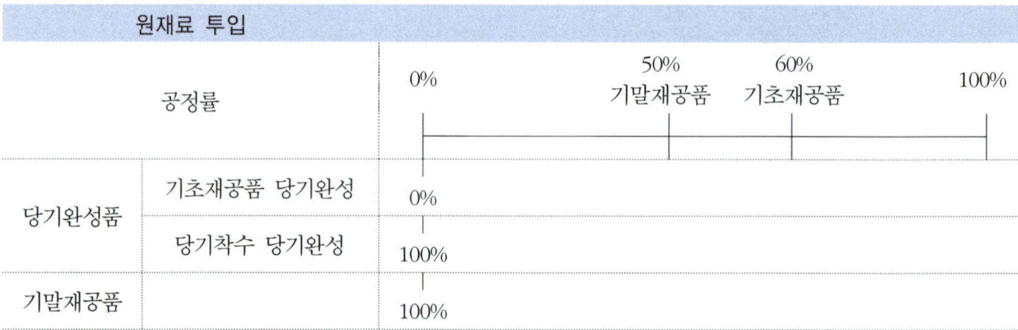

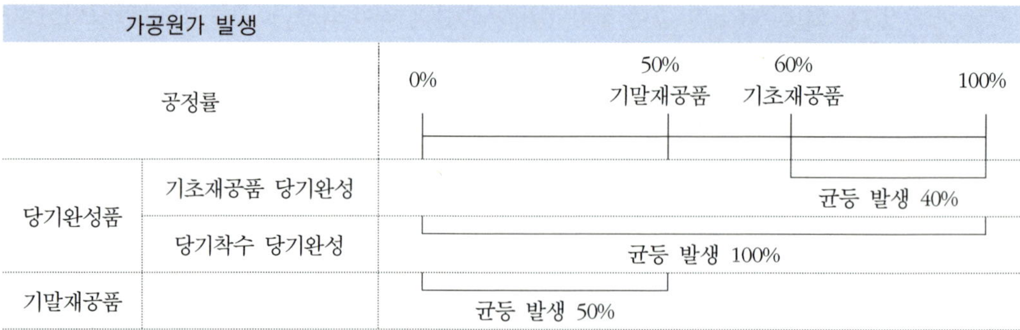

이에 따라 완성품 환산량을 계산하면 다음과 같다.

선입선출법에서는 당기에 투입한 노력을 3가지로 구분해서 완성도를 나타내게 되는데 1) 기초재공품을 완성하기 위해 투입한 노력, 2) 당기에 착수되어 당기에 완성된 제품에 투입한 노력, 3) 기말재공품에 투입한 노력이다.

기초재공품 완성량의 완성도는 100%에서 기초재공품의 완성도를 차감하여 계산한다. 원재료는 공정 초에 전량 투입되므로 기초재공품 완성량의 직접재료원가 완성도는 0%(=100%−100%)가 되고, 가공원가 완성도는 40%(=100%−60%)가 된다.

당기착수 당기완성량의 완성도는 직접재료원가, 가공원가 모두 100%이다.

기말재공품의 완성도를 계산하면 원재료는 공정 초에 전량 투입되므로 직접재료원가의 완성도는 100%이다. 가공원가는 공정률에 따라 50%이다.

이렇게 산출된 완성도에 각각의 물량 흐름을 곱하여 합산하게 되면 원가요소별 완성품 환산량이 산출된다.

항목	[1단계] 물량 흐름 (A)	[2단계] 완성품 환산량			
		완성도		완성품 환산량	
		직접재료원가 (B)	가공원가 (C)	직접재료원가 (D)=(A×B)	가공원가 (E)=(A×C)
기초재공품①	200단위	100%	60%		
당기착수량②	500단위				
합계③=(①+②)	700단위				
당기완성량④=(ⓐ+ⓑ)	300단위			100단위	180단위
기초재공품 완성량ⓐ	200단위	0%	40%	0단위	80단위
당기착수 당기완성량ⓑ	100단위	100%	100%	100단위	100단위
기말재공품⑤=(③−④)	400단위	100%	50%	400단위	200단위
합계⑥=(④+⑤)	700단위			500단위	380단위

1.3. 원가요소별 총원가 집계

(주)태광산업의 5월 기초재공품의 직접재료원가는 ₩9,000, 가공원가는 ₩19,200이었으며, 5월 중에 투입된 원가를 집계한 결과 직접재료원가는 ₩20,000, 직접노무원가 ₩31,000, 제조간접원가는 ₩25,800이다. 이를 직접재료원가와 가공원가로 구분하여 나타내면 다음과 같다.

항목	[1단계] 물량 흐름 (A)	[2단계] 완성품 환산량				
		완성도		완성품 환산량		
		직접재료원가 (B)	가공원가 (C)	직접재료원가 (D)=(A×B)	가공원가 (E)=(A×C)	
기초재공품①	200단위	100%	60%			
당기착수량②	500단위					
합계③=(①+②)	700단위					
당기완성량④=(ⓐ+ⓑ)	300단위			100단위	180단위	
기초재공품 완성량ⓐ	200단위	0%	40%	0단위	80단위	
당기착수 당기완성량ⓑ	100단위	100%	100%	100단위	100단위	
기말재공품⑤=(③-④)	400단위	100%	50%	400단위	200단위	
합계⑥=(④+⑤)	700단위			500단위	380단위	
[3단계] 총원가의 집계						
항목				직접재료원가	가공원가	합계
기초재공품 원가⑦				₩9,000	₩19,200	₩28,200
당기 발생원가⑧				20,000	56,800	76,800
합계⑨=(⑦+⑧)				₩29,000	₩76,000	₩105,000

1.4. 원가요소별 완성품 환산량 단위당 원가

앞에서 언급한 바와 같이 선입선출법에서 완성품 환산량 단위당 원가는 다음과 같이 계산한다.

$$\text{선입선출법하의 완성품 환산량 단위당 원가} = \frac{\text{당기 발생원가}}{\text{완성품 환산량}}$$

(주)태광산업의 5월의 원가요소별 완성품 환산량 단위당 원가를 계산하면 다음과 같다. 당기투입 직접재료원가 ₩20,000을 직접재료원가 완성품 환산량 500단위로 나누어 단위당 ₩40이 산출되고, 가공원가 ₩56,800을 가공원가 완성품 환산량 380단위로 나누어 단위당 ₩149.47이 산출되었다. 여기서 주의해야 할 점은 분자인 원가항목이 기초재공품 원가를 포함한 합계금액이 아니라 당기 발생원가(⑧)라는 것이다.

항목	[1단계] 물량 흐름 (A)	[2단계] 완성품 환산량				
		완성도		완성품 환산량		
		직접재료원가 (B)	가공원가 (C)	직접재료원가 (D)=(A×B)	가공원가 (E)=(A×C)	
기초재공품①	200단위	100%	60%			
당기착수량②	500단위					
합계③=(①+②)	700단위					
당기완성량④=(ⓐ+ⓑ)	300단위			100단위	180단위	
기초재공품 완성량ⓐ	200단위	0%	40%	0단위	80단위	
당기착수 당기완성량ⓑ	100단위	100%	100%	100단위	100단위	
기말재공품⑤=(③-④)	400단위	100%	50%	400단위	200단위	
합계⑥=(④+⑤)	700단위			500단위	380단위	
[3단계] 총원가의 집계						
항목				직접재료원가	가공원가	합계
기초재공품 원가⑦				₩9,000	₩19,200	₩28,200
당기 발생원가⑧				20,000	56,800	76,800
합계⑨=(⑦+⑧)				₩29,000	₩76,000	₩105,000
[4단계] 완성품 환산량 단위당 원가의 산출						
항목				당기 발생 직접재료원가	당기 발생 가공원가	
완성품 환산량 단위당 원가⑩=(⑧÷⑥)				@₩40	@₩149.47	

1.5. 완성품과 기말재공품 원가계산

위에서 구한 완성품 환산량 단위당 원가 정보를 이용하여 완성품 원가와 기말재공품 원가를 계산하면 다음과 같다.

직접재료원가의 완성품 환산량 100단위에 직접재료원가의 완성품 환산량 단위당 원가 ₩40을 곱한 후 기초재공품 직접재료원가 ₩9,000을 합산하여 완성품 직접재료원가 ₩13,000(=100단위×₩40+₩9,000)이 산출된다.

완성품 직접재료원가=직접재료원가 완성품 환산량 단위×직접재료원가 완성품 환산량 단위당 원가
+기초재공품 직접재료원가

가공원가의 완성품 환산량 180단위에 가공원가의 완성품 환산량 단위당 원가 ₩149.47을 곱한 후 기초재공품 가공원가 ₩19,200을 합산하여 완성품 가공원가 ₩46,105(=180

단위×₩149.47+₩19,200)이 산출된다.

완성품 가공원가=가공원가 완성품 환산량 단위×가공원가 완성품 환산량 단위당 원가
+기초재공품 가공원가

직접재료원가와 가공원가를 합산하여 완성품 원가 ₩59,105이 계산된다.

기말재공품 원가는 원가요소별 완성품 환산량에 완성품 환산량 단위당 원가를 곱하여 산출된다.

기말재공품 직접재료원가=직접재료원가 완성품 환산량 단위×직접재료원가 완성품 환산량 단위당 원가
=400단위×₩40=₩16,000

기말재공품 가공원가=가공원가 완성품 환산량 단위×가공원가 완성품 환산량 단위당 원가
=200단위×₩149.47=₩29,895

직접재료원가와 가공원가를 합산하여 기말재공품 원가는 ₩45,895이 된다.

항목	[1단계] 물량 흐름 (A)	[2단계] 완성품 환산량				
		완성도		완성품 환산량		
		직접재료원가 (B)	가공원가 (C)	직접재료원가 (D)=(A×B)	가공원가 (E)=(A×C)	
기초재공품①	200단위	100%	60%			
당기착수량②	500단위					
합계③=(①+②)	700단위					
당기완성량④=(ⓐ+ⓑ)	300단위			100단위	180단위	
기초재공품 완성량ⓐ	200단위	0%	40%	0단위	80단위	
당기착수 당기완성량ⓑ	100단위	100%	100%	100단위	100단위	
기말재공품⑤=(③−④)	400단위	100%	50%	400단위	200단위	
합계⑥=(④+⑤)	700단위			500단위	380단위	

[3단계] 총원가의 집계					
항목			직접재료원가	가공원가	합계
기초재공품 원가⑦			₩9,000	₩19,200	₩28,200
당기 발생원가⑧			20,000	56,800	76,800
합계⑨=(⑦+⑧)			₩29,000	₩76,000	₩105,000

[4단계] 완성품 환산량 단위당 원가의 산출					
항목			당기 발생 직접재료원가	당기 발생 가공원가	
완성품 환산량 단위당 원가⑩=(⑧÷⑥)			@₩40	@₩149.47	
[5단계] 총원가의 배부					
항목		기초재공품 원가	당기 발생 직접재료원가	당기 발생 가공원가	합계
완성품 원가⑪=(⑦+④×⑩)		₩28,200	₩4,000	₩26,905	₩59,105
기말재공품 원가⑫=(⑤×⑩)		–	16,000	29,895	45,895
합계⑬=(⑪+⑫)		₩28,200	₩20,000	₩56,800	₩105,000

선입선출법 완성품 단위당 원가와 관련한 예제는 다음과 같다.

예제

선입선출법 완성품 단위당 원가

(주)세무는 단일 제품 A를 대량생산하고 있으며, 종합원가계산방법(선입선출법 적용)을 사용한다. 직접재료는 공정 초에 전량 투입되고, 가공원가는 공정 전반에 걸쳐 균등하게 발생한다. 제품 A의 관련 사료가 다음과 같을 때, (주)세무의 제품 A 완성품 단위당 원가는? (단, 생산과정 중 감손이나 공손 등 물량 손실은 없다.) [2016년 세무사]

구분	물량(완성도)		구분	직접재료원가	가공원가
기초재공품	100개	(30%)	기초재공품	₩28,000	₩25,000
당기착수품	2,100개		당기 발생원가	630,000	205,000
당기완성품	()개		계	₩658,000	₩230,000
기말재공품	200개	(40%)			

풀이

완성품 수량=기초재공품 100개+당기착수품 2,100개−기말재공품 200개=2,000개

당기착수품 완성량=완성품 수량 2,000개−기초재공품 완성량 100개=1,900개

물량(완성도)				완성도		완성품 환산량①	
				직접재료원가	가공원가	직접재료원가	가공원가
기초재공품	100(30%)	기초재공품 완성량	100	0%	70%	0	70
당기착수품	2,100	당기착수품 완성량	1,900	100%	100%	1,900	1,900
		기말재공품	200(40%)	100%	40%	200	80
합계	2,200	합계	2,200			2,100	2,050
				당기 발생원가②		₩630,000	₩205,000
				환산량 단위당 원가 ③=(②÷①)		₩300	₩100

완성품 총원가=기초재공품 직접재료원가+기초재공품 가공원가+완성품 직접재료원가
+완성품 가공원가
=₩28,000+₩25,000+(0개+1,900개)×₩300+(70개+1,900개)×₩100
=₩820,000
완성품 단위당 원가=완성품 총원가÷완성품 수량=₩820,000÷2,000단위=₩410

2. 가중평균법(평균법)

가중평균법(weighted average method) 또는 평균법은 선입선출법과 달리 완성품을 기초재공품이 당기에 추가 가공되어 완성된 제품(전기착수 당기완성분)과 당기에 착수되어 당기에 완성된 제품(당기착수 당기완성분)으로 구분하지 않는다는 것이다.

가중평균법에 따른 원가계산의 5단계를 요약하면 다음과 같다.

1단계: 물량의 흐름을 파악한다.
1) 기초재공품
2) 당기에 착수하여 당기에 완성된 제품
3) 기말재공품
2단계: 직접재료원가와 가공원가의 완성품 환산량을 계산한다. 이때 기초재공품의 완성도를 0%로 가정한다.
3단계: 직접재료원가와 가공원가의 기초재공품 원가와 당기총제조원가를 집계한다.
4단계: 직접재료원가와 가공원가의 완성품 환산량 단위당 원가를 구한다. 완성품 환산량 단위당 원가계산 시 분자에 선입선출법과는 달리 기초재공품의 원가를 합산한다는 점에 유의해야 한다.

$$완성품\ 환산량\ 단위당\ 원가=\frac{(기초재공품\ 원가+당기\ 발생원가)}{완성품\ 환산량}$$

5단계: 완성품과 기말재공품 원가를 계산한다. 4단계에서 완성품 환산량 단위당 원가 계산 시 기초재공품 원가를 고려했으므로 완성품 원가 계산 시에는 기초재공품 원가를 포함하지 않는다는 점에 유의해야 한다.
1) 완성품 원가=완성품 환산량×완성품 환산량 단위당 원가
2) 기말재공품 원가=완성품 환산량×완성품 환산량 단위당 원가

(주)태광산업의 사례를 이용하여 가중평균법으로 원가를 계산하면 다음과 같다.

2.1. 물량 흐름의 파악

(주)태광산업의 조립부문의 물량 흐름을 파악하면 4월 기말재공품 200단위가 5월의 기초재공품이 200단위가 되고, 5월 중에 착수된 수량이 500단위이고 완성품 수량이 300단위이므로 기말재공품은 400단위이다.

항목	[1단계] 물량 흐름 (A)
기초재공품①	200단위
당기착수량②	500단위
합계③=(①+②)	700단위
당기완성량④	300단위
기말재공품⑤=(③-④)	400단위
합계⑥=(④+⑤)	700단위

2.2. 완성품 환산량 계산

(주)태광산업의 경우 원재료는 공정의 초기에 모두 투입되고 가공원가는 공정 전반에 걸쳐 균등하게 발생하는데 기말재공품의 공정률은 50%이다. 즉 5월 조립공정의 원가는 다음과 같이 발생한다.

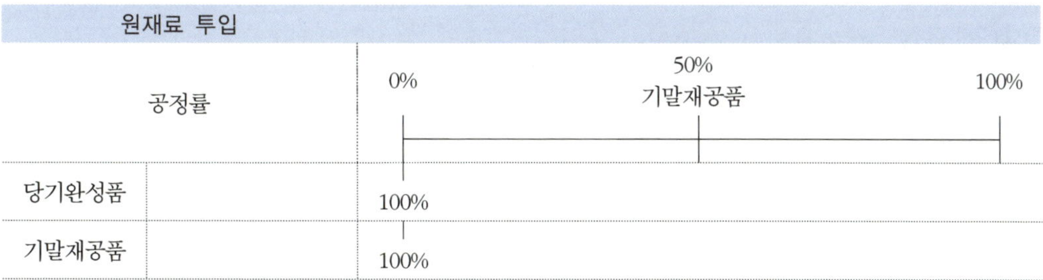

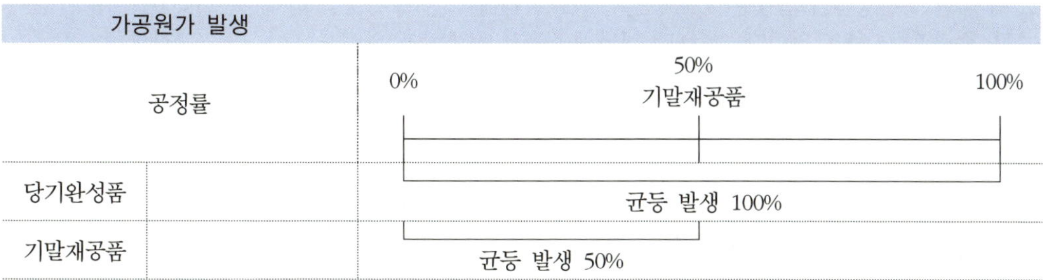

이에 따라 완성품 환산량을 계산하면 다음과 같다.

가중평균법에서는 기초재공품이 전기에 이미 제조에 착수되었음에도 마치 당기에 착수되어 완성된 것처럼 가정한다. 즉 당기에 완성된 제품이면 그것이 기초재공품이 추가 가공된 것이든 당기에 착수하여 완성된 것이든 구분하지 않고 당기에 만든 것이라고 간주한다. 따라서 당기완성량 300단위의 직접재료원가, 가공원가의 완성도 모두 100%이고 기초재공품은 따로 구분하지 않는 것이다.

기말재공품의 완성도를 계산하면 원재료는 공정 초에 전량 투입되므로 직접재료원가의 완성도는 100%이다. 가공원가는 공정률에 따라 50%이다.

이렇게 산출된 완성도에 각각의 물량 흐름을 곱하여 합산하게 되면 원가요소별 완성품 환산량이 산출된다.

항목	[1단계] 물량 흐름 (A)	[2단계] 완성품 환산량			
		완성도		완성품 환산량	
		직접재료원가 (B)	가공원가 (C)	직접재료원가 (D)=(A×B)	가공원가 (E)=(A×C)
기초재공품①	200단위				
당기착수량②	500단위				
합계③=(①+②)	700단위				
당기완성량④	300단위	100%	100%	300단위	300단위
기말재공품⑤=(③-④)	400단위	100%	50%	400단위	200단위
합계⑥=(④+⑤)	700단위			700단위	500단위

가중평균법의 전환원가 완성도와 관련한 예제는 다음과 같다.

예제

가중평균법의 전환원가 완성도

(주)세무는 가중평균법에 의한 종합원가계산제도를 채택하고 있다. 직접재료는 공정 초기에 전량 투입되고, 전환원가(conversion costs)는 공정 전반에 걸쳐 균등하게 발생한다. 20×1년 직접재료원가에 대한 총완성품 환산량은 20,000단위, 전환원가에 대한 총완성품 환산량은 18,000단위, 완성품 수량은 15,000단위이다. 20×1년 기말재공품의 전환원가 완성도는? [2018년 세무사]

풀이

1) 직접원가에 대한 기말재공품 완성품 환산량은 ①-②인 ③5,000단위이다.
2) 전환원가에 대한 기말재공품 완성품 환산량은 ④-⑤인 ⑥3,000단위이다.
3) 직접재료는 공정 초기에 전량 투입되므로 완성도는 ⑦100%임. 따라서 기말재공품 수량은 ⑧5,000단위임

4) 기말재공품의 전환원가 완성도(⑨)는 ⑥÷⑧로 60%

항목	[1단계] 물량 흐름 (A)	[2단계] 완성품 환산량			
		완성도		완성품 환산량	
		직접재료원가 (B)	전환원가 (C)	직접재료원가 (D)=(A×B)	전환원가 (E)=(A×C)
당기완성량				②15,000단위	⑤15,000단위
기말재공품	⑧5,000단위	⑦100%	⑨X%	③5,000단위	⑥3,000단위
합계				①20,000단위	④18,000단위

[별해]
"직접재료는 공정 초기에 전량 투입되고, 전환원가(conversion costs)는 공정 전반에 걸쳐 균등하게 발생한다."라는 가정하에서 직접재료원가 총완성품 환산량과 직접재료원가 당기완성량의 차이는 기말재공품 수량임

항목	산식
직접재료원가 총완성품 환산량(1)	당기완성량+기말재공품 수량
직접재료원가 당기완성량(2)	당기완성량
차이(3)=(1)−(2)	기말재공품 수량

(①20,000단위−②15,000단위)×X%=(18,000단위−15,000단위)
∴기말재공품의 전환원가 완성도=60%

2.3. 원가요소별 총원가 집계

(주)태광산업의 5월 기초재공품의 직접재료원가는 ₩9,000, 가공원가는 ₩19,200이었으며, 5월 중에 투입된 원가를 집계한 결과 직접재료원가는 ₩20,000, 직접노무원가 ₩31,000, 제조간접원가는 ₩25,800이다. 이를 직접재료원가와 가공원가로 구분하여 나타내면 다음과 같다.

항목	[1단계] 물량 흐름 (A)	[2단계] 완성품 환산량				
		완성도		완성품 환산량		
		직접재료원가 (B)	가공원가 (C)	직접재료원가 (D)=(A×B)	가공원가 (E)=(A×C)	
기초재공품①	200단위					
당기착수량②	500단위					
합계③=(①+②)	700단위					
당기완성량④	300단위	100%	100%	300단위	300단위	
기말재공품⑤=(③−④)	400단위	100%	50%	400단위	200단위	
합계⑥=(④+⑤)	700단위			700단위	500단위	

[3단계] 총원가의 집계					
항목			직접재료원가	가공원가	합계
기초재공품 원가⑦			₩9,000	₩19,200	₩28,200
당기 발생원가⑧			20,000	56,800	76,800
합계⑨=(⑦+⑧)			₩29,000	₩76,000	₩105,000

2.4. 원가요소별 완성품 환산량 단위당 원가

앞에서 언급한 바와 같이 가중평균법에서 완성품 환산량 단위당 원가는 다음과 같이 계산한다.

$$\text{가중평균법하의 완성품 환산량 단위당 원가} = \frac{(\text{기초재공품 원가} + \text{당기투입원가})}{\text{완성품 환산량}}$$

기초재공품의 완성도를 무시하고 모두 당기에 착수하여 완성했다고 가정하기 때문에 당기 발생원가 역시 기초재공품원가+당기투입원가로 이루어진다.

(주)태광산업의 5월의 원가요소별 완성품 환산량 단위당 원가를 계산하면 다음과 같다.

기초재공품 직접재료원가 ₩9,000과 당기투입 직접재료원가 ₩20,000의 합인 ₩29,000을 직접재료원가 완성품 환산량 700단위로 나누어 단위당 ₩41.43이 산출되고, 기초재공품 가공원가 ₩19,200과 당기투입 가공원가 ₩56,800의 합인 ₩76,000을 가공원가 완성품 환산량 500단위로 나누어 단위당 ₩152이 산출된다.

항목	[1단계] 물량 흐름 (A)	[2단계] 완성품 환산량				
		완성도		완성품 환산량		
		직접재료원가 (B)	가공원가 (C)	직접재료원가 (D)=(A×B)	가공원가 (E)=(A×C)	
기초재공품①	200단위					
당기착수량②	500단위					
합계③=(①+②)	700단위					
당기완성량④	300단위	100%	100%	300단위	300단위	
기말재공품⑤=(③-④)	400단위	100%	50%	400단위	200단위	
합계⑥=(④+⑤)	700단위			700단위	500단위	

[3단계] 총원가의 집계					
항목			직접재료원가	가공원가	합계
기초재공품 원가⑦			₩9,000	₩19,200	₩28,200
당기 발생원가⑧			20,000	56,800	76,800
합계⑨=(⑦+⑧)			₩29,000	₩76,000	₩105,000
[4단계] 완성품 환산량 단위당 원가의 산출					
항목			직접재료원가	가공원가	
완성품 환산량 단위당 원가⑩=(⑨÷⑥)			@₩41.43	@₩152	

2.5. 완성품과 기말재공품 원가계산

위에서 산출한 완성품 환산량 단위당 원가 정보를 이용하여 완성품 원가와 기말재공품 원가를 계산하면 다음과 같다.

완성품의 원가는 직접재료원가 완성품 환산량 300단위에 직접재료원가 완성품 환산량 단위당 원가 ₩41.43을 곱하여 산출한 직접재료원가 ₩12,429과 가공원가 완성품 환산량 300단위에 가공원가 완성품 환산량 단위당 원가 ₩152을 곱하여 산출한 가공원가 ₩45,600의 합인 ₩58,029이다.

기말재공품의 원가는 직접재료원가 완성품 환산량 400단위에 직접재료원가 완성품 환산량 단위당 원가 ₩41.43을 곱하여 산출한 직접재료원가 ₩16,571과 가공원가 완성품 환산량 200단위에 가공원가 완성품 환산량 단위당 원가 ₩152을 곱하여 산출한 가공원가 ₩30,400의 합인 ₩46,971이다.

항목	[1단계] 물량 흐름 (A)	[2단계] 완성품 환산량				
		완성도		완성품 환산량		
		직접재료원가 (B)	가공원가 (C)	직접재료원가 (D)=(A×B)	가공원가 (E)=(A×C)	
기초재공품①	200단위					
당기착수량②	500단위					
합계③=(①+②)	700단위					
당기완성량④	300단위	100%	100%	300단위	300단위	
기말재공품⑤=(③−④)	400단위	100%	50%	400단위	200단위	
합계⑥=(④+⑤)	700단위			700단위	500단위	

[3단계] 총원가의 집계					
항목			직접재료원가	가공원가	합계
기초재공품 원가⑦			₩9,000	₩19,200	₩28,200
당기 발생원가⑧			20,000	56,800	76,800
합계⑨=(⑦+⑧)			₩29,000	₩76,000	₩105,000
[4단계] 완성품 환산량 단위당 원가의 산출					
항목			직접재료원가	가공원가	
완성품 환산량 단위당 원가⑩=(⑨÷⑥)			@₩41.43	@₩152	
[5단계] 총원가의 배부					
항목			직접재료원가	가공원가	합계
완성품 원가⑪=(④×⑩)			₩12,429	₩45,600	₩58,029
기말재공품 원가⑫=(⑤×⑩)			16,571	30,400	46,971
합계⑬=(⑪+⑫)			₩29,000	₩76,000	₩105,000

선입선출법과 평균법의 완성품 환산량 차이와 관련한 예제는 다음과 같다.

예제

선입선출법과 평균법의 완성품 환산량 차이

(주)세무는 단일 제품을 생산하고 있으며, 종합원가계산제도를 채택하고 있다. 재료는 공정이 시작되는 시점에서 전량 투입되며, 전환원가는 공정 전체에 걸쳐 균등하게 발생한다. 재료원가의 경우 평균법에 의한 완성품환산량은 87,000단위이고 선입선출법에 의한 완성품환산량은 47,000단위이다. 또한, 전환원가의 경우 평균법에 의한 완성품환산량은 35,000단위이고 선입선출법에 의한 완성품환산량은 25,000단위이다. 기초재공품의 전환원가 완성도는?[2019년 세무사 1차]

풀이

"재료는 공정이 시작되는 시점에서 전량 투입된다"는 가정하에서 평균법과 선입선출법의 완성품 환산량 차이는 "기초재공품의 완성량"임.

항목	산식
평균법에 의한 직접재료원가 완성품 환산량①	기초재공품 완성량×100% +당기착수 당기완성량×100%+기말재공품 수량×100%
선입선출법에 의한 직접재료원가 완성품 환산량②	기초재공품 완성량×0% +당기착수 당기완성량×100%+기말재공품 수량×100%
차이③=(①-②)	기초재공품 완성량

"전환원가는 공정 전체에 걸쳐 균등하게 발생한다"는 가정하에서 평균법과 선입선출법의 완성품 환산량 차이는 "기초재공품 완성량×기초재공품의 전환원가 완성도"임.

항목	산식
평균법에 의한 전환원가 완성품 환산량①	기초재공품 완성량×100% +당기착수 당기완성량×100% +기말재공품 수량×기말재공품 전환원가 완성도
선입선출법에 의한 전환원가 완성품 환산량②	기초재공품 완성량×(100%−기초재공품 전환원가 완성도) +당기착수 당기완성량×100% +기말재공품 수량×기말재공품 전환원가 완성도
차이③=(①−②)	기초재공품 완성량×기초재공품의 전환원가 완성도

항목	평균법 완성품 환산량 (A)	선입선출법 완성품 환산량 (B)	완성품 환산량 차이 (C)=(A−B)	설명
직접재료원가	87,000단위	47,000단위	40,000단위	기초재공품 완성량
전환원가	35,000단위	25,000단위	10,000단위	완성품 환산량 차이(10,000단위)=기초재공품 완성량(40,000단위)×기초재공품의 전환원가 완성도 ∴기초재공품의 전환원가 완성도=25%

3. 선입선출법과 가중평균법의 원가차이

(주)태광산업의 사례에서 선입선출법은 기초재공품 완성품 환산량 단위당 원가(⑤)는 직접재료원가 ₩45, 가공원가 ₩160으로 당기투입 완성품 환산량 단위당 원가(⑩)는 각각 ₩40, ₩149.47보다 크나. 이러면 단위당 원가가 큰 기초재공품이 완성품에 포함되고, 기말재공품은 단위당 원가가 작은 당기착수량을 포함한다고 가정하고 원가를 산출한다.

그러나 가중평균법에서는 완성품 환산량 단위당 원가(⑭)가 직접재료원가 ₩41.43, 가공원가 ₩152이다. 따라서 선입선출법의 기초재공품 완성품 환산량 단위당 원가 ₩45, ₩160보다 작은 수량이 더 많이 완성되고, 당기투입 완성품 환산량 단위당 원가 ₩40, ₩149.47보다 큰 수량이 기말재공품에 남아있다고 가정하고 원가를 산출한다.

선입선출법			가중평균법		
항목	직접재료 원가	가공원가	항목	직접재료 원가	가공원가
기초재공품 원가①	₩9,000	₩19,200	기초재공품 원가①	₩9,000	₩19,200
당기 발생원가②	20,000	56,800	당기 발생원가②	20,000	56,800
합계③=(①+②)	₩29,000	₩76,000	합계③=(①+②)	₩29,000	₩76,000
기초재공품 완성품 환산량④	200단위	120단위			
기초재공품 완성품 환산량 단위당 원가⑤=(①÷④)	@₩45	@₩160			
기초재공품 완성량 완성품 환산량⑥	0단위	80단위			
당기착수 당기완성량 완성품 환산량⑦	100단위	100단위	당기완성량 완성품 환산량⑪	300단위	300단위
기말재공품 완성품 환산량⑧	400단위	200단위	기말재공품 완성품 환산량⑫	400단위	200단위
합계⑨=(⑥+⑦+⑧)	500단위	380단위	합계⑬=(⑪+⑫)	700단위	500단위
당기투입 완성품 환산량 단위당 원가⑩=(②÷⑨)	@₩40	@₩149.47	완성품 환산량 단위당 원가 ⑭=(③÷⑬)	@₩41.43	@₩152

(주)태광산업의 가중평균 및 선입선출 종합원가계산방법으로 각각 완성품과 기말재공품에 배부된 원가를 요약하면 다음과 같다. 선입선출법은 가중평균법보다 완성품의 원가는 ₩1,076이 더 크고, 기말재공품의 원가는 ₩1,076이 더 작다.

항목	선입선출법 (A)	가중평균법 (B)	차이 (C)=(A-B)
완성품 원가	₩59,105	₩58,029	₩1,076
기말재공품 원가	45,895	46,971	(1,076)
합계	₩105,000	₩105,000	₩0

이러한 차이를 완성품 원가 측면에서 분석하면 선입선출법의 완성품 원가는 1) 기초재공품 완성품의 직접재료원가(=200단위×₩45)와 가공원가(=120단위×₩160)와 2) 당기투입 완성품의 직접재료원가(=100단위×₩40)와 가공원가(=180단위×₩147.47)의 합으로 이루어져 있다. 반면에 가중평균법의 완성품 원가는 직접재료원가(=300단위×₩41.43)와 가공원가(=300단위×₩152)로 이루어져 있다.

선입선출법			가중평균법			차이
항목	직접재료원가	가공원가	항목	직접재료원가	가공원가	
기초재공품 완성품 환산량	200단위	120단위				
기초재공품 완성품 환산량 단위당 원가	₩45	₩160				
소계	₩9,000	₩19,200				
당기투입 완성량 완성품 환산량	100단위	180단위	당기완성량 완성품 환산량	300단위	300단위	
당기투입 완성품 환산량 단위당 원가	₩40	₩149.47	완성품 환산량 단위당 원가	₩41.43	₩152	
소계	₩4,000	₩26,905	소계	₩12,429	₩45,600	
총계		₩59,105	총계		₩58,029	₩1,076

이러한 차이를 기말재공품 원가 측면에서 분석하면 가중평균법이 선입선출법보다 기말재공품 원가계산 시 이용한 완성품 환산량 단위당 원가가 더 크므로 가중평균법의 기말재공품 금액이 선입선출법의 기말재공품 금액보다 크다.

선입선출법			가중평균법			차이
항목	직접재료원가	가공원가	항목	직접재료원가	가공원가	
기말재공품 완성품 환산량	400단위	200단위	기말재공품 완성품 환산량	400단위	200단위	
당기투입 완성품 환산량 단위당 원가	₩40	₩149.47	완성품 환산량 단위당 원가	₩41.43	₩152	
소계	₩16,000	₩29,894	소계	₩16,572	₩30,400	
총계		₩45,894	총계		₩46,972	(₩1,078)[1]

1) ₩1,076과 차이는 단수에 의한 것임

위와 같이 선입선출법과 가중평균법에 따라 계산된 원가는 차이가 발생한다. 이러한 차이는 (1) 단위당 직접재료원가나 가공원가가 원가계산 기간별로 크게 차이가 나는 경우와 (2) 재공품의 재고량이 완성품대체량에 비교해 큰 경우 나타날 수 있다.

가중평균법은 전기 발생원가와 당기 발생원가를 구분하지 않으므로 원가계산 시 선입선출법보다 계산이 쉽고 투입자원의 가격 변동이 심할 때 평균원가를 보고한다는 장점이 있지만 두 원가를 합산하여 평균원가를 보고함으로써 기간 간 비교를 어렵게 한다는 단점이 있다.

선입선출법은 전기 발생원가와 당기 발생원가를 구분하기 때문에 기간 간 투입원가의 변동에 관한 정보를 제공하지만, 계산에 노력이 많이 소요되는 단점이 있다.

제5절 전공정원가

(주)태광산업과 유사하게 대부분 기업은 하나의 공정을 통해 제품을 생산하는 것이 아니라 다수의 공정을 거쳐서 제품을 생산한다. 이렇게 다수의 공정을 거쳐 제품을 생산할 때는 전공정인 조립공정의 완성품을 다음 공정인 포장공정에서 추가로 가공하게 되는데, 이처럼 다음 공정으로 대체하는 전공정 완성품의 원가를 전공정원가(transferred-in costs)라고 한다.[6] 전공정원가의 금액은 해당 공정 이전에 발생한 총원가를 나타낸다. (주)태광산업의 예를 들면, 포장공정의 전공정원가는 조립공정에서 발생한 모든 원가이다. 이러한 전공정원가는 공정착수 시점에 전액 투입되는 직접재료원가와 유사하게 처리된다.

(주)태광산업은 제품을 생산하는 데 두 개의 공정으로 구성되어 있다. 먼저 조립공정에서 완성되면 포장공정으로 대체되고 포장공정에서 제품이 완성되면 제품 계정으로 대체된다.

포장부문은 20×7년 5월 초에 부분적으로 포장된 스피커 100단위를 보유하고 있다. 20×7년 5월 중에 300단위가 작업에 착수하였다. 5월 말에 완성된 제품은 200단위이고 완성되지 않아 기말재공품 상태로 남은 수량은 200단위이다.

포장공정의 원재료는 공정이 끝나는 시점에 모두 투입되고 가공원가는 공정 전반에 걸쳐 균등하게 발생하는데 기초재공품의 완성도는 70%, 기말재공품의 완성도는 70%이다.

기초재공품의 전공정원가는 ₩20,500이며 가공원가는 ₩30,000이고, 당기에 발생한 직접재료원가는 ₩10,000, 가공원가는 ₩54,000이다.

6) 전공정 관점에서 다음 공정으로 대체되는 완성품의 원가를 전출원가 또는 차공정대체원가(transferred-out costs)라고 한다. (주)태광산업 사례에서 조립공정의 완성품 원가는 조립공정에서는 차공정대체원가가 되고, 포장공정에서는 전공정원가가 된다.

1. 선입선출법

1.1. 물량 흐름의 파악

(주)태광산업의 포장부문의 물량 흐름을 파악하면, 기초재공품은 100단위, 당기착수량은 300단위이며, 기초재공품 완성량은 100단위, 당기착수 당기완성량은 100단위이므로 기말재공품은 200단위이다.

항목	[1단계] 물량 흐름 (A)
기초재공품①	100단위
당기착수량②	300단위
합계③=(①+②)	400단위
당기완성량④=(ⓐ+ⓑ)	200단위
기초재공품 완성량ⓐ	100단위
당기착수 당기완성량ⓑ	100단위
기말재공품⑤=(③-④)	200단위
합계⑥=(④+⑤)	400단위

1.2. 완성품 환산량 계산

(주)태광산업의 5월의 포장부문의 완성품 원가와 기말재공품 원가를 선입선출법을 이용하여 계산하면 다음과 같다. 기본적으로 전공정원가가 추가된 점을 제외하고는 조립부문에 선입선출법을 적용하여 원가를 계산한 경우와 같다. 여기서 주의해야 할 점은 직접재료가 공정 말에 투입되기 때문에 기초재공품과 기말재공품의 직접재료 완성도가 0%라는 것이다. 5월에 포장부문에서 발생하는 원가는 다음과 같다.

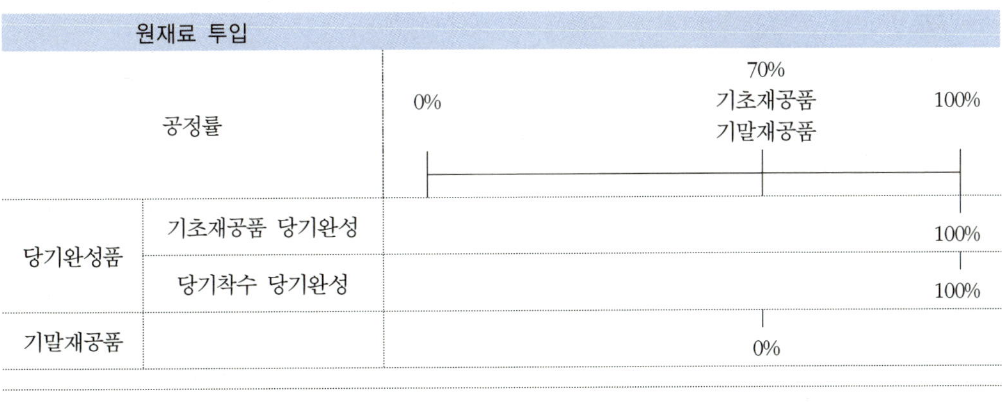

가공원가 발생		
공정률		0% / 70% 기초재공품 기말재공품 / 100%
당기완성품	기초재공품 당기완성	균등 발생 30%
	당기착수 당기완성	균등 발생 100%
기말재공품		균등 발생 70%

이에 따라 완성품 환산량을 계산하면 다음과 같다.

기초재공품 완성량의 완성도는 100%에서 기초재공품의 완성도를 차감하여 계산한다. 전공정원가는 공정착수 시점에 전액 투입되는 직접재료원가처럼 처리한다. 따라서 5월 기초재공품 완성량의 전공정원가는 공정착수 시점인 전기 4월에 전액 투입되었으므로 당기 5월의 완성도는 0%(=100%-100%)이다. 원재료는 공정 말에 전량 투입되므로 직접재료원가 완성도는 100%(=100%-0%)가 되고, 가공원가 완성도는 30%(=100%-70%)가 된다.

당기착수 당기완성량의 완성도를 계산하면 전공정원가는 공정착수 시점인 당기 5월에 전액 투입되었으므로 당기 5월의 완성도는 100%이다. 그리고 직접재료원가, 가공원가 모두 완성도 100%이다.

항목	[1단계] 물량 흐름 (A)	[2단계] 완성품 환산량					
		완성도			완성품 환산량		
		전공정 원가 (B)	직접재료 원가 (C)	가공 원가 (D)	전공정 원가 (E)=(A×B)	직접재료 원가 (F)=(A×C)	가공 원가 (G)=(A×D)
기초재공품①	100단위	100%	0%	70%			
당기착수량②	300단위						
합계③=(①+②)	400단위						
당기완성량④=(ⓐ+ⓑ)	200단위				100단위	200단위	130단위
기초재공품 완성량ⓐ	100단위	0%	100%	30%	0단위	100단위	30단위
당기착수 당기완성량ⓑ	100단위	100%	100%	100%	100단위	100단위	100단위
기말재공품⑤=(③-④)	200단위	100%	0%	70%	200단위	0단위	140단위
합계⑥=(④+⑤)	400단위				300단위	200단위	270단위

기말재공품의 완성도를 계산하면 전공정원가는 공정착수 시점인 당기 5월에 전액 투입되었으므로 당기 5월의 완성도는 100%이다. 원재료는 공정 말에 전량 투입되므로 기말재공품에 원재료를 아직 투입하지 않았기 때문에 직접재료원가의 완성도는 0%이다. 가공원가는 공정률에 따라 70%이다.

이렇게 산출된 완성도에 각각의 물량 흐름을 곱하여 합산하게 되면 원가요소별 완성품 환산량이 산출된다.

1.3. 원가요소별 총원가 집계

기초재공품의 전공정원가는 ₩20,500이며 가공원가는 ₩30,000이고, 당기에 발생한 직접재료원가는 ₩10,000, 가공원가는 ₩54,000이다. 전공정원가 중 당기 발생원가(⑧) ₩59,105은 선입선출법으로 계산한 전공정인 조립공정의 5월 완성품 원가이다.

항목	[1단계] 물량 흐름 (A)	[2단계] 완성품 환산량						
		완성도			완성품 환산량			
		전공정 원가 (B)	직접재료 원가 (C)	가공 원가 (D)	전공정 원가 (E)=(A×B)	직접재료 원가 (F)=(A×C)	가공 원가 (G)=(A×D)	
기초재공품①	100단위	100%	0%	70%				
당기착수량②	300단위							
합계③=(①+②)	400단위							
당기완성량④=(ⓐ+ⓑ)	200단위				100단위	200단위	130단위	
기초재공품 완성량ⓐ	100단위	0%	100%	30%	0단위	100단위	30단위	
당기착수 당기완성량ⓑ	100단위	100%	100%	100%	100단위	100단위	100단위	
기말재공품⑤=(③-④)	200단위	100%	0%	70%	200단위	0단위	140단위	
합계⑥=(④+⑤)	400단위				300단위	200단위	270단위	
[3단계] 총원가의 집계								
항목					전공정 원가	직접재료 원가	가공 원가	합계
기초재공품 원가⑦					₩20,500	₩0	₩30,000	₩50,500
당기 발생원가⑧					59,105	10,000	54,000	123,105
합계⑨=(⑦+⑧)					₩79,605	₩10,000	₩84,000	₩173,605

1.4. 원가요소별 완성품 환산량 단위당 원가

(주)태광산업의 5월의 원가요소별 완성품 환산량 단위당 원가를 계산하면 다음과 같다. 전공정원가의 완성품 환산량 단위당 원가는 당기투입 전공정원가 ₩59,105을 전공정원가 완성품 환산량 300단위로 나누어 ₩197.02이 산출된다.

직접재료원가의 완성품 환산량 단위당 원가는 당기투입 직접재료원가 ₩10,000을 직접재료원가 완성품 환산량 200단위로 나누어 ₩50이 산출된다.

가공원가의 완성품 환산량 단위당 원가는 당기투입 가공원가 ₩54,000을 가공원가 완성품 환산량 270단위로 나누어 ₩200이 산출된다.

항목	[1단계] 물량 흐름 (A)	[2단계] 완성품 환산량						
		완성도			완성품 환산량			
		전공정 원가 (B)	직접재료 원가 (C)	가공 원가 (D)	전공정 원가 (E)=(A×B)	직접재료 원가 (F)=(A×C)	가공 원가 (G)=(A×D)	
기초재공품①	100단위	100%	0%	70%				
당기착수량②	300단위							
합계③=(①+②)	400단위							
당기완성량④=(ⓐ+ⓑ)	200단위				100단위	200단위	130단위	
기초재공품 완성량ⓐ	100단위	0%	100%	30%	0단위	100단위	30단위	
당기착수 당기완성량ⓑ	100단위	100%	100%	100%	100단위	100단위	100단위	
기말재공품⑤=(③-④)	200단위	100%	0%	70%	200단위	0단위	140단위	
합계⑥=(④+⑤)	400단위				300단위	200단위	270단위	
[3단계] 총원가의 집계								
항목					전공정 원가	직접재료 원가	가공 원가	합계
기초재공품 원가⑦					₩20,500	₩0	₩30,000	₩50,500
당기 발생원가⑧					59,105	10,000	54,000	123,105
합계⑨=(⑦+⑧)					₩79,605	₩10,000	₩84,000	₩173,605
[4단계] 완성품 환산량 단위당 원가의 산출								
항목					당기 발생 전공정 원가	당기 발생 직접재료 원가	당기 발생 가공 원가	
완성품 환산량 단위당 원가⑩=(⑧÷⑥)					@₩197.02	@₩50	@₩200	

1.5. 완성품과 기말재공품 원가계산

위에서 구한 원가요소별 완성품 환산량에 완성품 환산량 단위당 원가를 곱하여 완성품 원가와 기말재공품 원가를 계산하면 다음과 같다.

완성품 원가는 기초재공품 원가 ₩50,500과 전공정원가의 완성품 환산량 100단위에 전공정원가의 완성품 환산량 단위당 원가 ₩197.02을 곱하여 산출한 당기 발생 전공정원가 ₩19,702, 직접재료원가의 완성품 환산량 200단위에 직접재료원가의 완성품 환산량 단위당 원가 ₩50을 곱하여 산출한 당기 발생 직접재료원가 ₩10,000, 가공원가의 완성품 환산량 130단위에 가공원가의 완성품 환산량 단위당 원가 ₩200을 곱하여 산출한 당기 발생 가공원가 ₩26,000을 합산한 ₩106,202이다.

기말재공품 원가는 전공정원가의 완성품 환산량 200단위에 전공정원가의 완성품 환산량 단위당 원가 ₩197.02을 곱하여 산출한 당기 발생 전공정원가 ₩39,403과 가공원가의 완성품 환산량 140단위에 가공원가의 완성품 환산량 단위당 원가 ₩200을 곱하여 산출한 당기 발생 가공원가 ₩28,000을 합산한 ₩67,403이다.

항목	[1단계] 물량 흐름 (A)	[2단계] 완성품 환산량						
		완성도			완성품 환산량			
		전공정 원가 (B)	직접재료 원가 (C)	가공 원가 (D)	전공정 원가 (E)=(A×B)	직접재료 원가 (F)=(A×C)	가공 원가 (G)=(A×D)	
기초재공품①	100단위	100%	0%	70%				
당기착수량②	300단위							
합계③=(①+②)	400단위							
당기완성량④=(ⓐ+ⓑ)	200단위				100단위	200단위	130단위	
기초재공품 완성량ⓐ	100단위	0%	100%	30%	0단위	100단위	30단위	
당기착수 당기완성량ⓑ	100단위	100%	100%	100%	100단위	100단위	100단위	
기말재공품⑤=(③−④)	200단위	100%	0%	70%	200단위	0단위	140단위	
합계⑥=(④+⑤)	400단위				300단위	200단위	270단위	
[3단계] 총원가의 집계								
항목					전공정 원가	직접재료 원가	가공 원가	합계
기초재공품 원가⑦					₩20,500	₩0	₩30,000	₩50,500
당기 발생원가⑧					59,105	10,000	54,000	123,105
합계⑨=(⑦+⑧)					₩79,605	₩10,000	₩84,000	₩173,605

[4단계] 완성품 환산량 단위당 원가의 산출							
항목				당기 발생 전공정 원가	당기 발생 직접재료 원가	당기 발생 가공 원가	
완성품 환산량 단위당 원가⑩=(⑧÷⑥)				@₩197.02	@₩50	@₩200	

[5단계] 총원가의 배부							
항목			기초 재공품 원가	당기 발생 전공정 원가	당기 발생 직접재료 원가	당기 발생 가공 원가	합계
완성품 원가⑪=(④×⑩)			₩50,500	₩19,702	₩10,000	₩26,000	₩106,202
기말재공품 원가⑫=(⑤×⑩)				39,403	0	28,000	67,403
합계⑬=(⑪+⑫)			₩50,500	₩59,105	₩10,000	₩54,000	₩173,605

2. 가중평균법

2.1. 물량 흐름의 파악

(주)태광산업의 포장부문의 물량 흐름을 파악하면, 기초재공품은 100단위, 당기착수량은 300단위이며, 당기완성량은 200단위이므로 기말재공품은 200단위이다.

항목	[1단계] 물량 흐름 (A)
기초재공품①	100단위
당기착수량②	300단위
합계③=(①+②)	400단위
당기완성량④	200단위
기말재공품⑤=(③−④)	200단위
합계⑥=(④+⑤)	400단위

2.2. 완성품 환산량 계산

(주)태광산업의 5월의 포장부문의 완성품 원가와 기말재공품 원가를 가중평균법을 이용하여 계산하면 다음과 같다. 기본적으로 전공정원가가 추가된 점을 제외하고는 조립부문에 가중평균법을 적용하여 원가를 계산한 경우와 같다. 여기서 주의해야 할 점은

직접재료가 공정 말에 투입되기 때문에 기초재공품과 기말재공품의 직접재료 완성도가 0%라는 것이다. 즉, 5월에 포장부문에서 발생하는 원가는 다음과 같다.

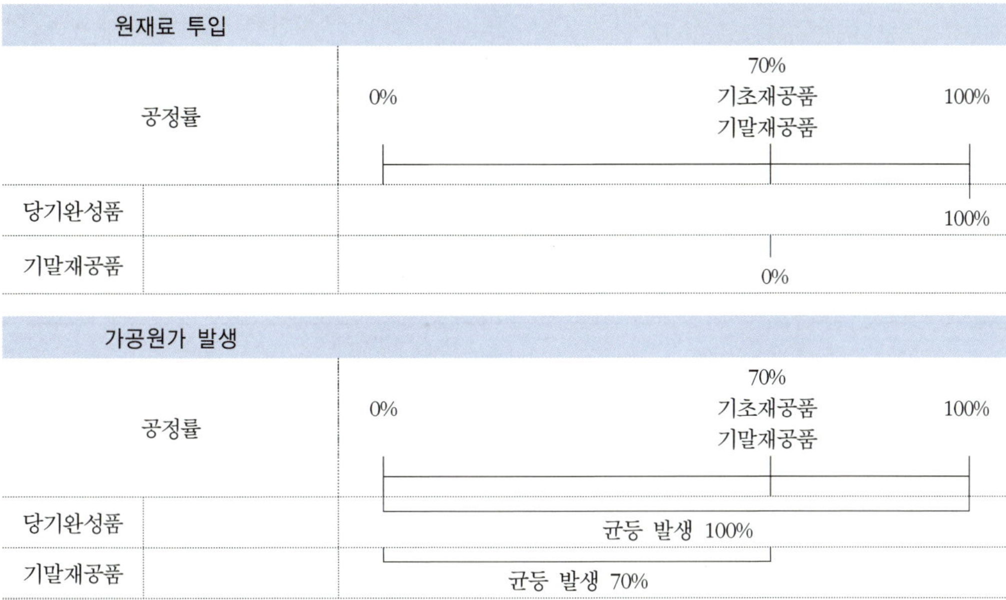

이에 따라 완성품 환산량을 계산하면 다음과 같다.

가중평균법에서는 기초재공품이 전기에 이미 제조에 착수되었음에도 마치 당기에 착수되어 완성된 것처럼 가정한다. 따라서 당기완성량 200단위의 전공정원가, 직접재료원가, 가공원가의 완성도는 모두 100%가 된다. 기말재공품의 완성도를 계산하면 전공정원가는 공정착수 시점인 당기 5월에 전액 투입되었으므로 당기 5월의 완성도는 100%이다. 원재료는 공정 말에 전량 투입되므로 기말재공품에 원재료를 아직 투입하지 않았기 때문에 직접재료원가의 완성도는 0%이다. 가공원가는 공정률에 따라 70%이다.

이렇게 산출된 완성도에 각각의 물량 흐름을 곱하여 합산하게 되면 원가요소별 완성품 환산량이 산출된다.

항목	[1단계] 물량 흐름 (A)	[2단계] 완성품 환산량					
		완성도			완성품 환산량		
		전공정 원가 (B)	직접재료 원가 (C)	가공 원가 (D)	전공정 원가 (E)=(A×B)	직접재료 원가 (F)=(A×C)	가공 원가 (G)=(A×D)
기초재공품①	100단위						
당기착수량②	300단위						
합계③=(①+②)	400단위						
당기완성량④	200단위	100%	100%	100%	200단위	200단위	200단위
기말재공품⑤=(③-④)	200단위	100%	0%	70%	200단위	0단위	140단위
합계⑥=(④+⑤)	400단위				400단위	200단위	340단위

2.3. 원가요소별 총원가 집계

기초재공품의 전공정원가는 ₩20,500이며 가공원가는 ₩30,000이고, 당기에 발생한 직접재료원가는 ₩10,000, 가공원가는 ₩54,000이다. 전공정원가 중 당기 발생원가(⑧) ₩58,029은 가중평균법으로 계산한 전공정 조립공정의 5월 완성품 원가이다.

항목	[1단계] 물량 흐름 (A)	[2단계] 완성품 환산량						
		완성도			완성품 환산량			
		전공정 원가 (B)	직접재료 원가 (C)	가공 원가 (D)	전공정 원가 (E)=(A×B)	직접재료 원가 (F)=(A×C)	가공 원가 (G)=(A×D)	
기초재공품①	100단위							
당기착수량②	300단위							
합계③=(①+②)	400단위							
당기완성량④	200단위	100%	100%	100%	200단위	200단위	200단위	
기말재공품⑤=(③-④)	200단위	100%	0%	70%	200단위	0단위	140단위	
합계⑥=(④+⑤)	400단위				400단위	200단위	340단위	
[3단계] 총원가의 집계								
항목					전공정 원가	직접재료 원가	가공 원가	합계
기초재공품 원가⑦					₩20,500	₩0	₩30,000	₩50,500
당기 발생원가⑧					58,029	10,000	54,000	122,029
합계⑨=(⑦+⑧)					₩78,529	₩10,000	₩84,000	₩172,529

2.4. 원가요소별 완성품 환산량 단위당 원가

(주)태광산업의 5월의 원가요소별 완성품 환산량 단위당 원가를 계산하면 다음과 같다.

전공정원가 완성품 환산량 단위당 원가는 기초재공품 전공정원가 ₩20,500과 당기투입 전공정원가 ₩58,029의 합인 ₩78,529을 전공정원가 완성품 환산량 400단위로 나누어 ₩196.32이 산출된다.

직접재료원가 완성품 환산량 단위당 원가는 기초재공품 직접재료원가 ₩0과 당기투입 직접재료원가 ₩10,000의 합인 ₩10,000을 직접재료원가 완성품 환산량 200단위로 나누어 ₩50이 산출된다.

가공원가 완성품 환산량 단위당 원가는 기초재공품 가공원가 ₩30,000과 당기투입 가공원가 ₩54,000의 합인 ₩84,000을 가공원가 완성품 환산량 340단위로 나누어 ₩247.06이 산출된다.

항목	[1단계] 물량흐름 (A)	[2단계] 완성품 환산량						
		완성도			완성품 환산량			
		전공정원가 (B)	직접재료원가 (C)	가공원가 (D)	전공정원가 (E)=(A×B)	직접재료원가 (F)=(A×C)	가공원가 (G)=(A×D)	
기초재공품①	100단위							
당기착수량②	300단위							
합계③=(①+②)	400단위							
당기완성량④	200단위	100%	100%	100%	200단위	200단위	200단위	
기말재공품⑤=(③-④)	200단위	100%	0%	70%	200단위	0단위	140단위	
합계⑥=(④+⑤)	400단위				400단위	200단위	340단위	
[3단계] 총원가의 집계								
항목					전공정원가	직접재료원가	가공원가	합계
기초재공품 원가⑦					₩20,500	₩0	₩30,000	₩50,500
당기 발생원가⑧					58,029	10,000	54,000	122,029
합계⑨=(⑦+⑧)					₩78,529	₩10,000	₩84,000	₩172,529
[4단계] 완성품 환산량 단위당 원가의 산출								
항목					전공정원가	직접재료원가	가공원가	
완성품 환산량 단위당 원가⑩=(⑨÷⑥)					@₩196.32	@₩50	@₩247.06	

2.5. 완성품과 기말재공품 원가계산

위에서 구한 원가요소별 완성품 환산량에 완성품 환산량 단위당 원가를 곱하여 완성품 원가와 기말재공품 원가를 계산하면 다음과 같다.

완성품 원가는 전공정원가의 완성품 환산량 200단위에 전공정원가의 완성품 환산량 단위당 원가 ₩196.32을 곱하여 산출한 전공정원가 ₩39,264과 직접재료원가의 완성품 환산량 200단위에 직접재료원가의 완성품 환산량 단위당 원가 ₩50을 곱하여 산출한 직접재료원가 ₩10,000, 가공원가의 완성품 환산량 200단위에 가공원가의 완성품 환산량 단위당 원가 ₩247.06을 곱하여 산출한 가공원가 ₩49,412를 합산한 ₩98,676이다.

기말재공품 원가는 전공정원가의 완성품 환산량 200단위에 전공정원가의 완성품 환산량 단위당 원가 ₩196.32을 곱하여 산출한 전공정원가 ₩39,264과 가공원가의 완성품 환산량 140단위에 가공원가의 완성품 환산량 단위당 원가 ₩247.06을 곱하여 산출한 가공원가 ₩34,588을 합산한 ₩73,852이다.

항목	[1단계] 물량흐름 (A)	[2단계] 완성품 환산량						
		완성도			완성품 환산량			
		전공정원가 (B)	직접재료원가 (C)	가공원가 (D)	전공정원가 (E)=(A×B)	직접재료원가 (F)=(A×C)	가공원가 (G)=(A×D)	
기초재공품①	100단위							
당기착수량②	300단위							
합계③=(①+②)	400단위							
당기완성량④	200단위	100%	100%	100%	200단위	200단위	200단위	
기말재공품⑤=(③-④)	200단위	100%	0%	70%	200단위	0단위	140단위	
합계⑥=(④+⑤)	400단위				400단위	200단위	340단위	
[3단계] 총원가의 집계								
항목					전공정원가	직접재료원가	가공원가	합계
기초재공품 원가⑦					₩20,500	₩0	₩30,000	₩50,500
당기 발생원가⑧					58,029	10,000	54,000	122,029
합계⑨=(⑦+⑧)					₩78,529	₩10,000	₩84,000	₩172,529
[4단계] 완성품 환산량 단위당 원가의 산출								
항목					전공정원가	직접재료원가	가공원가	
완성품 환산량 단위당 원가⑩=(⑨÷⑥)					@₩196.32	@₩50	@₩247.06	

[5단계] 총원가의 배부							
항목				전공정 원가	직접재료 원가	가공 원가	합계
완성품 원가⑪=(④×⑩)				₩39,264	₩10,000	₩49,412	₩98,676
기말재공품 원가⑫=(⑤×⑩)				39,264	0	34,588	73,852
합계⑬=(⑪+⑫)				₩78,528	₩10,000	₩84,000	₩172,529

객 · 관 · 식

7.1 현대(주)는 선입선출법을 이용하여 공정별 종합원가계산을 시행한다. 원재료는 1공정 개시 시점에서 전량 투입된다. 다음 자료를 이용하여 1공정의 재료비와 가공비의 완성품 환산량을 계산하면? [1995년 공인회계사]

기초재공품 수량 300개(30%)	착수량 2,500개
2공정 대체량 2,300개	기말재공품 수량 500개(40%)

	원재료비	가공비
①	2,510개	2,300개
②	2,600개	2,200개
③	1,800개	2,010개
④	2,500개	2,410개
⑤	1,500개	1,800개

7.2 (주)합동은 평균법에 따른 실제 종합원가계산을 이용하여 재고자산평가와 매출원가계산을 한다. 회계연도 초보다 연도 말에 재공품 재고자산의 잔액이 증가하였다. 그러나 회계연도 초와 회계연도 말의 재공품의 물량은 같다. 이 현상을 설명하는 요소가 아닌 것은? [1996년 공인회계사]

① 전년도보다 고정제조간접원가가 증가하였다.
② 전년도보다 노무임률이 상승하였다.
③ 연초보다 연말 재공품 재고완성도가 증가하였다.
④ 전년도보다 판매량이 감소하였다.
⑤ 전년도보다 생산량이 감소하였다.

7.3 선입선출법에 따른 당기완성품 환산량 단위당 원가계산에 대하여 올바르게 설명한 것은? [1997년 공인회계사]

① 선입선출법은 당기투입원가만을 고려하여 계산한다.
② 선입선출법은 당기투입원가에 기초재공품 원가를 가산하여 계산한다.
③ 선입선출법은 당기투입원가에 기초재공품 원가를 차감하여 계산한다.
④ 선입선출법은 당기투입원가에 기말재공품 원가를 가산하여 계산한다.
⑤ 선입선출법은 당기투입원가에 기말재공품 원가를 차감하여 계산한다.

7.4 평균법을 이용하여 종합원가계산을 수행하는 회사에서 기말재공품 완성도를 실제보다 과대평가할 경우, 과대평가 오류가 완성품 환산량, 완성품 환산량 단위당 원가, 당기완성품 원가, 그리고 기말재공품 원가에 각각 어떠한 영향을 미치겠는가? [1998년 세무사]

	완성품 환산량	완성품 환산량 단위당 원가	당기완성품 원가	기말재공품 원가
①	과대평가	과소평가	과소평가	과대평가
②	과소평가	과대평가	과소평가	과소평가
③	과대평가	과소평가	과대평가	과대평가
④	과소평가	과대평가	과대평가	과소평가
⑤	과소평가	과소평가	과대평가	과대평가

7.5 강남제조(주)는 절삭공정과 조립공정의 두 가지 공정을 통하여 제품을 제조 생산하고 있다. 다음은 1999년 1월의 절삭부문의 가공원가와 관련된 자료이다. 월초와 월말의 재공품에 대한 진척도는 각각 80%와 50%라고 가정하라. 선입선출법을 사용하는 경우 절삭부문의 월말 재공품에 대한 가공원가는 얼마가 되겠는가? [1999년 세무사]

항목	단위	가공원가
월초 재공품	12,500	₩11,000,000
1월 중 생산투입량 및 발생원가	67,500	71,500,000
1월 중 생산이 완료되어 다음 공정으로 대체	50,000	?

① ₩16,500,000 ② ₩19,500,000 ③ ₩19,050,000
④ ₩22,500,000 ⑤ ₩16,050,000

7.6 가중평균법(weighted average method)을 적용한 공정별 원가계산에 대한 설명으로 가장 부적절한 것은? [2001년 공인회계사]

① 가중평균법은 마치 기초재공품 모두를 당기에 착수, 완성한 듯이 가정한다.
② 적시재고관리(Just-In-Time: JIT)를 적용하고 원가요소의 기간별 가격 차이가 크지 않다면 선입선출법과 거의 차이가 없다.
③ 가중평균법은 착수 및 원가 발생 시점과 관계없이, 당기완성량의 평균적 원가를 계산한다.
④ 선입선출법보다 가중평균법은 당기의 성과를 이전의 기간과 독립적으로 평가할 수 있는 보다 적절한 기회를 제공한다.
⑤ 흐름 생산의 경우, 선입선출법이 가중평균법보다 실제 물량 흐름(physical flow)에 보다 충실한 원가흐름가정이라 볼 수 있다.

7.7 (주)안국은 종합원가계산제도를 채택하고 있다. 이 제품의 생산을 위해 두 종류의 직접재료 A와 B를 투입하는데, 직접재료 A는 공정 초기에 전부 투입되며 직접재료 B는 공정의 70% 시점에서 투입된다. 가공원가는 전공정을 통해 균등하게 발생한다. 기초재공품은 1,000개, 당기착수량은 14,000개이고, 기말재공품은 4,000개이다. 기초재공품의 완성도는 60%이고, 직접재료원가 ₩30,000, 가공원가 ₩13,000이다. 기말재공품의 완성도는 50%이고, 당기에 발생한 원가는 직접재료 A의 원가 ₩280,000, 직접재료 B의 원가 ₩165,000, 가공원가 ₩372,000이다. 이 경우 선입선출법을 적용하여 계산한 기말재공품의 원가는 얼마인가?

[2001년 세무사]

① ₩139,000 ② ₩140,000 ③ ₩150,750
④ ₩178,600 ⑤ ₩131,780

7.8 서울공업사는 세 가지 형태의 제품 A · B · C를 생산하고 있다. 이들 제품은 두 가지의 가공작업 갑 · 을을 거쳐 최종제품으로 완성되는데, C 제품은 반제품형태로 판매되기 때문에 을작업이 불필요하다. 가공작업 갑 · 을의 원가는 각 제품의 수량에 비례하여 균등하게 발생한다.

(1) 당월 중의 생산량 및 재료원가:

구분	생산량	직접재료원가
제품 A	9,000개	₩2,070,000
제품 B	4,000	1,320,000
제품 C	6,000	1,740,000

(2) 당월 중의 가공원가 발생액:

구분	작업 갑	작업 을
직접노무원가	₩500,000	₩1,000,000
제조간접원가	70,000	300,000

기초 및 기말의 재공품은 없다고 가정할 때, 당월 중 B 제품의 단위당 제조원가는 얼마로 계산되는가? (원 미만은 반올림할 것) [2001년 세무사]

① ₩400 ② ₩414 ③ ₩428
④ ₩460 ⑤ ₩474

7.9 다음은 원가계산 및 원가 배분과 관련된 문장들이다. [2003년 공인회계사]

a. 종합원가계산의 경우, 기초재공품이 없을 때 선입선출법에 따른 제품제조원가나 평균법에 따른 제품제조원가는 같다.
b. 종합원가계산의 경우, 기초재공품과 기말재공품의 완성도(진척도)가 다 같이 50%일 때 선입선출법에 따른 제품제조원가나 평균법에 따른 제품제조원가는 같다.
c. 기말재공품 원가가 기초재공품 원가보다 증가하였다면 당기 발생제조원가가 당기제품제조원가보다 더 크다.
d. 보조부문 원가를 계단식 방법(step-down method)으로 배분할 경우, 어떤 부문을 먼저 배분하는가에 상관없이 배분 결과는 같다.

위의 문장 중 올바르거나 타당한 문장들만을 모은 것은?

① a, b ② a, c ③ a, b, c
④ a, c, d ⑤ b, d

7.10 서울회사는 단일 제품을 생산하고 있으며, 선입선출법에 따른 종합원가계산을 채택하고 있다. 제품의 제조과정에서 두 가지 재료가 투입되는데 재료 A는 공정의 25% 시점에서, 재료 B는 75% 시점에서 각각 투입되며 가공비는 전공정을 통해 평균적으로 균일하게 발생한다. 2003년 4월의 생산 활동과 관련된 자료는 다음과 같다. [2003년 세무사]

> (1) 월초 재공품 수량은 2,500단위, 완성도 40%, 원가는 ₩700,000이다.
> (2) 월말 재공품 수량은 2,000단위이며, 이 중 1,000단위는 완성도가 10%, 나머지 1,000단위는 80%이다.
> (3) 당월 착수량은 3,500단위이고, 완성량은 4,000단위이다.
> (4) 2003년 4월 중에 발생한 원가는 다음과 같다.
> 재료 A의 원가: ₩500,000
> 재료 B의 원가: ₩600,000
> 가공비: ₩1,170,000

위 자료를 이용하여 당월 완성품 원가를 구하시오.

① ₩2,270,000 ② ₩2,380,000 ③ ₩2,970,000
④ ₩1,870,000 ⑤ ₩1,680,000

7.11 울산화학(주)는 공정별 원가계산방법을 사용하고 있으며 완성품 환산량의 계산에 가중평균법을 사용하고 있다. 울산화학(주)는 4월 중 125,000단위의 제품을 판매하였다. 회사는 오직 하나의 가공부서를 보유하고 있다. 생산 활동과 관련된 추가정보가 다음과 같다.

> 〈4월 1일 재고〉
> 재공품 없음
> 완제품 37,500단위
>
> 〈4월 30일 재고〉
> 재공품(가공비에 대한 진척도 75%) 8,000단위
> 완제품 30,000단위

울산화학(주)의 4월 중 가공비에 대한 완성품 환산량은 얼마인가? [2004년 세무사]

① 126,500 ② 125,500 ③ 123,500
④ 117,500 ⑤ 117,000

7.12 (주)한국은 종합원가계산제도를 채택하고 있으며, 원재료는 공정의 초기에 전량 투입되며, 가공원가는 공정 전반에 걸쳐서 진척도에 따라 균등하게 발생한다. 재료원가의 경우 평균법에 따른 완성품 환산량은 78,000단위이고, 선입선출법에 따른 완성품 환산량은 66,000단위이다. 또한, 가공원가의 경우 평균법에 따른 완성품 환산량은 54,400단위이고, 선입선출법에 따른 완성품 환산량은 52,000단위이다. 기초재공품의 진척도는 몇 %인가?[2005년 공인회계사]

① 10%　② 20%　③ 30%
④ 50%　⑤ 70%

7.13 태양 회사는 선입선출법 종합원가계산을 사용한다. 제2공정의 관련 자료는 다음과 같다.

항목	물량 단위	가공비완성도
기초재공품 수량	500단위	40%
전공정 대체량	5,400	
당기완성품 수량	?	
기말재공품 수량	200	80%

제2공정에서 직접재료가 가공비완성도의 30%에서 투입된다면, 직접재료비와 가공비의 당기 작업량의 완성품 환산량은 각각 얼마인가? [2005년 세무사]

	직접재료비	가공비
①	5,700	5,560
②	5,900	5,660
③	5,900	5,700
④	5,400	5,700
⑤	5,400	5,660

7.14 (주)신라는 한 가지 종류의 플라스틱 장난감을 제조한다. 이번 기의 자료는 다음과 같다.

항목	단위	재료원가	가공원가
기초재공품	1,000	₩9,000	₩12,000
당기착수	30,000	₩240,000	₩305,000
기말재공품	500	–	–

모든 재료는 공정의 초기 단계에 100% 투입된다. 기초재공품은 가공원가가 40% 투입되었으며, 기말재공품에는 80%가 투입되었다. 이 회사는 공정별 원가계산방법(process costing)을 사용하고 있으며, 원가 흐름에 대한 가정으로 선입선출법(FIFO)을 사용하고 있다. 이번 기에 발생한 전출원가(transfer-out cost)는 얼마인가? 단, 공손은 발생하지 않았다.

[2007년 공인회계사]

① ₩531,000　② ₩552,000　③ ₩558,000
④ ₩549,000　⑤ ₩560,000

7.15 대한회사는 평균법에 따른 종합원가계산을 채택하고 있다. 기초재공품이 75,000단위이고 당기착수량이 225,000단위이다. 기말재공품이 50,000단위인데 직접재료는 전량 투입되었고, 가공비완성도는 70%이다. 기초재공품에 포함된 가공비가 ₩14,000이고 당기 발생 가공비가 ₩100,000이면 기말재공품에 얼마의 가공비가 배부되어야 하는가? [2008년 세무사]

① ₩20,000 ② ₩10,000 ③ ₩18,000
④ ₩8,000 ⑤ ₩14,000

7.16 대한회사는 선입선출법에 따른 종합원가계산을 채택하고 있다. 제품제조를 위하여 원재료 A와 원재료 B가 사용되는데 원재료 A는 공정 초기에 전부 투입되고 원재료 B는 공정의 50% 시점에 전부 투입된다. 그리고 가공원가는 공정 전체를 통하여 균등하게 발생한다. 대한회사의 당기 제품제조 활동과 관련한 다음의 자료를 토대로 당기에 완성된 제품의 원가와 기말재공품의 원가를 구하면 각각 얼마인가? [2008년 세무사]

- 기초재공품의 수량은 5,000개이며 가공비완성도는 60%이다.
- 당기 완성품의 수량은 80,000개이다.
- 기말재공품의 수량은 10,000개이며 가공비완성도는 30%이다.
- 기초재공품의 원가와 당기에 발생한 원가의 현황은 다음과 같다.

구분	원재료 A	원재료 B	가공원가	합계
기초재공품 원가	₩850,000	₩900,000	₩400,000	₩2,150,000
당기 발생원가	₩3,400,000	₩4,500,000	₩1,600,000	₩9,500,000

	완성품 원가	기말재공품 원가
①	₩11,025,000	₩625,000
②	₩11,150,000	₩500,000
③	₩11,190,000	₩460,000
④	₩9,600,000	₩2,050,000
⑤	₩10,200,000	₩1,450,000

7.17 (주)대한의 3월 제조와 관련된 자료는 다음과 같다. 가중평균법을 사용하는 경우 월말 재공품에 포함되는 가공비는 얼마인가? [2009년 세무사]

월초 재공품 완성도	60%	월말 재공품 수량	2,000개
월말 재공품 완성도	40%	월초 재공품 가공비	₩30,320
월초 재공품 수량	9,200개	당월 발생 가공비	₩52,000
당월 착수량	20,000개		

① ₩1,782 ② ₩2,352 ③ ₩3,422
④ ₩4,432 ⑤ ₩5,880

7.18 (주)카이는 고객의 주문에 따라 고급 카메라를 생산하고 있다. 고객은 외부표면재료 및 도료 등을 선택할 수 있지만, 카메라의 기본적인 조립 및 가공작업은 주문별로 차이가 없다. 이러한 점을 고려하여 (주)카이는 재료원가에 대해서는 주문별로 집계하는 개별원가계산방식을 적용하고, 가공원가에 대해서는 종합원가계산방식을 적용하는 소위 혼합원가계산(hybrid costing)을 사용하고 있다. 가공원가는 공정 전체를 통해 균등하게 발생하며, 동 원가에 종합원가계산방식을 적용할 때 사용하는 원가 흐름 가정은 선입선출법이다. (주)카이의 4월 생산 및 원가 관련 자료는 다음과 같다. [2011년 공인회계사]

(1) 월초 재공품

주문번호	#101
수량	200개
직접재료원가	₩1,500,000
가공원가	₩960,000
가공원가 완성도	80%

(2) 당월 주문 및 생산착수

주문번호	#105	#206	#207
수량	200개	100개	150개

(3) 당월 발생원가

주문번호	#101	#105	#206	#207	합계
직접재료원가	₩500,000	₩1,800,000	₩3,200,000	₩2,400,000	₩7,900,000
가공원가	?	?	?	?	₩4,092,000

(4) 월말 재공품

주문번호	#105	#207
수량	200개	150개
가공원가 완성도	50%	60%

4월 완성품의 원가는 얼마인가?

① ₩5,436,000 ② ₩6,556,000 ③ ₩7,396,000
④ ₩7,896,000 ⑤ ₩7,956,000

7.19 (주)국세는 단일 제품을 생산하고 있으며, 종합원가계산제도를 채택하고 있다. 직접재료는 공정이 시작되는 시점에서 100% 투입되며, 가공원가는 공정 전체에 걸쳐 균등하게 발생한다. 평균법과 선입선출법에 따른 가공원가의 완성품 환산량은 각각 85,000단위와 73,000단위이다. 기초재공품의 가공원가 완성도가 30%라면, 기초재공품 수량은 몇 단위인가? [2011년 세무사]

① 12,000단위 ② 21,900단위 ③ 25,500단위
④ 36,000단위 ⑤ 40,000단위

7.20 다음은 종합원가계산을 채택하고 있는 (주)국세의 당기 생산 활동과 관련된 자료이다.

기초재공품 수량	없음
당기착수량	1,000단위
당기투입원가	
직접재료원가	₩100,000
직접노무원가	81,000
제조간접원가	60,500
기말재공품 수량	500단위

(주)국세는 단일공정을 통해 제품을 생산하며, 모든 제조원가는 공정 전반에 걸쳐 균등하게 발생한다. 완성품 단위당 제조원가가 ₩420이라면, 기말재공품의 완성도는 몇 %인가? (단, 공손 및 감손은 발생하지 않는다.) [2012년 세무사]

① 10% ② 15% ③ 20%
④ 30% ⑤ 45%

7.21 (주)나라는 연속적인 공정을 통해 단일의 제품을 대량으로 생산하고 있다. 당사는 제품원가의 정확한 계산과 효율적인 원가관리를 위해 가장 적합한 원가계산방법으로 종합원가계산방법을 선택하였다. 다음의 설명 가운데 그 특징을 모두 열거한 것은? [2013년 공인회계사]

> ㈎ 모든 제품 단위가 완성되는 시점을 별도로 파악하기가 어려우므로 인위적인 기간을 정해 원가를 산정한다.
> ㈏ 원가계산에서 가장 중요한 서류는 작업된 단위, 부서에 할당된 원가, 작업된 단위원가, 부서에서 이전될 원가 및 기말재공품 원가 등이 요약 보고된 작업원가집계표이다.
> ㈐ 공정별로 원가가 집계되므로 원가에 대한 책임소재가 명확해진다.
> ㈑ 주어진 상황에 따라 직접재료원가, 직접노무원가 및 제조간접원가로 구분하여 원가를 계산하지만, 일반적으로는 원가를 재료원가와 가공원가로 구분하여 원가계산을 한다.

① ㈎, ㈏ ② ㈐, ㈑ ③ ㈏, ㈐, ㈑
④ ㈎, ㈐, ㈑ ⑤ ㈎, ㈏, ㈐, ㈑

7.22 (주)세무는 선입선출법하의 종합원가계산을 사용하고 있으며, 가공원가는 공정 전반에 걸쳐 균등하게 발생한다. 당기 생산 관련 자료는 다음과 같다. [2013년 세무사]

항목	물량	
기초재공품	2,000	(완성도 60%)
당기착수량	8,000	
당기완성량	8,000	
기말재공품	2,000	(완성도 40%)

기말재공품에 포함된 가공원가가 ₩320,000일 때 당기에 발생한 가공원가는 얼마인가?

① ₩2,964,000 ② ₩3,040,000 ③ ₩3,116,000
④ ₩3,192,000 ⑤ ₩3,268,000

7.23 (주)국세는 두 개의 연속된 제조공정을 통하여 제품을 생산하며, 제1공정의 완성품은 전량 제2공정으로 대체된다. 재고자산의 단위원가 결정방법으로 가중평균법을 사용하며, 공손은 없다. 제2공정의 완성품 원가는? [2015년 세무사]

제1공정		
기초재공품 수량		없음
당기착수량		25,000단위
기말재공품 수량		7,000단위
완성품 단위당 제조원가		₩200
제2공정		
기초재공품	수량	12,000단위
	전공정원가	₩3,000,000
	직접재료원가	₩1,440,000
	전환원가(가공원가)	₩2,160,000
당기완성품	수량	20,000단위
완성품 단위당 제조원가	전공정원가	?
	직접재료원가	₩120
	전환원가(가공원가)	₩180

① ₩8,268,000 ② ₩10,400,000 ③ ₩10,812,000
④ ₩12,720,000 ⑤ ₩14,628,000

7.24 (주)한국은 단일공정에서 단일의 제품 X를 생산·판매하고 있다. 회사는 실제 원가에 의한 종합원가계산을 적용하고 있으며, 재공품 평가방법은 선입선출법이다. 제품 생산을 위해 직접재료는 공정 초에 전량 투입되며, 전환원가(가공원가: conversion costs)는 공정 전반에 걸쳐 균등하게 발생한다. 20×1년 2월 중 (주)한국의 완성품 수량은 7,000단위이며, 생산 및 원가자료는 다음과 같다. 단, 괄호 안의 숫자는 전환원가의 완성도를 의미하고, 공손품은 발생하지 않는다. [2016년 공인회계사]

구분	물량 단위	직접재료원가	전환원가
월초 재공품	2,000단위(30%)	₩42,500	₩22,900
당월 착수 및 투입	?	₩216,000	₩276,000
월말 재공품	4,000단위(70%)	?	?

(주)한국이 20×1년 2월 중 완성한 제품을 제품 계정으로 대체하는 월말 분개로 옳은 것은?

① (차) 재공품 377,800 (대) 제품 377,800
② (차) 재공품 378,000 (대) 제품 378,000
③ (차) 제품 377,400 (대) 재공품 377,400
④ (차) 제품 377,800 (대) 재공품 377,800
⑤ (차) 제품 378,000 (대) 재공품 378,000

7.25 (주)세무는 단일 제품 A를 생산하는데 연간 최대생산능력은 70,000단위이며, 20×1년에 제품 A를 45,000단위 판매할 계획이다. 원재료는 공정 초에 전량 투입(제품 A 1단위 생산에 4kg 투입)되며, 제조과정에서 공손과 감손 등으로 인한 물량 손실은 발생하지 않는다. 20×1년 초 실제 재고와 20×1년 말 목표 재고는 다음과 같다. [2016년 세무사]

항목	20×1년 초	20×1년 말
원재료	4,000kg	5,000kg
재공품	1,500단위(완성도 60%)	1,800단위(완성도 30%)
제품	1,200단위	1,400단위

재공품 계산에 선입선출법을 적용할 경우, (주)세무가 20×1년에 구매해야 하는 원재료(kg)는?

① 180,000kg ② 182,000kg ③ 183,000kg
④ 184,000kg ⑤ 185,600kg

7.26 (주)한국은 종합원가계산을 적용하여 제품원가를 계산하고 있다. 직접재료는 공정 초에 전량 투입되며, 전환원가는 공정 전반에 걸쳐 균등하게 발생한다. 20×1년 2월 1일에 처음으로 생산을 시작한 (주)한국의 당월 중 완성품 수량은 9,000단위이다. (주)한국은 20×1년 2월 말 재공품의 각 원가요소를 다음과 같이 보고하였다.

원가요소	금액	완성도	완성품환산량
직접재료원가	₩75,000	100%	5,000단위
전환원가	₩40,000	50%	2,500단위

(주)한국의 외부감사인은 위의 자료를 검토하였는데, 20×1년 2월 말 재공품의 직접재료원가 관련 항목들은 모두 올바른 것으로 파악하였다. 그러나 외부감사인은 20×1년 2월 말 재공품의 전환원가 완성도가 50%로 과다하게 추정되었음을 발견하고, 추가로 검토하였는데 실제는 20%인 것으로 확인하였다. 게다가 위의 전환원가 ₩40,000은 완성도 50%에서는 올바르게 배부된 금액이었지만, 실제로 파악된 완성도 20%에서는 적절하게 수정되어야 한다.
(주)한국이 20×1년 2월 말 재공품의 전환원가 금액 및 완성품환산량을 올바르게 수정하는 경우, 20×1년 2월 말 재공품 원가와 20×1년 2월 완성품 원가는? 단, 공손이나 감손은 없다고 가정한다. [2017년 공인회계사]

	재공품 원가	완성품 원가
①	₩93,400	₩300,600
②	₩93,400	₩302,600
③	₩94,600	₩300,600
④	₩94,600	₩301,400
⑤	₩94,600	₩302,600

7.27 (주)세무는 가중평균법을 적용한 종합원가계산으로 제품원가를 계산한다. 기말재공품의 물량은 8,000단위이고, 직접재료원가 완성도는 70%이며 가공원가(전환원가) 완성도는 75%이다. 기말재공품의 원가가 ₩220,000이고 완성품 환산량 단위당 직접재료원가가 ₩20이라면, 완성품 환산량 단위당 가공원가(전환원가)는? [2017년 세무사]

① ₩18 ② ₩19 ③ ₩20
④ ₩21 ⑤ ₩22

7.28 (주)세무는 직접재료를 가공하여 제품을 생산하고 있다. 직접재료는 공정 초기에 전량 투입되며, 전환원가는 공정 전반에 걸쳐 균등하게 발생한다. 직접재료의 20%가 제조과정에서 증발되는데, 이러한 증발은 정상적이며 제조과정에서 평균적으로 발생한다. 완성품 1단위에는 직접재료 0.1kg이 포함되어 있고, 당기에 2,000단위가 완성되었다. 당기에 투입된 직접재료는 190kg, 기말재공품(전환원가 완성도 25%)은 38kg, 기초재공품은 90kg이었다. 기초재공품의 전환원가 완성도는?(단, 공손은 발생하지 않는다.) [2018년 세무사]

① 25% ② 30% ③ 40%
④ 50% ⑤ 60%

7.29 (주)세무는 직접재료를 투입하여 두 개의 공정을 거쳐 제품을 생산하고 있다. 제1공정에서는 직접재료 1톤을 투입하여 제품A 400kg과 중간제품M 600kg을 생산하며, 제2공정에서는 중간제품M을 가공하여 제품B 600kg을 생산한다. 직접재료는 제1공정 초기에 전량 투입되고, 전환원가는 공정 전반에 걸쳐 균등하게 발생하며, 모든 공정에서 공손 및 감손은 발생하지 않는다. 제1공정에서는 변동전환원가가 ₩200/톤, 고정원가는 ₩70,000이 발생하였으며, 제2공정에서는 변동전환원가가 ₩1,200/톤, 고정원가는 ₩58,000이 발생하였다. 직접재료 구입원가는 ₩2,000/톤이며, 제품 A와 B의 판매가격은 각각 ₩3,000/톤, ₩5,000/톤이다. 생산된 모든 제품이 전량 판매된다고 가정할 경우, 각 제품의 손익분기점 판매량은? [2018년 세무사]

	제품A	제품B
①	40톤	60톤
②	48톤	72톤
③	50톤	75톤
④	60톤	90톤
⑤	80톤	120톤

7.30 (주)세무는 종합원가계산제도를 채택하고 있다. (주)세무의 20×1년 당기제조착수량은 100단위, 기말재공품은 40단위(전환원가 완성도 25%)이며, 당기투입원가는 직접재료원가 ₩40,000, 전환원가(conversion cost) ₩70,000이다. 직접재료는 공정이 시작되는 시점에서 전량 투입되며, 전환원가는 공정 전반에 걸쳐 균등하게 발생할 때, 기말재공품의 원가는? (단, 기초재공품, 공손 및 감손은 없다.) [2020년 세무사 1차]

① ₩10,000 ② ₩16,000 ③ ₩26,000
④ ₩28,000 ⑤ ₩56,000

7.31 (주)대한은 단일상품을 제조하는 기업으로 종합원가계산제도를 채택하고 있으며, 재고자산 평가방법은 선입선출법(FIFO)을 사용한다. 제품제조 시 직접재료는 공정 초에 전량 투입되며 전환원가(가공원가)는 공정에 걸쳐 균등하게 발생한다. 다음은 (주)대한의 당기 생산 및 제조에 관한 자료이다. [2020년 공인회계사 1차]

항목	물량
기초재공품(가공완성도%)	1,800개(90%)
당기착수물량	15,000개
기말재공품(가공완성도%)	3,000개(30%)

당기에 발생한 직접재료원가는 ₩420,000이며, 전환원가는 ₩588,600이다. 당기 매출원가는 ₩1,070,000, 기초제품재고는 ₩84,600, 기말제품재고는 ₩38,700이다. 당기 기초재공품은 얼마인가?

① ₩140,000 ② ₩142,000 ③ ₩144,000
④ ₩145,000 ⑤ ₩146,000

7.32 (주)대한은 종합원가계산을 적용하고 있다. 직접재료는 공정의 시작 시점에서 100% 투입되며, 가공원가는 공정 전반에 걸쳐 균등하게 발생한다. (주)대한의 생산 관련 자료는 다음과 같다.

구분	물량	재료원가	가공원가
기초재공품	2,000단위(가공비완성도 60%)	₩24,000	₩10,000
당기착수량	10,000단위		
기말재공품	4,000단위(가공비완성도 50%)		
당기투입원가		₩1,500,000	₩880,000

(주)대한의 종합원가계산과 관련된 다음의 설명 중 **옳지 않은** 것은? 단, 당기 중에 공손이나 감손은 발생하지 않았다고 가정한다. [2021년 공인회계사 1차]

① 평균법을 사용한다면 가공원가에 대한 완성품 환산량은 10,000단위이다.
② 평균법을 사용한다면 기말재공품 원가는 ₩686,000이다.
③ 선입선출법을 사용한다면 완성품 원가는 ₩1,614,000이다.
④ 선입선출법을 사용한다면 기초재공품 원가는 모두 완성품 원가에 배부된다.
⑤ 완성품 원가는 선입선출법으로 계산한 값이 평균법으로 계산한 값보다 크다.

연습문제

주 · 관 · 식

7-1 다음은 (주)서울의 제1공정에 관한 자료이다. 원재료는 공정 초에 모두 투입되며, 가공비는 전체공정에 걸쳐 균등하게 발생한다. 제1공정에서는 선입선출법을 적용하여 제품원가를 계산하고 있다.

[1997년 공인회계사]

(1) 생산자료

	물량 단위	가공비완성도
기초재공품	10,000	80%
기말재공품	20,000	40%
당기투입	100,000	
완성품	90,000	

(2) 원가자료

	직접재료원가	가공비	합계
기초재공품	₩315,000	₩138,800	₩453,800
당기투입	₩1,500,000	₩900,000	₩2,400,000

1. 제1공정의 완성품 환산량과 환산량 단위당 원가를 계산하시오.

2. 제1공정의 완성품 원가와 기말재공품 원가를 계산하시오.

3. 다음은 제2공정에 관한 자료이다. 제2공정의 원재료는 공정 말에 투입되며, 가공비는 전공정에 걸쳐 균등하게 발생한다. 기말재공품 원가는 얼마인가?

   완성품 환산량 단위당 원가: 전공정원가 ₩20, 직접재료원가 ₩30 가공비 ₩15
   기말재공품 수량: 30,000개(가공비완성도 60%)

7-2 (주)한국은 생산부와 영업부로 나누어져 있으며, 생산부는 단일공정에서 원재료를 투입하여 가공작업을 거쳐 제품을 생산한 다음, 영업부는 생산된 제품을 판매하고 있다.

[2004년 세무사 2차]

〈자료 1〉 7월 1일의 재무상태

현금 ₩12,300,000	기계장치 ₩40,000,000
비품 ₩5,500,000	원재료 ₩1,400,000
재공품 ₩1,100,000	제품 ₩800,000(@₩8,000×100kg)
선급급료 ₩240,000	소모품 ₩360,000
미지급전기수도료 ₩240,000	이익잉여금 ₩5,690,000
자본금 ₩55,770,000	

〈자료 2〉 7/1부터 7/31까지의 원가계산 기간의 거래내용

- 원재료 ₩5,800,000을 현금으로 지급하였다.
- 급료 명목으로 ₩7,160,000을 현금으로 지급하였다.
- 전기수도료 명목으로 ₩1,080,000을 현금으로 지급하였다.
- 전액 생산부에서 사용하는 기계장치의 감가상각비는 ₩400,000/월, 전액 영업부에서 사용하는 비품의 감가상각비는 ₩100,000/월이다.
- 7월 발생분 급료의 20%는 영업부에서 80%는 생산부에서 부담한다.
- 7월 발생분 전기수도료의 10%는 영업부에서, 90%는 생산부에서 부담한다.
- 소모품은 전액 영업부에서 사용하며, 7월 중 소모품 ₩1,500,000을 현금으로 구매하였다.
- 7월 중 제품 1,000kg는 kg당 ₩20,000에 현금으로 매출하였다.
- 7월 31일 계정 잔액은 다음과 같다.

원재료 ₩480,000, 선급급료 ₩100,000, 소모품 ₩120,000
미지급전기수도료 ₩360,000

〈자료 3〉 원가계산자료

- 생산부에서는 선입선출법의 원가 흐름을 가정하여 종합원가계산을 하고 있다.
- 기초재공품의 수량은 500kg이며, 재료비 진척도(가공도)는 60%, 가공비진척도(가공도)는 40%이다.
- 7월 중 생산부에 신규로 투입된 원재료는 1,000kg이며, 작업과정 중에 공손품, 감손품은 발생하지 않았다.
- 기말재공품의 수량은 400kg이며 재료비 진척도(가공도)는 40%, 가공비진척도(가공도)는 80%이다.
- 영업부에서도 선입선출법의 원가 흐름을 가정하여 재고자산을 판매·관리하고 있다.

1. 당기(7월 1일~7월 31일) 제조원가명세서를 작성하는 경우

(1) 재료비를 구하시오.

(2) 당기제품제조원가를 구하시오.

2. 기말재공품 평가액을 구하시오.

3. 당기(7월 1일~7월 31일) 손익계산서를 작성하는 경우

(1) 매출원가를 구하시오.

(2) 당기순이익을 구하시오.

7-3 다음은 6월과 7월에 걸친 공정자료이다. 재료 X는 공정 초기에 투입되고 재료 Y는 공정 50% 시점에 투입되며, 가공비는 공정 전반에 걸쳐서 투입된다. 선입선출법을 가정한다.

[2006년 세무사 2차]

- 6월의 단위당 원가는 다음과 같다.
  재료 X: ₩130, 재료 Y: ₩80, 가공비: ₩250
- 7월의 단위당 원가는 다음과 같다.
  재료 X: ₩135, 재료 Y: ₩85, 가공비: ₩260
- 6월 초 재공품 원가는 ₩620,000이다.
- 6월과 7월의 생산자료는 다음과 같다.

항목	6월	7월
당기착수	4,500개	5,000개
당기완성	5,000개	6,000개

- 6월 말 재공품 2,000개의 완성도는 다음과 같다.
  1,000개: 90%, 500개: 40%, 500개: 20%

≪요구사항≫

1. 6월의 가공비 완성품 환산량이 5,200개이다. 기초재공품의 완성도는?

2. 6월의 기말재공품과 완성품 원가는?

3. 7월의 가공비 완성품 환산량은 5,600개이다. 기말재공품의 완성도는?

4. 7월의 기말재공품과 완성품 원가는?

7-4 (주)한라는 트래킹용, 산악용, 선수용 세 가지 종류의 운동복을 생산 · 판매하고 있다. 트래킹용 운동복은 제1공정에서 완성되며, 산악용 운동복은 제1공정을 거친 후 제2공정에서 완성된다. 선수용 운동복은 제1공정 및 제2공정을 거친 후 제3공정에서 완성된다. 각 제품의 생산을 위해 제1공정 시작 시점에 제품별로 다른 직접재료 A1, A2, A3가 전량 투입되며, 공정별 가공작업은 제품별로 차이가 없다. 선수용 운동복의 경우 제3공정 종료 시점에 직접재료 B가 전량 투입된다.

[2015년 공인회계사 2차]

(1) 20×1년 5월 제품별 생산량과 직접재료원가는 다음과 같다. 월초 및 월말 재고는 없으며 공손 및 감손은 발생하지 않는다.

구분	트래킹용	산악용	선수용
생산량(단위)	400	200	100
직접재료 A1	₩100,000	–	–
직접재료 A2	–	₩64,000	–
직접재료 A3	–	–	₩60,000
직접재료 B	–	–	₩10,000

(2) 20×1년 5월 공정별 전환원가(conversion costs: 가공원가) 자료는 다음과 같다.

구분	제1공정	제2공정	제3공정
전환원가	₩140,000	₩45,000	₩14,400

(물음 1) 공정별 완성품 단위당 전환원가를 각각 계산하시오.

(물음 2) 제품별 완성품 원가와 완성품 단위당 원가를 각각 계산하시오.

(물음 3) 위에 주어진 자료와 별도로, 제3공정에 월말 재고가 존재한다고 가정하고 다음 물음에 답하시오. 20×1년 5월 중 제3공정에서 착수된 선수용 운동복 100단위 중 20단위(전환원가 완성도: 80%)가 월말 재공품으로 남아있다. 이 경우 월말 재공품 재고액을 계산하시오.

(물음 4) 어떠한 제조환경에서 혼합원가계산(hybrid costing)을 적용할 수 있는지 설명하시오. (3줄 이내로 답하시오)

8 장

공손회계

앞 장에서는 종합원가계산에 대한 개념 및 기본절차를 학습하였다. 본 장에서는 종합원가계산과 관련하여 더욱 심층적으로 파악하려고 한다. 즉 실제 공정에서 자주 발생하는 공손에 대한 원가계산을 파악해봄으로써 종합원가계산을 포괄적으로 이해할 수 있어야 한다. 따라서 학습 목표는 다음과 같이 설정한다.

1. 공손은 왜 발생하는가?
2. 공손회계에서 물량 흐름의 가정은 어떻게 설정하는가?
3. 공손원가의 회계처리방법에는 어떤 것이 있는가?
4. 사례를 활용하여 공손원가계산을 해봄으로써 종합원가계산의 전반을 이해하자.
5. 정상공손과 비정상공손의 차이는 무엇인가?
6. 제품원가계산에서 공손품의 영향이란 무엇인가?

제1절 공손의 개요

제품의 제조과정에 작업자의 부주의, 원재료의 품질 불량 등 여러 가지 원인에 의해 제품이 규격에 미달하거나 최초의 투입물량에 비교해 최종 산출물량이 감소하는 때도 있다. 제품원가를 정확하게 계산하기 위해서는 이들 불량품의 수량을 파악해야 한다.

공손(spoilage)은 생산과정에서 규격이나 표준에 상당히 미달하여 폐기 또는 재가공하여 판매되는 불량품을 말한다.

공손의 회계처리에 있어서 중요한 문제는 이러한 공손이 정상적으로 발생한 것인지, 비정상적으로 발생한 것인지를 구별하는 것이다.

정상공손(normal spoilage)은 효율적인 작업환경 아래에서도 더 개선할 수 없는 기계의 결함, 원재료의 순도 등으로 인해 허용 한도 내에서 발생한 공손을 말한다. 따라서 이는 제품을 생산하는 과정에서 불가피하게 발생하는 공손이라고 간주하고 이에 투입된 원가는 제품원가에 포함한다.

비정상공손(abnormal spoilage) 또는 회피가능공손(avoidable spoilage)은 작업자의 부주의, 생산계획의 미비 등으로 인하여 발생하는 공손으로서 제조 활동을 효율적으로 수행하면 회피할 수 있는 공손이다. 즉 비정상공손은 효율적인 작업환경 아래에서는 발생하지 않는 공손이다. 따라서 비정상공손에 투입된 원가는 제품원가에 포함하지 않고 기간비용(영업외비용)으로 처리한다.

위에서 설명한 바와 같이 정상공손은 효율적인 작업환경 아래에서, 허용 한도 내에서 발생한 공손을 말한다. 따라서 공손품의 원가 중 얼마를 정상공손의 원가로 간주하여 완제품의 원가에 포함하고, 얼마를 비정상공손으로 간주하여 기간비용으로 처리해야 할 것인가 하는 문제가 발생하게 된다.

만약 공손율, 기말재공품 수준이 매기 크게 변화하지 않아 매기 생산하는 제품의 수량이 크게 변화하지 않을 때는 모든 공손을 정상공손으로 볼 수 있으므로, 정상공손과 비정상공손을 구분하지 않아도 관리상으로 큰 문제는 발생하지 않을 것이다. 그러나 공손율 또는 기말재공품 수준이 매기 크게 변화할 때는 기말에 공손품의 원가를 정상공손 부분과 비정상공손 부분으로 분리하여 보고함으로써, 경영자가 이에 대한 원인을 분석하여 그에 따른 조처를 할 수 있도록 해야 할 것이다.

이와 같은 원가통제를 효율적으로 수행하기 위해서는 어느 정도가 정상공손인지를 명시하는 정상공손의 한도를 설정해야 한다. 정상공손의 허용수준은 일반적으로 생산량 중 품질검사 합격 수량의 일정 비율로 정의되는데, 이는 공손이 통제 불가능하고 동시에 생산과정에서 필연적으로 발생하는 것임을 검증할 수 있어야 하기 때문이다.

공손은 생산공정의 전 과정을 통해 연속적으로 발생할 수 있지만, 실제로 공손품이 발견되는 공정이 품질검사 공정이므로 일반적으로 품질검사가 이루어지는 시점에서 공손이 발생하는 것으로 간주한다.

공손수량과 관련한 예제는 다음과 같다.

예제

공손수량

(주)동아제약은 박카스를 생산하고 있다. 과거 생산자료를 분석한 바에 의하면 원재료 투입량의 6%는 효율적인 작업환경 아래에서도 회피할 수 없는 공손이다. 20×8년 9월에 100,000kg의 원재료를 투입하여 90,000kg의 양품을 생산하였다. 기초재공품과 기말재공품은 없다고 가정한다.

물음

20×8년 9월 (주)동아제약의 정상공손과 비정상공손 수량은 얼마인가?

풀이

항목	산식	결과
공손수량①	총투입량 − 양품수량 = 100,000kg − 90,000kg	10,000kg
정상공손수량②	총투입량×공손허용수준 = 100,000kg×6%	6,000kg
비정상공손수량	①공손수량 − ②정상공손수량 = 10,000kg − 6,000kg	4,000kg

정상공손수량과 관련한 예제는 다음과 같다.

예제

정상공손수량

(주)세무는 평균법하의 종합원가계산을 적용하고 있으며, 당기 생산 관련 자료는 다음과 같다.

	물량
기초재공품	500 (완성도 80%)
당기착수량	2,100
당기완성량	2,100
기말재공품	400 (완성도 60%)

품질검사는 완성도 40% 시점에서 이루어지며, 당기 검사를 통과한 정상품의 2%를 정상공손으로 간주한다. 당기의 정상공손수량은? [2013년 세무사]

풀이

재공품

기초재공품	500	당기완성량	2,100
당기착수량	2,100	기말재공품	400
		공손	100
합계	2,600	합계	2,600

당기 검사를 통과한 정상품 수량을 계산할 때 기초재공품 완성도는 80%로서 전기에 검사를 통과했으므로 당기검사 수량에서 차감하고, 기말재공품 완성도는 60%로 당기에 검사를 통과했으므로 가산한다.

항목	산식	결과
당기 검사를 통과한 정상품 수량	2,100단위−500단위+400단위	2,000단위
정상공손수량	2,000단위×2%	40단위
비정상공손수량	공손수량 100단위−정상공손수량 40단위	60단위

제2절 물량 흐름 가정과 공손

선입선출법을 이용하여 제품원가를 계산할 때 기초재공품이 전기 말에 검사를 거치지 않았다면, 당기에 파악한 공손원가는 전기에 발생한 공손원가의 일부를 포함하고 있다. 따라서 총공손원가 중 전기에 작업 일부가 수행된 기초재공품에 관련된 공손원가는 기초재공품으로부터 완성된 제품에 배부하고, 당기에 착수하여 당기에 완성된 제품과 관련된 공손원가는 당기에 착수하여 당기에 완성된 제품에 배부해야만 당기제품제조원가를 정확하게 산출할 수 있다.

그러나 기초재공품으로부터 완성된 제품의 공손원가와 당기에 착수하여 당기에 완성된 제품의 공손원가를 엄격히 구분하기 매우 어려울 뿐만 아니라, 구분의 실익이 없으므로 공손품의 원가를 완성품 환산량 기준으로 기초재공품 완성분과 당기착수 당기완성분에 배부한다. 이러한 배부방법은 모든 공손이 당기투입물량에서 발생한다고 가정하는 것이다. 따라서 이러한 물량 흐름에 대한 가정을 수정된 선입선출법이라고 한다.

$$\text{기초재공품 완성분에 배부되는 공손원가} = \text{총공손원가} \times \frac{\text{기초재공품 완성수량}}{(\text{기초재공품 완성수량} + \text{당기착수 당기완성수량})}$$

$$당기착수\ 당기완성분에\ 배부되는\ 공손원가 = 총공손원가 \times \frac{당기착수\ 당기완성수량}{(기초재공품\ 완성수량 + 당기착수\ 당기완성수량)}$$

제3절 공손의 회계처리

공손원가의 회계처리방법은 공손의 별도 인식 여부에 따라 크게 무인식법과 인식법으로 구분한다.

1. 무인식법

무인식법은 공손회계 처리에서 공손을 고려하지 않는 방법으로 정상공손이든 비정상공손이든 불문하고 모든 공손을 완성품 환산량의 계산에 포함하지 않는다. 이처럼 공손을 완전히 무시하게 되면, 이를 포함하는 경우보다 완성품 환산량이 감소하게 되므로, 결과적으로 완성품 환산량 단위당 원가가 높아지게 된다. 따라서 기말재공품과 완성품의 원가에 자동으로 공손원가를 배부하게 된다.

이 방법은 적용하기가 간단하다는 장점이 있지만, 다음과 같은 단점을 가지고 있다. 첫째, 검사가 완료되지 않은 재공품에 공손원가가 배부된다. 둘째, 정상공손뿐만 아니라 비정상공손도 제품원가에 배부된다. 셋째, 비정상공손을 구분하여 보고하지 않기 때문에 경영 의사결정에 유용한 정보를 제공하지 못한다.

2. 인식법

인식법은 공손회계 처리에서 공손을 별도로 고려하는 방법으로, 정상공손과 비정상공손을 분리하여 정상공손은 제품원가로, 비정상공손은 기간비용으로 처리하는 방법이다.

정상공손원가와 비정상공손원가를 결정하기 위해서는 완성품 환산량 계산 시 정상공손과 비정상공손을 구분해야 한다. 이 중 정상공손원가는 검사 시점(공손발생시점)을 통과한 합격품의 원가에 포함해야 한다.

예를 들면, 공정완료시점에서 검사를 한다면 모든 정상공손원가는 완성품에 배부해야 한다. 만약 검사가 완성도 90%일 때 수행되고 기말재공품의 완성도가 95%라면 기말재공품은 검사를 통과하였으므로 정상공손원가는 기말재공품과 완성품에 배부해야 한다. 이처럼 인식법에서 정상공손원가를 배부하는 데 재공품의 완성도와 검사 시점의 관계를 이해하는 것이 매우 중요하다. 이를 구체적으로 살펴보면 다음과 같다.

2.1 공손의 검사 시점> 기말재공품의 완성도

공손의 검사 시점이 기말재공품의 완성도보다 높은 경우, 즉 기말재공품이 검사 시점을 통과하지 않았으면 공손검사를 통과한 물량은 완성품뿐이므로 정상공손원가를 완성품에 전액 배부한다.

2.2. 공손이 검사 시점 <기말재공품의 완성도

공손의 검사 시점이 기말재공품의 완성도보다 낮은 경우, 즉 기말재공품이 검사 시점을 통과한 경우에는 정상공손원가를 검사 시점을 통과한 완성품과 기말재공품에 안분하여 계산한다. 이 경우 물량 흐름 가정과 기초재공품의 완성도를 추가로 고려해야 한다.

2.2.1. 공손의 검사 시점>기초재공품의 완성도

먼저 공손의 검사 시점이 기초재공품의 완성도보다 높은 경우, 즉 기초재공품이 전기에 검사를 통과하지 않았으면 기초재공품에 정상공손원가가 배부되지 않았기 때문에 물량 흐름 가정과 관계가 없다. 즉 이 경우에는 평균법 또는 선입선출법을 이용하는지와 관계없이 다음 식과 같이 완성품 수량과 기말재공품 수량을 기준으로 정상공손원가를 배부하면 된다.

$$\text{완성품에 배부하는 정상공손원가} = \text{정상공손원가} \times \frac{\text{완성품 수량}}{(\text{완성품 수량} + \text{기말재공품 수량})}$$

$$\text{기말재공품에 배부하는 정상공손원가} = \text{정상공손원가} \times \frac{\text{기말재공품 수량}}{(\text{완성품 수량} + \text{기말재공품 수량})}$$

2.2.2. 공손의 검사 시점<기초재공품의 완성도

기초재공품의 완성도가 공손의 검사 시점보다 높은 경우, 즉 기초재공품이 전기에 검사를 통과한 경우에 물량 흐름에 따른 정상공손원가의 회계처리는 다음과 같다.

1) 평균법

평균법을 이용하는 경우 전기에 발생한 기초재공품의 원가와 당기 발생원가를 합산하여 완성품 환산량 단위당 원가를 계산하기 때문에, 기초재공품이 전기의 검사 시점을 통과하였다면 전기에 배부된 정상공손원가는 기초재공품 원가에 이미 포함되어 있다. 이 경우에는 당기 발생원가와 합산하여 당기착수 당기완성품과 기말재공품에 배부한다. 따라서 기초재공품이 전기에 검사를 통과하지 않은 경우와 같이 완성품 수량과 기말재공품 수량을 기준으로 정상공손원가를 배부한다.

$$\text{완성품에 배부하는 정상공손원가} = \text{정상공손원가} \times \frac{\text{완성품 수량}}{(\text{완성품 수량} + \text{기말재공품 수량})}$$

$$\text{기말재공품에 배부하는 정상공손원가} = \text{정상공손원가} \times \frac{\text{기말재공품 수량}}{(\text{완성품 수량} + \text{기말재공품 수량})}$$

2) 선입선출법

선입선출법을 이용하고 기말재공품이 당기검사를 통과, 기초재공품이 전기검사를 통과하였다면, 기초재공품에는 전기의 정상공손원가가 이미 배부되어 있다. 그리고 기초재공품 완성분은 당기의 정상공손과는 관련이 없으므로 당기 정상공손원가의 배부 시 제외해야 한다.

따라서 배부율 계산 시 완성품 수량에서 기초재공품 수량을 차감한 당기착수 당기완성량을 이용해야 한다. 따라서 선입선출법을 사용하고 기말재공품이 검사 시점을 통과하고, 기초재공품이 전기검사를 통과한 경우에 정상공손원가 배부 시 주의해야 한다.

완성품에 배부하는 정상공손원가

$$=\text{정상공손원가}\times\frac{\text{당기착수 당기완성량}}{(\text{당기착수 당기완성량}+\text{기말재공품 수량})}$$

기말재공품에 배부하는 정상공손원가

$$=\text{정상공손원가}\times\frac{\text{기말재공품 수량}}{(\text{당기착수 당기완성량}+\text{기말재공품 수량})}$$

이상의 정상공손원가의 배부기준에 대해 요약하면 다음과 같다.

<table>
<tr><th rowspan="2"></th><th rowspan="2">공손의 검사 시점>기말재공품의 완성도 (기말재공품 당기검사 미통과)</th><th colspan="4">공손의 검사 시점<기말재공품의 완성도 (기말재공품 당기검사 통과)</th></tr>
<tr><th colspan="2">공손의 검사 시점>기초재공품의 완성도 (기초재공품 전기검사 미통과)</th><th colspan="2">공손의 검사 시점<기초재공품의 완성도 (기초재공품 전기검사 통과)</th></tr>
<tr><td rowspan="2">평균법</td><td rowspan="2">완성품에 전액배부</td><td>완성품</td><td>$\frac{\text{완성품 수량}}{(\text{완성품 수량}+\text{기말재공품 수량})}$</td><td rowspan="2" colspan="2">좌동</td></tr>
<tr><td>기말재공품</td><td>$\frac{\text{기말재공품 수량}}{(\text{완성품 수량}+\text{기말재공품 수량})}$</td></tr>
<tr><td rowspan="2">선입선출법</td><td rowspan="2">완성품에 전액배부</td><td rowspan="2" colspan="2">상동</td><td>완성품</td><td>$\frac{\text{당기착수 당기완성량}}{(\text{당기착수 당기완성량}+\text{기말재공품 수량})}$</td></tr>
<tr><td>기말재공품</td><td>$\frac{\text{기말재공품 수량}}{(\text{당기착수 당기완성량}+\text{기말재공품 수량})}$</td></tr>
</table>

제4절 종합예제

다음 예제를 이용하여 무인식법과 인식법의 차이를 선입선출법과 평균법을 사용하는 경우로 나누어 살펴보자.

(주)하이트맥주의 1월 중 생산 활동에 관한 자료는 다음과 같다. 기초재공품의 완성도는 30%이고 기말재공품의 완성도는 50%이다. 원재료는 공정 초기에 전량 투입하고 가공원가는 공정 전반에 걸쳐 균등하게 발생한다.

항목	물량 흐름	완성도	직접재료원가 (A)	가공원가 (B)	합계 (C)=(A+B)
기초재공품①	500단위	30%	₩72,000	₩19,600	₩91,600
당기착수량②	2,300단위		460,000	717,000	1,177,000
합계③=(①+②)	2,800단위		₩532,000	₩736,600	₩1,268,600
당기완성량④	2,100단위				
공손품⑤	300단위				
기말재공품⑥	400단위	50%			
합계⑦=(④+⑤+⑥)	2,800단위				

1. 무인식법

검사는 완성도가 80% 시점에서 이루어지고 당기 중에는 정상공손만 발생하였다.

1.1. 선입선출법

공손품원가 회계처리는 무인식법으로, 재고자산의 원가 흐름은 선입선출법을 이용할 경우 완성품 원가와 기말재공품 원가를 계산하면 다음과 같다.

먼저 완성품 환산량을 계산하면 다음과 같다. 기초재공품 완성량의 완성도는 100%에서 기초재공품의 완성도를 차감하여 계산한다. 원재료는 공정 초에 전량 투입되므로 직접재료원가 완성도는 0%(=100%−100%)이고, 가공원가 완성도는 70%(=100%−30%)가 된다.

당기착수 당기완성량의 완성도는 직접재료원가, 가공원가 모두 완성도 100%이다.

무인식법은 공손회계 처리에서 공손을 고려하지 않는 방법으로 정상공손이든 비정상공손이든 불문하고 모든 공손을 완성품 환산량의 계산에 포함하지 않는다.

기말재공품의 완성도를 계산하면 원재료는 공정 초에 전량 투입되므로 직접재료원가의 완성도는 100%이다. 가공원가는 공정률에 따라 70%이다.

이렇게 산출된 완성도에 각각의 물량 흐름을 곱하여 합산하게 되면 원가요소별 완성품 환산량이 산출된다.

기초재공품의 직접재료원가는 ₩72,000이며 가공원가는 ₩19,600이고, 당기에 발생한 직접재료원가는 ₩460,000, 가공원가는 ₩717,000이다.

(주)하이트맥주의 1월 원가요소별 완성품 환산량 단위당 원가를 계산하면 다음과 같다.

직접재료원가의 완성품 환산량 단위당 원가는 당기투입 직접재료원가 ₩460,000을 직접재료원가 완성품 환산량 2,000단위로 나누어 ₩230이 산출된다.

가공원가의 완성품 환산량 단위당 원가는 당기투입 가공원가 ₩717,000을 가공원가 완성품 환산량 2,150단위로 나누어 ₩333.49이 산출된다.

위에서 구한 원가요소별 완성품 환산량에 완성품 환산량 단위당 원가를 곱하여 완성품 원가와 기말재공품 원가를 계산하면 다음과 같다.

완성품 원가는 기초재공품 원가 ₩91,600과 직접재료원가의 완성품 환산량 1,600단위에 직접재료원가의 완성품 환산량 단위당 원가 ₩230을 곱하여 산출한 당기 발생 직접재료원가 ₩368,000, 가공원가의 완성품 환산량 1,950단위에 가공원가의 완성품 환산량 단위당 원가 ₩333.49을 곱하여 산출한 당기 발생 가공원가 ₩650,302을 합산한 ₩1,109,902이다.

기말재공품 원가는 직접재료원가의 완성품 환산량 400단위에 직접재료원가의 완성품 환산량 단위당 원가 ₩230을 곱하여 산출한 당기 발생 직접재료원가 ₩92,000과 가공원가의 완성품 환산량 200단위에 가공원가의 완성품 환산량 단위당 원가 ₩333.49을 곱하여 산출한 당기 발생 가공원가 ₩66,698을 합산한 ₩158,698이다.

항목	[1단계] 물량 흐름 (A)	[2단계] 완성품 환산량				
		완성도		완성품 환산량		
		직접재료원가 (B)	가공원가 (C)	직접재료원가 (D)=(A×B)	가공원가 (E)=(A×C)	
기초재공품①	500단위	100%	30%			
당기착수량②	2,300단위					
합계③=(①+②)	2,800단위					
당기완성량④=(ⓐ+ⓑ)	2,100단위			1,600단위	1,950단위	
기초재공품 완성량ⓐ	500단위	0%	70%	–	350단위	
당기착수 당기완성량ⓑ	1,600단위	100%	100%	1,600단위	1,600단위	
정상공손⑤	300단위	–	–	–	–	
기말재공품⑥=(③-④-⑤)	400단위	100%	50%	400단위	200단위	
합계⑦=(④+⑤+⑥)	2,800단위			2,000단위	2,150단위	
[3단계] 총원가의 집계						
항목				직접재료원가	가공원가	합계
기초재공품의 원가⑧				₩72,000	₩19,600	₩91,600
당기의 발생원가⑨				460,000	717,000	1,177,000
합계⑩=(⑧+⑨)				₩532,000	₩736,600	₩1,268,600
[4단계] 완성품 환산량 단위당 원가의 산출						
항목				당기 발생 직접재료원가	당기 발생 가공원가	
완성품 환산량 단위당 원가⑪=(⑨÷⑦)				@₩230	@₩333.49	
[5단계] 총원가의 배부						
항목			기초재공품 원가	당기 발생 직접재료원가	당기 발생 가공원가	합계
완성품 원가⑫=(⑧+④×⑪)			₩91,600	₩368,000	₩650,302	₩1,109,902
기말재공품 원가⑬=(⑥×⑪)			–	92,000	66,698	158,698
합계⑭=(⑫+⑬)			₩91,600	₩460,000	₩717,000	₩1,268,600

1.2. 평균법

공손품원가 회계처리는 무인식법으로, 재고자산의 원가 흐름은 평균법을 이용할 경우 완성품 원가와 기말재공품 원가를 계산하면 다음과 같다.

먼저 완성품 환산량을 계산하면 다음과 같다. 가중평균법에서는 기초재공품이 전기에 이미 제조에 착수되었음에도 마치 당기에 착수되어 완성된 것처럼 가정한다. 따라서 당기완성량 2,100단위의 직접재료원가, 가공원가의 완성도는 모두 100%가 된다.

무인식법은 공손회계 처리에서 공손을 고려하지 않는 방법으로 정상공손이든 비정상공손이든 불문하고 모든 공손을 완성품 환산량의 계산에 포함하지 않는다.

기말재공품의 완성도를 계산하면 원재료는 공정 초에 전량 투입되므로 직접재료원가의 완성도는 100%이다. 가공원가는 공정률에 따라 50%이다.

이렇게 산출된 완성도에 각각의 물량 흐름을 곱하여 합산하게 되면 원가요소별 완성품 환산량이 산출된다.

기초재공품의 직접재료원가는 ₩72,000이며 가공원가는 ₩19,600이고, 당기에 발생한 직접재료원가는 ₩460,000, 가공원가는 ₩717,000이다.

(주)하이트맥주의 1월 원가요소별 완성품 환산량 단위당 원가를 계산하면 다음과 같다.

직접재료원가 완성품 환산량 단위당 원가는 기초재공품 직접재료원가 ₩72,000과 당기투입 직접재료원가 ₩460,000의 합인 ₩532,000을 직접재료원가 완성품 환산량 2,500단위로 나누어 ₩212.80이 산출된다.

가공원가 완성품 환산량 단위당 원가는 기초재공품 가공원가 ₩19,600과 당기투입 가공원가 ₩717,000의 합인 ₩736,600을 가공원가 완성품 환산량 2,300단위로 나누어 ₩320.26이 산출된다.

위에서 구한 원가요소별 완성품 환산량에 완성품 환산량 단위당 원가를 곱하여 완성품 원가와 기말재공품 원가를 계산하면 다음과 같다.

완성품 원가는 직접재료원가의 완성품 환산량 2,100단위에 직접재료원가의 완성품 환산량 단위당 원가 ₩212.80을 곱하여 산출한 직접재료원가 ₩446,880, 가공원가의 완성품 환산량 2,100단위에 가공원가의 완성품 환산량 단위당 원가 ₩320.26을 곱하여 산출한 가공원가 ₩672,548을 합산한 ₩1,119,428이다.

기말재공품 원가는 직접재료원가의 완성품 환산량 400단위에 직접재료원가의 완성품 환산량 단위당 원가 ₩212.80을 곱하여 산출한 직접재료원가 ₩85,120과 가공원가의 완성품 환산량 200단위에 가공원가의 완성품 환산량 단위당 원가 ₩320.26을 곱하여 산출한 가공원가 ₩64,052을 합산한 ₩149,172이다.

항목	[1단계] 물량 흐름 (A)	[2단계] 완성품 환산량				
		완성도		완성품 환산량		
		직접재료원가 (B)	가공원가 (C)	직접재료원가 (D)=(A×B)	가공원가 (E)=(A×C)	
기초재공품①	500단위					
당기착수량②	2,300단위					
합계③=(①+②)	2,800단위					
당기완성량④	2,100단위	100%	100%	2,100단위	2,100단위	
정상공손⑤	300단위	–	–	–	–	
기말재공품⑥=(③-④-⑤)	400단위	100%	50%	400단위	200단위	
합계⑦=(④+⑤+⑥)	2,800단위			2,500단위	2,300단위	
[3단계] 총원가의 집계						
항목				직접재료원가	가공원가	합계
기초재공품의 원가⑧				₩72,000	₩19,600	₩91,600
당기의 발생원가⑨				460,000	717,000	1,177,000
합계⑩=(⑧+⑨)				₩532,000	₩736,600	₩1,268,600
[4단계] 완성품 환산량 단위당 원가의 산출						
항목				직접재료원가	가공원가	
완성품 환산량 단위당 원가⑪=(⑩÷⑦)				@₩212.80	@₩320.26	
[5단계] 총원가의 배부						
항목				직접재료원가	가공원가	합계
완성품 원가⑫=(④×⑪)				₩446,880	₩672,548	₩1,119,428
기말재공품 원가⑬=(⑥×⑪)				85,120	64,052	149,172
합계⑭=(⑫+⑬)				₩532,000	₩736,600	₩1,268,600

2. 인식법

검사는 완성도가 80% 시점에서 이루어지고 정상공손은 품질검사 합격수량의 10%이다. 정상공손원가를 처리하는 방법을 검사 시점과 재공품의 완성도를 비교하여 다음과 같이 유형을 구분하여 설명한다.

구분	공손의 검사 시점>기말재공품 완성도		공손의 검사 시점<기말재공품 완성도	
	선입선출법	평균법	선입선출법	평균법
검사 시점> 기초재공품 완성도	[유형(1)] 모두 완성품에 배부	[유형(2)] 모두 완성품에 배부	[유형(3)] 완성품과 기말재공품에 비례배부	[유형(4)] 완성품과 기말재공품에 비례배부
검사 시점< 기초재공품 완성도	모두 당기착수 당기완성품에 배부	모두 완성품에 배부	[유형(5)] 당기착수 당기완성품과 기말재공품에 비례배부	[유형(6)] 완성품과 기말재공품에 비례배부

2.1. 공손의 검사 시점 > 기말재공품의 완성도

검사가 완성도 80% 시점에서 이루어지는데 기말재공품의 완성도가 50%이므로 기말재공품은 검사 시점을 통과하지 않았다. 따라서 품질검사 합격수량은 당기완성량 2,100단위이다. 따라서 정상공손수량은 210단위이고 비정상공손은 공손수량 300단위에서 정상공손수량 210단위를 차감한 90단위이다.

항목	수량
공손품①	300
품질검사 합격수량②	2,100
허용수준③	10%
정상공손④=(②×③)	210
비정상공손⑤=(①-④)	90

2.1.1. 선입선출법: 유형(1)

공손품원가 회계처리는 인식법으로, 재고자산의 원가 흐름은 선입선출법을 이용할 경우 원가는 다음과 같이 발생한다.

먼저 완성도를 계산하면 다음과 같다. 기초재공품 완성량의 완성도는 100%에서 기초재공품의 완성도를 차감하여 계산한다. 원재료는 공정 초에 전량 투입되므로 직접재료원가 완성도는 0%(=100%-100%)이고, 가공원가 완성도는 70%(=100%-30%)가 된다.

당기착수 당기완성량의 완성도는 직접재료원가, 가공원가 모두 완성도 100%이다.

정상공손과 비정상공손의 완성도를 계산하면 원재료는 공정 초에 전량 투입되므로 직접재료원가의 완성도는 100%이다. 가공원가는 검사가 완성도 80% 시점에서 이루어지므로 완성도는 80%이다.

기말재공품의 완성도를 계산하면 원재료는 공정 초에 전량 투입되므로 직접재료원가의 완성도는 100%이다. 가공원가는 공정률에 따라 50%이다.

이렇게 산출된 완성도에 각각의 물량 흐름을 곱하여 합산하게 되면 원가요소별 완성품 환산량이 산출된다.

원재료 투입		
공정률		0% / 30% 기초재공품 / 50% 기말재공품 / 80% 검사 / 100%
당기완성품	기초재공품 당기완성	0%
	당기착수 당기완성	100%
공손품	정상공손	100%
	비정상공손	100%
기말재공품		100%

가공원가 발생		
공정률		0% / 30% 기초재공품 / 50% 기말재공품 / 80% 검사 / 100%
당기완성품	기초재공품 당기완성	균등 발생 70%
	당기착수 당기완성	균등 발생 100%
공손품	정상공손	균등 발생 80%
	비정상공손	균등 발생 80%
기말재공품		균등 발생 50%

기초재공품의 직접재료원가는 ₩72,000이며 가공원가는 ₩19,600이고, 당기에 발생한 직접재료원가는 ₩460,000, 가공원가는 ₩717,000이다.

(주)하이트맥주의 1월 원가요소별 완성품 환산량 단위당 원가를 계산하면 다음과 같다.

직접재료원가의 완성품 환산량 단위당 원가는 당기투입 직접재료원가 ₩460,000을 직접재료원가 완성품 환산량 2,300단위로 나누어 ₩200이 산출된다.

가공원가의 완성품 환산량 단위당 원가는 당기투입 가공원가 ₩717,000을 가공원가 완성품 환산량 2,390단위로 나누어 ₩300이 산출된다.

위에서 구한 원가요소별 완성품 환산량에 완성품 환산량 단위당 원가를 곱하여 완성품 원가와 기말재공품 원가를 계산하면 다음과 같다.

완성품 원가는 기초재공품 원가 ₩91,600과 직접재료원가의 완성품 환산량 1,600단위에 직접재료원가의 완성품 환산량 단위당 원가 ₩200을 곱하여 산출한 당기 발생 직접재료원가 ₩320,000, 가공원가의 완성품 환산량 1,950단위에 가공원가의 완성품 환산량 단위당 원가 ₩300을 곱하여 산출한 당기 발생 가공원가 ₩585,000을 합산한 ₩996,600이다.

정상공손원가는 직접재료원가의 완성품 환산량 210단위에 직접재료원가의 완성품 환산량 단위당 원가 ₩200을 곱하여 산출한 당기 발생 직접재료원가 ₩42,000과 가공원가의 완성품 환산량 168단위에 가공원가의 완성품 환산량 단위당 원가 ₩300을 곱하여 산출한 당기 발생 가공원가 ₩50,400을 합산한 ₩92,400이다.

비정상공손원가는 직접재료원가의 완성품 환산량 90단위에 직접재료원가의 완성품 환산량 단위당 원가 ₩200을 곱하여 산출한 당기 발생 직접재료원가 ₩18,000과 가공원가의 완성품 환산량 72단위에 가공원가의 완성품 환산량 단위당 원가 ₩300을 곱하여 산출한 당기 발생 가공원가 ₩21,600을 합산한 ₩39,600이다.

기말재공품 원가는 직접재료원가의 완성품 환산량 400단위에 직접재료원가의 완성품 환산량 단위당 원가 ₩200을 곱하여 산출한 당기 발생 직접재료원가 ₩80,000과 가공원가의 완성품 환산량 200단위에 가공원가의 완성품 환산량 단위당 원가 ₩300을 곱하여 산출한 당기 발생 가공원가 ₩60,000을 합산한 ₩140,000이다.

항목	[1단계] 물량 흐름 (A)	[2단계] 완성품 환산량				
		완성도		완성품 환산량		
		직접재료원가 (B)	가공원가 (C)	직접재료원가 (D)=(A×B)	가공원가 (E)=(A×C)	
기초재공품①	500단위	100%	30%			
당기착수량②	2,300단위					
합계③=(①+②)	2,800단위					
당기완성량④=(ⓐ+ⓑ)	2,100단위			1,600단위	1,950단위	
기초재공품 완성량ⓐ	500단위	0%	70%	–	350단위	
당기착수 당기완성량ⓑ	1,600단위	100%	100%	1,600단위	1,600단위	
정상공손⑤	210단위	100%	80%	210단위	168단위	
비정상공손⑥	90단위	100%	80%	90단위	72단위	
기말재공품⑦=(③-④-⑤-⑥)	400단위	100%	50%	400단위	200단위	
합계⑧=(④+⑤+⑥+⑦)	2,800단위			2,300단위	2,390단위	
[3단계] 총원가의 집계						
항목				직접재료원가	가공원가	합계
기초재공품의 원가⑨				₩72,000	₩19,600	₩91,600
당기의 발생원가⑩				460,000	717,000	1,177,000
합계⑪=(⑨+⑩)				₩532,000	₩736,600	₩1,268,600
[4단계] 완성품 환산량 단위당 원가의 산출						
항목				당기 발생 직접재료원가	당기 발생 가공원가	
완성품 환산량 단위당 원가⑫=(⑩÷⑧)				@₩200	@₩300	
[5단계] 총원가의 배부						
항목			기초재공품 원가	당기 발생 직접재료원가	당기 발생 가공원가	합계
완성품 원가⑬=(⑨+④×⑫)			₩91,600	₩320,000	₩585,000	₩996,600
정상공손원가⑭=(⑤×⑫)			–	42,000	50,400	92,400
비정상공손원가⑮=(⑥×⑫)			–	18,000	21,600	39,600
기말재공품 원가⑯=(⑦×⑫)			–	80,000	60,000	140,000
합계⑰=(⑬+⑭+⑮+⑯)			₩91,600	₩460,000	₩717,000	₩1,268,600

기말재공품이 검사 시점을 통과하지 않았으므로, 정상공손원가는 모두 완성품에 배부한다. 따라서 정상공손원가 배부 전 당기완성품 원가 ₩996,600과 정상공손원가 ₩92,400의 합인 ₩1,089,000이다. 그리고 기말재공품 원가는 ₩140,000, 비정상공손원가는 ₩39,600이다. 따라서 최종원가계산은 다음과 같다.

항목	정상공손원가 배부 전 원가 (A)	정상공손원가 배부액 (B)	정상공손원가 배부 후 원가 (C)=(A+B)
완성품 원가	₩996,600	₩92,400	₩1,089,000
정상공손원가	92,400	(92,400)	0
비정상공손원가	39,600	–	39,600
기말재공품 원가	140,000	–	140,000
합계	₩1,268,600	₩0	₩1,268,600

2.1.2. 평균법: 유형(2)

공손품원가 회계처리는 인식법으로, 재고자산의 원가 흐름은 평균법을 이용하면 원가는 다음과 같이 발생한다.

먼저 완성도를 계산하면 다음과 같다. 가중평균법에서는 기초재공품이 전기에 이미 제조에 착수되었음에도 마치 당기에 착수되어 완성된 것처럼 가정한다. 따라서 당기완성량 2,100단위의 직접재료원가, 가공원가의 완성도는 모두 100%가 된다.

정상공손과 비정상공손의 완성도를 계산하면 원재료는 공정 초에 전량 투입되므로 직접재료원가의 완성도는 100%이다. 가공원가는 검사가 완성도 80% 시점에서 이루어지므로 완성도는 80%이다.

기말재공품의 완성도를 계산하면 원재료는 공정 초에 전량 투입되므로 직접재료원가의 완성도는 100%이다. 가공원가는 공정률에 따라 50%이다.

이렇게 산출된 완성도에 각각의 물량 흐름을 곱하여 합산하게 되면 원가요소별 완성품 환산량이 산출된다.

원재료 투입		
공정률		0% / 30% 기초재공품 / 50% 기말재공품 / 80% 검사 / 100%
당기완성품		100%
공손품	정상공손	100%
	비정상공손	100%
기말재공품		100%

가공원가 발생

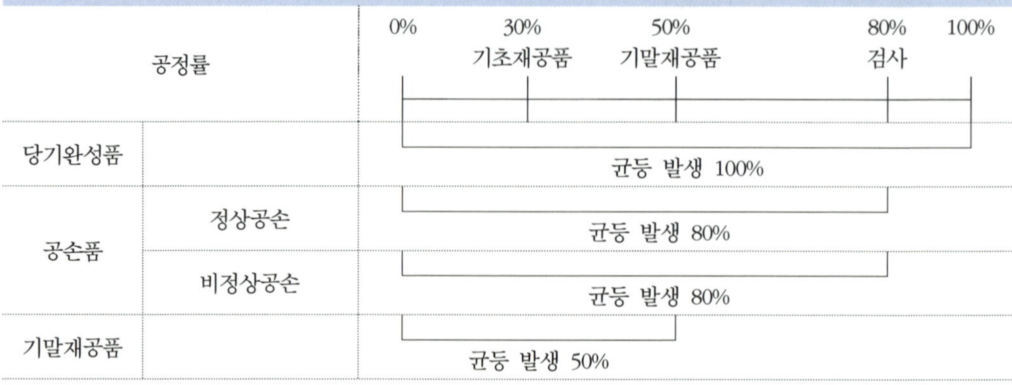

기초재공품의 직접재료원가는 ₩72,000이며 가공원가는 ₩19,600이고, 당기에 발생한 직접재료원가는 ₩460,000, 가공원가는 ₩717,000이다.

(주)하이트맥주의 1월 원가요소별 완성품 환산량 단위당 원가를 계산하면 다음과 같다.

직접재료원가 완성품 환산량 단위당 원가는 기초재공품 직접재료원가 ₩72,000과 당기투입 직접재료원가 ₩460,000의 합인 ₩532,000을 직접재료원가 완성품 환산량 2,800단위로 나누어 ₩190이 산출된다.

가공원가 완성품 환산량 단위당 원가는 기초재공품 가공원가 ₩19,600과 당기투입 가공원가 ₩717,000의 합인 ₩736,600을 가공원가 완성품 환산량 2,540단위로 나누어 ₩290이 산출된다.

위에서 구한 원가요소별 완성품 환산량에 완성품 환산량 단위당 원가를 곱하여 완성품 원가와 기말재공품 원가를 계산하면 다음과 같다.

완성품 원가는 직접재료원가의 완성품 환산량 2,100단위에 직접재료원가의 완성품 환산량 단위당 원가 ₩190을 곱하여 산출한 직접재료원가 ₩399,000, 가공원가의 완성품 환산량 2,100단위에 가공원가의 완성품 환산량 단위당 원가 ₩290을 곱하여 산출한 가공원가 ₩609,000을 합산한 ₩1,008,000이다.

정상공손원가는 직접재료원가의 완성품 환산량 210단위에 직접재료원가의 완성품 환산량 단위당 원가 ₩190을 곱하여 산출한 직접재료원가 ₩39,900과 가공원가의 완성품 환산량 168단위에 가공원가의 완성품 환산량 단위당 원가 ₩290을 곱하여 산출한 당기 발생 가공원가 ₩48,720을 합산한 ₩88,620이다.

비정상공손원가는 직접재료원가의 완성품 환산량 90단위에 직접재료원가의 완성품 환산량 단위당 원가 ₩190을 곱하여 산출한 당기 발생 직접재료원가 ₩17,100과 가공원가의 완성품 환산량 72단위에 가공원가의 완성품 환산량 단위당 원가 ₩290을 곱하여 산출한 당기 발생 가공원가 ₩20,880을 합산한 ₩37,980이다.

기말재공품 원가는 직접재료원가의 완성품 환산량 400단위에 직접재료원가의 완성품 환산량 단위당 원가 ₩190을 곱하여 산출한 직접재료원가 ₩76,000과 가공원가의 완성품 환산량 200단위에 가공원가의 완성품 환산량 단위당 원가 ₩290을 곱하여 산출한 가공원가 ₩58,000을 합산한 ₩134,000이다.

항목	[1단계] 물량 흐름 (A)	[2단계] 완성품 환산량				
		완성도		완성품 환산량		
		직접재료 원가(B)	가공원가 (C)	직접재료원가 (D)=(A×B)	가공원가 (E)=(A×C)	
기초재공품①	500단위					
당기착수량②	2,300단위					
합계③=(①+②)	2,800단위					
당기완성량④	2,100단위	100%	100%	2,100단위	2,100단위	
정상공손⑤	210단위	100%	80%	210단위	168단위	
비정상공손⑥	90단위	100%	80%	90단위	72단위	
기말재공품⑦=(③-④-⑤-⑥)	400단위	100%	50%	400단위	200단위	
합계⑧=(④+⑤+⑥+⑦)	2,800단위			2,800단위	2,540단위	
[3단계] 총원가의 집계						
항목				직접재료원가	가공원가	합계
기초재공품의 원가⑨				₩72,000	₩19,600	₩91,600
당기의 발생원가⑩				460,000	717,000	1,177,000
합계⑪=(⑨+⑩)				₩532,000	₩736,600	₩1,268,600
[4단계] 완성품 환산량 단위당 원가의 산출						
항목				직접재료원가	가공원가	
완성품 환산량 단위당 원가⑫=(⑪÷⑧)				@₩190	@₩290	
[5단계] 총원가의 배부						
항목				직접재료원가	가공원가	합계
완성품 원가⑬=(④×⑫)				₩399,000	₩609,000	₩1,008,000
정상공손원가⑭=(⑤×⑫)				39,900	48,720	88,620
비정상공손원가⑮=(⑥×⑫)				17,100	20,880	37,980
기말재공품 원가⑯=(⑦×⑫)				76,000	58,000	134,000
합계⑰=(⑬+⑭+⑮+⑯)				₩532,000	₩736,600	₩1,268,600

기말재공품이 검사 시점을 통과하지 않았으므로 정상공손원가는 모두 완성품에 배부한다. 따라서 완성품 원가는 정상공손원가 배부 전 당기완성품 원가 ₩1,008,000과 정상공손원가 ₩88,620의 합인 ₩1,096,620이다. 그리고 기말재공품 원가는 ₩134,000, 비정상공손원가는 ₩37,980이다.

항목	정상공손원가 배부 전 원가 (A)	정상공손원가 배부액 (B)	정상공손원가 배부 후 원가 (C)=(A+B)
완성품 원가	₩1,008,000	₩88,620	₩1,096,620
정상공손원가	88,620	(88,620)	0
비정상공손원가	37,980	–	37,980
기말재공품 원가	134,000	–	134,000
합계	₩1,268,600	₩0	₩1,268,600

2.2. 공손의 검사 시점 <기말재공품의 완성도

2.2.1. 공손의 검사 시점>기초재공품의 완성도

(주)하이트맥주의 예제에서 다른 조건은 같고 검사는 완성도 40%일 때 수행된다고 가정하자.

검사는 완성도 40%일 때 실시하고 기말재공품의 완성도가 50%, 기초재공품의 완성도가 30%이므로, 기말재공품은 검사를 통과하고 기초재공품은 검사를 통과하지 않은 경우이다.

따라서 품질검사 합격수량은 당기완성량 2,100단위, 기말재공품 400단위의 합인 2,500단위이다. 따라서 정상공손수량은 250단위이고 비정상공손은 공손수량 300단위에서 정상공손수량 250단위를 차감한 50단위이다.

항목	수량
공손품①	300
품질검사 합격수량②	2,500
허용수준③	10%
정상공손④=(②×③)	250
비정상공손⑤=(①-④)	50

1) 선입선출법: 유형(3)

공손품원가 회계처리는 인식법으로, 재고자산의 원가 흐름은 선입선출법을 이용할 경우 원가는 다음과 같이 발생한다.

먼저 완성도를 계산하면 다음과 같다. 기초재공품 완성량의 완성도는 100%에서 기초재공품의 완성도를 차감하여 계산한다. 원재료는 공정 초에 전량 투입되므로 직접재료원가 완성도는 0%(=100%-100%)이고, 가공원가 완성도는 70%(=100%-30%)가 된다.

당기착수 당기완성량의 완성도는 직접재료원가, 가공원가 모두 완성도 100%이다.

정상공손과 비정상공손의 완성도를 계산하면 원재료는 공정 초에 전량 투입되므로 직접재료원가의 완성도는 100%이다. 가공원가는 검사가 완성도 40% 시점에서 이루어지므로 완성도는 40%이다.

기말재공품의 완성도를 계산하면 원재료는 공정 초에 전량 투입되므로 직접재료원가의 완성도는 100%이다. 가공원가는 공정률에 따라 50%이다.

이렇게 산출된 완성도에 각각의 물량 흐름을 곱하여 합산하게 되면 원가요소별 완성품 환산량이 산출된다.

원재료 투입						
공정률		0%	30% 기초재공품	40% 검사	50% 기말재공품	100%
당기완성품	기초재공품 당기완성	0%				
	당기착수 당기완성	100%				
공손품	정상공손	100%				
	비정상공손	100%				
기말재공품		100%				

가공원가 발생		
공정률		0% / 30% 기초재공품 / 40% 검사 / 50% 기말재공품 / 100%
당기완성품	기초재공품 당기완성	균등 발생 70%
	당기착수 당기완성	균등 발생 100%
공손품	정상공손	균등 발생 40%
	비정상공손	균등 발생 40%
기말재공품		균등 발생 50%

기초재공품의 직접재료원가는 ₩72,000이며 가공원가는 ₩19,600이고, 당기에 발생한 직접재료원가는 ₩460,000, 가공원가는 ₩717,000이다.

(주)하이트맥주의 1월 원가요소별 완성품 환산량 단위당 원가를 계산하면 다음과 같다.

직접재료원가의 완성품 환산량 단위당 원가는 당기투입 직접재료원가 ₩460,000을 직접재료원가 완성품 환산량 2,300단위로 나누어 ₩200이 산출된다.

가공원가의 완성품 환산량 단위당 원가는 당기투입 가공원가 ₩717,000을 가공원가 완성품 환산량 2,270단위로 나누어 ₩315.86이 산출된다.

위에서 구한 원가요소별 완성품 환산량에 완성품 환산량 단위당 원가를 곱하여 완성품 원가와 기말재공품 원가를 계산하면 다음과 같다.

완성품 원가는 기초재공품 원가 ₩91,600과 직접재료원가의 완성품 환산량 1,600단위에 직접재료원가의 완성품 환산량 단위당 원가 ₩200을 곱하여 산출한 당기 발생 직접재료원가 ₩320,000, 가공원가의 완성품 환산량 1,950단위에 가공원가의 완성품 환산량 단위당 원가 ₩315.86을 곱하여 산출한 당기 발생 가공원가 ₩615,925을 합산한 ₩1,027,525이다.

정상공손원가는 직접재료원가의 완성품 환산량 250단위에 직접재료원가의 완성품 환산량 단위당 원가 ₩200을 곱하여 산출한 당기 발생 직접재료원가 ₩50,000과 가공원가의 완성품 환산량 100단위에 가공원가의 완성품 환산량 단위당 원가 ₩315.86을 곱하여 산출한 당기 발생 가공원가 ₩31,586을 합산한 ₩81,586이다.

비정상공손원가는 직접재료원가의 완성품 환산량 50단위에 직접재료원가의 완성품 환산량 단위당 원가 ₩200을 곱하여 산출한 당기 발생 직접재료원가 ₩10,000과 가공원가의 완성품 환산량 20단위에 가공원가의 완성품 환산량 단위당 원가 ₩315.86을 곱하여 산출한 당기 발생 가공원가 ₩6,317을 합산한 ₩16,317이다.

기말재공품 원가는 직접재료원가의 완성품 환산량 400단위에 직접재료원가의 완성품 환산량 단위당 원가 ₩200을 곱하여 산출한 당기 발생 직접재료원가 ₩80,000과 가공원가의 완성품 환산량 200단위에 가공원가의 완성품 환산량 단위당 원가 ₩315.86을 곱하여 산출한 당기 발생 가공원가 ₩63,172를 합산한 ₩143,172이다.

항목	[1단계] 물량 흐름 (A)	[2단계] 완성품 환산량				
		완성도		완성품 환산량		
		직접재료원가 (B)	가공원가 (C)	직접재료원가 (D)=(A×B)	가공원가 (E)=(A×C)	
기초재공품①	500단위	100%	30%			
당기착수량②	2,300단위					
합계③=(①+②)	2,800단위					
당기완성량④=(ⓐ+ⓑ)	2,100단위			1,600단위	1,950단위	
기초재공품 완성량ⓐ	500단위	0%	70%	–	350단위	
당기착수 당기완성량ⓑ	1,600단위	100%	100%	1,600단위	1,600단위	
성상공손⑤	250단위	100%	40%	250단위	100단위	
비정상공손⑥	50단위	100%	40%	50단위	20단위	
기말재공품⑦=(③-④-⑤-⑥)	400단위	100%	50%	400단위	200단위	
합계⑧=(④+⑤+⑥+⑦)	2,800단위			2,300단위	2,270단위	
[3단계] 총원가의 집계						
항목				직접재료원가	가공원가	합계
기초재공품의 원가⑨				₩72,000	₩19,600	₩91,600
당기의 발생원가⑩				460,000	717,000	1,177,000
합계⑪=(⑨+⑩)				₩532,000	₩736,600	₩1,268,600
[4단계] 완성품 환산량 단위당 원가의 산출						
항목				당기 발생 직접재료원가	당기 발생 가공원가	합계
환산량 단위당 원가⑫=(⑩÷⑧)				@₩200	@₩315.86	
[5단계] 총원가의 배부						
항목			기초재공품 원가	당기 발생 직접재료원가	당기 발생 가공원가	합계
완성품 원가⑬=(⑨+④×⑫)			₩91,600	₩320,000	₩615,925	₩1,027,525
정상공손원가⑭=(⑤×⑫)			–	50,000	31,586	81,586
비정상공손원가⑮=(⑥×⑫)			–	10,000	6,317	16,317
기말재공품 원가⑯=(⑦×⑫)			–	80,000	63,172	143,172
합계⑰=(⑬+⑭+⑮+⑯)			₩91,600	₩460,000	₩717,000	₩1,268,600

한편, 기말재공품이 검사 시점을 통과하였으므로, 정상공손원가는 완성품과 기말재공품의 물량비율에 따라 배부한다.

항목	정상공손원가	수량	배부비율	배부액
완성품	₩81,586	2,100	2,100단위÷2,500단위=0.84	₩68,532
기말재공품		400	400단위÷2,500단위=0.16	13,054
합계		2,500		₩81,586

따라서 최종원가계산은 다음과 같다.

항목	정상공손원가 배부 전 원가 (A)	정상공손원가 배부액 (B)	정상공손원가 배부 후 원가 (C)=(A+B)
완성품 원가	₩1,027,525	₩68,532	₩1,096,057
정상공손원가	81,586	(81,586)	
비정상공손원가	16,317	−	16,317
기말재공품 원가	143,172	13,054	156,226
합계	₩1,268,600	₩0	₩1,268,600

2) 평균법: 유형(4)

공손품원가 회계처리는 인식법으로, 재고자산의 원가 흐름은 평균법을 이용할 경우 원가는 다음과 같이 발생한다.

먼저 완성도를 계산하면 다음과 같다. 가중평균법에서는 기초재공품이 전기에 이미 제조에 착수되었음에도 마치 당기에 착수되어 완성된 것처럼 가정한다. 따라서 당기완성량 2,100단위의 직접재료원가, 가공원가의 완성도는 모두 100%가 된다.

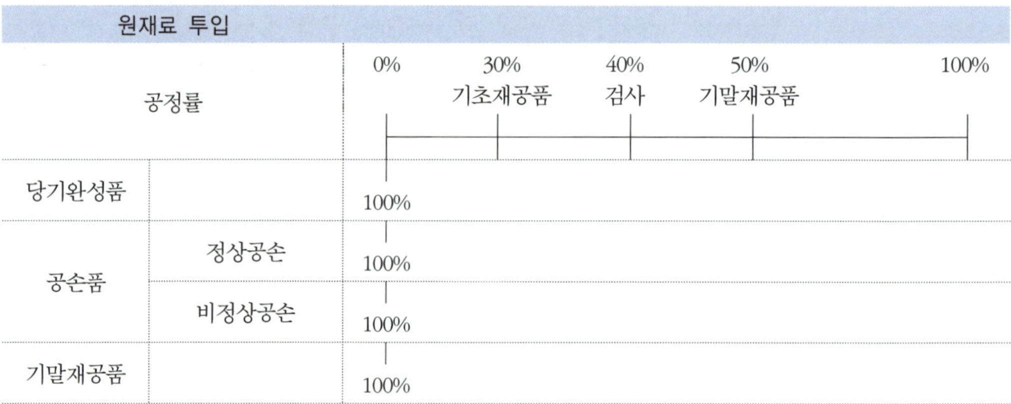

가공원가 발생

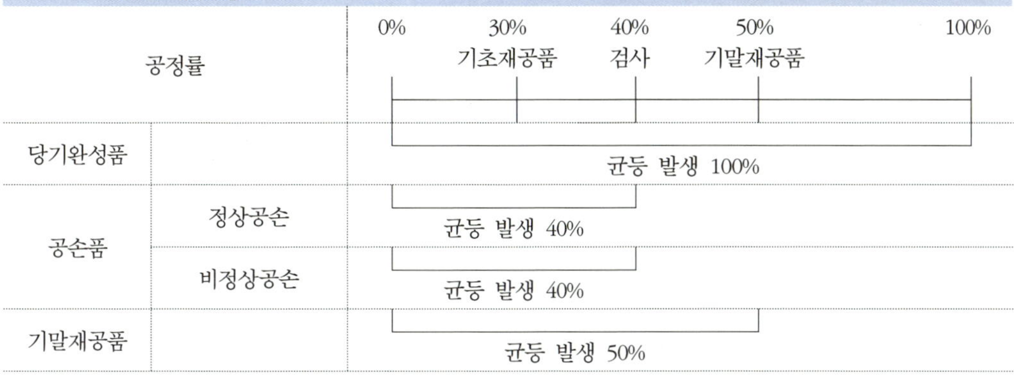

정상공손과 비정상공손의 완성도를 계산하면 원재료는 공정 초에 전량 투입되므로 직접재료원가의 완성도는 100%이다. 가공원가는 검사가 완성도 40% 시점에서 이루어지므로 완성도는 40%이다.

기말재공품의 완성도를 계산하면 원재료는 공정 초에 전량 투입되므로 직접재료원가의 완성도는 100%이다. 가공원가는 공정률에 따라 50%이다.

이렇게 산출된 완성도에 각각의 물량 흐름을 곱하여 합산하게 되면 원가요소별 완성품 환산량이 산출된다.

기초재공품의 직접재료원가는 ₩72,000이며 가공원가는 ₩19,600이고, 당기에 발생한 직접재료원가는 ₩460,000, 가공원가는 ₩717,000이다.

(주)하이트맥주의 1월 원가요소별 완성품 환산량 단위당 원가를 계산하면 다음과 같다.

직접재료원가 완성품 환산량 단위당 원가는 기초재공품 직접재료원가 ₩72,000과 당기투입 직접재료원가 ₩460,000의 합인 ₩532,000을 직접재료원가 완성품 환산량 2,800단위로 나누어 ₩190이 산출된다.

가공원가 완성품 환산량 단위당 원가는 기초재공품 가공원가 ₩19,600과 당기투입 가공원가 ₩717,000의 합인 ₩736,600을 가공원가 완성품 환산량 2,420단위로 나누어 ₩304.38이 산출된다.

위에서 구한 원가요소별 완성품 환산량에 완성품 환산량 단위당 원가를 곱하여 완성품 원가와 기말재공품 원가를 계산하면 다음과 같다.

완성품 원가는 직접재료원가의 완성품 환산량 2,100단위에 직접재료원가의 완성품 환산량 단위당 원가 ₩190을 곱하여 산출한 직접재료원가 ₩399,000, 가공원가의 완성품 환산량 2,100단위에 가공원가의 완성품 환산량 단위당 원가 ₩304.38을 곱하여 산출한 가공원가 ₩639,198을 합산한 ₩1,038,198이다.

정상공손원가는 직접재료원가의 완성품 환산량 250단위에 직접재료원가의 완성품 환산량 단위당 원가 ₩190을 곱하여 산출한 직접재료원가 ₩47,500과 가공원가의 완성품 환산량 100단위에 가공원가의 완성품 환산량 단위당 원가 ₩304.38을 곱하여 산출한 당기 발생 가공원가 ₩30,438을 합산한 ₩77,938이다.

비정상공손원가는 직접재료원가의 완성품 환산량 50단위에 직접재료원가의 완성품 환산량 단위당 원가 ₩190을 곱하여 산출한 당기 발생 직접재료원가 ₩9,500과 가공원가의 완성품 환산량 20단위에 가공원가의 완성품 환산량 단위당 원가 ₩304.38을 곱하여 산출한 당기 발생 가공원가 ₩6,088을 합산한 ₩15,588이다.

기말재공품 원가는 직접재료원가의 완성품 환산량 400단위에 직접재료원가의 완성품 환산량 단위당 원가 ₩190을 곱하여 산출한 직접재료원가 ₩76,000과 가공원가의 완성품 환산량 200단위에 가공원가의 완성품 환산량 단위당 원가 ₩304.38을 곱하여 산출한 가공원가 ₩60,876을 합산한 ₩136,876이다.

항목	[1단계] 물량 흐름 (A)	[2단계] 완성품 환산량				
		완성도		완성품 환산량		
		직접재료원가 (B)	가공원가 (C)	직접재료원가 (D)=(A×B)	가공원가 (E)=(A×C)	
기초재공품①	500단위					
당기착수량②	2,300단위					
합계③=(①+②)	2,800단위					
당기완성량④	2,100단위	100%	100%	2,100단위	2,100단위	
정상공손⑤	250단위	100%	40%	250단위	100단위	
비정상공손⑥	50단위	100%	40%	50단위	20단위	
기말재공품⑦=(③-④-⑤-⑥)	400단위	100%	50%	400단위	200단위	
합계⑧=(④+⑤+⑥+⑦)	2,800단위			2,800단위	2,420단위	
[3단계] 총원가의 집계						
항목				직접재료원가	가공원가	합계
기초재공품의 원가⑨				₩72,000	₩19,600	₩91,600
당기의 발생원가⑩				460,000	717,000	1,177,000
합계⑪=(⑨+⑩)				₩532,000	₩736,600	₩1,268,600
[4단계] 완성품 환산량 단위당 원가의 산출						
항목				직접재료원가	가공원가	
완성품 환산량 단위당 원가⑫=(⑪÷⑧)				@₩190	@₩304.38	

[5단계] 총원가의 배부					
항목			직접재료원가	가공원가	합계
완성품 원가⑬=(④×⑫)			₩399,000	₩639,198	₩1,038,198
정상공손원가⑭=(⑤×⑫)			47,500	30,438	77,938
비정상공손원가⑮=(⑥×⑫)			9,500	6,088	15,588
기말재공품 원가⑯=(⑦×⑫)			76,000	60,876	136,876
합계⑰=(⑬+⑭+⑮+⑯)			₩532,000	₩736,600	₩1,268,600

한편, 기말재공품이 검사 시점을 통과하였으므로 정상공손원가는 완성품과 기말재공품의 물량비율에 따라 배부한다.

항목	정상공손원가	수량	배부비율	배부액
완성품	₩77,938	2,100	2,100단위÷2,500단위=0.84	₩65,468
기말재공품		400	400단위÷2,500단위=0.16	12,470
합계		2,500		₩77,938

따라서 최종원가계산은 나음과 같다.

항목	정상공손원가 배부 전 원가 (A)	정상공손원가 배부액 (B)	정상공손원가 배부 후 원가 (C)=(A+B)
완성품 원가	₩1,038,198	₩65,468	₩1,103,666
정상공손원가	77,938	(77,938)	0
비정상공손원가	15,588	–	15,588
기말재공품 원가	136,876	12,470	149,346
합계	₩1,268,600	₩0	₩1,268,600

완성품 원가와 기말재공품 원가에 관련한 예제는 다음과 같다.

예제

완성품 원가와 기말재공품 원가

(주)대한은 표준종합원가계산을 사용하고 있다. 정상공손이 반영되기 전의 제품 단위당 표준원가는 다음과 같다. [2019년 공인회계사 1차]

항목	제품 단위당 표준원가
직접재료원가	₩20
전환원가	30
합계	₩50

직접재료는 공정 초에 모두 투입되며, 전환원가는 공정 전반에 걸쳐 평균적으로 발생한다. 당기의 생산활동에 관한 자료는 다음과 같다.

항목	물량	전환원가 완성도
기초재공품	300단위	50%
기말재공품	500	80%
완성품	2,000	
공손품	100	

(주)대한은 공정의 60% 시점에서 품질검사를 실시하며, 당기에 검사를 통과한 합격품의 2%를 정상공손으로 허용한다. 정상공손원가는 합격품원가에 가산하고 비정상공손원가는 기간비용으로 처리한다. 정상공손원가 배부 후 표준원가로 기록된 완성품원가와 기말재공품원가는 각각 얼마인가? 단, 전기와 당기의 단위당 표준원가는 동일하고, 공손품은 전량 폐기된다.

풀이

항목	산식	결과
정상품 단위당 정상공손 직접재료원가①	₩20×100%×2%	₩0.4
정상품 단위당 정상공손 전환원가②	₩30×60%×2%	₩0.36
완성품원가	[(₩20×100%)+①₩0.4+(₩30×100%)+②₩0.36)]×2,000단위	₩101,520
기말재공품원가	[(₩20×100%)+①₩0.4+(₩30×80%)+②₩0.36]×500단위	₩22,380

2.2.2. 공손의 검사 시점<기초재공품의 완성도

(주)하이트맥주의 예제와 같이 다른 조건은 같고 검사는 완성도 20%일 때 수행된다고 가정하자.

검사는 완성도 20%일 때 실시하고 기초재공품의 완성도가 30%, 기말재공품의 완성도가 50%이므로 기초재공품은 전기에, 기말재공품은 당기에 검사를 통과하였다. 따라서 품질검사 합격수량은 당기착수 당기완성량 1,600단위, 기말재공품 400단위의 합인 2,000단위이다.

정상공손수량은 품질검사 합격수량 2,000단위의 10%인 200단위이고 비정상공손은 공손수량 300단위에서 정상공손수량 200단위를 차감한 100단위이다.

항목	수량
공손품①	300
품질검사 합격수량②	2,000
허용수준③	10%
정상공손④=(②×③)	200
비정상공손⑤=(①-④)	100

1) 선입선출법: 유형(5)

공손품원가 회계처리는 인식법으로 재고자산의 원가 흐름은 선입선출법을 이용할 경우 원가는 다음과 같이 발생한다.

먼저 완성도를 계산하면 다음과 같다. 기초재공품 완성량의 완성도는 100%에서 기초재공품의 완성도를 차감하여 계산한다. 원재료는 공정 초에 전량 투입되므로 직접재료원가 완성도는 0%(=100%-100%)이고, 가공원가 완성도는 70%(=100%-30%)가 된다.

당기착수 당기완성량의 완성도는 직접재료원가, 가공원가 모두 완성도 100%이다.

정상공손과 비정상공손의 완성도를 계산하면 원재료는 공정 초에 전량 투입되므로 직접재료원가의 완성도는 100%이다. 가공원가는 검사가 완성도 20% 시점에서 이루어지므로 완성도는 20%이다.

기말재공품의 완성도를 계산하면 원재료는 공정 초에 전량 투입되므로 직접재료원가의 완성도는 100%이다. 가공원가는 공정률에 따라 50%이다.

이렇게 산출된 완성도에 각각의 물량 흐름을 곱하여 합산하게 되면 원가요소별 완성품 환산량이 산출된다.

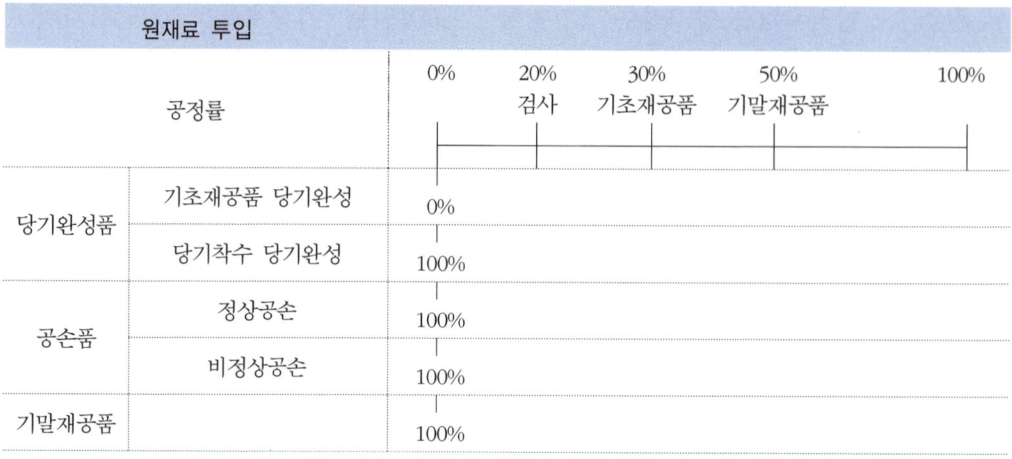

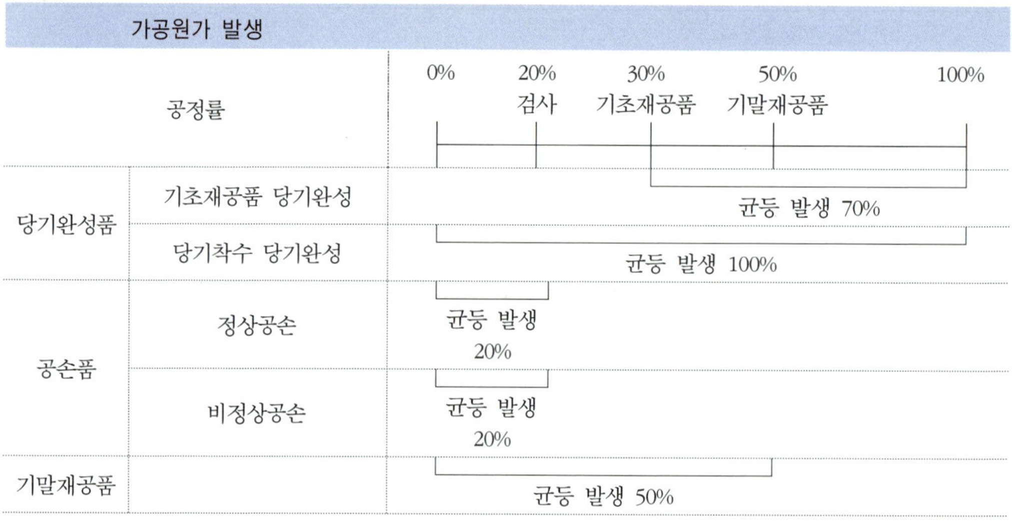

기초재공품의 직접재료원가는 ₩72,000이며 가공원가는 ₩19,600이고, 당기에 발생한 직접재료원가는 ₩460,000, 가공원가는 ₩717,000이다.

(주)하이트맥주의 1월 원가요소별 완성품 환산량 단위당 원가를 계산하면 다음과 같다.

직접재료원가의 완성품 환산량 단위당 원가는 당기투입 직접재료원가 ₩460,000을 직접재료원가 완성품 환산량 2,300단위로 나누어 ₩200이 산출된다.

가공원가의 완성품 환산량 단위당 원가는 당기투입 가공원가 ₩717,000을 가공원가 완성품 환산량 2,210단위로 나누어 ₩324.43이 산출된다.

위에서 구한 원가요소별 완성품 환산량에 완성품 환산량 단위당 원가를 곱하여 완성품 원가와 기말재공품 원가를 계산하면 다음과 같다.

완성품 원가는 기초재공품 원가 ₩91,600과 직접재료원가의 완성품 환산량 1,600단위에 직접재료원가의 완성품 환산량 단위당 원가 ₩200을 곱하여 산출한 당기 발생 직접재료원가 ₩320,000, 가공원가의 완성품 환산량 1,950단위에 가공원가의 완성품 환산량 단위당 원가 ₩324.43을 곱하여 산출한 당기 발생 가공원가 ₩632,647을 합산한 ₩1,044,247이다.

정상공손원가는 직접재료원가의 완성품 환산량 200단위에 직접재료원가의 완성품 환산량 단위당 원가 ₩200을 곱하여 산출한 당기 발생 직접재료원가 ₩40,000과 가공원가의 완성품 환산량 40단위에 가공원가의 완성품 환산량 단위당 원가 ₩324.43을 곱하여 산출한 당기 발생 가공원가 ₩12,977을 합산한 ₩52,977이다.

비정상공손원가는 직접재료원가의 완성품 환산량 100단위에 직접재료원가의 완성품 환산량 단위당 원가 ₩200을 곱하여 산출한 당기 발생 직접재료원가 ₩20,000과 가공원가의 완성품 환산량 20단위에 가공원가의 완성품 환산량 단위당 원가 ₩324.43을 곱하여 산출한 당기 발생 가공원가 ₩6,489을 합산한 ₩26,489이다.

항목	[1단계] 물량 흐름 (A)	[2단계] 완성품 환산량				
		완성도		완성품 환산량		
		직접재료원가 (B)	가공원가 (C)	직접재료원가 (D)=(A×B)	가공원가 (E)=(A×C)	
기초재공품①	500단위	100%	30%			
당기착수량②	2,300단위					
합계③=(①+②)	2,800단위					
당기완성량④=(ⓐ+ⓑ)	2,100단위			1,600단위	1,950단위	
기초재공품 완성량ⓐ	500단위	0%	70%	–	350단위	
당기착수 당기완성량ⓑ	1,600단위	100%	100%	1,600단위	1,600단위	
정상공손⑤	200단위	100%	20%	200단위	40단위	
비정상공손⑥	100단위	100%	20%	100단위	20단위	
기말재공품⑦=(③-④-⑤-⑥)	400단위	100%	50%	400단위	200단위	
합계⑧=(④+⑤+⑥+⑦)	2,800단위			2,300단위	2,210단위	
[3단계] 총원가의 집계						
항목				직접재료원가	가공원가	합계
기초재공품의 원가⑨				₩72,000	₩19,600	₩91,600
당기의 발생원가⑩				460,000	717,000	1,177,000
합계⑪=(⑨+⑩)				₩532,000	₩736,600	₩1,268,600

[4단계] 완성품 환산량 단위당 원가의 산출					
항목			당기 발생 직접재료원가	당기 발생 가공원가	합계
완성품 환산량 단위당 원가⑫=(⑩÷⑧)			@₩200	@₩324.43	
[5단계] 총원가의 배부					
항목		기초재공품 원가	당기 발생 직접재료원가	당기 발생 가공원가	합계
완성품 원가⑬=(⑨+④×⑫)		₩91,600	₩320,000	₩632,647	₩1,044,247
정상공손원가⑭=(⑤×⑫)		−	40,000	12,977	52,977
비정상공손원가⑮=(⑥×⑫)		−	20,000	6,489	26,489
기말재공품 원가⑯=(⑦×⑫)		−	80,000	64,887	144,887
합계⑰=(⑬+⑭+⑮+⑯)		₩91,600	₩460,000	₩717,000	₩1,268,600

기말재공품 원가는 직접재료원가의 완성품 환산량 400단위에 직접재료원가의 완성품 환산량 단위당 원가 ₩200을 곱하여 산출한 당기 발생 직접재료원가 ₩80,000과 가공원가의 완성품 환산량 200단위에 가공원가의 완성품 환산량 단위당 원가 ₩324.43을 곱하여 산출한 당기 발생 가공원가 ₩64,887을 합산한 ₩144,887이다.

한편, 기초재공품은 전기에 검사 시점을 통과하였으므로 전기 기말재공품으로 이미 정상공손원가를 배부받았다. 따라서 정상공손원가는 당기착수 당기완성량과 기말재공품의 물량비율에 따라 배부한다.

항목	정상공손원가	수량	배부비율	배부액
당기착수 당기완성품	₩52,977	1,600	1,600단위÷2,000단위=0.80	₩42,382
기말재공품		400	400단위÷2,000단위=0.20	10,595
합계		2,000		₩52,977

따라서 최종원가계산은 다음과 같다.

항목	정상공손원가 배부 전 원가 (A)	정상공손원가 배부액 (B)	정상공손원가 배부 후 원가 (C)=(A+B)
완성품 원가	₩1,044,247	₩42,382	₩1,086,629
정상공손원가	52,977	(52,977)	0
비정상공손원가	26,489	–	26,489
기말재공품 원가	144,887	10,595	155,482
합계	₩1,268,600	₩0	₩1,268,600

2) 평균법: 유형(6)

공손품원가 회계처리는 인식법으로 재고자산의 원가 흐름은 평균법을 이용할 경우 원가는 다음과 같이 발생한다.

먼저 완성도를 계산하면 다음과 같다. 가중평균법에서는 기초재공품이 전기에 이미 제조에 착수되었음에도 마치 당기에 착수되어 완성된 것처럼 가정한다. 따라서 당기완성량 2,100단위의 직접재료원가, 가공원가의 완성도는 모두 100%가 된다.

정상공손과 비정상공손의 완성도를 계산하면 원재료는 공정 초에 전량 투입되므로 직접재료원가의 완성도는 100%이다. 가공원가는 검사가 완성도 20% 시점에서 이루어지므로 완성도는 20%이다.

기말재공품의 완성도를 계산하면 원재료는 공정 초에 전량 투입되므로 직접재료원가의 완성도는 100%이다. 가공원가는 공정률에 따라 50%이다.

이렇게 산출된 완성도에 각각의 물량 흐름을 곱하여 합산하게 되면 원가요소별 완성품 환산량이 산출된다.

원재료 투입		
공정률		0% / 20% 검사 / 30% 기초재공품 / 50% 기말재공품 / 100%
당기완성품		100%
공손품	정상공손	100%
	비정상공손	100%
기말재공품		100%

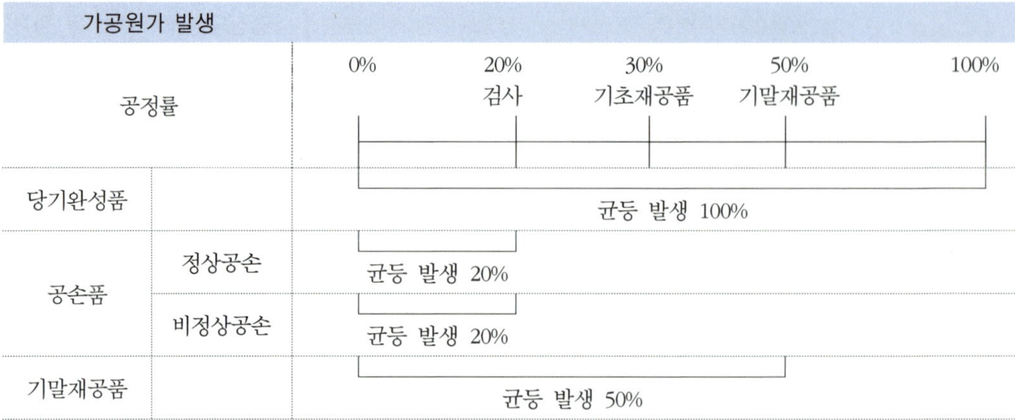

기초재공품의 직접재료원가는 ₩72,000이며 가공원가는 ₩19,600이고, 당기에 발생한 직접재료원가는 ₩460,000, 가공원가는 ₩717,000이다.

(주)하이트맥주의 1월 원가요소별 완성품 환산량 단위당 원가를 계산하면 다음과 같다.

직접재료원가 완성품 환산량 단위당 원가는 기초재공품 직접재료원가 ₩72,000과 당기투입 직접재료원가 ₩460,000의 합인 ₩532,000을 직접재료원가 완성품 환산량 2,800단위로 나누어 ₩190이 산출된다.

가공원가 완성품 환산량 단위당 원가는 기초재공품 가공원가 ₩19,600과 당기투입 가공원가 ₩717,000의 합인 ₩736,600을 가공원가 완성품 환산량 2,360단위로 나누어 ₩312.12이 산출된다.

위에서 구한 원가요소별 완성품 환산량에 완성품 환산량 단위당 원가를 곱하여 완성품 원가와 기말재공품 원가를 계산하면 다음과 같다.

완성품 원가는 직접재료원가의 완성품 환산량 2,100단위에 직접재료원가의 완성품 환산량 단위당 원가 ₩190을 곱하여 산출한 직접재료원가 ₩399,000, 가공원가의 완성품 환산량 2,100단위에 가공원가의 완성품 환산량 단위당 원가 ₩312.12을 곱하여 산출한 가공원가 ₩655,449을 합산한 ₩1,054,449이다.

정상공손원가는 직접재료원가의 완성품 환산량 200단위에 직접재료원가의 완성품 환산량 단위당 원가 ₩190을 곱하여 산출한 직접재료원가 ₩38,000과 가공원가의 완성품 환산량 40단위에 가공원가의 완성품 환산량 단위당 원가 ₩312.12을 곱하여 산출한 당기 발생 가공원가 ₩12,485을 합산한 ₩50,485이다.

비정상공손원가는 직접재료원가의 완성품 환산량 100단위에 직접재료원가의 완성품 환산량 단위당 원가 ₩190을 곱하여 산출한 당기 발생 직접재료원가 ₩19,000과 가공원가의 완성품 환산량 20단위에 가공원가의 완성품 환산량 단위당 원가 ₩312.12을 곱하여 산출한 당기 발생 가공원가 ₩6,242을 합산한 ₩25,242이다.

기말재공품 원가는 직접재료원가의 완성품 환산량 400단위에 직접재료원가의 완성품 환산량 단위당 원가 ₩190을 곱하여 산출한 직접재료원가 ₩76,000과 가공원가의 완성품 환산량 200단위에 가공원가의 완성품 환산량 단위당 원가 ₩312.12을 곱하여 산출한 가공원가 ₩62,424을 합산한 ₩138,424이다.

항목	[1단계] 물량 흐름 (A)	[2단계] 완성품 환산량				
		완성도		완성품 환산량		
		직접재료원가 (B)	가공원가 (C)	직접재료원가 (D)=(A×B)	가공원가 (E)=(A×C)	
기초재공품①	500단위					
당기착수량②	2,300단위					
합계③=(①+②)	2,800단위					
당기완성량④	2,100단위	100%	100%	2,100단위	2,100단위	
정상공손⑤	200단위	100%	20%	200단위	40단위	
비정상공손⑥	100단위	100%	20%	100단위	20단위	
기말재공품⑦=(③-④-⑤-⑥)	400단위	100%	50%	400단위	200단위	
합계⑧=(④+⑤+⑥+⑦)	2,800단위			2,800단위	2,360단위	
[3단계] 총원가의 집계						
항목				직접재료원가	가공원가	합계
기초재공품의 원가⑨				₩72,000	₩19,600	₩91,600
당기의 발생원가⑩				460,000	717,000	1,177,000
합계⑪=(⑨+⑩)				₩532,000	₩736,600	₩1,268,600
[4단계] 완성품 환산량 단위당 원가의 산출						
항목				직접재료원가	가공원가	
완성품 환산량 단위당 원가⑫=(⑪÷⑧)				@₩190	@₩312.12	
[5단계] 총원가의 배부						
항목				직접재료원가	가공원가	합계
완성품 원가⑬=(④×⑫)				₩399,000	₩655,449	₩1,054,449
정상공손원가⑭=(⑤×⑫)				38,000	12,485	50,485
비정상공손원가⑮=(⑥×⑫)				19,000	6,242	25,242
기말재공품 원가⑯=(⑦×⑫)				76,000	62,424	138,424
합계⑰=(⑬+⑭+⑮+⑯)				₩532,000	₩736,600	₩1,268,600

한편 기말재공품이 당기 검사 시점을 통과하고 기초재공품은 전기에 검사 시점을 통과하였으나, 평균법에 따른 원가계산이므로 정상공손원가는 완성품과 기말재공품의 물량비율에 따라 배부한다.

항목	정상공손원가	수량	배부비율	배부액
완성품	₩50,485	2,100	2,100단위÷2,500단위=0.84	₩42,407
기말재공품		400	400단위÷2,500단위=0.16	8,078
합계		2,500		₩50,485

따라서 최종원가계산은 다음과 같다.

항목	정상공손원가 배부 전 원가 (A)	정상공손원가 배부액 (B)	정상공손원가 배부 후 원가 (C)=(A+B)
완성품 원가	₩1,054,449	₩42,407	₩1,096,856
정상공손원가	50,485	(50,485)	0
비정상공손원가	25,242	–	25,242
기말재공품 원가	138,424	8,078	146,502
합계	₩1,268,600	₩0	₩1,268,600

제5절 처분가치가 있는 공손품의 회계처리

지금까지 공손품의 처분가치가 없어 공손품을 폐기하는 경우를 살펴보았다. 그러나 처분가치가 없어 공손품을 폐기하기도 하지만 처분가치가 있어 공손품이 판매 가능한 예도 있다.

처분가치가 있는 공손품의 회계처리방법은 2개의 인식시점과 4개의 인식방법을 조합하여 8가지의 회계처리방법이 존재한다.

인식시점에는 생산기준과 판매기준이 있다. 생산기준은 생산시점에 공손품의 순실현가치를 인식하는 방법이며, 판매기준은 판매시점에서 판매이익을 인식하는 방법이다.

인식방법에는 매출로 인식하는 매출인식법, 잡이익으로 인식하는 잡이익법, 제조원가에서 차감하는 제조원가 차감법, 매출원가에서 차감하는 매출원가 차감법이 있다.

인식시점
(1) 생산기준 (공손품을 생산시점에 인식)
(2) 판매기준 (판매시점에서 판매한 부분만을 인식)

인식방법
(A) 매출인식법
(B) 잡이익법
(C) 제조원가 차감법
(D) 매출원가 차감법

본서에서는 (1) 생산기준 아래의 (C) 제조원가 차감법을 중심으로 설명하기로 한다. 생산기준 아래의 제조원가 차감법은 생산시점에서 공손품의 순실현가치를 공손품의 원가에서 차감한 공손품의 순원가를 인식하며 판매시점에서는 손익을 인식하지 않는 방법이다. 여기에서 순실현가치란 판매가격에서 추가가공원가와 판매비용을 공제한 순수취액이다.

1. 인식법

(주)하이트맥주의 예제와 같이 다른 조건은 같고 검사는 완성도 20%일 때 수행된다고 가정하자.

검사는 완성도 20%일 때 실시하고 기초재공품의 완성도가 30%, 기말재공품의 완성도가 50%이므로 기초재공품은 전기에, 기말재공품은 당기에 검사를 통과하였다.

따라서 품질검사 합격수량은 당기착수 당기완성량 1,600단위, 기말재공품 400단위의 합인 2,000단위이다. 따라서 정상공손수량은 200단위이고 비정상공손은 공손수량 300단위에서 정상공손수량 200단위를 차감한 100단위이다.

추가로 공손품을 단위당 ₩250에 처분할 수 있으며 단위당 ₩50의 판매비용이 발생한다고 가정하자. 따라서 단위당 순실현가치는 ₩200이다.

항목	수량
공손품①	300
품질검사 합격수량②	2,000
허용수준③	10%
정상공손④=(②×③)	200
비정상공손⑤=(①-④)	100

1.1. 선입선출법

공손품원가 회계처리는 인식법으로 재고자산의 원가 흐름은 선입선출법을 이용할 경우 당기제품제조원가와 기말재공품 원가를 계산하면 다음과 같다.

항목	[1단계] 물량 흐름 (A)	[2단계] 완성품 환산량				
		직접재료원가		가공원가		
		완성도 (B)	환산량 (C)=(A×B)	완성도 (D)	환산량 (E)=(A×D)	
기초재공품①	500단위	100%	30%			
당기착수량②	2,300단위					
합계③=(①+②)	2,800단위					
당기완성량④=(ⓐ+ⓑ)	2,100단위			1,600단위	1,950단위	
기초재공품 완성량ⓐ	500단위	0%	70%	–	350단위	
당기착수 당기완성량ⓑ	1,600단위	100%	100%	1,600단위	1,600단위	
정상공손⑤	200단위	100%	20%	200단위	40단위	
비정상공손⑥	100단위	100%	20%	100단위	20단위	
기말재공품⑦=(③-④-⑤-⑥)	400단위	100%	50%	400단위	200단위	
합계⑧=(④+⑤+⑥+⑦)	2,800단위			2,300단위	2,210단위	
[3단계] 총원가의 집계						
항목				직접재료원가	가공원가	합계
기초재공품의 원가⑨				₩72,000	₩19,600	₩91,600
당기의 발생원가⑩				460,000	717,000	1,177,000
합계⑪=(⑨+⑩)				₩532,000	₩736,600	₩1,268,600
[4단계] 완성품 환산량 단위당 원가의 산출						
항목				당기 발생 직접재료원가	당기 발생 가공원가	합계
완성품 환산량 단위당 원가⑫=(⑩÷⑧)				@₩200	@₩324.43	
[5단계] 총원가의 배부						
항목			기초재공품 원가	당기 발생 직접재료원가	당기 발생 가공원가	합계
완성품 원가⑬=(⑨+④×⑫)			₩91,600	₩320,000	₩632,647	₩1,044,247
정상공손원가⑭=(⑤×⑫)			–	40,000	12,977	52,977
비정상공손원가⑮=(⑥×⑫)			–	20,000	6,489	26,489
기말재공품 원가⑯=(⑦×⑫)			–	80,000	64,887	144,887
합계⑰=(⑬+⑭+⑮+⑯)			₩91,600	₩460,000	₩717,000	₩1,268,600

공손품의 순실현가치는 다음과 같이 계산된다. 판매가격에서 판매비용을 차감하여 단위당 순실현가치를 산출하고 이에 수량을 곱하여 순실현가치를 산출한다.

항목	판매가격 (A)	판매비용 (B)	단위당 순실현가치 (C)=(A-B)	수량 (D)	순실현가치 (E)=(C×D)
정상공손	₩250	₩50	₩200	200단위	₩40,000
비정상공손	₩250	₩50	₩200	100단위	20,000
합계					₩60,000

기말재공품이 검사 시점을 통과하고, 기초재공품은 전기에 검사 시점을 통과하였으므로 정상공손원가에서 순실현가치를 차감한 순정상공손원가를 당기착수 당기완성량과 기말재공품의 물량비율에 따라 배부한다.

항목	정상공손원가 (A)	정상공손 순실현가치 (B)	순정상공손원가 (C)=(A-B)	수량	배부비율	배부액
당기착수 당기완성품	₩52,977	₩40,000	₩12,977	1,600	1,600단위÷2,000단위=0.80	₩10,382
기말재공품				400	400단위÷2,000단위=0.20	2,595
합계				2,000		₩12,977

따라서 최종원가계산은 다음과 같다. 비정상공손원가는 배부하지 않지만, ₩26,489에서 순실현가치 ₩20,000을 차감한 ₩6,489을 손실로 인식하게 된다.

항목	정상공손원가 배부 전 원가 (A)	공손품 순실현가치 (B)	정상공손원가 배부액 (C)	정상공손원가 배부 후 원가 (D)=(A+B+C)
공손품 순실현가치		₩60,000		₩60,000
완성품 원가	₩1,044,247		₩10,382	1,054,629
정상공손원가	52,977	(40,000)	(12,977)	0
비정상공손원가	26,489	(20,000)		6,489
기말재공품 원가	144,887		2,595	147,482
합계	₩1,268,600	₩0	₩0	₩1,268,600

생산기준하의 제조원가 차감법에서는 생산시점에 공손품의 순실현가치를 자산으로 인식한다.

(차)	제품	1,054,629	(대)	재공품	1,121,118
	비정상공손손실	6,489			
	공손품	60,000			

공손품 판매시점에서의 분개는 다음과 같다.

(차)	현금	60,000	(대)	공손품	60,000

1.2. 평균법

공손품원가 회계처리는 인식법으로 재고자산의 원가 흐름은 평균법을 이용할 경우 당기제품제조원가와 기말재공품 원가를 계산하면 다음과 같다.

항목	[1단계] 물량 흐름 (A)	[2단계] 완성품 환산량				
		완성도		완성품 환산량		
		직접재료원가 (B)	가공원가 (C)	직접재료원가 (D)=(A×B)	가공원가 (E)=(A×C)	
기초재공품①	500단위					
당기착수량②	2,300단위					
합계③=(①+②)	2,800단위					
당기완성량④	2,100단위	100%	100%	2,100단위	2,100단위	
정상공손⑤	200단위	100%	20%	200단위	40단위	
비정상공손⑥	100단위	100%	20%	100단위	20단위	
기말재공품⑦=(③-④-⑤-⑥)	400단위	100%	50%	400단위	200단위	
합계⑧=(④+⑤+⑥+⑦)	2,800단위			2,800단위	2,360단위	
[3단계] 총원가의 집계						
항목				직접재료원가	가공원가	합계
기초재공품의 원가⑨				₩72,000	₩19,600	₩91,600
당기의 발생원가⑩				460,000	717,000	1,177,000
합계⑪=(⑨+⑩)				₩532,000	₩736,600	₩1,268,600

[4단계] 완성품 환산량 단위당 원가의 산출					
항목			직접재료원가	가공원가	
완성품 환산량 단위당 원가⑫=(⑪÷⑧)			@₩190	@₩312.12	
[5단계] 총원가의 배부					
항목			직접재료원가	가공원가	합계
완성품 원가⑬=(④×⑫)			₩399,000	₩655,449	₩1,054,449
정상공손원가⑭=(⑤×⑫)			38,000	12,485	50,485
비정상공손원가⑮=(⑥×⑫)			19,000	6,242	25,242
기말재공품 원가⑯=(⑦×⑫)			76,000	62,424	138,424
합계⑰=(⑬+⑭+⑮+⑯)			₩532,000	₩736,600	₩1,268,600

공손품의 순실현가치는 다음과 같이 계산된다. 판매가격에서 판매비용을 차감하여 단위당 순실현가치를 산출하고 이에 수량을 곱하여 순실현가치를 산출한다.

항목	판매가격 (A)	판매비용 (B)	단위당 순실현가치 (C)=(A−B)	수량 (D)	순실현가치 (E)=(C×D)
정상공손	₩250	₩50	₩200	200단위	₩40,000
비정상공손	₩250	₩50	₩200	100단위	20,000
합계					₩60,000

기말재공품이 검사 시점을 통과하고, 기초재공품은 전기에 검사 시점을 통과하였으나 평균법에 따른 원가계산이므로 정상공손원가에서 순실현가치를 차감한 순정상공손원가는 완성품과 기말재공품의 물량비율에 따라 배부한다.

항목	정상공손원가 배부액 (A)	정상공손 순실현가치 (B)	순정상공손원가 (C)=(A−B)	수량	배부비율	배부액
완성품	₩50,485	₩40,000	₩10,485	2,100	2,100단위÷2,500단위=0.84	₩8,807
기말재공품				400	400단위÷2,500단위=0.16	1,678
합계				2,500		₩10,485

따라서 최종원가계산은 다음과 같다. 비정상공손원가는 배부하지 않지만, ₩25,242에서 순실현가치 ₩20,000을 차감한 ₩5,242을 손실로 인식하게 된다.

항목	정상공손원가 배부 전 원가 (A)	공손품 순실현가치 (B)	정상공손원가 배부액 (C)	정상공손원가 배부 후 원가 (D)=(A+B+C)
공손품 순실현가치		₩60,000		₩60,000
완성품 원가	₩1,054,449		₩8,807	1,063,256
정상공손원가	50,485	(40,000)	(10,485)	0
비정상공손원가	25,242	(20,000)		5,242
기말재공품 원가	138,424		1,678	140,101
합계	₩1,268,600	₩0	₩0	₩1,268,600

생산기준하의 제조원가 차감법에서는 생산시점에 공손품의 순실현가치를 자산으로 인식하여 회계처리한다.

(차)	제품	1,063,256	(대)	재공품	1,128,498
	비정상공손손실	5,242			
	공손품	60,000			

공손품 판매시점에서의 분개는 다음과 같다.

(차)	현금	60,000	(대)	공손품	60,000

공손품 수익과 관련한 예제는 다음과 같다.

예제

공손품 수익

한일공업의 생산 활동과 관련된 다음의 원가자료를 활용하여 비정상공손원가를 계산하면 얼마인가? (단, 계산과정에서 원 단위 미만은 반올림할 것) [2006년 세무사]

(1) 당기생산개시수량	2,000개
(2) 당기 발생원가:	
직접재료원가	₩500,000
가공원가	1,500,000
(3) 당기완성품 수량	1,500개
(4) 기말재공품 수량	400개
(5) 공손품 수량	100개

기초재공품은 없으며, 원재료는 공정 초에 전부 투입되며, 가공원가는 공정 전반에 걸쳐 균등하게 발생한다고 가정한다. 40% 가공단계에서 검사가 이루어지며, 검사를 통과한 양품(정상품)

중 2%만이 정상공손이고, 정상공손 외의 공손은 비정상공손이다. 공손품은 보수작업에 의해 정상으로 회복되지 않기 때문에 개당 ₩100에 매각하였다. 기말재공품의 가공원가 진척도는 50%이다.

풀이

재공품

기초재공품	0개	당기완성품 수량	1,500개
당기생산개시 수량	2,000개	기말재공품 수량	400개
		공손수량	100개
합계	2,000개	합계	2,000개

기말재공품의 완성도가 50%이고, 검사시점의 완성도가 40%이므로 기말재공품은 당기에 검사를 통과했으므로, 검사를 통과한 양품에 포함됨
정상공손수량=(당기완성품 수량 1,500개+기말재공품 수량 400개)×2%=38개
비정상공손수량=공손수량 100개−정상공손수량 38개=62개

항목	수량	완성도		완성품 환산량		합계
		재료원가	가공원가	재료원가	가공원가	
완성품①	1,500	100%	100%	1,500	1,500	
정상공손②	38	100%	40%	38	15.2	
비정상공손③	62	100%	40%	62	24.8	
기말재공품④	400	100%	50%	400	200	
합계⑤=(①+②+③+④)	2,000			2,000	1,740	
당기투입원가⑥				₩500,000	₩1,500,000	
단위원가⑦=(⑥÷⑤)				@₩250	@₩862	
비정상공손원가⑧=(⑦×62개)				₩15,500	₩21,378	₩36,878
공손품 매각수익⑨=(100×62개)						₩6,200
공손품 매각수익 반영 후 비정상공손⑩=(⑧−⑨)						₩30,678

객 • 관 • 식

8.1 갑을회사의 20×8년 3월 생산자료는 다음과 같다. [1993년 공인회계사]

(1) 3/1 기초재공품	30,000개
(2) 3월 착수량	120,000개
(3) 완성 후 제품 계정에 대체	99,000개
(4) 비정상적 공손	6,000개
(5) 3/31 기말재공품	45,000개

원재료는 공정 초에 투입되며, 가공비의 경우 기초재공품은 70% 완성되고 기말재공품은 40% 완성되었다. 공손은 기말공정에서 탐지되었다. 을회사가 평균법 사용 시 가공비의 완성품 환산량은 몇 개인가?

① 125,000개 ② 117,000개 ③ 150,000개
④ 135,000개 ⑤ 123,000개

8.2 소형라디오를 주문생산하는 국화회사에서는 20×8년 4월 중 작업량 3,300개가 제시된 제조명령서 5호의 생산과 관련하여 다음과 같이 단위당 원가가 발생하였다. [1994년 세무사]

직접재료비	₩3,000
직접노무비	₩2,400
제조간접비배부액	₩3,600
합계	₩9,000

한편, 제품의 최종검사과정에서 150개의 불량품과 300개의 공손품이 발견되었다. 불량품은 총원가 ₩150,000을 투입하여 재작업하였으며, 공손품은 모두 ₩450,000을 받고 외부에 매각하였다. 제조명령서 5호와 관련하여 발생한 정상제품의 단위당 원가는?

① ₩8,900 ② ₩9,000 ③ ₩9,750
④ ₩9,800 ⑤ ₩9,950

8.3 영등포(주)는 공손원가를 정상 원가로 처리하고 있으며 평균법을 사용하고 있다. 당기제품제조원가는? (단, 직접재료는 공정 초에 전부 투입되며 가공비는 전 공정을 통해 균등하게 발생, 검사는 공정 완료 시에 실시) [1995년 세무사]

기초재공품	: 없음
당기착수량	: 1,000개
당기투입 직접재료비	: ₩1,000
당기투입 가공비	: ₩1,700
당기완성량	: 500개
정상공손	: 250개
기말재공품	: 250개 (완성도: 40%)

① ₩450 ② ₩2,080 ③ ₩620
④ ₩2,200 ⑤ ₩2,250

8.4 (주)한국에서는 첫 번째 제조공정 초기에 원재료가 투입되며 가공비는 전공정을 통해 균등하게 발생한다. 3월의 첫 번째 제조공정과 관련한 원가 발생 자료는 다음과 같다.

[1998년 공인회계사]

3월 초 재공품		60,000 단위(진척도 50%)
원재료	₩6,000,000	
가공비	₩5,000,000	
3월의 착수량		100,000 단위
원재료 투입액	₩10,000,000	
가공비 발생액	₩16,060,000	
정상공손품		20,000 단위(진척도 60%)
3월 말 재공품		50,000 단위(진척도 30%)
다음 공정 대체량		90,000 단위

(주)한국은 원재료 투입 후 60%의 가공이 이루어진 상태에서 품질검사를 수행하고 있다. 평균법에 따른 3월 중의 첫 번째 제조공정 완성품의 단위당 원가는 얼마인가? (원 미만에서 반올림할 것)

① ₩252 ② ₩298 ③ ₩314
④ ₩326 ⑤ ₩342

8.5 저널(주)는 모든 재료를 공정 초기에 투입하여, 9월 중 재공품과 관련된 직접재료원가의 자료는 다음과 같다. [1998년 세무사]

기초재공품 200개(직접재료원가 ₩100), 완성량 500개, 기말재공품 400개

한편, 검사는 공정 50% 시점에서 실시하는데 정상공손이 100개 발생하였고 비정상공손은 발생하지 않았다. 기말재공품의 직접재료원가를 평균법에 따라 평가하는 경우 선입선출법에 따른 경우보다 ₩460만큼 적었다. 9월 중 투입한 직접재료원가는?

① ₩5,000 ② ₩10,000 ③ ₩20,000
④ ₩30,000 ⑤ ₩40,000

8.6 선입선출법에 따른 종합원가계산제도를 채택하고 있는 동강회사의 생산 활동에 관한 당기 자료는 다음과 같다. [1999년 세무사]

기초재공품	20,000단위(완성도 60%)
당기투입	100,000단위
당기 중 완성되어 타 부문 대체	90,000단위
기말재공품	15,000단위(완성도 50%)
당기 재료비 발생액	₩300,000
당기 가공비 발생액	₩366,000

재료는 생산 시작 시점에서 투입하며, 가공비는 전 공정을 통해 균일하게 발생한다. 동강회사는 과거의 경험으로 검사 시점을 통과한 합격품의 10%를 정상공손으로 처리한다. 단, 회사는 완성도 40%일 때 검사를 한다. 동강회사의 당기 비정상공손비는 얼마인가?

① ₩24,180 ② ₩26,650 ③ ₩29,900
④ ₩33,800 ⑤ ₩39,100

8.7 (주)인천은 종합원가계산으로 제품원가를 계산한다. 재료는 공정의 초기 단계에 투입이 되며, 가공원가는 전체 공정에 고르게 투입된다. 20×1년 6월 1일의 재공품 10,000단위에 대해서는 공정이 50% 진행되었고, 동년 6월 30일의 재공품 20,000단위에 대해서는 공정이 90% 진행되었다. 품질검사는 공정이 80% 진행되었을 때에 실시하며, 불합격품에 대해서는 재작업을 시행하지 않는다. 정상공손은 당월의 품질검사에서 합격한 제품의 5%로 설정하고 있다. 6월 중 55,000단위가 착수되었으며, 총 40,000단위가 완성되었다. 6월에 발생한 비정상공손품의 가공원가 완성품 환산량은 얼마인가? [2000년 공인회계사]

① 2,000단위 ② 1,600단위 ③ 5,000단위
④ 3,000단위 ⑤ 2,400단위

8.8 북한강(주)는 완성도 65% 수준에서 검사하는 생산공정을 가지고 있다. 2000년 2월의 월초재고는 완성도가 40%이었으며, 월말 재고는 완성도가 70%이었다. 북한강(주)가 선입선출법을 사용하고 있을 때 생산품에 대한 정상적인 공손원가를 할당하는 것으로 옳은 것은? [2000년 세무사]

	당월 착수·완성	월말 재고	월초 재고
①	아니요	아니요	아니요
②	아니요	예	예
③	예	예	아니요
④	예	아니요	예
⑤	예	예	예

8.9 (주)수원은 종합원가계산제도에 의하여 제품원가를 계산하고 있는데, 월말 재공품의 평가는 선입선출법에 따라 행하고 있다. 2000년 5월의 생산 및 원가자료는 다음과 같다.

	물량 단위	가공원가 완성도	직접재료원가	가공원가
월초 재공품	12,000	50%	₩132,000	₩73,200
당월 투입량	76,000		₩456,000	₩612,800
완성품 수량	65,000			
월말 재공품	(각자 계산)	80%		

원재료는 공정의 초기에 모두 투입되며 가공원가는 전공정을 통해 균등하게 발생한다. 공정의 70% 시점에서 검사를 하며, 그 이후의 공정에서는 공손이 발생하지 않는다. 당월에는 검사를 받은 합격품의 10%가 공손으로 판명되었으나, 모두 정상적인 것으로 간주한다. 정상공손원가에 포함된 직접재료원가는 얼마인가? [2000년 세무사]

① ₩44,800 ② ₩48,000 ③ ₩72,000
④ ₩90,000 ⑤ ₩96,000

8.10 조립공정은 (주)남산제작소의 두 가지 공정 중 첫 번째 공정이다. 공손품은 조립공정의 완료시점에서 확인되며 정상적 공손품의 원가는 공손품이 확인된 기간에 완성되어 다음 공정으로 대체되는 완성품 원가에 가산되고 비정상적 공손은 발생한 기간에 비용화한다. 정상적 공손품 비율은 조립공정을 성공적으로 완성한 합격품의 5%로 추정된다. 다음은 2001년도 1월의 조립공정에서 발생한 가공비와 관련된 정보이다. [2002년 세무사]

	단위	가공비
기초재공품(50% 완성)	2,000	₩10,000
당월 중 착수량	8,000	₩75,500
공손품	500	
당월 완성 및 차공정 대체	7,000	

기말재공품의 기말 현재 가공비에 대한 완성도는 80%이다. (주)남산제작소가 가중평균법을 적용한다고 가정한다면 두 번째 공정으로 대체된 완성품의 가공비는 얼마인가?

① ₩63,000 ② ₩64,125 ③ ₩66,150
④ ₩67,500 ⑤ ₩71,250

8.11 조립공정은 (주)남산제작소의 두 가지 공정 중 첫 번째 공정이다. 공손품은 조립공정의 완료 시점에서 확인되며 정상적 공손품의 원가는 공손품이 확인된 기간에 완성되어 다음 공정으로 대체되는 완성품 원가에 가산되고 비정상적 공손은 발생한 기간에 비용화한다. 정상적 공손품 비율은 조립공정을 성공적으로 완성한 합격품의 5%로 추정된다. 다음은 2001년도 1월의 조립공정에서 발생한 가공비와 관련된 정보이다. [2002년 세무사]

	단위	가공비
기초재공품(50% 완성)	2,000	₩10,000
당월 중 착수량	8,000	₩75,500
공손품	500	
당월 완성 및 차공정 대체	7,000	

기말재공품의 기말 현재 가공비에 대한 완성도는 80%이다. (주)남산제작소가 가중평균법을 적용한다고 가정한다면 두 번째 공정으로 대체된 완성품의 가공비는 얼마인가?

① ₩63,000 ② ₩64,125 ③ ₩66,150
④ ₩67,500 ⑤ ₩71,250

8.12 다음 중 기말재공품 평가 시 사용되는 평균법과 선입선출법에 대한 설명으로 옳지 않은 것은? [2005년 공인회계사]

① 선입선출법을 이용하여 종합원가계산을 수행하는 회사가 기말재공품의 완성도를 실제보다 과대평가하면 완성품 환산량과 완성품 원가는 과대평가된다.

② 기초재공품이 존재하지 않을 때는 평균법과 선입선출법에 따른 완성품 환산량이 같지만, 기초재공품이 존재할 때는 평균법에 따른 완성품 환산량이 선입선출법에 따른 완성품 환산량보다 크다.

③ 선입선출법은 평균법보다 실제 물량 흐름에 충실한 원가 흐름의 가정이며, 당기의 성과를 이전의 기간과 독립적으로 평가할 수 있어 계획과 통제목적에 유용한 방법이다.

④ 정상적인 공손수량은 평균법을 적용하나 선입선출법을 적용하나 같으며, 정상적인 공손원가는 완성품과 기말재공품 원가에 가산되나 비정상적인 공손원가는 영업외비용으로 처리한다.

⑤ 공손품에 대한 가공원가의 완성도를 검사 시점으로 하며, 선입선출법을 사용할 경우 공손품은 모두 당기에 착수된 물량에서 발생한 것으로 가정한다.

8.13 (주)미래는 컴퓨터 칩을 생산하고 있다. 직접재료는 생산공정의 초기에 투입되며, 가공원가는 공정의 전반에 걸쳐 균등하게 발생한다. 생산공정에서 공손품이 발생하는데 이러한 공손품은 제품을 검사하는 시점에서 파악된다. 정상적인 공손품은 품질검사 시점을 통과한 합격품의 10%의 비율로 발생한다. 5월의 생산자료를 보면, 월초 재공품(완성도 30%) 10,000개, 당월 생산착수량 75,000개, 당월 생산착수완성품 52,000개, 월말 재공품(완성도 80%) 15,000개, 공손품 8,000개이다. 품질검사가 생산공정의 20% 시점에서 실시되는 경우 정상공손품 수량은 얼마인가? 만약 생산공정의 50% 시점에서 품질검사가 시행된다면, 정상공손품 수량은 얼마인가? [2006년 공인회계사]

	20% 검사 시	50% 검사 시
①	7,500개	8,500개
②	7,500개	7,700개
③	5,200개	7,700개
④	6,200개	7,700개
⑤	6,700개	7,700개

8.14 공손(spoilage)과 관련된 다음 설명 중에서 옳지 않은 것은? [2007년 공인회계사]

① 공손은 정상공손이나 비정상공손으로 분류된다.
② 공정별 원가계산(process costing)에서 정상공손원가는 관련된 양품(정상제품)의 원가에 가산된다.
③ 개별원가계산(job order costing)에서 비정상공손원가는 재고가능원가로 간주하지 않으며, 그 공손이 발견된 기간의 비용으로 처리된다.
④ 제조공정과정에서 불량률 0을 달성하려는 기업들은 모든 공손을 비정상공손으로 간주하려 한다.
⑤ 공정별 원가계산(process costing)에서 공손단위를 산출단위에 포함할 경우 단위당 원가가 더 커진다.

8.15 대한회사는 당기 중 검사를 통과한 정상품(양품)의 10%를 정상공손으로 간주하며, 모든 공손은 완성 시점에 발견된다. 재료는 공정 초에 모두 투입되고 가공원가는 전 공정에 걸쳐 균등하게 발생하며, 기말재공품의 평가는 평균법에 따른다. 2007년 3월 대한회사의 생산 활동에 대한 자료는 다음과 같다.

- 기초재공품: 1,000단위(가공원가 완성도 80%), 재료원가 ₩540,000, 가공원가 ₩880,000
- 당기투입: 9,000단위, 재료원가 ₩5,000,000, 가공원가 ₩9,460,000
- 당기완성품(정상품): 7,000단위
- 기말재공품: 1,500단위(가공원가 완성도 60%)

대한회사의 2007년 3월의 완성품 원가는 얼마인가? [2007년 세무사]

① ₩11,200,000 ② ₩12,273,200 ③ ₩12,735,800
④ ₩12,825,000 ⑤ ₩13,134,400

연습문제

8.16 다음 자료를 이용하여 물음에 답하시오. [2008년 공인회계사]

(주)한국공업은 두 개의 공정을 거쳐서 제품을 생산한다. 회사의 재공품 평가방법은 선입선출법(FIFO)이고, 공정별 종합원가계산을 적용하여 제품원가를 계산한다. 다음은 두 번째 공정의 생산 및 원가자료이다. 두 번째 공정의 원재료는 50% 시점에서 모두 투입되고, 가공비는 전 공정을 통해 균등하게 발생한다. 공정의 80% 시점에서 품질검사를 하며, 정상공손 허용수준은 합격품의 5%이다. 공손품은 모두 폐기되며, 정상공손비는 합격품 원가에 가산되고, 비정상공손비는 기간비용으로 처리된다.

구분	물량 단위	전공정 대체원가	직접재료비	가공비
기초재공품	1,000(60%)	₩172,000	₩450,000	₩320,000
당기투입	5,000	₩625,000	₩1,470,000	₩924,000
완성품	4,000			
기말재공품	1,500(40%)			

* 괄호 안의 숫자는 가공비완성도를 의미함.

(1) 두 번째 공정의 비정상공손비는 얼마인가?

① ₩128,200 ② ₩142,600 ③ ₩174,500
④ ₩192,300 ⑤ ₩213,900

(2) 완성품의 단위당 원가는 얼마인가?

① ₩812.4 ② ₩822.75 ③ ₩848.7
④ ₩858.4 ⑤ ₩860.25

8.17 다음 자료를 이용하여 물음에 답하시오. (1)번과 (2)번은 서로 독립된 문제이다.

(주)유정은 하나의 공정에서 단일 종류의 제품을 생산하며, 종합원가계산(process costing)을 적용하여 제품원가를 계산한다. 원재료는 공정의 초기 단계에 100% 투입된다. 당기의 생산 및 원가자료는 다음과 같다. [2009년 공인회계사]

구분	물량 단위	가공비완성도	직접재료비	가공비
기초재공품	600	1/3	₩5,000	₩60,950
	400	1/2		
당기착수(투입)	9,000	−	135,000	281,700
기말재공품	200	40%	?	?
	300	70%		

(1) 재공품 평가방법은 선입선출법이고 당기 중에 공손이나 감손은 발생하지 않았다고 가정한다. 기말재공품 원가는 얼마인가?

① ₩16,200 ② ₩14,760 ③ ₩10,800
④ ₩9,840 ⑤ ₩5,400

(2) 재공품 평가방법은 평균법이고 공정의 종료 단계에서 품질검사를 하였다. 그 결과 완성품 수량의 2%가 공손품인 것으로 판명되었다. 공손품원가는 얼마인가?

① ₩9,520 ② ₩9,310 ③ ₩8,550
④ ₩7,250 ⑤ ₩6,820

8.18 (주)프로코는 설탕을 만드는 회사로 가공원가는 공정 전반에 걸쳐 발생한다. 3월 초 기초재공품(가공원가 완성도 60%) 100봉지에 포함된 가공원가는 ₩500이다. 생산공정의 중간시점에서 품질검사를 한 결과 공손품이 100봉지 발생하여 모두 비정상공손(가공원가 완성도 50%)으로 간주하였다. 그리고 3월 중 완성품은 250봉지이며, 기말재공품(가공원가 완성도 80%)도 250봉지 존재한다. 선입선출법과 가중평균법으로 기말재공품에 배부된 가공원가를 각각 산정한 금액이 같다면 3월 중 투입한 총가공원가는 얼마인가? (단, 소수점 이하 자릿수는 절사한다.) [2010년 공인회계사]

① ₩1,121 ② ₩2,548 ③ ₩3,666
④ ₩4,367 ⑤ ₩5,984

8.19 (주)청주는 단일공정을 거쳐서 제품을 생산하며, 선입선출법에 따른 종합원가계산을 적용하고 있다. 20×1년도 기초재공품은 1,000단위(완성도 40%)이고, 기말재공품은 3,000단위(완성도 80%)이며, 당기완성품은 5,000단위이다. 공정 중에 품질검사를 한 결과 공손품 500단위가 발생하였고, 모두 정상공손으로 간주하였으며, 공손품의 처분가치는 없다. 기초재공품과 기말재공품은 모두 당기에 품질검사를 받은 것으로 판명되었다. 직접재료원가와 가공원가는 공정 전반에 걸쳐 균등하게 발생한다. 제품원가계산 결과 당기의 완성품 환산량 단위당 원가는 ₩180이고, 완성품에 배부된 정상공손원가는 ₩33,750이었다. 품질검사는 완성도 몇 % 시점에서 이루어질 것으로 추정되는가? [2010년 공인회계사]

① 55% ② 60% ③ 65%
④ 70% ⑤ 75%

연습문제

8.20 종합원가계산을 사용하고 있는 (주)다봉의 3월 생산 및 원가자료는 다음과 같다. 월초 재공품에 포함된 가공원가는 ₩190,000이며, 3월 중에 투입된 가공원가는 ₩960,000이다. 가공원가는 공정 전체를 통해 균등하게 발생하며, 그 밖의 원가는 공정 초기에 발생한다.

• 3월 생산 관련 물량 흐름 및 가공원가 완성도

구분	물량 단위	가공원가 완성도
월초 재공품	500개	?
당월 완성품	800개	100%
월말 재공품	240개	?
공손품*	160개	80%

* 공손품은 전량 비정상공손이다.

원가계산 결과, 3월 완성품에 포함된 가공원가는 가중평균법에 따르면 ₩920,000이며, 선입선출법에 따르면 ₩910,000이다. 선입선출법에 따를 경우, 공손품에 포함된 가공원가는 얼마인가?

[2011년 공인회계사]

① ₩137,143 ② ₩144,000 ③ ₩147,200
④ ₩153,600 ⑤ ₩174,545

※ **다음의 자료를 이용하여 문제 21번과 문제 22번에 답하시오.**

(주)한국은 세 개의 공정을 통하여 제품을 생산하고 있으며, 가중평균법에 따른 종합원가계산을 적용하여 제품원가를 계산하고 있다. 직접재료는 각 공정의 초기에 전량 투입되고 가공원가는 전 공정에 걸쳐 균등하게 발생한다. 20×1년 2월 최종공정인 제3공정의 생산 및 원가자료는 다음과 같다.

구분	물량 단위	가공원가 완성도	전공정원가	직접재료원가	가공원가
기초재공품	3,000단위	40%	₩14,750	₩2,000	₩10,250
당기투입	12,000단위	?	₩56,500	₩58,000	₩92,950
완성품	10,000단위	?			
기말재공품	4,000단위	60%			

제3공정에서는 공손품 검사를 공정의 50% 시점에서 실시하며, 당월에 검사를 통과한 합격품의 5%를 정상공손으로 간주한다. 정상공손원가는 당월 완성품과 월말 재공품에 배부하는 회계처리를 한다. 20×1년 2월 중 제3공정에서 발견된 공손품은 추가가공 없이 즉시 모두 폐기하며, 공손품의 처분가치는 ₩0이다.

[2014년 공인회계사]

8.21 20×1년 2월 제3공정의 원가요소별 완성품 환산량을 계산하면 얼마인가?

	전공정원가	직접재료원가	가공원가
①	15,000단위	14,500단위	12,900단위
②	15,000단위	15,000단위	13,400단위
③	15,000단위	15,000단위	12,900단위
④	14,500단위	14,500단위	13,400단위
⑤	14,500단위	14,500단위	12,900단위

8.22 20×1년 2월 제3공정의 비정상공손원가와 완성품 원가와 관련된 월말 분개로서 옳은 것은?

	차변		대변	
①	(차)제품	177,425	(대)재공품-제3공정	171,050
			비정상공손	6,375
②	(차)제품	173,875	(대)재공품-제3공정	170,050
			비정상공손	3,825
③	(차)제품	173,875	(대)재공품-제3공정	180,250
	비정상공손	6,375		
④	(차)제품	174,375	(대)재공품-제3공정	180,750
	비정상공손	6,375		
⑤	(차)제품	173,875	(대)재공품-제3공정	177,700
	비정상공손	3,825		

8.23 (주)세무는 가중평균법에 따른 종합원가계산을 적용하여 제품원가를 계산하고 있다. 직접재료는 공정의 초기에 전량 투입되며, 전환원가(가공원가: conversion costs)는 공정 전반에 걸쳐 균등하게 발생한다. 이 회사는 공손품 검사를 공정의 100% 시점에서 실시한다. 20×1년 4월 중 (주)세무의 제조공정에 대한 생산 및 원가자료는 다음과 같다. [2014년 세무사]

항목	물량 단위	직접재료원가	전환원가
기초재공품(전환원가 완성도: 75%)	500	₩500,000	₩375,000
당기투입	4,500	4,500,000	3,376,800
완성품	3,700		
정상공손	250		
비정상공손	250		
기말재공품(전환원가 완성도: 30%)	?		

20×1년 4월 (주)세무의 원가요소별 완성품 환산량 단위당 원가는 얼마인가? (단, 감손은 없다.)

	직접재료원가	전환원가
①	₩1,000	₩845
②	₩1,000	₩900
③	₩1,100	₩900
④	₩1,100	₩845
⑤	₩1,100	₩1,000

연습문제

8.24 (주)국세의 당기 중 생산 및 원가자료는 다음과 같다. [2015년 세무사]

구분	항목	세부	금액
기초재공품	직접재료원가		₩1,000
	전환원가(가공원가)		₩2,475
당기투입원가	직접재료원가		₩5,600
	전환원가(가공원가)		₩8,300
기말재공품	수량		500단위
	완성도	직접재료원가	20%
		전환원가(가공원가)	15%
공손품	수량		200단위
	완성도	직접재료원가	50%
		전환원가(가공원가)	40%

완성품 수량은 2,000단위이고, 공손품원가를 전액 별도로 인식하고 있다. 재고자산의 단위원가 결정방법이 가중평균법인 경우, 공손품원가는?

① ₩300 ② ₩420 ③ ₩540
④ ₩670 ⑤ ₩700

8.25 (주)대한은 20×1년 1월 1일에 처음으로 생산을 시작하며, 종합원가 계산을 적용한다. 직접재료는 공정 초에 전량 투입되고, 전환원가는 공정 전반에 걸쳐 균등하게 발생한다. 20×1년의 생산활동 및 완성품 환산량 단위당 원가는 다음과 같이 예상된다. [2018년 공인회계사]

구분	물량 단위	완성품환산량/원가	
		재료원가	전환원가
완성품	900개	900개	900개
비정상공손품	100	100	100
기말재공품	300	300	100
합계	1,300개	1,300개	1,100개
당기투입원가		₩104,000	₩115,500
완성품환산량 단위당 원가		₩80	₩105

20×1년도 완성품은 단위당 ₩250에 전량 판매된다. 비정상공손품은 모두 폐기되고, 비정상공손원가는 당기비용으로 처리된다. 품질 관리팀에서는 공정의 50% 시점에서 검사를 실시하여 공손품 발생 요인을 통제하면, 비정상공손품 100단위는 모두 품질기준을 충족하는 완성품이 되어 단위당 ₩250에 판매할 수 있다고 한다. 품질검사를 현재의 시점에서 공정의 50% 시점으로 옮긴다면, (주)대한의 당기순이익은 얼마나 증가하는가? 단, 검사원가는 검사 시점에 관계없이 동일하고, 공손품 발생 요인을 통제하기 위해 추가되는 원가는 없다고 가정한다.

① ₩6,500 ② ₩12,500 ③ ₩23,000
④ ₩24,500 ⑤ ₩25,000

8.26 (주)대한은 연속된 공정 A와 B를 거쳐서 완제품을 생산한다. 완제품의 단위당 판매가격은 ₩50이다. 직접재료원가 이외의 운영원가는 모두 고정원가로 간주한다. 20×1년에 공정별 생산 및 원가자료는 다음과 같다. [2019년 공인회계사 1차]

항목	공정A	공정B
시간당 생산능력	15단위	10단위
연간 이용가능시간	2,000시간	2,000시간
연간 생산량	20,000단위	20,000단위
단위당 직접재료원가	₩10	₩10
연간 고정운영원가	₩120,000	₩140,000

(주)대한은 공정 B의 종료단계에서 품질검사를 실시한다. 당기 중에 공정 B에서 불량품 100단위가 생산되었다면, 불량품 100단위로 인해 영업이익은 얼마나 감소하는가? 단, (주)대한의 기초 및 기말 재고자산은 없으며, 불량품은 전량 폐기된다.

① ₩2,000 ② ₩2,500 ③ ₩3,000
④ ₩4,000 ⑤ ₩5,000

8.27 (주)세무는 종합원가계산제도를 채택하고 있다. 직접재료는 공정이 시작되는 시점에서 전량 투입되며, 전환원가는 공정 전반에 걸쳐서 균등하게 발생한다. 당기완성품환산량 단위당 원가는 직접재료원가 ₩2,000, 전환원가 ₩500이었다. 생산 공정에서 공손품이 발생하는데 이러한 공손품은 제품을 검사하는 시점에서 파악된다. 공정의 50% 시점에서 검사를 수행하며, 정상공손수량은 검사 시점을 통과한 합격품의 10%이다. (주)세무의 생산활동 자료가 다음과 같을 때, 정상공손원가는? [2020년 세무사 1차]

기초재공품: 500단위(전환원가 완성도 30%)
당기완성량: 1,800단위
당기착수량: 2,000단위
기말재공품: 400단위(전환원가 완성도 70%)

① ₩440,000 ② ₩495,000 ③ ₩517,000
④ ₩675,000 ⑤ ₩705,000

8.28 (주)대한은 유리컵을 생산하는 기업으로 종합원가계산제도를 채택하고 있으며, 재고자산 평가방법은 선입선출법(FIFO)을 사용한다. 직접재료는 공정 초에 전량 투입되며, 전환원가(가공원가)는 공정에 걸쳐 균등하게 발생한다. 다음은 (주)대한의 생산 및 제조에 관한 자료이다.

[2020년 공인회계사 1차]

항목	물량
기초재공품(가공완성도 %)	800개(70%)
당기착수물량	6,420개
기말재공품(가공완성도 %)	1,200개(40%)

품질검사는 가공완성도 80% 시점에 이루어지며, 당기에 품질검사를 통과한 물량의 5%를 정상공손으로 간주한다. 당기에 착수하여 당기에 완성된 제품이 4,880개일 때 (주)대한의 비정상공손은 몇 개인가?

① 34개 ② 56개 ③ 150개
④ 284개 ⑤ 340개

8.29 (주)세무는 단일 제품을 생산하고 있으며, 선입선출법에 의한 종합원가계산을 적용하고 있다. 직접재료 A는 공정 초기에 전량 투입되고, 직접재료 B는 품질검사 직후 전량 투입되며, 전환원가는 공정 전반에 걸쳐 균등하게 발생한다. 품질검사는 공정의 80% 시점에서 이루어지며, 당기 검사를 통과한 합격품의 10%를 정상공손으로 간주한다. 당기 생산 및 원가 자료는 다음과 같다.

구분	물량 (전환원가 완성도)
기초재공품	500단위(60%)
당기 착수	4,500
당기 완성	3,500
기말재공품	1,000(60%)

구분	직접재료원가		전환원가
	직접재료 A	직접재료 B	
기초재공품	₩11,200	₩0	₩18,000
당기발생원가	90,000	87,500	210,000

정상공손원가 배분 후, (주)세무의 당기 완성품원가는? [2021년 세무사 1차]

① ₩307,500 ② ₩328,500 ③ ₩336,700
④ ₩357,700 ⑤ ₩377,450

※ 다음 자료를 이용하여 8.30번과 8.31번에 답하시오.

- (주)대한은 선입선출법에 의한 종합원가계산을 적용하여 제품원가를 계산하고 있다.
- 원재료는 공정 초에 전량 투입되고, 전환원가는 공정 전반에 걸쳐 균등하게 발생한다.
- 공정의 80% 시점에서 품질검사를 실시하며, 정상공손 허용수준은 합격품의 10%이다. 정상공손원가는 합격품 원가에 가산되고, 비정상공손원가는 기간비용으로 처리된다.
- 공손품은 모두 폐기되며, 공손품의 처분가치는 없다.
- 다음은 20×1년 2월 공정의 생산 및 원가자료이다. 단, 괄호 안의 숫자는 전환원가의 완성도를 의미한다.

구분	물량단위	직접재료원가	전환원가
기초재공품	2,000(70%)	₩70,000	₩86,000
당기투입	10,000	₩2,000,000	₩860,000
완성품	8,000		
기말재공품	3,000(40%)		

8.30 (주)대한의 20×1년 2월 직접재료원가와 전환원가의 완성품환산량 단위당 원가를 계산하면 각각 얼마인가? [2022년 공인회계사]

	직접재료원가	전환원가
①	₩200	₩100
②	₩200	₩80
③	₩220	₩100
④	₩220	₩80
⑤	₩250	₩100

8.31 (주)대한의 20×1년 2월 완성품 단위당 원가는 얼마인가? [2022년 공인회계사]

① ₩242 ② ₩250 ③ ₩252
④ ₩280 ⑤ ₩282

연습문제

주 · 관 · 식

8-1 다음 사례기업의 생산 관련 자료 및 원가자료는 다음과 같다. 각 물음에 답하시오.

[1999년 공인회계사]

〈생산 관련 자료〉

기초재공품	800개	(완성도 60%)
당기착수	5,200개	
완성품	5,000개	
1차 공손	300개	
2차 공손	200개	
기말재공품	500개	(완성도 40%)

재료 A는 공정 초기에 투입, 재료 B(BIO칩)는 75% 시점에서 투입, 가공비는 공정 전반에 걸쳐 발생, 1차 검사 시점은 50% 시점, 2차 검사 시점은 100% 시점, 정상공손수량은 검사 시점을 통과한 양품의 1차는 5%, 2차는 2%(통과 수량의)이다.

항목	재료 A	재료 B	가공비	정상공손원가
기초재공품 원가	35,000	–	27,400	7,000
당기투입원가	208,000	156,000	354,900	

※ 선입선출법은 가정하고 공손품 처분가치는 무시하시오.

1. 정상공손수량을 구하시오.

2. 원가요인별로 완성품 환산량을 계산하시오.

3. 제품으로 대체될 원가를 구하시오(공손품원가 배부 후).

8-2 강원회사는 유일한 보조부문인 전력부문과 두 단계의 연속적인 제조부문 A와 제조부문 B로 구성되어 있다. 강원회사는 선입선출법을 사용하여 종합원가계산을 하고 있다. 강원회사의 제조부문 A에서는 공정 초기에 원재료가 전량 투입되며 가공원가는 전 공정에 걸쳐서 균등하게 발생한다. 제조부문 A의 2005년 6월 중 생산자료는 다음과 같다. [2005년 공인회계사]

기초재공품(60%)	1,000단위
당기착수량	23,580단위
당기완성량	20,000단위
기말재공품(25%)	4,000단위

검사는 공정의 50% 시점에서 이루어지며 검사 시점을 통과한 합격품의 2%는 정상공정으로 간주한다. 2005년 6월 중 제조부문 A의 원가자료는 다음과 같다.

	직접재료비	가공비
기초재공품 원가	₩3,100	₩4,800
당기 발생원가(보조부문 배부 전)	70,740	113,795

전력부문의 생산 설비용량은 각 제조부문의 예상전력 수요를 고려하여 결정된다. 기간마다 예상되는 회사 전체의 전력수요는 각 제조부문의 예상 기계가동시간에 의해 추정된다. 전력부문의 예산원가는 각 제조부문에 배부된다. 전력부문의 2005년 6월 변동예산은 다음과 같다.

> 고정비: ₩50,000, 변동비: 기계시간당 ₩0.25

강원회사의 2005년 6월 정상조업도는 200,000 기계시간이며 이 중 제조부문 A에서 75,000 기계시간을 사용할 것으로 예상하였다. 당월 제조부문 A에서는 단위당 3시간의 기계시간이 사용되었다.

1. 2005년 6월 제조부문 A에 배부된 전력부문 원가의 금액을 구하시오.

2. 2005년 6월 제조부문 A의 당기완성품 원가는 얼마인가? (단, 가공원가의 완성품 환산량 단위당 원가는 소수 셋째 자리에서 반올림)

8-3 나이스안테나(주)는 2006년 중에 경쟁업체 제품보다 수신능력이 우수하고 크기가 작은 GPS 안테나를 개발하였으며, 2007년부터 이 제품을 휴대폰 단말기 제조업체에 판매할 계획이다. 당사의 컨트롤러는 신설되는 안테나사업부에 표준원가계산제도를 적용하고자 한다. 2007년 초에 안테나의 표준원가를 설정하기 위하여 생산 및 판매 활동에 대한 예산자료를 수집하였다. [2007년 공인회계사]

항목	예산자료
직접재료비	GPS 안테나는 단일공정에서 생산된다. 안테나 1개를 생산하기 위해서는 공정 초에 15g의 실리콘(실리콘 1g당 표준가격은 ₩20)을 투입하여 가공한다. 공정의 50% 시점에서 품질검사를 하는데, 기술팀의 제안에 따라 합격품의 10%를 정상공손으로 간주한다. 모든 공손품은 발생 즉시 폐기된다. 품질검사를 통과한 직후 합격품 1개당 2개의 전극(전극 1개당 표준가격은 ₩50)이 부착된다.
직접노무비	GPS 안테나 1개를 생산하기 위해서는 1.5시간의 직접노무시간이 필요하다. 직접노무비 표준임률은 시간당 ₩40이다. 직접노무비는 공정 중에 균등하게 발생한다.
제조간접비	제조간접비 배부기준은 직접노무시간이다. 변동제조간접비 표준배부율은 직접노무비 표준임률의 50%로 예상된다. 2007년의 고정제조간접비 예산은 ₩9,600이고, 예정생산량은 기준조업도 수준인 320개이다. 제조간접비는 공정 중에 균등하게 발생한다.
판매활동	2007년 당사 제품의 전체 시장규모는 2,000개로 추정되며, 예정생산량을 전부 판매할 수 있을 것으로 보고 있다. 개당 예상 판매가격은 ₩650이고, 판매 활동과 관련하여 변동비는 단위당 ₩15, 고정비는 ₩1,500이 발생할 것으로 예상한다.

1. 다음 양식을 참고하여 안테나사업부의 제품 단위당 표준원가를 설정하시오. 표준원가는 원가요소별로 수량표준과 가격표준이 제시되고, 정상공손이 반영되어야 한다.

• 답안 양식 예시

원가항목	수량표준	가격표준	개당 표준원가
×××	×××	×××	×××

2. 1에서 구한 표준원가를 이용한다. 2007년 중에 350개를 완성하였으며, 공손품이 발생하였다. 기말재공품의 (가공비) 완성도는 80%이었다. 다음은 완성품 환산량을 계산한 결과의 일부이다. 표준원가계산에 의하여 (1) 기말재공품 원가와 (2) 비정상공손원가를 구하시오. 단, 정상공손원가는 합격품에 배부하고 비정상공손원가는 영업외비용으로 처리한다.

구분	물량 단위	완성품 환산량		
		실리콘	전극	가공비
완성품	350	350	?	350
정상공손품	?	?	?	?
비정상공손품	?	?	?	?
기말재공품	50	?	?	?
합계	450	?	?	?

8-4 (주)고구려는 단일공정에서 제품 A를 생산·판매하고 있다. 완제품의 판매가격은 단위당 ₩1,000이다. 회사는 실제 원가에 의한 종합원가계산을 적용하고 있다. 제품 생산을 위해 직접재료 M1은 공정의 시작 시점에 전량 투입되며, 직접재료 M2는 공정의 70% 시점에서 전량 투입된다. 전환원가(가공원가: conversion costs)는 공정 전반에 걸쳐 균등하게 발생한다. 당기 중 생산 및 원가자료는 다음과 같다. [2014년 공인회계사]

	물량 단위	직접재료원가		전환원가
		M1	M2	
기초재공품	100(50%)	₩12,000	₩0	₩35,000
당기착수 및 투입	900	?	?	?
기말재공품	200(90%)	?	?	?

단, 괄호 안의 숫자는 전환원가 완성도를 의미하고, 공손품은 발생하지 않는다.

회사의 재공품 평가방법은 선입선출법이며, 원가요소별로 완성품 환산량 단위당 원가는 다음과 같이 계산되었다.

	직접재료원가		전환원가
	M1	M2	
완성품 환산량 단위당 원가	₩150	₩100	₩700

기초 및 기말제품재고는 없으며, 주어진 자료 이외의 수익과 비용은 고려하지 않는다.

(물음 1) 당기에 투입된 직접재료 M1의 원가, 직접재료 M2의 원가와 전환원가는 각각 얼마인가?

(물음 2) 당기에 생산된 제품이 모두 판매되었다면 이익(또는 손실)은 얼마인가?

(물음 3) 주어진 자료에 다음 사항이 추가되었다고 가정한다.
공정의 종료 시점에 품질검사를 하였으며, 당기에 착수하여 완성한 물량 중 50단위가 공손품으로 판명되었다. 공손품은 모두 비정상적으로 발생한 것으로 처분가치가 없다.

(1) 품질검사에 합격한 완성품을 모두 판매하였다면 이익(또는 손실)은 얼마인가?

(2) 비정상공손원가가 합격품 원가에 포함될 때 발생할 수 있는 문제점을 설명하시오. (3줄 이내로 답할 것)

8-5 (주)탐라는 등산화를 생산 · 판매하는 회사이다. 등산화 생산 시 직접재료 A와 B가 투입된다. 직접재료 A는 공정 시작 시점에, 직접재료 B는 공정 종료 시점에 전량 투입되며, 전환원가는 공정 전반에 걸쳐 균등하게 발생한다. 회사는 1개월 주기로 가중평균법에 따른 종합원가계산을 하고 있다. [2015년 공인회계사]

(1) 20×1년 5월 등산화의 생산 및 원가자료는 다음과 같다.

구분	물량 단위	직접재료 A	직접재료 B	전환원가
기초재공품	1,000(30%)*	₩8,000	₩4,000	₩6,000
당기투입	10,500	₩107,000	₩66,000	₩50,750
재작업	500			
공손품	500			
기말재공품	1,000(80%)*			

* 전환원가 완성도를 나타냄

(2) 회사는 제품의 품질관리를 위해 전환원가 완성도 60% 시점에서 재작업 여부를 검사하며, 불합격된 재공품은 전환원가 완성도 20% 시점으로 되돌려 보내져 재작업을 받게 된다. 회사는 재작업검사를 받은 물량의 4%를 정상재작업으로 간주하고 있다. 재작업된 물량은 추가적인 재작업 여부를 검사하지 않으며 공손이 발생하지 않는다.

(3) 공손검사는 전환원가 완성도 70% 시점에서 실시하고, 정상공손수량은 검사 시점을 통과한 합격품의 3%로 설정한다.

(4) 정상 재작업원가와 정상공손원가는 해당 검사 시점을 통과한 물량 단위에 비례하여 안분한다.

(물음 1) 20×1년 5월 정상 재작업 수량과 비정상 재작업 수량을 각각 구하시오.

구분	수량
정상 재작업	
비정상 재작업	

(물음 2) 20×1년 5월 정상공손 수량과 비정상공손 수량을 각각 구하시오.

구분	수량
정상공손	
비정상공손	

(물음 3) 20×1년 5월 말 정상 재작업원가를 아래 〈작성 예시〉와 같이 배부하시오.

〈작성 예시〉

계정과목	배부 전 금액	정상 재작업원가 배부액	배부 후 금액

(물음 4) 20×1년 5월 말 정상공손원가를 아래 〈작성 예시〉와 같이 배부하시오.

〈작성 예시〉

계정과목	배부 전 금액	정상공손원가 배부액	배부 후 금액

(물음 5) 20×1년 5월 말 재공품 계정에서 제품 계정으로 대체하는 분개를 하시오.

8-6 (주)세종은 실제원가에 의한 종합원가계산을 적용하여 제품원가를 계산하고 있다. 제1공정을 통해 부품A가 생산되며, 완성된 부품A는 전량 제2공정에 투입되어 제품B를 생산하는 데 사용된다. 제1공정에서는 원재료를 공정 초에 모두 투입하며 공손은 발생하지 않는 것으로 간주한다. 제2공정에서는 원재료의 60%를 공정 착수시점에, 나머지 40%는 공정 완료시점에 투입한다. (주)세종은 제2공정의 70% 시점에서 품질검사를 실시하며 합격품의 4%를 정상공손으로 허용하고 있다. 공손품은 발견된 시점에 전량 폐기되며, 정상공손원가는 합격품원가에 배분하고 비정상공손원가는 당기비용으로 처리한다. 전환원가(가공원가: conversion costs)는 공정 전반에 걸쳐 균등하게 발생한다. (주)세종은 원가흐름 가정으로 제1공정은 가중평균법, 제2공정은 선입선출법을 적용한다. 각 공정의 당기 생산 및 원가자료는 다음과 같다. (단, 괄호 안의 숫자는 전환원가의 완성도를 의미한다.) (20점) [2017년 세무사]

(1) 제1공정

구분	물량단위	직접재료원가	전환원가
기초재공품	1,000(40%)	₩3,500	₩10,300
당기투입	19,000	56,500	88,200
당기완성품	?		
기말재공품	1,500(80%)		

(2) 제2공정

구분	물량단위	전공정원가	직접재료원가	전환원가
기초재공품	1,500(10%)	₩11,010	₩19,290	₩24,750
당기투입	?	?	35,800	55,050
당기완성품	17,000			
기말재공품	2,000(40%)			

(물음 1) 다음 물음에 답하시오. (8점)

(물음 1-1) 정상공손수량과 비정상공손수량은 각각 몇 단위인가?

(물음 1-2) 완성품(제품B)의 단위당 원가는 얼마인가?

(물음 2) (주)세종은 모든 공손품을 보수하여 처분하는 것으로 가정한다. 공손품은 순실현가능가치(net realizable value, NRV)로 평가하여 인식한다. 공손품의 예상판매가격은 단위당 ₩15이며, 예상추가가공원가는 단위당 ₩4, 예상판매비용은 단위당 ₩2이다. (7점)

(물음 2-1) 제2공정에서 완성품원가 및 기말재공품원가를 구하시오.

(물음 2-2) 제2공정에서 당기 말에 수행해야 할 회계처리를 제시하시오.

(물음 3) (물음 1) 및 (물음 2)와 관계없이, (주)세종은 제2공정에서 발생된 공손품을 모두 보수하여 합격품으로 전환하며, 당기에 정상공손품 및 비정상공손품을 보수하는 데 발생된 원가는 각각 ₩8,780과 ₩2,520이라고 가정한다. (주)세종은 제1공정에서 공손이 발생되지 않는 것으로 간주하였으나, 제2공정에서 발생된 공손의 주된 원인이 제1공정에서 생산된 불량품에 있음을 확인하였다. 따라서 차기부터 제1공정에서도 품질검사를 수행할 것인지를 결정하기 위해 당기에 발생한 품질원가를 다음과 같이 수집하였다.

항목	금액	항목	금액
품질교육 및 훈련	₩20,000	공정개선	₩17,000
품질검사	30,000	불량품에 대한 손해배상	12,000
고객지원(보증수리)	34,000	원재료 공급업체 평가	9,000

차기에 제1공정의 품질검사를 위해 ₩26,000을 추가적으로 투입할 경우, 차기의 내부실패원가와 외부실패원가는 각각 당기 대비 50% 감소될 것으로 판단된다. 품질원가 관리 측면에서 판단할 때, (주)세종은 제1공정에서 품질검사를 수행해야 하는가? 계산과정을 통해 근거를 제시하시오. (5점)

9장

결합원가계산

일반적으로 하나의 생산공정에서 한 가지 제품만을 생산하는 것으로 알고 있으나, 같은 생산공정에서 같은 원재료를 투입하여 2종류 이상의 제품을 생산하는 때도 많다. 이를테면, 정유업이나 정육업이 이에 속한다. 본 장에서는 이와 같은 제품들에 대한 원가계산 문제에 관한 내용을 다룬다. 이에 따라 학습 목표는 다음과 같이 설정한다.

1. 결합 생산의 본질은 무엇인가?
2. 결합제품, 주산물, 부산물, 작업 폐물이란 무엇인가?
3. 다양한 결합제품의 원가계산은 어떠한 방법으로 할 수 있는가?
4. 결합제품과 관련된 의사결정은 어떻게 해야 하는가?
5. 부산물에 대한 회계처리방법에는 어떠한 것이 있는가?

제1절 기본개념

같은 종류의 원재료를 투입하여 같은 공정에서 2종류 이상의 제품을 생산하는 경우에 이들 제품을 총칭하여 연산품(joint products) 또는 결합제품이라 한다.[1] 예를 들면, 정유회사에서는 같은 원료인 원유로부터 휘발유, 등유, 경유, 나프타 등을 생산한다. 이러한 제품들은 일정한 생산단계에 도달할 때까지는 제품별로 구분할 수 없으며, 특정 단계 이후에야 비로소 개별제품으로 식별된다. 따라서 각 제품이 개별적으로 식별 가능한 시점에 이를 때까지 발생한 제조원가를 개별제품에 합리적으로 배부해야 한다.

동일공정으로부터 산출되는 결합제품은 각 제품의 판매가치에 따라, 이를 크게 주산물 또는 주산품(main products), 부산물 또는 부산품(by-products), 작업 폐물(scrap)로 나눈다.

주산물(주산품)이란 결합제품 중 판매가치가 상대적으로 중요한 제품을 말한다. 반면에, 부산물(부산품)이란 주산물의 제조과정에서 부수적으로 생산되는 제품으로 판매가치가 상대적으로 낮은 제품이다. 작업 폐물은 생산에 투입된 원재료의 찌꺼기나 조각을 의미하는 것으로 판매가치가 거의 없거나 판매비용이 판매가치보다 커서 순실현가능액이 음(-)인 제품이다.

결합제품이 일정한 생산단계에 도달하여 개별제품으로 식별될 수 있는 시점을 분리점(split-off point)이라고 한다. 결합원가(joint cost)란 분리점에 도달하기까지 결합제품을 생산하는 과정에서 발생한 제조원가를 말한다. 분리점에서 분리된 각 개별제품은 그 단계에서 중간제품으로 판매할 수도 있고, 추가가공을 거친 후에 완제품으로 판매할 수도 있다. 이렇게 분리점 이후에 발생하는 원가를 분리가능원가, 분리원가(separable costs), 추가가공원가(additional processing costs) 또는 추가전환원가라고 한다.

다음 그림과 같이 정유회사가 원유를 가공하는 데 소요되는 원가가 결합원가이고, 원유가 휘발유, 경유로 식별되는 시점이 분리점이다. 분리점에서 경유는 즉시 판매될 수

---

1) 연산품과 관련된 한국채택국제회계기준 내용은 다음과 같다. 연산품이 생산되거나 주산물과 부산물이 생산되는 경우처럼 하나의 생산과정을 통하여 동시에 둘 이상의 제품이 생산될 수도 있다. 이 경우, 제품별 전환원가를 분리하여 식별할 수 없다면, 전환원가를 합리적이고 일관성 있는 방법으로 각 제품에 배부한다. 예를 들어, 각 제품을 분리하여 식별 가능한 시점 또는 완성 시점의 제품별 상대적 판매가치를 기준으로 배부할 수 있다. 한편 대부분의 부산물은 본래 중요하지 않은데, 이 경우 부산물은 흔히 순실현가능가치로 측정하며 주산물의 원가에서 차감된다. 따라서 주산물의 장부금액은 원가와 중요한 차이가 없다.[K-IFRS 제1002호 재고자산(수정목록 16-1 반영)]

있으나, 휘발유는 추가가공을 해야만 판매할 수 있다면, 이때 휘발유의 추가가공에 드는 원가가 분리가능원가 또는 추가가공원가이다.

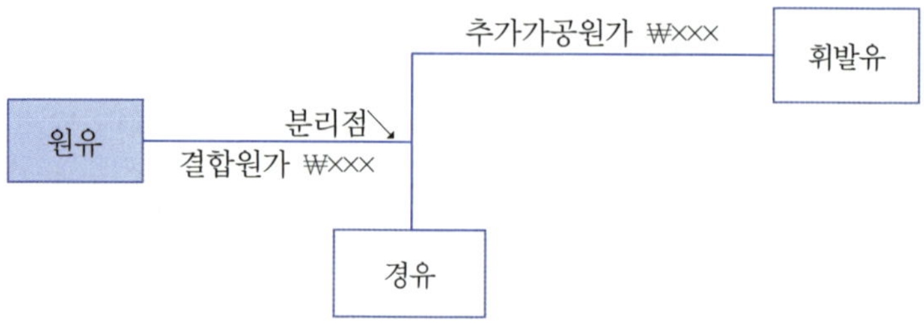

제2절 결합원가의 배부

결합원가를 결합제품에 배부하는 방법에는 물량기준법, 판매가치법, 순실현가치법, 균등매출총이익률법이 있다. 생산한 제품을 분리점에서 판매가 가능한 경우에는 물량기준법과 판매가치법을 적용하고, 분리점에서 추가가공 후 판매가 가능한 경우에는 순실현가치법과 균등매출총이익률법을 적용할 수 있다.

이에 대해서는 다음의 예제를 통해 설명하고자 한다.

(주)GS칼텍스는 10,000리터의 원유를 가공하여 등유와 경유를 생산하는데 20×7년 3월에 발생한 생산량, 판매가격, 제조원가 자료는 다음과 같다.

〈패널 A〉

항목	등유	경유	합계
생산량	6,000리터	4,000리터	10,000리터
리터당 판매가격	₩50	₩550	₩600

〈패널 B〉

항목	금액
직접재료원가	₩300,000
직접노무원가	200,000
제조간접원가	150,000
합계	₩650,000

1. 분리점에서 판매 가능

1.1. 물량기준법

물리적 측정치법(physical measure method) 또는 물량기준법은 분리점에서 개별제품의 수량, 중량, 면적, 부피 등과 같은 물리적 단위를 기준으로 하여 결합원가를 배부하는 방법이다. 물량기준법은 제품의 가격이 매우 유동적이거나 알려지지 않을 때, 또는 분리점과 최초의 판매가능시점 사이에 많은 공정이 있을 때 주로 사용된다.

(주)GS칼텍스에서 결합원가를 제품의 생산량 기준으로 원가를 배부한 결과는 다음과 같다. 결합원가 ₩650,000을 등유와 경유의 생산량인 6,000리터와 4,000리터의 비율로 배부하게 된다.

항목	등유	경유	합계
생산량	6,000리터	4,000리터	10,000리터
배부비율	60%	40%	100%
결합원가 배부액	₩390,000	₩260,000	₩650,000

(주)GS칼텍스는 3월에 생산된 제품을 모두 판매하였다고 가정하고 물량기준법을 이용하여 결합원가를 배부한 후 작성한 부분포괄손익계산서는 다음과 같다.

물량기준법은 다음과 같은 문제점을 지닌다. 첫째, 개별제품들의 물리적 기준과 판매가치 사이에 밀접한 관계가 존재하지 않을 때 물량기준법을 사용하게 되면, 다음 표와 같이 개별제품의 수익에 대해 잘못된 정보를 제공할 수 있다. 따라서 물량기준법은 물량과 판매가치 간에 양(+)의 상관관계가 확인되었을 때 이용해야 한다. (주)GS칼텍스 사례에서 등유의 가격은 리터당 ₩50, 경유의 가격은 리터당 ₩550으로 11배의 차이가 나지만 원가는 리터당 ₩65으로 같게 배부함으로써 등유의 수익성이 너무 낮게 계상되는 결과를 보인다.

항목	등유	경유	합계
매출액①	₩50×6,000리터= ₩300,000	₩550×4,000리터= ₩2,200,000	₩2,500,000
매출원가(결합원가 배부액)②	390,000	260,000	650,000
매출총이익③=(①－②)	(₩90,000)	₩1,940,000	₩1,850,000
매출총이익률④=(③÷①)	(30.00%)	88.18%	74.00%

둘째, 단일의 측정기준이 없는 경우에는 물량기준법을 적용하기가 곤란하다. 즉, 결합제품의 물리적 형태가 다른 경우(예: 고체, 액체, 기체) 물리적 측정단위(예: kg, 리터, m^3)도 각기 다르므로 공통척도인 원가배부기준을 결정할 수 없게 된다.

1.2. 상대적 판매가치법

분리점에서의 상대적 판매가치를 기준으로 하여 결합원가를 배부하는 방법을 상대적 판매가치법(relative sales value method)이라 한다.

(주)GS칼텍스의 결합원가를 분리점에서의 상대적 판매가치에 의해 배부하면 다음과 같다. 결합원가 ₩650,000을 등유와 경유의 판매가치인 ₩300,000과 ₩2,200,000의 비율로 배부하게 된다.

항목	등유	경유	합계
판매가치	₩50×6,000리터=₩300,000	₩550×4,000리터=₩2,200,000	₩2,500,000
배부비율	12%	88%	100%
결합원가 배부액	₩78,000	₩572,000	₩650,000

상대적 판매가치법은 판매가치가 높은 제품에는 많은 원가를 배부하고 판매가치가 낮은 제품에는 적은 원가를 배부하여 수익과 비용이 적절히 대응될 수 있도록 하는 논리로 원가를 배부하는 방법이다.

상대적 판매가치법을 사용하기 위해서는 분리점에서 개별제품의 판매가치를 신뢰성 있게 측정할 수 있어야 하는데, 분리점에서 개별제품을 판매할 수 있다면 판매가치의 측정이 쉬우므로 상대적 판매가치법을 이용하여 결합원가를 배부하기 쉽다.

(주)GS칼텍스는 3월에 생산된 제품을 모두 판매하였다고 가정하고 상대적 판매가치법을 이용하여 결합원가를 배부한 후, 부분포괄손익계산서를 작성하면 다음과 같다.

항목	등유	경유	합계
매출액①	₩50×6,000리터= ₩300,000	₩550×4,000리터= ₩2,200,000	₩2,500,000
매출원가(결합원가 배부액)②	78,000	572,000	650,000
매출총이익③=(①−②)	₩222,000	₩1,628,000	₩1,850,000
매출총이익률④=(③÷①)	74.00%	74.00%	74.00%

물량기준법과 달리 두 제품 모두가 이익을 나타내고 있어 각 제품의 수익성에 대한 잘못된 정보제공을 회피할 수 있다.

상대적 판매가치법은 결합원가 배부액과 분리점에서의 판매가치비율이 개별제품들에 대하여 같다는 것으로서, 이 방법에 따라 결합원가를 배부하면 개별제품의 원가가 수익을 창출하는 데 같은 공헌을 하는 것으로 나타나게 된다. 그러나 상대적 판매가치법은 판매가치비율에 의해 원가를 배부하는 것이므로 가격 결정을 위한 원가계산에는 부적합한 방법이라 할 수 있다.

2. 분리점에서 추가가공 후 판매 가능

2.1. 순실현가치법

순실현가치법 또는 순실현가능가치법(net realizable value method)은 순실현(가능)가치 추정치의 상대적인 비율을 기준으로 결합원가를 배부하는 방법이다. 순실현가치는 개별제품의 예측된 최종판매가치에서 생산과 판매에 관련하여 예측된 분리원가와 판매비용을 차감한 금액이다.

순실현가치 = 예상판매가격 − (예상분리원가 + 예상판매비용)

분리점에서 개별제품의 판매가치를 알 수 있는 경우에는 상대적 판매가치법을 적용하여 결합원가를 배부할 수 있지만, 분리점에서의 판매가치를 알 수 없는 경우에는 개별제품의 예측된 최종판매가치에서 생산과 판매에 관련하여 예측된 분리원가를 차감한 순실현가치를 배부기준으로 사용한다.

(주)GS칼텍스의 예에서 등유는 분리점에서 리터당 ₩50에 판매될 수 있지만, 중간재 경유는 판매시장이 존재하지 않는다고 가정하자. 따라서 중간재 경유는 추가 가공하여 단위당 ₩600에 판매하려고 한다. 중간재 경유 4,000리터를 추가 가공하는 데 직접노무원가 ₩200,000과 제조간접원가 ₩100,000이 소요된다.

이와 같은 물량 흐름을 도식화하면 다음과 같다.

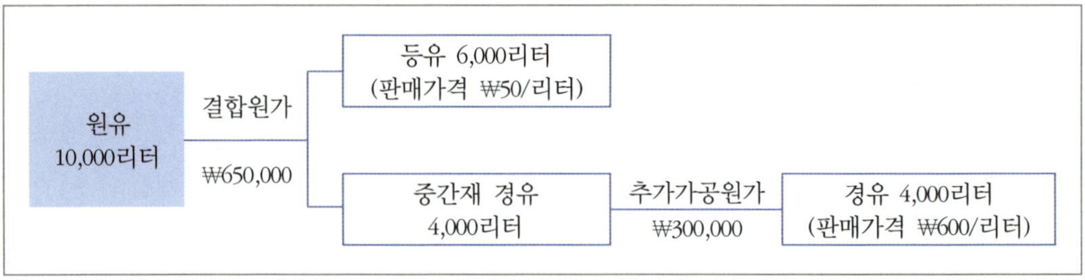

위의 물량 흐름도를 기초로 하여 (주)GS칼텍스의 결합원가를 순실현가치법에 따라 배부한 결과는 다음과 같다. 결합원가 ₩650,000을 등유와 경유의 순실현가치인 ₩300,000과 ₩2,100,000(=₩600/리터×4,000리터−₩300,000)의 비율로 배부한다.

항목	등유	경유	합계
최종판매가치①	₩50/리터×6,000리터= ₩300,000	₩600/리터×4,000리터= ₩2,400,000	₩2,700,000
추가가공원가②	−	300,000	300,000
순실현가치③=(①−②)	₩300,000	₩2,100,000	₩2,400,000
배부비율④	12.5%	87.5%	100.0%
결합원가 배부액⑤=₩650,000×④	₩81,250	₩568,750	₩650,000
매출원가⑥=(②+⑤)	₩81,250	₩868,750	₩950,000

(주)GS칼텍스는 3월에 생산된 제품을 모두 판매하였다고 가정하고 순실현가치법을 이용하여 결합원가를 배부한 후, 다음의 부분포괄손익계산서를 작성하였다.

상대적 판매가치법을 이용하여 결합원가를 배부하면 매출총이익률이 같지만, 분리점 이후의 순실현가치법을 이용하여 결합원가를 배부하면 각 제품의 매출총이익률이 다르게 된다. 순실현가치법은 추가가공원가가 수익창출에 기여하는 부분을 인식하지 않아 추가가공공정이 있는 제품의 수익성이 낮게 판단된다는 단점이 있다.

항목	등유	경유	합계
매출액①	₩300,000	₩2,400,000	₩2,700,000
매출원가②	81,250	868,750	950,000
매출총이익③=(①−②)	₩218,750	₩1,531,250	₩1,750,000
매출총이익률④=(③÷①)	72.92%	63.80%	64.81%

2.2. 균등매출총이익률법

균등매출총이익률법(constant gross-margin percentage method)은 개별제품의 매출총이익률이 같게 되도록 결합원가를 배부하는 방법이다.

앞에서 언급한 바와 같이, 분리점 이후에 순실현가치법을 이용하여 결합원가를 배부하면 각 제품의 매출총이익률이 다르게 된다. 그러나 균등매출총이익률법을 이용하여 결합원가를 배부하면 각 제품의 매출총이익률이 같게 된다.

균등매출총이익률법을 이용하여 결합원가를 배부하기 위해서는 결합제품의 전체매출총이익률을 계산해야 한다.

전체매출총이익률은 전체매출총이익을 총매출액으로 나누어 산출된다. 전체매출총이익은 최종판매가치에서 추가가공원가와 결합원가를 차감한 금액이다.

$$\text{전체매출총이익률} = \frac{\text{전체매출총이익}}{\text{총매출액}} = \frac{\text{최종판매가치} - (\text{추가가공원가} + \text{결합원가})}{\text{최종판매가치}}$$

각 제품의 매출총이익은 각 제품의 최종판매가치에 대하여 전체매출총이익률을 곱하여 계산된다. 결합원가 배부액은 각 제품의 최종판매가치에서 각 제품의 매출총이익과 추가가공원가를 차감하여 산출된다.

(주)GS칼텍스이 결합원가를 균등매출총이익률법에 따라 배부한 결과는 다음과 같다. 전체매출총이익률은 산식에 의하여 (₩2,700,000−₩300,000−₩650,000)÷₩2,700,000은 약 64.81%가 산출된다. 전체매출총이익률 64.81%에 등유와 경유의 최종판매가치 ₩300,000, ₩2,400,000을 각각 곱하면 개별제품의 매출총이익 ₩194,444, ₩1,555,556이 도출된다. 이렇게 도출된 매출총이익과 추가가공원가를 최종판매가치에서 차감하면 각 제품의 결합원가 배부액이 결정된다.

항목	등유	경유	합계
최종판매가치①	₩300,000	₩2,400,000	₩2,700,000
추가가공원가②	−	300,000	300,000
결합원가③	−	−	650,000
전체매출총이익④=(①−②−③)			₩1,750,000
전체매출총이익률⑤=(④÷①)	−	−	64.81%
매출총이익⑥=(①×⑤)	194,444	1,555,556	₩1,750,000
결합원가 배부액⑦=(①−②−⑥)	₩105,556	₩544,444	₩650,000

균등매출총이익률법은 말 그대로 매출총이익률이 일정하게 만드는 법이다. 따라서 최종판매가치에 35.82%를 곱해서 바로 결합원가 배부액을 구할 수 있다.

(주)GS칼텍스는 3월에 생산된 제품을 모두 판매하였다고 가정하고 균등매출총이익률법을 이용하여 결합원가를 배부한 후 부분포괄손익계산서를 작성하면 다음과 같다.

포괄손익계산서에서 알 수 있듯이, 균등매출총이익률법을 이용하여 결합원가를 배부하게 되면, 분리점 이후에 추가가공을 할 때도 각 제품의 매출총이익률이 같게 된다. 균등매출총이익률법에서 결합원가는 각 제품의 최종판매가치에서 각 제품의 매출총이익과 추가가공원가를 차감하여 산출되므로, 상대적으로 높은 추가가공원가를 가진 제품에 결합원가가 적게 배부되는 효과가 발생한다. 순실현가치법에서 경유의 매출총이익률은 63.80%였으나, 균등매출총이익률법을 이용하여 결합원가를 배부하게 되면 경유의 매출총이익률은 64.81%로 상승한다.

이를 통해 추가가공공정이 있는 제품의 수익성이 낮아지는 순실현가치법의 단점이 보완됨을 알 수 있다.

항목		등유	경유	합계
매출액①		₩300,000	₩2,400,000	₩2,700,000
매출원가	결합원가ⓐ	105,556	544,444	650,000
	추가가공원가ⓑ	–	300,000	300,000
	합계②=(ⓐ+ⓑ)	105,556	844,444	950,000
매출총이익③=(①−②)		₩194,444	₩1,555,556	₩1,750,000
매출총이익률④=(③÷①)		64.81%	64.81%	64.81%

3. 복수의 분리점이 있는 경우의 결합원가배부

결합제품의 생산과정에 2개 이상의 분리점이 존재할 경우, 결합원가의 배부문제는 복잡해진다. 둘 이상의 분리점이 있는 경우에 순실현가치법을 사용하여 결합원가를 배부하는 절차는 다음과 같다.

1단계: 제품의 물리적 생산 흐름을 그림으로 나타내고 여기에 결합원가, 분리원가, 최종판매가치를 표시한다.

2단계: 제품의 물리적 생산 흐름과 반대 방향으로 각 분리점에서의 순실현가치를 산출한다.

3단계: 연산품의 순실현가치를 기준으로 결합원가를 1차 분리점에서부터 차례로 배부한다.

20×7년 11월 (주)GS칼텍스의 A 공정에서는 원유 14,000리터를 투입하여 휘발유 12,000리터와 경유 2,000리터로 분리한다. B 공정에서는 경유 2,000리터를 가공하여 선박용 경유 1,500리터와 승용차용 경유 500리터를 생산하였다. 20×7년 11월에 발생한 판매가격, 제조원가 자료는 다음과 같다.

〈패널 A〉

항목	휘발유	선박용 경유	승용차용 경유	합계
추가가공원가	₩20,000	₩30,000	₩60,000	₩110,000
리터당 판매가격	₩70	₩300	₩400	₩770

〈패널 B〉

항목	A 공정 결합원가	B 공정 결합원가
직접재료원가	₩20,000	₩10,000
직접노무원가	40,000	20,000
제조간접원가	20,000	30,000
합계	₩80,000	₩60,000

1단계로 제품의 물리적 생산 흐름을 그림으로 나타내고 여기에 결합원가, 분리원가, 최종판매가치를 표시한다.

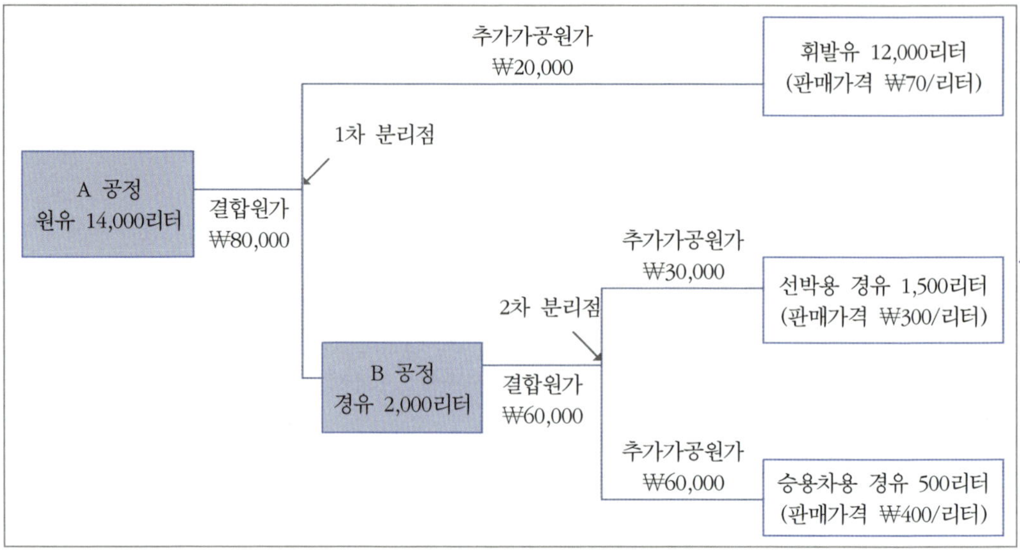

다음 단계로 제품의 물리적 생산 흐름과 반대 방향으로 각 분리점에서의 순실현가치를 산출한다. 〈패널 B〉 1차 분리점에서 경유의 최종판매가치 ₩560,000은 〈패널 A〉 2차 분리점에서 선박용 경유의 순실현가치 ₩420,000과 승용차용 경유의 순실현가치 ₩140,000의 합계이다.

〈패널 A〉 2차 분리점

항목	선박용 경유 (A)	승용차용 경유 (B)	합계 (C)=(A+B)
최종판매가치①	₩300/리터×1,500리터= ₩450,000	₩400/리터×500리터= ₩200,000	₩650,000
추가가공원가②	30,000	60,000	90,000
순실현가치③=(①-②)	₩420,000	₩140,000	₩560,000
배부비율	75%	25%	100%

〈패널 B〉 1차 분리점

항목	휘발유 (D)	경유 (E)	합계 (F)=(D+E)
최종판매가치④	₩70/리터×12,000리터= ₩840,000	2차 분리점 순실현가치 합계③(C)= ₩560,000	₩1,400,000
추가가공원가⑤	20,000	60,000	80,000
순실현가치⑥=(④-⑤)	₩820,000	₩500,000	₩1,320,000
배부비율	62%	38%	100%

마지막으로 연산품의 순실현가치를 기준으로 결합원가를 1차 분리점에서부터 차례로 배부한다. 먼저 A 공정의 결합원가 ₩80,000을 휘발유와 경유의 순실현가치 비율로 배부한다. 그리고 〈패널 A〉 1차 분리점 경유의 배부결합원가 ₩30,303[⑧(H)]과 B 공정 결합원가 ₩60,000의 합인 ₩90,303[⑩(L)]을 선박용 경유와 승용차용 경유의 순실현가치 비율로 배부한다.

〈패널 A〉 1차 분리점

항목	휘발유 (G)	경유 (H)	합계 (I)=(G+H)
순실현가치⑦	휘발유 순실현가치 ⑥(D)= ₩820,000	경유 순실현가치 ⑥(E)= ₩500,000	₩1,320,000
배부비율	62%	38%	100%
결합원가 배부액⑧	₩49,697	₩30,303	₩80,000

〈패널 B〉 2차 분리점

항목	선박용 경유 (J)	승용차용 경유 (K)	합계 (L)=(J+K)
순실현가치⑨	선박용 경유 순실현가치 ③(A)= ₩420,000	승용차용 경우 순실현가치 ③(B)= ₩140,000	₩560,000
배부비율	75%	25%	100%
결합원가 배부액⑩	₩67,727	₩22,576	₩90,303

배부해야 할 총결합원가 ₩140,000(=A공정 결합원가 ₩80,000+B공정 결합원가 ₩60,000)은 휘발유에 ₩49,697, 선박용 경유에 ₩67,727, 승용차용 경유에 ₩22,576이 배부된다. 결합원가 배부 후의 총원가는 다음과 같다. 휘발유의 총원가는 A 공정 결합원가 배부액 ₩49,697과 추가가공원가 ₩20,000의 합인 ₩69,697이다. 선박용 경유의 총원가는 A 공정 결합원가 배부액과 B 공정 결합원가 배부액인 ₩67,727과 추가가공원가 ₩30,000의 합인 ₩97,727이다. 승용차용 경유의 총원가는 A 공정 결합원가 배부액과 B 공정 결합원가 배부액인 ₩22,576과 추가가공원가 ₩60,000의 합인 ₩82,576이다. 휘발유, 선박용 경유, 승용차용 경유의 원가합계는 총결합원가 ₩140,000과 총추가가공원가 ₩110,000의 합인 ₩250,000이 된다.

항목	휘발유	경유		합계
A 공정 결합원가 배부액①	₩49,697	₩30,303		₩80,000
B 공정 결합원가②		60,000		60,000
합계③=(①+②)		₩90,303		₩140,000
항목	휘발유	선박용 경유	승용차용 경유	합계
결합원가 배부액④	–	₩67,727	₩22,576	₩90,303
추가가공원가⑤	20,000	30,000	60,000	₩110,000
배부 후 총원가⑥	①+⑤= ₩69,697	④+⑤= ₩97,727	④+⑤= ₩82,576	₩250,000

복수의 분리점이 있는 경우의 결합원가계산과 관련한 예제는 다음과 같다.

예제

복수의 분리점이 있는 경우의 결합원가계산

(주)한국은 단일의 원재료를 결합공정에 투입하여 세 가지 제품 A, B, C를 생산하고 있다. 제품 A와 B는 분리점에서 즉시 판매되나, 제품 C는 추가가공을 거쳐서 판매된다. 분리점에서 제품 C의 시장가격은 존재하지 않는다. (주)한국의 20×1년 2월 제품별 생산량, 월말 제품재고량 및 판매가격은 다음과 같다. [2014년 공인회계사]

제품	생산량	월말 제품재고량	톤당 판매가격
A	60톤	36톤	₩300
B	80톤	12톤	₩200
C	100톤	5톤	₩140

20×1년 2월 중 발생한 결합원가는 ₩16,000이고, 제품 C의 추가가공원가는 ₩8,000이며, 각 결합제품의 월초 재고와 월말 재공품은 없었다. (주)한국은 순실현가치를 기준으로 결합원가를 배부하고 있다. (주)한국의 20×1년 2월 매출원가와 월말 제품은 각각 얼마인가?

풀이

1) 제품 C 매출액(①)을 산출한다.
2) 제품 C 순실현가치(③)는 제품 C 매출액(①)에서 추가가공원가(②)를 차감하여 산출한다.
3) 제품 A 순실현가치(④), 제품 B 순실현가치(⑤)를 산출한다.
4) 결합원가 ₩16,000을 각 제품의 순실현가치의 비율(③, ④, ⑤)로 배분하여 각 제품의 결합원가(⑥, ⑦, ⑧)를 산출한다.
5) 제품 C의 총원가(⑨)는 결합원가 배분액(⑧)과 추가가공원가(②)의 합이다.

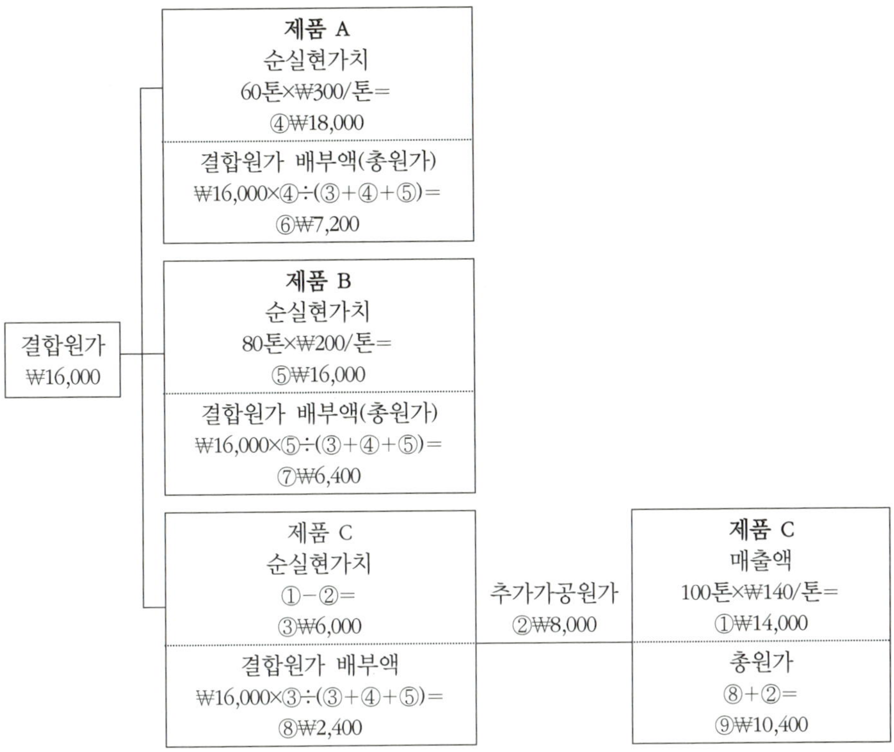

6) 각 제품의 총원가(⑩)는 위 그림의 ⑥, ⑦, ⑨에 해당한다.
7) 톤당 원가(⑫)는 총원가(⑩)를 생산량(⑪)으로 나누어 산출한다.
8) 매출수량(⑭)은 생산량(⑪)에서 월말 제품재고량(⑬)을 차감하여 산출한다.
9) 월말 제품금액(⑮)은 톤당 원가(⑫)와 월말 제품재고량(⑬)을 곱하여 산출한다.
10) 매출원가(⑯)는 톤당 원가(⑫)와 매출수량(⑭)을 곱하여 산출한다.

항목	제품 A (A)	제품 B (B)	제품 C (C)	합계 (D)=(A+B+C)
총원가⑩	₩7,200	₩6,400	₩10,400	₩24,000
생산량⑪	60톤	80톤	100톤	
톤당 원가⑫=(⑩÷⑪)	₩120/톤	₩80/톤	₩104/톤	
월말 제품재고량⑬	36톤	12톤	5톤	
매출 수량⑭=(⑪−⑬)	24톤	68톤	95톤	
월말 제품금액⑮=(⑫×⑬)	₩4,320	₩960	₩520	**₩5,800**
매출원가⑯=(⑫×⑭)	₩2,880	₩5,440	₩9,880	**₩18,200**

제3절 부산물 회계

앞에서 설명한 바와 같이, 결합제품은 크게 주산물(main products), 부산물(by-products), 작업폐물(scrap)로 나눈다. 주산물이란 결합제품 중 판매가치가 상대적으로 중요한 제품을 말한다. 반면에, 부산물이란 주산물의 제조과정에서 부수적으로 생산되는 제품으로 판매가치가 상대적으로 낮은 제품을 말한다. 작업폐물은 생산에 투입된 원재료의 찌꺼기나 조각을 의미하는 것으로 판매가치가 거의 없거나 판매비용이 판매가치보다 커서 순실현가능액이 음(-)인 제품이다.

1. 부산물 회계처리

부산물에 대한 회계처리방법으로 크게 2가지가 있는데, 판매기준법과 생산기준법이 있다.

판매기준법은 판매된 부산물에 대해서만 수익으로 기록하고, 판매되지 않은 부산물에 대해서는 수익을 인식하지 않는 방법이다. 이 방법 아래에서 부산물의 수익은 다음과 같은 2가지 방법으로 회계처리를 할 수 있다.

1) 잡이익법: 기타 수익으로 처리하는 방법

2) 매출원가 차감법: 주산물 매출원가에서 차감하는 방법

생산기준법은 비록 판매가 이루어지기 전이라 하더라도, 생산 활동을 보다 중시하여 분리점에서 부산물 원가를 순실현가치로 기록하고, 이 금액만큼을 주산물의 원가에서 차감하는 방법이다. 따라서 부산물 판매로부터 이익이 발생하지 않는다.

다음 예제를 통하여 부산물 회계처리를 알아보기로 한다.

(주)풀무원은 콩을 투입하여 2종류의 주산물 두부, 순두부와 부산물 비지를 생산하고 있다. 1월의 결합원가는 ₩40,000이고, 비지의 변동판매비는 kg당 ₩0.1이다. 생산 수량 모두가 당기에 판매되었다.

1월의 생산 활동과 판매 활동에 관한 자료는 다음과 같다.

항목	두부	순두부	비지
가격	₩4/kg	₩5.1/kg	₩1/kg
생산 수량	20,000kg	10,000kg	2,500kg
추가가공원가	₩15,000	₩16,000	₩1,000

결합원가는 순실현가치법을 사용하여 배부하고, 부산물의 회계처리는 판매기준법하에서의 잡이익법을 사용한다고 가정하자. 결합원가 배부결과는 다음과 같다.

결합원가 ₩40,000은 최종판매가치에서 추가가공원가를 차감한 값인 순실현가치 비율로 배부한다. 매출원가는 추가가공원가와 각 주산물에 배부된 결합원가의 합계이다.

항목	두부	순두부	합계
최종판매가치①	₩80,000	₩51,000	₩131,000
추가가공원가②	15,000	16,000	31,000
순실현가치③=(①-②)	₩65,000	₩35,000	₩100,000
배부비율④	65%	35%	100%
결합원가 배부액⑤	₩26,000	₩14,000	₩40,000
매출원가⑥=(②+⑤)	₩41,000	₩30,000	₩71,000

이에 따른 부분포괄손익계산서는 다음과 같다. 부산물 비지의 판매로 인한 이익 ₩1,250은 매출액 ₩2,500(=₩1/kg×2,500kg)에서 추가가공원가 ₩1,000과 변동판매비 ₩250(=₩0.1/kg×2,500kg)을 차감한 금액이다.

항목	두부	순두부	합계
매출액①	₩80,000	₩51,000	₩131,000
매출원가②	41,000	30,000	71,000
매출총이익③=(①-②)	39,000	21,000	60,000
비지 판매이익④	–	–	1,250
순이익⑤=(③+④)	₩39,000	₩21,000	₩61,250

만약 (주)풀무원이 비지의 회계처리방법으로 생산기준법을 사용한다고 가정하면, 배부해야 할 결합원가는 ₩38,750이 되는데, 이는 결합원가 ₩40,000에서 비지의 순실현

가치 ₩1,250을 차감한 금액이다. 여기에서 주의할 점은 순실현가치를 판매 수량이 아니라 생산 수량을 기준으로 계산한다는 것이다.

항목	두부	순두부	합계
최종판매가치①	₩80,000	₩51,000	₩131,000
추가가공원가②	15,000	16,000	31,000
순실현가치③=(①-②)	₩65,000	₩35,000	₩100,000
배부비율④	65%	35%	100%
결합원가⑤			₩40,000
비지의 순실현가치⑥			₩1,250
부산물 순실현가치 차감 후 결합원가⑦=(⑤-⑥)			₩38,750
결합원가 배부액⑧=(④×⑦)	₩25,187.5	₩13,562.5	
매출원가⑨=(②+⑧)	₩40,187.5	₩29,562.5	₩69,750

이에 따른 부분포괄손익계산서는 다음과 같다. 생산기준법을 사용하고 있으므로 비지 판매이익은 인식하지 않는다. 추후에 비지 2,500Kg이 판매되면, 매출 ₩2,500-매출원가 ₩2,250(=추가가공원가 ₩1,000+순실현가치 ₩1,250)-판매비 ₩250으로 매출총이익이 ₩0이 된다.

항목	두부	순두부	합계
매출액①	₩80,000	₩51,000	₩131,000
매출원가②	40,187.5	29,562.5	69,750
매출총이익③=(①-②)	39,812.5	21,437.5	61,250
비지 판매이익④	–	–	–
순이익⑤=(③+④)	₩39,812.5	₩21,437.5	₩61,250

부산물 회계와 관련한 예제는 다음과 같다.

예제

부산물 회계

(주)대한은 결합공정과 추가공정을 통해 제품을 생산하며, 분리점에서 순실현가능가치를 기준으로 결합원가를 배부한다. 20×1년의 생산 및 원가자료는 다음과 같다.

(1) 제1공정

제1공정에서는 원재료를 투입하여 제품A 100단위와 제품B 300단위를 생산하였으며, 결합원가는 총 ₩40,000이었다. 제품A는 단위당 ₩200에 판매되고, 제품B는 제2공정에서 추가가공을 거쳐 제품C로 판매된다.

(2) 제2공정
당기에 제1공정으로부터 대체된 제품B는 제품C 280단위로 생산되었으며, 추가가공원가는 총 ₩12,400이었다. 제품C의 단위당 판매가격은 ₩150이다. 제품B를 제품C로 추가 가공하는 과정에서 부산물 20단위가 생산되었다. 부산물은 단위당 ₩20에 즉시 판매할 수 있다. 부산물은 생산시점에 순실현가능가치로 인식한다.
제품C의 총제조원가는 얼마인가? 단, 각 공정의 기초 및 기말 재공품은 없다.

[2019년 공인회계사 1차]

풀이

1) 제품C 순실현가능가치(①)를 산출한다.
2) 부산물 순실현가능가치(②)를 산출한다.
3) 제품B 순실현가능가치(④)는 제품C 순실현가능가치(①)와 부산물 순실현가능가치(②)의 합에서 제2공정 결합원가(③)를 차감하여 산출한다.
4) 제품A 순실현가능가치(⑤)를 산출한다.
5) 제1공정 결합원가 ₩40,000을 각 제품의 순실현가능가치의 비율(④, ⑤)로 배분하여 제품B의 제1공정 결합원가 배분액(⑥)을 산출한다.
6) 제품C의 총제조원가(⑦)는 제1공정 결합원가 배분액(⑥)과 제2공정 결합원가(③)의 합에서 부산물 순실현가능가치(②)를 차감하여 산출한다.

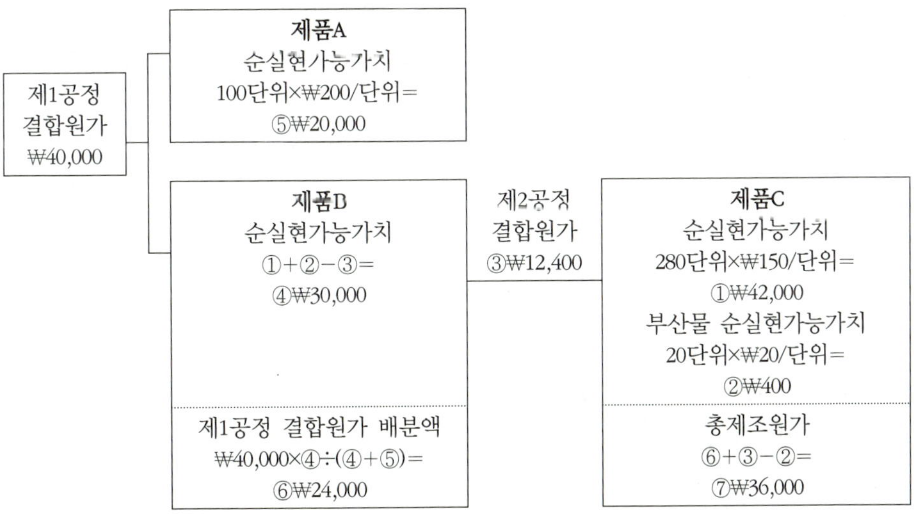

객 • 관 • 식

9.1 갑회사는 A, B 제품으로 구성된 두 개의 연산품을 생산한다. 20×8년 4월 결합원가는 ₩40,000이고, 20×8년 4월에 분리점 이후 제품을 판매 가능한 형태로 전환하는 데 필요한 가공비는 A 제품; 월 1,500개 ₩300,000, B 제품; 월 1,375개 ₩412,500이다. 추가가공 후 A는 1,500개, B는 1,375개를 생산 · 판매한다. 단위당 판매가는 A 제품이 ₩500, B 제품이 ₩700이다. 갑회사가 순실현가능가치를 이용하여 결합원가를 배부한다면 20×8년 4월의 결합원가 중 A 제품에 배부될 금액은? [1993년 공인회계사]

① ₩24,000　② ₩18,000　③ ₩22,000
④ ₩16,000　⑤ ₩20,000

9.2 다음을 읽고, 물음 (1)과 (2)에 답하시오. [1994년 세무사]

제주초콜릿회사는 코코아를 가공하여 두 종류의 중간제품인 분말초콜릿원액과 밀크초콜릿원액을 생산한다. 20×8년 1월 중에 1,000리터의 코코아를 가공하여 분말초콜릿원액 400리터와 밀크초콜릿원액 500리터를 얻었다. 결합원가는 ₩3,600,000이다. 분말초콜릿원액 400리터는 추가 가공되어 분말초콜릿 400kg이 생산되어 판매되었고, 밀크초콜릿원액 500리터가 추가 가공되어 밀크초콜릿 600kg이 생산되어 판매되었다. 분말초콜릿의 추가가공원가는 ₩50,000, 밀크초콜릿의 추가가공원가는 ₩200,000이다. 제품의 판매가격은 다음과 같다. (단, 배부율은 소수 셋째 자리에서 절사)

분말초콜릿원액: ₩2,500/리터 분말초콜릿: ₩3,000/kg
밀크초콜릿원액: ₩4,000/리터 밀크초콜릿: ₩5,000/kg

(1) 분리점에서의 판매가치법을 사용할 때 분말초콜릿원액에 배부되는 결합원가는 얼마인가?

① ₩1,080,000　② ₩1,200,000　③ ₩2,400,000
④ ₩2,520,000　⑤ ₩3,200,000

(2) 순실현가치법을 사용할 때 밀크초콜릿원액을 추가 가공하여 밀크초콜릿을 생산하는 경우의 매출총이익은 얼마인가?

① ₩244,000 이익　② ₩300,000 이익　③ ₩600,000 손실
④ ₩1,000,000 손실　⑤ ₩1,200,000 손실

9.3 부산물에 관한 회계처리에서 다음 중 옳은 것은? [1995년 세무사]

① 결합원가는 부산물 계정에 배부되어야 한다.
② 부산물의 판매수입은 매출원가에 가산한다.
③ 부산물의 순실현가치는 주생산물의 원가에서 차감한다.
④ 아무런 회계처리를 하지 않는다.
⑤ 부산물은 정상적인 생산 활동의 결과가 아니므로 이의 판매수입은 특별이익으로 처리한다.

9.4 다음 자료를 이용하여 물음에 답하시오. 결합원가는 순실현가치법에 따라 배부한다. 그리고 A 제품과 B 제품 모두 추가 가공하여 판매하기로 하였다. B 제품을 추가 가공하여 판매 시 이익은? [1995년 공인회계사]

	A	B	합계
단위	10,000개	8,000개	18,000개
결합원가	?	?	₩70,000
분리점에서의 판매가격	×	₩60,000	
추가가공비	₩40,000	₩30,000	
추가가공 후 판매가격	₩6	₩11.25	

① ₩0 ② ₩7,500 ③ ₩10,000
④ ₩11,000 ⑤ ₩28,889

9.5 (주)제주는 원재료 A 100kg을 가공하여 P 20kg과 K 80kg을 생산하고 있다. P와 K는 시장가치가 존재하지 않아 추가로 가공하여 각각 PP 20kg과 KK 80kg을 생산하여 판매하고 있다. 원재료 A의 가공과 관련하여 재료비 ₩10,000과 가공비 ₩20,000이 발생하였으며, 중간제품 P와 K의 가공에는 각각 ₩40,000, ₩60,000의 원가가 발생하였다. 최종제품 PP와 KK의 판매가격은 단위당 각각 ₩10,000, ₩5,000이다. 원재료 A의 가공과 관련된 총원가 ₩30,000은 P와 K에 어떻게 배부되어야 하는가? [1995년 세무사]

	P	K
①	₩6,000	₩24,000
②	₩9,600	₩20,400
③	₩10,000	₩20,000
④	₩12,000	₩18,000
⑤	₩18,000	₩12,000

9.6 은평(주)는 결합제조공정에서 A와 B 제품을 생산하고 있다. 은평(주)는 A 제품 5,000개와 B 제품 4,000개를 생산하였으며, 분리시점에서 단위당 판매가치는 A 제품은 ₩1,600, B 제품은 ₩1,000이다. 순실현가치법에 따라 A 제품에 배부되는 결합원가가 ₩2,400,000이었다면 총결합원가는 얼마인가? [1998년 세무사]

① ₩3,600,000 ② ₩6,000,000 ③ ₩4,000,000
④ ₩3,200,000 ⑤ ₩4,200,000

9.7 크린정유(주)의 정유 공정 A에서는 휘발유를 생산하고 있다. 이 휘발유가 추가공정 B를 거치면 유연휘발유로 판매되고 추가공정 C를 거치면 무연휘발유로 생산 판매된다. 2월 중 정유 공정 A의 제조원가는 ₩1,000,000이다. 추가공정 B의 제조원가는 ₩40,000이고, 추가공정 C의 제조원가는 ₩160,000이다. 2월 중에 유연휘발유는 8,000리터를 생산하여 리터당 ₩95으로 판매되었다. 무연휘발유는 12,000리터를 생산하여 리터당 ₩120으로 판매되었다. 순실현가치법(net realizable value method)에 따른 유연휘발유의 제조원가는 얼마인가?

[1999년 공인회계사]

① ₩400,000 ② ₩333,333 ③ ₩360,000
④ ₩640,000 ⑤ ₩800,000

9.8 태평회사는 제품생산과정에서 발생한 부산물 1단위를 판매하는 데 ₩10의 비용이 소요된다. 한편, 회사는 동 부산물의 순실현가치를 주제품의 매출원가에서 차감하는 회계처리를 한다. 회사는 당월에 부산물 100kg을 총 ₩10,000에 판매하였다. 만약, 태평회사가 부산물의 순실현가치를 주제품의 매출액에 더하는 방법으로 회계처리방법을 바꾼다면 종래의 방법에 비교하여 매출총이익은 어떻게 달라지는가? [1999년 세무사]

① 동일함 ② ₩11,000 증가 ③ ₩10,000 증가
④ ₩9,000 증가 ⑤ ₩8,000 증가

9.9 주광회사는 A, B, C의 세 가지 결합제품을 생산하고 있으며, 결합원가는 분리점에서의 상대적 판매가치에 의해 배부된다. 관련 자료는 다음과 같다. [1999년 세무사]

	A	B	C	합계
결합원가	?	₩10,000	?	₩50,000
분리점에서의 판매가치	₩80,000	?	?	₩200,000
추가가공원가	₩3,000	₩2,000	₩5,000	
추가가공 후 판매가격	₩85,000	₩42,000	₩90,000	

만약 A, B, C 중 하나만을 추가가공한다면 어느 제품을 추가가공하는 것이 가장 유리하며, 이때 추가가공으로 인한 이익은 얼마인가?

① A, ₩2,000 ② B, ₩1,000 ③ C, ₩3,000
④ B, ₩7,000 ⑤ C, ₩5,000

9.10 (주)한강은 동일공정에서 3가지 제품 A, B, C를 생산하고 있다. 결합원가는 분리점에서의 상대적 판매가치를 기준으로 배부하고 있다. 이와 관련된 자료는 다음과 같다.

	A	B	C	합계
생산량	?	?	400	2,000개
결합원가	180,000	?	?	₩360,000
분리점의 판매가치	?	280,000	?	₩800,000

분리점 이후에 C 제품 400개에 대하여 총 ₩14,000을 추가로 투입하여 최종제품으로 완성한 다음 단위당 ₩500에 판매하는 경우 C 제품의 매출총이익은? [2002년 공인회계사]

① ₩118,000 ② ₩132,000 ③ ₩146,000
④ ₩160,000 ⑤ ₩174,000

9.11 (주)쌈지는 부문 1에서 원재료 A를 가공하여 2개의 결합제품 B와 C를 생산하는데, 5월 중에 원재료 A 50,000개에 대하여 ₩200,000을 투입하여 B 제품 20,000개와 C 제품 30,000개를 생산하였다. B 제품을 완성하는 데는 추가로 ₩40,000의 분리원가가 발생하였으며 B 제품의 단위당 판매가격은 ₩30이었다. 회사는 5월 중에 C 제품을 그대로 판매할 수도 있으며, 부문 2에서 C 제품 30,000개에 추가로 ₩27,000을 투입하여 D 제품 15,000개, E 제품 5,000개, F 제품 10,000개를 생산할 수도 있다. 한편, 제품 D, E, F를 완성하는 데 추가로 소요되는 분리원가와 각 제품의 단위당 판매가격은 다음과 같다.

제품	분리원가	단위당 판매가격
D	₩5,000	₩8
E	₩1,000	₩2
F	₩2,000	₩6
C	–	₩4

이 경우 회사가 제품 C를 그대로 판매하는 것과 제품 D, E, F의 형태로 판매하는 것 중에서 올바른 의사결정은? [2002년 세무사]

① 제품 D, E, F의 형태로 판매가 ₩35,000 유리하다.
② 제품 D, E, F의 형태로 판매가 ₩35,000 불리하다.
③ 제품 D, E, F의 형태로 판매가 ₩62,000 유리하다.
④ 제품 D, E, F의 형태로 판매가 ₩62,000 불리하다.
⑤ 제품 D, E, F의 형태로 판매가 ₩25,000 불리하다.

9.12 (주)한강은 동일공정에서 3가지 제품 A, B, C를 생산하고 있다. 결합원가는 분리점에서의 상대적 판매가치를 기준으로 배분하고 있다. 이와 관련된 자료는 다음과 같다.

구분	A	B	C	합계
생산량	?	?	400	2,000개
결합원가	180,000	?	?	₩360,000
분리점의 판매가치	?	280,000	?	₩800,000

분리점 이후에 C 제품 400개에 대하여 총 ₩14,000을 추가로 투입하여 최종제품으로 완성한 다음 단위당 ₩500에 판매하는 경우 C 제품의 매출총이익은? [2002년 공인회계사]

① ₩118,000　② ₩132,000　③ ₩146,000
④ ₩160,000　⑤ ₩174,000

9.13 (주)백두산 화학은 같은 원재료를 가공하여 두 개의 결합제품 A와 B를 생산한다. 7월 중 A와 B의 생산과정에서 발생한 직접재료원가는 ₩140,000, 가공원가는 ₩180,000이었다. 분리점에서 A의 판매가치는 ₩280,000인 반면, B는 추가가공을 거쳐 C라는 제품으로 전환되어 ₩500,000에 판매된다. 추가공정에서는 ₩80,000의 가공원가가 발생한다. 최종판매 시점에서 A 제품과 B 제품의 매출총이익률은 각각 얼마인가? [2005년 공인회계사]

① 25.71%와 38.40%　② 25.71%와 61.60%　③ 45.71%와 61.60%
④ 45.71%와 38.40%　⑤ 54.29%와 45.60%

9.14 (주)태양회사는 결합제품 A, B, C를 생산하며 순실현가치법에 따라 결합원가를 배분한다. 기초 및 기말에서의 재고자산은 없으며, 당기의 제조 및 판매에 관한 자료가 다음과 같으면 제품 C의 매출총이익은 얼마인가? [2005년 세무사]

	A	B	C	합계
생산량	7,000개	5,000개	3,000개	15,000개
결합원가	?	?	?	₩400,000
추가가공원가	₩50,000	₩20,000	₩40,000	₩110,000
판매가격	₩380,000	₩200,000	₩130,000	₩710,000

① ₩30,000　② ₩70,000　③ ₩90,000
④ ₩40,000　⑤ ₩50,000

9.15 (주)대한정유는 수입한 원유를 정제하여 제품 X, Y, Z를 생산하고 있다. 다음은 2007년 1월 한 달간 정제공정에 투입된 총 공통원가와 X, Y, Z의 생산량에 관한 자료이다. 공통원가는 각 제품이 공정에서 분리되는 시점에서의 상대적 판매가치에 비례하여 배분한다. Y에 배분된 공통원가는 얼마인가? (단, 2007년 1월 1일 현재 기초재공품은 없다.) [2007년 세무사]

1월 한 달 동안 정제공정에 투입된 재료비(원유) ₩150,000,000
1월 한 달 동안 정제공정에 투입된 노무비와 제조경비 ₩130,000,000
제품 X, Y, Z의 생산량과 단위당 판매가격은 다음과 같다.

제품	생산량	단위당 판매가격
X	20,000 L	₩15,000
Y	16,000 L	₩12,000
Z	12,000 L	₩9,000

① ₩150,000,000 ② ₩100,000,000 ③ ₩108,000,000
④ ₩89,600,000 ⑤ ₩85,714,280

9.16 결합원가와 관련된 설명으로 옳지 않은 것은 무엇인가? [2008년 세무사 1차]

① 분리점이란 연산품과 부산품 등 결합제품을 개별적인 제품으로 식별할 수 있게 되는 제조과정 중의 한 점을 말한다.
② 균등이익률법에서는 조건이 같다면 추가가공비가 높은 제품에 더 많은 결합원가가 배부된다.
③ 분리점판매가치법에서 분리점의 판매가치를 계산할 때에는 판매량이 아닌 생산량을 이용한다.
④ 물량기준법은 제품의 판매가격을 알 수 없을 때 유용하게 사용될 수 있다.
⑤ 기업이익을 극대화하기 위한 추가가공 의사결정을 할 때는 기배부된 결합원가를 고려하지 않는다.

9.17 아래 그림과 같이 제품 A는 공정 1, 공정 2, 공정 4를 거쳐서 생산되고 제품 B는 공정 1, 공정 2, 공정 5를 거쳐서 생산된다. 제품 C는 공정 1과 공정 3을 거쳐서 생산된다. 각 공정의 제조원가는 그림에서 주어진 수치와 같다. 결합원가가 순실현가치를 기준으로 배부되고, 제품 A, 제품 B, 제품 C의 판매가액이 각각 ₩500,000, ₩200,000, ₩300,000일 때, 제품 A의 총 제조원가는 얼마인가? [2009년 세무사]

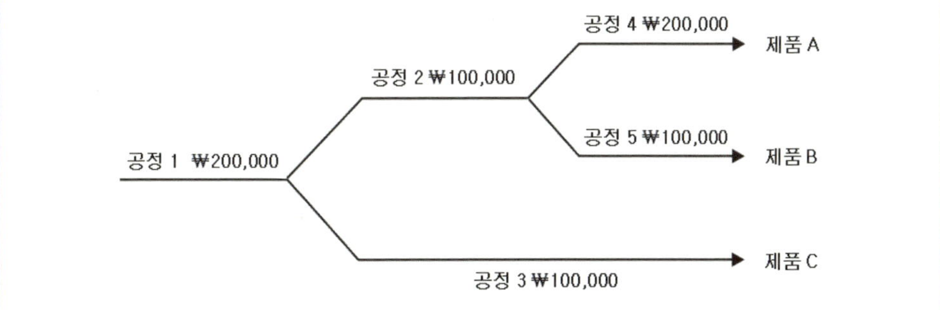

연습문제

① ₩120,000 ② ₩165,000 ③ ₩250,000
④ ₩285,000 ⑤ ₩365,000

9.18 (주)영남은 같은 원료를 결합공정에 투입하여 주산품 X, Y와 부산품 B를 생산한다. 결합원가는 순실현가치(net realizable value)를 기준으로 제품에 배부한다. 당기에 결합공정에 투입된 총원가는 ₩150,000이고, 주산품 X, Y 및 부산품 B의 분리점에서 순실현가치의 상대적 비율은 6:3:1이었다. 주산품 X에 배부된 결합원가가 ₩80,000이었다면, 부산품 B의 순실현가치는 얼마인가? 단, 부산품은 생산된 시점에서 순실현가치로 평가하여 재고자산으로 계상한다. [2009년 공인회계사 1차]

① ₩15,000 ② ₩30,000 ③ ₩35,000
④ ₩43,333 ⑤ ₩45,000

9.19 (주)대구는 결합공정을 통해 중간재 X를 생산하고, 이를 추가 가공하여 결합제품 A와 B를 생산한다. 20×1년 결합공정에서 기초재공품은 없었고, 완성품은 8,000kg, 기말재공품은 1,000kg (완성도 40%)을 생산하였으며, 공손 및 감손은 없었다. 결합제품과 관련된 자료는 다음과 같다.

제품	기초제품 수량	생산량	기말제품 수량	분리점 이후 추가가공원가(총액)	단위당 판매가치
A	100개	4,000개	700개	₩20,000	₩50
B	500	2,000	125	₩40,000	₩80

당기 중 결합공정에 투입된 직접재료원가는 ₩72,000이었고, 가공원가는 ₩33,600이었다. 결합공정에서 재료는 공정 초에 모두 투입되고, 가공원가는 공정 전반에 걸쳐 균등하게 발생한다. 순실현가치법으로 결합원가를 배부할 때 결합제품 A에 얼마가 배부되는가? (단, 원가흐름은 평균법을 가정하며, 분리점 이후 추가공정에서 재공품은 없었다.) [2010년 세무사]

① ₩44,000 ② ₩46,200 ③ ₩48,000
④ ₩55,400 ⑤ ₩57,600

9.20 (주)국세는 동일공정에서 세 가지 결합제품 A, B, C를 생산하고 있으며, 균등이익률법을 사용하여 결합원가를 배부한다. A와 B는 추가가공을 거치지 않고 판매되며, C는 추가가공원가 ₩200,000을 투입하여 가공한 후 판매된다. 결합제품의 생산량 및 단위당 최종 판매가격에 대한 자료는 다음과 같다.

구분	생산량	단위당 최종 판매가격
A	2,000kg	₩200
B	2,000kg	₩100
C	2,500kg	₩160

C 제품에 배부된 결합원가가 ₩120,000인 경우, 총결합원가는 얼마인가? (단, 공손 및 감손은 발생하지 않았고, 기초 및 기말재공품은 없는 것으로 가정한다.) [2011년 세무사]

① ₩600,000 ② ₩620,000 ③ ₩640,000
④ ₩660,000 ⑤ ₩680,000

9.21 (주)갑은 종합원가계산과 결합원가계산을 혼합하여 사용한다. 결합공정을 완료하면 연산품 A와 연산품 B가 분리된다. 결합공정에서 발생한 직접재료원가는 ₩8,000이고 가공원가는 ₩2,220이다. 직접재료원가는 결합공정의 초기에 투입된다. 결합공정에서 기초재공품은 없고, 기말재공품은 100톤이며 가공원가 완성도는 40%이다. 공손과 감손은 없다. 연산품 A와 연산품 B의 관련 자료는 아래와 같다. [2012년 공인회계사]

항목	연산품 A	연산품 B
결합공정 완성량	300톤	400톤
톤당 예상판매가격	₩100	₩50
톤당 추가가공원가	₩60	₩0

순실현가치법 결합원가 배분에 의한 연산품 A의 예상 톤당 영업이익은 얼마인가?

① ₩23.755 ② ₩25.325 ③ ₩28.625
④ ₩31.495 ⑤ ₩34.235

9.22 (주)국세는 같은 원재료를 투입해서 하나의 공정을 거쳐 제품 A, 제품 B, 제품 C를 생산하며, 분리점까지 총 ₩40,000의 원가가 발생한다. (주)국세는 분리점까지 발생한 원가를 분리점에서의 상대적 판매가치를 기준으로 결합제품에 배분한다. 결합제품의 생산량, 분리점에서의 단위당 판매가격, 추가가공원가 및 추가가공 후 단위당 판매가격은 다음과 같다.

제품	생산량 (단위)	분리점에서의 단위당 판매가격	추가가공원가	추가가공 후 단위당 판매가격
A	1,500	₩16	₩6,300	₩20
B	2,000	8	8,000	₩13
C	400	25	3,600	₩32

(주)국세가 위 결합제품을 전부 판매할 때 예상되는 최대 매출총이익은 얼마인가? (단, 결합공정 및 추가가공과정에서 재공품 및 공손은 없는 것으로 가정한다.) [2012년 세무사]

① ₩10,900 ② ₩12,000 ③ ₩20,000
④ ₩50,900 ⑤ ₩60,000

9.23 (주)세무는 단일 재료를 이용하여 세 가지 제품 A · B · C와 부산물 X를 생산하고 있으며, 결합원가계산을 적용하고 있다. 제품 A와 B는 분리점에서 즉시 판매되나, 제품 C는 분리점에서 시장이 존재하지 않아 추가가공을 거친 후 판매된다. (주)세무의 20×1년 생산 및 판매 관련 자료는 다음과 같다.

구분	생산량	판매량	리터당 최종 판매가격
A	100리터	50리터	₩10
B	200리터	100리터	₩10
C	200리터	50리터	₩10
X	50리터	30리터	₩3

20×1년 동안 결합원가는 ₩2,100이고, 제품 C의 추가가공원가는 총 ₩1,000이다. 부산물 X의 단위당 판매비는 ₩1이며, 부산물 평가는 생산기준법(순실현가치법)을 적용한다. 순실현가치법으로 결합원가를 배부할 때 제품 C의 기말재고자산 금액은? (단, 기초재고와 기말재공품은 없다.) [2013년 세무사]

① ₩850 ② ₩1,050 ③ ₩1,125
④ ₩1,250 ⑤ ₩1,325

9.24 (주)세무는 20×1년 4월에 원재료 X를 가공하여 두 개의 결합제품인 제품 A 1,200단위와 제품 B 800단위를 생산하는 데 ₩100,000의 결합원가가 발생하였다. 제품 B는 분리점에서 판매할 수도 있지만, 이 회사는 제품 B 800단위 모두를 추가 가공하여 제품 C 800단위 생산한 후 500단위를 판매하였다. 제품 B를 추가 가공하는 데 ₩20,000의 원가가 발생하였다. 4월 초에 각 제품의 예상판매가격은 제품 A는 단위당 ₩50, 제품 B는 단위당 ₩75, 제품 C는 단위당 ₩200이었는데, 20×1년 4월에 판매된 제품들의 가격은 예상판매가격과 같았다. (주)세무는 결합원가 배부에 순실현가치법을 적용하고, 경영 목적상 제품별 매출총이익을 계산한다. 20×1년 4월 제품 C에 대한 매출총이익은 얼마인가? (단, 월초 재고와 월말 재공품은 없으며, 공손 및 감손도 없다.) [2014년 세무사]

① ₩30,250 ② ₩35,750 ③ ₩43,750
④ ₩48,250 ⑤ ₩56,250

9.25 (주)한국은 결합생산공정으로부터 두 종류의 주산품 A, B와 부산품 C를 생산하며, 부산품 C의 회계처리에는 생산기준법하에서의 원가차감법을 사용한다. 당기의 결합원가 발생액은 ₩54,000이며, 각 제품에 관한 자료는 다음과 같다. 단, 기초재고와 기말재공품은 없다.

제품	분리점 이후 추가가공원가	생산량	최종판매가치
A	₩10,000	1,000단위	₩70,000
B	₩15,000	1,500단위	₩55,000
C	₩2,000	500단위	₩6,000

(주)한국이 순실현가능가치(net realizable value)를 기준으로 결합원가를 배부한다면, 주산품 A에 배부되는 결합원가는 얼마인가? [2015년 공인회계사]

① ₩20,000 ② ₩25,000 ③ ₩30,000
④ ₩35,000 ⑤ ₩40,000

9.26 (주)국세는 결합공정을 통하여 주산물 X, Y와 부산물 C를 생산하였으며, 결합원가는 ₩50,000이었다. 주산물 X는 추가가공 없이 판매하지만, 주산물 Y와 부산물 C는 추가가공을 거쳐 판매한다. 20×1년의 생산 및 판매 자료는 다음과 같다.

항목	주산물 X	주산물 Y	부산물 C
추가가공원가	없음	₩13,400	₩600
생산량	900단위	900단위	200단위
단위당 판매가격	₩30	₩70	₩5

부산물은 생산시점에서 순실현가능가치로 인식한다. 균등매출총이익률법에 의해 각 주산물에 배분되는 결합원가는? [2015년 세무사]

	주산물 X	주산물 Y
①	₩17,300	₩32,300
②	₩17,600	₩32,000
③	₩18,100	₩31,500
④	₩18,900	₩30,700
⑤	₩19,600	₩30,000

연습문제

9.27 (주)한국화학은 20×1년 2월 초 영업을 개시하여 당월에 제1공정에서 원재료 R을 가공하여 결합제품 A와 B를 생산한다. 제품 A는 제2공정에서 추가가공을 거쳐 판매되고, 제품 B는 제3공정에서 결합제품 C와 D로 분리된 후 각각 제4공정과 제5공정에서 추가가공을 거쳐 판매된다. 20×1년 2월의 각 공정에서 발생한 원가자료는 다음과 같다.

- 제1공정: 제품 A, B의 결합원가 ₩100,000
- 제2공정: 제품 A의 개별원가(분리원가) ₩15,000
- 제3공정: 제품 C, D의 결합원가 ₩70,000
- 제4공정: 제품 C의 개별원가(분리원가) ₩50,000
- 제5공정: 제품 D의 개별원가(분리원가) ₩20,000

20×1년 2월 (주)한국화학의 제품별 생산량과 kg당 판매가격은 다음과 같다.

제품	생산량	kg당 판매가격
A	500kg	₩120
C	1,000kg	₩200
D	800kg	₩150

(주)한국화학이 순실현가능가치를 기준으로 결합원가를 배부하는 경우, 20×1년 2월 제품 D의 총제조원가는 얼마인가? [2016년 공인회계사]

① ₩60,000 ② ₩70,000 ③ ₩80,000
④ ₩90,000 ⑤ ₩100,000

9.28 결합원가계산에 관한 설명으로 옳지 않은 것은? [2016년 세무사]

① 물량기준법은 모든 연산품의 물량 단위당 결합원가 배부액이 같아진다.
② 분리점 판매가치법(상대적 판매가치법)은 분리점에서 모든 연산품의 매출총이익률을 같게 만든다.
③ 균등이익률법은 추가가공 후 모든 연산품의 매출총이익률을 같게 만든다.
④ 순실현가치법은 추가가공 후 모든 연산품의 매출총이익률을 같게 만든다.
⑤ 균등이익률법과 순실현가치법은 추가가공을 고려한 방법이다.

9.29 (주)한국은 결합생산공정을 통해 결합제품 A와 B를 생산하고 있으며, 균등매출총이익률법을 적용하여 결합원가를 배부한다. 각 결합제품은 분리점에서 즉시 판매될 수도 있으며, 필요하다면 추가 가공한 후 판매될 수도 있다. 추가가공원가는 제품별로 추적할 수 있고 모두 변동원가이다. (주)한국은 20×1년에 결합제품 A와 B를 모두 추가 가공하여 전량 판매하였으며 20×1년 중 발생한 결합원가는 ₩300,000이다. (주)한국의 20×1년 생산 및 판매 관련 자료는 다음과 같다.

구분	A	B
생산 · 판매량	3,000단위	5,000단위
분리점에서의 총판매가치	₩250,000	₩330,000
추가가공원가	₩45,000	₩60,000
추가가공 후 매출액	₩300,000	₩375,000

(주)한국의 20×1년도 생산 및 판매와 관련하여 옳은 설명은? [2017년 공인회계사]

① 회사 전체의 매출총이익은 ₩250,000이다.

② 회사 전체의 매출총이익률은 35%이다.

③ A의 단위당 원가는 B의 단위당 원가보다 크다.

④ A에 배부되는 결합원가 금액은 B에 배부되는 결합원가 금액보다 크다.

⑤ 회사가 B를 추가 가공하지 않고 분리점에서 즉시 판매하였다면, 이익은 ₩5,000 증가하였을 것이다.

9.30 (주)세무는 결합원가 ₩15,000으로 제품 A와 제품 B를 생산한다. 제품 A와 제품 B는 각각 ₩7,000과 ₩3,000의 추가 가공원가(전환원가)를 투입하여 판매된다. 순실현가치법을 사용하여 결합원가를 배분하면 제품 B의 총제조원가는 ₩6,000이며 매출총이익률은 20%이다. 제품 A의 매출총이익률은? [2017년 세무사]

① 23% ② 24% ③ 25%

④ 26% ⑤ 27%

9.31 (주)세무는 주산품A, B와 부산품S를 생산한다. 당기 중 발생한 결합원가는 ₩9,500이다. 결합원가는 분리점에서 순실현가능가치(NRV)를 기준으로 각 제품에 배부하며, 당기의 생산 및 원가자료는 다음과 같다.

제품	분리점 이후 추가가공원가(총액)	추가가공 후 단위당 판매가격	생산량	판매량
A	₩2,000	₩40	200단위	180단위
B	1,000	20	250	200
S	500	15	100	90

주산품B의 매출총이익은? (단, 기초재고자산은 없으며, 부산품S는 생산시점에서 순실현가능가치로 인식한다.) [2018년 세무사]

① ₩480 ② ₩560 ③ ₩580
④ ₩750 ⑤ ₩810

9.32 (주)세무는 결합공정에서 제품A, B, C를 생산한다. 당기에 발생된 결합원가 총액은 ₩80,000이며 결합원가는 분리점에서의 상대적 판매가치를 기준으로 제품에 배분되며 관련 자료는 다음과 같다. 추가가공이 유리한 제품만을 모두 고른 것은? (단, 결합공정 및 추가가공 과정에서 공손과 감손은 발생하지 않고, 생산량은 모두 판매되며 기초 및 기말 재공품은 없다.) [2019년 세무사 1차]

제품	분리점에서의 단위당 판매가격	생산량	추가가공 원가	추가가공 후 단위당 판매가격
A	₩20	3,000단위	₩10,000	₩23
B	30	2,000단위	15,000	40
C	40	2,000단위	15,000	50

① A ② A, B ③ A, C
④ B, C ⑤ A, B, C

9.33 (주)대한은 동일 공정에서 세 가지 결합제품 A, B, C를 생산한다. 제품 A, 제품 B는 추가가공을 거치지 않고 판매되며, 제품 C는 추가가공원가 ₩80,000을 투입하여 추가가공 후 제품 C+로 판매된다. (주)대한이 생산 및 판매한 모든 제품은 주산품이다. (주)대한은 제품 A, 제품 B, 제품 C+를 각각 판매하였을 때 각 제품의 매출총이익률이 연산품 전체매출총이익률과 동일하게 만드는 원가배부법을 사용한다. 다음은 (주)대한의 결합원가배부에 관한 자료이다. 제품 C+에 배부된 결합원가는 얼마인가? [2020년 공인회계사 1차]

제품	배부된 결합원가	판매(가능)액
A	?	₩96,000
B	₩138,000	?
C+	?	?
합계	₩220,000	₩400,000

① ₩10,000 ② ₩12,000 ③ ₩15,000
④ ₩20,000 ⑤ ₩30,000

9.34 (주)세무는 20×1년 원재료 X를 가공하여 연산품 A와 연산품 B를 생산하는 데 ₩36,000의 결합원가가 발생하였다. 분리점 이후 최종제품 생산을 위해서는 각각 추가가공원가가 발생한다. 균등매출총이익률법으로 결합원가를 연산품에 배부할 때, 연산품 B에 배부되는 결합원가는?(단, 공손 및 감손은 없으며, 기초 및 기말 재공품은 없다.) [2020년 세무사 1차]

제품	생산량	최종 판매단가	최종 판매가액	추가가공원가(총액)
A	1,000리터	₩60	₩60,000	₩8,000
B	500리터	₩40	₩20,000	₩4,000
합계	1,500리터		₩80,000	₩12,000

① ₩4,000 ② ₩8,000 ③ ₩12,000
④ ₩18,000 ⑤ ₩28,000

9.35 (주)세무는 결합공정을 통하여 연산품 A, B를 생산한다. 제품 B는 분리점에서 즉시 판매되고 있으나, 제품 A는 추가가공을 거친 후 판매되고 있으며, 결합원가는 순실현가치에 의해 배분되고 있다. 결합공정의 직접재료는 공정 초에 전량 투입되며, 전환원가는 공정 전반에 걸쳐 균등하게 발생한다. 당기 결합공정에 기초재공품은 없었으며, 직접재료 5,000kg을 투입하여 4,000kg을 제품으로 완성하고 1,000kg은 기말재공품(전환원가 완성도 30%)으로 남아 있다. 당기 결합공정에 투입된 직접재료원가와 전환원가는 ₩250,000과 ₩129,000이다. (주)세무의 당기 생산 및 판매자료는 다음과 같다. [2021년 세무사 1차]

구분	생산량	판매량	추가가공원가 총액	단위당 판매가격
제품 A	4,000단위	2,500단위	₩200,000	₩200
제품 B	1,000	800	-	200

제품 A의 단위당 제조원가는? (단, 공손 및 감손은 없다.)

① ₩98 ② ₩110 ③ ₩120
④ ₩130 ⑤ ₩150

9.36 (주)대한은 결합생산공정을 통해 결합제품 X와 Y를 생산 및 판매하고 있으며, 균등매출총이익률법을 적용하여 결합원가를 배부한다. (주)대한은 20×1년에 결합제품 X와 Y를 모두 추가가공하여 전량 판매하였으며, 추가가공원가는 각 제품별로 추적가능하고 모두 변동원가이다. (주)대한의 20×1년 생산 및 판매 관련 자료는 다음과 같다. [2022년 공인회계사]

제품	생산량	추가가공원가	최종판매단가
X	6,000단위	₩30,000	₩50
Y	10,000단위	₩20,000	₩20

연습문제

20×1년 중 발생한 결합원가가 ₩350,000일 경우, (주)대한이 제품 X와 Y에 배부할 결합원가는 각각 얼마인가? 단, 공손 및 감손은 없으며, 기초 및 기말재공품은 없다.

	제품 X	제품 Y
①	₩200,000	₩150,000
②	₩210,000	₩140,000
③	₩220,000	₩130,000
④	₩230,000	₩120,000
⑤	₩240,000	₩110,000

주 • 관 • 식

9-1 (주)문무는 결합공정을 통해서 갑, 을, 병의 세 가지 제품을 생산하고 있으며, 결합공정에서의 발생원가는 ₩100,000이다. 모든 제품은 분리점에서 즉시 판매가 가능하나, 갑 제품은 추가가공하여 슈퍼 갑으로 판매되고 있다. 제품별 정보는 다음과 같다. [2001년 공인회계사 수정]

제품명	생산량	단위당 판매가격	추가가공원가
(슈퍼) 갑	200개	₩1,000	₩100,000
을	300	3,000	–
병	500	2,000	

1. 결합원가를 제품별 순실현가치에 비례하여 배부한다고 할 때, 각 제품의 단위당 원가를 구하시오.

2. 생산된 제품은 당기에 전부 판매된다고 한다. 제품별 매출총이익률을 구하시오. 단, 기초재고는 존재하지 않는다.

3. 다음 각 상황에서 각 제품의 추가가공이 유리한지 불리한지 의사결정을 하시오 (아래의 각 상황은 서로 독립적임).
   (1) 갑 제품을 단위당 ₩800에 구매하겠다는 주문을 받았다. 이때 갑을 추가가공하는 것이 유리한가?
   (2) 을을 추가가공하면 슈퍼 을의 생산이 가능하다. 슈퍼 을의 판매가격은 단위당 ₩4,000이며 투입량의 20%만큼 감손이 발생한다. 추가가공비는 ₩10,000이 소요된다. 을을 추가가공하는 것이 유리한가?
   (3) 병을 추가가공하면 슈퍼 병이 된다. 슈퍼 병은 단위당 ₩2,000에 판매되며 투입량의 120%에 해당하는 생산량이 나온다. 추가가공원가는 ₩250,000이 소요된다. 병을 추가가공하는 것이 유리한가?

9-2 ※ 별도의 언급이 없는 한 각 물음은 상호 독립적이다. [2014년 공인회계사]

(주)한국은 결합공정인 제1공정과 추가적인 제2공정을 통해 제품을 생산한다. 다음은 표준원가계산시스템을 사용하는 (주)한국이 2014년 3분기 예산편성을 위해 수집한 자료이다.

(1) (주)한국은 3분기 중 직접재료 X 1단위를 제1공정에서 가공하여 연산품 A 2단위와 연산품 B 4단위를 생산한다. 아울러 (주)한국은 연산품 B 2단위와 직접재료 Y 1단위를 제2공정에 투입하여 연산품 C 1단위를 생산한다. 모든 공정에서 공손품 및 부산물은 발생하지 않는다. 주어진 자료 이외의 수익과 비용은 고려하지 않는다.

(2) 제1공정에서 직접재료 X 1단위를 가공하기 위한 표준변동원가 관련 자료는 다음과 같다.

직접재료 X 1단위당 표준구매가격	₩600
직접재료 X 1단위당 표준직접노동시간	3시간
직접노동시간당 표준임률	₩200
직접재료 X 1단위당 표준변동제조간접원가	₩400

(3) 제2공정에서 연산품 C 1단위를 생산하기 위한 표준변동원가 관련 자료는 다음과 같다.

직접재료 Y 1단위당 표준구매가격	₩200
연산품 C 1단위당 표준직접노동시간	2시간
직접노동시간당 표준임률	₩200
연산품 C 1단위당 표준변동제조간접원가	₩600

(4) (주)한국의 표준변동판매관리비는 연산품 A 1단위당 ₩200이며 연산품 C 1단위당 ₩0이다. 예산고정판매관리비는 매월 ₩500,000이다.

(5) 월초 및 월말 재고자산은 없다.

(6) 연산품 A와 C 1단위당 판매가격은 각각 ₩2,000과 ₩3,000이다. 연산품 A와 C의 월별 예상 판매량은 다음과 같다.

구분	7월	8월	9월
연산품 A	200단위	300단위	250단위
연산품 C	200단위	300단위	250단위

(물음 1) 순실현가능가치법을 활용하여 결합원가를 배부할 경우, 연산품 A와 C의 8월 중 제품별 매출총이익을 각각 계산하시오.

(물음 2) 균등매출총이익률법을 활용하여 결합원가를 배부할 경우, 연산품 A와 C에 대한 8월 중 결합원가 배부액을 각각 계산하시오.

(물음 3) 상기 예산자료와 함께 현금흐름과 관련된 다음 사항을 추가로 가정할 때, 다음 물음에 답하시오.

> 연산품 A와 C는 외상거래로만 판매된다. 매출액의 70%는 판매된 달에 현금으로 회수되며 다음 달에 25%가 현금으로 회수된다. 나머지 5%는 현금으로 회수되지 않는다. 직접재료 X와 Y의 구매대금은 구매한 달에 전액 현금으로 지급하고, 직접노무원가 및 변동제조간접원가도 해당 월에 전액 현금으로 지급한다. 고정판매관리비에는 매월 ₩55,000의 감가상각비가 포함되어 있고, 나머지 고정 및 변동판매관리비는 해당 월에 전액 현금으로 지급한다.

(1) 8월 중 (주)한국의 순현금흐름액을 계산하시오.

(2) (주)한국은 8월 말 현재 현금 잔액을 최소한 7월 말 현금 잔액과 같이 유지하려 한다. 이를 위해 (주)한국이 8월 중 생산하여 판매해야 하는 연산품 C의 최소판매량을 계산하시오. 단, 연산품 A는 생산된 달에 전량 판매된다.

(물음 4) (주)한국은 9월 중 실적자료를 사용하여 직접재료 X를 가공하는 제1공정에 대한 원가 차이를 분석하였다. (주)한국은 9월 중 예산안에 따라 연산품 C 250단위를 생산할 만큼의 직접재료 X를 구매하였으나, 연산품 C의 실제 생산량 및 판매량은 220단위였다. 다음 물음에 답하시오.

(1) 직접재료 구매 시점에서 분리한 직접재료원가 가격 차이가 ₩5,000(유리)일 경우, 직접재료 X 1단위당 실제 구매가격을 계산하시오.

(2) 직접노무원가 능률 차이는 ₩22,000(불리), 임률 차이는 ₩8,800(유리)였다. 직접재료 X 1단위당 실제 직접노동시간과 직접노동시간당 실제 임률을 각각 계산하시오.

(물음 5) 표준원가계산시스템에 근거한 원가중심점 성과평가제도가 가질 수 있는 잠재적인 문제점 3가지를 지적하고, 이를 해결할 방안을 다음 양식에 따라 간략히 작성하시오.

	문제점	해결방안
①		
②		
③		

9-3 (주)대한의 甲 부문은 결합생산공정인 제1공정과 제2공정을 통해 제품을 생산한다. 다음은 표준원가계산시스템을 사용하는 (주)대한의 甲 부문이 2015년 7월 예산편성을 위해 수집한 자료이다. [2015년 공인회계사]

(1) (주)대한의 甲 부문은 당월 중 직접재료 X 100단위를 제1공정에 투입하여 연산품 A 200단위와 연산품 B 300단위를 생산한다. 甲 부문은 연산품 A 200단위와 직접재료 Y 200단위를 제2공정에 투입하여 주산품 C 200단위와 주산품 D 100단위를 생산한다. 아울러 甲 부문은 연산품 B 300단위를 추가가공하는 제3공정을 통해 주산품 E 150단위를 생산한다.

(2) (주)대한의 甲 부문은 유일한 영업자산인 다목적 생산 기계 한 대를 모든 생산공정에 사용한다. 해당 생산 기계 한 대의 취득원가는 ₩350,000으로 감가상각하지 않으며 무한히 사용할 수 있다. 甲 부문의 투입 가능한 총 직접노무시간은 매월 1,200시간이고, 직접노무시간당 표준임률은 ₩100이며 각 공정 간 인력재배치는 가능하다. 甲 부문의 원가는 직접재료원가와 직접노무원가로 이루어져 있고 기타 변동 및 고정제조간접원가와 판매비 및 관리비는 존재하지 않는다.

(3) 제1공정에서 직접재료 X 1단위를 가공하기 위한 표준변동원가, 직접재료 X의 표준 구매가격, 그리고 연산품 A와 연산품 B의 판매가치 관련 자료는 다음과 같다.

직접재료 X 1단위당 표준직접노무시간	3시간
직접재료 X 1단위당 표준구매가격	₩200
연산품 A 1단위당 판매가치	₩0
연산품 B 1단위당 판매가치	₩80

(4) 제2공정에서 연산품 A 1단위를 가공하기 위한 표준변동원가와 직접재료 Y의 표준 구매가격, 그리고 주산품 C와 주산품 D의 판매가치 관련 자료는 다음과 같다.

연산품 A 1단위당 표준직접노무시간	2시간
직접재료 Y 1단위당 표준구매가격	₩50
주산품 C 1단위당 판매가치	₩200
주산품 D 1단위당 판매가치	₩400

(5) 제3공정에서 연산품 B 1단위를 가공하기 위한 표준변동원가와 주산품 E의 판매가치 관련 자료는 다음과 같다.

연산품 B 1단위당 표준직접노무시간	1시간
주산품 E 1단위당 판매가치	₩800

(6) 각 물음에서 별도의 가정이 없는 한 모든 생산공정에서 월초 및 월말 재공품, 공손품 및 부산물은 발생하지 않으며, 모든 제품에 대해 생산하는 만큼 판매할 수 있다고 가정한다.

※ 각 물음은 상호 독립적이고 각 물음에서 별도로 주어지는 가정은 해당 물음에만 적용된다.

(물음 1) 균등매출총이익률법을 적용하여 결합원가를 배부할 경우 주산품 C, D, E의 제품별 매출총이익을 각각 계산하시오.

(물음 2) 당월 중 월초 재공품은 존재하지 않으나 제3공정에서는 다음과 같이 월말 재공품이 발생했다고 가정한다. 제3공정에 연산품 B 1단위당 표준직접노무시간인 1시간이 투입됐으나, 실제로는 주산품 E의 1/3만이 완성되어 기말재공품이 발생하였다. 제3공정에서 추가가공원가는 공정 전반에 걸쳐 균등하게 발생한다. 개별제품의 순실현가능가치를 기준으로 결합원가를 배부할 경우 주산품 C, D, E에 배부되는 결합원가를 각각 계산하시오.

(물음 3) 정부 규제로 인하여 주산품 E에 대한 판매가 불가능하게 되어 (주)대한의 甲 부문은 연산품 B를 추가로 가공하지 않고 부산물로 간주한다. 甲 부문은 부산물의 회계처리에 생산기준법하의 원가차감법을 이용한다. 개별제품의 순실현가능가치를 기준으로 결합원가를 배부할 경우 주산품 C, D의 제품별 매출총이익을 각각 계산하시오.

(물음 4) (물음 3)에서와 마찬가지로 정부 규제로 인해 주산품 E의 판매는 불가능하다고 가정한다. (주)대한의 乙 부문은 甲 부문이 생산하는 주산품 C를 활용하여 새로운 주산품 F를 생산·판매할 수 있는 신기술을 개발하였다. 이에 따라 乙 부문은 甲 부문에 대하여 주산품 C 100단위를 추가로 생산한 후 이를 사내 대체하여 달라고 요청하였다. 각 사업 부문은 이익중심점으로서 주산품 C에 대한 사내대체가격을 자율적으로 합의하여 결정한다. 甲 부문이 乙 부문에 대하여 요구해야 하는 주산품 C 1단위당 최소 사내대체가격을 계산하시오. (주산품 C가 사내 대체될 경우 대체수량은 100단위로 고정된다)

(물음 5) (주)대한 노동조합의 파업 결정으로 인해 (주)대한 甲 부문의 당월 중 투입 가능한 총 직접노무시간이 700시간으로 감소한다고 가정한다. 파업에 참여하는 노무인력 대부분이 제3공정을 담당하고 있어 부문 내 타 공정을 담당하는 인력으로 이들을 대체할 경우, 연산품 B 1단위당 표준직접노무시간이 2.2시간으로 증가한다. 이러한 상황에서 경영진이 당월 중 甲 부문의 이익을 극대화하기 위하여 주산품 C, D, E 각각의 생산량을 조정하고 예산을 재편성할 경우, 주산품 C, D, E 각각의 생산량과 당월 중 총 부문이익을 계산하시오.

(물음 6) (주)대한의 甲 부문은 주산품 D 1단위를 활용하여 새로운 주산품 G 1단위를 생산·판매할 수 있는 신기술을 개발하였다. 해당 신기술을 적용하기 위해서는 월초에 새로운 생산 기계를 ₩150,000에 취득해야 하며 해당 생산 기계는 감가상각하지 않고 무한히 사용할 수 있다. 새로운 추가공정에서 주산품 D 1단위를 가공하기 위한 표준직접노무시간은 2시간이다. (주)대한의 甲 부문에 대한 월간 성과평가 및 보상은 월간 투자수익률(ROI)에 의해 결정된다. 甲 부문의 기존 예산자료 및 상기 추가 자료에 근거하여, 甲 부문이 주산품 G를 생산·판매하고자 할 자발적 유인을 가질 수 있는 주산품 G의 단위당 최소판매가격을 계산하시오.

(물음 7) (물음 6)에 기술된 투자중심점으로서 (주)대한 甲 부문의 성과평가시스템에 내재하여 있는 문제점 3가지를 지적하고, 이를 해결할 방안을 다음 양식에 따라 간략히 제시하시오.

	문제점	해결방안
①		
②		
③		

연습문제

9-4 (주)한국은 결합공정인 제1공정과 결합공정이 아닌 추가공정(제2공정, 제3공정, 제4공정)을 통해 최종제품 甲, 乙, 丙을 생산한다. (주)한국의 사업 부문 A는 당월 중 직접재료 X1 300단위를 제1공정에 투입하여 최종제품 甲 600단위와 중간재 Y1 600단위를 생산한다. 또한, (주)한국의 사업 부문 A는 중간재 Y1 300단위를 추가가공하는 제2공정을 통해 최종제품 乙 300단위를 생산한다. 한편, (주)한국의 사업부문 B는 제3공정에서 직접재료 X2 300단위를 가공하여 중간재 Y2 300단위를 생산하고, 제4공정에서 사업 부문 A로부터 사내 대체한 중간재 Y1 300단위와 중간재 Y2 300단위를 조립하여 최종제품 丙 300단위를 생산한다. (주)한국의 제조원가는 직접재료원가와 직접노무원가로 이루어져 있고 직접노무시간당 임률은 ₩10이다. 기타 제조간접원가와 판매관리비는 존재하지 않고, 모든 생산공정에서 기초 및 기말 재공품은 없으며 공손품이 발생하지 않는다. 물음별로 별도의 가정이 없는 한, (주)한국의 사업 부문 A와 B 각각에서 투입 가능한 직접노무시간은 매월 1,300시간과 600시간으로 사업 부문 간 인력재배치는 불가능하다. 또한, 중간재 Y1의 사내대체가격은 ₩0이고 직접재료 X1과 X2는 필요한 만큼 구매할 수 있으며, 모든 최종제품에 대해 생산하는 만큼 판매할 수 있다고 가정한다. 당월 중 (주)한국의 공정별 제조원가와 각 제품의 시장가격은 다음과 같다.

[2016년 공인회계사]

〈자료 1〉 제1공정에서의 제조원가 및 최종제품 甲과 중간재 Y1의 시장가격

구분	금액
직접재료원가 총액	₩3,000
직접노무원가 총액	₩6,000
최종제품 甲의 단위당 시장가격	₩10
중간재 Y1의 단위당 시장가격	₩0

〈자료 2〉 제2공정에서의 제조원가 및 최종제품 乙의 시장가격

구분	금액
직접노무원가 총액	₩6,000
최종제품 乙의 단위당 시장가격	₩50

〈자료 3〉 제3공정에서의 제조원가

구분	금액
직접재료원가 총액	₩3,000
직접노무원가 총액	₩3,000

〈자료 4〉 제4공정에서의 제조원가 및 최종제품 丙의 시장가격

구분	금액
직접노무원가 총액	₩3,000
최종제품 丙의 단위당 시장가격	₩100

※ 각 물음은 상호 독립적이고 각 물음에서 별도로 주어지는 가정은 해당 물음에만 적용된다.

(물음 1) 다음 물음에 답하시오.

(1) 최종제품 甲, 乙, 丙이 모두 판매되었을 경우, 개별제품의 순실현가능가치를 기준으로 결합원가를 배부하여 제품별 월간 매출총이익을 각각 계산하시오.

(2) 최종제품 甲, 乙, 丙이 모두 판매되었을 때 균등매출총이익률법을 활용하여 결합원가를 배부하는 경우, 제품별 월간 결합원가 배부액을 각각 계산하시오. 단, 매출총이익률은 소수점 넷째 자리에서 반올림하시오.

(3) 결합원가를 연산품에 배부할 필요가 없다고 주장하는 견해에서 상기한 결합원가 배부방식의 한계점을 3줄 이내로 간단히 서술하시오.

(물음 2) (주)한국이 최종제품 甲을 부산품으로 간주하는 한편, 당월 중으로 제품 甲을 판매하지 못했다고 가정하고 다음 물음에 답하시오.

(1) (주)한국은 판매기준법하의 수익계상법(잡이익법)을 이용하여 결합원가를 배부하였다. 이 경우 (주)한국의 당월 중 전체 매출액 및 매출원가를 각각 계산하시오.

(2) (주)한국이 생산기준법하의 원가차감법을 이용하여 결합원가를 배부했을 경우, (주)한국의 당월 중 전체 매출액 및 매출원가를 각각 계산하시오.

(물음 3) (주)대한은 (주)한국이 제1공정을 완료한 이후, 당월 중 중간재 Y2 100단위를 구매하겠다는 특별주문을 제시하였다. (주)한국이 (주)대한의 특별주문을 수락할 경우 중간재 Y2의 판매 수량은 100단위이다.

(1) (주)한국의 사업 부문 A와 B가 이익중심점으로서 해당 부문의 이익을 극대화한다고 가정할 경우, 사업 부문 B 입장에서 (주)대한의 특별주문을 수락하기 위한 중간재 Y2의 단위당 최소판매가격을 계산하시오.

(2) (주)한국이 기업 전체의 이익을 극대화한다고 가정할 경우, (주)대한의 특별주문을 수락하기 위한 중간재 Y2의 단위당 최소판매가격을 계산하시오.

(3) (1)과 (2)에서 중간재 Y2에 대하여 책정된 단위당 최소판매가격이 일치하도록 하는 사업 부문 A와 B 간 중간재 Y1의 단위당 사내대체가격을 계산하시오.

(물음 4) (주)한국의 사업 부문 A와 B 간 인력재배치가 가능하고 두 사업 부문 전체에 대하여 매월 총 1,800시간의 직접노무시간 투입이 가능하다고 가정한다. 다음 물음에 답하시오.

(1) 〈자료 1〉~〈자료 4〉를 참고하여 (주)한국의 당월 이익을 극대화할 수 있는 최종제품 甲, 乙, 丙의 최적 생산량을 결정하고 이에 따른 이익을 계산하시오.

(2) 다음 달 (주)한국이 판매할 수 있는 최종제품 乙과 丙에 대한 수요량이 환율변동에 따라 결정되며, 최종제품 甲은 생산하는 만큼 판매할 수 있다고 가정한다. 상황별 수요량과 그 발생확률은 다음 표와 같다.

구분	환율인상	환율인하
발생확률	90%	10%
최종제품 乙에 대한 수요량	600단위	400단위
최종제품 丙에 대한 수요량	200단위	400단위

(주)한국이 불확실한 환율변동 상황에 대응하고자 다음 달부터 최종제품 乙 또는 丙 중 한 제품의 생산을 중단한다고 할 때, 기대이익 극대화 기준 아래에서 생산하여 판매하고자 하는 최종제품을 결정하고 기대이익을 계산하시오.

9-5 한국회사의 부문 X는 결합생산공정으로, 동일한 원재료 A를 가공하여 연산품 B와 C를 생산한다. 연산품 B는 부문 Y에서 추가 가공처리된 후 단위당 ₩15에 판매된다. 연산품 C는 부문 Z에서 추가 가공처리된 후 단위당 ₩13.5에 판매된다. 한국회사의 세 부문 X, Y, Z 모두 실제원가를 이용하여 월별 주기로 가중평균법에 입각한 종합원가계산을 적용하고 있으며, 결합원가는 순실현가능가치법에 따라 각 연산품에 배부된다.

부문 X에서 모든 원가는 공정 전반에 걸쳐 균등하게 발생한다. 공손품 검사는 공정의 80% 완성시점에서 실시하며, 검사를 통과한 합격품의 2%를 정상공손으로 간주한다. 20×1년 6월 중 부문 X에서 발견된 공손품은 추가가공 없이 처분하며, 처분가치는 없다. 한국회사는 정상공손원가를 당월에 검사시점을 통과한 합격품에 배부한다.

한국회사의 20×1년 6월 부문 X의 생산 및 원가자료는 다음과 같다. 단, 괄호 안은 총원가의 완성도를 의미한다. [2017년 공인회계사]

구분	물량단위	총원가
기초재공품(50%)	20,000	₩41,000
당기투입	135,000	₩495,000
당기완성품	80,000(연산품 B)	
	40,000(연산품 C)	
공손품	5,000	
기말재공품($33\frac{1}{3}$%*)	30,000	

* $33\frac{1}{3}$%는 총원가의 $\frac{1}{3}$의 완성도를 의미한다.

부문 Y와 부문 Z에서는 전환원가만 발생하며, 전환원가는 두 공정 전반에 걸쳐 균등하게 발생한다. 부문 Y와 부문 Z에서는 공손 및 감손이 발생하지 않는다.

한국회사의 20×1년 6월 부문 Y의 생산 및 원가자료는 다음과 같다. 단, 괄호 안은 전환원가의 완성도를 의미한다.

구분	물량단위	전공정원가	전환원가
기초재공품(40%)	10,000	₩39,240	₩56,000
당기투입	?	?	₩670,000
기말재공품(60%)	5,000		

연산품 C에 대해 20×1년 6월 부문 Z에서 발생한 완성품환산량 단위당 전환원가는 ₩9이었다.

위에 주어진 자료를 이용하여 다음 각 물음에 답하시오.

(물음 1) 한국회사의 부문 X가 20×1년 6월에 연산품 B와 C에 배부해야 할 결합원가 총액을 계산하시오.

(물음 2) 한국회사의 부문 X에서 20×1년 6월에 발생한 결합원가를 연산품 B와 C 각각에 대해 얼마만큼 배부하여야 하는지 계산하시오.

(물음 3) 한국회사의 부문 X가 수행하여야 하는 20×1년 6월 말 분개를 하시오.

(물음 4) 한국회사 부문 Y의 20×1년 6월 완성품원가를 계산하시오.

※ 다음은 (물음 5) 및 (물음 6)에 관한 추가자료이다.

〈추가자료〉

부문 Y의 경영자는 자신이 맡고 있는 부문의 원가효율성을 개선하는 데 노력한 결과 부문 Y의 제조원가를 상당한 정도 지속적으로 절감하는 데 성공하였다고 확신하고 있다. 그러나 그는 부문 Y에서 달성한 원가효율성 개선이 부문 Y의 이익에 온전히 반영되고 있지 못하다고 불만을 토로하고 있다. 왜냐하면 그는 현행 결합원가 배부방법이 부문의 원가효율성을 개선하기보다는 오히려 원가의 비효율성을 부추기고 있다고 믿고 있기 때문이다. 그는 부문 Z가 다소 비효율적으로 운영되고 있다고 여기고 있다.

(물음 5) 한국회사의 현행 원가회계시스템이 어떻게 원가의 비효율성을 조장하고 있는지에 대해 설명하시오. (3줄 이내로 답하시오)

(물음 6) (물음 5)에서 제기된 문제점을 완화하기 위한 방안을 제시하시오. (3줄 이내로 답하시오)

10 장

활동기준원가계산

고객의 요구가 매우 다양해지고 있는 상황에서 고객 만족의 극대화를 경영목표로 삼아 경영활동을 수행해야 하는 기업이 처한 경제 환경은 급변하고 있다. 즉 제조기업이면 원가구조 자체가 달라졌으며, 서비스업을 비롯한 공공부문에서도 활동을 기준으로 한 원가계산의 중요성이 대두되고 있다. 따라서 본 장에서는 다음과 같은 학습 목표를 갖고서 학습활동을 한다.

1. 활동기준원가계산의 도입배경은 과연 무엇인가?
2. 전통적 원가계산시스템의 문제점은 무엇인가?
3. 활동기준원가계산의 의의와 본질은 무엇인가?
4. 전통적 원가계산과 활동기준원가계산의 차이는 무엇인가?
5. 경영활동의 유형과 원가동인은 어떻게 관련되는가?
6. 활동기준원가계산은 어느 곳에서 어떻게 활용되는가?
7. 활동기준원가계산의 유용성과 한계점은 무엇인가?

제1절 도입배경

산업사회가 고도화되고 고객의 욕구가 다양해짐에 따라 제조환경도 소품종 대량생산 시스템에서 다품종 소량생산 시스템으로 변화되었으며, 이러한 생산시스템의 변화는 대규모 설비투자, 각종 정보수집비용의 증대 등을 초래하였고, 이에 따라 직접노무원가의 비중은 감소하고 제조간접원가의 비중은 증가하였다.

전통적인 원가회계시스템에서는 제조간접원가는 생산량 또는 조업도와 비례하여 발생한다는 가정에 따라 직접노무원가, 직접노동시간, 기계시간 등 조업도와 상관관계가 높다고 판단되는 단일원가배부기준으로 제조간접원가를 배부하였다. 이러한 제조간접원가 배부방법은 제조간접원가 비중이 작았던 제조환경에서는 제조간접원가가 생산량에 비례하지 않더라도 정확한 원가계산의 결과와 큰 차이가 없으며, 원가측정비용을 대폭 절감할 수 있어서 비용-효익 측면에서 효율적인 방법이었다. 그러나 오늘날과 같이 제조간접원가의 비중이 증가하고 있는 상황에서는 원가측정의 정확도가 떨어지게 된다.

또한, 공급자 위주의 제조환경에서는 기업에서 생산되는 제품이나 서비스는 한정되어 있었을 뿐만 아니라, 제품별 사양이나 서비스의 내용이 차이가 크지 않기 때문에 제품이나 서비스 종류별로 소요되는 자원의 종류와 크기가 크게 다르지 않았다. 그러나 현재의 소비자 위주 제조환경에서는 기업에서 생산되는 제품이나 서비스가 다양할 뿐만 아니라, 제품별 사양이나 서비스의 내용 차이가 매우 커서, 제품이나 서비스 종류별로 소요되는 자원의 종류와 크기가 매우 다르다. 따라서 조업도 또는 생산량에 기반을 둔 전통적인 제조간접원가 배부방법은 제품원가의 부정확성을 가속하게 되었다. 따라서 대안으로 활동기준원가계산(Activity Based Costing: ABC)이 도입되었다.

활동기준원가계산(Activity Based Costing: ABC)의 도입배경

환경변화	다품종 소량생산, 새로운 생산시스템, 공장자동화
↓	
전통적 원가시스템의 적합성 상실	• 복잡성(complexity)을 고려한 정확한 원가계산 • 제조간접원가에 대한 인과적 통제 • 활동의 관리에 의한 성과측정과 지속적 개선
↓	
활동기준원가계산시스템의 도입	

제2절 전통적 원가계산시스템의 문제점

전통적 원가계산시스템에서 사용하던 제조간접원가 배부기준의 가정은 노동시간 또는 기계시간과 같은 단일변수에 의해 원가가 발생한다는 것이다. 그러나 제조간접원가는 생산량과 관계없는 제반 업무, 즉 거래(transaction) 때문에 발생하는 원가항목이 수없이 많다. 예를 들면, 구매부서의 원가는 처리된 구매청구 횟수에 따라 증감하고, 정보처리비용은 추적하여 처리해야 할 청구서, 부품, 원재료의 양에 따라 증감하고, 생산준비비용은 생산준비횟수 또는 생산준비시간에 따라 증감하며, 설계비용은 설계변경횟수에 따라 증감한다. 이러한 다양한 원가동인을 정확히 파악하여 제조간접원가를 정교하게 배부하지 않으면 여러 가지 문제점이 발생하게 된다.

재품 A와 제품 B 두 가지 종류의 제품을 생산하는 (주)한국제조는 제조간접원가의 배부기준으로 기계작업시간을 사용하고 있으며 제조작업과 관련된 자료가 다음과 같다.

구분		제품 A	제품 B	합계
(1) 생산 관련 정보				
생산 수량		2,000단위	500단위	
기계작업시간		2,500시간	625시간	3,125시간
재료처리 횟수		350회	50회	400회
생산준비 횟수		50회	25회	75회
(2) 발생원가 정보				
직접재료원가		₩20,000,000	₩5,000,000	₩25,000,000
직접노무원가		₩15,000,000	₩2,500,000	₩17,500,000
제조간접원가	수선유지비	₩12,500,000		₩50,000,000
	재료처리비	₩15,000,000		
	생산준비비	₩22,500,000		

(주)한국제조가 전통적인 원가배부기준에 따라 제품 A와 제품 B의 단위당 제조원가를 산출하면 다음과 같다.

(1) 제조간접원가 배부율의 계산

제조간접원가 배부율 = 제조간접원가÷기계시간

= ₩50,000,000÷(2,500기계시간 + 625기계시간)

= ₩16,000/기계시간

(2) 제조간접원가의 배부

제품 A: 2,500기계시간×₩16,000/기계시간 = ₩40,000,000

제품 B: 625기계시간×₩16,000/기계시간 = ₩10,000,000

(3) 제품별 단위당 제조원가의 계산

구분	제품 A	제품 B	합계
직접재료원가①	₩20,000,000	₩5,000,000	₩25,000,000
직접노무원가②	15,000,000	2,500,000	17,500,000
제조간접원가③	40,000,000	10,000,000	50,000,000
총제조원가④ = (①+②+③)	₩75,000,000	₩17,500,000	₩92,500,000
생산량⑤	2,000단위	500단위	
단위당 제조원가⑥ = (④÷⑤)	₩37,500	₩35,000	

즉, 기계작업시간을 기준으로 제조간접원가를 각 제품에 배부하는 경우 (주)한국제조가 생산하는 제품 A와 제품 B의 단위당 제조원가는 각각 ₩37,500 및 ₩35,000이다. 그러나 이러한 제조원가 금액의 정확성은 제조간접원가의 배부가 얼마나 정교하게 이루어졌는지에 따라 달라진다.

제조간접원가의 원가항목별로 원가동인이 다르게 파악된다고 가정하자. 즉 수선유지비는 기계작업시간, 재료처리비는 재료처리횟수, 그리고 생산준비비는 생산준비횟수가 각각 인과관계가 높은 원가동인으로 파악된다고 가정하자. (주)한국제조가 인과관계가 높은 새로운 원가배부기준에 따라 제품 A와 제품 B의 단위당 제조원가를 산출하면 다음과 같다.

(1) 제조간접원가 배부율의 계산

제조간접원가 항목	발생원가 (A)	원가동인 수량 (B)	배부율 (C) = (A)÷(B)
수선유지비	₩12,500,000	3,125기계시간	₩4,000/기계시간
재료처리비	₩15,000,000	400회	₩37,500/재료처리횟수
생산준비비	₩22,500,000	75회	₩300,000/생산준비횟수

(2) 제조간접원가의 배부

구분	배부율 (A)	제품 A 원가동인수량 (B)	제품 A 제조간접원가 (C)=(A)×(B)	제품 B 원가동인수량 (D)	제품 B 제조간접원가 (E)=(A)×(D)	합계 (F)=(C)+(E)
수선유지비	₩4,000	2,500시간	₩10,000,000	625시간	₩2,500,000	₩12,500,000
재료처리비	37,500	350회	13,125,000	50회	1,875,000	15,000,000
생산준비비	₩300,000	50회	15,000,000	25회	7,500,000	22,500,000
합계			₩38,125,000		₩11,875,000	₩50,000,000

(3) 제품별 단위당 제조원가의 계산

구분	제품 A	제품 B	합계
직접재료원가①	₩20,000,000	₩5,000,000	₩25,000,000
직접노무원가②	15,000,000	2,500,000	17,500,000
제조간접원가③	38,125,000	11,875,000	50,000,000
총제조원가④=(①+②+③)	₩73,125,000	₩19,375,000	₩92,500,000
생산량⑤	2,000단위	500단위	2,500단위
단위당 제조원가⑥=(④÷⑤)	₩36,563	₩38,750	

즉, 다양한 원가동인을 이용하여 제조간접원가를 각 제품에 배부하는 경우 (주)한국제조가 생산하는 제품 A와 제품 B의 단위당 제조원가는 각각 ₩36,563, ₩38,750이다. 이러한 금액은 제조간접원가를 기계작업시간만을 이용해서 배부한 경우와 다른 결과이다. 이는 단일의 제조간접원가 배부기준이 다양한 원가동인을 제대로 반영하지 못하고 있기 때문이다. 즉, 다음 표에서 알 수 있듯이 제품 A는 저렴한 자원인 기계작업과 재료처리작업을 상대적으로 많이 소비하고 있고, 제품 B는 비싼 자원인 생산준비작업을 상대적으로 많이 사용하고 있다.

제품별 상대적 자원소모량

제조간접원가 항목	배부율	자원소모량	
		제품 A	제품 B
수선유지비	₩4,000/기계시간	2,500기계시간÷3,125기계시간= 80.00%	625기계시간÷3,125기계시간= 20.00%
재료처리비	₩37,500/회	350회÷400회= 87.50%	50회÷400회= 12.50%
생산준비비	₩300,000/회	50회÷75회= 66.67%	25회÷75회= 33.33%

따라서 전통적 배부기준은 제품이 각 부문을 거치는 동안 소비한 자원의 양을 정확하게 나타내지 못한다. 다시 말하면, 생산량과 관계없이 증감하는 제조간접원가 항목이 급증하였음에도 불구하고 이 현상을 무시함에 따라 단위당 원가 측면에서 실제 제조간접원가를 적게 발생시키는 대량생산제품에는 제조간접원가를 과대계상(over-costing)하게 되고, 실제 제조간접원가를 크게 발생시키는 소량생산제품에 제조간접원가를 과소계상(under-costing)하게 된다. 따라서 개별 원가항목별로 인과관계가 높은 원가동인을 설정하고, 원가배부 과정에서 각 원가동인의 자원소모량을 합리적으로 반영할 수 있도록 제조간접원가 배부기준을 설정하는 것이 중요하다.

전통적 원가계산시스템은 다음과 같은 문제점이 있다.

첫째, 원가 정보가 왜곡될 가능성이 있다. 앞의 (주)한국제조 예에서 알 수 있듯이, 전통적인 원가계산시스템으로는 제조원가를 정확하게 산출할 수 없게 된다. 이는 크게 원가평준화 현상과 제품원가의 상호보조 2가지로 나눌 수 있다. 1) 원가평준화는 원가대상이 자원에 대해 서로 다른 수요를 가지고 있는 것을 인식하지 않고 간접원가를 단위수준으로 평준화해서 원가대상에 균일하게 배분한 것을 말한다. 2) 제품원가의 상호보조는 원가평준화 현상 때문에 하나의 원가대상에서 원가왜곡이 발생하면 이로 인해 다른 원가대상에도 원가왜곡이 일어나는 것을 말한다.

둘째, 원가를 기초로 가격설정을 하는 경우 가격 의사결정이 왜곡될 가능성이 있다. 예를 들어, (주)한국제조가 단위당 제품제조원가에 25%의 이익을 가산하여 판매가격을 책정하는 정책을 유지한다고 가정하자. 이때 각 원가계산방법에 따라 산출된 제조원가를 기초로 한 판매가격은 다음과 같다.

만일 시장에서 경쟁회사가 (주)한국제조가 생산하는 제품과 매우 유사한 제품 A′와 제품 B′를 판매하고 있고, 각각의 판매가격이 ₩46,000과 ₩45,000이라고 하자. 전통적 원가계산에 따라 판매가격을 책정할 경우, 제품 A는 가격경쟁력을 상실(₩46,875>₩46,000)하게 된다. 그러나 새로운 원가계산에 의하면 제품 A는 충분히 가격경쟁력을 보유(₩45,704<₩46,000)하는 것을 알 수 있다. 반면, 제품 B는 전통적 원가계산으로는 충분한 가격경쟁력(₩43,750<₩45,000)이 있는 것으로 보이지만, 새로운 원가계산 방법에 따라 보다 정확한 원가를 계산하면 목표이익률을 달성하기 위한 가격경쟁력은 상실(₩48,438>₩45,000)된다.

원가계산방법별 판매가격

구분	제품 A		제품 B	
	전통적 원가계산	새로운 원가계산	전통적 원가계산	새로운 원가계산
단위당 제조원가①	₩37,500	₩36,563	₩35,000	₩38,750
목표이익②=(①×25%)	9,375	9,141	8,750	9,688
단위당 판매가격③=(①+②)	₩46,875	₩45,704	₩43,750	₩48,438

셋째, 성과 기준 보상제도를 도입하면 수익성을 기초로 한 성과평가 결과가 왜곡될 수 있다. 만일 시장에서 제품 A와 제품 B의 단위당 판매가격이 각각 ₩38,000과 ₩36,000이라고 하자. (주)한국제조가 생산한 제품을 모두 시장가격으로 판매하였을 경우 각 제품의 매출총이익률은 다음과 같다.

(주)한국제조가 매출총이익률을 기준으로 성과평가를 한다면, 전통적 원가계산방법을 따를 경우, 제품 A와 제품 B가 모두 양(+)의 매출총이익률을 달성한 것으로 나타나고, 제품 B가 상대적으로 높은 성과(2.78%>1.32%)를 달성한 것으로 평가된다. 그러나 새로운 원가계산방법을 따르면 성과가 크게 달라진다. 즉, 제품 A에서만 양(+)의 매출총이익률이 보고되고 있고, 제품 B는 손실을 보고하고 있다. 또한, 제품 A가 상대적으로 더 우수한 평가[3.78%>(−)7.64%]를 받는다는 것을 알 수 있다.

요약하면, 기존의 원가계산시스템에서는 제조원가를 왜곡시켜 제품의 가격설정 의사결정이 잘못 이루어지고, 제조 운영의 효율성과 효과성을 적절히 보여주는 원가 정보를 산출하지 못한다. 결과적으로 기업의 생산 활동과 관련된 이익계획을 오도하여 경영자의 장·단기 의사결정의 정확성을 감소시키게 된다.

원가계산방법별 매출총이익률

구분	제품 A		제품 B	
	전통적 원가계산	새로운 원가계산	전통적 원가계산	새로운 원가계산
판매량①	2,000	2,000	500	500
단위당 판매가격②	₩38,000	₩38,000	₩36,000	₩36,000
매출액③=(①×②)	76,000,000	76,000,000	18,000,000	18,000,000
단위당 제조원가④	37,500	36,563	35,000	38,750
매출원가⑤=(①×④)	75,000,000	73,126,000	17,500,000	19,375,000
매출총이익⑥=(③−⑤)	₩1,000,000	₩2,874,000	₩500,000	(₩1,375,000)
매출총이익률⑦=(⑥÷③)	1.32%	3.78%	2.78%	(−)7.64%

제3절 활동기준원가계산의 의의 및 절차

기업은 목표 달성을 위해 여러 가지 활동을 수행하는데, 이러한 활동으로 자원을 소비하여 원가를 발생시킨다. 제품생산은 이러한 활동을 소비한다는 점에 착안하여 활동(activity)을 중심으로 원가동인에 대하여 철저히 규명해야 한다. 이 경우 제품원가계산은 제품을 생산하는 데 소요된 활동을 확인한 후, 활동별로 파악된 원가에 의해 산출하는 것이 정확하다. 다시 말하면, 활동을 기본적 원가대상으로 하여 활동 자체에 소비된 원가를 측정하는 것이다. 곧 활동기준원가계산에서의 완성품 원가는 그 제품을 생산하는 데 필요한 활동들의 원가를 집계한 것이다.

제조간접원가를 유발하는 요인이 같은 활동별로 구분하여 활동원가(activity cost)를 구성하고, 활동원가별로 원가동인을 파악하여, 각 제품이 원가동인을 사용한 정도에 따라 해당 활동원가를 배부하는 것을 활동기준원가계산이라 한다. 활동이 원가를 발생시키는 기본적 분석단위이며 부문, 제품, 고객은 활동을 소비하는 이차적인 분석단위로 본다. 활동기준원가계산에서의 원가계산절차는 다음과 같다.

1. 원가대상 파악

먼저 원가 정보를 알고자 하는 대상인 원가대상을 확정한다. 기업에서의 원가계산목표는 원가대상의 디자인, 제조, 유통 등의 가치사슬에 관련된 원가를 집계하고 원가대상 단위당 원가를 산출하는 것이다.

2. 원가대상별 직접원가의 파악

원가대상에 추적이 가능한 직접재료원가와 직접노무원가를 집계한다.

3. 활동분석

활동(activity)이란 자원을 사용하여 가치를 창출하는 작업을 의미한다. 다시 말하면, 기업 내의 각 집단이 기업의 목표 달성을 위하여 수행하는 일련의 반복적인 과업으로서 활동기준원가계산의 기본요소이다. 활동기준원가계산에서는 활동이 원가를 발생시키는 기본 단위이며 부문, 제품, 고객은 활동을 소비하는 이차적 분석단위로 본다. 따라서 활동기준원가계산은 활동별로 원가를 집계, 배부하므로 활동을 구분, 분석하는 것이 매우 중요하다. 활동분석은 프로젝트팀을 구성하여 구성원들에 대한 면담 등을 통하여 기업에서 발생하는 활동들에 관해 설명한 활동사전(activity dictionary)을 작성한다. 활동기준원가계산에서는 다음과 같이 활동을 계층으로 나누어 분석한다.

3.1. 활동 수준(activity level)의 구분

3.1.1. 제품단위 수준활동

제품단위 수준활동(unit level activity)이란 제품의 생산 수량에 비례하여 수행되는 활동이다. 예컨대, 공장 소모품의 소비는 기계시간에 의해 결정되는데, 기계시간은 제품의 생산량에 따라 비례적으로 변하므로 공장 소모품의 소비는 단위수준활동이다. 조립활동, 도장활동, 품질검사활동(전수검사) 등이 있다.

3.1.2. 묶음 수준활동

묶음 수준활동(batch level activity)은 제품생산을 위하여 묶음 수준생산이 이루어질 때마다 수행되는 활동이다. 기계가동준비나 작업준비, 자재 이동, 구매주문 등 생산 수량과 관계없이 제품의 묶음별로 수행되는 활동이다. 선적활동, 구매주문활동, 품질검사활동(표본검사) 등이 있다.

3.1.3. 제품 수준활동

제품 수준활동(product level activity)은 연구개발, 제품개량, 제품설계도 마련, 공정기술 변경, 공장설계 등과 같이 제품의 종류 수에 비례하는 활동으로 특정 제품을 제품

라인에 추가하거나 특정 제품이 계속 생산될 수 있도록 하는 활동이다. 이 활동은 제품이 추가될수록 늘어나게 되지만 제품생산량이나 제품의 묶음 수와는 상관없이 일정하다.

3.1.4. 설비 수준활동

용량 수준활동(capacity level activity)이라고도 불리는 설비 수준활동(facility level activity)은 다양한 제품의 생산을 위해서 필요한 기본적인 설비유지를 위한 활동이다. 이것은 특정 작업이나 제품에 국한되지 않고 전반적인 생산과 관련 있는 활동으로 공장관리, 건물관리, 안전유지 및 조경 등 설비 전체의 관리 및 지원이 포함된다.

4. 활동원가 집계

활동원가 집계 단계는 활동분석 자료를 이용하여 활동별로 원가를 집계하는 과정이다. 즉, 활동분석에서 파악된 각 활동이 어느 정도의 자원을 소비하였는지를 파악하여 각 활동당 총원가를 구하는 과정이다. 활동원가는 활동 수준과 연결하여, 즉 제품 단위수와 비례하는 원가를 제품단위수준원가, 작업준비원가 및 구매주문비 등 묶음에 비례하는 원가를 묶음수준원가, 그리고 공정설계비 등 제품 종류와 관계된 원가를 제품수준원가로, 또한, 공장관리비 등은 설비수준원가로 분류한다.

5. 활동별 원가동인 결정

제조간접원가를 정확히 제품에 배부하기 위해서는 동질적인 원가항목끼리 세분화하여 원가 집합을 구성하고, 해당하는 원가 집합별로 적절한 원가배부기준을 파악하여 각 제품에 배부해야 한다.

활동별 원가동인은 활동의 양을 계량적으로 나타내는 측정척도로서 활동별로 집계된 원가를 제품에 배부할 때의 배부기준이다. 활동기준원가계산에서는 활동별로 다른 배부기준을 사용하여 제조간접원가를 배부하는데, 각 원가동인은 활동별 원가와 인과관계가 높고 측정비용이 적게 소요되며, 조직구성원들의 행위에 미치는 영향을 고려한 많은 비재무 변수(예: 작업준비원가-작업준비횟수, 검사비-검사횟수 등)가 이용된다.

제조간접원가를 발생시키는 동인은 제품의 생산량뿐만 아니라 생산과 관련된 거래(transaction)가 있다. 이러한 거래의 예로는 취급횟수, 취급시간, 발주횟수, 수주 건수, 발송 건수, 부품 개수, 조립횟수, 검사횟수, 원재료의 이동횟수 등을 들 수 있다.

활동별 원가동인을 구분할 경우, 우선 횟수를 반영한 원가동인으로 거래동인(transaction drivers)이 있는데, 그 예로는 고객 1인당 원가(cost per customer)이다. 시간을 반영한 원가동인으로 지속동인(duration drivers)이 있는데, 고객 시간당 원가(cost per customer hour)를 예로 들 수 있다. 강도를 반영한 원가동인으로 강도동인(intensity drivers)이 있는데, 이 예로는 특정 고객에 대한 실제 발생원가를 들 수 있으며, 강도동인은 원가대상에 직접부과가 가능하다.

정확성 측면에서는 강도동인-지속동인-거래동인 순으로 유리하지만, 비용 측면에서는 거래동인-지속동인-강도동인 순으로 유리하다.

전통적 원가계산과 활동기준원가계산의 비교

전통적 원가계산

동인	원가 구분
직접추적	직접제조원가
조업도	제조간접원가

활동기준원가계산

원가 구분	동인
직접제조원가	직접추적
제품단위수준원가	제품단위
묶음수준원가	제품묶음
제품수준원가	제품의 종류
설비수준원가	공장 전체

6. 활동별 원가배부율 산출

2단계에서 집계된 활동별 원가를 3단계에서 결정한 활동별 원가동인의 총사용량 정보를 집계하여 원가동인 단위당 원가인 활동별 원가배부율을 산출한다.

$$\text{활동별 원가배부율} = \frac{\text{활동별로 집계된 원가}}{\text{활동별 원가동인 총사용량}}$$

7. 제품원가계산

활동별 원가배부율에 제품별로 파악된 활동량인 제품별 원가동인 사용량을 곱하여 제품별 제조간접원가 배부액을 계산한다.

제품별 제조간접원가 배부액=Σ(활동별 원가배부율×제품별 원가동인 사용량)

제품원가는 1단계에서 집계한 직접재료원가, 직접노무원가, 제조간접원가 배부액을 합산하여 산출한다.

지금까지 설명한 활동기준원가계산 절차를 도식화하면 다음과 같다.

활동기준원가계산의 절차

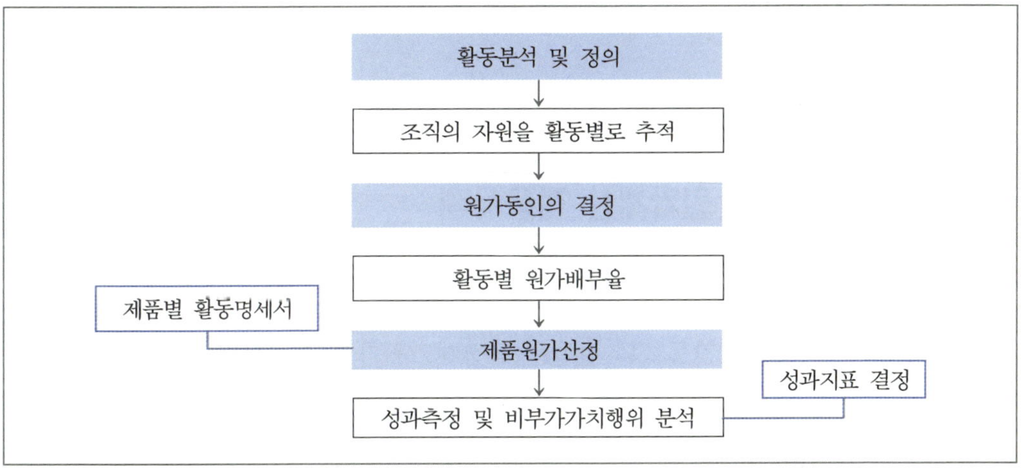

지금까지 설명한 활동원가 계산절차를 도식화하면 다음과 같다.

활동원가 정리

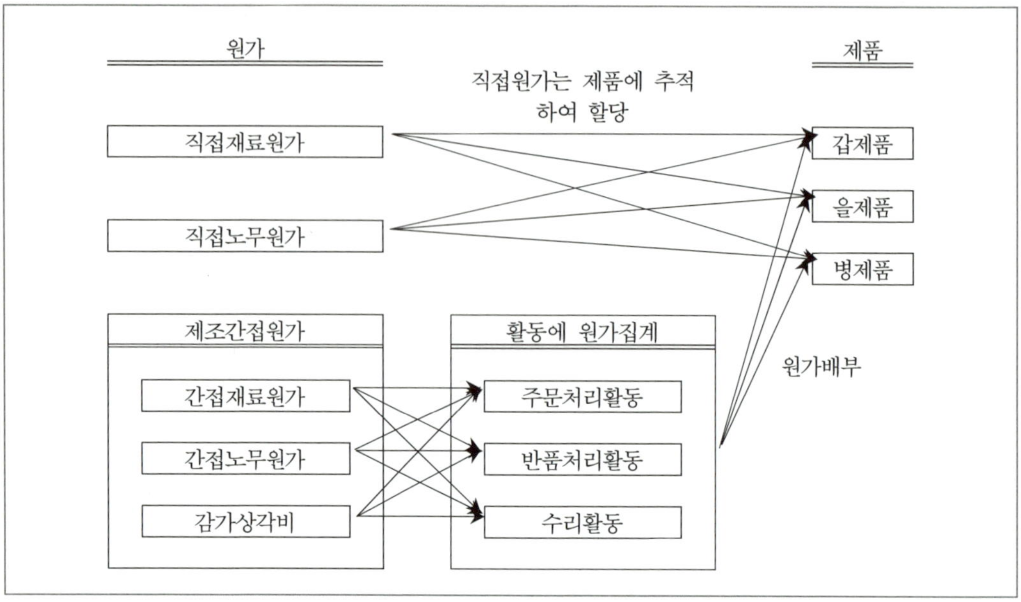

제4절 활동기준원가계산 적용사례

이미 설명한 바와 같이 자동화의 진전은 직접제조원가를 감소시킨 반면, 제조간접원가의 증대를 가져왔다. 그렇다면 제품원가관리의 중심은 직접제조원가의 관리에서 제조간접원가의 관리로 옮겨가야 한다. 이러한 제조간접원가 관리방법 중 하나는 제조간접원가를 특성별로 분류하여 세분류된 항목별로 해당 원가를 유발하는 원인 또는 해당 원가를 결정하는 원인, 즉 원가동인을 파악하여 그 원인을 관리하는 것이다.

(주)GM대우는 다마스, 라보 2종류의 자동차를 생산하고 있다. 현재의 원가계산시스템에서는 제조간접원가 항목이 매우 많고, 그 성격이 상당히 이질적임에도 불구하고 단일의 배부기준인 직접노무시간을 이용하여 제품에 배부하고 있다.

따라서 원가계산의 정확도를 증진하고자 활동기준원가계산을 적용하여 제조간접원가를 활동원가별로 분류한 후, 활동원가별 원가동인을 적용하여 각 제품이 원가동인을 사용한 정도에 따라 제품에 배부하고자 한다. (주)GM대우의 현재 제품제조와 관련된 자료는 다음과 같다.

항목	대수 및 금액	
생산 대수		20대
직접재료원가		₩47,000,000
직접노무원가		15,000,000
제조간접원가		₩15,000,000
간접노무원가	₩3,000,000	
간접재료원가	1,500,000	
수도광열비	1,500,000	
공장감가상각비	2,000,000	
기계감가상각비	5,000,000	
기타제조간접원가	₩2,000,000	
총제조원가		₩77,000,000

1. 원가대상 파악

(주)GM대우의 원가계산에서는 자동차 모델인 다마스, 라보가 원가대상이 된다.

2. 원가대상별 직접원가의 파악

(주)GM대우에서 모델별로 집계한 직접원가는 다음과 같다.

구분 \ 모델	다마스	라보	합계
직접재료원가	₩25,000,000	₩22,000,000	₩47,000,000
직접노무원가	9,000,000	6,000,000	15,000,000
합계	₩34,000,000	₩28,000,000	₩62,000,000

3. 활동분석

(주)GM대우에서 제품제조를 간접적으로 지원하는 활동을 분석한 결과는 다음과 같다.

(주)GM대우에는 제조간접활동을 디자인, 자재 취급, 기계가동준비, 품질검사, 공장관리 활동 등 5가지로 구분하였다.

이를 활동계층으로 구분하면 제품단위수준활동은 품질검사 활동, 묶음수준활동은 자재 취급 활동 · 기계가동준비 활동, 제품수준활동은 디자인 활동, 공장설비수준활동은 공장관리 활동이다.

활동	활동 수준
품질검사	제품단위수준
자재 취급	묶음수준
기계가동준비	묶음수준
디자인	제품수준
공장관리	공장설비수준

4. 활동원가 집계

(주)GM대우의 기존 제조간접원가 ₩15,000,000을 앞서 분석한 활동에 따라 집계한 원가는 다음과 같다.

활동	활동 수준	총원가
품질검사	제품단위수준	₩3,000,000
자재 취급	묶음수준	3,000,000
기계가동준비	묶음수준	2,000,000
디자인	제품수준	4,500,000
공장관리	공장설비수준	2,500,000
계		₩15,000,000

5. 활동별 원가동인 결정

(주)GM대우에서 분석된 활동에 따라 결정한 원가동인은 다음과 같다.

품질검사는 단위당 이루어지는데 품질검사에 걸리는 시간에 의해 원가가 발생한다고 간주하였다. 자재취급활동에 따른 원가는 자재취급횟수에 따라, 기계가동준비활동에 따른 원가는 가동준비시간에 따라 증가한다고 간주하였다. 디자인부서의 간접원가는 제품설계가 복잡할수록 증가한다고 보았다. 그리고 제품의 크기가 클수록 제품설계가 복잡하다고 보고 제품설계의 복잡도의 대용치로서 제품의 부피를 선택하였다. 공장관리원가는 공장 전체와 관련하여 발생하는 원가로서 직접노무시간을 기준으로 배부하기로 하였다.

활동	활동 수준	원가동인
품질검사	제품단위수준	품질검사시간
자재 취급	묶음수준	자재취급횟수
기계가동준비	묶음수준	가동준비시간
디자인	제품수준	입방미터(m^3)
공장관리	공장설비수준	직접노무시간

6. 활동별 원가배부율 산출

(주)GM대우의 활동별 원가배부율을 산출하면 다음과 같다.

3단계에서 결정한 활동별 원가동인의 총사용량 정보를 수집하여, 4단계에서 집계한 활동별 원가를 나누면 활동별 원가배부율이 산출된다.

활동	활동계층	총원가 (A)	원가동인	원가동인 총사용량 (B)	배부율 (C)=(A)÷(B)
품질검사	제품단위수준	₩3,000,000	품질검사시간	600	품질검사시간당 ₩5,000
자재 취급	묶음수준	3,000,000	자재취급횟수	300	자재취급횟수당 ₩10,000
기계가동준비	묶음수준	2,000,000	가동준비시간	400	가동준비시간당 ₩5,000
디자인	제품수준	4,500,000	입방미터(m^3)	10,000	입방미터(m^3)당 ₩450
공장관리	공장설비	2,500,000	직접노무시간	5,000	직접노무시간당 ₩500
계		₩15,000,000			

7. 제품원가계산

제품별 원가동인 사용량은 다음과 같다.

제품별 원가동인 사용량

원가동인	다마스 원가동인 사용량	라보 원가동인 사용량	합계
품질검사시간	400시간	200시간	600시간
자재취급횟수	100회	200회	300회
가동준비시간	200시간	200시간	400시간
입방미터(m^3)	4,000m^3	6,000m^3	10,000m^3
직접노무시간	4,000시간	1,000시간	5,000시간

활동별 원가배부율에 제품별로 파악된 활동량인 제품별 원가동 사용량을 곱하여 제품별 제조간접원가 배부액을 계산한다.

제품별 제조간접원가 배부액

원가항목	배부율 (A)	다마스 원가동인 사용량 (B)	다마스 제조간접원가 (C)=(A)×(B)	라보 원가동인 사용량 (D)	라보 제조간접원가 (E)=(A)×(D)	합계 (F)=(C)+(E)
품질검사원가	₩5,000/시간	400시간	₩2,000,000	200시간	₩1,000,000	₩3,000,000
자재취급원가	₩10,000/회	100회	1,000,000	200회	2,000,000	₩3,000,000
기계가동준비원가	₩5,000/시간	200시간	1,000,000	200시간	1,000,000	₩2,000,000
디자인원가	₩450/m^3	4,000m^3	1,800,000	6,000m^3	2,700,000	₩4,500,000
공장관리원가	₩500/시간	4,000시간	2,000,000	1,000시간	₩500,000	₩2,500,000
합계			₩7,800,000		₩7,200,000	₩15,000,000

제품원가는 직접재료원가, 직접노무원가, 제조간접원가 배부액을 합산하여 산출한다. (주)GM대우가 현재 사용하고 있는 전통적 원가계산시스템과 활동별 원가계산시스템을 이용하여 산출한 모델별 원가는 다음과 같다.

다마스는 활동기준원가계산시스템에 의한 단위당 원가 ₩4,180,000이 전통적 원가계산시스템에 의한 단위당 원가 ₩4,600,000보다 낮아졌고, 라보는 활동기준원가계산에 의한 단위당 원가가 기존 ₩3,100,000에서 ₩3,520,000으로 높아졌다는 것이다.

모델별 원가

항목	현재 원가계산시스템		활동기준원가계산	
	다마스	라보	다마스	라보
직접재료원가①	₩25,000,000	₩22,000,000	₩25,000,000	₩22,000,000
직접노무원가②	9,000,000	6,000,000	9,000,000	6,000,000
제조간접원가③=(ⓐ+ⓑ+ⓒ+ⓓ+ⓔ)	12,000,000	3,000,000	7,800,000	7,200,000
품질검사원가ⓐ	–	–	2,000,000	1,000,000
자재취급원가ⓑ	–	–	1,000,000	2,000,000
기계가동준비원가ⓒ	–	–	1,000,000	1,000,000
디자인원가ⓓ	–	–	1,800,000	2,700,000
공장관리원가ⓔ	–	–	2,000,000	500,000
총제조원가④=(①+②+③)	₩46,000,000	₩31,000,000	₩41,800,000	₩35,200,000
생산 대수⑤	10대	10대	10대	10대
생산대수당 원가⑥=(④÷⑤)	₩4,600,000	₩3,100,000	₩4,180,000	₩3,520,000

이러한 결과에 대한 원인을 분석하면 다음과 같다. 활동기준원가계산에 의하면, 라보는 다마스보다 직접노무시간은 1/4수준으로 소요되나, 다마스보다 부피가 크기 때문에 디자인원가가 많이 발생하고, 자재취급횟수가 다마스보다 2배 많아 자재취급원가를 많이 발생시킨다. 따라서 단순히 직접노무시간 비율로 제조간접원가를 배부한 현재의 원가회계시스템과 다른 결과를 보인 것이다.

이를 구체적으로 나타내면 다음과 같다.

전통적 원가계산과 활동기준원가계산의 제조간접원가 배부비교

활동기준원가계산

원가항목	다마스	라보	배부기준 및 배부율
품질검사원가	200,000/대	100,000/대	품질검사시간 (400:200)
자재취급원가	100,000/대	200,000/대	자재취급횟수 (100:200)
기계가동준비원가	100,000/대	100,000/대	가동준비시간 (200:200)
디자인원가	180,000/대	270,000/대	입방미터 (4,000:6,000)
공장관리원가	200,000/대	50,000/대	직접노무시간 (4,000:1,000)
합계	₩780,000/대	₩720,000/대	

현재 전통적 원가계산시스템

원가항목	다마스	라보	배부기준 및 배부율
제조간접원가	₩1,200,000/대	₩300,000/대	직접노무시간 (4,000:1,000)
합계	₩1,200,000/대	₩300,000/대	

이처럼 활동기준원가계산을 통한 결과는 정확한 원가 정보를 제공하여 가격 결정이나 수익성 평가에 이바지할 뿐만 아니라, 활동별로 세분된 정보는 원가절감에 도움을 준다. 예를 들면, 디자인원가를 절감하기 위해 부피를 줄이는 제품설계를 한다든지, 품질검사시간이 많이 소요되는 원인을 파악한다든지, 기계가동준비시간을 어느 정도 줄이면 목표원가를 달성할 수 있는지 등이다. 이렇게 활동기준원가계산시스템에서 제공하는 활동 정보를 중심으로 기업의 경영활동을 관리하는 것을 활동기준관리(ABM: Activity Based Management)라 한다.

제품별 원가 정보는 각 기업에 구축된 원가시스템의 수준과 특성에 따라 달라질 수 있다. 어느 기업의 원가는 매우 정확할 수가 있고, 어느 기업의 원가는 매우 왜곡된 채로 보고될 수 있다. 물론 정확한 원가 정보가 가격 결정, 제품별 수익성 평가와 제품배합 결정, 자체생산이냐 외주생산이냐의 결정 등에 있어 보다 적절한 의사결정을 유도할 수 있다. 그러나 정확한 원가 정보를 생산하기 위해서는 추가로 비용이 소요된다.

(주)GM대우의 예에서 과거에는 직접노무시간 정보만 있으면 제조간접원가를 배부할 수 있었지만, 활동기준원가계산을 위해서는 직접노무시간정보 이외에 추가로 제품의 부피, 자재취급횟수, 가동준비시간, 품질검사시간 정보가 필요하게 된다.

그렇다면 각 기업은 어느 수준까지 정교한 원가시스템을 유지해야 할까? 정교할수록 원가 정보가 정확해지므로 의사결정이 좋아지지만, 원가 정보를 수집하는 데 추가적인 비용이 소요된다. 따라서 원가와 효익을 비교하고 기업마다 각자의 환경에 맞는 원가시스템의 정교도를 선택해야 할 것이다.

8. 전통적 원가계산과 활동기준원가계산의 비교

지금까지 설명한 전통적 원가계산과 활동기준원가계산을 비교한 결과는 다음과 같이 요약된다.

첫째, 전통적 원가계산에서는 각 제품이 자원을 소비하므로 제품의 생산량에 비례하여 제조간접원가가 발생한다고 간주한다. 그러나 활동기준원가계산에서는 제품 생산과 관련하여 발생하는 각종 활동이 자원을 소비시키는 것으로 간주한다.

둘째, 전통적 원가계산과 활동기준원가계산의 원가배부기준이 다르다. 전통적 원가계산에서는 직접노무원가, 직접노동시간 또는 기계시간 등과 같은 조업도에 따라 원가를 배부하는 데 반해, 활동기준원가계산에서는 주문횟수, 작업준비시간, 검사시간 등과 같은 원가동인을 기준으로 원가를 배부한다.

셋째, 전통적 원가계산에서는 1개 또는 소수의 원가배부기준을 통해 제조간접원가를 배부하는 한편, 활동기준원가계산에서는 다수의 원가배부기준을 통해 제조간접원가를 배부하므로 비교적 정확한 원가계산이 이루어진다.

넷째, 전통적 원가계산과 활동기준원가계산 각각에서 제조간접원가와 배부기준 간의 인과관계의 정도가 다르다. 전통적 원가계산에서는 제조간접원가의 세부항목이 매우 많고, 그 성격이 상당히 이질적임에도 불구하고 하나의 배부기준을 이용하여 제품에 배부하였다. 결과적으로 원가 집합과 배부기준 사이에 인과관계가 낮다. 그러나 활동기준원가계산에서는 제조간접원가를 세분화하여 각각의 원가 집합에 원가배부기준을 달리함으로써 인과관계를 높일 수 있다.

다섯째, 활동기준원가계산에서는 원가배부기준으로 사용하고 있는 다수의 비재무 정보(예: 주문횟수, 작업준비시간, 검사시간, 재료처리횟수, 운반횟수 등)를 제공하지만, 전통적 원가계산에서는 소수의 비재무 정보(예: 직접노동시간, 기계시간)를 제공한다.

전통적 원가계산과 활동기준원가계산의 비교

항목	전통적 원가계산	활동기준원가계산
원가발생요인	제품	활동
원가배부기준	직접노무원가, 직접노동시간, 직접재료원가 등	주문횟수, 작업준비시간, 검사시간 등
원가배부기준의 수	1개 또는 소수	다수
제조간접원가와 배부기준 사이의 인과관계 정도	낮다	높다
비재무 정보	1개 또는 소수	다수

활동기준원가계산과 관련한 예제는 다음과 같다.

예제

활동기준원가계산

(주)세무는 고객별 수익성 분석을 위하여 판매관리비에 대해 활동기준원가계산을 적용한다. 당기 초에 수집한 관련 자료는 다음과 같다. [2019년 세무사 1차]

(1) 연간 판매관리비 예산 ₩3,000,000 (급여 ₩2,000,000, 기타 ₩1,000,000)

(2) 자원소비단위(활동)별 판매관리비 배분비율

	고객주문처리	고객관계관리	계
급여	40%	60%	100%
기타	20%	80%	100%

(3) 활동별 원가동인과 연간 활동량

활동	원가동인	활동량
고객주문처리	고객주문횟수	2,000회
고객관계관리	고객수	100명

(주)세무는 당기 중 주요 고객인 홍길동이 30회 주문할 것으로 예상하고 있다. 홍길동의 주문 1회당 예상되는 (주)세무의 평균 매출액은 ₩25,000이며 매출원가는 매출액의 60%이다. 활동기준원가계산을 적용하여 판매관리비를 고객별로 배분하는 경우, (주)세무가 당기에 홍길동으로부터 얻을 것으로 예상되는 영업이익은?

풀이

(1) 활동단위당 원가

항목	고객주문처리	고객관계관리
급여①	₩2,000,000×40%= ₩800,000	₩2,000,000×60%= ₩1,200,000
기타②	₩1,000,000×20%= ₩200,000	₩1,000,000×80%= ₩800,000
소계③=(①+②)	₩1,000,000	₩2,000,000
활동량④	2,000회	100명
활동단위당 원가⑤=(③÷④)	₩500/회	₩20,000/명

(2) 영업이익

항목	산식	결과
매출액⑥	₩25,000×30회	₩750,000
매출원가⑦	⑥×60%	450,000
매출총이익⑧=(⑥−⑦)		300,000
고객주문처리⑨	₩500/회×30회	15,000
고객관계관리⑩	₩20,000/명×1명	20,000
영업이익⑪=(⑧−⑨−⑩)		₩265,000

제5절 활동기준원가계산의 활용

1. 활동기준관리(ABM: Activity Based Management)

1.1. 의의

초창기 활동기준원가계산에서는 원가계산 측면을 강조하였으나, 최근에는 관리회계 전반에 걸쳐 활용되고 있다. 활동기준원가 정보를 이용한 관리 활동을 활동기준관리 또는 활동기준경영이라고 하는데, 이는 활동을 중심으로 한 원가계산뿐만 아니라 활동별 원가 정보를 이용한 예산수립, 투자관리, 성과평가, 원가관리 등을 포괄하는 종합적 관리시스템이다.

기업에서는 고객이 원하는 가치를 창출하기 위해 연구개발, 설계, 생산, 마케팅, 유통, 고객서비스 등 가치사슬(value-chain)을 통하여 활동을 수행하게 된다. 따라서 기업 전체를 적절한 활동 분야별로 가치사슬을 세분화하면 기업 전체에 대하여 전략적으로 각각의 경영기능을 분석할 수 있게 된다. 관리회계는 바로 이러한 여러 기능과 관련하여 적절히 계획을 수립하고, 계획대로 실행되도록 적시에 관련 정보를 제공해 주는 역할을 해야 한다.

기업은 고객을 위해 가치를 창조하는 활동의 집합체라고 정의된다면, 효율적인 경영활동을 수행하는 기업은 적은 비용으로 많은 고객가치를 창출할 수 있어야 한다. 따라서 경쟁력이 있는 기업이 되기 위해서는 어떤 기능이 고객이 인정하는 가치를 창출하는 활동인지, 어떤 기능이 가치를 창출하지 않는 활동인지를 구분하여 파악하는 것이 필요하다.

여기에서 가치를 증가시키는 활동을 부가가치활동(value added activities)이라고 하고, 그렇지 않은 활동을 비부가가치활동(non-value added activities)이라고 한다. 생산설비에서 부품조립 활동을 하는 것이나 설계부서에서 설계 활동을 하는 것은 부가가치활동이라 할 수 있으며, 불량품을 재작업하는 활동이나 원재료를 보관하는 활동은 비부가가치활동이라고 볼 수 있다.

ABC와 ABM의 관계

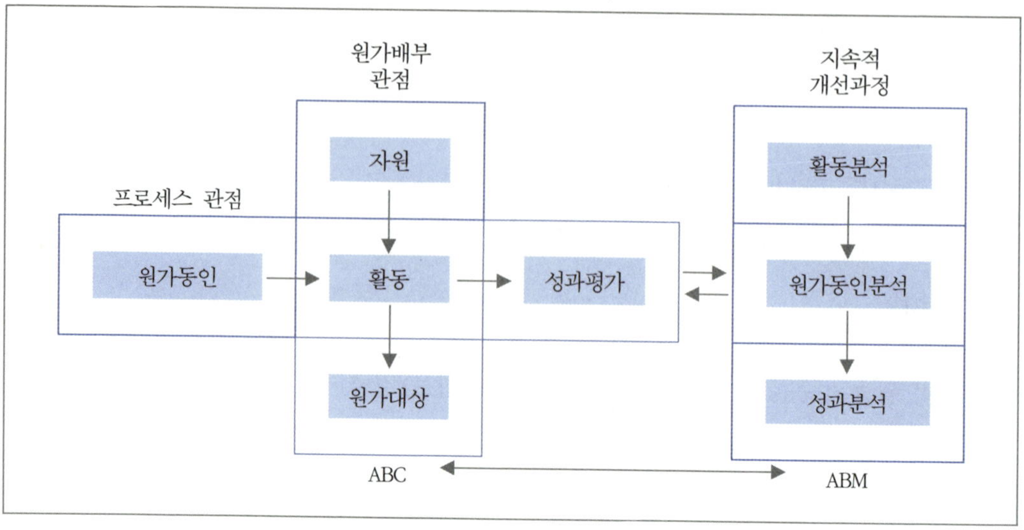

활동기준원가계산을 수행하기 위해서는 그 기업에서 수행하는 활동을 인식하고 분류해야 하는데, 이 과정에서 활동에 관한 중요한 정보를 얻게 된다. 이러한 활동분석을 통해 부가가치활동과 비부가가치활동을 구분하고, 비부가가치활동을 줄이거나 제거하기 위해서는 그 활동을 유발하는 원가동인을 줄이거나 제거할 수 있어야 한다. 즉 활동기준원가계산을 이용한 구체적인 전략적 원가관리 방향으로는 1) 비부가가치활동의 축소 및 제거, 2) 원가 발생을 최소화하는 활동의 선택, 3) 활동 자체의 절감을 통한 활동의 효율성 제고, 4) 활동의 공유를 통한 규모의 경제 달성 등을 들 수 있다.

1.2. 부가가치원가와 비부가가치원가

앞서 언급한 바와 같이 부가가치활동은 기업에 필요한 활동 중 효율적으로 수행되고 있는 활동을 의미하므로, 부가가치원가는 이러한 부가가치활동을 수행함으로써 발생하는 원가를 뜻한다. 개념적으로 제품을 효율적으로 생산할 때는 비부가가치원가는 전혀 발생하지 않고 부가가치원가만 발생하게 된다. 활동기준경영에서 사용되는 부가가치표준(value added standards)은 비부가가치활동을 완전히 제거한 상태, 또는 필요한 활동이라도 비효율적으로 수행되고 있는 활동에 포함된 비효율을 완전히 제거한 상태를 가정한다. 경영자는 실제 발생한 원가와 부가가치원가를 비교함으로써 기업의 비생산적인 활동의 양을 측정할 수 있게 되고, 궁극적으로 어느 부분의 개선이 필요한지를 파악할 수 있게 된다. 그러나 이러한 부가가치표준은 단시간에 달성하기는 불가능하며, 경영자가 종업원들에게 부가가치표준이라는 목표를 향해 최선의 노력을 다하도록 지속적인 동기부여와 적절한 보상을 제공함으로써 달성할 수 있다.

원가를 유발하는 활동에 대한 원가동인분석(cost driver analysis)은 부가가치원가와 비부가가치원가를 측정하기 위해 필요한 절차이다. 부가가치 표준수량은 특정 활동을 수행하는 데 필요한 원가동인의 수량이고, 부가가치원가는 부가가치 표준수량에 원가동인의 단위당 표준원가를 곱하여 계산한다. 비부가가치원가는 실제사용수량과 부가가치 표준수량의 차이에 표준원가를 곱하여 산출한다.

> 부가가치원가＝원가동인의 부가가치 표준수량×원가동인의 단위당 표준원가
> 비부가가치원가＝(원가동인의 실제사용수량－부가가치 표준수량)×원가동인의 단위당 표준원가

이러한 부가가치원가와 비부가가치원가를 구하는 과정을 예를 들면 다음과 같다. (주)한국제조는 20×1년부터 생산작업에 대한 활동별 부가가치표준을 설정하여 관리하고 있다. 단, 각 원가동인 한 단위에 대해 지급된 실제 원가는 표준원가와 같다고 가정한다.

활동 구분	원가동인	부가가치 표준수량	실제사용수량	표준단가
원재료구매 활동	주문횟수	2,500회	3,500회	₩1,500
수선유지 활동	기계작업시간	3,000시간	3,125시간	₩4,000
재료처리 활동	kg	300,000kg	400,000kg	₩37.5
생산준비 활동	횟수	50회	75회	₩300,000

따라서 (주)한국제조의 활동별 부가가치원가와 비부가가치원가를 계산하면 다음과 같다.

(1) 활동별 부가가치원가

활동별 부가가치원가는 각 활동의 부가가치 표준수량에 표준단가를 곱하여 산출된다.

활동 구분	부가가치 표준수량 (A)	표준단가 (B)	부가가치원가 (C)=(A)×(B)
원재료구매 활동	2,500회	₩1,500	₩3,750,000
수선유지 활동	3,000시간	₩4,000	12,000,000
재료처리 활동	300,000kg	₩37.5	11,250,000
생산준비 활동	50회	₩300,000	15,000,000
합계			₩42,000,000

(2) 활동별 비부가가치원가

활동별 비부가가치원가는 실제사용수량에서 부가가치 표준수량을 차감하여 산출한 비부가가치수량에 표준단가를 곱하여 산출된다.

활동 구분	실제사용수량 (A)	부가가치 표준수량 (B)	비부가가치수량 (C)=(A)−(B)	표준단가 (D)	비부가가치원가 (E)=(C)×(D)
원재료구매 활동	3,500회	2,500회	1,000회	₩1,500	₩1,500,000
수선유지 활동	3,125시간	3,000시간	125시간	4,000	500,000
재료처리 활동	400,000kg	300,000kg	100,000kg	37.5	3,750,000
생산준비 활동	75회	50회	25회	₩300,000	7,500,000
합계					₩13,250,000

(3) 요약

이렇게 산출된 비부가가치원가를 줄이는 관리 활동을 하게 되면 비부가가치원가의 비율이 줄어들게 되고 궁극적으로 기업이 사용한 자원을 모두 부가가치를 창출하는 데 소비하게 된다.

활동 구분	실제 발생원가 (A)	부가가치원가 (B)	비부가가치원가 (C)=(A)−(B)	비부가가치원가 비율 (D)=(C)÷(A)
원재료구매 활동	₩5,250,000	₩3,750,000	₩1,500,000	29%
수선유지 활동	12,500,000	12,000,000	500,000	4%
재료처리 활동	15,000,000	11,250,000	3,750,000	25%
생산준비 활동	22,500,000	15,000,000	7,500,000	33%
합계	₩55,250,000	₩42,000,000	₩13,250,000	24%

1.3. 사용자원과 미사용자원

기업은 자원을 조달하여 기업이 수행하는 활동에 투입한다. 이때 특정 자원이 제공할 수 있는 최대활동량을 사용가능활동수량(activity capacity)이라고 하고, 기업이 필요한 활동을 수행하기 위해 특정 자원을 취득하기 위해 지출한 원가를 자원의 소비(resource spending)라고 한다. 또한, 기업이 취득한 사용가능활동수량 중에서 제품 생산을 위해 실제로 투입한 활동량을 자원의 사용(resource usage)이라고 한다. 활동기준원가계산에서는 제품의 생산을 위해 사용한 자원만을 제품원가에 포함하고 미사용된 자원은 기간비용으로 처리한다.

이러한 의미에서 활동기준원가계산은 경영자에게 기업이 소비하는 자원의 활용 정도에 관한 정보를 제공한다. 즉 경영자는 사용 가능한 활동 수량뿐만 아니라, 사용활동수량(used capacity) 및 미사용활동수량(unused capacity)에 대한 정보를 받고, 이를 기초로 효율적인 경영계획을 수립하거나 성과평가를 하게 된다. 예를 들어, (주)한국제조의 활동량 자료가 다음과 같다고 하자.

활동 구분	실제 발생원가	최대활동량 (A)	활동별 사용량 (B)	활동별 미사용량 (C)=(A)−(B)
원재료구매	₩5,250,000	4,000회	3,500회	500회
수선유지	12,500,000	4,000기계시간	3,125기계시간	875기계시간
재료처리	15,000,000	500,000kg	400,000kg	100,000kg
생산준비	22,500,000	100회	75회	25회
합계	₩55,250,000			

이때 활동별 배부율은 실제 발생원가를 최대활동량으로 나누어 계산할 수 있다.

활동 구분	실제 발생원가 (A)	최대활동량 (B)	활동별 배부율 (C)=(A)÷(B)
원재료구매	₩5,250,000	4,000회	₩1,312.5/회
수선유지	12,500,000	4,000기계시간	₩3,125/기계시간
재료처리	15,000,000	500,000kg	₩30/kg
생산준비	₩22,500,000	100회	₩225,000/회

위에서 산출한 활동별 배부율을 이용하여 사용자원의 원가와 미사용자원의 원가를

각각 계산하면 다음과 같다.

(주)한국제조에서 제조간접원가로 ₩55,250,000이 발생하였는데, 이는 필요한 활동을 최대로 활용할 수 있도록 총 ₩55,250,000의 자원을 소비했다는 것이다. 이 중에서 제품의 생산을 위해 투입한 활동량, 즉 사용된 자원의 원가는 ₩43,234,375으로 모두 제품원가에 해당한다. 그러나 제품 생산에 사용되지 않은 미사용자원의 원가인 ₩12,015,625은 기간비용으로 계상한다.

활동 구분	활동별 배부율 (A)	사용자원		미사용자원		합계 (F)=(C)+(E)
		수량 (B)	금액 (C)=(A)×(B)	수량 (D)	금액 (E)=(A)×(D)	
원재료구매	₩1,312.5	3,500회	₩4,593,750	500회	₩656,250	₩5,250,000
수선유지	3,125	3,125시간	9,765,625	875시간	2,734,375	12,500,000
재료처리	30	400,000kg	12,000,000	100,000kg	3,000,000	15,000,000
생산준비	₩225,000	75회	16,875,000	25회	5,625,000	22,500,000
합계			₩43,234,375		₩12,015,625	₩55,250,000

한편, 미사용자원의 원가는 여러 가지 원인에 의해 발생할 수 있다.

첫째, 경영자는 경영계획을 수립하면서 수요를 예측하고 이에 따라 목표생산량을 설정한다. 목표생산량을 충족하기 위해 설비를 확충하거나 생산요소를 구매하는데, 이들이 제공할 것으로 기대되는 자원의 수량이 최대활동량이다. 또한, 최대활동량을 확보하기 위해 지출하거나 발생한 원가 중 상당 부분이 제조간접원가에 해당한다. 만일 시장상황이 변동하여 수요가 감소하면 목표생산량보다 적게 생산하게 되는데, 이 경우 설비나 생산요소를 최대한 활용하지 못하게 된다. 즉 미사용활동수량(원가)이 발생한다.

둘째, 경영계획 수립 시 예상수요를 과대하게 추정함으로써 설비나 생산요소에 과잉투자를 하게 될 수 있다. 이런 경우에는 미사용활동수량(원가)이 불가피하게 발생한다.

셋째, 경영자의 전략적 판단 때문에 시장의 수요변동에 탄력적으로 대응하려는 목적에서 생산능력을 충분히 확보하고자 할 수도 있다. 즉 예상수요보다 더 많은 제품을 생산할 수 있는 설비와 생산요소를 확보함으로써 최대활동량 수준을 여유 있게 설정하는 것이다. 그러나 시장에 특이한 상황이 없어 추가수요가 발생하지 않게 되면 목표생산량만큼만 생산하게 되고 따라서 미사용활동수량(원가)이 발생한다.

넷째, 생산과정에 비부가가치활동이 포함되어 있음에도 이를 제거하지 않은 상태로 설비를 확충하거나 생산요소를 구매하는 때도 있다. 비부가가치활동과 관련된 설비나 생산요소는 정상적인 생산과정에서는 소모되지 않을 것이므로, 이들과 관련한 미사용활동수량(원가)이 존재한다. 경영자는 미사용자원의 원인을 파악하여 원가를 절감할 수 있는 구체적인 방안을 모색할 수 있다. 즉 미사용자원의 원인이 비부가가치활동으로부터 발생한 것이라면, 비부가가치활동을 감소시킴으로써 원가절감을 유도할 수 있다.

미사용활동과 관련한 예제는 다음과 같다.

예제

미사용활동

20×1년 1월 1일에 개업한 (주)사문은 두 종류의 제품(X, Y)을 생산하고 있다. (주)사문은 각 제품의 생산묶음(batch)마다 생산준비 활동을 1회씩 수행하는데, 생산준비 활동에 대한 원가동인(배부기준)은 생산준비횟수이다. 20×1년 한 해 동안 제품 X와 제품 Y의 생산량 및 생산 묶음당 제품 수량은 각각 다음과 같다. [2011년 공인회계사]

구분	제품 X	제품 Y
생산량	1,250개	800개
생산 묶음당 제품 수량	25개	10개

한편, (주)사문은 생산준비 활동 미사용능력(unused capacity)에 대한 원가(미사용 생산준비 활동원가)를 계산하여 동 원가는 각 제품에 배부되지 않도록 하는 것이 관리 목적상 유용할 것으로 판단하고 있다. 미사용 생산준비 활동원가를 제외할 때, 제품 X와 제품 Y에 배부되는 생산준비 활동원가의 합계액은 ₩1,690,000이다. 또한, 미사용 생산준비 활동원가를 제외할 때, 제품 X에 배부되는 생산준비 활동원가는 ₩100,000만큼 줄어든다는 사실도 확인하였다. 현재의 인원과 설비로 수행할 수 있는 연간 최대 생산준비횟수는 얼마인가? (단, 생산준비 활동원가는 전액 고정원가이다.)

풀이

항목	산식
제품 X의 총생산준비횟수①	$\frac{\text{제품 X의 생산량}}{\text{생산 묶음당 제품 X 수량}} = \frac{1,250개}{25개}$ =50회
제품 Y의 총생산준비횟수②	$\frac{\text{제품 Y의 생산량}}{\text{생산 묶음당 제품 Y 수량}} = \frac{800개}{10개}$ = 80회
생산준비횟수당 생산준비활동원가③	$\frac{₩1,690,000}{(①50회+②80회)}$ =₩13,000/회
제품 Y의 생산준비활동원가 배부 감소액④	제품 X의 생산준비횟수당 생산준비활동원가 배부 감소액에 제품 Y의 총생산준비횟수를 곱하여 산출 $\frac{₩100,000}{①50회}$ ×②80회=₩160,000
연간 최대 생산준비횟수⑤	각 제품의 총생산준비횟수에 생산준비활동원가 배부 감소액으로 산출한 생산준비횟수를 합산하여 산출 ①50회+②80회+ $\frac{(₩100,000+₩④160,000)}{③₩13,000/회}$ =150회

2. 계획 및 의사결정 단계에서의 활동기준원가계산의 활용

2.1. 원가추정

전통적 원가계산시스템은 원가를 조업도(단일의 원가동인)와의 관련성에 따라 변동원가와 고정원가로 구분한 데 비해 활동기준원가계산시스템은 다양한 원가동인에 의해 원가를 분류한다. 따라서 기존의 원가시스템에서 고정원가로 간주하던 항목들이 활동기준원가계산에서는 특정 원가동인에 대해 변동원가로 변화하므로 정확한 원가추정이 가능해진다.

2.2. 원가-조업도-이익(CVP)분석

기존의 원가계산시스템하에서 CVP 분석은 매출 수량, 매출액과 같은 조업도 관련 단일 원가동인에 의하여 수익과 원가를 인식하는 반면, 활동기준원가계산시스템하에서는 복수의 원가동인을 인식한다. 이에 따라 전통적 원가계산시스템에서 고정원가로 간주하던 작업준비비, 검사비 등이 각각의 원가동인과 관련하여 변동원가로 고려되므로 원가행태와 CVP의 관계를 더욱 잘 설명해 준다.

2.3. 현금흐름추정

현재가치법의 유효성은 현금흐름을 추정하는 정확성에 있는데, 활동기준원가계산은 일반적으로 관련 투자안의 현금흐름을 추정하는 능력을 개선해 준다. 즉 원가를 활동원가 집합으로 나누고 각 원가 집합의 원가동인을 파악하므로 투자안의 발생원가 수준을 더욱 정확히 분석할 수 있다.

2.4. 가격 결정

기존의 원가시스템은 기계시간, 직접노동시간 등 생산량과 비례관계가 있는 단일 원가동인을 이용하여 제조간접원가를 배부하므로 다품종 소량생산제품의 가격은 과소계상하고 소품종 대량생산제품은 과대계상한다. 그러나 활동기준원가계산에 의한 제품원가계산은 제품별로 활동 소비량을 계산하여 제품원가를 계산하므로 원가계산이 정확해진다. 또한, 기존 원가계산시스템에서 판매비와 관리비는 제조원가에 포함하지 않으나, 활동기준원가계산시스템에서는 제품원가 개념을 확대하여 개별제품에의 추적 가능성이 있는 것은 원가로 파악한다. 따라서 기존의 원가시스템에서 기간비용으로 처리되었던 제품설계 및 디자인, 엔지니어링, 마케팅, 유통과 고객서비스 원가 등 수명주기원가(life-cycle cost)도 제품에의 추적 가능성에 따라 제품원가를 구성한다. 곧 제품의 수명주기 단계에 따라 제품원가에 대응하는 가격 결정이 가능해지는 것이다.

3. 통제 및 성과평가

기존의 원가계산시스템에서는 제조간접원가를 직접노동시간 또는 기계시간 등과의 관계 때문에 변동원가와 고정원가로 분류하고 이를 근거로 변동예산을 수립하였다. 그러나 활동기준원가계산을 채택할 경우, 변동예산은 각각의 활동별로 수립된다. 따라서 기존의 방법보다 변동예산의 비중이 증가하며, 기존 시스템하에서 직접노동시간 또는 기계시간에 대해 고정원가로 간주하던 원가들이 각 원가동인에 대해서는 변동원가로 간주하므로 변동예산이 더욱 정확해지며, 이에 따라 성과평가를 더 정확하게 할 수 있다.

활동기준원가계산에서 원가차이는 전통적인 차이 분석과 같이 가격 차이와 능률 차이로 분해되지만, 활동별로 차이 분석이 이루어지므로 재무 정보뿐만 아니라 비재무 정보(기계설계변경횟수, 작업준비횟수)도 제공되고, 차이의 원인을 정확하게 알 수 있어 품질개선 및 생산성 향상에 이바지할 수 있다.

제6절 활동기준원가계산의 유용성과 한계

1. 활동기준원가계산의 유용성

지금까지 설명한 활동기준원가계산의 장점은 다음과 같다.

첫째, 전통적 원가계산은 자원에 대한 지출(resource spending)을 측정하는 모델이나, 활동기준원가계산은 자원에 대한 소비(resource consumption)를 측정하는 모델이다. 즉 전통적 원가계산은 재무 측정치를 중요시하고 활동기준원가계산은 비재무 측정치를 중요시한다. 따라서 활동기준원가계산을 채택하면 현장관리자와의 의사소통이 원활해진다. 계획과 통제를 위한 원가계산에 중점을 두어 장기적, 전략적 성과지표인 품질, 가격탄력성 등 비재무 지표의 강조로 기업의 유효성을 향상할 수 있다.

둘째, 활동 자체를 원가동인으로 보고 활동을 통제하여 원가관리를 수행하게 된다. 따라서 부가가치활동과 비부가가치활동을 구별하므로 비부가가치활동을 직접 통제, 제거하여 원가관리 및 원가절감을 할 수 있다. 또한, 가치창출에 이바지한 활동을 위해 소비된 원가에 대한 정보를 제공한다.

셋째, 원가대상은 제조원가뿐만 아니라 전통적 시스템하에서 기간비용으로 처리되던 연구개발, 제품설계 및 디자인, 엔지니어링, 마케팅, 유통과 고객서비스 원가 등이 추적 가능성만 있다면 제품에 부과된다. 따라서 제품의 수명주기 단계에 따라 제품원가에 대응하는 가격 결정이 가능해진다.

넷째, 제조간접원가의 일부 항목을 직접원가로 분류시킬 수 있다. 즉 전통적 원가계산시스템에서 제조 간접원가에 포함된 동력비, 작업준비원가, 품질검사비 등이 활동기준원가계산에서는 특정 활동별로 식별되어 제품별로 추적될 수 있다면 직접원가로 분류된다. 따라서 제조간접원가의 제품별 추적 가능성을 향상함으로써 의사결정에 필요한 정확한 제품원가를 산출할 수 있다.

2. 활동기준원가계산의 한계

활동기준원가계산이 장점만을 갖는 것은 아니며 다음과 같은 단점도 함께 갖고 있으므로 이용할 때는 주의를 해야 한다.

첫째, 활동기준원가계산을 도입하기 위한 필수요소인 활동분석 시 드는 비용이 크다.

둘째, 활동을 명확히 정의하고 구분하는 기준이 존재하지 않는다.

셋째, 특히 설비수준원가의 경우 원가동인의 선택이 자의적이며 본질적으로 원가동인을 발견하기 어렵다.

넷째, 다품종 소량생산이 주요생산방식이며, 제조간접원가의 비중이 높은 기업에만 적합하다.

다섯째, 원가함수는 각각의 원가동인에 대하여 선형이라고 간주한다. 따라서 실제 원가행태가 비선형이면 계산된 원가의 정확성이 떨어지게 된다.

여섯째, 재고과잉의 유인이 있다. 활동기준원가계산에서 원가절감방안으로 사용하는 방법 중 하나가 묶음크기를 증가시켜 묶음활동 횟수를 줄이는 것이다. 묶음크기를 증가시키는 경우 평균재고가 늘어나서 제고유지비용이 늘어나 기업가치에 악영향을 끼칠 수도 있다.

객 · 관 · 식

※ 다음은 [10.1], [10.2]에 관련된 자료이다. 청송필름(주) 컨트롤러가 수립한 활동별 원가 집계와 원가동인들은 다음과 같다.

활동	제조간접비예산	원가동인	예정원가동인수	활동별 배부율
기계준비작업활동	₩200,000	준비횟수	100회	₩2,000/준비횟수
재료처리 활동	100,000	원재료 무게	50,000파운드	₩2/파운드
위험폐기물통제활동	50,000	위험폐기물무게	10,000파운드	₩5/파운드
품질관리활동	75,000	검사횟수	1,000회	₩75/검사
기타제조활동	200,000	기계시간	20,000시간	₩10/기계시간
	₩625,000			

필름 1,000상자 주문에 대하여 다음과 같은 활동으로 생산하였다.

기계준비횟수	4회
원재료	10,000파운드
위험폐기물	2,000파운드
검사횟수	10회
기계시간	500시간
직접재료비	₩120,000
직접노무비	₩40,000

10.1 활동별 제조간접비 배부율을 적용하여 필름 1상자당 제조간접비는 얼마인가? [1997년 세무사]

① ₩31.25　② ₩43.75　③ ₩20.375
④ ₩15.625　⑤ 정답 없음

10.2 기계시간에 근거한 단일의 예정제조간접비율을 사용하여 주문될 필름생산에 배부되어야 할 제조간접비는 얼마인가? [1997년 세무사]

① ₩43,750　② ₩31,250　③ ₩20,375
④ ₩15,625　⑤ 정답 없음

10.3 다음의 활동기준원가계산과 관련된 기술 중에서 적절하지 못한 것은? [1998년 세무사]

① 활동기준원가계산은 활동을 원가대상의 중심으로 삼아 활동의 원가를 계산하고 이를 토대로 하여 다른 원가를 계산하는 것을 중점적으로 다루는 원가계산시스템이다.
② 다품종 소량생산의 제조업체가 이를 적용할 경우 도움이 된다.
③ 서비스업체에서는 활동기준원가계산을 적용하기 어렵다.
④ 활동기준원가계산은 원가 중에서 제조간접비의 비중이 높은 기업에 적용할 경우 도움이 된다.
⑤ 활동기준원가계산은 연구 · 개발에서 고객서비스에 이르기까지 경영기능 전반에 걸친 원가계획 및 통제에 유용한 정보를 제공해 줄 수 있다.

10.4 다음 중 활동기준회계(Activity Based Costing)가 추구하는 목적과 가장 거리가 먼 것은? [1999년 공인회계사]

① 다양한 원가유발요인(cost driver)을 인식하여 적정한 가격 결정에 이용한다.
② 정확한 제품원가를 계산하고자 한다.
③ 제품별 또는 고객별로 더욱 정확한 원가분석을 할 수 있다.
④ 직접재료원가 외에는 고정원가로 처리하고자 한다.
⑤ 제품별 또는 부문별 성과평가를 신뢰성 있게 할 수 있다.

10.5 다음 중 활동원가계층구조(activity cost hierarchy) 분류-해당원가의 예-원가동인(cost driver)의 조합이 적절하지 않은 것은? [2000년 공인회계사]

① 단위수준 활동원가-기계동력원가-기계작동시간
② 뱃치(Batch)수준 활동원가-전수(제품전량) 검사원가-검사횟수
③ 제품유지 활동원가-제품설계원가-제품의 종류 수
④ 뱃치수준 활동원가-기계작업준비원가-준비횟수
⑤ 단위수준 활동원가-소모품 원가-제품의 생산량

10.6 원가배부와 관련된 다음의 설명 중에서 올바른 것은? [2001년 세무사 수정]

① 원가배부기준은 인과관계기준에 의해서만 설정해야 한다.
② 제조간접원가가 전체 제조원가에서 차지하는 비중이 증가할수록 단순한 원가배부기준을 설정해야 더욱 정확한 원가계산을 할 수 있다.
③ 활동기준원가계산제도에서는 제품의 생산 수량과 직접 관련이 없는 비단위기준원가동인(ununit-based cost drivers)을 사용하지 않는다.
④ 제조간접원가의 배부가 정확하게 이루어질 수 없으므로 원가배부는 어떤 상황에서도 경제적 의사결정을 위한 정보를 제공하지 않는다.
⑤ 활동기준원가계산제도에서 원가배부기준으로 선택된 원가동인이 원가 발생의 인과관계를 잘 반영하지 못하는 경우 제품원가계산이 왜곡될 가능성이 있다.

연습문제

10.7 우편 및 전화 주문 판매를 하는 (주)통판은 활동기준원가(Activity-Based Costing: ABC)시스템을 통해 주요 고객의 수익성을 파악하고자 한다. 주요 고객의 연간자료는 다음과 같다.

항목	고객 '갑'	고객 '을'	고객 '병'
총매출	₩8,000	₩10,000	₩20,000
반품-수량	4개	0개	2개
반품-액수 (판매가)	₩2,000	₩0	₩5,000
연간 총전화주문건수	0건	4건	8건
연간 총우편주문건수	4건	0건	2건
총 전화주문처리 시간	0시간	0.25시간	0.20시간

배송비용은 고객이 부담하며, 반품에 따른 배송비만 고객이 부담하면 반품은 항상 허용된다. 매출원가는 판매가의 75%이다. 활동 및 활동원가의 동인율(activity cost driver rate)이 다음과 같을 경우, ABC를 통해 계산한 고객 '갑'으로부터의 연간 이익은? [2001년 공인회계사]

활동	활동원가 동인율
우편주문처리	₩50/주문건수
전화주문처리	₩800/시간
반품처리	₩100/반품수량
고객유지	₩500/년

① ₩400 ② ₩900 ③ ₩1,500
④ ₩4,900 ⑤ ₩8,000

10.8 아래에서 올바른 활동기준원가계산(ABC)의 절차를 나타낸 것은? [2001년 세무사]

ⓐ 활동중심점의 설정 ⓑ 원가동인의 선택 ⓒ 활동분석
ⓓ 제조간접비의 배부 ⓔ 활동별 제조간접비 배부율의 계산

① ⓒ→ⓐ→ⓔ→ⓑ→ⓓ ② ⓒ→ⓐ→ⓓ→ⓑ→ⓔ ③ ⓒ→ⓐ→ⓑ→ⓔ→ⓓ
④ ⓒ→ⓑ→ⓐ→ⓓ→ⓔ ⑤ ⓒ→ⓑ→ⓐ→ⓔ→ⓓ

10.9 (주)미래는 각 작업에 대한 원가계산을 위하여 다음의 자료를 수집하였다. [2002년 세무사]

활동	원가	원가범주	원가동인	최대활동량
생산준비	₩20,000	생산묶음	생산준비시간	1,000시간
재료처리	30,000	생산묶음	재료처리횟수	2,000회
기계사용	500,000	제품단위	기계작업시간	20,000시간
품질관리	100,000	생산묶음	품질관리횟수	12,500회
수선유지	40,000	제품단위	기계작업시간	20,000시간

활동기준원가계산을 이용하여 다음의 작업 A의 총원가는 얼마인가?

작업	기초원가	생산수량	생산준비	재료처리	기계작업	품질관리
A	₩300,000	12,000단위	30시간	56회	4,000시간	70회

① ₩610,000 ② ₩110,000 ③ ₩482,000
④ ₩420,000 ⑤ ₩410,000

10.10 활동기준 원가계산(Activity Based Costing)시스템은 조업도 기준 원가계산(Volume Based Costing)시스템에 비하여 더욱 정확한 제품원가를 제공할 수 있다. 다음 중에서 활동기준 원가계산시스템을 도입함에 따라서 그 효과를 크게 볼 수 있는 기업의 일반적 특성에 해당하지 않는 것은? [2002년 공인회계사]

① 생산과정에 거액의 간접원가가 발생하는 경우
② 제품, 고객 및 생산공정이 매우 복잡하고 다양한 경우
③ 회사가 치열한 가격경쟁에 직면한 경우
④ 제품의 제조와 마케팅 원가에 대해서 생산작업자와 회계담당자 사이에 심각한 견해차가 있는 경우
⑤ 생산과 판매에 자신 있는 제품의 이익은 높고 생산과 판매에 자신 없는 제품의 이익이 낮은 경우

10.11 활동기준원가계산에 관한 다음 설명 중에서 타당하지 않은 것은? [2004년 공인회계사]

① 활동이 자원을 소비하고 제품이 활동을 소비한다.
② 제조간접비에는 생산량 이외의 다른 원가동인에 의하여 발생하는 원가가 많이 포함되어 있다.
③ 배부기준의 수가 전통적인 원가계산에 비교해 많다.
④ 제품별 또는 부문별 성과평가의 신뢰성이 높아진다.
⑤ 표준원가계산과 같이 일종의 사전원가계산 제도이다.

10.12 (주)강릉은 활동기준원가계산 방법을 사용하고 있다. (주)강릉은 갑과 을의 두 가지 제품을 생산하고 있다. 갑 제품의 연간 생산 및 판매량은 8,000단위이고 을 제품은 6,000단위이다. (주)강릉은 세 가지의 활동을 수행하고 있으며 이에 관한 정보는 다음과 같다. [2004년 세무사]

활동 집합	제조간접비	원가동인의 수	
		갑 제품	을 제품
활동 1	₩20,000	100	400
활동 2	37,000	800	200
활동 3	91,200	800	3,000

위의 자료에 의해 활동기준원가계산 방법을 적용하여 갑 제품의 단위당 제조간접비를 구한다면 얼마인가?

① ₩2.4 ② ₩3.9 ③ ₩10.59
④ ₩6.6 ⑤ ₩5.5

10.13 (주)서울은 활동기준원가계산을 사용하며, 제조과정은 다음의 3가지 활동으로 구분된다.

활동	원가동인	연간 원가동인 수	연간 가공원가 총액
세척	재료부피	100,000리터	₩300,000
압착	압착기계시간	45,000시간	₩900,000
분쇄	분쇄기계시간	21,000시간	₩1,050,000

* 분쇄활동의 원가 중 ₩504,000은 고정원가이다.

X 제품 한 단위당 재료부피는 20리터, 압착기계시간은 30시간, 분쇄기계시간은 10시간이다. X 제품의 단위당 판매가격과 단위당 재료비는 각각 ₩2,000, ₩300이면 제품의 단위당 제조공헌이익은 얼마인가? [2006년 세무사]

① ₩560 ② ₩540 ③ ₩700
④ ₩780 ⑤ ₩800

10.14 (주)대한은 휴대전화기를 생산한다. 현재 회사는 제조간접원가를 단일 배부율을 사용하여 공장 전체에 배부하고 있다. 회사의 경영진은 제조간접원가를 좀 더 정교하게 배부할 필요가 있다고 판단하고, 회계담당 부서가 주요 생산 활동과 그 활동에 대한 원가동인을 파악하라고 지시하였다. 다음은 활동, 원가동인 그리고 배부율에 대한 자료이다.

활동	원가동인	배부율
재료취급	부품의 수	부품당 ₩1,000
조립	직접노무시간	시간당 ₩40,000
검사	검사부문에서의 검사시간	분당 ₩10,000

현재의 전통적인 원가계산방법은 직접노무시간에 기초하여 1시간당 ₩150,000의 배부율을 사용한다. 휴대전화 제작을 위하여 한 번의 작업(batch)으로 50대의 휴대전화가 제조되었다. 전통적인 원가계산방법과 활동기준원가계산방법을 사용할 경우 휴대전화 한 대당 배부될 제조간접원가는 각각 얼마인가? (한 번의 작업(batch)에는 1,000개의 부품, 직접노무시간 8시간, 그리고 검사시간 15분이 필요하다.) [2007년 공인회계사]

① 전통적 방법: 24,000　　활동기준 방법: 29,400
② 전통적 방법: 640　　활동기준 방법: 29,400
③ 전통적 방법: 24,000　　활동기준 방법: 24,000
④ 전통적 방법: 24,000　　활동기준 방법: 24,900
⑤ 전통적 방법: 24,000　　활동기준 방법: 47,000

10.15 (주)한호기계는 활동기준원가계산(activity-based costing)을 적용하고 있다. 회사는 제품 생산을 위해 세 가지 활동을 수행하고 있다. 당기에 발생한 활동별 실제 원가는 기계가동활동 ₩84,000, 엔지니어링 활동 ₩60,000, 품질검사 활동 ₩41,000이었다. 당기에 두 종류의 제품 A와 B를 생산하였으며, 생산 관련 실제 자료는 다음과 같았다. [2008년 공인회계사]

항목	제품 A	제품 B
생산량	500단위	1,200단위
기계가동(기계시간)	2,000시간	3,000시간
엔지니어링(작업시간)	500시간	700시간
품질검사(품질검사 횟수)	10회	15회

* 괄호 안은 각 활동의 원가동인을 의미함.

활동기준원가계산 및 위의 자료와 관련된 (주)한호기계의 원가계산 결과에 대한 설명이다. 다음 중 타당하지 않은 것은?

① 생산과정에서 직접원가보다는 간접원가의 비중이 높을수록 활동기준원가계산의 도입 효과가 큰 것으로 알려져 있다.
② 품질검사를 전수조사에 의하면 품질검사 활동은 단위수준 활동으로 분류된다.
③ 제품 A에 배부되는 총활동원가는 ₩72,000이다.
④ 기계가동활동의 원가배부율은 기계시간당 ₩16.8이다.
⑤ 제품 B에 배부되는 엔지니어링 활동원가는 ₩35,000이다.

10.16 활동기준원가계산시스템에 대한 설명 중 옳은 것을 모두 묶은 것은? [2009년 세무사 1차]

> ㄱ. 제품과 고객이 매우 다양하고 생산공정이 복잡한 경우, 일반적으로 활동기준원가계산이 전통적 원가계산보다 정확한 제품원가 정보를 제공한다.
> ㄴ. (ㄱ)설명의 주된 이유는 활동기준원가계산은 원가 발생행태보다 원가를 소모하는 활동에 초점을 맞추어 원가를 집계하여 배부하기 때문이다.
> ㄷ. 생산과정에서 거액의 간접원가가 발생하는 경우 활동기준원가계산이 전통적 원가계산보다 원가관리에 효과적이다.

① ㄱ ② ㄱ, ㄴ ③ ㄱ, ㄷ
④ ㄴ, ㄷ ⑤ ㄱ, ㄴ, ㄷ

10.17 (주)민국카드의 고객센터에는 50명의 직원이 신규고객 유치와 불만 처리 업무를 수행하고 있다. 통상적으로 신규고객 유치는 건당 6분, 불만 처리 업무에는 건당 15분이 소요된다. 직원들의 정규근무시간은 1주일에 5일, 주당 40시간이며, 총근무시간은 업무 수요에 따라 조절할 수 있다. 주당 정규급여는 1인당 ₩320,000이고 초과근무수당은 시간당 ₩12,000이다. 향후 1주일 동안 예상되는 1일 평균 업무 수요가 다음과 같을 경우, 노무비를 최소화하기 위해 신규로 채용해야 할 직원은 몇 명인가? [2009년 공인회계사]

구분	1일 평균 업무 수요
신규고객 유치	1,450건
불만 처리	1,200건

① 3명 ② 4명 ③ 5명
④ 6명 ⑤ 7명

10.18 다음 중 활동기준원가계산제도가 생겨난 배경으로 타당하지 않은 것은? [2010년 공인회계사]

① 수익성 높은 제품의 선별을 통한 기업역량 집중의 필요성
② 산업구조의 고도화 및 직접노동 투입량의 증가
③ 제품 및 생산공정의 다양화
④ 원가 정보의 수집 및 처리기술의 발달
⑤ 개별제품이나 작업에 직접 추적이 어려운 원가의 증가

10.19 (주)한야의 영업팀은 활동원가에 근거하여 고객의 수익성을 평가한다. 당기에 주문처리와 고객관리를 위해 수행한 활동 및 원가 자료는 다음과 같다. 긴급주문 처리를 위해서는 통상적인 주문처리 원가에 추가하여 1회당 ₩100의 원가가 발생한다. [2010년 공인회계사]

활동 및 원가항목	원가
주문처리	₩70/1회 주문
긴급주문 처리를 위한 추가 원가	₩100/1회 긴급주문
고객 상담	₩450/1회 상담
고객 관계관리	₩80,000/고객 1인

상기 원가 이외에 매출원가는 매출액의 80%에 해당한다. 당기 중에 (주)한야의 주요 고객인 A와 관련하여 매출액 ₩500,000, 주문처리 횟수 300회(이 중 70%는 긴급주문임), 고객 상담 횟수 140회가 발생하였다. 고객 관계관리는 모든 고객에게 공통으로 적용된다. 회사가 고객 A로부터 얻은 이익(혹은 손실)은 얼마인가?

① ₩5,000 이익 ② ₩76,000 이익 ③ ₩64,000 손실
④ ₩70,300 손실 ⑤ ₩85,000 손실

10.20 (주)서울은 가전제품을 생산하여 판매하는 기업이다. (주)서울의 경영자는 현재 생산하고 있는 양문냉장고의 설계를 변경하는 경우 원가를 얼마나 절감할 수 있는지 알아보려 한다. 20×2년의 양문냉장고 예상 판매량 100대를 현재 설계된 대로 생산하는 경우 직접재료원가 ₩100,000, 직접노무원가 ₩50,000, 그리고 제조간접원가 ₩350,000이 발생할 것으로 추정된다. (주)서울은 활동기준원가계산(activity-based costing)을 적용하고 있는데 제조간접원가를 발생원인에 따라 항목별로 구분한 결과는 다음과 같다.

제조간접원가 항목	금액	원가동인 및 발생 현황
기계가동원가	₩100,000	기계가동시간 100시간
작업준비원가	50,000	작업준비시간 10시간
검사원가	100,000	검사시간 10시간
재작업원가	100,000	재작업시간 20시간

설계를 변경하는 경우 기계가동시간과 재작업시간은 20% 감소하며, 작업준비시간은 25% 감소할 것으로 예상한다. 그러나 검사시간은 현재보다 20% 늘어날 것으로 예상한다. (주)서울이 설계를 변경하는 경우 단위당 제조간접원가를 얼마나 절감할 수 있는가? (단, 상기 자료 외의 원가는 고려하지 않는다.) [2010년 세무사]

① ₩275 ② ₩325 ③ ₩375
④ ₩425 ⑤ ₩475

10.21 다음은 단일 제품을 생산하여 판매하는 (주)국세의 연간 활동원가 예산자료와 4월의 활동원가 자료이다. [2011년 세무사]

〈연간 활동원가 예산자료〉

활동	활동원가	원가동인	원가동인 수량
재료이동	₩5,000,000	이동횟수	1,000회
성형	₩3,000,000	제품생산량	24,000단위
도색	₩1,500,000	직접노동시간	6,000시간
조립	₩2,000,000	기계작업시간	2,000시간

〈4월 중에 생산한 제품의 활동원가 자료〉

제품생산량: 2,000단위, 직접노동시간: 500시간, 기계작업시간: 200시간

활동기준원가계산에 의할 경우, (주)국세가 4월 중에 생산한 제품의 활동원가 금액은 ₩1,050,000으로 계산되었다. (주)국세가 4월 중 제품을 생산하는 과정에서 발생한 재료의 이동횟수는 얼마인가?

① 95회 ② 96회 ③ 97회
④ 98회 ⑤ 99회

10.22 (주)국세는 가구판매업체로, 두 종류의 상품인 원목 옷장과 자개 옷장을 구매하여 판매하고 있다. 현재 (주)국세는 간접원가인 입고처리원가(receiving cost) ₩400,000을 옷장의 직접구매원가 기준으로 상품에 배부하는 원가계산방법을 사용하고 있다. (주)국세의 원가관리담당자는 자개 옷장이 원목 옷장보다 더 무겁고 조심스럽게 취급되며, 원목 옷장은 자개 옷장보다 1회 입고 시 더 많은 수량이 입고된다는 사실을 파악하였다. 현재의 원가계산방법을 변경하기 위해, (주)국세의 원가관리담당자는 활동분석을 통해 파악한 원가동인인 입고처리시간을 기준으로 입고처리원가를 상품에 추적하는 방안을 고려하고 있다. (주)국세의 원가관리담당자가 입고처리 활동을 분석한 결과, 다음과 같은 자료를 수집하였다. [2011년 세무사]

구분	원목 옷장	자개 옷장
구매량	20,000개	1,000개
단위당 구매원가	₩500	₩2,500
입고횟수	12회	12회
입고횟수당 처리시간	5시간	3시간

위 자료에 근거한 설명으로 옳지 않은 것은?

① 현재 사용하고 있는 원가계산방법에서는 입고처리원가가 상품의 직접구매원가에 비례하여 발생한다고 전제하고 있다.
② 현재 사용하고 있는 원가계산방법은 상대적으로 자개 옷장의 원가를 과소평가하고 있다.
③ 입고 1회당 입고 수량 차이는 두 원가계산방법에 따른 원가 차이를 설명하는 요인이 될 수 있다.

④ 새로운 원가계산방법을 적용하면 현재의 원가계산방법을 사용한 경우보다 원목 옷장의 원가가 높아진다.

⑤ 상품 입고 과정의 복잡성이나 난이도가 두 원가계산방법에 따른 원가 차이를 설명하는 요인이 될 수 있다.

10.23 (주)국세는 활동기준원가계산 방법에 따라 제품의 가공원가를 계산하고 있다. (주)국세의 각 활동과 활동별 원가배부율은 다음과 같다. [2012년 세무사]

활동	원가동인	단위당 배부율
재료처리	부품 수	₩10
기계작업	기계시간	₩120
조립작업	조립시간	₩75
검사	검사시간	₩100

제품 A 1단위를 제조하기 위해서는 부품 200개, 기계작업 10시간, 조립작업 20시간, 검사 5시간이 요구된다. (주)국세는 50단위의 제품 A를 단위당 ₩50,000에 판매하여 ₩1,500,000의 매출총이익을 달성하였다. 이 경우, 제품 A의 단위당 직접재료원가는 얼마인가? (단, 기초재고자산과 기말재고자산은 없다고 가정한다.)

① ₩5,200 ② ₩14,800 ③ ₩15,250
④ ₩20,000 ⑤ ₩30,000

10.24 (주)하나는 당기에 제품 A를 1,500단위, 제품 B를 1,000단위, 제품 C를 500단위 생산하였으며, 이와 관련하여 기계절삭작업에 ₩100,000, 조립작업에 ₩80,000, 품질검사에 ₩40,000의 제조간접원가가 소요되었다. 당사는 활동기준원가계산을 시행하고 있으며, 관련 자료는 아래와 같다. 다음 중 옳지 않은 것은? [2013년 공인회계사]

구분	원가동인	제품 A	제품 B	제품 C
기계절삭작업	기계시간	2,240	3,380	4,380
조립작업	조립시간	330	660	1,010
품질검사	횟수	12	13	15

① 제품 B 전체에 배부되는 기계절삭작업 활동원가는 제품 A 전체에 배부되는 기계절삭작업 활동원가의 약 1.5배이다.

② 제품 B 전체에 배부되는 조립작업 활동원가보다 제품 C 전체에 배부되는 조립작업 활동원가가 더 크다.

③ 제품 A 전체에 배부되는 품질검사 활동원가보다 제품 C 전체에 배부되는 품질검사 활동원가가 25% 더 크다.

④ 제품 단위당 총활동원가가 가장 큰 것은 제품 C이다.

⑤ 각 제품의 단위당 활동원가를 계산하면 제품 A는 ₩31.73, 제품 B는 ₩73.20, 제품 C는 ₩138.40이다.

10.25 상품매매기업인 (주)세무는 활동기준원가계산에 의하여 간접원가를 고객별로 배부한다. 활동기준원가계산을 적용하기 위해 20×1년도 초에 수집한 연간 예산 및 관련 자료는 다음과 같다.

[2014년 세무사]

1. 간접원가 연간자료

구분	금액
급여	₩250,000
마케팅비	160,000
계	₩410,000

2. 자원 소비단위(활동)별 간접원가 배부비율

구분	주문처리	고객지원	배부 불능*	계
급여	20%	70%	10%	100%
마케팅비	10%	80%	10%	100%

* 배부 불능은 활동별로 배부되지 않은 원가로 기업 전체 수준으로 배부되며 고객별로 배부되지는 않는다.

3. 활동별 원가동인과 연간 활동량:

활동	원가동인	활동량
주문처리	주문횟수	4,000회
고객지원	고객 수	40명

20×1년 중 고객 A가 6회 주문할 경우, 이 고객에게 배부될 간접원가 총액은 얼마인가?

① ₩7,674　② ₩7,774　③ ₩7,874
④ ₩7,974　⑤ ₩8,074

10.26 상품매매기업인 (주)한국유통이 활동기준원가계산을 적용하여 간접원가(overheads)를 고객별로 배부하기 위해, 20×1년 초에 수집한 연간 예산자료는 다음과 같다. [2015년 공인회계사]

(1) 연간 간접원가

간접원가항목	금액
급여	₩1,200,000
판매비	₩800,000
계	₩2,000,000

(2) 활동별 간접원가 배부비율

간접원가항목	활동		계
	고객주문처리	고객 관계관리	
급여	20%	80%	100%
판매비	40%	60%	100%

(3) 활동별 원가동인과 연간 활동량

활동	원가동인	활동량
고객주문처리	고객주문횟수	500회
고객 관계관리	고객수	50명

(주)한국유통은 20×1년 중 주요 고객인 (주)대한이 20회의 주문을 할 것으로 예상한다. (주)대한의 주문 1회당 예상되는 평균 매출액은 ₩20,000이며, 매출원가는 매출액의 75%이다. 활동기준원가계산을 적용하여 간접원가를 고객별로 배부하는 경우, (주)한국유통이 20×1년 중 (주)대한으로부터 얻을 것으로 예상할 수 있는 이익은 얼마인가? 단, 매출원가를 제외한 어떠한 직접원가도 발생하지 않는다.

① ₩46,300　② ₩48,800　③ ₩50,400
④ ₩52,600　⑤ ₩54,500

10.27 활동기준원가계산에 관한 설명으로 옳지 않은 것은? [2015년 세무사]

① 활동기준원가계산은 생산환경의 변화에 따라 증가하는 제조간접원가를 좀 더 정확하게 제품에 배부하고 효과적으로 관리하기 위한 새로운 원가계산방법이라 할 수 있다.
② 활동기준원가계산에서는 일반적으로 활동의 유형을 단위수준활동, 묶음수준활동(배치수준활동), 제품유지활동, 설비유지활동의 4가지로 구분한다.
③ 제품유지활동은 주로 제조공정이나 생산설비 등을 유지하고 관리하기 위하여 수행되는 활동으로서 공장시설관리, 환경관리, 안전유지관리, 제품별 생산설비관리 등의 활동이 여기에 속한다.
④ 묶음수준활동은 원재료구매, 작업준비 등과 같이 묶음단위로 수행되는 활동을 의미하는데 품질검사의 경우 표본검사는 묶음수준활동으로 분류될 수 있지만, 전수조사에 의한 품질검사는 단위수준활동으로 분류된다.
⑤ 단위수준활동은 한 단위의 제품을 생산하는 데 수반되어 이루어지는 활동으로서 주로 생산량에 비례적으로 발생하며, 주로 직접노무시간, 기계작업시간 등을 원가동인으로 한다.

10.28 (주)한국은 소매업체들을 대상으로 판매촉진 관련 지원서비스를 제공하고 있다. (주)한국은 적절한 이익을 창출하고자 고객별 주문과 관련하여 발생한 재료원가에 100%의 이윤 폭(markup)을 가산하여 각 고객에 대한 지원서비스 청구액(=재료원가×200%)을 결정했다. 최근 들어 (주)한국은 새로운 고객 관계관리 소프트웨어를 사용하여 활동분석을 수행한 결과, 활동, 활동원가동인 및 활동원가 동인당 배부율을 다음과 같이 파악하였다.

활동	활동원가동인	활동원가 동인당 배부율
정규주문처리	정규주문 처리건수	정규주문처리 건당 ₩5
긴급주문처리	긴급주문 처리건수	긴급주문처리 건당 ₩15
고객이 요구한 특별서비스 처리	특별서비스 처리건수	특별서비스처리 건당 ₩50
고객 관계관리	연간 고객 수	고객당 ₩100

고객 관계관리 소프트웨어를 이용하여 20×1년 한 해 동안 이 회사의 고객들에 관한 자료를 수집하였으며, 총 고객 60명 중 2명의 고객 A, B에 대한 자료와 회사 전체의 자료는 다음과 같다.

구분	고객 A	고객 B	회사 전체
매출액(지원서비스 청구액)	₩1,400	₩750	₩60,000
정규주문 처리 건수	25건	8건	1,000건
긴급주문 처리 건수	10건	8건	500건
특별서비스 처리 건수	4건	7건	200건
고객 수	1명	1명	60명

위에 주어진 활동분석 자료에 따라 20×1년 한 해 동안 고객 A, B 각각으로부터 창출된 이익(손실)을 계산하면 얼마인가? [2016년 공인회계사]

	고객 A	고객 B
①	₩175	(₩235)
②	₩175	(₩300)
③	₩175	(₩325)
④	₩125	(₩235)
⑤	₩125	(₩325)

10.29 활동기준원가계산에 관한 설명으로 옳지 않은 것은? [2017년 세무사]

① 간접원가의 비중이 높을수록 활동기준원가계산의 도입효과가 크다.
② 전통적인 간접원가 배부방법에 비해 다양한 배부기준이 사용된다.
③ 판매관리비에는 활동기준원가계산을 적용하지 않는다.
④ 활동원가의 계층구조 중 배치(묶음)수준원가는 배치 수나 활동시간 등을 원가동인으로 사용한다.
⑤ 전통적인 간접원가 배부방법에 비해 인과관계를 반영하는 배부기준을 찾아내는 데 많은 노력을 들인다.

10.30 (주)대한은 제품 A와 제품 B를 생산하는 기업으로, 생산량을 기준으로 제품별 제조간접원가를 배부하고 있다. (주)대한은 제품별 원가계산을 지금보다 합리적으로 하기 위해 활동기준원가계산제도를 도입하고자 한다. 다음은 활동기준원가계산에 필요한 (주)대한의 활동 및 제조에 관한 자료이다. [2020년 공인회계사 1차]

활동	활동원가(₩)	원가동인
재료이동	1,512,000	운반횟수
조립작업	7,000,000	기계작업시간
도색작업	7,200,000	노동시간
품질검사	8,000,000	생산량
총합계(제조간접원가)	23,712,000	

원가동인	제품별 사용량	
	제품 A	제품 B
운반횟수	400회	230회
기계작업시간	600시간	800시간
노동시간	3,000시간	6,000시간
생산량	X개	Y개

(주)대한이 위 자료를 바탕으로 활동기준원가계산에 따라 제조간접원가를 배부하면, 생산량을 기준으로 제조간접원가를 배부하였을 때보다 제품 A의 제조간접원가가 ₩3,460,000 더 작게 나온다. 활동기준원가계산으로 제조간접원가를 배부하였을 때 제품 B의 제조간접원가는 얼마인가?

① ₩8,892,000 ② ₩9,352,000 ③ ₩11,360,000
④ ₩12,352,000 ⑤ ₩14,820,000

10.31 (주)세무는 20×1년에 제품A 1,500단위, 제품B 2,000단위, 제품C 800단위를 생산하였다. 제조간접원가는 작업준비 ₩100,000, 절삭작업 ₩600,000, 품질검사 ₩90,000이 발생하였다. 다음 자료를 이용한 활동기준원가계산에 의한 제품 B의 단위당 제조간접원가는?

[2020년 세무사 1차]

활동	원가동인	제품A	제품B	제품C
작업준비	작업준비횟수	30	50	20
절삭작업	절삭작업시간	1,000	1,200	800
품질검사	검사시간	50	60	40

① ₩43 ② ₩120 ③ ₩163
④ ₩255 ⑤ ₩395

10.32 활동기준원가계산에 대한 다음 설명 중 옳지 않은 것은? [2022년 공인회계사]

① 활동기준원가계산은 발생한 원가를 활동중심점별로 집계하여 발생한 활동원가동인수로 배부하는 일종의 사후원가계산제도이다.
② 활동기준원가계산을 활용한 고객수익성분석에서는 제품원가뿐만 아니라 판매관리비까지도 활동별로 집계하여 경영자의 다양한 의사결정에 이용할 수 있다.
③ 제조간접원가에는 생산량 이외의 다른 원가동인에 의하여 발생하는 원가가 많이 포함되어 있다.
④ 활동이 자원을 소비하고 제품이 활동을 소비한다.
⑤ 원재료구매, 작업준비, 전수조사에 의한 품질검사는 묶음수준활동(batch level activities)으로 분류된다.

주 • 관 • 식

10-1 (주)동해는 단일 제품을 A, B, C 세 고객에게 판매하고 있다. 회사는 그동안 제조간접원가를 직접노무원가에 기초하여 제품에 배부했다. 1997년 중에 회사의 경영자는 새로운 원가회계시스템을 구축하기 위하여 자문을 통해 활동기준원가계산을 도입하기로 하였다. 이에 따라 당기의 제조간접원가 중 기계가동과 조립원가는 기계작업시간을 기준으로 제품에 배부하며 마무리와 선적원가는 직접노무원가에 비례하여 제품에 배부하게 된다. 당기 영업 활동에 관한 자료는 다음과 같으며, 기초와 기말 재고자산은 없다. [1997년 공인회계사]

항목	A 고객	B 고객	C 고객	합계
매출액	₩3,500	₩2,750	₩2,500	₩8,750
원가				
직접재료원가	₩800	₩700	₩500	₩2,000
직접노무원가	400	300	300	1,000
제조간접원가				
기계가동	600	200	200	1,000
조립	500	200	100	800
마무리	400	600	200	1,200
선적	300	400	300	1,000
기계작업시간	600시간	200시간	200시간	1,000시간

1. 전통적 원가계산과 활동기준 원가계산을 각각 적용하여 순이익과 매출액 이익률을 계산하시오.

2. 활동기준 원가계산하에서 A 고객에게 배부된 제조간접원가 가운데 기계가동원가 중 ₩300, 조립원가 중 ₩200이 고정원가이고 나머지는 변동원가라고 한다면, 회사가 A 고객에게 제품을 판매해야 하는가? 그 이유는 무엇인가?

3. 활동기준 원가계산을 적용하는 경우 고객 담당 부서가 꺼린다면 그 이유는 무엇이겠는가?

10-2 (주)강릉의 회계담당자가 수집한 활동별 원가집계와 원가동인들은 다음과 같다.

활동	제조간접비예산	원가동인	예정원가동인수	활동별 배부율
기계준비작업	₩200,000	준비횟수	1,000회	₩200/준비횟수
재료처리	₩100,000	원재료 무게	10,000파운드	₩10/파운드
위험폐기물통제	₩50,000	위험폐기물 무게	10,000파운드	₩5/파운드
품질관리	₩80,000	검사횟수	100회	₩800/검사
기타제조	₩200,000	기계시간	20,000시간	₩10/기계시간
	₩630,000			

필름 1,000상자 주문에 대하여 다음과 같은 활동으로 생산하였다. [1997년 세무사 수정]

기계준비횟수	5회
원재료	1,000파운드
위험폐기물	200파운드
검사횟수	10회
기계시간	1,000시간
직접재료비	₩120,000
직접노무비	₩40,000

1. 활동별 제조간접비 배부율을 적용하면 필름 1상자당 제조간접비는 얼마인가?
2. 기계시간에 근거한 단일의 예정제조간접비 배부율을 적용하면 주문될 필름생산에 배부되어야 할 제조간접비는 얼마인가?

10-3 (주)국민은 자동차 부품을 생산하는 중소제조업체이다. 회사의 제조원가 구성 내역을 살펴보면 직접재료원가, 직접노무원가, 직접제조원가로 구성되어 있다. 제조간접원가의 배부기준은 직접노동시간을 사용해왔으며 2009년도 제조예산은 30,000원이다. 연간 직접노동시간은 총 400시간으로 예상한다. 회사는 원가시스템 정교화를 통하여 활동기준원가계산을 적용하려고 계획하였다. 제조원가 집합은 다음과 같은 다섯 가지 활동으로 구분하였다. [2007년 세무사 2차]

활동 구분	원가동인	원가당 배부율
기계 관련	기계시간	5.00
가동준비	생산준비	3.00
검사	검사시간	8.00
조립	조립시간	6.00
재료처리	부속	12.00

연간 생산되는 자동차 부품은 두 종류 A, B로서 생산 및 판매자료는 다음과 같다.

항목	자동차 부품 A	자동차 부품 B
판매단가	500	400
연간 자동차생산 수량	200	400
직접재료원가	40,250	60,000
직접노무원가	10,290	11,460
직접노동시간	220	180
기계시간	760	600
생산준비횟수	1,980회	2,500회
검사시간	150	350
조립시간	400	500
부속품 개수	10개	20개

1. 기존의 제조간접원가 배부방법을 사용하여 자동차 부품 A의 원가와 자동차 부품 B의 단위당 원가를 구하여라.

2. 제조간접원가 30,000원 중 10%가 변동제조간접원가이고 나머지 90%가 고정제조간접원가라고 한다면 (주)국민의 손익분기점 매출 수량은 얼마인가? (자동차 부품 A와 자동차 부품 B의 매출비율은 1:2로 유지된다고 가정한다) (손익분기점 판매량은 소수점 아래 첫 번째 자리에서 반올림할 것)

3. 활동기준원가시스템을 채택할 경우 자동차 부품 A와 자동차 부품 B의 단위당 원가를 계산하여라.

10-4 (주)국세는 복사용지 제조업체로 생산한 복사용지를 5개 대형할인점(A, B, C, D, E)을 통해 박스당 ₩10,000에 판매하고 있다. (주)국세가 모든 대형할인점에 제공하는 복사용지의 매출총이익률은 15%로 같다. 2008년 한 해 동안 고객별로 매출액(반품 차감 전)을 집계한 결과, 할인점 A ₩1,000,000, 할인점 B ₩2,000,000, 할인점 C ₩2,500,000, 할인점 D ₩3,000,000, 할인점 E ₩1,500,000인 것으로 파악되었다.

할인점 A는 2008년 7월에 거래를 시작하였으며, 할인점 B, C, D, E는 지난 10년 동안 거래해 온 고객이다. 소비자가 구매한 제품을 대형할인점에 반품하는 경우, 대형할인점은 택배를 이용하여 (주)국세로 반품하며, 배송비용은 (주)국세가 부담한다. (주)국세는 대형할인점과의 고객 관계를 유지하기 위하여 총 ₩1,031,000의 판매비와 관리비를 사용하고 있다.
(주)국세는 5개 대형할인점의 수익성을 파악하여 영업전략을 수립하기 위해 활동원가계산을 적용하기로 하였다. 활동기준원가계산 적용을 위해 (주)국세의 판매비와 관리비를 발생시키는 활동을 파악한 결과, 주문처리 활동, 배송 활동, 고객유지 활동, 반품처리 활동 등 4가지 활동이 파악되었다. 주문처리에 든 자원은 ₩105,000, 배송에 든 자원은 ₩186,000, 고객유지에 든 자원은 ₩600,000, 그리고 반품처리에 든 자원은 ₩140,000으로 조사되었다.

(주)국세는 주문처리 활동의 원가동인으로 주문건수, 배송 활동의 원가동인으로 배송 거리, 고객유지 활동의 원가 동인으로 접대횟수 그리고 반품처리 활동의 원가동인으로 반품수량을 적용할 것이다.

다음은 (주)국세의 고객인 대형할인점과 관련된 원가동인 자료이다. [2008년 세무사 2차]

구분	A	B	C	D	E
주문건수(회)	5	5	10	5	10
배송 거리(km)	100	120	150	150	100
접대횟수(회)	2	2	2	3	3
반품수량(개)	20	10	10	20	10

≪요구사항≫

1. (주)국세가 고객인 대형할인점 A, B, C, D, E로부터 2008년 한 해 동안 벌어들인 영업이익은 각각 얼마인가?

2. (주)국세가 2008년 한 해 동안 영업 활동을 가장 효율적으로 수행한 대형할인점을 선정하고 그 근거를 제시하시오.

10-5 (주)남극전자는 한 가지 종류의 컴퓨터를 구매하여 개인이나 기업체 등에 판매하는 컴퓨터 유통업체이다. 이 회사의 과거 10년간 매출액은 150% 증가하였으나, 매출총이익률은 연평균 20%대를, 매출액 대비 판매비와 관리비는 연평균 10%대를 유지하였다. 회사의 사장은 매출액이 많이 증가하였고, 작년에는 차별화 전략의 목적으로 직접배송 옵션과 인터넷 주문방식을 도입하였음에도 이익이 오히려 감소한 이유가 몹시 궁금하여 원가담당자에게 분석을 지시하였다. 원가담당자는 작년 한 해 동안의 손익계산서를 자세히 검토하였다. 그 결과, 판매비와 관리비 중 배송센터 운영비, 택배 수수료, 직접배송비, 주문처리비가 매출원가의 13.3%에 해당함을 발견하였다.

배송센터에서는 입고된 상품을 검수·보관하고, 판매주문이 접수되면 고객에게 상품을 배송한다. 고객은 주로 전화나 팩스를 이용하여 주문하며, 회사의 인터넷 홈페이지에서 직접 주문할 수도 있다.

상품 배송은 외부의 택배회사를 이용해 왔으며, 작년부터 수익성과 고객만족도를 향상할 목적으로 동사의 직원이 직접 배송하는 옵션을 추가하였다.

회사는 직접배송 서비스를 제공하기 위해 트럭 4대를 임차하였고 4명의 트럭운전사를 고용하였다. 상품 판매가격은 상품 구매원가의 20%에 해당하는 이익(markup)을 구매원가에 가산하여 결정된다. 고객이 직접배송 옵션을 선택하는 경우에는 구매원가의 23%에 해당하는 이익을 구매원가에 가산하여 판매가격을 결정한다. 이익률은 직전 연도에 발생한 실제 원가와 동종업계 경쟁상황 등을 고려하여 연초에 결정된다. 배송방식과는 달리, 판매주문 접수방식은 가격에 영향을 미치지 않는다. 원가담당자는 수익성 검토를 위해 다음과 같은 자료를 수집하였다.

[2009년 공인회계사]

〈작년 한 해 동안의 손익계산서〉

(단위: 원)

계정과목	금액	비율(%)
매출액	60,150,000	120.3
매출원가(구매원가)	50,000,000	100.0
매출총이익	10,150,000	20.3
배송센터 운영비	5,000,000	10.0
택배 수수료	450,000	0.9
직접배송비	360,000	0.7
주문처리비	840,000	1.7
기타판매비와 관리비	1,800,000	3.6
세전 이익	1,700,000	3.4

1. 배송센터에서는 작년에 총 100,000상자의 상품을 배송처리(택배 운송 90,000상자, 직접배송 10,000상자)하였다. 배송센터가 보유하고 있는 인력과 공간으로 배송처리할 수 있는 상품은 연간 100,000상자이다.

2. 직접배송비 ₩360,000에는 트럭운전사 4명의 인건비와 트럭 임차료가 포함되어 있다. 트럭운전사 1명당 배송시간은 연간 1,500시간이었으며, 이는 각 트럭의 이용 가능한 최대시간이다.

3. 15명의 직원이 전화나 팩스로 접수된 주문을 배송시스템에 입력하거나 인터넷 주문정보를 확인한다. 주문처리비 ₩840,000에는 담당 직원의 인건비, 복리후생비, 집기 비품과 사용공간에 대한 감가상각비가 포함되어 있다. 판매주문 처리를 담당하는 직원 1명당 실제 작업시간은 연간 1,600시간이었으며, 이는 휴식시간과 교육시간 등을 고려한 실행 가능 최대작업시간이다.

4. 주문처리 담당자가 전화나 팩스로 접수된 주문을 배송시스템에 입력하는 데 12분(0.2시간), 인터넷으로 입력된 주문정보를 확인하는 데는 6분(0.1시간)이 소요되었다.

원가담당자는 작년에 접수된 주문 중 대표적인 4개를 선택하여 수익성을 분석해 보기로 하였다.

항목	주문 1	주문 2	주문 3	주문 4
가격	?	?	?	?
매출원가(구매원가)	₩500	₩500	₩500	₩500
주문당 상자 수	1	1	1	1
택배회사를 이용하여 배송된 상자 수	1	0	1	0
직접배송시간	0	4	0	4
전화나 팩스 주문	해당 없음	해당함	해당함	해당 없음
인터넷 주문	해당함	해당 없음	해당 없음	해당함

1. 주어진 자료를 토대로 다음을 구하시오.
   (1) 상품 1상자당 배송센터 운영비
   (2) 전화나 팩스 주문과 인터넷 주문을 각각 1건씩 처리(입력 및 확인)하는 데 드는 비용
   (3) 상품 1상자당 택배 수수료
   (4) 직접배송 시간당 비용

2. 1.의 결과를 이용하여 주문 1~주문 4의 수익성(세전 이익과 매출액 이익률)을 평가하시오. 가장 수익성이 높은 주문과 가장 수익성이 낮은 주문은 각각 어느 것인가? 단, 기타판매비와 관리비는 고려하지 마시오.

3. 2.의 결과에 기초하여 원가담당자는 수익성 향상을 위해 어떤 제안을 할 수 있는가? 직접배송 옵션을 제공하는 차별화 전략은 성공적인 것으로 볼 수 있는가?

4. 올해 초에 직접배송비의 시간당 표준배부율을 ₩55으로 설정하였으며, 올해의 실제 직접배송시간은 1,350시간이 발생하였다고 가정하자.
   (1) 직접배송에 대한 미사용조업도원가(cost of unused capacity)를 구하시오. 단, 트럭 운전사의 인원수 및 이용 가능 최대조업도는 작년과 같다.
   (2) 일반적으로 미사용조업도원가(cost of unused capacity)가 발생하는 원인을 3가지 이상 설명하시오.

10-6 회사는 고급품과 표준품 2 제품을 만드는데 원가구조는 다음과 같다. [2009년 세무사 2차]

표준품	고급품
판매가 100원	판매가 250원
재료비 30원	재료비 40원
임률 10원	임률 10원
노무시간 0.8시간	노무시간 0.2시간
기말재고 1,000개	기말재고 0개
생산량 12,000개	생산량 2,000개
주문횟수 20회	주문횟수 5회
부품 가짓수 10가지	부품 가짓수 20가지

제조간접비는 ₩450,000, 고정비 중 주문비는 ₩130,000, 부품관리비는 ₩320,000이 발생하였다. A 원가시스템을 사용할 경우, 제조간접비, 고정비 모두 직접노무시간을 기준으로 배부하며, B 원가시스템을 사용할 경우, 제조간접비는 직접노무시간으로 주문비는 주문횟수, 부품관리비는 부품 가짓수로 배부한다. 법인세율은 30%이다.

≪요구사항≫

1. A 원가시스템으로 원가 배부 시, 표준품, 고급품의 단위당 원가를 구하시오.

2. B 원가시스템으로 원가 배부 시, 표준품, 고급품의 단위당 원가를 구하시오.

3. A 원가시스템으로 원가 배부 시와 B 원가시스템으로 원가 배부 시 각각의 세후 영업이익은 얼마인가?

4. A 원가시스템으로 원가 배부 시와 B 원가시스템으로 원가 배부 시 법인세비용이 어느 경우가 얼마만큼 더 큰가? 그 이유를 5줄 이내로 반드시 나타내시오(계산 근거는 5줄에 포함되지 않음).

5. 위의 경우와 원가구조는 같고 그다음 해의 판매량이 A=13,000개, B=1,500개일 경우 A 원가시스템과 B 원가시스템 중 어느 것이 법인세비용이 얼마만큼 더 큰가? 그 이유를 반드시 5줄 이내로 나타내시오(계산 근거는 5줄에 포함되지 않음).

10-7 가나(주)는 표준형과 고급형을 비롯한 다양한 지갑을 생산하고 있다. 표준형의 경우 가격경쟁력이 없고 시장점유율도 감소하고 있다. 반면, 고급형의 경우 표준형보다 복잡한 생산공정을 거쳐야 하므로 작업준비에 많은 시간이 소요되지만, 아직 진출기업이 많지 않고 가격경쟁력도 탁월하여 당사는 이 제품시장에서 거의 독점적 지위를 누리고 있다. 대표이사인 김 사장은 당사가 경쟁업체와 비교하여 기술력이나 생산의 효율성 면에서 절대 뒤지지 않고 가격정책 또한, 같음에도 불구하고, 표준형 지갑의 가격이 경쟁사보다 왜 높은지 의아해하고 있다. 이에 김 사장은 회계담당자에게 제품원가를 분석하도록 지시하였다.

당사는 표준형 지갑 1,500개와 고급형 지갑 500개를 생산하였으며 이와 관련된 원가 자료는 다음과 같다. [2010년 공인회계사]

표준형 지갑

(단위: 시간)

구분	재단 부문	조립부문	총계
직접노동시간	75	90	165
기계시간	75	60	135
작업준비시간	0.5	0.5	1
직접원가	₩4,500	₩3,600	₩8,100

고급형 지갑

(단위: 시간)

구분	재단 부문	조립부문	총계
직접노동시간	40	60	100
기계시간	80	60	140
작업준비시간	1.5	0.5	2
직접원가	₩3,750	₩3,000	₩6,750

한편 당사는 부문별 원가계산제도를 채택하고 있는데, 제조부문인 재단 부문과 조립부문 이외에 수선유지부문과 작업준비부문을 보조부문으로 두고 있다. 보조부문에서 발생한 원가를 배부하기 위한 회사 전체의 부문별 원가 자료는 다음과 같다.

(단위 : 시간)

구분	수선유지부문	작업준비부문	재단 부문	조립부문	합계
제조간접원가	₩74,100	₩199,940	₩223,310	₩102,720	₩600,070
직접노동시간	–	–	11,000	14,000	25,000
기계시간	–	–	13,900	10,800	24,700
작업준비시간	–	–	170	90	260

또한, 당사는 향후 활동기준원가계산 시스템을 구축할 예정인데, 관련 자료는 다음과 같다.

활동	제조간접원가	원가동인
수선유지	₩74,100	기계시간
작업준비	199,940	작업준비시간
재단감독	139,910	작업준비시간
재단작업	83,400	기계시간
조립감독	86,520	직접노동시간
조립작업	₩16,200	기계시간

* 다음의 물음에서 계산 결과 소수점 이하 자릿수 발생 시에는 세 자릿수에서 반올림할 것.

1. 당사는 직접배부법에 따라 보조부문 원가를 제조부문에 배부하고 있다. (수선유지부문은 기계시간, 작업준비부문은 작업준비시간, 재단 부문은 기계시간, 조립부문은 직접노동시간을 기준으로 배부)
   (1) 보조부문 발생원가를 배부하기 위한 원가 자료를 이용하여 부문별 제조간접원가 배부율을 구하시오.
   (2) 각 제품의 단위당 원가를 (1)의 결과를 토대로 구하시오.

2. 부문별 원가 자료와 활동기준 원가 자료를 이용하여 활동별 배부율을 계산하고, 각 제품의 단위당 원가를 구하시오.

3. 김 사장은 활동기준원가계산에 의한 표준형 지갑의 단위당 제조원가가 부문별 원가계산방법을 적용했을 때와는 달리 나온 것에 대해 수긍을 하면서도 왜 그런 결과가 나왔는지는 여전히 의아해하고 있다. 김 사장이 이해할 수 있도록 그 이유를 ABC 이론의 관점에서 설명하시오. (3줄 이내로 답할 것)

4. 2.와는 독립적임.
   (1) 만일 보조부문 간의 상호배부를 고려하여 다음의 부문 간 배부비율에 따라 보조부문 원가를 제조부문에 배부한다고 가정하면 재단 부문과 조립부문에 얼마씩 배부되겠는가?

공급 \ 사용	수선유지부문	작업준비부문	재단 부문	조립부문	합계
수선유지부문		5시간	45시간	50시간	100시간
작업준비부문	10시간		30시간	60시간	100시간

(2) 당신이 이 회사의 경영자라면 위의 (1)에서 구한 보조부문의 전부원가(완전 상호배부된 원가)와 활동량 정보를 가지고 보조부문의 효율성 판단을 위한 의사결정에 어떻게 활용하겠는가?

5. 전통적인 원가계산방법을 사용하고 있는 A 기업은 활동기준원가계산의 도입을 고려 중이다. A 기업이 활동기준원가계산 시스템을 구축함으로써 얻게 되는 이점과 활동기준원가계산 시스템의 도입에 앞서 고려해야 할 사항은 무엇인지 답하시오. (5줄 이내로 답할 것)

10-8 (주)국세는 주문생산방식에 의해서 제품 X와 제품 Y를 생산하고 있다. 제품 생산은 전월에 주문을 받아 당월에 이루어진다. 20×1년 3월에는 제품 X 1,800단위와 제품 Y 1,200단위를 주문받았으며, 모두 4월에 생산·판매되었다. (주)국세는 활동기준원가계산을 사용하고 있으며, 20×1년 4월의 생산 및 판매자료는 다음과 같다. [2016년 세무사]

구분	제품 X	제품 Y
판매가격(단위당)	₩220	₩250
기초원가(총액)	81,420	58,180

활동중심점	원가동인	활동원가	원가동인 수		
			제품 X	제품 Y	합계
기계작업준비	준비시간	₩84,000			
절삭작업	기계시간	60,000	80	120	200
조립작업	노무시간	80,000	140	60	200
품질검사	검사시간	28,800			
동력지원	kwh	42,000	800	400	1,200

(주)국세는 생산의 효율성을 높이기 위하여 제품 X를 400단위씩 묶음으로 생산하며, 제품 Y는 200단위씩 묶음 생산하고 있다. 기계작업준비를 위해 제품 X는 1회당 2시간, 제품 Y는 1회당 1시간이 소요된다. 품질검사는 각 제품을 100단위 생산할 때마다 1단위를 추출하여 30분씩 이루어진다. 절삭작업과 조립작업, 동력지원은 각 원가동인에 비례하여 발생하는 단위수준활동이다. 물음에 답하시오.

[물음 1] 각 제품에 배부되는 활동별 원가를 제시하고, 제품별 단위당 제품원가를 계산하시오.

[물음 2] 최근 발간된 전문보고서에 의하면 제품 Y의 시장규모는 확대되고 있지만, 신규경쟁자들의 시장진입에 따라 가격경쟁이 치열할 것으로 예상한다. 이에 따라 (주)국세의 최고경영자는 자사가 생산 중인 제품 Y의 생산・판매량이 앞으로도 1,200단위를 유지하겠지만 단위당 판매가격은 ₩210으로 인하해야 할 것으로 전망하였다. 최고경영자는 제품 Y의 매출총이익을 현재 수준(20×1년 4월 기준) 이상으로 유지하면서 원가절감할 방법을 생산 활동에서 찾고 있다. 제품 Y의 단위당 제품원가가 얼마나 절감되어야 하는지 최소 금액을 계산하시오. (단, [물음 1]과 관계없이 20×1년 4월 제품 Y의 단위당 제품원가는 ₩100으로 가정한다.)

[물음 3] (주)국세의 최고경영자는 기존 제품 X를 완전히 대체할 수 있는 고성능 제품 Q의 생산을 고려하고 있다. 제품 X는 절삭작업과 조립작업, 품질검사의 순서를 거쳐 생산되고 있다. 품질검사를 마친 제품 X 1단위마다 연마작업을 추가하면 제품 Q 1단위를 생산할 수 있다. 연마작업에는 제품 단위당 10분이 소요되며, 월간 동력지원 활동 180kwh가 필요하고, 기타 제조 활동(동력지원 활동 제외)으로 연마작업 시간당 ₩300이 추가로 발생한다. 또한, 연마작업 후에도 품질검사가 이루어지는데 제품 Q를 50단위 생산할 때마다 1단위를 추출하여 20분씩 정밀검사하며, 1회당 ₩1,400이 발생한다. 제품 Q의 단위당 판매가격은 ₩310이다. 만약에 20×1년 4월에 제품 X를 모두 제품 Q로 대체 생산・판매하였다면 증분 이익(손실)이 얼마인지 계산하시오.

해답

제1장 조직에서 회계전문가의 역할

객관식 해답

1.1 정답 ③

관리회계목적으로 제공되는 원가 정보는 기업회계기준을 따를 필요가 없으며, 이용목적에 의해 다양한 방법으로 정보를 산출한다.

주관식 해답

1-1 정답

관리회계시스템의 구성요소를 보여주고 있다. 원가에 관한 정보를 사용하는 기본목적으로 제품원가계산, 의사결정, 성과평가의 세 가지가 있다. 자산평가와 이익측정을 위해 원가를 집계하고 개별제품 또는 서비스의 원가를 산출하는 과정을 원가회계로 분리할 수 있다. 제품이나 서비스의 원가 정보는 매출원가, 재고자산 등의 계정과목으로 재무회계에 원가 정보를 제공한다. 이럴 경우, 관리회계는 좁은 의미로 의사결정과 성과평가를 위한 내부 보고체제나 정보시스템만을 포함하는 것으로 정의할 수 있다. 물론 경영자는 가격설정이나 투자 등의 의사결정에 원가 정보를 사용하기도 하고, 사업부, 팀, 개인 등의 성과평가에도 해당 부문의 원가 및 수익성 정보를 활용하기도 한다. 즉 제품이나 서비스의 원가 정보는 다양한 관점에서 경영자의 의사결정과 성과평가에 활용될 수 있다. 이럴 경우, 넓은 의미에서 관리회계는 의사결정과 성과평가에 추가하여 원가계산(회계)을 포함하는 것으로 정의할 수 있다.

1-2 정답

정보이용자들이 필요로 하는 원가 정보를 확인·분류·집계하여 제공하는 것을 목적으로 하는 원가회계는 ① 재무제표상의 재고자산평가액 결정을 위한 제품원가 정보의 제공, ② 경영계획수립 및 통제를 위한 원가 정보의 제공, ③ 세무보고서의 작성을 위한 원가 정보의 제공, ④ 원가보상계약에서 보상금액 결정 혹은 이와 유사한 성격의 가격 결정을 위한 원가 정보의 제공 역할을 한다.

1-3 정답

① 원가를 집계하는 방법에 따른 분류
개별원가계산과 종합원가계산으로 분류할 수 있다. **개별원가계산**이란 개별작업별로 원가를 구분하여 계산하는 방법을 말하며, **종합원가계산**이란 공정이나 부문별로 원가를 집계한 후, 집계된 원가를 총산출물에 균등히 배부하여 단위당 원가를 계산하는 방법이다.

② 제품원가를 계산하는 방법에 따른 분류
전부원가계산과 직접(또는 변동)원가계산으로 분류할 수 있다. **전부원가계산**은 고정제조간접원가를 포함한 모든 원가를 제품이 판매되는 시점에서 수익에 대응시켜 비용으로 계상할 수 있도록 제품원가로 처리하고, 판매 및 관리활동에서 발생한 원가는 기간비용으로 처리하는 원가계산방법이다. 이에 반해 **변동원가계산**은 고정제조원가를 제외한 변동제조원가만을 제품원가로 처리하고, 고정제조원가는 판매 및 관리활동에서 발생한 원가와 함께 발생한 기간의 수익에 대응시켜 기간비용으로 처리하는 원가계산방법이다.

③ 원가를 측정하는 방법에 따른 분류
실제원가계산, 표준원가계산, 평준화 원가계산으로 분류할 수 있다.
실제원가계산이란 개별 생산요소의 실제의 구매가격 및 실제의 사용 수량을 기준으로 제품의 원가를 측정하는 것을 말한다. 이에 반해 **표준원가계산**이란 개별 생산요소에 대해서 사전에 정해진 표준가격 및 표준사용수량을 바탕으로 원가를 측정하는 방법이다.
정상원가계산(normal costing)은 실제원가계산과 표준원가계산을 결합한 원가측정방법으로 직접재료원가와 직접노무원가는 실제 원가를 적용하고, 제조간접원가는 미리 정해놓은 예정배부율에 따라 결정한 원가(일종의 표준원가)를 적용하는 원가측정방법이다.

제2장 원가의 개념 및 분류

객관식 해답

2.1 정답 ④

항목	산식	결과
재료원가	기초 원재료재고+당기 매입액－기말 원재료재고 ₩90,000+₩720,000－₩120,000	₩690,000
당기총제조원가	직접재료원가+직접노무원가+제조간접원가 ₩690,000+₩400,000+₩510,000	₩1,600,000
당기제품제조원가	기초재공품+당기총제조원가－기말재공품 ₩120,000+₩1,600,000－₩140,000	₩1,580,000
매출원가	기초제품 재고액+당기제품제조원가－기말제품 재고액 ₩150,000+₩1,580,000－₩180,000	₩1,550,000

2.2 정답 ①

항목	산식
매출원가	기초제품 재고액(₩20,000)+당기제품제조원가－기말제품 재고액(₩0)
당기제품제조원가	당기총제조원가+기초재공품 재고액(₩10,000)－기말재공품 재고액(₩0)
당기총제조원가	[기초 원재료재고(₩5,000)+당기 매입액－기말 원재료재고(₩0)]+직접노무비+제조간접원가

위의 산식에서 기말재고는 모두 없고, 기초재고는 모두 있으므로 매출원가, 당기제품제조원가, 당기총제조원가의 순으로 금액 크기를 나열할 수 있다.

2.3 정답 ③

재공품

차변		금액	대변	금액
기초		₩1,000	당기제품제조원가	₩1,050
직접재료비	300+0－100	200		
직접노무비		300		
제조간접비		350	기말	800
계		₩1,850	계	₩1,850

1) 제조간접비=감가상각비－공장+공장감독자급여+그 밖의 제조간접원가

2.4 정답 ⑤

항목	산식	결과	합계
직접노무비			
책임 세무사급여	₩800,000,000×(200시간÷16,000시간)	₩10,000,000	
담당 세무사급여	₩1,600,000,000×(400시간÷64,000시간)	10,000,000	₩20,000,000
기타직접비			2,600,000
간접비			
일반관리비	₩240,000,000×(600시간÷80,000시간)	₩1,800,000	
보험료	₩96,000,000×(₩20,000,000÷₩2,400,000,000)	800,000	
비서실운영비	₩160,000,000×(200시간÷16,000시간)	2,000,000	4,600,000
총원가			₩27,200,000

2.5 정답 ①

항목	산식	결과
직접재료비	기초재료 재고액+당월재료 매입액−기말재료 재고액 ₩8,000+₩43,000−₩6,000	₩45,000
직접노무비	당기총제조원가−직접재료비−제조간접원가 ₩106,000−₩45,000−₩27,000	₩34,000

2.6 정답 ②

항목	산식	결과
제조간접원가	당기총제조원가 ₩6,000,000×25%	₩1,500,000
직접노무비	₩1,500,000÷60%	₩2,500,000
직접재료비	당기총제조원가−직접노무비−제조간접원가 ₩6,000,000−₩2,500,000−₩1,500,000	₩2,000,000

2.7 정답 ④

항목	산식	결과
직접재료비	₩20,000+₩125,000−₩25,000	₩120,000
당기제품제조원가	₩110,000+₩340,000−₩100,000	350,000
당기총제조비용	₩30,000+₩350,000−₩35,000	345,000
직접노무비	₩120,000+직접노무비+직접노무비×0.5=₩345,000	150,000
기본원가	직접재료비 ₩120,000+직접노무비 ₩150,000	₩270,000

2.8 정답 ②

재고자산

2.1	4,100,000×(1−30%)×25%	717,500	매출원가	4,100,000×(1−30%)	2,870,000
매입		2,817,500	2.29	3,800,000×(1−30%)×25%	665,000
		3,535,000			3,535,000

2.9 정답 ②

항목	산식	결과
3월 초 직접재료재고①		₩300,000
3월 중 직접재료 매입액②		1,200,000
3월 말 직접재료재고③		100,000
직접재료원가④=(①+②−③)		1,400,000
공장감독자급여⑤		100,000
기타 제조간접원가⑥		200,000
전기료⑦	₩200,000×60%	120,000
감가상각비⑧	₩500,000×80%	400,000
제조간접원가⑨=(⑤+⑥+⑦+⑧)		820,000
직접노무원가⑩		3,000,000
당기총제조원가⑪=(④+⑨+⑩)		5,220,000
3월 초 재공품 재고⑫		1,000,000
3월 말 재공품 재고⑬		800,000
당기제품제조원가⑭=(⑪+⑫−⑬)		5,420,000
3월 초 제품 재고⑮		700,000
3월 말 제품 재고⑯		400,000
매출원가⑰=(⑭+⑮−⑯)		5,720,000
매출액⑱		7,400,000
전기료⑲	₩200,000×40%	80,000
감가상각비⑳	₩500,000×20%	100,000
본사의 기타 판매관리비㉑		400,000
영업이익㉒=(⑱−⑰−⑲−⑳−㉑)		₩1,100,000

2.10 정답 ④

항목	산식	결과
1월 매출액	[1월 매출액×(₩500−₩300)÷₩500−₩500,000]×(1−40%)=₩60,000	₩1,500,000
2월 매출액	[2월 매출액×(₩450−₩270)÷₩450−₩600,000]×(1−40%)=₩72,000	₩1,800,000

2.11 정답 ⑤

(다) 제조간접원가에 간접재료원가도 포함된다.
제조간접원가 = 간접재료원가 + 간접노무원가 + 간접경비 = ₩30 + ₩60 + ₩200 = ₩290

(라) 당기총제조원가는 기본원가(기초원가)에 제조간접원가를 합한 금액이다.

(마) 기간원가는 재고불능원가라고 부르기도 한다.

2.12 정답 ⑤

재고자산

차변	산식	금액	대변	산식	금액
기초	1,000+X+3,000=	4,000+X	매출원가	20,000×(1−30%)=	14,000
직접재료매입액		4,500			
직접노무원가	(기말 미지급임금+당기 지급임금 −기초 미지급임금)×50% =(4,000+6,000−2,000)×50%	4,000	기말	2,000+3,000+4,000=	9,000
제조간접원가	(4,000+6,000−2,000)×50%+1,500	5,500			
계		23,000	계		23,000

∴ X = ₩23,000 − ₩4,000 − ₩4,500 − ₩4,000 − ₩5,500 = ₩5,000

2.13 정답 ①

재공품

차변	산식	금액	대변	산식	금액
기초		50,000	완성품 원가	90,000+60,000−70,000=	80,000
직접재료비	3,000+21,000−4,000=	20,000			
직접노무비					
제조간접비			기말		45,000
계		125,000	계		125,000

항목	산식	결과
가공원가	합계−직접재료비−기초재공품 ₩125,000−₩20,000−₩50,000	₩55,000
직접노무비	₩55,000×40%	₩22,000
기초원가	직접재료비+직접노무비 ₩20,000+₩22,000	₩42,000

2.14 정답 ①

항목	산식	결과
직접재료원가	기초 원재료+당기매입액−기말 원재료 ₩34,000+₩76,000−₩10,000	₩100,000
직접노무원가	기본원가−직접재료원가 ₩400,000−₩100,000	₩300,000
제조간접원가	(직접노무원가+제조간접원가)×50% (₩300,000+제조간접원가)×50%	₩300,000
당기총제조원가	직접재료원가+직접노무원가+제조간접원가 ₩100,000+₩300,000+₩300,000	₩700,000
당기제품제조원가	기초재공품+당기총제조원가−기말재공품 ₩37,000+₩700,000−₩20,000	₩717,000
매출원가	기초제품+당기제품제조원가−기말제품 ₩10,000+₩717,000−₩48,000	₩679,000

2.15 정답 ⑤

항목	결과
기초원가①	₩325,000
제조간접원가②	₩25,000
당기총제조원가③=(①+②)	₩350,000
기초재공품④	₩30,000
기말재공품⑤	₩25,000
당기제품제조원가⑥=(③+④−⑤)	₩355,000
기초제품⑦	₩20,000
기말제품⑧	₩10,000
매출원가⑨=(⑥+⑦−⑧)	₩365,000

2.16 정답 ④

항목	산식	결과
직접재료원가(X)	당기총제조원가=직접재료원가+직접노무원가+제조간접원가 ₩650,000=X+₩250,000+20,000시간×₩6	₩280,000
직접재료매입액(Y)	₩10,000+Y−₩15,000=₩280,000	₩285,000

2.17 정답 ④

항목	산식	결과
20×1년도 제품단위원가	₩38+₩48,000÷1,500단위	₩70
20×2년도 제품단위원가	₩40+₩70,000÷1,750단위	₩80
20×1년도 말 제품 수량	1,500단위−1,200단위	300단위
20×2년도 말 판매량	300단위+1,750단위−150단위	1,900단위
20×2년도 매출원가	300단위×₩70+1,600단위×₩80	₩149,000

2.18 정답 ⑤

항목	산식	결과
직접재료원가	기초잔액 ₩27,000+당기매입 ₩83,000−기말잔액 ₩9,000	₩101,000
직접노무원가	기초원가=직접재료원가+직접노무원가 ₩306,000=₩101,000+직접노무원가	₩205,000
제조간접원가	전환원가=직접노무원가+제조간접원가 (₩205,000+제조간접원가)×50%=제조간접원가	₩205,000

재공품

기초	30,000	완성	X
직접재료원가	101,000		
직접노무원가	205,000		
제조간접원가	205,000	기말	15,000
	541,000		541,000

재공품 계정에 대차평형의 원리를 적용하면 당기제품제조원가(X)는 ₩526,000임

제품 계정에 당기제품제조원가 ₩526,000을 대입하고 대차평형의 원리를 적용하면 당기 매출원가(Y)는 ₩533,000임

제품

기초	35,000	매출원가	Y
당기	526,000	기말	28,000
	561,000		561,000

2.19 정답 ②

당기지급액에서 선급비용 당기말 잔액 차감(자산 증가분 차감)

당기지급액에서 미지급비용 당기말 잔액 가산(부채 증가분 가산)

당기지급액에서 미지급비용 전기말 잔액 차감(부채 감소분 차감)

당기지급액에서 선급비용 전기말 잔액 가산(자산 감소분 가산)

항목	산식	결과
공장관리비①	₩250,000－₩150,000－₩25,000	₩75,000
수도광열비②	₩300,000＋₩100,000－₩25,000	375,000
복리후생비③	₩150,000＋₩100,000＋₩35,000	285,000
당기제조간접원가 발생액④＝(①＋②＋③)		₩735,000

2.20 정답 ②

항목	산식	결과
직접재료원가 투입금액	₩23,000+₩55,000-₩12,000	₩66,000
당기총제조원가	₩66,000+₩64,000	₩130,000
당기제품제조원가①	₩30,000+₩130,000-₩45,000	₩115,000
매출원가②	₩13,000+₩115,000-₩28,000	₩100,000
①-②		₩15,000

2.21 정답 ④

<table>
<tr><th>항목</th><th>산식</th><th>결과</th></tr>
<tr><td>노무원가</td><td>₩3,700-₩200+₩500</td><td>₩4,000</td></tr>
<tr><td>직접노무원가</td><td>노무원가 ₩4,000×80%</td><td>₩3,200</td></tr>
<tr><td>간접노무원가</td><td>노무원가 ₩4,000×(1-80%)</td><td>₩800</td></tr>
<tr><td>직접재료원가</td><td>기본원가 ₩5,700-직접노무원가 ₩3,200</td><td>₩2,500</td></tr>
<tr><td>간접재료원가</td><td>
<table>
<tr><th colspan="4">원재료</th></tr>
<tr><td>기초재고</td><td>0</td><td>직접재료원가</td><td>2,500</td></tr>
<tr><td>당기구입액</td><td>4,000</td><td>기말재고</td><td>1,400</td></tr>
<tr><td></td><td></td><td>간접재료원가</td><td>?</td></tr>
<tr><td>합계</td><td>4,000</td><td>합계</td><td>4,000</td></tr>
</table>
</td><td>₩100</td></tr>
<tr><td>제조간접원가</td><td>간접재료원가+간접노무원가+제조경비</td><td>₩3,000</td></tr>
</table>

주관식 해답

2-1 정답

항목	산식	결과
직접원가	직접재료비+직접노무비 ₩600,000+₩200,000	₩800,000
제조원가	직접원가+간접원가 ₩800,000+(₩400,000+₩300,000+₩2,000,000)	₩3,500,000
총원가	제조원가+판매관리비 ₩3,500,000+(₩80,000+₩90,000+₩70,000+₩95,000+₩5,000+₩90,000)	₩3,930,000
판매가격	총원가×1.2 ₩3,930,000×1.2	₩4,716,000

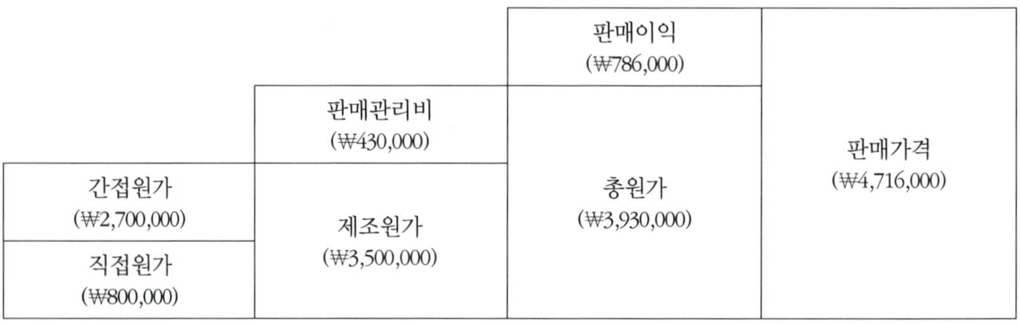

2-2 정답

항목	산식	결과
직접노무비	가공원가 ₩500,000=직접노무비+제조간접원가 제조간접원가=1.5×직접노무비	₩200,000
제조간접원가	1.5×직접노무비	₩300,000
기초원가	직접재료비+직접노무비	₩250,000
판매가격	총원가+판매이익 ₩1,050,000+0.4×판매가격	₩1,750,000

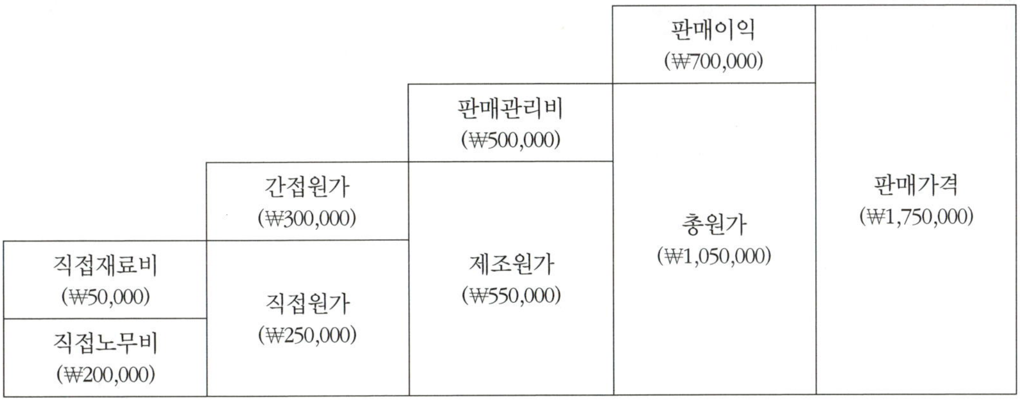

2-3 정답

물음 1

제품

기초재고	20,000	매출원가	매출액의 80%=120,000
재공품	180,000	기말재고	
합계	200,000	합계	200,000

∴ 기말제품 재고액=₩80,000

물음 2

원재료

기초재고	10,000	직접재료원가	기본원가 ₩100,000－직접노무원가 ₩60,000=₩40,000
당월매입	70,000	기말재고	
합계	80,000	합계	80,000

∴ 기말원재료 재고액=₩40,000

물음 3

재공품

기초재고	15,000	제품	180,000
직접재료원가	40,000	기말재고	
직접노무원가	60,000		
제조간접원가	(₩60,000＋제조간접원가)×70%=140,000		
합계	255,000	합계	255,000

∴ 기말재공품 재고액=₩75,000

제3장 원가행태의 결정

객관식 해답

3.1 정답 ③

항목	산식	결과
단위당 노무비	$\frac{(₩720,000-₩160,000)}{(50개-10개)}$	₩14,000
월별 고정 노무비	₩160,000－(10개×₩14,000)	₩20,000
생산량에 따른 노무비 원가함수	y=₩20,000+₩14,000×X	
노무비	y=₩20,000+₩14,000×70단위	₩1,000,000

3.2 정답 ①

시간당 임률이 ₩10이므로 처음 10,000단위 생산 시 걸리는 시간은 40,000시간임(=₩400,000÷₩10)

누적생산단위	총누적시간	단위당 누적 평균단위시간	총누적시간
10,000개	₩400,000÷₩10=40,000시간	40,000시간÷10,000개=4시간	
20,000개		4시간×80%=3.2시간	64,000시간
40,000개		3.2시간×80%=2.56시간	102,400시간
80,000개		2.56시간×80%=2.048시간	163,840시간

3.3 정답 ①

항목	산식	결과
$\hat{y}$	결정계수가 큰 원가추정방정식을 선택 =₩3,000,000+₩2,625×1,500시간	₩6,937,500

3.4 정답 ④

항목	산식	결과
단위당 변동원가	(₩70,000,000－₩50,000,000)÷(2,000개－1,000개)	₩20,000
총고정원가	₩70,000,000－(₩20,000×2,000개)	30,000,000
총제조원가	₩30,000,000×(1+20%)+₩20,000×(1－40%)×3,000개	₩72,000,000

최소한의 판매가격은 고정제조간접원가를 제외한 변동원가만을 고려하면 된다.

항목	산식	결과
직접재료비	(₩900,000÷10,000개)×80,000개	₩7,200,000
직접노무비	₩10×163,840시간	1,638,400
변동제조간접원가	(163,840시간÷40,000시간)×80,000개	327,680
계		₩9,166,080

3.5 정답 ②

200단위로 학습효과가 나타나므로 200단위를 1로트로 간주한다.

직접재료비는 학습효과가 없으므로 누적단위에 상관없이 동일하다. 다른 원가 항목은 1로트당 90%의 학습률을 적용한다.

누적단위	직접재료비	직접노무비	변동제조간접원가	기타	누적평균원가합계
200단위	₩5,000	₩60,000	₩7,500	₩12,000	₩84,500
400단위	5,000	54,000	6,750	10,800	76,550
800단위	₩5,000	₩48,600	₩6,075	₩9,720	₩69,395

항목	산식	결과
입찰금액	₩69,395×4로트－₩84,500×1로트	₩193,080

3.6 정답 ①

항목	산식	결과
단위당 변동비	(₩680,000－₩575,000)÷(30,000단위－25,000단위)	₩21
기간당 고정제조간접원가	₩680,000－₩21×30,000단위	₩50,000
단위당 변동제조간접원가	₩21－(₩5＋₩6)	₩10

3.7 정답 ②

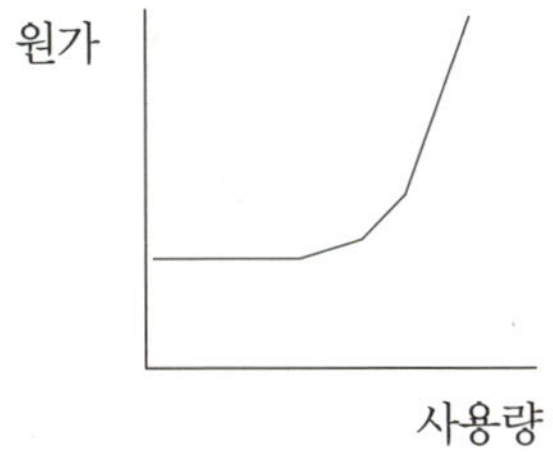

3.8 정답 ④

항목	산식	결과
단위당 변동원가	$\frac{(₩610,000-₩586,000)}{(34,000시간-31,000시간)}$	₩8
고정원가	₩610,000−34,000시간×₩8	₩338,000
7월의 전력비	₩338,000+32,375시간×₩8	₩597,000

3.9 정답 ②

최고조업도와 최저조업도의 두 좌표를 직선으로 연결하였을 때 y절편이 고정비이다.

3.10 정답 ③

항목	산식	결과
최초 16단위 누적 총노무시간	10,000분×90%^{4}×16단위	104,976분

3.11 정답 ②

항목	산식	결과
기계시간당 변동소모품비	(₩72,000−₩48,000)÷(90,000시간−60,000시간)	₩0.8/시간
고정소모품비	₩48,000−₩0.8/시간×60,000시간	₩0
① 예상 소모품비	₩0.8/시간×75,000시간	₩60,000

항목	산식	결과
기계시간당 변동수선유지비	(₩153,000−₩105,000)÷(90,000시간−60,000시간)	₩1.6/시간
고정수선유지비	₩105,000−₩1.6/시간×60,000시간	₩9,000
② 예상 수선유지비	₩1.6/시간×75,000시간+₩9,000	₩129,000

항목	산식	결과
기계시간당 변동제조간접원가	(₩246,000−₩174,000)÷(90,000시간−60,000시간)	₩2.4/시간
③ 예상 변동제조간접원가	₩2.4/시간×75,000시간	₩180,000

항목	산식	결과
④ 예상 고정제조간접원가	₩174,000−₩2.4/시간×60,000시간	₩30,000

항목	산식	결과
⑤ 예상 총제조간접원가	₩180,000+₩30,000	₩210,000

3.12 정답 ①

과목	누적 500단위 (A)	학습률 (B)	누적 2,000단위 (C)=(A×B)
단위당 직접재료원가	₩450	1	₩450
단위당 직접노무원가	1,000시간×₩300÷500단위=600	0.8×0.8	384
단위당 제조간접원가	400	1	400
합계	₩1,450		₩1,234

3.13 정답 ④

② t-value와 유의도는 음의 상관관계가 있어서 t-value가 높으면 유의도가 낮습니다. t-value(유의도)가 높고(낮으면) 회귀모형으로 추정된 계수의 신뢰성이 높습니다. 통계학적으로 유의도가 0.1(10%) 이하이면 신뢰할 수 있다고 판단합니다. 따라서 2번 선지는 'a와 b의 유의도가 낮고 t-value가 높아 분석결과 값을 신뢰할 수 있다.'가 맞는 표현입니다. 더 자세한 내용은 통계학 서적으로 참고하십시오.

항목	산식	결과
③제품 A에 대한 공헌이익	₩700-₩526-₩10	₩164
④제품 A 2,000개 생산 시 회귀분석을 통해 추정한 제조원가	₩296,000+₩526×2,000개	₩1,348,000

3.14 정답 ⑤

항목	산식	결과
고저점법에 의한 원가함수	₩1,427,600=a+b×2,130개 – 식(1) ₩850,400=a+b×1,020개 – 식(2) 식(1), 식(2)를 연립하여 풀면	a=₩320,000, b=₩520
제조원가가 같아지는 생산량(X)	₩296,000+₩526 · X=₩320,000+₩520 · X	4,000개

3.15 정답 ④

항목	산식	결과
총필요시간	누적 생산량 1대, 평균시간 100시간, 누적총시간 1대×100시간 누적 생산량 2대, 평균시간 100×80%시간, 누적총시간 2대×100×80%시간 누적 생산량 4대, 평균시간 100×80%×80%시간, 누적총시간 4대×100×80%×80%시간	256시간
총제조원가	직접재료원가 ₩85,000×4대=₩340,000 직접노무원가 ₩1,000×256시간=₩256,000 제조간접원가 ₩500×256시간=₩128,000	₩724,000

주관식 해답

3-1 정답

물음 1 증분단위시간 학습모형

누적 생산량 (A)	단위당 증분시간 (B)	총누적시간 (C)=(B)의 누계	단위당 누적평균시간 (D)=(C)÷(A)
1	2,500시간	2,500시간	2,500시간
2	2,500×0.9=2,250시간	4,750시간	2,375시간
3	2,500×0.8462=2,116시간	6,866시간	2,289시간
4	2,500×0.81=2,025시간	8,891시간	2,223시간

물음 2 누적평균시간 학습모형

누적 생산량 (A)	단위당 누적평균시간 (B)	총누적시간 (C)=(A)×(B)	단위당 누적증분시간 (D)
4	2,500×0.9025=2,256시간	9,025시간	
5	2,500×0.8877=2,219시간	11,096시간	2,071시간
6	2,500×0.8758=2,190시간	13,140시간	2,045시간
7	2,500×0.8659=2,165시간	15,155시간	2,015시간
8	2,500×0.8574=2,144시간	17,152시간	1,997시간

물음 3

항목	산식	결과
직접재료원가	₩750,000/대×3대	₩2,250,000
직접노무원가	₩1,500/시간×6,391시간[1)]	9,586,500
변동제조간접원가	₩500/시간×6,391시간	3,195,500
총변동제조원가		₩15,032,000

1) 2번째 단위부터 4번째 단위까지 생산하는 데 소요되는 총시간=8,891시간−2,500시간=6,391시간

물음 4

항목	산식	결과
직접재료원가	₩750,000/대×2대	₩1,500,000
직접노무원가	₩1,500/시간×4,042시간[1)]	6,063,000
변동제조간접원가	₩500/시간×4,042시간	2,021,000
총변동제조원가		₩9,584,000

1) 6번째 단위와 8번째 단위를 생산하는 데 소요되는 총시간=2,045시간+1,997시간=4,042시간

3-2 정답

물음 1

15년간 생산직 노무자의 이직이 거의 없이 단일 기종의 소형 항공기를 생산하였기 때문에 생산직 노무자의 숙련도가 극대점에 이르러 추가적인 학습효과가 발생할 여지가 적다고 판단하였기 때문이다.

물음 2

1) 생산직 노무자의 숙련도 증가로 인한 직접노무시간 감소로 인해 직접노무원가 절감
2) 직접노무원가 감소로 인하여 직접노무원가와 관련 있는 원가절감 가능
3) 절약된 자원을 이용하여 타제품 원가절감 가능
4) 불량률이 감소하여 생산성이 향상되어 유리한 능률차이 발생

물음 3

(1) 학습효과를 고려하지 않을 경우

항목	산식	결과
시간당 제조간접원가	₩1,187,500÷(6대×4,100시간+3대×10,000시간)	₩21.75/시간

항목	소형 항공기		대형 항공기	
	산식	결과	산식	결과
직접재료원가	₩536,000×6대	₩3,216,000	₩900,000×3대	₩2,700,000
직접노무원가	₩164,000×6대	₩984,000	①₩500,000×3대	₩1,500,000
제조간접원가	②₩21.75/시간×4,100시간×6대	₩535,050	③₩21.75/시간×10,000시간×3대	₩652,500
합계		₩4,735,050		₩4,852,500

(2) 학습효과를 고려할 경우

항목	산식	결과
학습률	$\log(T)=4+0.7655\times\log(X)$ $\log(T)=\log(10{,}000)+\log(X)^{0.7655}$ $\log(T)=\log(10{,}000\times X^{0.7655})$ 양변에 있는 log를 없애고, X로 나누면 $T/X=10{,}000\times X^{(0.7655-1)}$ $y=10{,}000\times X^{(-0.2345)}$가 됨 따라서 학습지수는 0.2345임.	85%

누적 생산량(1)	평균노무시간(2)	누적 총노무시간(3)=(1)×(2)
1	10,000	10,000
2	8,500	17,000
3	7,729	23,187
4	7,225	28,900
5	6,856	34,280
6	6,569	39,414
7	6,336	44,352
8	6,141.25	49,130

항목	산식	결과
대형 항공기 3대 제작에 필요한 노무시간	28,900시간−10,000시간	18,900시간
시간당 제조간접원가	₩1,187,500÷(4,100시간×6대+18,900시간)	₩27.3/시간

항목	소형 항공기		대형 항공기	
	산식	결과	산식	결과
직접재료원가	₩536,000×6대	₩3,216,000	₩900,000×3대	₩2,700,000
직접노무원가	₩164,000×6대	₩984,000	₩50×18,900시간	①₩945,000
제조간접원가	₩27.3/시간×4,100시간×6대	②₩671,580	₩27.3/시간×18,900시간	③₩515,970
합계		₩4,871,580		₩4,160,970

(3) 학습효과로 인하여 대형 항공기 제조에 드는 직접노무시간이 감소하였고, 그 결과 학습효과를 고려하지 않은 경우보다 대형 항공기 제조원가가 감소하였다. 대형 항공기의 직접노무시간이 학습효과로 인하여 줄어든 만큼 총예산도 줄어든다. 제조간접원가 총액은 동일하나 소형 항공기에 배부되는 금액이 커진다.

물음 4

누적 생산량(1)	평균노무시간(2)	누적 총노무시간(3)=(1)×(2)
1	10,000	10,000
2	8,500	17,000
3	7,729	23,187
4	7,225	28,900

항목	산식	결과
대형 항공기 총공헌이익	₩1,370,000×3대−(₩900,000×3대+₩50×23,187시간)	₩250,650
소형 항공기 대당 공헌이익	₩850,000−₩536,000−₩164,000	₩150,000
손익분기점 수량	₩250,650+₩150,000×BEP−₩1,187,550=₩0	6.246대→7대

물음 5

누적 생산량(1)	평균노무시간(2)	누적 총노무시간(3)=(1)×(2)
1	10,000	10,000
2	8,500	17,000
3	7,729	23,187
4	7,225	28,900
5	6,856	34,280
6	6,569	39,414
7	6,336	44,352
8	6,141.25	49,130

항목	산식	결과
소형 항공기 증분원가①	₩700,000×2대	₩1,400,000
대형 항공기 증분원가②	₩900,000×4대+₩50×(44,352시간−23,187시간)	₩4,658,250
총 증분원가③=(①+②)		₩6,058,250
총 입찰가④=(③×120%)		₩7,269,900

물음 6

학습률 85% 증분단위시간

누적 생산량	증분시간	누적총시간
1	10,000	10,000
2	8,500	18,500
3	7,729	26,229
4	7,225	33,454

항목	산식	결과
대형 항공기 제작에 필요한 노무시간	33,454시간−10,000시간	23,454시간
대형 항공기 총공헌이익	₩1,200,000×3대−₩900,000×3대−₩50×23,454시간	(₩272,700)
소형 항공기 대당 공헌이익	₩850,000−₩536,000−₩164,000	₩150,000
소형 항공기의 손익분기점 판매량	(₩272,700)+₩150,000×BEP−₩1,187,550=0	9.735대→10대

물음 7

〈참고자료 2〉 90% 학습률 학습곡선

누적 생산량	증분시간	누적총시간
1	10,000	10,000
2	9,000	19,000
3	8,462	27,462
4	8,100	35,562
5	7,830	43,392
6	7,616	51,008
7	7,440	58,448
8	7,290	65,738

항목	산식	결과
대형 항공기 4대 생산에 필요한 노무시간	58,448시간−27,462시간	30,986시간
대형 항공기 대체 노무시간	(30,986시간−28,000시간)×3시간	8,958시간
소형 항공기 생산에 사용 가능한 시간	42,000시간−8,958시간	33,042시간
소형 항공기 생산 대수	33,042시간÷4,100시간	≒8.05→8대 생산
소형 항공기 공헌이익	₩150,000×8대	₩1,200,000

항목		대형 항공기	소형 항공기	합계
매출액		X		
직접재료원가		₩900,000×4대=₩3,600,000		
직접노무원가	대형 항공기	₩50×28,000시간=₩1,400,000		
	소형 항공기	₩40×8,958시간=₩358,320		
운반비		₩91,200		
공헌이익		X−₩5,449,520	₩1,200,000	X−₩4,249,520
특별주문 수락하지 않을 경우의 수익과 같은 최소판매금액		X−₩4,249,520=₩1,500,000 (=소형 항공기 10대 공헌이익=₩150,000×10대)		₩5,749,520

제4장 원가-조업도-이익 분석

객관식 해답

4.1 정답 ①

항목	산식	결과
총고정원가	손익분기점 매출액×공헌이익률 ₩1,000,000×0.4	₩400,000
총변동원가	매출액×(1－공헌이익률) 매출액×(1－0.4)	0.6 매출액
매출액	영업이익＝매출액－총변동원가－총고정원가 ₩250,000＝매출액－0.6 매출액－₩400,000	₩1,625,000

4.2 정답 ④

항목	산식	결과
목표매출액(S)	$\frac{\text{총고정원가}+\text{목표이익}}{\text{공헌이익률}}=\frac{FC+0.2S}{\frac{S-0.7S}{S}}=\frac{FC+0.2S}{0.3}$	FC÷0.1

4.3 정답 ②

항목	산식	결과
세후 목표판매량	$\frac{\text{총고정원가}+\frac{\text{순이익}}{(1-t)}}{\text{단위당 공헌이익}}=\frac{₩60,000+\frac{₩61,200}{(1-0.4)}}{(₩20-₩2-₩4-₩3-₩5)}$	27,000단위

4.4 정답 ①

손익분기점 판매량은 고정원가÷(단위당 가격－단위당 변동원가)이므로 다른 조건은 일정하며 고정원가가 15% 증가하면 손익분기점 판매량도 15% 증가할 것이다.

4.5 정답 ④

항목	산식	결과
목표판매량	₩1,160,000=₩1,000,000×(1−0.18)+(세전이익−₩1,000,000)×(1−0.22) 세전 이익=₩1,435,897 (₩2,000,000+₩1,435,897)÷(₩10,000−₩5,000)	687개 약 700개

4.6 정답 ③

항목	산식	결과
총고정원가	손익분기 매출액×공헌이익률=₩120,000,000×0.4	₩48,000,000
단위당 판매가격	단위당 변동비÷(1−공헌이익률) =₩360÷(1−0.4)	₩600
추가판매에 따른 추가고정원가(X)	목표매출액=(총고정원가+목표영업이익)÷공헌이익률 $50,000개×₩600=\dfrac{X+(50,000개×₩600×0.15)}{0.4}$	₩7,500,000

4.7 정답 ③

항목	산식	결과
단위당 변동원가	₩2,000,000÷50세트	₩40,000
단위당 판매가격	$1-\dfrac{40,000}{단위당\ 판매가격}=0.6$	₩100,000

항목	기존방법	성과급 실행 시
판매액①	₩100,000×50세트=₩5,000,000	₩100,000×판매량
변동원가②	₩2,000,000	인건비 대신 세트당 ₩12,000 지급 (₩40,000+₩12,000)×판매량
고정원가③	₩1,500,000	고정비 중 ₩500,000 인건비 차감 ₩1,000,000
영업이익④=(①−②−③)	₩1,500,000	₩48,000×판매량−₩1,000,000
판매량	₩1,500,000=₩48,000×판매량−₩1,000,000 ∴약 52세트	

4.8 정답 ③

생산단위 10,000단위 이상으로 가정

항목	산식	결과
목표판매량	(총고정원가+목표영업이익)÷단위당 공헌이익 (₩10,000,000+₩4,000,000)÷(₩5,000×0.2)	14,000단위 (가정과 일치)

4.9 정답 ③

항목	산식	결과
손익분기점 매출액	총고정원가÷공헌이익률 ₩60,000÷(1−0.6)	₩150,000
안전한계 매출액	실제 매출액−손익분기 매출액 ₩200,000−₩150,000	₩50,000
안전한계비율	(안전한계 매출액÷실제 매출액)×100 (₩50,000÷₩200,000)×100	25%
공헌이익	매출액×공헌이익률 ₩200,000×0.4	₩80,000
영업이익	공헌이익−고정원가 ₩80,000−₩60,000	₩20,000
영업레버리지도	공헌이익÷영업이익 ₩80,000÷₩20,000	4
세후 당기순이익	영업이익×(1−세율) ₩20,000×(1−0.2)	₩16,000
매출액 10% 증가	매출액 증가율×영업레버리지도 10%×4	영업이익 40% 증가
영업이익	₩20,000×0.4	₩8,000 증가
세후 당기순이익	₩8,000×(1−0.2)	₩6,400 증가

4.10 정답 ①

항목	산식	결과
목표매출액	목표매출액=(총고정원가+목표영업이익)÷공헌이익률 목표매출액=(₩1,000,000+₩200,000+0.15・목표매출액)÷(1−0.7)	₩8,000,000

4.11 정답 ①

항목	산식	결과
단위당 공헌이익	손익분기점 이후의 영업이익=단위당 공헌이익×(판매량−손익분기점 판매량) ₩4,000,000÷(6,000단위−5,000단위)	₩4,000
고정원가	단위당 공헌이익×손익분기점 수량=₩4,000×5,000단위	₩20,000,000
손익분기점	판매가격을 단위당 ₩2,000 인하하였으므로 4월의 단위당 공헌이익은 ₩2,000(=₩4,000−₩2,000)이다. ₩20,000,000÷₩2,000	10,000단위

4.12 정답 ③

수익과 원가행태는 관련 범위 내에서 직선으로 가정한다.

4.13 정답 ④

항목	산식	결과
① 손익분기판매 수량	₩150,000÷(₩200,000÷1,000단위)	750단위
② 순손실	₩500,000×1/2×0.4−₩150,000	(₩50,000)
③ 목표판매량	(₩150,000+₩80,000)÷₩200	1,150단위
④ 목표매출액	S=(₩150,000+0.2S)÷0.4	₩750,000
⑤ 목표매출액	[₩150,000+₩70,000÷(1−0.3)]÷0.4	₩625,000

4.14 정답 ②

항목	산식	결과
손익분기점 임대일①	₩120,000,000÷(₩50,000−₩10,000)	3,000일
이용 가능한 임대일수②	365일×100실	36,500일
점유율③=(①÷②)		8.21%

4.15 정답 ④

항목	제품 A	제품 B	제품 C	결과
단위당 판매가격	₩120	₩100	₩150	
단위당 변동원가	72	70	120	
단위당 공헌이익	₩48	₩30	₩30	
공헌이익률	48/120	30/100	30/150	
가중평균 공헌이익률	(48/120)×0.5+(30/100)×0.2+(30/150)×0.3			0.32
목표이익달성 매출액	(고정비+목표이익)÷가중평균 공헌이익률 (₩40,000+12,000)÷0.32			₩162,500

4.16 정답 ④

① 납세 후 순이익=(매출액−변동비−고정비)×(1−세율)
₩112,000=(₩2,200,000−₩2,200,000×0.8−₩300,000)×(1−0.2)

② 비선형 그래프가 3차 이상의 함수면 3개 이상의 해가 나올 수 있다.

③ CVP분석은 단기적 의사결정에 사용되는 기법으로 단기간의 관련 범위 내에서 고정원가는 일정하다고 가정한다.

④ 불경기 시 고정비용의 비중이 큰 기업일수록 이익의 감소 폭이 더 크다. 판매량은 감소하는 반면 고정비용의 비중은 일정하므로 순이익은 감소할 것이다.

⑤ 고정비용은 금액이 정해져 있는 비용이기 때문에 순이익은 공헌이익의 크기에 의하여 결정된다. 따라서 이익−조업도 도표의 이익선 기울기는 단위당 공헌이익에 의하여 결정된다.

4.17 정답 ①

항목	산식	결과
3월 판매 수량	₩70,000÷100	700개
단위당 변동비	₩100×(1－0.2)	₩80
총변동비	₩80×700개	₩56,000
총고정비	₩91,000－₩56,000	₩35,000
4월 세전 이익	₩28,000÷(1－0.3)	₩40,000
4월의 판매가격 P	1,000개 · P－1,000개×₩80－₩35,000－₩15,000＝₩40,000	₩170

4.18 정답 ④

④ 영업레버리지도$=\dfrac{\text{공헌이익}}{\text{공헌이익}-\text{고정원가}}$이므로 고정원가 비중이 커지면 분모가 작아지므로 영업레버리지도는 커진다.

⑤ 안전한계율×공헌이익률$=\dfrac{\text{매출액}-\text{손익분기점 매출액}}{\text{매출액}}\times\text{공헌이익률}$

$$=\dfrac{\text{매출액}-\dfrac{\text{고정원가}}{\text{공헌이익률}}}{\text{매출액}}\times\text{공헌이익률}$$

$$=\dfrac{\text{매출액}\times\text{공헌이익률}-\text{고정원가}}{\text{매출액}}$$

$$=\text{매출액 순이익률}$$

4.19 정답 ⑤

항목	산식	결과
단위당 변동제조원가	₩9,000＋₩2,000	₩11,000
고정비	₩160,000,000＋₩120,000,000	₩280,000,000
변화 전 영업이익	(₩21,000－₩11,000)×40,000단위－₩280,000,000	₩120,000,000
단위당 판매가격(P)	₩120,000,000＝(P－₩11,000－₩400)×40,000단위 －₩280,000,000－₩20,000,000	₩21,900

4.20 정답 ②

항목	제품 A	제품 B	제품 C	제품 D	결과
단위당 판매가격	₩10	₩15	₩20	₩25	
단위당 변동원가	8	12	16	20	
단위당 공헌이익	2	3	4	5	
공헌이익률	2/10	3/15	4/20	5/25	
가중평균 공헌이익률	(2/10×4/10)+(3/15×3/10)+(4/20×2/10)+(5/25×1/10)				0.2
목표이익달성 매출액	(고정비+목표이익)÷가중평균 공헌이익률 (₩1,000+₩500)÷0.2				₩7,500

4.21 정답 ①

항목	산식	결과
기존의 손익분기점	₩69,000÷(₩20−₩8)	5,750개
변화 후 고정비	₩15,000+₩30,000+₩10,000	₩55,000
변화 후 변동비	₩8+₩20×0.05	₩9
변화 후 손익분기점	₩55,000÷(₩20−₩9)	5,000개
영업이익이 같아지는 판매량 X	(₩20−₩8)×X−₩69,000=(₩20−₩9)×X−₩55,000	14,000개

4.22 정답 ①

항목	산식	결과
예상 가중평균단위당 원가	₩130×70%+₩100×30%	₩121
실제 가중평균단위당 원가	₩130×50%+₩100×50%	₩115
원가 변화율	(₩121−₩115)÷₩121	약 5% 감소

4.23 정답 ③

객실 종류	비즈니스	더블	스위트	합계
1일 객실당 요금①	₩160,000	200,000	320,000	
객실당 변동비②	₩64,000	68,000	80,000	
공헌이익률③=[(①−②)÷①]	60%	66%	75%	
매출 배합④	30%	50%	20%	
가중평균 공헌이익률⑤=(③×④)	18%	33%	15%	66%

객실 종류	비즈니스	더블	스위트	합계
객실 수①	75실	100실	25실	200실
1일 객실당 요금②	₩160,000	200,000	320,000	–
매출액③=(①×②)	₩12,000,000	₩20,000,000	₩8,000,000	₩40,000,000
1개월 일수④				30일
월간 최대매출액⑤=(③×④)				₩1,200,000,000
조업도 40% 매출액⑥=(⑤×40%)				₩480,000,000

항목	조업도 40% 이하인 경우	조업도 41% 이상인 경우
월간 고정비①	₩396,000,000	₩462,000,000
목표 세차감 후 이익②	₩42,000,000	₩42,000,000
가중평균 공헌이익률③	66%	66%
세율④	10%	10%
목표매출액⑤=(①+②)÷(③–④[1])	₩782,142,857	₩900,000,000
조업도 40% 매출액⑥	₩480,000,000	₩480,000,000
판단 기준	⑤가 ⑥보다 작아야 함. 따라서 기각	⑤가 ⑥보다 커야 함. 따라서 채택

1) 영업이익의 일정 비율을 세금으로 부담하는 일반적인 문제와 달리, 본 문제는 매출액의 10%를 세금으로 부담하고 있다. 따라서 (매출액×공헌이익률-고정원가)×(1-세율)이 아니라, (매출액×공헌이익률)-(매출액×세율)-고정원가=목표이익이라는 식을 써야 한다. 해당 식을 정리하면 매출액×(공헌이익률-세율)-고정원가=목표이익이므로, 공헌이익률 0.66에서 세율 0.1을 차감한 0.56을 사용하는 것이다.

조업도=₩900,000,000÷₩1,200,000,000=75%

4.24 정답 ①

영업이익 증가율=영업레버리지도×매출액 증가율임. 따라서 영업레버리지도가 더 큰 대한회사가 한국회사보다 금년도에 영업이익이 더 증가할 것이다.

4.25 정답 ①

항목	산식	결과
단위당 판매가격①		₩50
단위당 직접재료비②		14
단위당 직접노무비③		5
단위당 변동제조간접비④		3
단위당 변동판매관리비⑤		2
단위당 공헌이익⑥=(①–②–③–④–⑤)		26
고정제조간접비⑦		55,000
고정판매관리비⑧		80,200
고정비 합계⑨=(⑦+⑧)		₩135,200
손익분기점 판매량⑩=(⑨÷⑥)		5,200단위
절감 고정비	5,200단위=(₩135,200–절감 고정비)÷(₩26–₩2)	₩10,400

4.26 정답 ③

항목	생산량 조건 0~50,000개	생산량 조건 50,001~90,000개	생산량 조건 90,001~130,000개
단위당 판매가격①	₩400	₩400	₩400
단위당 변동원가②	₩280	₩280	₩280
단위당 공헌이익③=(①−②)	₩120	₩120	₩120
총고정원가④	₩3,000,000	₩4,500,000	₩6,000,000
목표이익⑤	₩9,000,000	₩9,000,000	₩9,000,000
판매 수량⑥=[(④+⑤)÷③]	100,000개	112,500개	125,000개
판단	생산량 조건 미충족	생산량 조건 미충족	생산량 조건 충족

4.27 정답 ③

매출 배합은 매출수량비율 기준

항목	제품 A	제품 B
총매출액	₩30,000	₩42,000
판매 수량	300개	700개
단위당 판매가격	₩100	₩60
총변동원가	₩15,000	₩21,000
단위당 변동비	₩50	₩30
단위당 공헌이익	₩50	₩30
가중평균 공헌이익	₩50×300개÷1,000개+₩30×700개÷1,000개=₩36	
손익분기점 총판매수량	₩21,600÷₩36=600개	
제품별 손익분기점 판매 수량	600개×300개÷1,000개=180개	600개×700개÷1,000개=420개

4.28 정답 ②

항목	산식	결과
공헌이익률	(₩250−₩150)÷₩250	40%
영업이익 증가	₩30,000×0.4−₩10,000	₩2,000

4.29 정답 ④

항목	산식	결과
단위당 변동비	[(₩2,000−단위당 변동비)×5,000단위−₩200×(5,000단위−4,000단위) −₩1,400,000]×(1−20%)=₩1,920,000	₩1,200
생산량(Q)	[(₩2,000−₩1,200)×Q−₩200×(Q−4,000단위)−₩1,400,000]×(1−20%)=₩2,400,000	6,000단위
조업도	6,000단위÷8,000단위	75%

4.30 정답 ④

재무레버리지도＝영업이익÷(영업이익－이자비용)
이자보상비율＝영업이익÷이자비용＞1이므로 영업이익＞이자비용이 되므로 재무레버리지도의 분모는 0보다 큼을 알 수 있다. 이 경우 부채비율이 높을수록(즉, 이자비용이 커질수록) 재무레버리지도는 커지게 된다.

4.31 정답 ①

① 판매가격은 판매 수량이 변동해도 일정하다고 가정한다.

4.32 정답 ④

항목	산식	결과
목표이익달성 매출액	$\dfrac{\text{총고정비} + \dfrac{\text{목표이익}}{(1-\text{세율})}}{(1-\text{변동비율})}$	
1월 제품 매출액	$\dfrac{₩500{,}000 + \dfrac{₩60{,}000}{(1-0.4)}}{(1-\dfrac{₩300}{₩500})}$	₩1,500,000
2월 제품 매출액	$\dfrac{₩600{,}000 + \dfrac{₩72{,}000}{(1-0.4)}}{(1-\dfrac{₩270}{₩450})}$	₩1,800,000

4.33 정답 ②

① 이익＝총공헌이익－고정비
＝판매량×단위당 공헌이익－손익분기 판매량×단위당 공헌이익
＝Qc×단위당 공헌이익－Qa×단위당 공헌이익
＝(Qc－Qa)×단위당 공헌이익

② 영업레버리지도
영업레버리지도＝1÷안전한계율
Sc에서 안전한계율＝안전한계÷매출액
＝(매출액－손익분기 매출액)÷매출액
＝(Sc－Sb)÷Sc
∴영업레버리지도＝Sc÷(Sc－Sb)

※안전한계와 영업레버리지도

안전한계＝매출액－손익분기점 매출액

안전한계율＝안전한계÷매출액

$$\frac{\text{매출액}-\dfrac{\text{고정비}}{\text{공헌이익률}}}{\text{매출액}}=1-\frac{\text{고정비}}{\text{공헌이익률}\times\text{매출액}}$$

$$=1-\frac{\text{고정비}}{\text{공헌이익}}$$

$$=\frac{(\text{공헌이익}-\text{고정비})}{\text{공헌이익}}$$

$$=\frac{\text{영업이익}}{\text{공헌이익}}$$

$$\therefore \text{영업레버리지}=\frac{\text{공헌이익}}{\text{영업이익}}=\frac{1}{\text{안전한계율}}$$

③ A 기업과 B 기업의 안전한계율의 차이

＝A 기업의 안전한계율－B 기업의 안전한계율

＝(Sc－Sa)÷Sc－(Sc－Sb)÷Sc

＝(Sa－Sb)÷Sc

④ 두 기업의 판매가격이 같으므로 두 기업의 공헌이익이 차이는 변동비 차이와 일치한다.

⑤ 두 기업의 판매가격이 같고 A 기업의 변동비가 B 기업의 변동비보다 크므로 B 기업의 공헌이익률이 A 기업의 공헌이익률보다 크다.

4.34 정답 ⑤

항목	산식	결과
세전 이익	₩1,000,000×(1－0.25)＋(세전 이익－₩1,000,000)×(1－0.3) ＝₩1,450,000	₩2,000,000
생산(판매)량	판매 수량 0~5,000개 Q＝(₩8,500,000＋₩2,000,000)÷₩2,000＝5,250개(조건 미충족) 판매 수량 5,000개 초과 Q＝(₩11,000,000＋₩2,000,000)÷₩2,000＝6,500개(조건 충족)	6,500개

4.35 정답 ②

항목	산식	결과
X2년 영업레버리지도	X2년 공헌이익÷X2년 영업이익 (X2년 매출액×X2년 공헌이익률)÷(X2년 매출액×X2년 공헌이익률－고정원가) (₩4,800,000×0.4)÷(₩4,800,000×0.4－₩1,000,000)	2.09
X2년 매출액	X1년 매출액보다 20% 증가 ₩4,000,000×(1＋20%)	₩4,800,000
X2년 공헌이익률	X2년 고정비÷X2년 공헌이익률=X2년 손익분기점 매출액 ₩1,000,000÷X2년 공헌이익률＝₩2,500,000	0.4
X2년 손익분기점 매출액	X1년 손익분기점 매출액×(1＋25%) ₩2,000,000×(1＋25%)	₩2,500,000
X1년 손익분기점 매출액	X1년 고정비÷X1년 공헌이익률 ₩1,000,000÷0.5	₩2,000,000
X1년 공헌이익률	X1년 공헌이익÷X1년 매출액 ₩2,000,000÷₩4,000,000	0.5

4.36 정답 ②

항목	산식	결과
공헌이익률	(₩2,500,000×공헌이익률－₩510,000)×(1－0.4)＝₩240,000×1.1	38%

4.37 정답 ③

항목	산식	결과
단위당 공헌이익	(₩100,000÷100단위)－(₩100,000÷125단위)	₩200
손익분기점 수량	₩100,000÷₩200	500단위
목표판매 수량	(목표판매 수량－500단위)÷목표판매 수량=0.375	800단위

4.38 정답 ⑤

영업레버리지도는 판매량이 증가하면 낮아진다.
영업레버리지도는 손익분기점에서 벗어날수록 낮아진다.

4.39 정답 ①

항목	산식	결과
목표이익 달성 매출액(S)	(S－₩100,000)×20%＝₩80,000	₩500,000
목표이익 달성 생산 · 판매량(Q)	₩500,000×(1－20%)＝₩400Q	1,000

4.40 정답 ①

항목	산식	결과
① 영업레버리지도	[₩100,000×(1−60%)]÷[₩100,000×(1−60%)−₩30,000]	4
② 당기순이익	[₩100,000×(1−60%)−₩30,000]×(1−20%)	₩8,000
③ 영업이익 증가	₩100,000×5%×(1−60%)	₩2,000
④ 안전한계율	[₩100,000−₩30,000÷(1−60%)]÷₩100,000	25%
⑤ 손익분기 매출액	₩30,000÷(1−60%)	₩75,000

4.41 정답 ④

항목	산식	결과
1매 판매가격		₩30,000
1매 변동비	₩30,000×3%+₩1,100	2,000
1매 공헌이익①		₩28,000
연료비	₩700,000/편도×2회×5회/주	₩7,000,000
공항사용료		4,800,000
급여와 복리후생비		7,800,000
고정비 소계②		₩19,600,000
손익분기 항공권 수량③=(②÷①)		700매

4.42 정답 ⑤

항목	제품 A	제품 B	제품 C	합계
단위당 판매가격①	₩10	₩12	₩14	₩36
단위당 변동비②	₩6	₩4	₩8	₩18
단위당 공헌이익③=(①−②)	₩4	₩8	₩6	₩18
예상 판매량④	100개	150개	250개	500개
물량비율⑤=100개÷500개:150÷500개:250개÷500개	2:	3:	5	
꾸러미 공헌이익⑥=(③×⑤)	₩8	₩24	₩30	₩62
고정비⑦				₩2,480
꾸러미 손익분기점 수량⑧=(⑦÷⑥)				40꾸러미
제품 C의 손익분기점 매출액⑨=(①×⑤×⑧)			₩2,800	

4.43 정답 ③

항목	산식	결과
임대수익	₩400×100개×20주×7일×임대율	₩5,600,000×임대율
관리자 급여와 감가상각비		₩1,370,000
관리보조원 급여	₩2,500×20주	₩50,000
보수유지 및 관리비	₩125×100개×20주×7일	₩1,750,000
청소 및 소모품비	₩30×100개×20주×7일×임대율	₩420,000×임대율
손익		₩5,180,000×임대율－₩3,170,000
손익분기 임대율	₩5,180,000×임대율－₩3,170,000=0	61.2%

4.44 정답 ③

항목	제품 A	제품 B	합계
매출액①	A	₩7,000,000－A	₩7,000,000
공헌이익률②	50%	30%	
공헌이익③=(①×②)	0.5A	₩2,100,000－0.3A	0.2A+₩2,100,000
총고정비④			₩1,750,000
영업이익⑤=(③－④)			0.2A+₩350,000
예상 영업이익⑥			₩700,000
제품 A 매출액	⑤=⑥		₩1,750,000
제품 B 매출액	₩7,000,000－₩1,750,000		₩5,250,000

4.45 정답 ⑤

항목	노동집약적 생산방법 (A)	자본집약적 생산방법 (B)
매출액①	₩600Q	₩600Q
변동제조원가②	₩300Q	₩250Q
변동판매관리비③	₩50Q	₩50Q
공헌이익④=(①－②－③)	₩250Q	₩300Q
연간 고정제조간접원가⑤	₩2,100,000	₩3,100,000
연간 고정판매관리비⑥	₩1,400,000	₩1,400,000
영업이익⑦=(④－⑤－⑥)	₩250Q－₩3,500,000	₩300Q－₩4,500,000
손익분기점 판매량⑧=(⑦=₩0)	14,000단위	－
두 생산방법 간에 영업이익의 차이가 발생하지 않는 판매량 ⑨=[(A)⑦=(B)⑦]	20,000단위	

4.46 정답 ①

계단 원가(준고정비)가 존재하는 경우에는 "반드시"가 아니라 특정한 조건을 충족하는 때에만 손익분기점은 계단 수(구간 수)만큼 존재한다.

4.47 정답 ①

항목	결과
단위당 판매가격①	₩6,000
단위당 변동제조원가②	3,200
단위당 변동판매관리비③	1,600
단위당 공헌이익④=(①−②−③)	1,200
연간 고정제조간접원가⑤	242,000
연간 고정판매관리비⑥	206,800
고정비 합계⑦=(⑤+⑥)	448,800
기계감가상각비⑧	72,000
매장건물 감가상각비⑨	64,800
비현금 고정비 합계⑩=(⑧+⑨)	₩136,800

항목	산식	결과
세후 현금흐름분기점 판매량	(고정비×(1−법인세율)−비현금 고정비) / (단위당 공헌이익×(1−법인세율)) (₩448,800×(1−0.25)−₩136,800) / (₩1,200×(1−0.25))	222단위
세후 영업이익	(₩1,200×1,000개−₩448,800)×(1−0.25)	₩563,400

4.48 정답 ④

구분	사업부 A	사업부 B	회사 전체
매출액①	₩80,000	₩120,000	₩200,000
변동매출원가②	40,000	90,000	130,000
변동판매관리비③=(①×10%)	8,000	12,000	20,000
공헌이익④=(①−②−③)	32,000	18,000	50,000
고정비⑤	22,000	6,000	42,000
영업이익⑥=(④−⑤)	₩10,000	₩12,000	₩8,000
공헌이익률⑦=(④÷①)	40%	15%	25%
손익분기매출액⑧=(⑤÷⑦)	₩55,000	₩40,000	₩168,000

4.49 정답 ⑤

항목	산식	결과
고정영업비용(X)	$\frac{₩700,000 \times 0.54}{(₩700,000 \times 0.54 - X)} = 3$	₩252,000
4월의 영업이익	₩700,000×1.1×54%−(₩252,000+₩30,000)	₩133,800

4.50 정답 ⑤

항목	산식	결과
판매가격(X)	280개×(X−₩11,800−₩6,200)−₩4,200,000=280개×X×25%	₩44,000
판매량(Y)	(₩44,000−₩11,800−₩6,200)×Y−₩4,200,000≥₩1,000,000	200개

4.51 정답 ⑤

항목	산식	결과
매출액 대비 변동원가의 비율	$\frac{(₩980,000 - ₩791,000)}{(₩1,125,000 - ₩885,000)}$	70%
고정원가	₩791,000−₩855,000×70%	₩192,500
추정 목표매출액(X)	X×(1−0.7)−₩192,500=₩167,500	₩1,200,000

4.52 정답 ③

항목	산식	결과
손익분기점 해외판매량	$\frac{[₩1,500,000 - (₩10,000 - ₩6,000) \times 300\text{단위}]}{(₩9,000 - ₩6,000)}$	100단위
손익분기점 판매량	국내 300단위+해외 100단위	400단위

4.53 정답 ④

항목	산식	결과
① 제품C 추가 전 평균공헌이익률	₩275,000÷₩500,000	55%
① 제품C 추가 후 평균공헌이익률	$\frac{[₩275,000 + ₩125,000 \times (1 - 0.3)]}{(₩500,000 + ₩125,000)}$	58%
② 제품C의 매출액비중	₩125,000÷(₩500,000+₩125,000)	20%
③ 제품C 추가 전 손익분기점	₩220,000÷0.55	₩400,000
③ 제품C 추가 후 손익분기점	₩300,000÷0.58	₩517,241
④ 제품C 추가 전 영업레버리지도	₩275,000÷₩55,000	5
④ 제품C 추가 후 영업레버리지도	$\frac{₩362,500}{[₩55,000 + ₩125,000 \times (1 - 0.3) - ₩80,000]}$	5.8

⑤ 제품C 추가 후 회사 전체 세후이익	₩62,500×(1－0.2)	₩50,000

4.54 정답 ①

(₩3,000,000×공헌이익률－고정비)×(1－0.25)=₩360,000 --- 식(1)

$$40\% = \frac{(₩3,000,000 \times 공헌이익률 - 고정비)}{₩3,000,000 \times 공헌이익률} \quad \text{--- 식(2)}$$

식(1), 식(2)를 연립하여 풀면 공헌이익률 0.4, 고정비 ₩720,000이 도출된다.
현금흐름분기점 매출액을 S라고 하면

(S×0.4－₩720,000)×(1－0.25)+₩720,000×0.3=₩0

S=₩1,080,000

4.55 정답 ③

손익분기 매출액은 이익이 ₩0이므로 법인세율의 영향을 받지 않는다.

주관식 해답

4-1 정답

항목	서울공장		경기공장	
작업 가능일 수	0<N≤300일	300일<N≤350일	0일<N≤300일	300일<N≤350일
생산수량	0<Q≤90,000대	90,000대<Q≤105,000대	0대<Q≤60,000대	60,000대<Q≤70,000대
가격	₩1,000	₩1,000	₩1,000	₩1,000
변동비	₩200+₩50+₩100	₩200+₩50+₩100+₩50	₩250+₩50+₩150	₩250+₩50+₩150+₩100
단위당 공헌이익	₩650/대	₩600/대	₩550/대	₩450/대
생산우선순위	1순위	2순위	3순위	4순위
고정비	제조간접원가: 300대×300일×₩200= ₩18,000,000		제조간접원가: 200대×300일×₩100= ₩6,000,000	
	판매비와 관리비: 300대×300일×₩100= 9,000,000		판매비와 관리비: 200대×300일×₩50= 3,000,000	
	₩27,000,000		₩9,000,000	

물음 1 각 공장의 손익분기 수량

항목	산식	결과
서울공장	₩27,000,000÷₩650	약 41,538대
경기공장	₩9,000,000÷₩550	약 16,364대

물음 2 (주)오천리의 영업이익

항목	서울공장	경기공장	합계
의사결정	105,000대 생산	15,000대 생산	120,000대 생산
매출	₩1,000×90,000대+₩1,000×15,000대	₩1,000×15,000대	₩120,000,000
변동비	350×90,000대+400×15,000대	450×15,000대	44,250,000
공헌이익	₩650×90,000대+₩600×15,000대	₩550×15,000대	₩75,750,000
고정비	₩27,000,000	₩9,000,000	36,000,000
영업이익			₩39,750,000

물음 3

항목	서울공장	경기공장	합계
의사결정	80,000대	0대	80,000대
매출	₩1,000×80,000대	–	₩80,000,000
변동비	350×80,000대	–	28,000,000
공헌이익	₩650×80,000대	–	₩52,000,000
고정비	₩27,000,000	₩9,000,000[1)]	36,000,000
영업이익			₩16,000,000

1) 경기공장은 생산량이 0이라도 고정비(기간비용)는 계속 발생한다.

물음 4 서울공장과 경기공장에서 각각 60,000대 생산 시 (주)오천리의 영업이익

항목	서울공장	경기공장	합계
매출	₩1,000×60,000대	₩1,000×60,000대	₩120,000,000
변동비	₩350×60,000대	₩450×60,000대	48,000,000
공헌이익	₩650×60,000대	₩550×60,000대	72,000,000
고정비	₩27,000,000	₩9,000,000	36,000,000
영업이익	₩12,000,000	₩24,000,000	₩36,000,000

4-2 정답

물음 1 연간 증분원가

항목	산식	결과
직접재료①	₩30×120,000단위×2개월÷12개월	₩600,000
재공품②	{₩30×100%+(₩20+₩10)×50%}×120,000단위×1개월÷12개월	450,000
제품③	(₩30+₩20+₩10)×120,000단위×2개월÷12개월	1,200,000
신제품 생산 시 필요한 재고유지원가	①+②+③	2,250,000
단위당 재고유지원가	₩2,250,000×12%÷120,000단위	₩2.25

항목	산식	결과
단위당 판매가격①		₩105
단위당 직접재료원가②	₩3,600,000÷120,000단위	30
단위당 직접노무원가③	₩2,400,000÷120,000단위	20
단위당 변동제조간접원가④	₩1,200,000÷120,000단위	10
단위당 판매수수료⑤	₩105×10%	10.5
단위당 재고유지원가⑥		2.25
단위당 변동원가⑦=(②+③+④+⑤+⑥)		72.75
단위당 공헌이익⑧=(①−⑦)		₩32.25
신제품을 도입할 경우의 연간 증분원가	₩72.75×120,000단위+₩2,000,000	₩10,730,000

물음 2 신제품 도입 시 연간 순이익에 미치는 영향

항목		산식	결과
증분 수익	신제품 공헌이익의 증가	₩32.25×120,000단위	₩3,870,000
증분 비용	기존 제품 공헌이익의 감소	₩20×(300,000단위−240,000단위)	1,200,000
	고정제조간접원가 증가		2,000,000
증분 이익			₩670,000

물음 3 신제품의 손익분기판매 수량

항목	산식	결과
손익분기판매 수량(Q)	신제품이 두 단위 팔릴 때마다 기존 제품의 판매 수량이 한 단위씩 감소하므로 Q개의 신제품이 판매 시 기존 제품은 Q/2개 감소하여 공헌이익이 ₩20×(Q/2)만큼 감소하게 된다. ₩32.25×Q−₩20×(Q/2)−₩2,000,000=₩0	89,888단위

4-3 정답

물음 1 수익성 분석의 문제점

총고정원가는 총 수송가능인원(획득된 능력)과 관련하여 발생하는 원가임에도 불구하고 이를 총 실제 수송 인원으로 나누어 1인당 수송원가를 계산함으로써 수익창출에 공헌하지 못하는 미사용능력원가가 수송원가에 포함되는 문제점이 있다.

물음 2 영업레버리지 분석

고정비의 비중이 높을수록 영업레버리지도는 커지는데 회사는 고정비의 비중이 매우 높으므로 예상 수송 인원의 수준에서 영업레버리지도 다음과 같이 매우 크다.

영업레버리지도=[28,000,000명×(723−7)]÷[28,000,000명×(723−7)−20,000,000,000] ≒417.67. 영업레버리지도가 417.67이라는 것은 매출액의 감소율보다 영업이익의 감소율이 417.67배 더 크다는 의미이다. 따라서 예상보다 실제 수송 인원의 감소로 매출액이 약 28.57% 감소하면 영업이익은 약 11,932.83%(=28.57%×417.67) 감소하게 될 것이므로 실제 수송 인원 수준에서 영업이익은 다음과 같이 매우 큰 손실이 발생하게 된다.

영업이익=₩48,000,000×(1−119.3283)≒(₩5,680,000,000)

4-4 정답

물음 1

항목	판매 대리점을 통한 판매	영업사원을 통한 판매
매출액①	₩50,000,000	₩50,000,000
매출원가 변동원가②	₩20,000,000	₩20,000,000
판매관리비 판매수수료③	₩10,000,000	₩5,000,000
공헌이익④=(①−②−③)	₩20,000,000	₩25,000,000
매출원가 고정원가⑤	₩5,500,000	₩5,500,000
판매관리비 고정원가⑥	₩6,500,000	₩11,500,000
고정원가⑦=(⑤+⑥)	₩12,000,000	₩17,000,000
영업이익⑧=(④−⑦)	₩8,000,000	₩8,000,000
공헌이익률⑨=(④÷①)	40%	50%
손익분기점 매출액⑩=(⑦÷⑨)	₩30,000,000	₩34,000,000

항목	판매 대리점을 통한 판매	영업사원을 통한 판매
영업레버리지도⑪=(④÷⑧)	2.5	3.125
안전한계 매출액⑫=(①-⑩)	₩20,000,000	₩16,000,000
안전한계비율⑬=(⑫÷①)	40%	32%

물음 2

① 영업레버리지는 고정원가 수준이 수반하는 매출액 변화에 따른 영업이익의 변화 정도를 의미한다. 고정원가가 많을수록 매출액 변화에 따라 영업이익의 변동 폭은 크다.
② 기업의 원가구조가 고정원가의 비중이 클수록 영업레버리지는 크다.
③ ₩50,000,000 미만(매출액이 감소할 것으로 예측되는 경우)이면 영업레버리지가 작은 판매 대리점을 통한 판매를, 매출액이 ₩50,000,000 초과(매출액이 증가할 것으로 예측되는 경우)이면 영업레버리지가 큰 영업사원을 통한 판매를 선택한다.

물음 3

항목	영업사원을 통한 판매
매출액①	X
매출원가 변동원가②	0.4X
판매관리비 판매수수료③	0.2X
공헌이익④=(①-②-③)	0.4X
기존 공헌이익⑤	₩25,000,000
매출액⑥=(④=⑤)	₩62,500,000

4-5 정답

물음 1

항목		단가 (A)	[대안 1]		[대안 2]	
			인원수 (B)	금액 (C)=(A×B)	인원수 (D)	금액 (E)=(A×D)
매출액		₩3,000	1,000명×3회	₩9,000,000	좌동	좌동
변동비	소모성 경비	₩100	1,000명×3회	300,000	좌동	좌동
	변동보수		-	-	매출액 30%	₩2,700,000
고정비	지원인력 인건비	₩520,000	3회	1,560,000	좌동	좌동
	강연장 임차료			1,200,000		좌동
	기타관리비			480,000		좌동
	고정보수			4,000,000		1,200,000
영업이익				₩1,460,000		₩1,560,000
대안선택						[대안 2] 선택

별해) [대안 1]과 [대안 2]의 차이는 보수의 차이로서 [대안 1]은 ₩4,000,000, [대안 2]는 ₩3,900,000이므로 [대안 2]의 영업이익이 [대안 1]보다 ₩100,000 더 크다.

물음 2

항목		단가 (A)	[대안 3] 인원수 (B)	[대안 3] 금액 (C)=(A×B)	[대안 4] 인원수 (D)	[대안 4] 금액 (E)=(A×D)
매출액		₩3,000	A	₩3,000A	A	좌동
변동비	소모성 경비	₩100	A	₩100A	A	좌동
	변동보수		–	–	매출액 30%	₩900A
고정비	지원인력 인건비	₩520,000	3주×2회	3,120,000	좌동	좌동
	강연장 임차료			1,200,000		좌동
	기타관리비			480,000		좌동
	고정보수			5,600,000		2,000,000
영업이익				₩2,900A–₩10,400,000		₩2,000A–₩6,800,000
손익분기 참석인원수		₩2,900A–₩10,400,000=₩2,000A–₩6,800,000, A=4,000명				
대안 분석		참석자 총인원 수가 4,000명을 초과하면 고정보수가 더 큰(레버리지가 더 큰) [대안 3]이 유리하다.				

별해) [대안 3]의 보수 ₩5,600,000=[대안 4]의 보수 ₩900A+₩2,000,000

물음 3

항목		단가 (A)	[대안 3] 인원수 (B)	[대안 3] 금액 (C)=(A×B)	[대안 4] 인원수 (D)	[대안 4] 금액 (E)=(A×D)
매출액		₩3,000	1,600명×3회	₩14,400,000	1,600명×3회	₩14,400,000
변동비	소모성 경비	₩100	1,600명×3회	480,000	1,600명×3회	480,000
	변동보수		–	–	매출액 30%	4,320,000
고정비	지원인력 인건비	₩520,000	3주×2회	3,120,000	3주×2회	3,120,000
	강연장 임차료			1,200,000		1,200,000
	기타관리비			480,000		480,000
	고정보수			5,600,000		2,000,000
영업이익				₩3,520,000		₩2,800,000

(물음 1) [대안 1]	(물음 2) [대안 2]	[대안 3]	[대안 4]
₩1,460,000	₩1,560,000	₩3,520,000[선택]	₩2,800,000

물음 4

항목		단가 (A)	[오전 1회] 인원수(B)	[오전 1회 +오후 1회] 인원수(C)	[오전 2회 +오후 1회] 인원수(D)	[오전 2회 +오후 2회] 인원수(E)
매출액		₩3,000	700명	1,600명	2,300명	3,200명
변동비	소모성 경비	₩100	700명	1,600명	2,300명	3,200명
	변동보수	매출액 30%				
고정비	지원인력 인건비	₩520,000	1회	2회	3회	4회

항목		[오전 1회] 금액 (F)=(A×B)	[오전 1회 +오후 1회] 금액 (G)=(A×C)	[오전 2회 +오후 1회] 금액 (H)=(A×D)	[오전 2회 +오후 2회] 금액 (I)=(A×E)
매출액		₩2,100,000	₩4,800,000	₩6,900,000	₩9,600,000
변동비	소모성 경비	70,000	160,000	230,000	320,000
	변동보수	630,000	1,440,000	2,070,000	2,880,000
고정비	지원인력 인건비	520,000	1,040,000	1,560,000	2,080,000
	강연장 임차료	1,200,000	1,200,000	1,200,000	1,200,000
	기타관리비	480,000	480,000	480,000	480,000
	고정보수	2,000,000	2,000,000	2,000,000	2,000,000
영업이익		(₩2,800,000)	(₩1,520,000)	(₩640,000)	₩640,000

물음 5

항목		단가 (A)	인원수 (D)	금액 (E)=(A×D)
매출액		₩3,000	A	₩3,000A
변동비	소모성 경비	₩100	A	100A
	변동보수	매출액 30%		900A
고정비	지원인력 인건비	₩520,000	3주×2회	3,120,000
	강연장 임차료			1,200,000
	기타관리비			480,000
	고정보수			₩2,000,000
영업이익				₩2,000A－₩6,800,000
손익분기점 인원				3,400명

제5장 원가배부와 수익배부

객관식 해답

5.1 정답 ⑤

항목	산식	결과
S1	S1=₩201,000+0.3 · S2 S2=₩240,000+0.3 · S1	₩300,000
S2		₩330,000
제조부문 M1에 배부된 보조부문 원가	0.4×₩300,000+0.5×₩330,000	₩285,000
제조부문 M2에 배부된 보조부문 원가	0.3×₩300,000+0.2×₩330,000	₩156,000

5.2 정답 ②

항목	산식	결과
S1	S1=₩500,000+0.4 · S2 S2=₩202,000+0.3 · S1	₩660,000
S2		₩400,000
P1	0.4 · S1+0.3 · S2=0.4×₩660,000+0.3×₩400,000	₩384,000

5.3 정답 ④

S2는 P1, P2, S1에 용역을 제공하는 데 S1에 40%의 비율로 400시간을 제공하고 S1은 다시 S2로 30%의 비율로 120시간을 제공하게 된다. 따라서 S2가 순수하게 타 부문에 제공하는 용역 시간은 1,000시간에서 120시간을 차감한 880시간이 된다.

S2 제공량 (A)	타 부문 제공량 (B)	S2 자가소비량 (C)	S2 순수제공량=외부구매량 (D)=(A-C)
1,000시간	P1 300시간(30%)		
	P2 300시간(30%)		
	S1 400시간(40%)	→ S2 120시간(30%)	880시간

5.4 정답 ②

B 부문은 A 부문, X 부문, Y 부문에 용역을 제공하는 데 A 부문에 40%의 비율로 40단위를 제공하고 A 부문은 다시 B 부문으로 20%의 비율로 8단위를 제공하게 된다. 따라서 B 부문이 순수하게 타 부문에 제공하는 용역은 100단위에서 8단위를 차감한 92단위가 된다.

B 부문 제공량 (A)	타 부문 제공량 (B)	B 부문 자가소비량 (C)	B 부문 순수제공량=외부구매량 (D)=(A-C)
100단위	X 부문 10단위(10%)		
	Y 부문 50단위(50%)		
	A 부문 40단위(40%)	→ B 부문 8단위(20%)	92단위

항목	산식	결과
B의 외부 구매 시 원가절감액	B의 자체원가+(A→B로 제공한 비율)×A의 변동비 ₩10,000+0.2×₩20,000	₩14,000
제안 수용 시 지출액	₩130×92단위	₩11,960
외부구매 시 이익	₩14,000−₩11,960	₩2,040

5.5 정답 ④

항목	산식	결과
X	X=160,000+0.3Y	₩250,000
Y	Y=200,000+0.4X	₩300,000
A 부문에 배부되는 총보조부문 원가	₩250,000×0.2+₩300,000×0.4	₩170,000

5.6 정답 ①

항목		산식	결과
보조부문의 총원가	A	A=₩30,000+0.4B	₩62,500
	B	B=₩50,000+0.5A	₩81,250
제조부문의 총원가(제조간접원가)	C	₩10,000+0.4×₩62,500+0.2×₩81,250	₩51,250
	D	₩20,000+0.1×₩62,500+0.4×₩81,250	₩58,750

항목	산식	결과
기본원가①		₩500
제조간접원가②	₩51,250÷50단위	1,025
제조원가③=(①+②)		1,525
갑 제품의 단위당 판매가격④=(③×120%)		₩1,830

5.7 정답 ③

제조현장의 작업을 되도록 간접 노무로 분류하지 않고 직접 노무로 분류하면 제조간접비의 부담은 증가하게 된다.

5.8 정답 ③

항목	보조부문			제조부문		(단위: 천 원)
	생산관리부	동력부	수선부	제1공장	제2공장	합계
배부 전 금액	₩2,000	₩900	₩1,100	₩3,800	₩3,200	₩11,000
생산관리부		5%	15%	40%	40%	
	(2,000)	100	300	800	800	0
동력부			10%	50%	40%	
	–	(1,000)	100	500	400	0
수선부				60%	40%	
	–	–	(1,500)	900	600	0
배부 후 금액①	₩0	₩0	₩0	₩6,000	₩5,000	₩11,000
작업시간②				2,000	1,000	
시간당 배부율③=(①÷②)				₩3,000	5,000	
화물선에 배부될 제조간접비	₩3,000×800시간+₩5,000×400시간=₩4,400,000					

5.9 정답 ①

항목	산식	결과
S1	0.5 · S1+0.4 · S2=₩50,000 0.3 · S1+0.4 · S2=₩40,000	₩50,000
S2		₩62,500
X	S1=X+0.2×S2	₩37,500

5.10 정답 ②

항목	산식	결과
수선	수선=₩160,000+0.5×동력 동력=₩80,000+0.4×수선	₩250,000
동력		₩180,000
조립부문에 배부될 보조부문 원가	₩250,000×0.2+₩180,000×0.25	₩95,000

5.11 정답 ⑤

항목	산식	결과
기계시간기준①	₩600×(14회+6회)×1시간÷(1시간+2시간)	₩4,000
엔지니어링 변경횟수 기준②	₩600×14회	8,400
차이③=(①−②)		₩4,400 과소배부

5.12 정답 ①

1. 직접배부법

항목	보조부문		제조부문		합계
	자재 부문	시설관리 부문	승용차 부문(갑)	승합차 부문(을)	
배부전원가	₩100	₩100			₩200
자재 부문	(100)	–	₩47	₩53	
시설관리 부문		(100)	33	67	
배부후원가	₩0	₩0	₩80	₩120	₩200

2. 상호배부법

(1) 보조부문별 배부할 원가

항목	산식	결과
A	A=₩100+0.1B	₩110.6
B	B=₩100+0.05A	₩105.5

(2) 보조부문 원가배부

항목	보조부문		제조부문		합계
	자재 부문	시설관리 부문	승용차 부문(갑)	승합차 부문(을)	
배부전원가	₩100	₩100			₩200
자재 부문	(110.6)	5.5	₩49.8	₩55.3	
시설관리 부문	10.6	(105.5)	31.6	63.3	
배부후원가	₩0	₩0	₩81.4	₩118.6	₩200

따라서 승용차 부문은 직접배부법이 유리하며, 승합차 부문은 상호배부법이 유리하다.

5.13 정답 ①

항목	제품 A	제품 B
제조부문 X	1/4X	3/4X
제조부문 Y	3/5Y	2/5Y
합계	₩870,000	₩930,000

항목	산식	결과
X	1/4X+3/5Y=₩870,000	₩600,000
Y	3/4X+2/5Y=₩930,000	₩1,200,000

5.14 정답 ④

배부방법	산식				결과
현재	(₩3,000,000+₩6,000,000)×500÷(500+400)				₩5,000,000
배부방법	사용부문 / 제공부문	A	B	C	D
단계배부법				3,000,000	6,000,000
	C	1,200,000	1,500,000	(3,000,000)	300,000
	D	2,100,000	4,200,000		(6,300,000)
	합계	3,300,000	5,700,000		
보조부문 원가 배부증감액	₩5,000,000−₩3,300,000				₩1,700,000

5.15 정답 ④

항목	산식	결과
제품 단위당 직접재료원가①	(₩0+₩70,000−₩30,000)÷4,000개	₩10
제품 단위당 직접노무원가②	₩60,000÷4,000개	15
제품 단위당 고정제조간접원가③	₩40,000÷5,000개	8
제품 단위당 제조원가	①+②+③	₩33

항목	산식	결과
원재료감모손실①	₩30×(1,000개−900개)	₩3,000
원재료평가손실②	(₩30−₩25)×900개	4,500
고정제조간접원가 과소배부액③	₩40,000−₩8×4,000개	8,000
당기비용 인식금액	①+②+③	₩15,500

5.16 정답 ②

(가) 제조부문에 배부되지 못한 보조부문의 원가

A1+A2=(₩1,500+₩2,500)+₩1,000=₩5,000

(나) 김 과장의 실수를 바로잡았을 때의 원가

항목	M1	M2	A1
수정 전 원가①	₩26,500	₩33,500	
A2 ₩1,000 추가배부②	1,000×3,750÷(3,750+3,750+2,500)= ₩375	1,000×3,750÷(3,750+3,750+2,500)= ₩375	1,000×2,500÷(3,750+3,750+2,500)= ₩250
A2에서 배부받은 ₩250과 A1 ₩4,000 추가배부③	4,250×3,750÷(3,750+3,750)= ₩2,125	4,250×3,750÷(3,750+3,750)= ₩2,125	
수정 후 원가 ④=(①+②+③)	₩29,000	₩36,000	

5.17 정답 ③

	제조부문		보조부문	
	P1	P2	S1	S2
부문 원가	–	–	₩100,000	₩120,000
S2	₩60,000 =₩120,000× 400kwh/800kwh	₩30,000 =₩120,000× 200kwh/800kwh	₩30,000 =₩120,000× 200kwh/800kwh	(₩120,000)
S1	₩48,750 =₩130,000× 24시간/64시간	₩81,250 =₩130,000× 40시간/64시간	(₩130,000)	
합계	₩108,750	₩111,250	₩0	₩0

5.18 정답 ③

손익계산서

(주)한국제조 20×1. 1. 1 ~ 20×1. 12. 31 (단위: ₩)

• 매출액				₩900,000
• 영업비용	문제	제조원가	판매관리비	
간접노무원가	24,000	24,000		
수도광열비: (60%:40%)로 배부	30,000	18,000	12,000	
직접노무원가	140,000	140,000		
감가상각비(공장설비)	42,000	42,000		
감가상각비(본사 건물)	36,000		36,000	
당기 원재료 매입액	330,000	320,000[1)]		
보험료: (75%:25%)로 배부	8,000	6,000	2,000	
임차료: (80%:20%)로 배부	100,000	80,000	20,000	
판매 및 관리부서의 직원급여	64,000		64,000	
광고선전비	150,000		150,000	
합계		630,000	284,000	
기초재공품		32,000		
기말재공품		42,000		
당기제품제조원가		620,000		
기초제품 재고		80,000		
기말제품 재고		120,000		
매출원가		580,000		
매출원가+판매관리비				864,000
• 영업이익				₩36,000

1) 직접재료원가=기초 원재료(₩16,000)+당기 원재료 매입액(₩330,000)−기말 원재료(₩26,000)=₩320,000

별해)

항목	산식
수정 전 영업이익	(₩24,000)
±재고자산 변동분	+원재료 증가(₩10,000) +재공품 재고 증가(₩10,000) +제품 재고 증가(₩40,000)
수정 후 영업이익	₩36,000

5.19 정답 ①

단계배부법에서 보조부문의 배부순서가 달라지면 제조부문에 배부되는 금액이 달라진다.

5.20 정답 ⑤

항목	산식	결과
제조간접원가 배부액①	₩750,000×50%	₩375,000
매출원가②	₩1,000,000×매출원가율 80%	₩800,000
당기제품제조원가③	②매출원가－기초제품 ₩0+기말제품 ₩180,000	₩980,000
당기총제조비용④	③당기제품제조원가－기초재공품 ₩0+기말재공품 ₩120,000	₩1,100,000
제조간접원가 발생액⑤	④당기총제조비용－기본원가 ₩750,000	₩350,000
배부차이	①－⑤	₩25,000(과대배부)

5.21 정답 ②

항목		산식	결과
제조부문에 배분된 금액	S1 총원가(T_S1)①	0.4×T_S1+0.3×T_S2=₩150,000	₩150,000
	S2 총원가(T_S2)②	0.2×T_S1+0.3×T_S2=₩120,000	₩300,000
보조부문 원가를 배부하기 이전에 집계된 원가	S1 발생원가(S1)	①₩150,000=S1+0.1×②₩300,000	₩120,000
	S2 발생원가(S2)	②₩300,000=S2+0.2×①₩150,000	₩270,000

5.22 정답 ⑤

항목	합계	보조부문		제조부문	
		유지	동력	금형	조립
부문공통원가①	(₩200,000)	₩20,000	₩40,000	₩60,000	₩80,000
점유면적		10%	20%	30%	40%
유지부문 원가②		(₩140,000)	₩28,000	₩56,000	₩56,000
기계시간		–	20%	40%	40%
동력부문 원가③		–	(₩148,000)	₩88,800	₩59,200
전력량		–	–	60%	40%
부문개별원가④		₩120,000	₩80,000	₩200,000	₩300,000
합계⑤=(①+②+③+④)		–	–	₩404,800	₩495,200

5.23 정답 ③

(1) 보조부문별 배분할 원가

	절단부문	조립부문	전력부문	수선부문
배부받은 원가	₩7,400	₩4,200		
전력(kw)	0.5	0.3	–	0.2
수선(시간)	0.4	0.2	0.4	–

항목	산식	결과
전력부문 발생원가(X)	0.5 · X+0.4 · Y=₩7,400	₩10,000
수선부문 발생원가(Y)	0.3 · X+0.2 · Y=₩4,200	₩6,000

(2) 보조부문별 발생원가

	절단부문	조립부문	전력부문	수선부문
전력(kw)	0.5	0.3	–	0.2
전력부문 원가	₩5,000	₩3,000	(₩10,000)	2,000
수선(시간)	0.4	0.2	0.4	–
수선부문 원가	2,400	1,200	2,400	(₩6,000)
발생원가			₩10,000−0.4×₩6,000= ₩7,600	₩6,000−0.2×₩10,000= ₩4,000

주관식 해답

5-1 정답

용역수수 관계

항목	수선부문(S1)	동력부문(S2)	제조부문(P1)	제조부문(P2)	합계
배부전원가	₩48,000	₩60,000	₩62,000	₩100,000	₩270,000
수선부문(S1)	–	40%	50%	10%	100%
동력부문(S2)	30%	–	20%	50%	100%

물음 1 보조부문 원가배부

1) 직접배부법

항목	수선부문(S1)	동력부문(S2)	제조부문(P1)	제조부문(P2)	합계
배부전원가	₩48,000	₩60,000	₩62,000	₩100,000	₩270,000
수선부문 (S1)	(48,000)	–	48,000×50%÷(50%+10%)=40,000	48,000×10%÷(50%+10%)=8,000	0
동력부문 (S2)	–	(60,000)	60,000×20%÷(20%+50%)=17,143	60,000×50%÷(20%+50%)=42,857	0
배부후원가	₩0	₩0	₩119,143	₩150,857	₩270,000

2) 단계배부법

항목	수선부문(S1)	동력부문(S2)	제조부문(P1)	제조부문(P2)	합계
배부전원가	₩48,000	₩60,000	₩62,000	₩100,000	₩270,000
수선부문 (S1)	(48,000)	48,000×40%÷(40%+50%+10%)=19,200	48,000×50%÷(40%+50%+10%)=24,000	48,000×10%÷(40%+50%+10%)=4,800	0
동력부문 (S2)	–	(79,200)	79,200×20%÷(20%+50%)=22,629	79,200×50%÷(20%+50%)=56,571	0
배부후원가	₩0	₩0	₩108,629	₩161,371	₩270,000

물음 2 상호배부법

항목	산식	결과
S1	S1=₩48,000+0.3 · S2	₩75,000
S2	S2=₩60,000+0.4 · S1	₩90,000

항목	수선부문(S1)	동력부문(S2)	제조부문(P1)	제조부문(P2)	합계
배부전원가	₩48,000	₩60,000	₩62,000	₩100,000	₩270,000
S1	(75,000)	75,000×40%= 30,000	75,000×50%= 37,500	75,000×10%= 7,500	0
S2	90,000×30%= 27,000	(90,000)	90,000×20%= 18,000	90,000×50%= 45,000	0
배부후원가	₩0	₩0	₩117,500	₩152,500	₩270,000

물음 3 외부구매 및 자가제조 의사결정

1) 외부구매량

항목	산식	결과
외부 구매량	제조부문 수량+수선부의 감소에 따른 동력부의 필요 조업시간 동력부에 제공하던 수선부의 조업시간이 6,000시간(10,000시간−4,000시간)으로 감소. 그러므로 동력부에 제공되던 40%가 감소하므로 동력부문의 필요 조업시간은 60%임. 따라서 3,000kwh×60%=1,800kwh임. 7,000kwh+1,800kwh	8,800kwh

2) 자가제조원가

항목	산식	결과
동력부문 원가		₩60,000
수선부문 지원원가	₩48,000×40%	19,200
합계		₩79,200

3) 관련 원가분석

항목	산식	결과
외부구매①	8,800kwh×₩8	₩70,400
자가제조②		₩79,200
차이③=(①−②)	외부구매가 유리	(₩8,800)

4) 외부구매 시 최대허용 단위당 원가

항목	금액
자가제조원가①	₩79,200
외부구매 수량②	8,800개
외부구매 시 최대허용 단위당 원가③=(①÷②)	₩9

5-2 정답

물음 1

자가소비용역은 무시

			보조부문		제조부문		합계
			S1	S2	P1	P2	
부문별 제조간접원가		변동비	₩8,000	₩12,000	₩103,200	₩115,800	₩260,000
		고정비	₩15,000	₩6,000			
변동비	S1	현재 전력공급량	(8,000)	800	3,200	4,000	0
	S2	직접노무시간	–	(12,800)	4,800	8,000	0
고정비	S1	장기전력공급량	(15,000)	1,000	6,000	8,000	0
	S2	점유면적	–	(7,000)	2,800	4,200	0
배부 후 부문 제조간접원가 예산			₩0	₩0	₩120,000	₩140,000	₩260,000

물음 2

항목	보조부문		제조부문	
	S1	S2	P1	P2
배부 후 부문 제조간접원가 예산①	₩0	₩0	₩120,000	₩140,000
부문별 예정배부기준(직접노무시간)②			6,000시간	10,000시간
부문별 제조간접원가 예정배부율③=(①÷②)			@₩20	@₩14

물음 3 포장부문(P2) 단위당 제조원가 산정

항목	산식	결과
직접재료비①		₩120,000
직접노무비②		80,000
제조간접원가③	₩14×20,000개	280,000
총제조원가④=(①+②+③)		₩480,000
생산량⑤		20,000
단위당 제조원가⑥=(④÷⑤)		₩24

5-3 정답

물음 1 단일배부율법 – 예산배부율

항목	산식	결과
시간당 고정원가 예산배부율	(₩900,000+12,000시간×₩20)÷12,000시간	사용시간당 ₩95
보조부문 원가의 배부	컴퓨터 부문: 9,000시간×₩95	₩855,000
	프린터 부문: 4,000시간×₩95	₩380,000

물음 2 단일배부율법하 서비스의 외부구매 의사결정

<table>
<tr><th>항목</th><th>산식</th><th>결과</th></tr>
<tr><td>컴퓨터 부문 관점</td><td>외부구매 시 9,000시간×(₩95 − ₩40) = ₩495,000 유리</td><td>제안 수락</td></tr>
<tr><td>회사 전체 관점</td><td>
<table>
<tr><th>항목</th><th>산식</th><th>결과</th></tr>
<tr><td>외부구매원가 증가</td><td>9,000시간×₩40</td><td>(₩360,000)</td></tr>
<tr><td>변동원가 감소</td><td>9,000시간×₩20</td><td>180,000</td></tr>
<tr><td>증분 이익</td><td></td><td>(₩180,000)</td></tr>
</table>
</td><td>제안 거절</td></tr>
</table>

물음 3 이중배부율법하 서비스의 외부구매 의사결정

<table>
<tr><th>항목</th><th>산식</th><th>결과</th></tr>
<tr><td>시간당 고정원가 예산배부율</td><td>₩900,000÷12,000시간</td><td>사용시간당 ₩75</td></tr>
<tr><td rowspan="2">보조부문 원가의 배부</td><td>컴퓨터 부문: 9,000시간×₩20 + 8,000시간×₩75</td><td>₩780,000</td></tr>
<tr><td>프린터 부문: 4,000시간×₩20 + 4,000시간×₩75</td><td>₩380,000</td></tr>
<tr><td>컴퓨터 부문 관점 의사결정</td><td>외부구매 시 9,000시간×(₩40 − ₩20) = ₩180,000 불리</td><td>제안 거절</td></tr>
</table>

제6장 개별원가계산

객관식 해답

6.1 정답 ②

항목	산식	결과
직접노무시간당 배부율	직접노무시간당 배부율×100,000시간(추정 직접노무시간) =₩255,000(추정제조간접원가)	₩2.55
배부 제조간접원가	₩2.55×105,000시간(실제 직접노무시간)	₩267,750
제조간접원가 차이	제조간접원가 실제 발생액−제조간접원가 배부액 =₩270,000−₩267,750	₩2,250(과소)

6.2 정답 ②

항목	산식	결과
재공품 배부액	₩50,000×재공품 합계금액÷(재공품+완성품+매출원가 합계금액) =₩50,000×₩120,000÷(₩120,000+₩46,000+₩815,000)	₩6,120

6.3 정답 ③

재공품

기초재공품	4,000	제품	48,000
직접재료비	24,000	기말재공품	8,800
직접노무비	16,000		
제조간접비	12,800		
계	56,800	계	56,800

항목	산식	결과
직접재료비	기말재공품−노무비−제조간접비 ₩8,800−₩2,000−₩2,000×80%	₩5,200

6.4 정답 ④

항목	산식	결과
제조간접원가 배부액	직접노무원가(₩36,000)×150%	₩54,000
제조간접비배부 차이	₩59,000−₩54,000	₩5,000(과소)
당기제품제조원가	기초재공품+직접재료원가+직접노무원가+제조간접원가 배부액 ₩16,000+₩45,000+₩36,000+₩54,000	₩151,000

6.5 정답 ②

항목	산식	결과
제조간접비 배부율	₩1,020,000÷400,000시간	₩2.55/직접노무시간
제조간접비 배부액	420,000시간×₩2.55	₩1,071,000
제조간접비 과소(대) 배부액	제조간접원가 실제 발생액−제조간접원가 배부액 =₩1,080,000−₩1,071,000	₩9,000(과소배부)

6.6 정답 ⑤

항목	산식	결과
#201 직접노무원가	₩1,058,400÷1.2	₩882,000
#301 총원가	₩294,000+₩735,000+₩735,000×1.2	₩1,911,000

6.7 정답 ②

항목	산식	결과
작업#5의 제조간접원가 배부액	₩2,000×80%	₩1,600
기말재공품 잔액	기초재공품+당기총제조원가−제품계정으로의 대체액 ₩4,000+(₩24,000+₩16,000+₩12,800)−₩48,000	₩8,800
작업#5의 재료비	기말재공품 잔액−제조간접원가−직접노무비 ₩8,800−₩1,600−₩2,000	₩5,200

6.8 정답 ③

항목	산식	결과
재료원가	기초 원재료재고+당기매입액−기말 원재료재고 ₩300+₩0−₩100	₩200
당기총제조원가	직접재료원가+직접노무원가+제조간접원가 직접재료원가+직접노무원가+감가상각비−공장+공장감독자급여+ 그 밖의 제조간접원가 ₩200+₩300+₩50+₩100+₩200	₩850
당기제품제조원가	기초재공품+당기총제조원가−기말재공품 ₩1,000+₩850−₩800	₩1,050

6.9 정답 ①

항목	산식	결과
직접재료비	기초 원재료재고+당기 원재료 구매액−기말 원재료재고 ₩500,000+₩1,890,000−₩600,000	₩1,790,000
외주가공비	당기외주가공비 현금지출액+기초선급외주가공비−기말선급외주가공비 ₩180,000+₩100,000−₩80,000	₩200,000
설계비	당기설계비 현금지출액−기초미지급설계비+기말미지급설계비 ₩460,000−₩150,000+₩80,000	₩390,000
당기제품제조원가	당기매출원가=기초제품 재고+당기제품제조원가−기말제품 재고 ₩3,660,000=₩750,000+당기제품제조원가−₩550,000	₩3,460,000
직접노무비(X)	당기제품제조원가=기초재공품 재고+직접재료비+외주가공비+설계비+직접노무비(X)+제조간접원가(0.5X)−기말재공품 원가 ₩3,460,000=₩700,000+₩1,790,000+₩200,000+₩390,000+X+0.5X−₩400,000	₩520,000
배부 차이	예정배부액−실제 발생액 ₩520,000×0.5−₩300,000	₩40,000(과소)

6.10 정답 ⑤

항목	산식	결과
기본형	(₩408,000,000+₩840,000,000)÷200대	₩6,240,000
옵션품목장착	(₩96,000,000+₩72,000,000)÷100대	₩1,680,000
특수컬러도장	(₩8,000,000+₩4,000,000)÷20대	₩600,000
합계		₩8,520,000

6.11 정답 ①

재공품

기초	18,000	완성품	155,400
직접재료원가	52,000		
직접노무원가	40,000		
제조간접원가	40,000×1.5=60,000	기말	5,600+3,600+3,600×1.5=14,600
	170,000		170,000

6.12 정답 ②

항목	산식	결과
총배부차이	총배부차이$\times\frac{1}{(1+3+4)}$=₩2,500	₩20,000(과대배부)
배부액	실제 제조간접비+과대배부액 ₩180,000+₩20,000	₩200,000
배부율	₩200,000÷1,250시간	₩160

6.13 정답 ①

항목	산식	결과
실제 배부율	₩1,800,000÷300,000시간	₩6/시간
예정 배부율	₩2,500,000÷500,000시간	₩5/시간
예정 배부액	₩5/시간×300,000시간	₩1,500,000
제조간접비 배부 차이	₩1,800,000－₩1,500,000	₩300,000 과소배부
실제원가계산 매출원가①	원가요소별 배부법으로 배부 차이 조정하면 실제 매출원가와 동일 =배부 차이 조정 전 매출원가+원가요소별 배부법으로 인한 배부 차이 할당액 =배부 차이 조정 전 매출원가+ $\text{배부 차이} \times \frac{\text{배부 차이 조정 전 매출원가}}{\text{예정배부액}}$ $= ₩1,400,000 + ₩300,000 \times \frac{₩1,400,000}{₩1,500,000}$	₩1,680,000
정상원가계산 매출원가②	배부 차이 매출원가에서 전액 조정 =배부 차이 조정 전 매출원가+배부 차이 =₩1,400,000+₩300,000	₩1,700,000
영업이익 차이③=(②－①)	₩1,700,000－₩1,680,000	₩20,000

6.14 정답 ⑤

제조간접비

(A) 발생	90,000	(B) 배부	70,000
		(C) 과소배부	20,000

6.15 정답 ③

항목	산식	결과
제조간접원가 배부액	실제 제조간접원가+배부차이(과대배부) ₩1,618,000+₩110,000	₩1,728,000
고정제조간접원가 배부액	고정제조간접원가배부율×실제 기계작업시간 (₩690,000÷27,600 기계작업시간)×28,800 기계작업시간	₩720,000
변동제조간접원가 배부액	제조간접원가 배부액－고정제조간접원가 배부액 ₩1,728,000－₩720,000	₩1,008,000
변동제조간접원가 예정배부율	변동제조간접원가 배부액÷실제 기계작업시간 ₩1,008,000÷28,800 기계작업시간	₩35

6.16 정답 ④

항목	산식	결과
당기총제조원가	직접재료원가+직접노무원가+제조간접원가 배부액 ₩24,000+₩16,000+₩16,000×0.6	₩49,600
기말재공품	직접재료원가+직접노무원가+제조간접원가 배부액 ₩1,200+₩1,500÷0.6+₩1,500	₩5,200
당기제품제조원가	기초재공품+당기총제조원가−기말재공품 ₩5,600+₩49,600−₩5,200	₩50,000
배부 차이 조정 전 매출원가	기초제품+당기제품제조원가−기말제품 ₩5,000+₩50,000−₩8,000	₩47,000
배부 차이	배부 차이 조정 후 매출원가−배부 차이 조정 전 매출원가 ₩49,500−₩47,000	₩2,400(과소배부)
실제 제조간접원가	제조간접원가 배부액+제조간접원가 과소배부액 ₩16,000×0.6+₩2,400	₩12,000

6.17 정답 ③

항목	산식	결과
매출원가	₩400,000×(1−30%)	₩280,000
당기제품제조원가	매출원가=기초제품+당기제품제조원가−기말제품 매출원가=당기제품제조원가+(기초제품−기말제품) ₩280,000=당기제품제조원가+₩50,000	₩230,000

6.18 정답 ②

항목	산식	결과
작업 #2 제조간접원가 배부액	제조간접원가 예정배부율×작업 #2 실제 기계시간 $= \frac{(₩500,000+₩300\times 2,500\text{기계시간})}{2,500\text{기계시간}} \times 600\text{기계시간}$ =₩500×600기계시간	₩300,000
작업 #2 배부차이 조정 전 매출원가①	직접재료원가+직접노무원가+제조간접원가 배부액 ₩150,000+₩150,000+₩300,000	₩600,000
제조간접원가 배부차이②	실제 발생액−배부액 ₩1,100,000−₩500×2,000기계시간	₩100,000 (과소배부)
작업 #2 배부차이 조정 후 매출원가③	①+②	₩700,000

6.19 정답 ④

항목	산식	결과
제조간접원가 배부액	실제 제조간접원가－제조간접원가 과소배부액 ₩4,800,000－₩400,000	₩4,400,000
예산 직접노무시간	22,000시간×₩5,000,000÷예산 직접노무시간=₩4,400,000	25,000시간

6.20 정답 ④

항목	제품A	제품B
직접재료원가	₩20,000＋₩40,000－₩10,000= ₩50,000	₩10,000＋₩30,000－₩15,000= ₩25,000
직접노무원가	₩45,000＋₩20,000－₩22,000= ₩43,000	₩60,000＋₩27,000－₩30,000= ₩57,000
제조간접원가	₩30,000×₩43,000÷(₩43,000＋₩57,000)= ₩12,900	₩30,000×₩57,000÷(₩43,000＋₩57,000)= ₩17,100
합계	₩105,900	₩99,100

주관식 해답

6-1 정답

물음 1

항목	No. 1	No. 2	합계
직접재료비	₩10,000	₩20,000	
직접노무비	₩30,000	₩50,000	
제조간접원가	₩10×1,000시간=₩10,000	₩10×2,000시간=₩20,000	
계	₩50,000	₩90,000	₩140,000
생산량	10,000단위	15,000단위	
단위당 원가	₩5	₩6	

물음 2

(차) 제품 140,000 (대) 재공품 140,000

물음 3

항목	No. 3
직접재료비	₩30,000
직접노무비	₩50,000
제조간접원가	₩10×4,000시간=₩40,000
계	₩120,000

6-2 정답

물음 1

항목	산식	결과
직접노무비(DL)	직접노무비(DL)×125%=₩1,100,000 =₩1,100,000÷1.25	₩880,000

물음 2

항목	산식	결과
직접재료비		₩500,000
직접노무비		300,000
제조간접원가	₩300,000×125%	375,000
총원가		₩1,175,000

제7장 종합원가계산

객관식 해답

7.1 정답 ④

항목	[1단계] 물량 흐름 (A)	[2단계] 완성품 환산량			
		완성도		완성품 환산량	
		직접재료원가 (B)	가공원가 (C)	직접재료원가 (D)=(A×B)	가공원가 (E)=(A×C)
기초재공품①	300	100%	30%		
당기착수량②	2,500				
합계③=(①+②)	2,800				
기초재공품 완성량④	300	0%	70%	0	210
당기착수 당기 완성량⑤	2,000	100%	100%	2,000	2,000
당기완성량⑥=(④+⑤)	2,300			2,000	2,210
기말재공품⑦=(③-⑥)	500	100%	40%	500	200
합계⑧=(⑥+⑦)	2,800			2,500	2,410

7.2 정답 ④

기말재공품의 물량은 같으나 금액이 증가하기 위해서는 완성품 환산량이 증가하거나 완성품 환산량 단위당 원가가 증가해야 한다.
고정제조간접원가의 증가, 노무임률의 상승, 생산량 감소는 완성품 환산량 단위당 원가를 증가시키게 되고 재공품 완성도는 완성품 환산량을 증가시키게 된다.

7.3 정답 ①

7.4 정답 ①

완성품 환산량은 수량에 완성도를 곱하여 계산되므로 완성도가 과대평가되었다면 완성품 환산량은 과대평가되며, 완성품 환산량 단위당 원가는 원가를 완성품 환산량으로 나누어 산출되므로 완성품 환산량이 과대평가 되었으므로 완성품 환산량 단위당 원가는 과소평가된다. 완성품 제조원가는 완성품 수량에 완성품 환산량 단위당 원가를 곱하여 산출된다. 따라서 완성품 환산량 단위당 원가가 과소평가 되었으므로 완성품 제조원가도 과소평가된다. 따라서 기말재공품 원가는 과대평가된다.

7.5 정답 ②

항목	물량 단위	완성도	가공원가 완성품 환산량
월초 재공품 완성	12,500	80%	2,500
당기투입 완성	37,500	100%	37,500
월말 재공품	30,000	50%	15,000
합계			55,000
항목	**산식**		**결과**
당기투입원가			₩71,500,000
단위당 원가	₩71,500,000÷55,000단위		@₩1,300
월말 재공품 가공원가	₩15,000×@₩1,300		₩19,500,000

7.6 정답 ④

전기의 단위당 제조원가와 당기의 단위당 제조원가를 구분하는 선입선출법이 가중평균법보다 당기의 성과를 이전의 기간과 독립적으로 평가할 수 있는 보다 적절한 기회를 제공한다.

7.7 정답 ②

기초재공품 수량(1,000)+당기착수분(14,000)=완성품(11,000)+기말재공품(4,000)

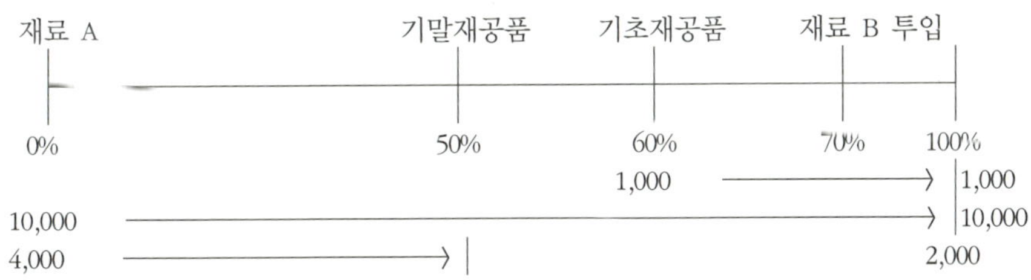

항목	산식	결과
직접재료 A	완성품환산량=14,000 완성품 환산량 단위당 원가=₩280,000÷14,000=₩20 ₩20×4,000	₩80,000
직접재료 B	기말재공품에는 직접재료 B가 투입되지 않았음	0
가공원가	완성품환산량=11,000+4,000×0.5−1,000×0.6=12,400 완성품 환산량 단위당 원가=₩372,000÷12,400=₩30 ₩30×4,000×50%	60,000
합계		₩140,000

7.8 정답 ④

항목	산식	결과
재료비 환산량 단위당 원가	₩1,320,000÷4,000개	₩330
작업 갑 가공비 환산량 단위당 원가	(₩500,000+₩70,000)÷(9,000개+4,000개+6,000개)	₩30
작업 을 가공비 환산량 단위당 원가	(₩1,000,000+₩300,000)÷(9,000개+4,000개)	₩100
B 제품의 단위당 제조원가	₩330+₩30+₩100	₩460

7.9 정답 ②

b: 기초재공품과 기말재공품의 완성도가 같다 해도 선입선출법에서는 기초재공품의 원가가 전액 제품제조원가가 되지만 평균법에서는 기초재공품의 원가와 당기 발생원가의 합계가 제품제조원가와 기말재공품의 원가로 배분되므로 제품제조원가는 다르다.

d: 계제식 방법에서는 배분 순서에 따라 배분 결과가 달라진다.

7.10 정답 ②

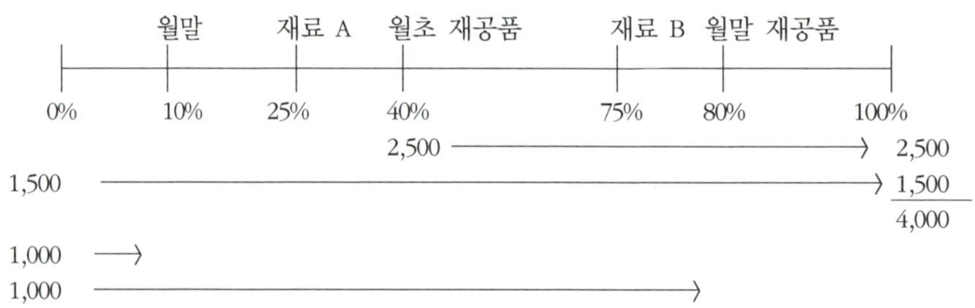

제조원가보고서(선입선출법)

	[1단계] 완성도				[2단계] 완성품 환산량		
	물량 흐름	재료A	재료B	가공비	재료 A	재료 B	가공비
기초재공품	2,500	100%	0%	40%			
당기착수	3,500						
	6,000개						
기초재공품 완성량	2,500	0%	100%	60%	0개	2,500개	1,500개
당기착수 완성량	1,500	100%	100%	100%	1,500개	1,500개	1,500개
기말재공품	1,000	0%	0%	10%	0개	0개	100개
	1,000	100%	100%	80%	1,000개	1,000개	800개
	6,000개				2,500개	5,000개	3,900개

[3단계] 총원가의 요약	재료 A	재료 B	가공비	합계
기초재공품 원가				₩700,000
당기 발생원가	₩500,000	₩600,000	₩1,170,000	2,270,000
합계				₩2,970,000
[4단계] 환산량 단위당 원가				
완성품 환산량	÷2,500개	÷5,000개	÷3,900개	
환산량 단위당 원가	@₩200	@₩120	@₩300	
[5단계] 원가의 배부				
완성품 ₩700,000+2,500개×₩120+1,500개×₩300+1,500개×(₩200+₩120+₩300)=				₩2,380,000
기말재공품 100개×₩300+1,000개×(₩200+₩120)+800개×₩300=				590,000
				₩2,970,000

7.11 정답 ③

항목	산식	결과
당기 제품완성량	기말제품 30,000+판매 수량 125,000−기초제품 37,500	117,500개
당기 가공비 완성품 환산량	117,500개+재공품 8,000개×0.75	123,500개

7.12 정답 ②

재료비는 공정 초기에 전량 투입되며, 가공비는 공정 전반에 걸쳐 진척도에 따라 균등하게 발생하고 평균법과 선입선출법의 기말재공품의 완성품 환산량은 같으므로 평균법과 선입선출법에 따른 완성품환산량의 차이는 다음과 같이 해석할 수 있다.

재료원가의 완성품환산량 차이: 기초재공품의 물량

가공원가의 완성품환산량 차이: 기초재공품의 물량×기초재공품의 가공원가 진척도

완성품 환산량=X, 진척도=C%라고 하면,

항목	산식	결과
기초재공품 수량	재료원가의 완성품환산량 차이 평균법(X 단위)−선입선출법(0단위) =평균법(78,000단위)−선입선출법(66,000단위)	12,000단위
진척도	가공원가의 완성품환산량 차이 다음 식 X에 12,000단위 대입하면 평균법(X 단위)−선입선출법(X×(1−C%)) =평균법(54,400단위)−선입선출법(52,000단위)	20%

7.13 정답 ⑤

항목	물량 단위	가공비완성도	재료비	가공비
기초재공품	500	40%		
전공정대체량	5,400			
계	5,900			
기초재공품 완성품	500	60%	–	300
당기착수 당기완성품	5,200	100%	5,200	5,200
월말 재공품 수량	200	80%	200	160
계	5,900		5,400	5,660

7.14 정답 ③

재공품				재료비	가공비
기초	1,000개	기초완성	1,000개 (40%)	–	600개
착수	30,000개	당기완성	29,500개 (100%)	29,500개	29,500개
		기말	500개 (80%)	500개	400개
합계	31,000개	합계	31,000개	30,000개	30,500개
			원가	₩240,000	₩305,000
			완성품환산량 단위당 원가	@₩8	@₩10

완성품 원가=₩21,000+29,500개×₩8+(600개+29,500개)×₩10=₩558,000

7.15 정답 ⑤

재공품			
기초	75,000	완성	250,000
투입	225,000	기말	50,000(0.7)

$$\text{기말재공품의 가공비 배부액} = \frac{₩14,000 + ₩100,000}{250,000 + 50,000 \times 0.7} \times 50,000 \times 0.7 = ₩14,000$$

7.16 정답 ③

항목	[1단계] 물량 흐름 (A)	[2단계] 완성품 환산량					
		완성도			완성품 환산량		
		원재료A (B)	원재료B (C)	가공원가 (D)	원재료A (E)=(A×B)	원재료B (F)=(A×C)	가공원가 (G)=(A×D)
기초재공품①	5,000단위	100%	100%	60%			
당기착수량②	85,000단위						
합계③=(①+②)	90,000단위						
당기완성량④=(ⓐ+ⓑ)	80,000단위				75,000단위	75,000단위	77,000단위
기초재공품 완성량ⓐ	5,000단위	0%	0%	40%	0단위	0단위	2,000단위
당기착수 당기완성량ⓑ	75,000단위	100%	100%	100%	75,000단위	75,000단위	75,000단위
기말재공품⑤=(③−④)	10,000단위	100%	0%	30%	10,000단위	0단위	3,000단위
합계⑥=(④+⑤)	90,000단위				85,000단위	75,000단위	80,000단위

[3단계] 총원가의 집계						
항목			원재료A	원재료B	가공원가	합계
기초재공품 원가⑦			₩850,000	₩900,000	₩400,000	₩2,150,000
당기 발생원가⑧			3,400,000	4,500,000	1,600,000	9,500,000
합계⑨=(⑦+⑧)			₩4,250,000	₩5,400,000	₩2,000,000	₩11,650,000

[4단계] 완성품 환산량 단위당 원가의 산출						
항목			원재료A	원재료B	가공원가	
완성품 환산량 단위당 원가⑩=(⑧÷⑥)			@₩40	@₩60	@₩20	

[5단계] 총원가의 배부						
항목		기초재공품 원가	원재료A	원재료B	가공원가	합계
완성품 원가⑪=(⑦+④×⑩)		₩2,150,000	₩3,000,000	₩4,500,000	₩1,540,000	₩11,190,000
기말재공품 원가⑫=(⑤×⑩)		−	400,000	0	60,000	460,000
합계⑬=(⑪+⑫)		₩2,150,000	₩3,400,000	₩4,500,000	₩1,600,000	₩11,650,000

7.17 정답 ②

항목	산식	결과
월말 재공품 가공비	(월말 재공품 가공비 완성품 환산량)×[완성품 환산량 단위당 가공비] (2,000개×0.4)×[(₩30,320+₩52,000)÷(9,200개+20,000개−2,000개×0.6)]	₩2,352

7.18 정답 ④

항목	#101	#105	#206	#207	합계
가공원가	₩4,092,000				
수량①	200개	200개	100개	150개	650개
당기 가공원가 완성도②	(100%−80%)	50%	100%	60%	
완성품 환산량③=(①×②)	40개	100개	100개	90개	330개
배부액	₩496,000	₩1,240,000	₩1,240,000	₩1,116,000	₩4,092,000

항목	항목	#101	#105	#206	#207	합계
월초 재공품	직접재료원가	₩1,500,000				
	가공원가	960,000				
당기 발생원가	직접재료원가	500,000	₩1,800,000	₩3,200,000	₩2,400,000	₩7,900,000
	가공원가	496,000	1,240,000	1,240,000	1,116,000	4,092,000
합계		3,456,000	₩3,040,000	4,440,000	₩3,516,000	14,452,000
완성품 원가		₩3,456,000		₩4,440,000		₩7,896,000

7.19 정답 ⑤

항목	산식	결과
기초재공품의 완성품 환산량	85,000단위−73,000단위	12,000단위
기초재공품 수량	기초재공품 수량×30%=12,000단위	40,000단위

7.20 정답 ②

항목	수량
기초재공품 수량	없음
당기착수량	1,000단위
기말재공품 수량	500단위
완성품 수량	500단위

항목	산식	결과
기말재공품 완성도	완성품 단위당 제조원가=당기투입원가÷완성품 환산량 ₩420=(₩100,000+₩81,000+₩60,500)÷(500단위+500단위×완성도)	15%

7.21 정답 ④

작업원가 집계표는 개별원가계산에서 중요한 서류이다.

7.22 정답 ②

항목	물량	완성도	완성품 환산량
기초재공품	2,000	60%	
당기착수량	8,000		
당기완성량	8,000		8,000
기말재공품	2,000	40%	800
합계			8,800
항목	산식		결과
완성품 환산량 단위당 가공원가	₩320,000÷800단위		@₩400
당기 발생가공원가	₩400×(8,800단위−2,000단위×60%)		₩3,040,000

7.23 정답 ②

항목	산식	결과
제1공정에서 대체된 수량	0단위+25,000단위−7,000단위	18,000단위
제1공정에서 대체된 원가	₩200×18,000단위	₩3,600,000
제2공정 물량 흐름	기초재공품 12,000단위+당기착수량(제1공정에서 대체된 수량) 18,000단위=당기완성품 20,000단위+기말재공품 10,000단위	
선 공정 완성품 단위당 원가	(₩3,600,000+₩3,000,000)÷(20,000단위+10,000단위)	₩220
제2공정 완성품 원가	(₩220+₩120+₩180)×20,000단위	₩10,400,000

7.24 정답 ③

물량 흐름①				완성도②		완성품 환산량③	
재공품				직접재료원가	전환원가	직접재료원가	전환원가
		완성					
기초	2,000(30%)	기초	2,000	0%	70%		1,400
착수	9,000	당기	5,000	100%	100%	5,000	5,000
		기말	4,000(70%)	100%	70%	4,000	2,800
합계	11,000	합계	11,000			9,000	9,200
				당기투입원가④		₩216,000	₩276,000
				환산량 단위당 원가⑤=(④÷③)		₩24	₩30

⑥원가배부

완성품 (₩42,500+₩22,900)+₩24×5,000단위+₩30×6,400단위=₩377,400

기말재공품 ₩24×4,000단위+₩30×2,800단위=₩180,000

7.25 정답 ③

제품

기초	1,200	판매	45,000
당기	?	기말	1,400
합계	46,400	합계	46,400

→ 당기완성수량＝45,200단위

재공품

기초	1,500	제품	45,200
당기	?	기말	1,800
합계	47,000	합계	47,000

→ 당기투입수량＝45,500단위

원재료

기초	4,000	재공품	45,500단위×4kg＝182,000
당기	?	기말	5,000
합계	187,000	합계	187,000

→ 원재료 구매량＝183,000kg

7.26 정답 ①

항목	산식	결과
전환원가	전환원가×2,500단위÷(2,500단위＋9,000단위)＝₩40,000	₩184,000
재공품의 완성품환산량	2,500단위×20%÷50%	1,000단위
재공품에 배부될 전환원가	₩184,000×1,000단위÷(1,000단위＋9,000단위)	₩18,400
재공품 원가	₩75,000＋₩18,400	₩93,400
완성품 원가	직접재료원가＝₩75,000×9,000단위÷5,000단위＝₩135,000 전환원가＝₩186,000－₩18,400＝₩165,600 ＝₩135,000＋₩165,600	₩300,600

7.27 정답 ①

항목	산식	결과
단위당 가공원가	기말재공품의 원가＝직접재료원가＋가공원가 ₩220,000＝8,000개×70%×₩20＋8,000개×75%×완성품 환산량 단위당 가공원가	₩18

7.28 정답 ④

재공품

기초재공품	90kg	완성 2,000단위×0.1kg	200kg
		감손	42kg
당기투입	190kg	기말재공품 전환원가 완성도 25%	38kg
	280kg		280kg

직접재료

기초	?	완성 200kg÷(1−20%×100%)	250kg
당기투입	190kg	기말 38kg÷(1−20%×25%)	40kg
	290kg		290kg

항목	산식	결과
완성품에 대한 직접재료①	200kg÷(1−20%×100%)	250kg
기말재공품에 대한 직접재료②	38kg÷(1−20%×25%)	40kg
기초재공품에 대한 직접재료	①+②−당기에 투입된 직접재료 190kg	100kg
기초재공품의 전환원가 완성도(X)	100kg=90kg÷(1−0.2×X)	50%

7.29 정답 ①

항목	산식	결과
제품A의 톤당 공헌이익①	₩3,000−(₩2,000+₩200)	₩800
제품B의 톤당 공헌이익②	₩5,000−(₩2,000+₩200+₩1,200)	₩1,600
고정원가③	₩70,000+₩58,000	₩128,000
톤당 가중평균공헌이익④	①×400kg÷(400kg+600kg)+②×600kg÷(400kg+600kg)	₩1,280
손익분기점 수량⑤	③÷④	100톤
손익분기점 제품A 판매량	100톤×400kg÷(400kg+600kg)	40톤
손익분기점 제품B 판매량	100톤×400kg÷(400kg+600kg)	60톤

7.30 정답 ③

항목	산식	결과
완성품환산량 단위당 재료원가	₩40,000÷100단위	₩400
완성품환산량 단위당 전환원가	₩70,000÷(60단위+40단위×25%)	₩1,000
기말재공품원가	₩400×40단위+₩1,000×40단위×25%	₩26,000

7.31 정답 ①

항목	산식	결과
당기제품제조원가	기초제품재고 ₩84,600+X=매출원가 ₩1,070,000+ 기말제품재고 ₩38,700	₩1,024,100
재료원가 환산량 단위당 원가	₩420,000÷15,000개	₩28
전환원가 환산량 단위당 원가	₩588,600÷[1,800개×(1−90%)+(15,000개−3,000개)+ 3,000개×30%]	₩45
기말재공품	₩28×3,000개+₩45×900개	₩124,500
기초재공품	X+직접재료원가 ₩420,000+전환원가 ₩588,600 =당기제품제조원가 ₩1,024,100+기말재공품 ₩124,500	₩140,000

7.32 정답 ⑤

(1) 선입선출법

구분	물량	직접재료원가 완성도	가공원가 완성도	직접재료원가 완성품 환산량	가공원가 완성품 환산량
기초재공품	2,000	100%	60%		
당기착수량	10,000				
합계	12,000				
전기착수 당기완성	2,000	0%	40%	0	800
당기착수 당기완성	6,000	100%	100%	6,000	6,000
당기완성량	8,000			6,000	6,800
기말재공품	4,000	100%	50%	4,000	2,000
합계①	12,000			10,000	8,800
당기투입원가②				₩1,500,000	₩880,000
완성품 환산량 단위당 원가③=(②÷①)				₩150	₩100
완성품 원가	(₩24,000+₩10,000)+₩150×6,000단위+₩100×6,800단위 =₩1,614,000				

(2) 평균법

구분	물량	직접재료원가 완성도	가공원가 완성도	직접재료원가 완성품 환산량	가공원가 완성품 환산량
기초재공품	2,000				
당기착수량	10,000				
합계	12,000				
당기완성량	8,000	100%	100%	8,000	8,000
기말재공품	4,000	100%	50%	4,000	2,000
합계①	12,000			12,000	10,000
기초재공품 원가②				₩24,000	₩10,000
당기투입원가③				₩1,500,000	₩880,000
완성품 환산량 단위당 원가④=[(②+③)÷①]				₩127	₩89
완성품 원가	₩127×8,000단위+₩89×8,000단위=₩1,728,000				

주관식 해답

7-1 정답

물음 1

항목	물량 흐름	가공비 완성도	완성품 환산량	
			직접재료비	가공비
기초재공품	10,000	80%		
당기투입량	100,000			
합계	110,000			
완성품				
기초재공품	10,000	20%	0	2,000
당기투입량	80,000		80,000	80,000
기말재공품	20,000	40%	20,000	8,000
합계①			100,000	90,000
원가②			₩1,500,000	₩900,000
단위당 원가③=(②÷①)			₩15	₩10

물음 2

항목	산식	결과
기말재공품 원가	20,000×₩15+8,000×₩10	₩380,000
완성품 원가	기초재공품 원가+당기 투입원가−기말재공품 원가 =₩453,800+₩2,400,000−₩380,000	₩2,473,800

물음 3

항목	산식	결과
기말재공품의 완성품 환산량	전공정원가: 30,000개×100%	30,000
	직접재료원가: 30,000개×0% (재료는 공정 말에 투입되나 현재의 진척도는 60%)	0
	가공비: 30,000개×60%	18,000
기말재공품 원가	30,000개×₩20+18,000개×₩15	₩870,000

7-2 정답

기초재수정분개

	차변	금액		대변	금액
(차)	급료	240,000	(대)	선급급료	240,000
	미지급전기수도료	240,000		전기수도료	240,000
	소모품비	360,000		소모품	360,000

기중거래분개

	차변	금액		대변	금액
(차)	원재료	5,800,000	(대)	현금	5,800,000
	급료	7,160,000		현금	7,160,000
	전기수도료	1,080,000		현금	1,080,000
	감가상각비(제조간접원가)	400,000		기계감가상각누계액	400,000
	감가상각비(판매관리비)	100,000		비품감가상각누계액	100,000
	소모품비	1,500,000		현금	1,500,000
	현금	20,000,000		매출	20,000,000

기말수정분개

	차변	금액		대변	금액
(차)	선급급료	100,000	(대)	급료	100,000
	소모품	120,000		소모품비	120,000
	전기수도료	360,000		미지급전기수도료	360,000

물음 1-(1) 재료비

	차변	금액		대변	금액
(차)	재공품	6,720,000	(대)	원재료	6,720,000

직접재료비=₩1,400,000+5,800,000−480,000=₩6,720,000

	차변	금액		대변	금액
(차)	재공품	5,840,000	(대)	노무비	5,840,000

(기초 선급액 240,000+현금지급액 ₩7,160,000−기말 선급액 100,000)×0.8=₩5,840,000

	차변	금액		대변	금액
(차)	제조간접비	1,480,000	(대)	전기수도료	1,080,000
				감가상각비	400,000

(기말 미지급분 ₩360,000+현금지급액 ₩1,080,000−기초 미지급분 ₩240,000)×0.9=₩1,080,000

물음 1-(2) 당기제품 제조원가

	차변	금액		대변	금액
(차)	재공품	1,480,000	(대)	제조간접비	1,480,000
(차)	제품	12,100,000	(대)	재공품	12,100,000
(차)	매출원가	10,700,000	(대)	제품	10,700,000

물음 2 기말재공품 평가액

원재료 (단위: ₩)

기초	1,400,000	직접재료비	6,720,000
매입	5,800,000	기말	480,000
	7,200,000		7,200,000

재공품 (단위: ₩)

기초	1,100,000	당기제품제조원가	12,100,000
직접재료비	6,720,000		
직접노무비	5,840,000		
제조간접비	1,480,000	기말	3,040,000
	15,140,000		15,140,000

종합원가계산을 이용한 당기제품제조원가계산

재료가 일정 시점에서 전량 투입되는 것이 아니고 가공비같이 공정이 진행됨에 따라 투입되고 있다.

항목	[1단계] 물량 흐름	완성도		[2단계] 완성품 환산량		
		직접재료비	가공비	직접재료비	가공비	
기초재공품	500	60%	40%			
당기착수	1,000					
소계	1,500					
당기완성						
기초재공품	500	40%	60%	200	300	
당기착수	600	100%	100%	600	600	
기말재공품	400	40%	80%	160	320	
소계	1,500			960	1,220	
[3단계] 총원가의 요약						
기초재공품 원가						₩1,100,000
당기 발생원가				₩6,720,000	₩7,320,000	14,040,000
합계						₩15,140,000
[4단계] 환산량 단위당 원가						
완성품 환산량				÷960	÷1,220	
환산량 단위당 원가				@7,000	@6,000	
[5단계] 원가의 배부						
완성품 원가 ₩1,100,000+200×@7,000+300×@6,000+600×@(7,000+6,000)						₩12,100,000
기말재공품 원가 160×@7,000+320×@6,000						3,040,000
합계						₩15,140,000

제품

기초	800,000	(@8,000×100kg)	매출원가	10,700,000	(@8,000×100kg+11,000×900kg)
당기제품 제조원가	12,100,000	(@11,000×1,100kg)	기말	2,200,000	(@11,000×200kg)
	12,900,000			12,900,000	

제조원가명세서

Ⅰ. 직접재료비		
1. 기초 원재료재고액	1,400,000	
2. 당기 원재료매입액	5,800,000	
3. 기말 원재료재고액	(480,000)	₩6,720,000
Ⅱ. 직접노무비		5,840,000
Ⅲ. 제조간접원가		
1. 전기수도료	1,080,000	
2. 감가상각비	400,000	1,480,000
Ⅳ. 당기총제조원가		14,040,000
Ⅴ. 기초재공품 재고액		1,100,000
합계		15,140,000
Ⅵ. 기말재공품 재고액		(3,040,000)
Ⅶ. 당기제품제조원가		₩12,100,000

물음 3 손익계산서

손익계산서

항목	산식	결과
Ⅱ. 매출원가		
1. 기초제품 재고액	800,000	
2. 당기제품제조원가	12,100,000	
3. 기말제품 재고액	(2,200,000)	₩10,700,000
Ⅲ. 매출총이익		9,300,000
Ⅳ. 판매관리비		3,420,000
1. 급료	1,460,000	
2. 소모품비	360,000+1,500,000−120,000=1,740,000	
3. 전기수도료	120,000	
4. 감가상각비	100,000	
Ⅴ. 영업이익		₩5,880,000

7-3 정답

물음 1 6월 기초재공품 완성도

항목	산식	결과
6월 기초재공품 수량	당기완성+기말재공품−당기착수량 =5,000개+2,000개−4,500개	2,500개
기초재공품 가공비 완성품 환산량①		2,500×(1−X)
당기착수 당기완성 가공비 완성품 환산량②	=5,000−2,500	2,500
기말재공품 가공비 완성품 환산량③	=1,000×0.9+500×0.4+500×0.2	1,200
합계④=(①+②+③)		6,200−2,500X
가공비 완성품 환산량⑤		5,200
기초재공품 완성도(X)	④=⑤	40%

물음 2 6월 기말재공품과 완성품 원가

항목	[1단계] 물량 흐름 (A)	[2단계] 완성품 환산량					
		직접재료 X		직접재료 Y		가공원가	
		완성도 (B)	환산량 (D=A×B)	완성도 (C)	환산량 (E=A×C)	완성도 (F)	환산량 (E=A×F)
기초재공품① (40%)	2,500						
당기착수량②	4,500						
합계③=(①+②)	7,000						
당기완성량④=(ⓐ+ⓑ)	5,000		2,500		5,000		4,000
기초재공품 완성량ⓐ	2,500	0%	0	100%	2,500	60%	1,500
당기착수 당기완성량ⓑ	2,500	100%	2,500	100%	2,500	100%	2,500
기말재공품⑤=(ⓒ+ⓓ+ⓔ)	2,000		2,000		1,000		1,200
1,000개(90%)ⓒ		100%	1,000	100%	1,000	90%	900
500개(40%)ⓓ		100%	500	0%	0	40%	200
500개(20%)ⓔ		100%	500	0%	0	20%	100
합계⑥=(④+⑤)	7,000		4,500		6,000		5,200
6월 말 재공품 원가		₩130×2,000+₩80×1,000+₩250×1,200=₩640,000					
6월 완성품 원가		₩620,000+₩130×2,500+₩80×5,000+₩250×4,000=₩2,345,000					

물음 3 7월 기말재공품 완성도

항목	산식	결과
7월 기말재공품 수량	월초 재공품+당기착수−당기완성 =2,000+5,000−6,000	1,000
월초 재공품 가공비 완성품 환산량①	=2,000−1,200	800
당기착수 당기완성 가공비 완성품 환산량②	=6,000−2,000	4,000
월말 재공품 가공비 완성품 환산량③		1,000X
합계④=(①+②+③)		1,000X+4,800
가공비 완성품 환산량⑤		5,600
월초 재공품 완성도(X)	④=⑤	80%

물음 4 7월 기말재공품과 완성품 원가

항목	[1단계] 물량 흐름 (A)	[2단계] 완성품 환산량					
		직접재료 X		직접재료 Y		가공원가	
		완성도 (B)	환산량 (D=A×B)	완성도 (C)	환산량 (E=A×C)	완성도 (F)	환산량 (E=A×F)
기초재공품①=(ⓐ+ⓑ+ⓒ)	2,000						
1,000개(90%)ⓐ							
500개(40%)ⓑ							
500개(20%)ⓒ							
당기착수량②	5,000						
합계③=(①+②)	7,000						
당기완성량④=(ⓓ+ⓔ)	6,000		4,000		5,000		4,800
기초재공품 완성량ⓓ=($\alpha+\beta+\gamma$)	2,000		0		1,000		800
1,000개(90%)(α)	1,000	0%	0	0%	0	10%	100
500개(40%)(β)	500	0%	0	100%	500	60%	300
500개(20%)(γ)	500	0%	0	100%	500	80%	400
당기착수 당기완성량ⓔ	4,000	100%	4,000	100%	4,000	100%	4,000
기말재공품 (80%)⑤	1,000	100%	1,000	100%	1,000	80%	800
합계⑥=(④+⑤)	7,000		5,000		6,000		5,600
7월 말 재공품 원가		₩135×1,000+₩85×1,000+₩260×800=₩428,000					
7월 완성품 원가		₩640,000+₩135×4,000+₩85×5,000+₩260×4,800=₩2,853,000					

7-4 정답

물음 1 공정별 완성품 단위당 전환원가

항목	제1공정	제2공정	제3공정
전환원가①	₩140,000	₩45,000	₩14,400
생산량②	400+200+100=700단위	200+100=300단위	100단위
완성품 단위당 전환원가③=(②÷①)	₩200	₩150	₩144

물음 2 제품별 완성품 원가와 완성품 단위당 원가

항목	트래킹용	산악용	선수용
재료원가①	₩100,000	₩64,000	₩60,000+₩10,000=₩70,000
단위당 가공원가②	₩200	₩200+₩150=₩350	₩200+₩150+₩144=₩494
생산량③	400단위	200단위	100단위
가공원가④=(②×③)	₩80,000	₩70,000	₩49,400
완성품 원가⑤=(①+④)	₩180,000	₩134,000	₩119,400
완성품 단위당 원가⑥=(⑤÷③)	₩450	₩670	₩1,194

물음 3 월말 재공품 재고액

전공정원가=(₩200+₩150)×100단위=₩35,000

직접재료 B는 3공정 종료 시점에서 투입되므로 월말 재공품에는 투입되지 않는다.

항목	수량	완성도	완성품 환산량				합계
			전공정원가	직접재료 A3	직접재료 B	전환원가	
완성품①	80	100%	80	80	80	80	
기말재공품②	20	80%	20	20	0	16	
완성품 환산량③=(①+②)	100		100	100	80	96	
금액④			₩35,000	₩60,000	₩10,000	₩14,400	
단위당 원가⑤=(④÷③)			₩350	₩600	₩125	₩150	
월말 재공품 재고액⑥=(②×⑤)			₩7,000	₩12,000	₩0	₩2,400	₩21,400

물음 4 혼합원가계산 적용 가능 제조환경

혼합원가계산은 직접재료원가는 개별원가계산을, 전환원가는 종합원가계산을 사용하여 원가를 산출하는 방식이다. 표준화된 공정에서 작업주문별로 특성이 다른 제품을 생산하는 경우에 적용되는 방법이다. 즉, 제품별로 사용되는 직접재료의 종류가 다르지만 추적할 수 있고 제조과정은 차이가 없는 제조환경에 적용할 수 있다.

제8장 공손회계

객관식 해답

8.1 정답 ⑤

항목	[1단계] 물량 흐름 (A)	[2단계] 완성품 환산량	
		가공원가 완성도 (B)	가공원가 완성품 환산량 (C)=(A×B)
기초재공품①	30,000		
당기착수량②	120,000		
합계③=(①+②)	150,000		
당기완성량④	99,000	100%	99,000
비정상공손⑤	6,000	100%	6,000
기말재공품⑥=(③−④−⑤)	45,000	40%	18,000
합계⑦=(④+⑤+⑥)	150,000		123,000

8.2 정답 ④

항목	산식	결과
총원가	제조원가+재작업원가−공손품매각수익 (3,300단위×₩9,000)+₩150,000−₩450,000	₩29,400,000
정상제품 수량	당기작업량−공손품 수량=3,300개−300개	3,000개
정상제품의 단위당 원가	₩29,400,000÷3,000개	₩9,800

8.3 정답 ⑤

당기제품제조원가=당기완성량 원가 ₩1,500+정상공손원가 ₩750=₩2,250

항목	[1단계] 물량 흐름 (A)	[2단계] 완성품 환산량			
		완성도		완성품 환산량	
		직접재료원가 (B)	가공원가 (C)	직접재료원가 (D)=(A×B)	가공원가 (E)=(A×C)
기초재공품①	0				
당기착수량②	1,000				
합계③=(①+②)	1,000				
당기완성량④	500	100%	100%	500	500
정상공손⑤	250	100%	100%	250	250
기말재공품⑥=(③−④−⑤)	250	100%	40%	250	100
합계⑦=(④+⑤+⑥)	1,000			1,000	850

항목	[3단계] 총원가집계		[4단계] 완성품 환산량 단위당 원가		[5단계] 원가할당		
	직접 재료원가 (F)	가공원가 (G)	직접 재료원가 (H)=(F÷D)	가공원가 (I)=(G÷E)	직접 재료원가 (J)=(D×H)	가공원가 (K)=(E×I)	합계 (L)=(J+K)
기초재공품①	₩0	₩0					
당기착수량②	1,000	1,700					
합계③=(①+②)							
당기완성량④					₩500	₩1,000	₩1,500
정상공손⑤					250	500	750
기말재공품⑥=(③-④-⑤)					250	200	450
합계⑦=(④+⑤+⑥)	₩1,000	₩1,700	₩1	₩2	₩1,000	₩1,700	₩2,700

8.4 **정답** ④

항목	[1단계] 물량 흐름 (A)	[2단계] 완성품 환산량			
		완성도		완성품 환산량	
		직접재료원가 (B)	가공원가 (C)	직접재료원가 (D)=(A×B)	가공원가 (E)=(A×C)
기초재공품①	60,000				
당기착수량②	100,000				
합계③=(①+②)	160,000				
당기완성량④	90,000	100%	100%	90,000	90,000
정상공손⑤	20,000	100%	60%	20,000	12,000
기말재공품⑥=(③-④-⑤)	50,000	100%	30%	50,000	15,000
합계⑦=(④+⑤+⑥)	160,000			160,000	117,000

항목	[3단계] 총원가집계		[4단계] 완성품 환산량 단위당 원가		[5단계] 원가할당		
	직접 재료원가 (F)	가공원가 (G)	직접 재료원가 (H)=(F÷D)	가공원가 (I)=(G÷E)	직접 재료원가 (J)=(D×H)	가공원가 (K)=(E×I)	합계 (L)=(J+K)
기초재공품①	6,000,000	5,000,000					
당기착수량②	10,000,000	16,060,000					
합계③=(①+②)							
당기완성량④					9,000,000	16,200,000	25,200,000
정상공손⑤					2,000,000	2,160,000	4,160,000
기말재공품⑥=(③-④-⑤)					5,000,000	2,700,000	7,700,000
합계⑦=(④+⑤+⑥)	16,000,000	21,060,000	100	180	16,000,000	21,060,000	37,060,000

항목	산식	결과
단위당 원가	당기제품제조원가÷당기완성량 =(당기완성량 원가+정상공손원가)÷당기완성량 =(₩25,200,000+₩4,160,000)÷90,000단위	₩326

8.5 정답 ①

항목	산식	결과
당기착수량	완성량+기말재공품 수량+정상공손수량−기초재공품 수량 =500개+400개+100개−200개	800개
선입선출법에 따른 기말재공품 재료원가①	=완성품 환산량 단위당 원가×기말재공품 수량 =당기투입원가÷당기착수량×기말재공품 수량	당기투입원가÷800개×400개
평균법에 따른 기말재공품 재료원가②	=완성품 환산량 단위당 원가×기말재공품 수량 =(기초재공품 원가+당기투입원가)÷(기초재공품 수량+당기착수량)×기말재공품 수량	(₩100+당기투입원가)÷(200개+800개)×400개
당기투입재료원가	①−②=₩460	₩5,000

8.6 정답 ③

항목	산식	결과
공손수량	20,000단위+100,000단위−90,000단위−15,000단위	15,000단위
정상공손수량	(90,000단위−20,000단위+15,000단위)×10% 기초재공품 20,000단위의 진척도는 60%이어서 전기에 이미 검사 시점을 통과하였다. 따라서 완성 수량에서 기초재공품 수량을 차감하여야 당기에 검사하여 완성된 수량이 계산된다. 기말재공품 15,000단위의 진척도가 검사시점보다 크므로 기말재공품도 합격품이다.	8,500단위
비정상공손수량	15,000단위−8,500단위	6,500단위

항목	물량 단위	완성도		완성품 환산량		합계
		재료원가	가공원가	재료원가	가공원가	
기초재공품	20,000	100%	60%	−	₩8,000	
당기투입완성	70,000	100%	100%	₩70,000	70,000	
정상공손	8,500	100%	40%	8,500	3,400	
비정상공손	6,500	100%	40%	6,500	2,600	
기말재공품	15,000	100%	50%	15,000	7,500	
합계	120,000			100,000	91,500	
당기투입원가				300,000	366,000	
단위원가				@₩3	@₩4	
비정상공손원가	6,500단위×₩3+2,600단위×₩4					₩29,900

8.7 정답 ②

항목	산식	결과
공손수량	기초재공품+당기착수량=완성품+기말재공품+공손품(X) 10,000단위+55,000단위=40,000단위+20,000단위+X	5,000단위
정상공손수량	당기 중 검사 시점을 통과한 수량(합격 수량)은 기초재공품, 당기착수완성량, 기말재공품 모두이다. =(10,000단위+30,000단위+20,000단위)×0.05	3,000단위
비정상공손수량	5,000단위−3,000단위	2,000단위
비정상공손품의 가공원가 완성품 환산량	2,000단위×80%	1,600단위

8.8 정답 ⑤

공손원가는 당월에 검사 시점을 통과한 수량에 배부된다.

항목	전월 말 진행률	당월 말 진행률	당월 검사 여부
월초 재고	40%	100%	당월 검사 시점 통과
당월 착수 · 완성	0%	100%	당월 검사 시점 통과
월말 재고	0%	70%	당월 검사 시점 통과

8.9 정답 ②

재공품

월초	12,000	완성	65,000
투입	76,000	공손	X
		월말	

항목	산식	결과
정상공손수량	당월 검사 합격 수량=완성품 수량+월말 재공품 수량 =월초수량+당월투입량−공손수량 (12,000단위+76,000단위−X)×10%=X	8,000단위
단위당 직접재료원가	₩456,000÷76,000단위	₩6
정상공손원가에 포함된 직접재료원가	8,000단위×₩6	₩48,000

8.10 정답 ③

항목	산식	결과
정상공손 수량	7,000단위×5%	350단위
기말재공품 수량	2,000단위+8,000단위−500단위−7,000단위	2,500단위
가공비 완성품 환산량	7,000단위+500단위+2,500단위×80%	9,500단위
가공비 완성품 환산량 단위당 원가	(₩10,000+₩75,500)÷9,500단위	₩9
완성품의 가공비	(7,000단위+350단위)×₩9	₩66,150

8.11 정답 ③

물량 흐름 파악① 재공품				완성품 환산량② 가공비
기초 2,000	완성		7,000	7,000
착수 8,000	정상공손		7,000개×5%=350	350
	비정상공손		150	150
	기말		2,500(80%)	2,000
10,000			10,000	9,500
		원가③		10,000+75,500=85,500
		환산량 단위당 원가④=(③÷②)		₩9

완성품 가공비 7,000개×₩9+350개×₩9=₩66,150

8.12 정답 ①

8.13 정답 ⑤

재공품			
기초 10,000	(0.3)	완성	62,000
투입 75,000		공손	8,000 (0.2 또는 0.5)
		기말	15,000 (0.8)

항목	산식	결과
20% 검사 시점이면 정상공손품 수량	(62,000개−10,000개+15,000개)×10%	6,700개
50% 검사 시점이면 정상공손품 수량	(62,000개+15,000개)×10%	7,700개

8.14 정답 ⑤

더 커진다. → 더 작아진다.

8.15 정답 ③

재공품

기초	1,000	완성	7,000		
매입	9,000	공손	1,500(1.0)	정상공손	7,000×10%=700
				비정상공손	1,500−700=800
		기말	1,500(0.6)		

항목	물량 단위	완성도	완성품 환산량		합계
			재료원가	가공원가	
완성품	7,000	100%	7,000	7,000	
정상공손	700	100%	700	700	
비정상공손	800	100%	800	800	
기말재공품	1,500	60%	1,500	900	
합계			10,000	9,400	
기초재공품 원가			₩540,000	₩880,000	
당기투입원가			₩5,000,000	₩9,460,000	
합계			₩5,540,000	₩10,340,000	
단위원가			@₩554	@₩1,100	
완성품 원가			₩3,878,000	₩7,700,000	₩11,578,000
정상공손원가			₩387,800	₩770,000	₩1,157,800
정상공손 배부 후 완성품 원가			₩4,265,800	₩8,470,000	₩12,735,800

8.16 정답

(1) ⑤

항목		물량 단위	완성도	완성품 환산량			합계
				전공정원가	재료원가	가공원가	
기초재공품		1,000	60%				
당기착수량		5,000					
합계		6,000					
기초재공품완성량		1,000	40%	0	0	400	
당기착수 당기완성량		3,000	100%	3,000	3,000	3,000	
정상공손		200	80%	200	200	160	
비정상공손		300	80%	300	300	240	
기말재공품		1,500	40%	1,500	0	600	
합계		6,000		5,000	3,500	4,400	
당기투입원가				₩625,000	₩1,470,000	₩924,000	
단위당 원가				@₩125	@₩420	@₩210	
완성품 원가	기초재공품			172,000	450,000	320,000	
	당기투입			375,000	1,260,000	714,000	
	합계			547,000	1,710,000	1,034,000	₩3,291,000
정상공손원가				25,000	84,000	33,600	₩142,600
비정상공손원가				₩37,500	126,000	50,400	₩213,900
기말재공품원가				₩187,500	0	126,000	₩313,500

1) 정상공손=(1,000단위+3,000단위)×5%=200단위
2) 비정상공손=500단위-200단위=300단위

(2) ④

항목	산식	결과
정상공손비 배부 후 완성품 원가	정상공손비 배부 전 완성품 원가+정상공손비 ₩3,291,000+₩142,600	₩3,433,600
완성품의 단위당 원가	₩3,433,600÷4,000단위	₩858.4

8.17 정답

(1) ①

재공품

기초 1,000	완성 9,500
투입 9,000	기말 500
합계 10,000	합계 10,000

항목	산식	결과
단위당 재료비	₩135,000÷9,000단위	₩15
단위당 가공비	$\frac{₩281,700}{9,500단위+200단위×0.4+300단위×0.7-600단위×1/3-400단위×1/2}$	30
기말재공품 원가	500단위×₩15+(200단위×0.4+300단위×0.7)×₩30	₩16,200

(2) ②

재공품

기초 1,000	완성 9,310
투입 9,000	공손 (1,000+9,000-500)×2%=190
	기말 500
합계 10,000	합계 10,000

항목	산식	결과
단위당 재료비	$\frac{₩5,000+₩135,000}{1,000단위+9,000단위}$	₩14
단위당 가공비	$\frac{₩60,950+₩281,700}{9,500단위+200단위×0.4+300단위×0.7}$	₩35
공손품원가	190단위×(₩14+₩35)	₩9,310

8.18 정답 ③

재공품

기초 100(0.6)	완성 250
투입 500	공손 100(0.5)
	기말 250(0.8)

항목	물량 흐름	산식	결과
가공원가의 완성품 환산량 단위당 원가	선입선출법	X÷[100단위×(1-0.6)+150단위+100단위×0.5+250단위×0.8]	
	가중평균법	(₩500+X)÷(250단위+100단위×0.5+250단위×0.8)	
		완성품 환산량 단위당 원가는 같으므로, X÷(40단위+150단위+50단위+200단위) =(₩500+X)÷(250단위+50단위+200단위)	₩3,666

8.19 정답 ②

재공품

기초	1,000(40%)	완성	5,000
당기착수	7,500	공손	500
		기말	3,000(80%)
합계	8,500	합계	8,500

항목	산식	결과
공손원가①	완성품에 배부된 정상공손원가 ₩33,750=공손원가×완성품 5,000단위÷(완성품 5,000단위+기말재공품 3,000단위)	₩54,000
품질검사 완성도	①공손원가 ₩54,000=공손품 500단위×완성품 환산량 단위당 원가 ₩180×품질검사 완성도	60%

8.20 정답 ④

재공품

기초 500(?)	완성 800
투입 700	공손 160(0.8)
	기말 240(?)

항목	산식	결과
완성품 환산량 단위당 가공원가	₩920,000÷800개	₩1,150
평균법에 따른 가공원가 완성품 환산량	(월초 재공품에 포함된 가공원가+3월 중에 투입된 가공원가)÷완성품 환산량 단위당 가공원가 (₩190,000+₩960,000)÷₩1,150	1,000단위
기초재공품의 완성도(X%)	선입선출법에 따른 완성품 환산량 단위당 가공원가 계산 시 평균법에 따른 가공원가의 완성품 환산량에서 "기초재공품 수량×기초재공품 완성도"만큼의 수량을 차감하여 계산한다. $\frac{₩960,000}{(1,000개-500개×X\%)}$ ×[500개×(1－X%)＋300개]＋₩190,000=₩910,000	40%
선입선출법에 따른 완성품 환산량 단위당 가공원가	$\frac{₩960,000}{(1,000개-500개×40\%)}$	₩1,200
선입선출법에 따른 공손품의 가공원가	₩1,200×160개×80%	₩153,600

8.21 정답 ③

가공원가 완성도

정상공손수량=(3,000단위+7,000단위+4,000단위)×5%=700단위

항목	물량 흐름	완성품 환산량		
		전공정원가	직접재료원가	가공원가
완성품①	10,000단위	10,000단위	10,000단위	10,000단위
정상공손②	700단위	700단위	700단위	350단위
비정상공손③	300단위	300단위	300단위	150단위
기말재공품④	4,000단위	4,000단위	4,000단위	2,400단위
합계⑤=(①+②+③+④)	15,000단위	15,000단위	15,000단위	12,900단위

8.22 정답 ⑤

항목	물량 흐름	완성품 환산량			합계
		전공정원가	직접재료원가	가공원가	
완성품①	10,000단위	10,000단위	10,000단위	10,000단위	
정상공손②	700단위	700단위	700단위	350단위	
비정상공손③	300단위	300단위	300단위	150단위	
기말재공품④	4,000단위	4,000단위	4,000단위	2,400단위	
합계⑤=(①+②+③+④)	15,000단위	15,000단위	15,000단위	12,900단위	
기초재공품 원가⑥		₩14,750	₩2,000	₩10,250	
당기투입원가⑦		56,500	58,000	92,950	
합계⑧=(⑤+⑥)		₩71,250	₩60,000	₩103,250	
완성품 환산량 단위당 원가⑨=(⑧÷⑦)		@₩4.75	@₩4	@₩8	
완성품 원가⑩=(①×⑨)		47,500	40,000	80,000	₩167,500
정상공손 원가⑪=(②×⑨)		3,325	2,800	2,800	8,925
비정상공손 원가⑫=(③×⑨)		1,425	1,200	1,200	3,825
기말재공품 원가⑬=(④×⑨)		₩19,000	₩16,000	₩19,200	₩54,200

항목	정상공손원가 배부전원가	정상공손원가 배부	정상공손원가 배부후원가
완성품 원가	₩167,500	₩6,375(=₩8,925×10,000단위÷14,000단위)	₩173,875
정상공손 원가	8,925	(8,925)	0
비정상공손 원가	3,825	–	3,825
기말재공품 원가	₩54,200	₩2,550(=₩8,925×4,000단위÷14,000단위)	₩56,750

8.23 정답 ①

물량 흐름 파악① 재공품				완성품 환산량② 직접재료원가	완성품 환산량② 전환원가
기초	500(75%)	완성	3,700	3,700	3,700
착수	4,500	정상공손	250	250	250
		비정상공손	250	250	250
		기말	800(30%)	800	240
	5,000		5,000	5,000	4,440
		원가③		₩5,000,000	₩3,751,800
		환산량 단위당 원가④=(③÷②)		₩1,000	₩845

8.24 정답 ⑤

항목	산식	결과
단위당 직접재료원가	$\frac{₩1,000+₩5,600}{2,000단위+500단위×20\%+200단위×50\%}$	₩3
단위당 가공원가	$\frac{₩2,475+₩8,300}{2,000단위+500단위×15\%+200단위×40\%}$	₩5
공손품원가	200단위×50%×₩3+200단위×40%×₩5	₩700

8.25 정답 ⑤

항목	산식	결과
당기순이익 증가액	비정상 공손품 수량 100단위×단위당 판매가격 ₩250	₩25,000

8.26 정답 ⑤

항목	산식	결과
영업이익 감소액	공정 B에서 공손이 발생할 경우 해당 물량만큼 판매가 감소하므로 매출 감소분이 이익 감소액 불량품 100단위×단위당 판매가격 ₩50	₩5,000

8.27 정답 ②

항목	산식	결과
정상공손수량	(1,800단위+400단위)×10%	220단위
정상공손원가	220단위×₩2,000+220단위×50%×₩500	₩495,000

8.28 정답 ②

재공품

기초	800 (0.7)	완성	800 (0.3)
			4,880
		정상공손	284 (0.8)
		비정상공손	56 (0.8)
착수	6,420	기말	1,200 (0.4)
합계	7,220	합계	7,220

항목	산식	결과
정상공손 수량	(기초재공품 800+4,880)×5%	284개
비정상공손 수량	합계 7,220개−기말재공품 1,200개−당기착수 당기완성 4,880개 −기초재공품 800개−정상공손 284개	56개

8.29 정답 ④

구분	물량	직접재료 A 완성도	직접재료 B 완성도	전환원가 완성도	직접재료 A 완성품 환산량	직접재료 B 완성품 환산량	전환원가 완성품 환산량
기초재공품	500	100%	0%	60%			
당기착수	4,500						
합계	5,000						
전기착수 당기완성	500	0%	100%	40%	0	500	200
당기착수 당기완성	3,000	100%	100%	100%	3,000	3,000	3,000
기말재공품	1,000	100%	0%	60%	1,000	0	600
정상공손	350	100%	0%	80%	350	0	280
비정상공손	150	100%	0%	80%	150	0	120
합계	5,000				4,500	3,500	4,200

항목	산식	결과
완성품 환산량 단위당 직접재료원가 A①	₩90,000÷4,500단위	₩20/단위
완성품 환산량 단위당 직접재료원가 B②	₩87,500÷3,500단위	₩25/단위
완성품 환산량 단위당 전환원가③	₩210,000÷4,200단위	₩50/단위
완성품 원가④	(₩11,200+₩18,000)+₩20×3,000단위 +₩25×3,500단위+₩50×3,200단위	₩336,700
정상공손원가⑤	₩20×350단위+₩50×350단위×80%	₩21,000
정상공손원가 배분 후 당기 완성품 원가⑥	④+⑤	₩357,700

8.30 정답 ①

8.31 정답 ④

항목		물량단위	완성도		완성품 환산량		합계
			직접재료원가	전환원가	직접재료원가	전환원가	
기초재공품		2,000	100%	70%			
당기착수량		10,000					
합계		12,000					
기초재공품완성량		2,000	0%	30%	0	600	
당기착수 당기완성량		6,000	100%	100%	6,000	6,000	
정상공손		800	100%	80%	800	640	
비정상공손		200	100%	80%	200	160	
기말재공품		3,000	100%	40%	3,000	1,200	
합계		12,000			10,000	8,600	
당기투입원가					₩2,000,000	₩860,000	
완성품 환산량 단위당 원가					₩200	₩100	
완성품 원가	기초재공품				70,000	86,000	
	당기투입				1,200,000	660,000	
	합계				1,270,000	746,000	₩2,016,000
정상공손원가					160,000	64,000	₩224,000
합계							₩2,240,000
완성품 단위당 원가							₩280

1) 정상공손=(2,000단위+6,000단위)×10%=800단위

2) 비정상공손=1,000단위-800단위=200단위

주관식 해답

8-1 정답

물음 1 정상공손수량

(1) 첫 번째 검사 시점(I · P1)=(0개+4,200개+0개+200개+0개)×0.05=220개

(2) 두 번째 검사 시점(I · P2)=(800개+4,200개+0개+0개+0개)×0.02=100개

물음 2 완성품 환산량

[1차 검사 시점]

항목	수량	1차 검사 여부	1차 정상공손 산정 대상	정상공손품	
				비율	수량
기초재공품	800	X	X	n/a	–
당기착수 당기완성품	4,200	O	O	5%	210
1차 공손품	300	O	n/a*	n/a*	–
2차 공손품	200	O	O	5%	10
기말재공품	500	X	X	n/a	–
합계					220

* 자신을 결정하는 데 자신을 사용하는 것이므로 제외.

[2차 검사 시점]

항목	수량	2차 검사 여부	1차 정상공손 산정 대상	정상공손품	
				비율	수량
기초재공품	800	O	O	2%	16
당기착수 당기완성품	4,200	O	O	2%	84
1차 공손품	300	X	n/a	n/a	–
2차 공손품	200	O	n/a*	n/a*	–
기말재공품	500	X	X	n/a	–
합계					100

* 자신을 결정하는 데 자신을 사용하는 것이므로 제외.

항목	물량 흐름	완성품 환산량		
		재료 A	재료 B	가공비
기초재공품	800			
당기착수	5,200			
합계	6,000			
기초재공품 완성량	800(0.6)	–	800	320
당기착수 당기완성량	4,200	4,200	4,200	4,200
정상공손(I · P1)	220(0.5)	220	–	110
비정상공손(I · P1)	80(0.5)	80	–	40
정상공손(I · P2)	100(1)	100	100	100
비정상공손(I · P2)	100(1)	100	100	100
기말재공품	500(0.4)	500		200
합계	6,000	5,200	5,200	5,070

물음 3 완성품 원가

완성품 원가=순수완성품 원가+1차 정상공손원가+2차 정상공손원가

여기서, 1차 정상공손원가를 배부하는 비율의 결정이 중요함

항목		수량	1차 검사 여부	1차 정상공손원가			
				배부 자격		배부대상	
기초재공품		800	X	X	–	X	–
당기착수 당기완성품		4,200	O	O	4,200	O	4,200
1차 공손품	정상	220	O	n/a[1]	–	n/a[1]	–
	비정상	80	O	n/a[1]	–	n/a[1]	–
2차 공손품	정상	100	O	O	100	O	100
	비정상	100	O	O	100	n/a[2]	–
기말재공품		500	X	X	–	X	–
합계					4,400		4,300

1) 자신을 결정하는 데 자신을 사용하는 것이므로 제외.

2) 비정상공손품이므로 배부하지 않음

항목	재료 A	재료 B	가공비	합계
당기투입원가	₩208,000	₩156,000	₩354,900	
완성품 환산량	5,200	5,200	5,070	
완성품 환산량 단위당 원가	₩40	₩30	₩70	
순수완성품 원가	₩69,400+4,200개×₩40+5,000개×₩30+4,520개×₩70			₩703,800
정상공손원가(I · P1)	220개×₩40+110개×₩70			₩16,500
정상공손원가(I · P2)	100개×₩40+100개×₩30+100개×₩70			₩14,000
완성품 원가	₩703,800+₩16,500×4,300개÷4,400개[1)]+₩14,000			₩733,925

1) 〈원칙〉 검사 시점이 2개인 경우, 1차 공손품과 2차 공손품을 개별적인 물량 흐름으로 간주한다. 즉, 완성품이나 기말재공품과 같은 위상으로 처리한다. 검사 시점이 3개 이상인 경우도 같다. 1차 검사는 공정의 50% 시점에 수행되므로, 1차 정상공손 배부대상은 당기착수 당기완성품 4,200개, 2차 정상공손 100개 및 비정상공손 100개의 합계인 4,400개이다. 1차 정상공손원가 배부 시 당기착수 당기완성품에 배부되는 1차 정상공손원가의 산식은 [1차 정상공손원가×4,200개÷4,400개]이나, 이후 2차 정상공손원가의 배부(100개 분량)가 당기착수 당기완성품 4,200개에 전부 이루어지므로, 당기착수 당기완성품에 배부되는 1차 정상공손원가는 당기착수 당기완성품과 2차 정상공손품을 합산한 4,300개에 배부되므로 산식은 [1차 정상공손원가×(4,200개+100개)÷4,400개]가 됨.

8-2 정답

물음 1 전력부문 원가 금액

1. 공손수량=1,000단위+23,580단위−20,000단위−4,000단위=580단위

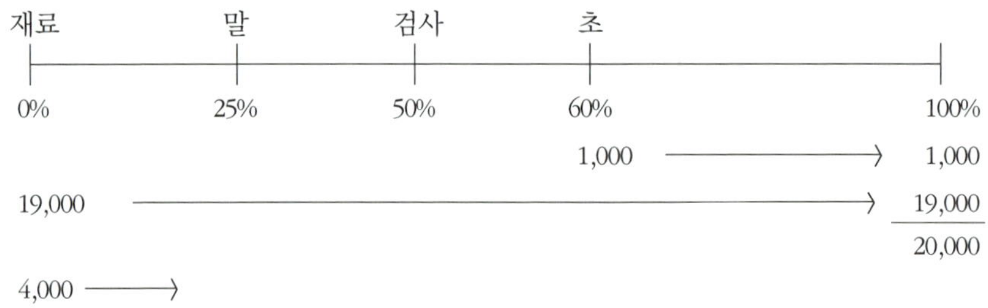

- 정상공손수량=19,000단위×0.02=380단위(50%)
- 비정상공손수량=580단위−380단위=200단위(50%)

항목	산식	결과
전력부문의 예산원가	₩50,000+₩0.25×200,000시간	₩100,000
전력부문의 예정배부율	₩100,000÷200,000시간	₩0.5/시간
A 부문의 가공비 완성품 환산량	1,000단위×0.4+19,000단위×1+4,000단위×0.25+580단위×0.5	20,690단위
A 부문의 실제 기계시간	20,690단위×3시간	62,070시간
A 부문의 전력비배부액	₩0.5/시간×62,070시간	₩31,035

물음 2 당기완성품 원가

항목	[1단계]	[2단계] 완성품 환산량		
	물량의 흐름	재료비	가공비	
기초재공품	1,000			
당기착수	23,580			
합계	24,580			
완성품				
기초재공품	1,000		400	
당기착수분	19,000	19,000	19,000	
정상공손	380	380	190	
비정상공손	200	200	100	
기말재공품	4,000	4,000	1,000	
합계	24,580	23,580	20,690	
[3단계] 총원가의 요약	기초재공품 원가			₩7,900
	당기 발생원가	₩70,740	₩144,830[1]	215,570
	합계			₩223,470
[4단계] 환산량 단위당 원가	완성품 환산량	÷23,580단위	÷20,690단위	
	환산량 단위당 원가	₩3	₩7	

[5단계] 원가의 배부

(1차배부)	완성품 원가	₩7,900+400단위×₩7+19,000단위×(₩3+₩7)	₩200,700
	정상공손원가	380단위×₩3+190단위×₩7	2,470
	비정상공손원가	200단위×₩3+100단위×₩7	1,300
	기말재공품 원가	4,000단위×₩3+1,000단위×₩7	19,000
	합계		₩223,470

		배부 전	정상공손원가의 배부	배부 후
(2차배부)	완성품 원가	₩200,700	₩2,470	₩203,170
	정상공손원가	2,470	(2,470)	0
	비정상공손원가	1,300		1,300
	기말재공품 원가	19,000		19,000
	합계	₩223,470	₩0	₩223,470

1) ₩113,795+₩31,035=₩144,830

8-3 정답

물음 1 제품 단위당 표준원가의 설정

원가항목		수량표준	가격표준	개당 표준원가
직접 재료비	실리콘	15g+15g×10%[1]=16.5g	₩20	₩330
	전극	2개	50	100
직접노무비		1.5시간+1.5시간×50%×10%[2]=1.575시간	40	63
변동제조간접비		1.575시간	20	31.5
고정제조간접비		1.575시간	₩9,600÷(320개×1.5시간)=₩20	31.5
제품 단위당 표준원가				₩556

1) 합격품의 10%를 정상공손으로 간주하므로 표준원가에 가산

2) 공정의 50% 시점에서 품질검사를 하고, 합격품의 10%를 정상공손으로 간주하므로 표준원가에 가산

물음 2 표준종합원가계산

항목	산식	결과
정상공손수량	검사 수량=당기완성품+기말재공품1) (350개+50개)×10%	40개
비정상공손수량	50개−40개	10개

1) 기말재공품의 (가공비) 완성도가 80%이므로 검사 수량에 포함

항목	[1] 물량흐름	[2] 완성품 환산량					
		완성도			완성품 환산량		
		재료비(실리콘)	재료비(전극)	가공비	재료비(실리콘)	재료비(전극)	가공비
당기완성							
기초재공품	0				0	0	0
당기착수	350	100%	100%	100%	350	350	350
정상공손	40	100%	0%	50%	40	0	20
비정상공손	10	100%	0%	50%	10	0	5
기말재공품	50	100%	100%	80%	50	50	40
	450개				450개	400개	415개
[4] 환산량 단위당 원가					15g×₩20 =₩300	2개×₩50 =₩100	1.5시간×(₩40+₩20+₩20)1) =₩120
[5] 원가배부							
(1차 배부)							
완성품 원가	350개×520=						₩182,000
정상공손원가	40개×300+20개×120=						14,400
비정상공손원가	10개×300+5개×120=						3,600
기말재공품 원가	50개×300+50개×100+40개×120=						24,800
합계							₩224,800
(2차 배부)	배부전원가				정상공손원가배부2)		배부후원가
완성품 원가	₩182,000				₩12,600		₩194,600
정상공손원가	14,400				(14,400)		0
비정상공손원가	3,600						3,600
기말재공품 원가	24,800				1,800		26,600
합계	₩224,800				₩0		₩224,800

1) 직접노무비+변동제조간접비+고정제조간접비

2) 완성품과 기말재공품에 당기합격 수량을 기준으로 350:50 비율로 배부

8-4 정답

물음 1

물량 흐름① 재공품				완성품 환산량② M1	M2	전환원가
기초	100(50%)	기초완성	100	–	100	50
착수	900	당기완성	700	700	700	700
		기말	200(90%)	200	200	180
합계	1,000	합계	1,000	900	1,000	930
		환산량 단위당 원가③		₩150	₩100	₩700
		당기 발생원가④=(②×③)		₩135,000	₩100,000	₩651,000

원가배부⑤

완성품	기초재공품 완성: ₩12,000+₩35,000	₩47,000	₩757,000
	당기착수 완성: ₩150×700단위+₩100×(100단위+700단위)+₩700×(50단위+700단위)	₩710,000	
기말재공품	₩150×200단위+₩100×200단위+₩700×180단위		₩176,000
합계			₩933,000

물음 2

항목	산식	결과
매출	₩1,000×(기초 100단위+착수 900단위–기말 200단위)	₩800,000
매출원가	완성품 원가	₩757,000
손익		₩43,000

물음 3

(1) 손익분석

물량 흐름① 재공품				완성품 환산량② M1	M2	전환원가
기초	100(50%)	기초완성	100	–	100	50
착수	900	당기완성	650	650	650	650
		비정상공손	50(100%)	50	50	50
		기말	200(90%)	200	200	180
합계	1,000	합계	1,000	900	1,000	930
		환산량 단위당 원가③		₩150	₩100	₩700
		당기 발생원가④=(②×③)		₩135,000	₩100,000	₩651,000

원가배부⑤

완성품	기초재공품 완성: ₩12,000+₩35,000	₩47,000	₩709,500
	당기착수완성: ₩150×650단위+₩100×(100단위+650단위)+₩700×(50단위+650단위)	₩662,500	
비정상공손	₩150×50단위+₩100×50단위+₩700×50단위		₩47,500
기말재공품	₩150×200단위+₩100×200단위+₩700×180단위		₩176,000
합계			₩933,000

항목	산식	결과
매출	₩1,000×(기초 100단위+착수 900단위−비정상공손 50단위−기말 200단위)	₩750,000
매출원가	완성품 원가	₩709,500
비정상공손원가		₩47,500
손익		(₩7,000)

(2) 비정상공손원가가 합격품 원가에 포함될 때 발생할 수 있는 문제점

정상적이지 않은 제조 활동으로 인하여 발생한 비정상공손의 원가를 합격품 원가에 포함하면 제품제조원가가 과대계상되고 이에 따라 가격이 과대책정된다. 또한, 비효율적인 제조 활동에 대해 관리가 불가능하다.

8-5 정답

물음 1 정상재작업 수량 비정상재작업 수량

항목	물량 단위
기초재공품①	1,000단위
당기투입②	10,500단위
공손품③	500단위
기말재공품④	1,000단위
완성품⑤=(①+②−③−④)	10,000단위

항목	산식	물량 단위
재작업검사 수량①	전환원가 완성도 60% 이상 수량 공손품+기말재공품+완성품 수량	11,500단위
정상재작업 비율②		4%
정상재작업 수량③=(①×②)		460단위
재작업 수량④		500단위
비정상재작업 수량⑤=(④−③)		40단위

물음 2 정상공손 수량과 비정상공손 수량

항목	산식	수량
공손검사 수량①	전환원가 완성도 70% 이상 수량 완성품+기말재공품	11,000단위
정상공손 수량②=(①×3%)		330단위
공손 수량③		500단위
비정상공손 수량④=(③−②)		170단위

물음 3 정상재작업 원가

항목	수량	직접재료A	직접재료B	전환원가 완성도	직접재료A	직접재료B	전환원가	합계
완성품①	10,000	100%	100%	100%	10,000	10,000	10,000	
정상재작업②	460	0%	0%	40%	0	0	184	
비정상재작업③	40	0%	0%	40%	0	0	16	
정상공손④	330	100%	0%	70%	330	0	231	
비정상공손⑤	170	100%	0%	70%	170	0	119	
기말재공품⑥	1,000	100%	0%	80%	1,000	0	800	
완성품 환산량 ⑦=(①+②+③+④+⑤+⑥)					11,500	10,000	11,350	
총원가⑧					₩115,000	₩70,000	₩56,750	₩241,750
단위당 원가⑨=(⑧÷⑦)					₩10	₩7	₩5	
완성품⑩=(①×⑨)					₩100,000	₩70,000	₩50,000	₩220,000
정상재작업⑪=(②×⑨)							₩920	₩920
비정상재작업⑫=(③×⑨)							₩80	₩80
정상공손⑬=(④×⑨)					₩3,300		₩1,155	₩4,455
비정상공손⑭=(⑤×⑨)					₩1,700		₩595	₩2,295
기말재공품⑮=(⑥×⑨)					₩10,000		₩4,000	₩14,000
합계					₩115,000	₩70,000	₩56,750	₩241,750

계정과목	배부 전 금액	정상재작업 원가배부액	배부 후 금액
완성품	₩220,000	₩920×10,000단위÷11,500단위=₩800	₩220,800
정상재작업	₩920	(₩920)	₩0
비정상재작업	₩80		₩80
정상공손	₩4,455	₩920×330단위÷11,500단위=₩26.4	₩4,481.4
비정상공손	₩2,295	₩920×170단위÷11,500단위=₩13.6	₩2,308.6
기말재공품	₩14,000	₩920×1,000단위÷11,500단위=₩80	₩14,080
합계			₩241,750

물음 4 정상공손원가

완성된 제품과 기말재공품 모두 공손검사 시점을 통과하였으므로, 물량 기준으로 정상공손원가를 배부한다.

계정과목	배부 전 금액	정상공손원가 배부액	배부 후 금액
완성품	₩220,800	₩4,481.4×10,000단위÷11,000단위=₩4,074	₩224,874
정상재작업	₩0		₩0
비정상재작업	₩80		₩80
정상공손	₩4,481.4	(₩4,481.4)	₩0
비정상공손	₩2,308.6		₩2,308.6
기말재공품	₩14,080	₩4,481.4×1,000단위÷11,000단위=₩407.4	₩14,487.4
계	₩241,750	₩0	₩241,750

물음 5 제품계정 대체분개

제품	224,874	재공품	227,262.6
비정상공손	2,308.6		
비정상재작업	80		

8-6 **정답**

재공품－제1공정

기초	1,000	(0.4)	완성	18,500	
투입	19,000		기말	1,500	(0.8)
합계	20,000		합계	20,000	

재공품－제2공정

기초	1,500	(0.1)	완성	17,000	
투입(제1공정 완성품)	18,500		공손	1,000	(0.7)
			기말	2,000	(0.4)
합계	20,000		합계	20,000	

물음 1

물음 1-1

항목	산식	결과
제1공정 완성수량①	제2공정 투입수량=1,000단위+19,000단위−1,500단위	18,500단위
공손수량②	1,500단위+①−17,000단위−2,000단위	1,000단위
정상공손수량③	17,000단위×4%	680단위
비정상공손수량④	1,000단위−③	320단위

물음 1-2

[제1공정]			
공정	항목	산식	결과
제1공정	직접재료원가 완성품환산량①	1,000단위+19,000단위	20,000단위
	직접재료원가 완성품환산량 단위당원가②	(₩3,500+₩56,500)÷①	₩3
	전환원가 완성품환산량③	18,500단위+1,500단위×80%	19,700단위
	전환원가 완성품환산량 단위당원가④	(₩10,300+₩88,200)÷③	₩5
	제2공정 대체원가⑤	18,500단위×[②+④]	₩148,000
제2공정	전공정원가 완성품환산량 단위당원가⑥	₩148,000÷18,500단위	₩8
	직접재료원가 완성품환산량⑦	17,000단위+1,000단위×60%+2,000단위×60%−1,500단위×60%	17,900단위
	직접재료원가 완성품환산량 단위당원가⑧	₩35,800÷⑦	₩2
	전환원가 완성품환산량⑨	17,000단위+1,000단위×70%+2,000단위×40%−1,500단위×10%	18,350단위
	전환원가 완성품환산량당 단위당원가⑩	₩55,050÷⑨	₩3

항목	산식	결과
전공정원가①	₩11,010+15,500단위×₩8	₩135,010
직접재료원가②	₩19,290+16,100단위×₩2	₩51,490
전환원가③	₩24,750+16,850단위×₩3	₩75,300
정상공손원가④	680단위×₩8+680단위×60%×₩2+680단위×70%×₩3	₩7,684
완성품원가⑤	①+②+③+④	₩269,484
완성품 단위당원가⑥	⑤÷17,000단위	₩15.852

물음 2

물음 2-1

항목	산식	결과
공손품 단위당 순실현가능가치①	₩15−₩4−₩2	₩9
정상공손품 순실현가능가치②	680단위×①	₩6,120
제2공정 완성품원가③	₩269,484−②	₩263,364

항목	산식	결과
전공정원가①	2,000단위×₩8	₩16,000
직접재료원가②	2,000단위×60%×₩2	₩2,400
전환원가③	2,000단위×40%×₩3	₩2,400
제2공정 기말재공품원가④	①+②+③	₩20,800

물음 2-2

항목	산식	결과
제품①		₩263,364
공손품②	공손품의 순실현가능가치=1,000단위×₩9	₩9,000
비정상공손③	320단위×₩8+320단위×60%×₩2+320단위×70%×₩3−320단위×₩9	₩736
재공품④	①+②+③	₩273,100

재공품−제2공정

기초	55,050	완성	263,364
전공정원가	148,000	공손품	9,000
직접재료원가	35,800	비정상공손	736
전환원가	55,050	기말	20,800
합계	293,900	합계	293,900

물음 3 증분이익이 0보다 크므로 품질검사를 수행한다.

항목		산식	결과
내부실패원가①		정상공손품 보수원가+비정상공손품 보수원가 ₩8,780+₩2,520	₩11,300
외부실패원가②		불량품에 대한 손해배상+고객지원(보증수리) ₩12,000+₩34,000	₩46,000
품질검사 수행 시 증분이익 계산	증분수익③	[①+②]×50%	₩28,650
	증분원가④		₩26,000
	증분이익⑤	③−④	₩2,650

제9장 결합원가계산

객관식 해답

9.1 정답 ②

항목	제품 A	제품 B	합계
생산량①	1,500	1,375	
판매단가②	₩500	₩700	
판매가치③=(①×②)	₩750,000	962,500	₩1,712,500
추가가공원가④	₩300,000	412,500	₩712,500
순실현가치⑤=(③-④)	₩450,000	550,000	₩1,000,000
배부비율⑥	0.45	0.55	1
결합원가 배부액⑦	₩18,000	22,000	₩40,000

9.2 정답

(1) ②

항목	분말초콜릿원액	밀크초콜릿원액	합계
생산량①	400	500	
판매단가②	₩2,500	₩4,000	
판매가치③=(①×②)	₩1,000,000	₩2,000,000	₩3,000,000
배부비율	1/3	2/3	1
결합원가 배부액	₩1,200,000	₩2,400,000	₩3,600,000

(2) ①

항목	분말초콜릿	밀크초콜릿	합계
생산량①	400	600	
판매단가②	₩3,000	₩5,000	
판매가치③=(①×②)	1,200,000	3,000,000	₩4,200,000
추가가공원가④	50,000	200,000	250,000
순실현가치⑤=(③-④)	₩1,150,000	₩2,800,000	₩3,950,000
배부비율⑥	0.29	0.71	1
결합원가 배부액⑦	1,044,000	2,556,000	3,600,000
매출총이익⑧=(⑤-⑦)	₩106,000	₩244,000	₩350,000

9.3 정답 ③

9.4 정답 ②

항목	제품 A	제품 B	합계
매출액①	₩60,000	₩90,000	₩150,000
추가가공비②	40,000	30,000	
순실현가치③=(①-②)	20,000	60,000	80,000
배부비율④	0.25	0.75	1
결합원가⑤	17,500	52,500	70,000
매출총이익⑥=(③-⑤)	₩2,500	₩7,500	₩10,000

9.5 정답 ②

항목	P	K	합계
생산량①	20	80	
판매단가②	₩10,000	₩5,000	
판매가치③=(①×②)	₩200,000	₩400,000	₩600,000
추가가공원가④	₩40,000	₩60,000	₩100,000
순실현가치⑤=(③-④)	₩160,000	₩340,000	₩500,000
배부비율⑥	0.32	0.68	1
결합원가 배부액⑦	₩9,600	₩20,400	₩30,000

9.6 정답 ①

항목	A	B	합계
생산량①	5,000	4,000	
판매단가②	₩1,600	₩1,000	
판매가치③=(①×②)	₩8,000,000	₩4,000,000	₩12,000,000
추가가공원가④	0	0	0
순실현가치⑤=(③-④)	₩8,000,000	₩4,000,000	₩12,000,000
배부비율⑥	2/3	1/3	1
결합원가 배부액⑦	₩2,400,000	₩1,200,000	₩3,600,000

9.7 정답 ①

항목	유연휘발유	무연휘발유	합계
매출액①	8,000리터×₩95=₩760,000	12,000리터×₩120=₩1,440,000	
추가제조원가②	₩40,000	₩160,000	₩200,000
순실현가치③	₩720,000	₩1,280,000	₩2,000,000
결합원가④	₩1,000,000×₩720,000 ÷(₩720,000+₩1,280,000)= ₩360,000	₩1,000,000×₩1,280,000 ÷(₩720,000+₩1,280,000)= ₩640,000	₩1,000,000
제조원가⑤=(②+④)	₩400,000	₩800,000	₩1,200,000

9.8 정답 ①

매출원가를 차감하든지, 매출액에 가산하든지 매출총이익은 영향이 없다.

9.9 정답 ⑤

항목	A	B	C	계
분리점에서의 판매가치①	₩80,000	40,000	80,000	₩200,000
추가가공 후 판매가격②	85,000	42,000	90,000	217,000
증분 수익③=(②-①)	5,000	2,000	10,000	17,000
추가가공원가④	3,000	2,000	5,000	10,000
증분 이익⑤=(③-④)	₩2,000	₩0	₩5,000	₩7,000

9.10 정답 ②

항목	산식	결과
C제품의 분리점에서의 판매가치	₩800,000-(₩800,000×₩180,000÷₩360,000)-₩280,000	₩120,000
C제품의 매출총이익	₩500×400개-₩14,000-(₩360,000×₩120,000÷₩800,000)	₩132,000

9.11 정답 ①

항목	산식	결과
C 제품을 분리점에서 판매 시 수익	₩4×제품 C 30,000개	₩120,000
추가가공 시 추가수익	[₩8×제품 D 15,000개+₩2×제품 E 5,000개+6₩×제품 F 10,000개]-₩120,000	₩70,000
추가가공 시 추가비용	₩5,000+₩1,000+₩2,000+₩27,000	₩35,000
추가가공 시 추가이익	₩70,000-₩35,000	₩35,000

9.12 정답 ②

항목	산식	결과
A의 판매가치	₩800,000×(₩180,000÷₩360,000)	₩400,000
C의 분리점의 판매가치	₩800,000−₩400,000−₩280,000	₩120,000
C의 결합원가 배부액	₩360,000×(₩120,000÷₩800,000)	₩54,000
C의 매출총이익	매출액−추가가공비−결합원가 배부액 ₩500×400개−₩14,000−₩54,000	₩132,000

9.13 정답 ⑤

항목	제품 A	제품 B	합계
판매가치①	₩280,000	₩500,000	₩780,000
추가가공원가②	₩0	80,000	₩80,000
순실현가치③=(①−②)	₩280,000	₩420,000	₩700,000
배부비율	0.4	0.6	1
결합원가 배부액	₩128,000	₩192,000	₩320,000
매출총이익	₩152,000	₩228,000	₩380,000
매출총이익률	54.29%	45.60%	48.72%

9.14 정답 ①

항목	A	B	C	합계
판매가격①	₩380,000	₩200,000	₩130,000	₩710,000
추가가공원가②	₩50,000	₩20,000	40,000	₩110,000
순실현가치③=(①−②)	₩330,000	₩180,000	₩90,000	₩600,000
비율	55%	30%	15%	100%
결합원가④	₩220,000	₩120,000	₩60,000	₩400,000
총원가⑤=(②+④)	₩270,000	₩140,000	₩100,000	₩510,000
매출총이익⑥=(①−⑤)	₩90,000	₩60,000	₩30,000	₩180,000

9.15 정답 ④

항목	산식	결과
Y에 배부된 공통원가	=(₩150,000,000+₩130,000,000) × 16,000리터×₩12,000 / (20,000리터×₩15,000+16,000리터×12,000+12,000리터×₩9,000)	₩89,600,000

9.16 정답 ②

추가가공비와 결합원가의 합이 같아야 하므로 추가가공비가 낮은 제품에 더 많은 결합원가가 배부된다.

9.17 정답 ⑤

항목	제품 A	제품 B	소계	제품 C
판매가①	₩500,000	₩200,000		
개별원가②	200,000	100,000		
순실현가치③=(①-②)	₩300,000	₩100,000	₩400,000	
공정2 결합원가④			100,000	
공정2 결합원가 차감 후 순실현가치⑤=(③-④)			₩300,000	
판매가⑥				₩300,000
개별원가⑦				100,000
순실현가치⑧=(⑥-⑦)				200,000
합계⑨=(⑤+⑧)				₩500,000

항목	산식	결과
공정1의 결합원가 공정2에 배부	₩200,000×⑤÷⑨	₩120,000
공정2이 결합원가 제품 A에 배부	(공정2 결합원가 배부액+공정2 결합원가)×제품 A 순실현가치÷순실현가치 합계 (₩120,000+₩100,000)×₩300,000÷₩400,000	₩165,000
제품 A의 총제조원가	₩200,000+₩165,000	₩365,000

9.18 정답 ②

항목	산식	결과
주산품 Y에 배부된 결합원가	₩80,000×3÷6	₩40,000
부산품 B의 순실현가치	₩150,000-₩80,000-₩40,000	₩30,000

9.19 정답 ⑤

항목	산식		결과
직접재료원가	₩72,000×8,000kg÷9,000kg		₩64,000
가공원가	₩33,600×8,000kg÷(8,000kg+1,000kg×0.4)		32,000
결합원가 합계			₩96,000
항목	제품 A	제품 B	합계
순실현가치	4,000개×₩50-₩20,000=₩180,000	2,000개×₩80-₩40,000=₩120,000	₩300,000
결합원가 배부액	₩57,600	₩38,400	₩96,000

9.20 정답 ①

항목	A	B	C	계
매출액	₩400,000	₩200,000	₩400,000	₩1,000,000
추가가공원가	–	–	200,000	200,000
결합원가 배부액	?	?	120,000	X
매출총이익			₩80,000	₩800,000−X

항목	산식	결과
총결합원가	C 제품 매출×매출총이익률=C 제품 매출총이익 ₩400,000×(₩800,000−X)÷₩1,000,000=₩80,000	₩600,000

9.21 정답 ③

	연산품 A	연산품 B	합계	완성품 환산량		합계
				직접재료	가공	
결합공정완성량	300톤	400톤	700톤	700	700	
기말재공품			100톤(40%)	100	40	
합계				800	740	
			원가	₩8,000	₩2,220	
			톤당 결합원가	@₩10	@₩3	
			완성품 결합원가	₩7,000	₩2,100	₩9,100
톤당 예상판매가격	₩100	₩50				
톤당 추가가공원가	₩60	₩0				
순실현가치	₩12,000	₩20,000				
결합원가 배부액	₩3,412.5	₩5,687.5				
영업이익	₩8,587.5	₩14,312.5				
톤당 영업이익	₩28.625	₩35.78125				

9.22 정답 ②

제품	A	B	C
생산량①	1,500단위	2,000단위	400단위
분리점에서의 단위당 판매가격②	₩16	₩8	25
추가가공 후 단위당 판매가격③	20	13	32
추가가공원가④	6,300	8,000	3,600
분리점 판매가치⑤=(①×②)	24,000	16,000	10,000
최종 순실현가치⑥=(①×③−④)	23,700	18,000	9,200
증분 손익⑦=(⑥−⑤)	(₩300)	₩2,000	(₩800)
추가가공 여부	추가가공 안 함	추가가공	추가가공 안 함

항목	산식	결과
최대 매출총이익	1,500단위×₩16+2,000단위×₩13+400단위×₩25−₩40,000−₩8,000	₩12,000

9.23 정답 ③

항목	산식	결과
부산물 X의 순실현가치	50리터×(₩3−₩1)	₩100
결합원가 배부대상 금액	₩2,100−₩100	₩2,000
순실현가치(A)	100리터×₩10	₩1,000
순실현가치(B)	200리터×₩10	₩2,000
순실현가치(C)	200리터×₩10−₩1,000	₩1,000
제품 C의 제조원가	₩2,000×₩1,000÷(₩1,000+₩2,000+₩1,000)+₩1,000	₩1,500
제품 C의 단위당 원가	₩1,500÷200리터	₩7.5/리터
제품 C의 기말재고	₩7.5×150리터	₩1,125

9.24 정답 ③

제품	제품 A	제품 C	합계
가격①	₩50	₩200	
수량②	1,200단위	800단위	
판매가치③	₩60,000	₩160,000	
추가가공원가④	₩0	₩20,000	
순실현가치⑤=(③−④)	₩60,000	₩140,000	₩200,000
배부비율⑥	0.3	0.7	1
결합원가 배부액⑦	₩30,000	₩70,000	₩100,000
총원가⑧=(④+⑦)	₩30,000	₩90,000	
단위당 원가⑨=[(④+⑦)÷②]	₩25	₩112.5	
단위당 매출총이익⑩=(①−⑨)	₩25	₩87.5	
판매 수량⑪		500단위	
매출총이익⑫=(⑩×⑪)		₩43,750	

9.25 정답 ③

항목	산식	결과
주산품(A, B)에 배부될 결합원가	총결합원가−부산품(C)의 순실현가치 총결합원가−[부산품(C)의 최종판매가치 −부산품(C)의 분리점 이후 추가가공원가] =₩54,000−(₩6,000−₩2,000)	₩50,000
주산품(A) 순실현가치	=₩70,000−₩10,000	₩60,000
주산품(B) 순실현가치	=₩55,000−₩15,000	₩40,000
주산품(A)에 배부될 결합원가	=₩50,000×₩60,000÷(₩60,000+₩40,000)	₩30,000

9.26 정답 ④

항목	주산물 X	주산물 Y	부산물 C	합계
생산량①	900단위	900단위	200단위	
단위당 판매가격②	₩30	₩70	₩5	
매출액③=(①×②)	₩27,000	₩63,000	₩1,000	₩90,000
추가가공원가④	₩0	₩13,400	₩600	13,400
결합원가⑤				50,000
부산물 C의 순실현가능가치⑥=(③−④)			₩400	
주산물에 배부되는 결합원가⑦=(⑤−⑥)				49,600
총원가⑧=(④+⑦)				₩63,000
매출원가율⑨=(⑧÷③)				70%
매출총이익률⑩=(100%−⑨)	30%	30%		
매출총이익⑪=(③×⑩)	₩8,100	₩18,900		
결합원가 배부액⑫=(③−④−⑪)	₩18,900	₩30,700		₩49,600

9.27 정답 ③

항목		제품 A	제품 B		합계
			제품 C	제품 D	
생산량①		500kg	1,000kg	800kg	
kg당 판매가격②		₩120	₩200	₩150	
개별원가③		₩15,000	₩50,000	₩20,000	
개별원가 차감 후 순실현가치④=(①×②−③)		₩45,000	₩150,000	₩100,000	₩250,000
제품 C, D의 결합원가⑤		−		₩70,000	
제품 C, D의 결합원가 차감 후 순실현가치⑥=(④−⑤)		₩45,000		₩180,000	₩225,000
배부비율		20%		80%	100%
제품 A, B의 결합원가 배부액⑦	₩100,000	₩20,000		₩80,000	
개별원가 차감 후 순실현가치④			₩150,000	₩100,000	₩250,000
배부비율			60%	40%	100%
결합원가 배부액⑧=(제1공정 결합원가 배부액+제3공정 결합원가)	₩150,000		₩90,000	₩60,000	
개별원가⑨			₩50,000	₩20,000	
총제조원가⑩=(⑧+⑨)			₩140,000	₩80,000	

9.28 정답 ④

순실현가치법은 추가가공 후 모든 연산품의 매출총이익이 같지 않다.

9.29 정답 ③

번호	해설	결과
①매출총이익	매출액=₩300,000+₩375,000=₩675,000 비용합계=₩45,000+₩60,000+₩300,000=₩405,000 =₩675,000−₩405,000	₩270,000
②매출총이익률	₩270,000÷₩675,000	40%
③단위당 원가	A 단위당 원가=₩300,000×(1−0.4)÷3,000단위=₩60 B 단위당 원가=₩375,000×(1−0.4)÷5,000단위=₩45	A 단위당 원가〉 B 단위당 원가
④배부되는 결합원가	A에 배부되는 결합원가=₩300,000×(1−0.4)−₩45,000 =₩135,000 B에 배부되는 결합원가=₩375,000×(1−0.4)−₩60,000 =₩165,000	A에 배부되는 결합원가 〈B에 배부되는 결합원가
⑤B를 추가 가공하지 않고 분리점에서 즉시 판매 시 이익	증분수익=매출액감소분=−(₩375,000−₩330,000) =−₩45,000 증분비용=추가가공원가 감소액=−₩60,000 증분이익=증분수익−증분비용=−₩45,000−(−₩60,000) =₩15,000	₩15,000

9.30 정답 ②

항목	산식	결과
제품 B 매출액	제품 B 매출액×(1−20%)=₩6,000	₩7,500
제품 B 순실현가치	제품 B 매출액−제품 B 추가 가공원가 =₩7,500−₩3,000	₩4,500
제품 B 결합원가	제품 B 총제조원가−제품 B 추가가공원가 =₩6,000−₩3,000	₩3,000
제품 A 순실현가치(X)	제품 B 순실현가치:제품 B 결합원가=제품 A 순실현가치:제품 A 결합원가 =₩4,500:₩3,000=X:(₩15,000−₩3,000)	₩18,000
제품 A 매출액	제품 A 순실현가치+제품 A 추가 가공원가 =₩18,000+₩7,000	₩25,000
제품 A 매출총이익	=₩25,000−₩12,000−₩7,000	₩6,000
제품 A 매출총이익률	=₩6,000÷₩25,000	24%

9.31 정답 ①

항목	산식		결과
부산품S 순실현가능가치	100단위×₩15−₩500		₩1,000
부산품S 결합원가 배분액	₩9,500−₩1,000		₩8,500
구분	순실현가능가치	비율	결합원가 배분액
제품A	200단위×₩40−₩2,000=₩6,000	60%	₩5,100
제품B	250단위×₩20−₩1,000=₩4,000	40%	₩3,400
합계	₩10,000	100%	₩8,500
제품B 매출총이익	200단위×₩20−(₩1,000+₩3,400)×200단위÷250단위		₩480

9.32 정답 ④

항목	산식	결과
A	3,000단위×(₩23−₩20)−₩10,000	(₩1,000)
B	2,000단위×(₩40−₩30)−₩15,000	₩5,000
C	2,000단위×(₩50−₩40)−₩15,000	₩5,000

추가가공이 유리한 제품은 B와 C이다.

9.33 정답 ①

항목	전체
매출①	₩400,000
결합원가②	220,000
추가가공원가③	80,000
매출총이익④=(①−②−③)	₩100,000
매출총이익률⑤=(④÷①)	25%

항목	결합제품 A	결합제품 B	결합제품 C
매출①	₩96,000	₩184,000	₩120,000
매출총이익률②	25%	25%	25%
매출총이익③=(①×②)	₩24,000	₩46,000	₩30,000
추가가공원가④	−	−	80,000
결합원가⑤=(①−③−④)	₩72,000	₩138,000	₩10,000

9.34 정답 ②

항목	합계
매출①	₩80,000
결합원가②	36,000
추가가공원가③	12,000
매출총이익④=(①−②−③)	₩32,000
매출총이익률⑤=(④÷①)	40%

항목	연산품 A	연산품 B
매출①	₩60,000	₩20,000
매출총이익률②	40%	40%
매출총이익③=(①×②)	₩24,000	₩8,000
추가가공원가④	8,000	4,000
결합원가⑤=(①−③−④)	₩28,000	₩8,000

9.35 정답 ②

항목	산식	결과
결합공정의 완성품 환산량 단위당 직접재료원가①	₩250,000÷(4,000단위+1,000단위)	₩50/단위
결합공정의 완성품 환산량 단위당 전환원가②	₩129,000÷(4,000단위+1,000단위×30%	₩30/단위
완성품 원가③	₩50×4,000단위+₩30×4,000단위	₩320,000
제품 A의 순실현가치④	₩200×4,000단위-₩200,000	₩600,000
제품 B의 순실현가치⑤	₩200×1,000단위	₩200,000
제품 A의 결합원가 배부액⑥	③×④÷(④+⑤)	₩240,000
제품 B의 결합원가 배부액	③×⑤÷(④+⑤)	₩80,000
제품 A의 단위당 제조원가	(⑥+₩200,000)÷4,000단위	₩110

9.36 정답 ②

항목	제품 X	제품 Y
판매량①	6,000단위	10,000단위
최종판매단가②	₩50	₩20
매출③=(①×②)	₩300,000	₩200,000
추가가공원가④	₩30,000	₩20,000
결합원가⑤		₩350,000
매출총이익⑥=③-④-⑤		100,000
매출총이익률⑦=⑥÷③		20%

항목	제품 X	제품 Y
매출①	₩300,000	₩200,000
매출총이익률②	20%	20%
매출총이익③=(①×②)	₩60,000	₩40,000
추가가공원가④	30,000	20,000
결합원가⑤=(①−③−④)	₩210,000	₩140,000

주관식 해답

9-1 정답

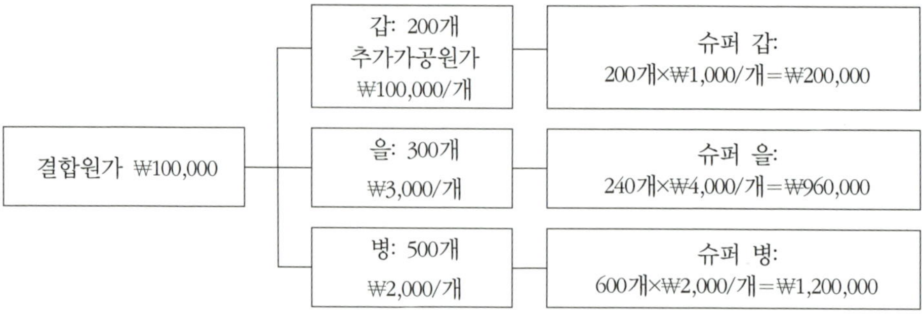

물음 1

항목	슈퍼 갑	을	병	합계
생산량①	200개	300개	500개	
단위당 판매가격②	₩1,000	₩3,000	₩2,000	
추가가공원가③	₩100,000	–	–	
순실현가치④=(①×②−③)	₩100,000	₩900,000	₩1,000,000	₩2,000,000
배부비율	5%	45%	50%	100%
결합원가 배부액⑤	₩5,000	₩45,000	₩50,000	₩100,000
총원가⑥=(③+⑤)	105,000	45,000	50,000	₩200,000
단위당 원가⑦=(⑥÷①)	₩525	₩150	₩100	

물음 2

항목	슈퍼 갑	을	병
매출액	₩200,000	₩900,000	₩1,000,000
매출원가=총원가	105,000	45,000	50,000
매출총이익	₩95,000	₩855,000	₩950,000
매출총이익률	47.5%	95%	95%

물음 3

(1) 갑 제품을 슈퍼 갑으로 추가가공 판매할 경우 증분 이익

항목	산식	결과
증분 수익: 수익증가분	(₩1,000−₩800)×200개	₩40,000
증분 비용: 추가가공원가		100,000
증분 손익		(₩60,000)
의사결정	손실 발생	추가 가공하지 않음

(2) 을 제품을 슈퍼 을로 추가가공 시 증분 수익

항목	산식	결과
증분 수익: 수익증가분	₩4,000×300개×(1−0.2)−₩3,000×300개	₩60,000
증분 비용: 추가가공원가		10,000
증분 손익		₩50,000
의사결정	이익 발생	추가가공

(3) 병 제품을 슈퍼 병으로 추가가공 시 증분 수익

항목	산식	결과
증분 수익: 수익증가분	₩2,000×500개×(1.2−1)	₩200,000
증분 비용: 추가가공원가		250,000
증분 손익		(₩50,000)
의사결정	손실 발생	추가 가공하지 않음

9-2 정답

물음 1

(1) 개요

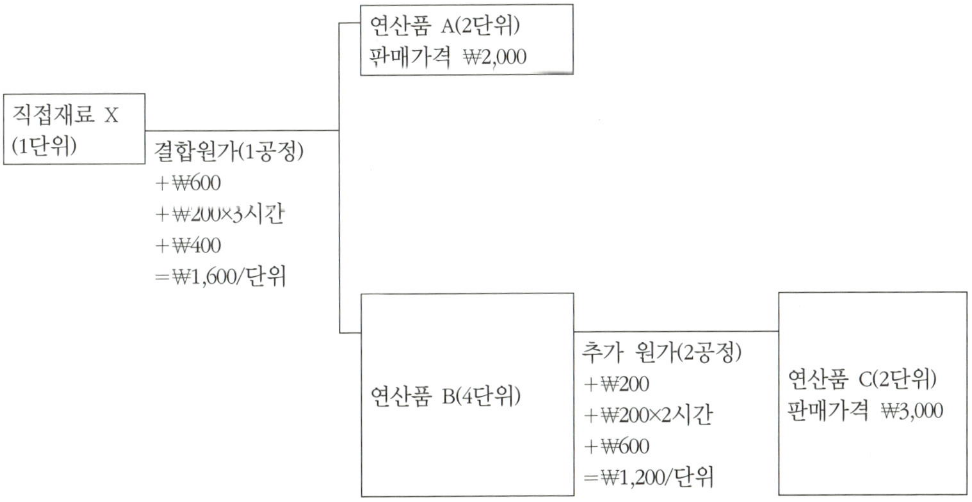

(2) 결합원가

항목	산식	결과
결합원가 직접재료 X	연산품 A 300단위, 연산품 C 300단위를 생산하기 위해서는 직접재료 X 150단위 필요 =(₩600+3시간×₩200+₩400)×150단위	₩240,000

항목	연산품 A	연산품 C	계
판매가격①	₩2,000	₩3,000	
직접재료 Y 1단위당 표준구매가격②		₩200	
연산품 C 1단위당 표준직접노동시간③		2시간	
직접노동시간당 표준 임률④		₩200	
연산품 C 1단위당 표준변동제조간접원가⑤		₩600	
단위당 표준변동판매관리비⑥	₩200		
단위당 원가⑦=(②+③×④+⑤+⑥)	₩200	₩1,200	
예상 판매량⑧	300단위	300단위	
순실현가능가치⑨=(①-⑦)×⑧	₩540,000	₩540,000	₩1,080,000
비율	50%	50%	100%
결합원가 배부금액	₩120,000	₩120,000	₩240,000

(3) 제품별 매출총이익

항목	연산품 A	연산품 C	합계
판매가격①	₩2,000	₩3,000	
예상 판매량②	300단위	300단위	
매출③=(①×②)	₩600,000	₩900,000	₩1,500,000
결합원가④	₩120,000	₩120,000	₩240,000
추가가공원가⑤	–	₩1,200×300단위=₩360,000	₩360,000
매출총이익⑥=(③-④-⑤)	₩480,000	₩420,000	₩900,000
변동판매관리비⑦	₩200×300단위=₩60,000	–	
영업이익⑧=(④-⑤)	₩420,000	₩420,000	

물음 2

항목	연산품 A	연산품 C	합계
매출①	₩600,000	₩900,000	₩1,500,000
결합원가②			₩240,000
추가가공원가③			₩360,000
전체매출총이익④=(①-②-③)			₩900,000
전체매출총이익률⑤=(④÷①)			60%
매출총이익⑥=(④×⑤)	₩360,000	₩540,000	
추가가공원가⑦	–	₩360,000	
결합원가⑧=(①-⑥-⑦)	₩240,000	–	

물음 3

(1) 8월 순현금흐름

항목			산식	결과
현금유입①	7월 매출	연산품 A	₩2,000×200단위×25%	₩100,000
		연산품 C	₩3,000×200단위×25%	₩150,000
	8월 매출	연산품 A	₩2,000×300단위×70%	₩420,000
		연산품 C	₩3,000×300단위×70%	₩630,000
현금유출②	연산품 C 추가가공원가		₩1,200×300단위	₩360,000
	연산품 A 판매관리비		₩200×300단위	₩60,000
	고정판매관리비		₩500,000－₩55,000	₩445,000
	결합원가		₩1,600/단위×150단위	₩240,000
순현금흐름③=(①－②)				₩195,000

(2) 연산품 C의 최소판매량

직접재료 X 1단위 가공으로 연산품 C를 2단위 생산하므로 연산품 C의 수량을 Q라고 하면, 직접재료 X는 0.5Q이다.

항목			산식	결과
현금유입①	7월 매출	연산품 A	₩2,000×200단위×25%	₩100,000
		연산품 C	₩3,000×200단위×25%	₩150,000
	8월 매출	연산품 A	₩2,000×Q단위×70%	1,400Q
		연산품 C	₩3,000×Q단위×70%	2,100Q
현금유출②	연산품 C 추가가공원가		₩1,200×Q단위	1,200Q
	연산품 A 판매관리비		₩200×Q단위	200Q
	고정판매관리비		₩500,000－₩55,000	₩445,000
	결합원가		₩1,600/단위×0.5Q단위	800Q
순현금흐름③=(①－②)				1,300Q－₩195,000≥0
최소판매량				Q≥150

물음 4

(1) 직접재료 X 1단위당 실제 구매가격

연산품 C 250단위 생산을 위해서는 직접재료 X 125단위 구매해야 함

AP×AQ	SP×AQ	SP×SQ
AP×125단위=₩70,000 ∴AP=₩560/단위	₩600×125단위=₩75,000	
직접재료원가 가격차이 ₩5,000(유리)		

(2) 직접재료 X 단위당 실제 직접노동시간과 직접노동시간당 실제 임률

항목	산식	결과
직접재료 X 단위당 실제 직접노동시간	연산품 C 220단위를 생산하기 위해서는 직접재료 X 110단위를 사용해야 함. (SP×AQ)−(SP×SQ)=(₩200×AQ)−(₩200×3시간×110단위)=₩22,000	440시간
직접노동시간당 실제 임률	(AP×AQ)−(SP×SQ)=(AP×440시간)−₩88,000=(₩8,800)	₩180

AP×AQ	SP×AQ	SP×SQ
₩180×440시간=₩79,200	₩200×440시간=₩88,000	₩200×3시간×110단위=₩66,000
직접노무원가 임률차이 ₩8,800(유리)	직접노무원가 능률차이 ₩22,000(불리)	

물음 5

	문제점	해결방안
①	객관적인 표준원가 설정이 어렵고 표준 설정 시 시간과 비용이 많이 소요된다.	균형성과표를 이용하여 비재무 성과지표에 대한 중요성을 강조하고, 표준원가 설정 및 예외에 의한 관리에 실무자들을 참여시켜 현실적이고, 원가통제 및 능동적인 성과평가를 수행한다.
②	예외에 의한 관리를 하면 어느 정도의 원가 차이를 예외로 판단하는 것이 주관적이다.	
③	표준원가는 재무 성과평가지표를 강조하고, 품질, 납기, 사후서비스 등 비재무 성과평가지표를 무시하는 경향이 있다.	

9-3 정답

물음 1

(1) 개요

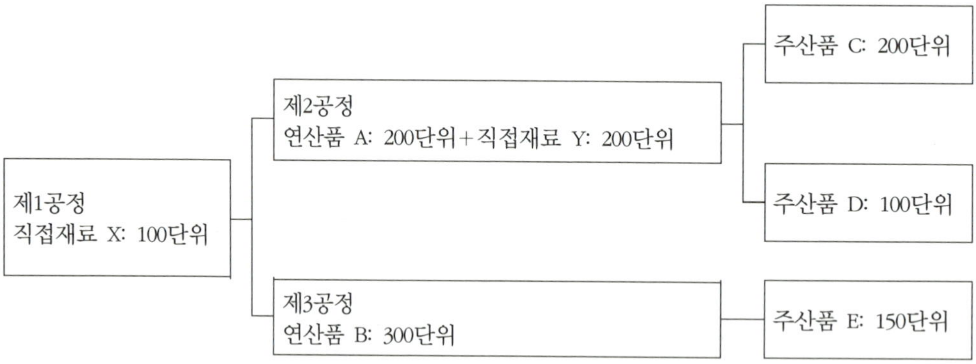

(2) 제품별 매출총이익

항목	주산품 C	주산품 D	주산품 E	합계
단위당 판매가치①	₩200	₩400	₩800	
판매량②	200	100	150	
매출③=(①×②)	₩40,000	₩40,000	₩120,000	₩200,000
항목	1공정	2공정	3공정	합계
직접재료 단위당 표준구매가격④	₩200	₩50		
직접노무시간당 표준 임률⑤	₩100	₩100	₩100	
단위당 표준 직접노무시간⑥	3시간	2시간	1시간	
단위당 표준원가⑦=(④+⑤×⑥)	₩500	₩250	₩100	
생산량⑧	100개	200개	300개	
총원가⑨=(⑦×⑧)	₩50,000	₩50,000	₩30,000	₩130,000
전체매출총이익⑩=(③-⑨)				₩70,000
매출총이익률⑪=(⑩÷③)				0.35
매출총이익⑫=(③×⑪)	₩14,000	₩14,000	₩42,000	

물음 2

항목	산식	결과
추가투입원가	3공정에서의 주산품 E의 완성도가 1/3이므로 100% 완성을 시키려면 2/3에 해당하는 원가를 추가 투입해야 함 ₩100×2시간×300단위	₩60,000
완성품 가공원가	₩100×1시간×300단위+추가투입원가 ₩60,000	₩90,000

1공정	순실현가능가치	비율	결합원가 배부
			₩50,000
A	₩40,000+₩40,000-₩50,000=₩30,000	25%	₩12,500
B	₩120,000-₩30,000=₩90,000	75%	₩37,500
합계	₩120,000	100%	

2공정	산식	결합원가 배부
	₩50,000+₩12,500	₩62,500
C①	₩62,500×₩40,000÷(₩40,000+₩40,000)	₩31,250
D②	₩62,500×₩40,000÷(₩40,000+₩40,000)	₩31,250
E③	B의 결합원가	₩37,500
합계④=(①+②+③)		₩100,000

물음 3

주산품 E 판매 불가 시 연산품 B로 판매해야 한다.

항목	산식	결과
연산품 B 판매가치	₩80×300단위	₩24,000
1공정 결합원가	₩50,000−₩24,000	₩26,000

	순실현가능가치 (A)	비율	1차 결합원가 배부 (B)	매출총이익 (C)=(A−B)
			₩26,000+₩50,000=₩76,000	
C	₩40,000	50%	₩38,000	₩2,000
D	₩40,000	50%	₩38,000	₩2,000
합계	₩80,000			

물음 4

(1) 과부족 직접노무시간

항목	시간
투입 가능한 총 직접노무시간①	1,200시간
사용 직접노무시간②	1,000시간
유휴 직접노무시간③=(①−②)	200시간
주산품 C 100단위 생산을 위한 직접노무시간④	350시간
부족 직접노무시간⑤=(④−③)	150시간

150시간의 직접노무시간이 부족하므로 직접재료 X 50단위를 줄여서 부족한 직접노무시간을 확보해야 한다. 연산품 B, 주산품 D의 매출 감소를 고려해야 한다.

(2) 원가계산

항목	산식	결과
직접재료 X①	₩200×50단위	₩10,000
직접재료 Y②	₩50×100단위	₩5,000
직접노무원가③	₩100×(3시간×50단위+2시간×100단위)	₩35,000
연산품 B 매출④	₩80×150단위	(₩12,000)
주산품 D 매출⑤	₩400×50단위	(₩20,000)
합계⑥=(①+②+③+④+⑤)		₩18,000
대체단위⑦		100단위
단위당 차액원가⑧=(⑥÷⑦)		₩180
기회비용⑨	주산품 C 1단위당 판매가치	₩200
최소 사내대체가격⑩	Min[⑧, ⑨]	₩180

물음 5

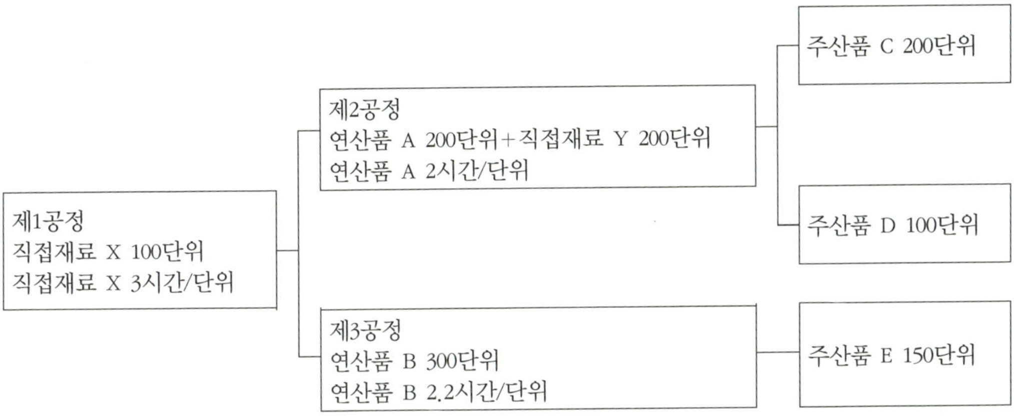

항목	산식	결과
X 100단위 투입 시 총 필요시간	직접재료 X 300시간+연산품 A 400시간+연산품 B 660시간	1,360시간
사용 가능한 시간		700시간
가동률	700시간÷1,360시간	51%
가동률 51% 시 소요시간	직접재료 X 51단위×3시간+연산품 A 102단위×2시간 +연산품 B 153단위×2.2시간	693.6시간
주산품 C 매출	₩200×102개	₩20,400
주산품 D 매출	₩400×51단위	₩20,400
주산품 E 매출	₩800×76단위	₩60,800
연산품 B 매출	연산품 B는 152단위를 제3공정에서 가공하여 주산품 E 76단위를 생산하므로 연산품 B 1단위는 판매된다. ₩80×1단위	₩80
매출 소계		₩101,680
직접재료 X	₩200×51단위	₩10,200
직접재료 Y	₩50×102단위	₩5,100
직접노무원가	₩100×693.6시간	₩69,360
비용 소계		₩84,660
손익		₩17,020

물음 6

항목	산식	결과
기존 갑 부문의 ROI	(₩200,000−₩130,000)÷₩350,000	20%
신기술활용 후 ROI≥20%	(갑 부문 매출−갑 부문 원가+주산품 G 매출−주산품 D 매출 감소 −추가가공원가)÷(기존 기계 취득원가+신기계 취득원가)≥20% =(₩200,000−₩130,000+P×100단위−₩400×100단위−₩100×2시간 ×100단위)÷(₩350,000+₩150,000)≥20%	P≥₩900

물음 7

	문제점	해결방안
①	투자중심점의 투자수익률 극대화 노력이 준최적화(목표불일치)현상을 일으켜 기업 전체적으로는 이익의 감소를 초래할 수 있다.	투자안의 현금흐름을 기준으로 성과평가를 할 수 있도록 하고, 하위부서의 의사결정이 기업 전체의 목표와 일치하도록 조정하며, 성과평가 시 잔여이익법, 경제적 부가가치법 등을 이용하여 투자수익률의 단점을 보완한다.
②	회계이익을 기준으로 성과를 평가하기 때문에 회계기준변경을 통하여 성과를 조작할 수 있다. 단기평가와 장기의사결정의 차이 발생	
③	단기적인 성과를 강조하므로 장기적인 관점에서의 의사결정이 이루어지지 않을 수 있다. 성과평가 결과 조작의 가능성이 있다.	

9-4 정답

[개요]

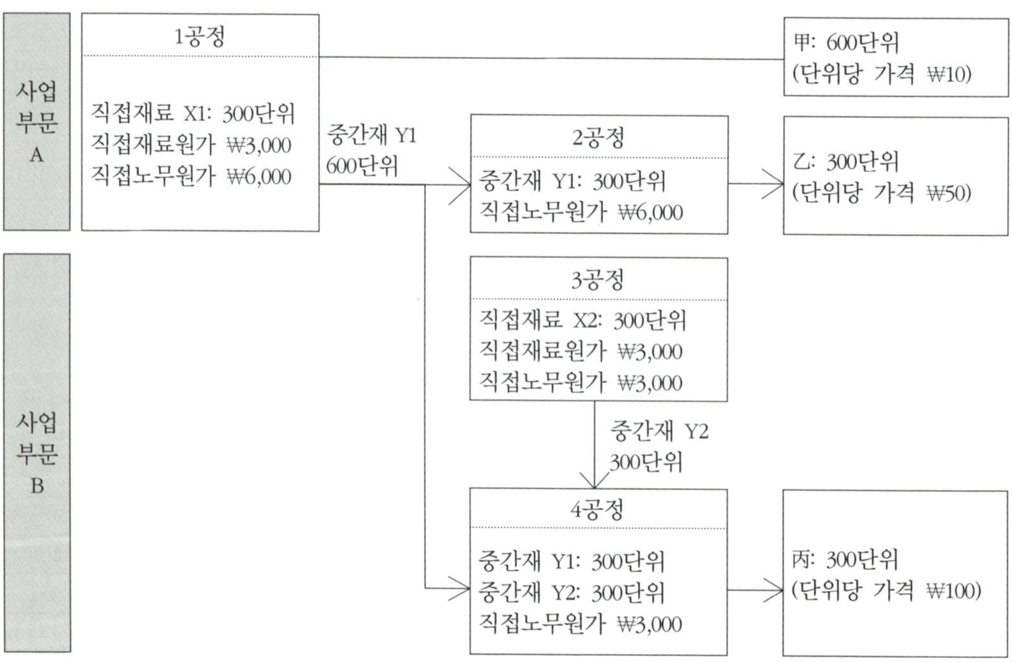

물음 1

(1) 제품별 월간 매출총이익

항목	甲	乙	丙	계
단위당 시장가격①	₩10	₩50	₩100	
생산량②	600단위	300단위	300단위	
매출③=(①×②)	₩6,000	₩15,000	₩30,000	₩51,000
2공정 직접노무원가④	–	₩6,000	–	
3공정 직접재료원가⑤	–		₩3,000	
3공정 직접노무원가⑥	–		₩3,000	
4공정 직접노무원가⑦			₩3,000	
순실현가치⑧=(③–④–⑤–⑥–⑦)	₩6,000	₩9,000	₩21,000	₩36,000
1공정 결합원가 배부액⑨	₩1,500	₩2,250	₩5,250	₩9,000
추가 원가⑩	–	₩6,000	₩9,000	₩15,000
매출총이익⑪=(③–⑨–⑩)	₩4,500	₩6,750	₩15,750	₩27,000

(2) 균등매출총이익률법-제품별 월간 결합원가 배부액

항목	甲	乙	丙	계
매출①	₩6,000	₩15,000	₩30,000	₩51,000
결합원가②				₩9,000
추가 원가③				₩15,000
전체매출총이익④=(①–②–③)				₩27,000
전체매출총이익률⑤=(④÷①)				52.9%
매출총이익⑥=(①×⑤)	₩3,174	₩7,935	₩15,870	
추가 원가⑦	–	₩6,000	₩9,000	
결합원가 역산⑧=(①–⑥–⑦)	₩2,826	₩1,065	₩5,130	

(3) 결합원가 배부방식의 한계점

- 결합공정에서 개별 연산품에 대한 원가동인을 파악할 수 없으므로 결합원가의 임의적인 배부 절차가 필요하다.
- 제품별로 원가율이 다르거나, 순실현가치를 추정하기 어려우면 결합원가를 각 제품에 대하여 배부하기 어렵다.

물음 2

(1) 판매기준법-전체 매출액 및 매출원가

부산물에 결합원가를 전혀 배부하지 않고 부산물이 판매되는 시점에 부산물의 판매로 인한 순이익을 잡이익으로 인식

항목	乙	丙	계
단위당 시장가격①	₩50	₩100	
생산량②	300단위	300단위	
매출③=(①×②)	₩15,000	₩30,000	
2공정 직접노무원가④	₩6,000	−	
3공정 직접재료원가⑤		₩3,000	
3공정 직접노무원가⑥		₩3,000	
4공정 직접노무원가⑦		₩3,000	
순실현가치⑧=(③−④−⑤−⑥−⑦)	₩9,000	₩21,000	₩30,000
결합원가 배부액⑨	₩2,700	₩6,300	₩9,000
추가 원가⑩	₩6,000	₩9,000	₩15,000
매출원가⑪=(⑨+⑩)	₩8,700	₩15,300	₩24,000

(2) 생산기준법-전체 매출액 및 매출원가

부산물의 순실현가치만큼을 부산물에 먼저 결합원가를 배부하는 방법으로 부산물 판매에서는 손익이 인식되지 않는다.

항목	乙	丙	계
결합원가①			₩9,000
甲 매출②			₩6,000
부산품 판매이익 차감 후 결합원가③=(①−②)			₩3,000
순실현가치	₩9,000	₩21,000	₩30,000
결합원가 배부액④	₩900	₩2,100	₩3,000
추가 원가⑤	₩6,000	₩9,000	₩15,000
매출원가⑥=(④+⑤)	₩6,900	₩11,100	₩18,000

물음 3

(1) 사업 부문 B 입장-중간재 Y2의 단위당 최소판매가격

항목	산식	결과
Y2 단위당 생산원가	₩6,000÷300단위	₩20
丙으로 추가가공 시 단위당 생산원가	₩3,000÷300단위	₩10
단위당 증분원가+단위당 기회비용	₩20+(₩100−₩20−₩10)	₩90

(2) 기업 전체 이익 극대화-중간재 Y2의 단위당 최소판매가격

- 사업 부문 A 여유 직접노무시간 100시간을 이용하여 X1 50단위를 추가 투입하여 甲 제품 100단위를 생산하여 판매

항목	산식	결과
사업 부문 A 투입 가능 직접노무시간①		1,300시간
1공정 투입 직접노무시간②	₩6,000÷₩10/시간	600시간
2공정 투입 직접노무시간③	₩6,000÷₩10/시간	600시간
사업 부문 A 여유 직접노무시간④=(①-②-③)		100시간
X1 단위당 직접노무시간⑤	₩6,000÷₩10/시간÷300단위	2시간/단위
X1 추가투입 가능 수량⑥=(④÷⑤)		50단위

- Y2 100개를 외부로 판매하면 사업 부문 B 4공정에서 Y2를 丙으로 가공하는 데 소요되는 100시간을 절약할 수 있으므로 3공정에 X2를 50단위를 추가 투입하여 丙 제품을 생산하여 판매

항목	산식	결과
丙 생산 포기 수량	Y2 외부판매량 100단위-추가생산량 50단위	50단위

항목		산식	결과
증분 수익	Y2 매출	P×100단위	100P
	甲 제품 매출	₩10×100단위	₩1,000
증분 비용	1공정 직접재료원가	₩10×50단위	(500)
	1공정 직접노무원가	₩20×50단위	(1,000)
	3공정 직접재료원가	₩10×50단위	(500)
	3공정 직접노무원가	₩10×50단위	(500)
	丙 제품 50개 판매감소 기회비용	(₩100-₩10)×50단위	(₩4,500)
증분 이익			(100P+₩1,000)-₩7,000≥0
최소판매가격			P≥₩60

(3) 중간재 Y1의 단위당 최소판매가격

B 사업부로서는 최대원가가 ₩90이면 되고, 회사 전체적으로는 최대원가가 ₩60이면 되므로 Y1의 가격을 ₩30으로 하면 (1) 사업 부문 B 입장과 (2) 기업 전체 이익 극대화의 최소판매가격이 일치한다.

물음 4

(1) 최적 생산량 및 이익

항목	산식	결과
甲 1단위당 직접노무시간	₩6,000÷₩10/시간÷600단위	1시간/단위
乙 1단위 완성에 필요한 추가 직접노무시간	₩6,000÷₩10/시간÷300단위	2시간/단위
丙 1단위 완성에 필요한 추가 직접노무시간	(₩3,000+₩3,000)÷₩10/시간÷300단위	2시간/단위

항목	甲	乙	丙
단위당 판매가격①	₩10	₩50	₩100
단위당 변동원가②	–	20	20+10=30
단위당 공헌이익③=(①-②)	₩10	₩30	₩70
직접노무시간④	1시간	2시간	2시간
직접노무시간당 공헌이익⑤=(③÷④)	₩10/시간	₩15/시간	₩35/시간
생산순위	3	2	1

항목	산식	결과
丙 1단위 생산 시 소요시간	1공정 2시간+4공정 2시간	4시간
丙 생산량	1,800시간÷4시간	450단위
최적 생산량		丙 450단위, 甲 900단위
이익	(₩100-₩30-₩30)×450단위+₩10×900단위	₩27,000

(2) 최종제품 및 기대이익

항목	환율 인상	환율 인하	합계
발생확률①	90%	10%	
최종제품 乙에 대한 수요량②	600단위	400단위	
최종제품 丙에 대한 수요량③	200단위	400단위	
최종제품 乙에 대한 평균 수요량④=(①×②)	540단위	40단위	580단위
최종제품 丙에 대한 평균 수요량⑤=(①×③)	180단위	40단위	220단위

항목	산식	결과
乙 580단위, 甲 1,160단위 기대이익	₩50×580단위+(₩50)×580단위+₩10×1,160단위	₩11,600
丙 220단위, 甲 440단위 기대이익	₩100×220단위+(₩30)×220단위+₩10×440단위	₩19,800

乙 제품을 생산 중단할 때 손실이 적으므로 생산 중단하고, 丙 제품을 생산한다.

9-5 정답

물음 1

항목	산식	결과
정상공손수량	120,000단위×2%	2,400단위
비정상공손수량	5,000단위-2,400단위	2,600단위
단위원가	(₩41,000+₩495,000)÷(120,000단위+2,400단위×0.8+2,600단위×0.8 +30,000단위×1/3)	₩4
완성품원가	₩4×(120,000단위+2,400단위×0.8) 정상공손이 완성품 수량과 연관이 있으므로 원가를 완성품에 전액 배부	₩487,680

물음 2

항목	산식	결과
B 단위당 전환원가	(₩56,000+₩670,000) ÷(85,000단위+5,000단위×0.6)	₩8.25
B 80,000단위를 완성하기 위한 추가투입원가	₩8.25×80,000단위	₩660,000

제품	순실현가치	비율	결합원가배부액
B	(₩15−₩8.25)×80,000단위=₩540,000	75%	₩487,680×75%=₩365,760
C	(₩13.5−₩9)×40,000단위=₩180,000	25%	₩487,680×25%=₩121,920
합계	₩720,000	100%	₩487,680

물음 3

차변			대변		
부문 Y 원가		365,760	부문 X 원가		496,000
부문 Z 원가		121,920			
비정상공손원가	₩4×2,600단위×0.8	8,320			

물음 4

항목	산식	결과
전공정원가 단위원가	(₩39,240+₩365,760)÷(85,000단위+5,000단위)	₩4.5
전환원가 단위원가	(₩56,000+₩670,000)÷(85,000단위+5,000단위×0.6)	₩8.25
Y 완성품 원가	(₩4.5+₩8.25)×85,000단위	₩1,083,750

물음 5

순실현가치법은 원가 부담 능력이 높은 제품(수익성이 좋은 제품)에 원가를 많이 배부하는 방법이므로 원가 효율성이 높은 부문(부문 Y)에 원가가 상대적으로 많이 배부되는 문제가 있다.

물음 6

결합제품의 수익성을 고려할 수 있는 분리점에서의 판매가치기준법 등을 사용하여 원가 효율성이 제품 원가에 반영되도록 한다.

제10장 활동기준원가계산

객관식 해답

10.1 정답 ②

활동	원가동인	활동별 배부율 (A)	활동 수준 (B)	1,000상자당 제조간접원가 (C)=(A×B)	1상자당 제조간접원가 (D)=(C÷1,000상자)
기계준비작업활동	준비횟수	₩2,000	4	₩8,000	₩8
재료처리활동	원재료무게(파운드)	2	10,000	20,000	20
위험폐기물통제활동	위험폐기물무게(파운드)	5	2,000	10,000	10
품질관리활동	검사횟수	75	10	750	0.75
기타제조활동	기계시간	₩10	500	5,000	5
합계				₩43,750	₩43.75

10.2 정답 ④

항목	산식	결과
필름생산에 배부되어야 할 제조간접비	₩625,000÷20,000기계시간×500기계시간	₩15,625

10.3 정답 ③

서비스를 주로 제공하는 기업의 경우, 실제 제조간접원가의 발생과 비례하지 않는 기준으로 제조간접원가를 배부함으로써 원가 왜곡 문제가 발생한다. 따라서 경영자의 의사결정과 조직구성원의 동기부여에 큰 도움을 주지 못하는 것으로 지적됐다. 1990년대의 제조업 위주의 사례연구들에서는 ABC 도입의 긍정적 효과를 보고하였으나, 실제 ABC의 효과가 더 클 것으로 기대되는 업종은 서비스업종이다.

10.4 정답 ④

고정원가로 처리하고자 하는 것은 아니다.

10.5 정답 ②

전수(제품전량)에 대한 검사원가라면 단위수준으로 분류되어야 한다.

10.6 정답 ⑤

① 원가배부기준은 인과관계기준뿐만 아니라 수혜기준, 부담능력 기준, 공정성 또는 공평성 기준, 증분 기준 등이 있다.

② 제조간접원가가 전체 제조원가에서 차지하는 비중이 증가할수록 다양한 원가배부기준을 설정해야 더욱 정확한 원가계산을 할 수 있다.

③ 활동기준원가계산제도에서는 제품의 생산수량과 직접 관련이 없는 비단위기준원가동인을 사용한다. 배치활동, 제품유지활동, 설비수준활동 등이 이러한 예이다.

④ 제조간접원가의 배부가 정확하게 이루어진다면 원가배부는 경제적 의사결정을 위한 정보를 제공한다.

10.7 정답 ①

항목	산식	결과
총매출		₩8,000
반품－액수(판매가)		(2,000)
순매출액		6,000
매출원가	₩6,000×0.75	4,500
매출총이익		1,500
우편주문처리비	₩50×4건	200
반품처리	₩100×4개	400
고객유지		500
고객 '갑' 이익		₩400

10.8 정답 ③

10.9 정답 ⑤

항목	원가 (A)	최대활동량 (B)	단위당 원가 (C)＝(A÷B)	작업 A 활동소비량 (D)	작업 A 원가 (E)＝(C×D)
생산준비	₩20,000	1,000시간	₩20/시간	30시간	₩600
재료처리	30,000	2,000회	₩15/회	56회	840
기계사용	500,000	20,000시간	₩25/시간	4,000시간	100,000
품질관리	100,000	12,500회	₩8/회	70회	560
수선유지비	40,000	20,000시간	₩2/시간	4,000시간	8,000
기초원가					300,000
합계					₩410,000

10.10 정답 ⑤

생산과 판매에 자신 있는 제품의 이익은 높고 생산과 판매에 자신 없는 제품의 이익이 낮은 경우에는 원가계산이 적절하므로 활동기준 원가계산의 효과는 낮다.

10.11 정답 ⑤

일반적으로 사후에 발생한 소비된 원가를 이용한다.

10.12 정답 ④

항목	산식	결과
활동 1	₩20,000×100÷500	₩4,000
활동 2	₩37,000×800÷1,000	₩29,600
활동 3	₩91,200×800÷3,800	₩19,200
합계		₩52,800
단위당 제조간접원가	₩52,800÷8,000단위	₩6.6

10.13 정답 ④

항목	연간 가공 원가 총액 (A)	연간 원가동인 수 (B)	원가 동인당 배부율 (C)=(A÷B)	제품 X 사용량 (D)	제품 X 원가 (E)
세척활동	₩300,000	100,000리터	₩3/리터	20리터	₩60
압착활동	₩900,000	45,000시간	₩20/시간	30시간	₩600
분쇄활동	₩1,050,000	21,000시간	₩50/시간	10시간	₩260
합계①					₩920
단위당 재료비②					₩300
단위당 판매가격③					₩2,000
단위당 공헌제조이익④=(③−②−①)					₩780

10.14 정답 ①

항목	산식	결과
전통적 방법	₩150,000×8시간÷50대	₩24,000
활동기준 방법	(₩1,000×1,000개+₩40,000×8시간+₩10,000×15분)÷50대	₩29,400

10.15 정답 ③

항목	산식	결과
기계가동(기계시간)	₩84,000×2,000시간÷(2,000시간+3,000시간)	₩33,600
엔지니어링(작업시간)	₩60,000×500시간÷(500시간+700시간)	25,000
품질검사(품질검사 횟수)	₩41,000×10회÷(10회+15회)	16,400
제품 A 총활동원가		₩75,000

10.16 정답 ⑤

10.17 정답 ③

항목	산식	결과
주당 처리시간	(1,450건×6분+1,200건×15분)×5일÷60분	2,225시간
직원 수	2,225시간÷40시간/주	55.625명
55명인 경우 주당 원가	55명×₩320,000+(2,225시간−55명×40시간)×₩12,000	₩17,900,000
56명인 경우 주당 원가	56명×₩320,000	₩17,920,000
신규채용인원	55명−50명	5명

10.18 정답 ②

활동기준원가계산제도는 직접노무비가 감소하는 경우에 적합하다.

10.19 정답 ⑤

항목	산식	결과
매출		₩500,000
매출원가	매출액의 80%	₩400,000
매출원가 외 원가	(300회×₩70)+(300회×0.7×₩100)+(140회×₩450)+₩80,000	₩185,000
손익		(₩85,000)

10.20 정답 ②

항목	산식	결과
기계가동원가	₩100,000×20%	(₩20,000)
작업준비원가	₩50,000×25%	(₩12,500)
검사원가	₩100,000×20%	₩20,000
재작업원가 절감액	₩100,000×20%	(₩20,000)
합계		(₩32,500)
단위당 제조간접원가 절감액	(₩32,500)÷100단위	₩325

10.21 정답 ①

활동	활동원가 (A)	원가동인 수량 (B)	4월 중 활동 (C)	4월 활동원가 (D)=(A÷B×C)
재료이동	₩5,000,000	이동횟수 1,000회	X	₩5,000X
성형	₩3,000,000	제품생산량 24,000단위	2,000단위	₩250,000
도색	₩1,500,000	직접노동시간 6,000시간	500시간	₩125,000
조립	₩2,000,000	기계작업시간 2,000시간	200시간	₩200,000
합계				₩1,050,000
이동횟수(X)				95회

10.22 정답 ④

항목		원목 옷장	자개 옷장
입고처리원가 배부비율	현재 사용하고 있는 원가배부방법	20,000개×₩500÷(20,000개×₩500+1,000개×₩2,500)= 80%	20%
	새로운 원가계산방법	12회×5시간÷(12회×5시간+12회×3시간)=62.5%	37.5%
		새로운 원가계산방법이 원목 옷장에 입고처리원가 배부액을 80%에서 62.5%로 감소시켜 원목 옷장의 원가 감소	

10.23 정답 ②

활동	원가동인	단위당 배부율 (A)	제품 A 활동량 (B)	제품 A 원가 (C)=(A×B)
재료처리	부품 수	₩10	200개	₩2,000
기계작업	기계시간	₩120	10시간	1,200
조립작업	조립시간	₩75	20시간	1,500
검사	검사시간	₩100	5시간	500
합계				₩5,200

항목	산식	결과
단위당 직접재료원가	(₩50,000−₩5,200−단위당 직접재료원가)×50단위=₩1,500,000	₩14,800

10.24 정답 ⑤

항목	산식	결과
기계시간당 기계절삭작업원가	₩100,000÷(2,240시간+3,380시간+4,380시간)	₩10
조립시간당 조립작업원가	₩80,000÷(330시간+660시간+1,010시간)	₩40
품질검사횟수당 품질검사원가	₩40,000÷(12회+13회+15회)	₩1,000
제품 A의 단위당 활동원가	(2,240시간×₩10+330시간×₩40+12회×₩1,000)÷1,500단위	₩31.73
제품 B의 단위당 활동원가	(3,380시간×₩10+660시간×₩40+13회×₩1,000)÷1,000단위	₩73.2
제품 C의 단위당 활동원가	(4,380시간×₩10+1,010시간×₩40+15회×₩1,000)÷500단위	₩198.4

10.25 정답 ①

항목	금액 (A)	비율 (B)	주문처리 (C=A×B)	비율 (D)	고객지원 (E=A×D)	배부 불능	합계
급여①	₩250,000	20%	₩50,000	70%	₩175,000	₩25,000	
마케팅비②	₩160,000	10%	16,000	80%	128,000	16,000	
계③=(①+②)			₩66,000		₩303,000	₩41,000	₩410,000
연간활동량④			4,000회		40명	–	
배부율⑤=(③÷④)			₩16.5/회		₩7,575/명	–	
고객 A 활동량⑥			6회		1명		
고객 A 배부액⑦=(⑤×⑥)			₩99		₩7,575		₩7,674

10.26 정답 ②

항목	산식	결과
매출액	₩20,000×20회	₩400,000
매출원가	매출액×75%	300,000
고객주문처리비	(₩1,200,000×20%+₩800,000×40%)×20회÷500회	22,400
고객관계관리비	(₩1,200,000×80%+₩800,000×60%)×1명÷50명	28,800
영업이익		₩48,800

10.27 정답 ③

제품유지활동 → 설비유지활동

10.28 정답 ④

항목	활동원가 동인당 배부율 (A)	고객 A		고객 B	
		활동량 (B)	금액 (C)=(A×B)	활동량 (D)	금액 (E)=(A×D)
매출액①			₩1,400		₩750
재료원가②=(①÷200%)			₩700		₩375
정규주문 처리원가	₩5	25건	₩125	8건	₩40
긴급주문 처리원가	₩15	10건	₩150	8건	₩120
특별서비스 처리원가	₩50	4건	₩200	7건	₩350
고객 원가	₩100	1명	₩100	1명	₩100
손익			₩125		(₩235)

10.29 정답 ③

제조원가뿐만 아니라 판매관리비에도 활동기준원가계산이 적용된다.

10.30 정답 ④

제품 A의 배합비율 [X÷(X+Y)]를 Z라고 하면

(1) 생산량 기준 제품별 제조간접원가

제품 A	제품 B
₩23,712,000 · Z	₩23,712,000 · (1−Z)

(2) 활동기준원가계산

	제품 A	제품 B
재료이동	₩1,512,000×400회÷630회= ₩960,000	₩1,512,000×230회÷630회= ₩552,000
조립작업	₩7,000,000×600시간÷1,400시간= ₩3,000,000	₩7,000,000×800시간÷1,400시간= ₩4,000,000
도색작업	₩7,200,000×3,000시간÷9,000시간= ₩2,400,000	₩7,200,000×6,000시간÷9,000시간= ₩4,800,000
품질검사	₩8,000,000 · Z	₩8,000,000 · (1−Z)

항목	산식	결과
제품 A의 배합비율(Z)	₩23,712,000 · Z−₩3,460,000=(₩960,000+₩3,000,000+₩2,400,000)+₩8,000,000 · Z	0.625
제품 B의 제조간접원가	(₩552,000+₩4,000,000+₩4,800,000)+₩8,000,000×(1−0.625)	₩12,352,000

10.31 정답 ③

항목	산식		결과
활동별 배부율	작업준비	₩100,000÷(30회+50회+20회)	₩1,000
	절삭작업	₩600,000÷(1,000시간+1,200시간+800시간)	₩200
	품질검사	₩90,000÷(50시간+60시간+40시간)	₩600
제품B 제조간접원가	작업준비	₩1,000×50회	₩50,000
	절삭작업	₩200×1,200시간	₩240,000
	품질검사	₩600×60시간	₩36,000
	합계		₩326,000
제품B 단위당 제조간접원가		₩326,000÷2,000단위	₩163

10.32 정답 ⑤

원재료 구매, 작업준비, 전수조사에 의한 품질검사는 제품단위수준활동(unit level activities)으로 분류된다.

주관식 해답

10-1 정답

물음 1

(1) 전통적 원가계산

항목	산식	결과
제조간접원가 배부율	제조간접원가÷직접노무원가 (₩1,000+₩800+₩1,200+₩1,000)÷₩1,000	직접노무비의 400%

항목	A 고객	B 고객	C 고객	합계
매출액①	₩3,500	₩2,750	₩2,500	₩8,750
직접재료원가②	₩800	₩700	₩500	₩2,000
직접노무원가③	400	300	300	1,000
제조간접원가 배부율④	400%	400%	400%	400%
제조간접원가⑤=(③×④)	1,600	1,200	1,200	4,000
합계⑥=(②+③+⑤)	₩2,800	₩2,200	₩2,000	₩7,000
순이익⑦=(①−⑥)	₩700	₩550	₩500	₩1,750
매출액 이익률⑧=(⑦÷①)	20%	20%	20%	20%

(2) 활동기준원가계산

항목	산식	결과
기계가동 및 조립원가 배부율	(₩1,000+₩800)÷1,000시간	₩1.8/시간
마무리 및 선적원가	(₩1,200+₩1,000)÷₩1,000	₩2.2

항목	A 고객	B 고객	C 고객	합계
매출액①	₩3,500	₩2,750	₩2,500	₩8,750
직접재료원가②	800	700	500	2,000
직접노무원가③	400	300	300	1,000
제조간접원가 (기계가동 및 조립)④	₩1.8×600시간= 1,080	₩1.8×200시간= 360	₩1.8×200시간= 360	1,800
제조간접원가 (마무리 및 선적)⑤	₩2.2×₩400= 880	₩2.2×₩300= 660	₩2.2×₩300= 660	2,200
합계⑥=(②+③+④+⑤)	3,160	2,020	1,820	7,000
순이익⑦=(①−⑥)	₩340	₩730	₩680	₩1,750
매출액 이익률⑧=(⑦÷①)	9.7%	26.5%	27.2%	20%

물음 2

항목	산식	A 고객	
매출액			₩3,500
직접재료비		₩800	
직접노무비		400	
변동제조간접원가(기계가동 및 조립)	₩1.8×600시간−(₩300+₩200)	580	
변동제조간접원가(마무리 및 선적)	₩2.2×₩400	₩880	2,660
공헌이익			₩840
	공헌이익이 0보다 크므로 A 고객에게 제품을 판매해야 함		

물음 3

개별활동에 대한 원가동인이 명확하지 않다면 고객별 이익률이 달라질 수 있다.

10-2 정답

물음 1 필름 1상자당 제조간접비

활동	산식	결과
기계준비작업	₩200×5회	₩1,000
재료처리	₩10×1,000파운드	10,000
위험폐기물통제	₩5×200파운드	1,000
품질관리	₩800×10회	8,000
기타제조활동	₩10×1,000시간	10,000
합계		₩30,000
필름 1상자당 제조간접원가	₩30,000÷1,000상자	₩30/상자

물음 2 전통적 제조간접원가 배부

항목	산식	결과
기계시간에 근거한 단일의 예정 제조간접원가 배부율	제조간접원가 예산÷예정조업도 =₩630,000÷20,000기계시간	₩31.5/기계시간
필름생산에 배부되어야 할 제조간접원가	₩31.5×1,000기계시간	₩31,500

10-3 정답

물음 1

항목	자동차 부품 A	자동차 부품 B
직접재료원가	₩40,250	₩60,000
직접노무원가	10,290	11,460
제조간접원가	₩30,000×220시간÷(220시간+180시간)= 16,500	₩30,000×180시간÷(220시간+180시간)= 13,500
총제조원가	₩67,040	₩84,960
생산수량	200단위	400단위
단위당 원가	₩335.2	₩212.4

물음 2

항목	산식	자동차 부품 A	산식	자동차 부품 B
판매단가		₩500		₩400
단위당 직접재료원가	₩40,250÷200단위	201.25	₩60,000÷400단위	150.00
단위당 직접노무원가	₩10,290÷200단위	51.45	₩11,460÷400단위	28.65
단위당 변동제조원가	(₩30,000×0.1)×220시간 ÷(220시간+180시간) ÷200단위	8.25	(₩30,000×0.1)×80시간 ÷(220시간+180시간) ÷400단위	3.375
단위당 공헌이익		₩239.05		₩217.975

〈가정 1〉 매출비율이 매출수량비율

항목	부품 A	부품 B	합계
단위당 공헌이익①	₩239.05	₩217.975	
꾸러미②	1단위	2단위	
꾸러미 가중평균 공헌이익③=(①×②)	₩239.05	₩435.95	₩675
고정원가④			₩30,000×0.9=₩27,000
손익분기 꾸러미⑤=(④÷③)			40꾸러미
손익분기판매량⑥=(②×⑤)	40단위	80단위	

〈가정 2〉 매출비율이 매출액 비율

항목	부품 A	부품 B	합계
단위당 공헌이익①	₩239.05	₩217.975	
판매단가②	₩500	₩400	
공헌이익률③=(①÷②)	47.81%	54.49%	
매출비율④	1/3	2/3	
가중평균 공헌이익률⑤=(③×④)	15.93%	36.33%	52.26%
고정원가⑥			₩30,000×0.9=₩27,000

항목	부품 A	부품 B	합계
복수제품 손익분기 매출액⑦=(⑥÷⑤)			₩51,665
손익분기 매출액⑧=(⑦×④)	₩17,222	₩34,443	
손익분기 판매량⑨=(⑧÷②)	34.44 ∴ 34단위	86.11 ∴ 86단위	

물음 3

제조간접원가계산

항목	원가당 배부율 (A)	자동차 부품 A		자동차 부품 B	
		활동량 (B)	금액 (C)=(A×B)	활동량 (D)	금액 (E)=(A×D)
기계 관련	₩5	760	₩3,800	600	₩3,000
가동준비	3	1,980	5,940	2,500	7,500
검사	8	150	1,200	350	2,800
조립	6	400	2,400	500	3,000
재료처리	₩12	10	120	20	240
총제조간접원가			₩13,460		₩16,540

단위당 원가계산

항목	자동차 부품 A	자동차 부품 B
직접재료원가	₩40,250	₩60,000
직접노무원가	10,290	11,460
제조간접원가	13,460	16,540
총제조원가	₩64,000	₩88,000
생산수량	200단위	400단위
단위당 원가	₩320	₩220

10-4 정답

물음 1

활동단위당 배부액

원가동인	총원가	원가동인 소요수	원가동인별 배부액
주문건수(회)	₩105,000	35회	₩3,000
배송거리(km)	186,000	620km	300
접대횟수(회)	600,000	12회	50,000
반품수량(개)	140,000	70개	₩2,000
합계	₩1,031,000		

과목	A	B	C	D	E
총매출액	₩1,000,000	₩2,000,000	₩2,500,000	₩3,000,000	₩1,500,000
매출환입	(200,000)	(100,000)	(100,000)	(200,000)	(100,000)
순매출액	800,000	1,900,000	2,400,000	2,800,000	1,400,000
매출총이익률	15%	15%	15%	15%	15%
매출총이익	120,000	285,000	360,000	420,000	210,000
주문비	15,000	15,000	30,000	15,000	30,000
배송비	30,000	36,000	45,000	45,000	30,000
접대비	100,000	100,000	100,000	150,000	150,000
반품비	40,000	20,000	20,000	40,000	20,000
판매비와 관리비 소계	185,000	171,000	195,000	250,000	230,000
영업이익(손실)	(₩65,000)	₩114,000	₩165,000	₩170,000	(₩20,000)

물음 2

과목	A	B	C	D	E
순매출액	₩800,000	₩1,900,000	₩2,400,000	₩2,800,000	₩1,400,000
영업이익(손실)	(₩65,000)	₩114,000	₩165,000	₩170,000	(₩20,000)
영업이익률	(8.13%)	6%	6.88%	6.07%	(1.43%)

영업 활동의 효율성을 나타내는 영업이익률이 가장 높은 C가 가장 효율적으로 영업 활동을 함.

10-5 정답

물음 1 활동 단위당 원가

항목	산식	결과
상품 1상자당 배송센터 운영비	₩5,000,000÷100,000상자	₩50/상자
시간당 주문처리비	₩840,000÷(15명×1,600시간)	₩35/시간
전화, 팩스 주문 건당 처리비	₩35×0.2시간	₩7/주문건수
인터넷 주문	₩35×0.1시간	₩3.5/주문건수
상품 1상자당 택배 수수료	₩450,000÷90,000상자	₩5/상자
직접배송 시간당 비용	₩360,000÷(4명×1,500시간)	₩60/시간

물음 2 주문별 수익성 분석

항목	산식	주문1	주문2	주문3	주문4
매출액	주문 1, 주문 3: ₩500×120%, 주문 2, 주문 4: ₩500×123%	₩600	₩615	₩600	615
매출원가		500	500	500	500
매출총이익		100	115	100	115
배송센터운영비	₩50×상자 수	50	50	50	50
택배수수료	₩5×택배회사를 이용하여 배송된 상자 수	5	–	5	–
직접배송비	₩60×직접배송시간	–	240	–	240
전화나 팩스 주문		–	7	7	–
인터넷 주문		3.5	–	–	3.5
세전 이익		₩41.5	(₩182)	₩38	(₩178.5)
매출액 이익률		6.92%	(29.59%)	6.33%	(29.02%)
매출액 이익률 순위		1	4	2	3

물음 3 수익성 향상을 위한 제안과 전략의 성공 여부

항목	설명
수익성 향상을 위한 제안	• 직접배송 서비스를 이용하는 주문의 판매가격을 대폭으로 인상한다. • 직접배송 서비스의 제공을 중단할 것을 검토한다. • 주문방식을 인터넷 주문으로 하도록 유도한다. • 직접배송과 주문처리의 미사용능력이 있는지를 검토하여 이를 감소시키는 방안을 마련한다. • 획득된 능력 단위당 원가를 감소시키는 방안을 마련한다.
직접배송 옵션전략의 성공 여부	주문2와 주문4의 수익성이 낮은 것으로 보아 직접배송 옵션을 제공하는 회사의 차별화 전략은 실패한 것으로 판단됨

물음 4 미사용능력원가와 발생원인

항목	설명
미사용능력원가	실제 직접배송시간 1,350시간은 운전사 1명당 시간이라고 가정한다. 미사용조업도원가=4명×₩55×(1,500시간−1,350시간)=₩33,000
미사용조업도 원가가 발생하는 원인	• 자원이 필요할 때마다 사용량만큼 획득할 수 없고 미리 일정 규모로 획득해야 하기 때문이다. • 자원을 미사용량만큼 즉시 감소시킬 수 없고 일정 규모로 감소시켜야 하기 때문이다. • 미래의 수요 증가에 대비하여 미사용능력을 유지할 필요가 있기 때문이다. • 다운사이징은 종업원을 해고해야 할 수 있는데, 해고는 종업원의 사기와 충성심에 부정적인 영향을 줄 수 있으므로 다운사이징을 주저하기 때문이다. • 잘못된 의사결정으로 인해 과도한 설비를 보유하고 있기 때문이다.

10-6 정답

물음 1 A 원가시스템의 단위당 원가

항목	표준품	고급품
재료비	₩30	₩40
노무비	₩10×0.8시간=₩8	₩10×0.2시간=₩2
제조간접원가	₩450,000× $\frac{12,000개×0.8시간}{(12,000개×0.8시간+2,000개×0.2시간)}$ ÷12,000개= ₩36	₩450,000× $\frac{2,000개×0.2시간}{(12,000개×0.8시간+2,000개×0.2시간)}$ ÷2,000개= ₩9
단위당 원가	₩74	₩51

물음 2 B 원가시스템의 단위당 원가

항목	표준품	고급품
재료비	₩30	₩40
노무비	₩10×0.8시간=₩8	₩10×0.2시간=₩2
주문비	₩130,000× $\frac{20회}{(20회+5회)}$ ÷12,000개= ₩8.7	₩130,000× $\frac{5회}{(20회+5회)}$ ÷2,000개= ₩13
부품관리비	₩320,000× $\frac{10가지}{(10가지+20가지)}$ ÷12,000개= ₩8.9	₩320,000× $\frac{20가지}{(10가지+20가지)}$ ÷2,000개= ₩106.7
단위당 원가	₩55.6	₩161.7

물음 3 세후 영업이익

항목	A 원가시스템			B 원가시스템		
	표준품	고급품	합계	표준품	고급품	합계
판매가①	₩100	₩250		₩100	₩250	
단위당 원가②	₩74	₩51		₩55.6	₩161.7	
단위당 이익③=(①−②)	₩26	₩199		₩44.4	₩88.3	
생산량④	12,000	2,000		12,000	2,000	
기말재고⑤	1,000	0		1,000	0	
판매량⑥=(④−⑤)	11,000	2,000		11,000	2,000	
총매출이익⑦=(③×⑥)	₩286,000	₩398,000	₩684,000	₩488,400	₩176,600	₩665,000
법인세⑧=(⑦×30%)	₩85,800	₩119,400	₩205,200	₩146,520	₩52,980	₩199,500
영업이익⑨=(⑦−⑧)	₩200,200	₩278,600	₩478,800	₩341,880	₩123,620	₩465,500

물음 4 법인세비용

(1) A 원가시스템의 법인세비용이 ₩5,700만큼 더 크다.

항목	A 원가시스템			B 원가시스템			차이 (C)=(A-B)
	표준품	고급품	합계(A)	표준품	고급품	합계(B)	
법인세	₩85,800	₩119,400	₩205,200	₩146,520	₩52,980	₩199,500	₩5,700

(2) 이유

표준품은 기말재고가 존재하나 고급품은 기말재고가 없다. 따라서 기말재고가 존재하는 표준품의 제조간접원가를 더 많이 계산하는 A 원가시스템이 자산 처리되는 제조간접원가가 더 크게 되어, 세전 이익과 법인세비용이 더 크게 된다.

항목	표준품	고급품	합계
A 원가시스템 단위당 제조간접원가	₩36.0	₩9.0	
B 원가시스템 단위당 제조간접원가	₩17.6	₩119.7	
A 원가시스템－B 원가시스템	₩18.4	(₩110.7)	
수량증가(감소)	1,000	0	
원가 차이	₩18,400	₩0	
세전 이익 차이	₩18,400	₩0	
세율	30%	30%	
법인세비용 차이	₩5,520	₩0	₩5,520

물음 5

(1) B 원가시스템이 법인세비용이 ₩21,945만큼 더 크다.

항목	A 원가시스템			B 원가시스템			차이 (C)=(A-B)
	표준품	고급품	합계(A)	표준품	고급품	합계(B)	
판매가①	₩100	₩250		₩100	₩250		
단위당 원가②	₩74	₩51		₩55.6	₩161.7		
단위당 이익③=(①－②)	₩26	₩199		₩44.4	₩88.3		
판매량④	13,000	1,500		13,000	1,500		
총매출이익⑤=(③×④)	₩338,000	₩298,500	₩636,500	₩577,200	₩132,450	₩709,650	
법인세⑥=(⑤×30%)	₩101,400	₩89,550	₩190,950	₩173,160	₩39,735	₩212,895	(₩21,945)
영업이익⑦=(⑤－⑥)	₩236,600	₩208,950	₩445,550	₩404,040	₩92,715	₩496,755	

(2) 이유

B 원가시스템의 경우 상대적으로 제조간접원가가 더 적게 배부된 표준품은 판매량이 생산량보다 증가하고, 상대적으로 제조간접원가가 더 배부된 고급품은 판매량이 생산량보다 감소하여 당기에 비용화된 제조간접원가가 상대적으로 더 적어 세전 이익과 법인세비용이 더 크게 된다.

항목	표준품	고급품	합계
A 원가시스템 단위당 제조간접원가	₩36.0	₩9.0	
B 원가시스템 단위당 제조간접원가	₩17.6	₩119.7	
A 원가시스템-B 원가시스템	₩18.4	(₩110.7)	
수량증가(감소)	(1,000)	500	
원가 차이	(₩18,400)	(₩55,350)	
세전 이익 차이	(₩18,400)	(₩55,350)	
세율	30%	30%	30%
법인세비용 차이	(₩5,520)	(₩16,605)	(₩22,125)

※ 물음 4의 (1)과 (2), 물음 5의 (1)과 (2)의 법인세비용의 차이가 나는 이유를 요약하면 소수점 차이 때문이다. 해답의 단위당 제조간접원가(B 시스템 기준 ₩17.6, ₩139.7)가 실제 단위당 제조간접원가(B 시스템 기준 17.555…,139.666…)에 비해 크다. A 시스템은 나누어떨어지므로 차이가 발생하지 않는다. 그러므로 판매량 기준으로 이익을 산정할 경우, 비용이 실제보다 과다계상되고, B 원가시스템 기준 세전 이익은 실제보다 낮아진다. 그러므로 A, B 두 시스템 간 세전 이익의 차이가 벌어지고 법인세비용 차이는 실제보다 커지게 된다. 반면 기말재고 기준으로 법인세 차이를 산정할 경우, 기말재고가 실제보다 많이 자산화된다. 이에 따라 B 원가시스템의 기말재고는 실제보다 커진다. 따라서 (A 원가시스템-B 원가시스템) 금액은 실제보다 적어지므로 법인세비용 차이는 실제보다 작아지게 된다. 물음 5의 (2)는 기초재고를 함께 고려하면 된다. 다만 기말재고의 영향이 기초재고의 영향에 비교해 작아서 실제값보다 커진다.

10-7 정답

물음 1

(1) 부문별 제조간접원가 배부율

항목	보조부문		제조부문	
	수선유지	작업준비	재단	조립
배부전원가	₩74,100	₩199,940	₩223,310	₩102,720
수선유지 배부비율(기계시간)			13,900시간	10,800시간
수선유지 배부금액	(74,100)	–	₩41,700	₩32,400
작업준비 배부비율(작업준비시간)			170시간	90시간
작업준비 배부금액	–	(199,940)	₩130,730	₩69,210
합계	–	–	₩395,740	₩204,330
배부기준			÷13,900기계시간	÷14,000직접노동시간
제조간접원가 배부율			₩28.47	₩14.60

(2) 각 제품의 단위당 원가

항목		표준형		고급형	
직접원가			₩8,100.00		₩6,750.00
제조간접비	재단	75시간×₩28.47=	2,135.25	80시간×₩28.47=	2,277.60
	조립	90시간×₩14.60=	1,314.00	60시간×₩14.60=	876.00
합계			₩11,549.25		₩9,903.60
생산량			÷1,500개		÷500개
단위당 원가			₩7.70		₩19.81

물음 2

① 활동별 배부율

항목	산식	결과
수선유지	₩74,100÷24,700기계시간	₩3
작업준비	₩199,940÷260작업준비시간	₩769
재단감독	₩139,910÷170작업준비시간(재단)	₩823
재단작업	₩83,400÷13,900기계시간(재단)	₩6
조립감독	₩86,520÷14,000직접노동시간(조립)	₩6.18
조립작업	₩16,200÷10,800기계시간(조립)	₩1.5

② 제품별 단위당 원가

항목		표준형		고급형	
직접원가			₩8,100.0		₩6,750.0
제조간접비	수선유지	₩3×135=	405.0	₩3×140=	420.0
	작업준비	₩769×1=	769.0	₩769×2=	1,538.0
	재단감독	₩823×0.5=	411.5	₩823×1.5=	1,234.5
	재단작업	₩6×75=	450.0	₩6×80=	480.0
	조립감독	₩6.18×90=	556.2	₩6.18×60=	370.8
	조립작업	₩1.5×60=	90.0	₩1.5×60=	90.0
합계			₩10,781.7		₩10,883.3
생산량			÷1,500개		÷500개
단위당 원가			₩7.19		₩21.77

물음 3

조업도 기준의 배부방식인 전통적 원가계산방법은 개별제품이 소비한 제조간접원가를 정확하게 반영하지 못한다. 따라서 생산설비의 자동화로 인한 제조간접원가의 증가는 합리적인 배부방식이 필요하게 되었고, 이러한 요구에 따라 활동기준원가계산이 도입되게 되었다. 활동기준원가계산방식은 각 제품이 소비한 활동별 원가동인을 측정하여 더욱 정확한 원가계산이 가능하게 되었다.

물음 4

(1) 보조부문의 원가배부(상호배부법)

항목	산식	결과
수선유지	수선유지=₩74,100+0.1 · 작업준비 작업준비=₩199,940+0.05 · 수선유지	₩94,567
작업준비		₩204,668

항목	보조부문		제조부문	
	수선유지	작업준비	재단	조립
	–	0.05	0.45	0.50
	0.10	–	0.30	0.60
배부전원가	₩74,100	₩199,940		
수선유지	(94,567)	4,728	₩42,555	₩47,284
작업준비	20,467	(204,668)	61,400	122,801
합계	₩0	₩0	₩103,955	₩170,085

(2) 보조부문의 효율성 판단

보조부문에서 제조부문으로의 원가배부는 제조부문 입장에서 보조부문으로부터의 용역의 제공으로 볼 수 있다. 이러한 용역제공에 대한 가격을 적정하게 책정하지 않는다면 제조부문은 보조부문에 과도한 서비스를 요구할 수 있으며, 보조부문이 효율적으로 운영되고 있는지를 정확하게 파악할 수 없다. 또한, 보조부문의 서비스를 외부에서 조달하는 것이 유리한지 아닌지도 적절한 평가가 이루어질 수 없다. 현재 보조부문은 재단 부문보다는 조립 부문에 더 많은 서비스를 제공하고 있으므로 경영자는 조립부문이 과도한 서비스를 요구하고 있는지와 보조부문의 운영이 효율적으로 운영되고 있는지를 파악해야 한다.

물음 5

활동기준원가계산을 적용하면 활동분석을 통한 활동중심점과 원가동인을 선택해야 하며, 원가측정비용과 원가 왜곡에 따른 손실을 고려하여 매우 신중하게 결정되어야 한다. 그리고 활동기준원가계산으로 인한 효익은 다음과 같다.

① 전통적 원가계산방식보다 정확한 원가계산이 가능
② 제품구성이 변하더라도 신축적인 원가계산이 가능
③ 공정가치분석을 통해서 부가가치활동과 비부가가치활동을 구분함으로써 원가통제 가능
④ 비재무 측정치를 활용하여 성과평가를 수행함으로써 각 부문의 의사소통 가능

10-8 정답

물음 1

항목	제품 X		제품 Y		합계	
	기계작업준비	품질검사	기계작업준비	품질검사	기계작업준비	품질검사
주문량①	1,800	1,800	1,200	1,200		
묶음단위②	400	100	200	100		
횟수③=(①÷②)	4.5	18	6	12		
횟수 정수화④	5	18	6	12		
회당 시간⑤	2	0.5	1	0.5		
총시간⑥=(④×⑤)	10	9	6	6	16	15

활동중심점	활동원가 (A)	원가동인 수 (B)	원가 동인당 원가 (C)=(A÷B)
기계작업준비	₩84,000	16시간	₩5,250
절삭작업	₩60,000	200시간	₩300
조립작업	₩80,000	200시간	₩400
품질검사	₩28,800	15시간	₩1,920
동력지원	₩42,000	1,200kwh	₩35

활동중심점	원가 동인당 원가 (A)	제품 X		제품 Y	
		원가동인 수 (B)	금액 (C)=(A×B)	원가동인 수 (D)	금액 (E)=(A×D)
기계작업준비	₩5,250	10시간	₩52,500	6시간	₩31,500
절삭작업	₩300	80시간	₩24,000	120시간	₩36,000
조립작업	₩400	140시간	₩56,000	60시간	₩24,000
품질검사	₩1,920	9시간	₩17,280	6시간	₩11,520
동력지원	₩35	800kwh	₩28,000	400kwh	₩14,000
당기 발생원가			₩177,780		₩117,020
기초원가			₩81,420		₩58,180
총원가			₩259,200		₩175,200
생산수량			1,800단위		1,200단위
단위당 제품원가			₩144		₩146

물음 2

항목	산식	결과
최소 원가절감액	기존판매가격 ₩250−인하 판매가격 ₩210	₩40

물음 3

항목		산식	결과
증분 수익		1,800단위×(₩310－₩220)	₩162,000
증분원가	연마작업원가	1,800단위×10분÷60분×₩300	90,000
	동력지원원가	180kwh×₩42,000÷1,200kwh	6,300
	정밀검사원가	1,800단위÷50단위×₩1,400	50,400
증분 이익			₩15,300

찾아보기

【저자 소개】

정 형 록

서울대학교를 졸업하고 동 대학교에서 경영학 박사학위(회계학전공)를 받았다. 가톨릭대학교 경영학부 회계학전공 교수로 재직했으며, 현재 경희대학교 경영대학 회계 · 세무학과 교수로 재직 중이며, 한국회계학회 부회장, 한국관리회계학회 윤리위원장, 한국경영학회 상임이사 등으로 활동하고 있다. 또한, [한국 제조기업의 비대칭적 원가행태], [보험회사 활동기준원가계산 도입 사례연구] 등 다수의 논문을 발표하였다.

김 재 준

국립강릉대학교를 졸업하고 숭실대학교에서 경영학 박사학위(회계학전공)를 받았다. 현재 안산대학 경영세무학부에서 교수로 재직 중이며, 한국관리회계학회 이사, 한국학교회계학회 상임이사, 교육인적자원부 학교회계기준제정 전문위원, 전산세무회계 자격시험 출제위원으로 활약하고 있다. 또한, [벤처기업 운영을 위한 엑셀 매크로 활용], [경영 실무를 위한 PC 활용], [21C 한국금융산업의 선진화 전략], [전산회계 1급 실기], [전산 세무 2급 실기], [전산회계 1 · 2급 실기 및 필기] 등의 저서와 [우리나라 제조업의 X-비효율성 분석], [원가 효율성의 가치 관련성에 관한 연구] 등 다수의 논문을 발표하였다.

최 연 식

서울대학교를 졸업하고 동 대학원에서 경영학 석사 및 박사학위(회계학전공)를 받았다. 공인회계사 시험에 합격하여 삼정회계법인에 근무하였고, 기획예산처(현, 기획재정부)에서 행정사무관으로 재직하였다. 현재 경희대학교 경영대학 회계 · 세무학과 교수로 재직 중이며, 한국회계학회 및 한국관리회계학회 등 회계 관련 학회의 (상임)이사, 증권선물위원회 감리위원, 기획재정부 등 정부 주관 공공기관 경영평가단의 평가위원, 한국조세재정연구원의 국가회계 자문위원, 행정고시 및 공직 적격성 평가(PSAT) 등의 시험위원 등으로 활동하고 있다. 또한, [Bargaining power and budget ratcheting: Evidence from South Korean local governments (MAR, 2021)], [Auditors' Strategic Audit Pricing: Evidence from the Pre- and Post-IFRS Periods (AJPT, 2018)], [The Impact of Information Asymmetry and Participative Target-Setting on Target Ratcheting and Incentives (PPMR, 2018)], [The Impact of Mandatory versus Voluntary Auditor Switches on Stock Liquidity: Some Korean Evidence (BAR, 2015)] 등 다수의 논문을 발표하였다. 2009년에는 한국공인회계사회로부터 [회계와 감사 연구] 우수논문상을, 2012년과 2016년에는 한국회계학회로부터 [회계학연구]와 [회계저널] 우수논문상을 받았다.

〈제3판〉

원가회계의 이해

2019년 1월 15일 1판 1쇄 발행
2021년 6월 10일 2판 1쇄 발행
2023년 10월 25일 3판 1쇄 인쇄
2023년 10월 30일 3판 1쇄 발행

저 자: 정형록·김재준·최연식
발행자: 한 정 주
발행처: 교 육 과 학 사

저자와의 협의하에 인지생략

경기도 파주시 광인사길 71
전화(031)955-6956~8/팩스(031)955-6037
Home-page: www.kyoyookbook.co.kr
E-mail: kyoyook@chol.com
등록: 1970년 5월 18일 제2-73호

낙장·파본은 교환해 드립니다.
Printed in Korea

정가 35,000원
ISBN 978-89-254-1830-8